Weidner · Willer · Hrsg.
Prophetie und Prognostik

TRAJEKTE

Eine Reihe des Zentrums für
Literatur- und Kulturforschung Berlin

Herausgegeben von

Sigrid Weigel und Karlheinz Barck †

Daniel Weidner · Stefan Willer · Hrsg.

Prophetie und Prognostik

Verfügungen über Zukunft
in Wissenschaften, Religionen
und Künsten

Wilhelm Fink

Die dieser Publikation zugrunde liegende Tagung und die Drucklegung dieses Bandes wurde vom Bundesministerium für Bildung und Forschung unter dem Förderkennzeichen 01UG0712 gefördert. Die Verantwortung für den Inhalt liegt bei den Herausgebern.

Umschlagabbildung:
Johann Heinrich Füssli: Theresias erscheint dem Ulysseus während der Opferung, 1785-85, Graphische Sammlung der Albertina Wien, http://www.zeno.org/Kunstwerke/B/ Füssli,+Johann+Heinrich%3A+Theresias+erscheint+dem+Ulysseus

Bibliografische Information der Deutschen Nationalbibliothek

Die Deutsche Nationalbibliothek verzeichnet diese Publikation in der Deutschen Nationalbibliografie; detaillierte bibliografische Daten sind im Internet über http://dnb.d-nb.de abrufbar.

Alle Rechte, auch die des auszugsweisen Nachdrucks, der fotomechanischen Wiedergabe und der Übersetzung, vorbehalten. Dies betrifft auch die Vervielfältigung und Übertragung einzelner Textabschnitte, Zeichnungen oder Bilder durch alle Verfahren wie Speicherung und Übertragung auf Papier, Transparente, Filme, Bänder, Platten und andere Medien, soweit es nicht §§ 53 und 54 UrhG ausdrücklich gestatten.

© 2013 Wilhelm Fink Verlag, München
(Wilhelm Fink GmbH & Co. Verlags-KG, Jühenplatz 1, D-33098 Paderborn)

Internet: www.fink.de

Einbandgestaltung: Evelyn Ziegler, München
Printed in Germany.
Herstellung: Ferdinand Schöningh GmbH & Co. KG, Paderborn

ISBN 978-3-7705-5359-4

Inhaltsverzeichnis

DANIEL WEIDNER, STEFAN WILLER
Fürsprechen und Vorwissen
Zum Zusammenhang von Prophetie und Prognostik 9

POLITIKEN DER ZUKUNFT

BRIAN BRITT
Die Zukünfte der biblischen Prophetie 23

DANIEL WEIDNER
Mächtige Worte
Zur Politik der Prophetie in der Weimarer Republik 37

BENJAMIN BÜHLER
Von „Hypothesen, die auf einer Hypothese gründen"
Ökologische Prognostik in den 1970er Jahren...................... 59

ARMIN GRUNWALD
Prognostik statt Prophezeiung
Wissenschaftliche Zukünfte für die Politikberatung.................. 81

SCHAUPLÄTZE DES SPRECHENS

HERBERT MARKS
Der Geist Samuels
Die biblische Kritik an prognostischer Prophetie..................... 99

ROBERT STOCKHAMMER
Das Tier, das vorhersagt
Ver-Sprechakte zwischen Pro- und Para-Sprechakten,
besonders im Bereich des Klimawandels 123

BIRGIT GRIESECKE
Then you know
Sprachspiele der Pränataldiagnostik 147

TECHNIKEN DER MODELLIERUNG

BERND MAHR
Zum Verhältnis von Angst, Prophezeiung
und Modell, dargelegt an der Offenbarung des Johannes 167

MARGARETE VÖHRINGER
Die Zukunft der Architektur
Utopisches und Konkretes im Bauen der russischen Avantgarde 191

GABRIELE GRAMELSBERGER
Intertextualität und Projektionspotenzial von Klimamodellen 209

NACHLEBEN DER VORGÄNGER

ANGELIKA NEUWIRTH
Der Prophet Muhammad
Ikone eines Rebellen im Wahrheitsstreit
oder *Tabula rasa* für den Empfang göttlicher Wahrheit 229

IAN BALFOUR
Über den Geist der Prophetie
Shelley zwischen Spinoza und Benjamin 241

JÜRGEN BROKOFF
Prophétie, *Poeta vates* und die Anfänge
moderner Dichtungswissenschaft
Anmerkungen zur Konstellation Hölderlin –
Hellingrath – George 261

WISSEN DES UNGEWISSEN

RÜDIGER CAMPE
Prognostisches Präsens. Die Zeitform des
probabilistischen Denkens und ihre Bedeutung im modernen Roman 279

STEFAN WILLER
Zwischen Planung und Ahnung
Zukunftswissen bei Kant, Herder und in Schillers „Wallenstein" 299

Elena Esposito
Formen der Zirkularität in der Konstruktion der Zukunft............... 325

Über die Autoren 341

Abbildungsverzeichnis.. 345

Daniel Weidner, Stefan Willer

Fürsprechen und Vorwissen
Zum Zusammenhang von Prophetie und Prognostik

I

Die Finanzkrise der letzten Jahre hat eindrücklich deutlich gemacht, in wie hohem Maße ökonomische und politische Entscheidungen von Annahmen über die Zukunft abhängig sind – und wie unzuverlässig diese Annahmen sein können. Dabei reicht es nicht hin, die unzureichenden prognostischen Fähigkeiten der Ökonomen zu bemängeln, die die Krise nicht vorhersagen konnten. Vielmehr muss man sich klarmachen, dass diese entscheidend durch bestimmte Vorhersagetechniken mit ausgelöst wurden, etwa durch die als *futures* bezeichneten Finanzprodukte, mit denen auf zukünftige Entwicklungen spekuliert wird, wobei ironischerweise eben diese Spekulationen die Entwicklungen auf dem Finanzmarkt fast unkontrollierbar machen. Schon dieser Umstand zeigt, wie stark das prognostische Wissen – bei aller Vorsicht, bei allen Vorbehalten, dass es sich ja nur um mehr oder weniger wahrscheinliche Vermutungen über die Zukunft handle – in die Gegenwart und damit auch die Zukunft eingreift. Wie dieses Eingreifen die Wirklichkeit der Einzelnen beeinflusst und wie schwer es seinerseits politisch zu kontrollieren ist, wird heute allenthalben sichtbar: Das sich selbst überlassene prognostische Wissen scheint einen geradezu lähmenden Effekt auf Handeln wie Denken zu haben.

Die dramatische Falsifikation von Prosperitätsversprechungen, aber auch die daraus erwachsenden diffusen Krisen- und Untergangserwartungen legen es nahe, nicht nur die prognostische Expertise, also die Qualität des *Wissens* über die Zukunft, zu hinterfragen, sondern die Kraft des *Sprechens* über die Zukunft näher ins Auge zu fassen. Denn auch das methodisch reflektierteste Zukunftswissen bezieht seine eigentliche Wirkungsweise aus der Vorwegnahme dieser Zukunft im Hier und Jetzt der Äußerung. Jede Vorhersage suggeriert, gewollt oder nicht, die Fähigkeit, die Zukunft, die man nur beschreiben will, in irgendeiner Weise auch hervorzubringen; und der ‚Glaube', den eine Prognose findet, hängt entscheidend von Form und Kontext ihrer Äußerung ab. Wesentlich für den Vorgriff auf die Zukunft ist etwa der Umstand, dass Prognosen immer ‚im Namen von' etwas gesprochen werden. Sie greifen auf die Autorität von Instanzen zurück, die für sich beanspruchen, über die Zukunft verfügen zu können. Heute gilt das vor allem für den szientifischen Zugriff auf Zukunft – man denke an die renommierten Institutionen für Wirtschafts-, aber auch für Klima- und Demographieforschung mit ihrem Output an methodisch höchst differenzierten und zugleich politisch höchst wirkungsvollen oder doch zumindest viel diskutierten Zukunftsszenarien.

Eine kulturwissenschaftliche Perspektive auf Zukunftswissen und Zukunftsforschung darf sich allerdings nicht nur auf die wissenschaftliche Prognostik der Gegenwart beschränken. Vielmehr verweist die Verschränkung von Wissen, Sprache und Macht auf ältere Figuren, deren Untersuchung es ermöglicht, die blinden Flecken im gegenwärtigen Diskurs zu erhellen. Zu ihnen gehört die *Prophetie* als eine der wirkmächtigsten Formen, auf Zukunft zuzugreifen und im Namen von etwas zu sprechen. Denn auch der Prophet redet nicht aus eigenem Antrieb und auf eigene Rechnung über die Zukunft, sondern als Ermächtigter, als Delegierter, als Medium: Er versteht sich vor allem als Bote Gottes, in dessen Namen er spricht und dessen Worte er überbringt. Was er über die Zukunft ‚weiß' – welche kommenden Zustände er ausmalt, androht, verheißt –, hat er aus dieser Vollmacht. Artikuliert wird dieses Wissen nicht um seiner selbst willen, sondern mit dem Ziel, einen göttlichen Auftrag zu erfüllen, nicht selten im schmerzlichen Bewusstsein, einem solchen Auftrag nicht gewachsen zu sein – der Widerstand der Propheten gegen ihre Sendung ist ein stehender Topos biblischer Berufungsgeschichten. Im prophetischen Sprechen koexistiert daher die Behauptung unumstößlicher Gewissheit mit der Inszenierung äußerster Schwäche.

Auch in Bezug auf sein Publikum steht der biblische Prophet vor einer hochgradig paradoxen Aufgabe, wenn er ein Schreckensbild der Zukunft entwirft: Hat seine Prophetie Wirkung, so werden die Gewarnten ihr Leben ändern und die entworfene Zukunft tritt nicht ein; behält er dagegen Recht, so war seine Warnung umsonst. Diese *prophetische Ironie* führt in den biblischen Prophetenbüchern immer wieder zur existenziellen Gefährdung der göttlich autorisierten Sprecher; darüber hinaus affiziert sie aber auch andere Formen der Zukunftsrede ‚im Namen von'. Von *self-defeating prophecies* – als Gegenstück zu den bekannteren *self-fulfilling prophecies* – ist auch in der Wissenschaftsphilosophie und -soziologie die Rede. In der Tat lässt sich das Moment der prophetischen Ironie auch in modernen Prognosen finden: Der Erfolg etwa der Warnungen vor den Folgen des menschengemachten Klimawandels kann nur darin bestehen, eben diese Folgen abzumildern, was dann wiederum dazu führen könnte, dass die Warnungen im Nachhinein als unberechtigt interpretiert werden. Es liegt eine unüberwindliche Paradoxie darin, die antizipierten zukünftigen Ergebnisse einer bestimmten gegenwärtigen Situation durch Veränderungen des gegenwärtigen Verhaltens verändern zu wollen, weil somit die Antizipation gleichzeitig verifiziert *und* falsifiziert werden muss.

II

Die Beiträge dieses Bandes gehen zum großen Teil auf eine Tagung zurück, die im November 2010 am Zentrum für Literatur- und Kulturforschung Berlin (ZfL) stattfand.[1] Der Versuch, das komplexe und manchmal paradoxe Sprechen über Zu-

---

1 Organisiert wurde diese Tagung von den Herausgebern gemeinsam mit Jörg Thomas Richter. Für die redaktionelle Einrichtung der Manuskripte danken wir Marietta Damm.

kunft und seine politischen, epistemologischen und ästhetischen Implikationen durch eine kulturgeschichtliche Kontextualisierung zu erhellen und insbesondere Wissenschaftsgeschichte und Religionsgeschichte aufeinander zu beziehen, stellte sich mit Absicht unter den offenen, jede nähere Bestimmung vermeidenden Titel „Prophetie *und* Prognostik". Auf den ersten Blick scheint diese Beziehung durch die offenkundige Ähnlichkeit beider Termini begründet, haben sie doch dieselbe Vorsilbe: *pro-pheme* und *pro-gnosis*: Vor-Sprechen und Vor-Wissen (*pheme* = Rede, Sprache, Ausspruch, Gerücht, Orakel; *gnosis* = Erkenntnis, Kenntnis, Einsicht, Urteil). Allerdings relativiert sich diese Ähnlichkeit ein wenig, wenn man bedenkt, dass *pro* nicht unbedingt zeitlich verstanden werden muss. Es kann auch heißen: ‚für', oder geradezu: ‚im Namen von'. So würden sich ‚für' und ‚vor' ebenso unterscheiden wie Sprechen und Wissen, und man könnte das prophetische Für-Sprechen im Namen der göttlichen Autorität vom prognostischen Vor-Wissen unterscheiden. Tatsächlich lassen sich aber weder ‚für' und ‚vor' noch Sprechen und Wissen scharf trennen. Der eigentliche Gewinn der Konstellation von Prophetie und Prognostik liegt vielmehr darin, in beiden Ausdrücken die (doppelte) Doppeldeutigkeit zu betonen: den zeitlichen Vorgriff *und* die Funktion der Autorisierung, das Moment des Wissens *und* seine sprachliche, allgemeiner: mediale Repräsentation.

Dementsprechend kann es in kulturwissenschaftlicher Perspektive nicht darum gehen, Prophetie und Prognostik als zwei distinkte Formen des Umgangs mit Zukunft zu unterscheiden. Schon gar nicht wollen wir mit diesem Band eine entwicklungsgeschichtliche Reihe von der Prophetie zur Prognostik konstruieren, womöglich mit der (philosophischen) Utopie als Zwischenglied. Ein solches ‚Dreistadiengesetz', das von einer zunehmenden Säkularisierung des Zukunftswissens von der Theologie über die Philosophie zur Wissenschaft ausginge, hätte vor allem die Funktion, die prognostischen Wissenschaften zu versichern, dass sie keine Prophetie mehr seien. Historische Reflexion in den Kulturwissenschaften sollte aber eher vermeintliche Sicherheiten in Frage stellen und muss daher eine andere Form haben: Sie wird sich weniger für Abfolgen als für Überschneidungen, weniger für Überwindungen als für die unvermutete Wiederkehr der Vergangenheit interessieren. Sie wird also auch nicht die Vorgeschichte der Gegenwart erzählen, sondern sich erinnern: Was – und wie – dachten wir von der Zukunft? Für die kritische Reflexion des gegenwärtigen Zukunftswissens ist dieses Archiv vergangener Zukünfte von entscheidender Bedeutung, insbesondere wenn man es nicht nur als Anhäufung ‚unwissenschaftlicher' Vorgänger betrachtet.

Insbesondere lässt sich der Unterschied von Prophetie und Prognostik nicht einfach als Verlust von Gewissheit verstehen. Denn bereits vormoderne Konzepte einer göttlich vorherbestimmten Zukunft beruhen auf dem entscheidenden Vorbehalt, dass diese Vorbestimmung als solche nur Gott, nicht den Menschen zugänglich sei. Für die menschliche Erkenntnis sind daher komplexe Auslegungs- und Übersetzungsschritte notwendig. Zwar gibt es Botschaften Gottes, eben in Gestalt der Prophetie, aber gerade sie betonen die Differenz zwischen natürlichem (menschlichen) und übernatürlichem (göttlichen) Zukunftswissen. Der biblische Prophet verkörpert das Paradox eines Boten, der eine Botschaft von jemand anderem bringen will, der aber diese Botschaft – *und* die Information, dass sie von einer anderen, höheren Instanz stammt – nur mit der eigenen Stimme übermitteln und nur mit eigenen Worten legitimieren kann. Der Prophet muss sich also mit der Botschaft zugleich identifizieren und sich von ihr unterscheiden. Daher sind seine Worte – in den biblischen Texten – keineswegs eine irgendwie klare Beschreibung oder Vorwegnahme der Zukunft, sondern zerfallen in Sammlungen höchst inhomogener, oft bis zum Zerreißen gespannter Äußerungen. Nicht zufällig gehören die prophetischen Bücher nicht nur zu den am schwersten zu verstehenden Teilen der Bibel, sondern auch zu ihren poetischsten.

Auch nachbiblische Propheten haben immer wieder mit dieser Spannung zu tun. Wenn es um 1800 eine Säkularisierung der Zukunft gegeben hat, bei der diese aus der Annahme einer kommenden Welt in den konkreten Planungs- und Handlungshorizont der Menschen getreten ist, so bedeutet das doch keineswegs, dass religiöse Muster der Deutung und Ansprache der Zukunft vollkommen verschwunden wären. So sind die Glücksverheißungen des vermeintlich schlechthin säkularen Denkmodells ‚Fortschritt' deutlich als Erbschaften sakraler Heilsversprechen erkennbar; die Zukunftsemphase der klassischen Moderne – etwa in der Rhetorik der Avantgarde – bleibt prophetischen Redeweisen verpflichtet; und gerade heute, wo man nicht mehr vorbehaltlos im Horizont ‚der Geschichte' denkt und posthistorische oder gar posthumane Zukünfte entwirft, scheinen religiöse Muster zurückzukehren.

Der vorliegende Band fragt also nicht nur nach einer (Vor-)Geschichte des Zukunftswissens, sondern versucht, diese Frage auf die Untersuchung der Ungleichzeitigkeiten und Unschärfen in der Repräsentation der Zukunft zuzuspitzen. Die Herausgeber und Beiträger wollen Prophetie und Prognostik weder gegeneinander ausspielen noch auseinander ableiten. Eher arbeiten sie an der Sichtbarmachung der epistemischen Überlast, unter der diese miteinander verflochtenen Sprech- und Wissensordnungen leiden: Prophetie und Prognostik versprechen prinzipiell mehr an Wissen, Autorität und Verfügungsgewalt, als sie halten können, eben weil sie all dies nur als Versprechen formulieren können, weil ihr Wissen von zukünftigen, also per se abwesenden Gegenständen handelt und weil ihr Sprechen im Namen einer per se unzugänglichen höheren Instanz geschieht. Diese Struktur des Versprechens macht den Umgang mit Zukünftigkeit zu einer epistemologisch und rhetorisch komplizierten Angelegenheit – um einiges komplizierter, als sie in der derzeitigen Prognosekultur (und auch in der derzeitigen Kritik an dieser Kultur) in der Regel erscheint.

III

Wenn von Zukunft die Rede ist, hat das nicht nur politische Konsequenzen; futurisches Sprechen ‚im Namen von' etwas oder jemandem impliziert vielmehr unmittelbar POLITIKEN DER ZUKUNFT. Das gilt umso mehr, als das Wissen von der Zukunft nicht evident ist – man kann nichts Zukünftiges vorweisen, man kann die Zukunft nicht sehen, und sie leuchtet auch nicht ein wie der Satz des Pythagoras.

Zukunftswissen muss gewissermaßen verstärkt werden, umso mehr, wenn es beansprucht, handlungsleitend zu sein. Es kann versuchen, sich zu autorisieren, das Publikum besonders vehement zu adressieren oder auch darauf bestehen, die zukunftsweisende Wahrheit persönlich zu bezeugen, wie in der Figur des geschlagenen Propheten oder des an sich selbst experimentierenden Forschers. Alle diese Versuche implizieren bestimmte Ordnungen des Wissens, die bestimmen, welche Art von Wissen politisch werden darf, was als Autorität gilt, wo Visionen erlaubt oder sogar erwünscht sind.

Nicht nur das Verhältnis des Vorwissens und Fürsprechens zur Wahrheit wird vielfachen und höchst differenzierten Regelungen unterworfen, sondern auch seine Beziehung zum Publikum, oft im Rahmen umfassenderer Entwürfe des politischen Gemeinwesens. So ist die biblische Prophetie Teil des Bundes zwischen Gott und seinem Volk, also einer politisch-theologischen Ordnungsvorstellung, die so vorausschauend ist, vorhersehbaren Problemen – etwa dem notorischen Abfall der Israeliten vom Bund mit Gott – mit der Institution der Propheten zu begegnen. Und auch die moderne Prognostik wird oft als etwas gedacht, was auf besondere Weise mit dem Gemeinwesen verbunden ist, sei es, dass sie gewissermaßen im öffentlichen Auftrag betrieben wird, sei es, dass ihr die Rolle einer Wächterin und Mahnerin zugeschrieben wird.

Schließlich sind die Träger prognostischen Wissens, die Mantiker, Seher und Visionäre, immer auch Rollenmodelle politischen Handelns, die Revolutionen schüren oder den Untergang vorhersagen können. Auch sie werden ganz verschieden gedacht: als rebellische Neuerer oder bewahrende Konservative, als aufrechte Moralisten oder experimentierfreudige Avantgardisten, als Spieler, die ganze Weltalter auf eine Karte setzen, oder als kühl kalkulierende Strategen. Immer hat ihr Handeln und Sprechen, gerade weil es die fundamentalen Differenzen von Gegenwart und Zukunft, Wissen und Glauben, Menschlichem und Göttlichem überbrücken oder überspielen muss, etwas unmittelbar Politisches.

Noch in der politischen Theorie des zwanzigsten Jahrhunderts finden sich, so der Beitrag von Brian Britt, zahlreiche Spuren der biblischen Prophetie, und zwar keineswegs nur dort, wo explizit von ihr die Rede ist. Denn nicht nur der Vorgriff auf die Zukunft kann prophetischen Mustern folgen, sondern auch die Art, wie sich Theorien zu ihren – wirklichen oder imaginierten – Adressaten verhalten, greift oft auf biblische Paradigmen zurück. Am Beispiel der politischen Diskurse der Weimarer Republik zeigt Daniel Weidner, wie eng sich der Ruf nach Propheten mit der Warnung vor ihnen verknüpft und wie die Figur des Propheten zur Problematisierung des eigenen Diskurses genutzt wird, die schließlich zu neuen Formen politischen Denkens führen kann. Mit dem spezifischen Verhältnis von Wissenschaft und Politik in der ökologischen Prognostik der 1970er Jahre befasst sich der Aufsatz von Benjamin Bühler, in dem das Hauptaugenmerk auf das Imaginäre der Ökologie gelegt wird, also auf ihr Vermögen, gesellschaftspolitische Wirkung durch Narrative, durch suggestive Begrifflichkeiten und durch metaphorische Repräsentation zu erzielen. Auch in der aktuellen Politikberatung ist, wie Armin Grunwald erläutert, die Effizienz der Prognosen und Szenarien nicht von ihrem

Konstruktionscharakter zu trennen. Dabei führt die Erkenntnis des Konstruiertseins keineswegs zu einem Verlust von Wissenschaftlichkeit; im Gegenteil ist es erst diese Erkenntnis, die die praktische Umsetzung von Zukunftsforschung in angemessener Differenzierung ermöglicht.

IV

Von der Zukunft zu sprechen und für die Zukunft zu sprechen – beides sind fragile Sprechakte, die komplexer Verfahren der Plausiblisierung bedürfen und an bestimmte SCHAUPLÄTZE DES SPRECHENS gebunden sind. Sie können ihre eigene Zukunft imaginieren, etwa in der Form der vollendeten Zukunft – ‚wenn das Vorhergesagte eingetreten sein wird' –, deren Form und Gebrauch allerdings in verschiedenen Sprachen signifikant voneinander abweicht. Sie können auf eine Rhetorik des Versprechens zurückgreifen, in der das Subjekt sich selbst an die (zukünftige) Wahrheit seiner Äußerung bindet. Sprechakte der Zukunft können die unmittelbare Drohung und die Kürze der Frist betonen, sie können sich aber auch selber in der Dauer einrichten oder sich an Adressaten in der fernen Zukunft richten. Vor allem ist das Sprechen der Zukunft niemals rein konstativ, sondern enthält immer auch ein warnendes, mahnendes oder tröstendes Moment. Dass Diskurse moderner Prognostik dieses Moment oft zu übersehen neigen und sich auf ihre Wissenschaftlichkeit zurückziehen, macht eine genauere sprachliche Analyse mit kulturgeschichtlicher Fundierung dieser Aussageweisen umso notwendiger.

Solche komplizierten Aussagen sind oft an Orte gebunden, die die Ermächtigung der Sprechenden institutionell garantieren: die Orakelstätte, die Kanzel, das Katheder, die Expertenkommission, das Beratungszimmer. Diese Orte unterliegen besonderen Zugangsbedingungen, etwa einer Schulung oder Fachdisziplin, und Vorschriften, welche Äußerungen auf ihnen am Platz sind. Sie verbinden sich mit bestimmten Gattungen – etwa mit dem kultischen Prophetenspruch und dem wissenschaftlichen Vortrag –, erlauben und erfordern aber oft auch Gattungsmischungen und Überschreitungen der Diskursregeln, sei es, dass die kultischen Formen parodiert werden oder dass der Wissenschaftler sich über das Fachpublikum hinweg an die Öffentlichkeit wendet. Zudem kann der Ort des Sprechens imaginär in die Zukunft versetzt sein, etwa wenn Ezechiel vom wieder zu errichtenden Tempel spricht oder Manifeste sich selbst bereits in der Zukunft verorten. Dieses imaginäre Moment der institutionellen Verortung macht deutlich, dass die Orte des Sprechens auch Orte der Verhandlungen sind, an denen über die Geltung von Aussagen über Zukunft ebenso debattiert wird wie über andere kulturelle Differenzen. Sie sind damit Orte einer Inszenierung, auf der die Fragilität des Vorwissens und Fürsprechens ausgestellt werden und der Analyse erschlossen werden kann.

In diesem Sinne zeigt HERBERT MARKS, wie bereits die biblischen Geschichten über Propheten sowohl deren Wissen wie auch deren Worte kritisch reflektieren: Sie verwerfen nicht nur die Wahrsagerei, sondern ironisieren auch die Propheten, von deren Fehlern und Irrtümern sie gerne erzählen. Vor allem betonen sie immer wieder, wie wirkungslos die Prophetien sind und wie sich ihre Vorhersagen und Mahnungen in den Ironien verfangen, die der Abstand von göttlichem und menschlichem Wissen nach sich zieht. ROBERT STOCKHAMMER problematisiert, ausgehend von Nietzsches Bestimmung des Menschen als Tier, „das versprechen darf", die Sprechakte im Wissen vom und in den Debatten um den Klimawandel. In dieser Sichtweise erscheint das Problem, die Faktizität des Klimawandels von seiner Diskursivität zu unterscheiden, als Überlagerung von Konstativa und Performativa, womit auch das Problem der *self-defeating prophecy* – in einer dezidiert politischen Lesart der Sprechakttheorie adressiert wird. Der Beitrag von BIRGIT GRIESECKE befasst sich mit den Sprechakten und Sprachspielen des medizinischen Vorsorgediskurses, speziell hinsichtlich der Kommunikation zwischen Ärzten und werdenden Eltern in der Pränataldiagnostik. Argumentiert wird für eine rhetorisch und sprachphilosophisch präzise Kritik der Prävention, die als fortlaufende Intervention in medizinethische Debatten und in die konkrete Praxis medizinischer Beratungen einzubringen wäre.

V

Jede Zukunft kann immer nur aus der jeweiligen Gegenwart heraus perspektiviert werden. Dieser präsentische Charakter der Zukunftsbetrachtung zeigt sich besonders deutlich in der Denk- und Darstellungsform des Modells und den dazugehörigen TECHNIKEN DER MODELLIERUNG. Der Etymologie nach verweist ital. *modello*, ‚Muster', auf das lateinische *modulus*, ‚Maßstab'; dieses ist seinerseits als Diminutiv von *modus* gebildet, das ebenfalls ‚Maßstab', allgemeiner aber auch ‚Art und Weise' heißt. Wer also die Zukunft modelliert, macht sie sich zum einen in einem bestimmten (verkleinerten) Maßstab, zum anderen dezidiert *als Modus* verfügbar – und findet somit eine pragmatische Lösung für den Umstand, dass sie als Tempus unverfügbar ist. Als Modell entworfen, erscheint Zukunft in besonderer Weise vergegenständlicht, sie steht gleichsam vor Augen. Dabei ist allerdings das Paradox unübersehbar, dass es keine maßstabsgetreue Abbildung von Zukünften geben kann, weil sich aufgrund der kategorialen Abwesenheit des Gegenstands kein präziser *modulus* der Darstellung angeben lässt.

Die Modellierung jeder Zukunft beruht daher immer zu einem großen Teil auf *Simulation*, also auf der medialen Konstruktion einer virtuellen Welt, die sich genauen Maßstabsangaben entzieht. Dabei kann gerade die Simulationsfähigkeit von Zukunftsmodellen so weit gehen, dass sie als ‚die Sache selbst' erscheinen, so als wäre die Zukunft im Modell bereits vorhanden. Diese simulatorische Kraft zeigt sich in der detaillierten Ausmalung kommender Zustände im prophetischen Sprechen ebenso wie in der literarischen, bildnerischen oder filmischen Gestaltung möglicher Welten, sie liegt aber auch der Plausibilität und Suggestivität wissenschaftlicher Modelle, etwa in der Klimaforschung, zugrunde. Bei aller Unterschiedlichkeit der Kontexte, Intentionen und Techniken ist Zukunftsmodellen ein besonders hoher Realitätsgrad, oder doch ein besonders intensives Realisierungsversprechen, gemeinsam. Daher werden sie mit Vorliebe argumentativ dort eingesetzt, wo es gilt, gegenwärtiges Handeln auf Zukünftigkeit hin auszurichten bzw. mit zukünftigen Folgen zu legitimieren.

Die historisch-kulturwissenschaftliche Untersuchung von Zukunftsmodellen führt notwendig zu einer differenzierten, kritischen Betrachtung ihrer Wirkungsweise. Weder reicht es hin, die Plausibilität von Modellen prinzipiell aus dem Grund zu verneinen, dass sie ‚nur simuliert' (oder ‚nur fiktiv') seien, noch wäre es angemessen, die Modelle heutiger Szenarientechnik von jeglicher Kritik auszunehmen. Zwar entstehen ihre rechnergestützten Simulationen nicht in der Absicht, ein Simulakrum im Sinne des Trugbilds oder der Täuschung aufzubauen, aber umso mehr verkörpern sie die *puissance du simulacre*, die nach Gilles Deleuze für die Moderne charakteristisch ist.

Wie sich der schlechthin kanonische apokalyptische Text, die Offenbarung des Johannes, in modelltheoretischer Sicht diskutieren lässt, zeigt der Aufsatz von BERND MAHR. Vor dem Hintergrund objektivistischer und subjektivistischer Zeitmodelle wird die Botschaft des Johannes über die Letzten Tage in ihren didaktischen wie affektiven Funktionen bestimmt – wobei gerade die Unbestimmtheit und Deutungsoffenheit den Text als besonders geeignetes eschatologisches Modell erkennbar machen. Modelle im anschaulichen Verständnis sind die von MARGARETE VÖHRINGER untersuchten psychotechnischen Architekturentwürfe der russischen Avantgarde. Betont werden vor allem die apparative Ausstattung der Planungsbüros, der technizistische Charakter der entworfenen Funktionsbauten sowie die konkreten Realisierungsabsichten, durch die sich die frühen sowjetischen Architekturprojekte kategorial von (bloßen) Utopien unterscheiden. GABRIELE GRAMELSBERGER behandelt in ihrem Beitrag die modellbildenden Verfahren aktueller Klimaprognostik, d. h. die rechnergestützte Erhebung, Codierung und Bearbeitung klimatologischer Daten. Dabei versteht sie die Berichte des Intergovernmental Panel on Climate Change als Textkonvolut, was bedeutet, dass der in ihnen produzierte Zusammenhang von Modellbildung und Zukunftsszenario in textueller und narrativer Hinsicht *lesbar* gemacht werden kann.

VI

Die Polemik gegen die falschen Propheten gehört ebenso unerlässlich zur biblischen Prophetie wie die Distanzierung gegenüber der Wahrsagerei zur modernen Prognostik. Gerade weil der Vorgriff in die Zukunft so unsicher ist, geschieht er nicht ‚aus dem Stand', sondern holt weit in die Geschichte aus und realisiert sich oft als NACHLEBEN DER VORGÄNGER. Der Prophet ist keineswegs ein einsamer Warner in der Wüste, sondern tritt meist im Rahmen von Schülern, Schreibern und Kommentatoren auf, die seine Aussagen überliefern, interpretieren, korrigieren und fortschreiben. Und er steht selbst auf den Schultern früherer Propheten, die er seinerseits umdeutet oder aktualisiert. Die apokalyptische Tradition, wenn sie nicht ohnehin vorzieht, ihre Aussagen pseudepigraphisch in fremdem Namen zu verfassen, ist durchwebt mit Anspielungen auf ältere Weissagungen, die im Laufe ihrer langen Rezeption eine erstaunliche Konsistenz gewonnen haben: Dass sich etwas in ‚sieben mal sieben' Jahren oder ‚ehe der Hahn dreimal gekräht hat' ereignen soll, transportiert bis heute etwas von dieser Geschichte. Die prognostische Wissenschaft wird solche Formulierungen dann auch tunlichst vermeiden – ohne freilich vollkommen dem unheimlichen Déjà-vu zu entgehen, man habe das Prognostizierte irgendwie schon einmal gehört oder (vor-)gefühlt.

Das Wissen der Zukunft konstruiert sich daher immer seine Traditionen: Es projiziert sich in die Vergangenheit, es entwirft sich aber auch in die Zukunft, auf jenen Augenblick hin, in dem es eintreffen, wirklich verstanden oder auch nur gehört werden wird. Vorwissen wie Fürsprechen generieren Zeit, und diese Zeit ist niemals linear, sondern voller Brüche, Latenzen, Wiederholungen: Prophetische Bücher gehen verloren und tauchen wieder auf, alte Propheten machen Schule und neue treten auf, es bilden sich Genealogien und Gegengenealogien, in denen permanent um die prophetische Erbschaft gekämpft wird.

Das Vorwissen hat also eine Geschichte, die immer wieder umgeschrieben und überschrieben wird, sei es, dass ihre Lücken gefüllt werden oder dass sie von den Füßen auf den Kopf gestellt wird. Jede Prophetie im starken Sinne enthält virtuell ein Bild der gesamten Geschichte in sich, weil erst sie – so die implizite Behauptung – alle vorangegangenen Prophetien verstehen kann, weil erst ihr die Geschichte als solche durchsichtig wird, samt ihrer Vergangenheit und Zukunft. Darin gleicht die prophetische Tradition einem Kaleidoskop, das mit jeder kleinen Bewegung ein vollkommen neues Bild mit eigenen Ordnungsprinzipien enthält. Gerade in dieser gewissermaßen stillgestellten Zeit ist sie ein so vielfältiges wie lebendiges und spannungsreiches Archiv der Kulturgeschichte.

Zu den Spannungen, die dieses Archiv und damit die europäische Kulturgeschichte bestimmen, gehört nicht nur die Auseinandersetzung zwischen Judentum und Christentum, die ja im Wesentlichen ein Streit um die Deutung der messianischen Prophezeiungen ist. Wie ANGELIKA NEUWIRTH zeigt, beruht auch der Koran auf der Relektüre jüdischer und christlicher Überlieferungen, die das Offenbarungsverständnis und das Bild des Propheten prägt; allerdings ist das – im Dialog mit religiösen Traditionen entwickelte – dialogische Verständnis der Offenbarung bald durch dogmatische Vorstellungen ersetzt worden, die auch große Teile der westlichen Forschung bis heute dominieren. IAN BALFOUR demonstriert, wie eine prophetische Tradition auch über die Grenze der Religion hinaus fortgesetzt werden kann, wenn Shelley, angeregt von Spinozas Bibelkritik, die Propheten als Dichter liest und sich selbst als Fortsetzer eines kritischen und religionskritischen Geists der Prophetie betrachtet. JÜRGEN BROKOFF diskutiert am Beispiel Hölderlins, wie einem Autor gerade in der verspäteten Rezeption prophetische Qualitäten zugesprochen werden. Als *poeta vates* wurde er um 1900 zum Vorläufer und Seher der gegenwärtigen Krise Deutschlands erklärt, und die für den späten Hölderlin charakteristische Unverständlichkeit erscheint wiederum für uns als Umgang mit der Sprache, der auf die lyrische Moderne vorausweist.

VII

Die methodologische Frage nach dem Zukunftswissen richtet sich darauf, wie WISSEN DES UNGEWISSEN verfertigt wird: wie es entsteht, wie es mit seiner Gegenstandsbestimmung und seinen Verfahren aussieht und wo seine Grenzen liegen. Mit solchen Fragen – nach der Genese, den Objekten, Methoden und Grenzen – hat es jede Konfiguration von Wissen zu tun, aber diese Fragen sind im Fall des Zukunftswissens besonders dringlich, weil die Beschäftigung mit der Zukunft prinzipiell ins Ungewisse führt. In den heute intensiv debattierten, bereits genannten Feldern Klimaforschung, Ökonomie und Demographie scheint diese Unsicherheit essenziell zum Inhalt der Prognosen selbst zu gehören. Das gilt jedenfalls für die Art, wie sie in einer breiteren Öffentlichkeit wahrgenommen und diskutiert werden, denn diese Öffentlichkeitswirksamkeit liegt zu einem Großteil darin, dass erhebliche Risiken und Gefahren in Aussicht gestellt werden: die kommenden fatalen Auswirkungen der Erderwärmung; der jederzeit wieder zu erwartende Kollaps der Weltwirtschaft, einhergehend mit der Gefährdung sozialer Sicherungssysteme; die bevorstehenden Zwangslagen des Generationenverhältnisses, sei es durch Überalterung und Bevölkerungsschwund, sei es durch ungebremste Vermehrung und Überbevölkerung.

Wie vor allem die demographische Prognostik mit ihren gegenläufigen Negativerwartungen von Bevölkerungsschwund und Überbevölkerung zeigt, können die Befunde und Befürchtungen einander im Einzelnen durchaus widersprechen. Noch mehr gilt das für die gegebenenfalls mitgelieferten Vorschläge, wie man eingreifen könnte, um Schlimmstes zu verhindern. Zu aktuellen Zukunftsdiskursen gehört daher oft nicht nur das Ausmalen negativer Entwicklungen, sondern auch die mitschwingende Befürchtung, dass die Experten selbst im Dunkeln tappen. Gegenüber einer zu wohlfeilen Kritik an prognostischer ‚Kaffeesatzleserei' ist aber festzuhalten, dass diese Dunkelheit mit einer erkenntnistheoretisch unabdingbaren Ungewissheit zu tun hat, die niemals vermieden werden kann, wenn von der Zukunft die Rede ist. Die Unsicherheit der Zukunft ist somit nicht so sehr die einer zukünftigen Gegenwart als eher die des jeweils gegenwärtigen Wissens über Zukünfte; es geht nicht um einen Zustand der Gefahr, der mit Sicherheit kommen wird (und allenfalls durch seine Definition als ‚Risiko' an Gefährlichkeit verliert, weil er somit berechenbar erscheint), sondern um eine Gefährdung des Wissens selbst.

Eine der historisch eingreifendsten Errungenschaften im Umgang mit Zukunftsungewissheit ist seit der frühen Neuzeit das Kalkül der Wahrscheinlichkeiten. Besonders der szientifische Probabilismus des 19. Jahrhunderts arbeitet an der Theoretisierung von ‚Ereignissen' und ‚Erwartungswerten'. Wie RÜDIGER CAMPE in seinem Beitrag zeigt, ist eine probabilistische Epistemologie künftiger Ereignisse nur durch eine differenzierte Technik der Zukunftsvergegenwärtigung möglich. Damit ergeben sich Verbindungen sowohl zum augustinischen Konzept der Vergegenwärtigung grammatischer Zeiten als auch zur narrativen Vergegenwärtigungsstrategie des ‚prognostischen Präsens'. Im Beitrag von STEFAN WILLER wird das Wissen des Ungewissen anhand der Umbesetzung von Erfahrung und Erwartung um 1800 dargestellt.

Dabei werden die zeitgenössischen Kontroversen um die Vorhersehbarkeit und -sagbarkeit der Zukunft zum einen theoriegeschichtlich an Positionen von Kant und Herder, zum anderen textanalytisch an Schillers *Wallenstein* erörtert, einem Drama, das die ‚Dunkelheit' der Zukunft als historisches, erkenntnistheoretisches und poetologisches Problem durchführt. ELENA ESPOSITO schließlich nähert sich dem Problem des Ungewissen durch eine systemtheoretische Reformulierung des Gegensatzes von divinatorischem und wissenschaftlich-prognostischem Zukunftswissen, die beide über spezifische Umgangsweisen mit dem eigenen Unsicherheitspotenzial verfügen. Die Gegenüberstellung führt zur Frage, inwiefern sich Nicht-Wissen überhaupt kontrollieren lässt – diskutiert an der jüngsten Finanzkrise. Damit wird erneut ein höchst gegenwärtiges Problem der Erkenntnis und Herstellung von Zukunft verhandelt, das durch diesen Band historische Tiefenschärfe, systematische Komplexität und kulturwissenschaftliche Breite gewinnen soll. Die Beiträge des Bandes verstehen sich in diesem Sinne als Bausteine zu einer kulturwissenschaftlichen Kritik *unserer* Zukunft – der des frühen 21. Jahrhunderts.

POLITIKEN DER ZUKUNFT

BRIAN BRITT

„Die Zukünfte der biblischen Prophetie"

Was ist die Zukunft der biblischen Prophetie? Was macht die biblische Prophetie mit der Zukunft, welche Zukunft hat sie selber gehabt, und wie hat sie in der Geschichte, Kultur, und Politik weiter gewirkt? Man hat oft gesagt, dass Prophetie mit Zukunft zu tun hat, aber es ist schwer zu sagen, was damit gemeint ist, gibt es doch im Hebräischen kein Wort für ‚Zukunft'. Tatsächlich hat die moderne Rezeption biblischer Prophetie auch viel mehr mit Traditionen und Schreibweisen zu tun als mit Ideen der Zukunft. In diesem Aufsatz skizziere ich eine vorsichtige Linie von der Bibel zum modernen Denken und Schreiben gemäß dreier Formen der prophetischen Literatur, die ich mit den Begriffen „klassisch", „biographisch" und „apokalyptisch" bezeichne.

Stellt man diese Frage, muss man natürlich die Vielfalt der biblischen Texte berücksichtigen und eher über die Zukünfte als die Zukunft der biblischen Prophetie sprechen. Die Frage nach der biblischen Zukunft bringt auch das Risiko mit sich, dass wir gegenwärtige Konzeptionen von Zeit und Zukunft auf antike Texte übertragen. Ich würde dabei eine mittlere Position zwischen zwei extremen Standpunkten vertreten: Der erste Standpunkt bestreitet die Möglichkeit, irgendeinen Begriff von Zeit auf das alte Israel anzuwenden,[1] der andere (eher lebensweltliche) macht keinen Unterschied zwischen der Zeit im Allgemeinen und verschiedenen Begriffen und Diskursen über die Zeit. Obwohl es in der hebräischen Bibel kein abstraktes Begriffswort für die Zeit oder die Zukunft gibt, beschäftigen sich die prophetischen Bücher stets mit vielfältigen Zukünften.

Die Zukunft der Religion ist ein aktuelles Thema in der Religions- und Kulturwissenschaft, und es scheint, als sei Freuds *Die Zukunft einer Illusion* lange Vergangenheit. Drei neue Bücher auf Englisch tragen den Titel *The Future of Religion* und wenigstens vier neue Bücher auf Deutsch heißen *Die Zukunft der Religion*.[2] Derridas Spätwerk verbindet die Frage der Demokratie insgesamt mit jener nach der Zukunft der Religion.[3] Die Zukunft jedoch, oder unsere Ideen davon, hat eine

---
1 Vgl. etwa Sacha Stern: *Time and Process in Ancient Judaism*, Oxford: Littman Library of Jewish Civilization 2003.
2 Richard Rorty/Gianni Vattimo/Santiago Zabala: *The Future of Religion*, New York: Columbia University Press 2005; *The Future of Religion: Toward a Reconciled Society*, hg. von Michael R. Ott, Chicago: Haymarket Books 2009; Kenneth V. Kardong: *Beyond God: Evolution and the Future of Religion*, Amherst, NY: Humanity Books, 2010. Auf Deutsch liegen vor: Rorty/Vattimo/Zabala; *Zukunft der Religion in Europa*, hg. von Layma Kador et al., Berlin: Lit Verlag 2007; Don Cupitt: *Nach Gott: Die Zukunft der Religionen*, München: dtv 2004 (aus dem Englischen übersetzt); Hans Küng: *Freud und die Zukunft der Religion*, München: Piper 2002.
3 Jacques Derrida: *The Politics of Friendship*, übers. von George Collins, London: Verso 2005; Ananda Abeysekara: *The Politics of Postsecular Religion: Mourning Secular Futures*, New York: Columbia University Press 2008.

Vergangenheit, eine Geschichte, die ihrerseits viele Texte, Begriffe, und Geschichten enthält. So hat etwa Karl Löwith schon vor langer Zeit einen Zusammenhang zwischen Marx und Apokalyptik konstatiert.[4] Die Zukünfte der biblischen Prophetie sind aber zahlreich und verschieden, sie hängen von grammatischen und theologischen Fragen und vom geschichtlichen und literarischen Kontext ab.[5]

Slavoj Žižek bietet ein prophetisches Rezept für die politische Praxis an, das Vergangenheit und Gegenwart mit Zukunft vermischt. In seinem neuen Buch *First as Tragedy, Then as Farce*, schreibt er: „Wir müssen anerkennen, dass, auf der Stufe der Möglichkeiten, unsere Zukunft verurteilt ist, dass die Katastrophe passieren wird, dass sie unser Schicksal ist und dann ... mobilisieren wir uns, um die Tat durchzuführen, die das Schicksal ändern will, um dadurch eine neue Möglichkeit in die Vergangenheit einfügen."[6] Indem Žižek Badious Begriff „*future anterieur*" verwendet, rekurriert er auch auf biblische Prophetie. Denn auch der biblische Prophet kündigt eine drastische Zukunft an, damit sie nicht passiert.

I Verschiedene Arten prophetischer Diskurse

Dieser Aufsatz will weder eine wissenschaftliche Einteilung der biblischen Prophetie vornehmen noch zielt er auf einen Überblick über die Wirkungsgeschichte der Prophetie. Mein Ziel ist es vielmehr anzudeuten, wie moderne Literatur und modernes Denken prophetische Reden und Zukunftsbegriffe auf subtile und unerwartete Arten beerben. Die Rezeption der Bibel zu beschreiben ist methodisch höchst schwierig. Manche Beispiele sind offenkundig, aber andere Formen der Rezeption sind leicht zu übersehen. Die Bibel ist in vielen sogenannten ‚säkularen' Diskursen präsent, und sie ist es in vielen verschiedenen Formen: in Zitaten, Leitmotiven, Anspielungen und Formen der Aussage. Die biblische Erbschaft hat nicht unbedingt mit religiösem Glauben oder mit religiösen Gruppen zu tun und sie hat verschiedene Formen und vielfältige Geschichten. Sie umfasst die vielen Ausdrücke im modernen Englisch, die auf die *King James Bible* zurückgehen, die Formung der Deutschen Sprache durch Luthers Übersetzung und die zahlreichen Anklänge der biblischen Sprache im modernen Hebräisch. Sie ist manchmal direkt und manchmal umwegig, manchmal einleuchtend und manchmal merkwürdig. Insgesamt kann man sie als ‚Verschiebung' bezeichnen: Für Freud ist Verschiebung eine Operation, mit der das Unbewusste Objekt und Trieb verändern kann. In der *Traum-*

---

4 Karl Löwith: *Meaning in History: The Theological Implications of the Philosophy of History*, Chicago: University of Chicago Press 1949.
5 Mary A. Favret: *War at a Distance: Romanticism and the Making of Modern Wartime*, Princeton: Princeton University Press 2010, S. 83. Favret zitiert Benjamins „Über den Begriff der Geschichte" zum Zusammenhang von Prophetie, Zeit und Politik: „The prophet is thus engaged in a mode of telling time that rejects the present (or the semblance of the present) offered by the news, the chief time-telling instrument of the nation; the prophet deals in rival synchronies and anachronism" (84).
6 Slavoj Žižek: *First as Tragedy, Then as Farce*, London: Verso 2009, S. 151 (meine Übersetzung).

deutung (1900) und in „Zwangshandlungen und Religionsübungen" (1907) charakterisiert Freud Verschiebungen als Übersetzungen und Entstellungen, die stark besetzte Objekte durch weniger wichtige ersetzen, etwa wenn die Trauer über ein verstorbenes Elternteil auf ein weniger wichtiges verlorenes Ding verschoben wird. Diese Operation kann uns als Modell für die biblische Überlieferung dienen. In diesem Sinne verwendete Freud in *Der Mann Mose* (1939) die Idee der Verschiebung, um zu zeigen, dass auch einem nicht mehr religiösen Zeitalter etwas von der Tradition bleibt und – als etwas Verschobenes – wieder auftauchen kann. Gerade als Verschobenes ist das, was hier wieder auftaucht, nicht mehr einfach der Religion oder der Säkularität zuzuordnen.

Hier möchte ich einen allgemeinen Überblick über prophetische Literatur anbieten und gleichzeitig über den biblischen Kanon und sein Nachleben nachdenken. Ich beginne mit den drei Arten der biblischen Prophetie: der klassischen, der biographischen und der apokalyptischen, anschließend entwickle ich das stichpunktartig an zwei Beispielen der biblischen Prophetie und des modernen Schreibens, schließlich zeige ich die innere Antinomie oder Aporie der jeweiligen Art. Eine Übersicht könnte so aussehen:

Kategorien	Klassisch	Biographisch	Apokalyptisch
Biblische Bücher	Micah Jesaja	Hosea Jeremia	Ezekiel Daniel
Moderne Theorie	Žižek Blanchot	Kierkegaard Adorno	Nietzsche Benjamin
Moderne Literatur	Rimbaud Faulkner	Kafka Poe	Kraus Morrison
Antinomien	Innovation/ Tradition; Universal/ Bundlich	Individuell/ Kollektiv; Hoffnung/ Verzweiflung	Esoterisch/ Exoterisch; Weltlich/ Außerweltlich

Die Kategorien und Beispiele versuchen, Tendenzen in biblischen Texten und ihre Rezeptionen hervorzuheben. Natürlich soll die Liste moderner Werke nicht vollständig sein; ich werde einige besonders interessante moderne Fälle heranziehen, um die Vielschichtigkeit der prophetischen Zukünfte zu illustrieren.

Was bedeutet biblische Prophetie im Allgemeinen? Im literarischen Sinne handelt es sich zunächst um eine Sammlung von Schriften in einem Kanon. Theologisch geht es um die Theodizee, um den Versuch, die Geschichte mit der göttlichen Gerechtigkeit zu versöhnen. In zeitlicher Hinsicht entwirft Prophetie Ideen der Zukunft. Im ersten Fall, in der Kategorie des Kanons, finden wir den Ursprung der prophetischen Schriften im Zeitalter des zweiten Tempels und später. In diese Zeit gehören die prophetischen Bücher oder *Nevi'im* (die im hebräischen Kanon auch die geschichtlichen Bücher Josua bis 2 Chronik umfassen) zusammen mit *Torah* (den fünf mosaischen Büchern) zur frühesten Form der heiligen Schrift. Die anderen Bücher, die sogenannten *Ketuvim* oder Schriften, werden erst später hinzugefügt. Dabei ist die Einteilung der Bücher in diese verschiedenen Arten immer wesentlich. Man könnte sagen, dass Klassifikation und Taxonomie die wichtigste biblische Aktivität ist, jedenfalls ist sie eine notwendige Voraussetzung für die Möglichkeit einer ‚Bibel‘.

Der Kanonisierungsprozess, in welchem das gesprochene Orakel eines Propheten zu einem Buch wird, ist nicht gut erforscht; dabei ist es als solches höchst erstaunlich, dass die Prophetischen Schriften überhaupt kanonisiert wurden, weil die Propheten (z. B. Jeremia) die Könige und Priester so stark kritisiert haben, und weil sie scheinbar so oft erfolglos waren. Es gibt wenigstens drei Stufen in der Formung eines prophetisches Buches: die Zeit des Propheten, die Niederschrift und Redaktion des prophetischen Buches, schließlich die Legitimation des Buches als Teil des biblischen Kanons. Was in der ersten Stufe als Zukunft beschrieben wird – also das was der Prophet ankündigt – wird natürlich in späteren Stadien zur Vergangenheit. In kanonischer Hinsicht wird Prophetie dabei paradoxerweise nur dann legitim, wenn ihre Zukunft zur Vergangenheit wird. Eine wichtige Ausnahme dieser Regel ist selbstverständlich die apokalyptische Literatur, weil ihre Zukunft immer noch aussteht.

Die Zukunft der biblischen Prophetie ist also meistens die Vergangenheit. Durch die Kanonisierung werden die Worte und Erinnerungen von problematischen, oft verachteten Menschen in legitime und gerechtfertigte göttliche Texte verwandelt. Wenn sie Kanon wird, erwirbt biblische Prophetie Autorität, aber sie verliert auch Kraft über die Zukunft, weil diese in der Vergangenheit liegt. Biblische Prophetie kann die Zukunft nur durch Kommentar oder neue Prophezeiung erfassen.

Die verschiedenen Propheten und prophetische Bücher fragen: Zu welcher Zukunft führen die gegenwärtigen Zustände? Welche göttliche Handlung folgt als Konsequenz menschlicher Handlung? Wie kann man eine Katastrophe abwenden? Die Prophetie drückt dabei eine Krise der Theodizee aus, eine Kollision zwischen dem göttlichen Recht des Bundes und dem Unglück der Geschichte. Das hat etwa Walter Benjamin erkannt, der die Natur der Prophetie in Beziehung mit der Tragödie und dem Problem der Sprache setzt: „Tragik ist eine Vorstufe der Prophetie. Sie ist ein Sachverhalt, der nur im Sprachlichen sich findet: tragisch ist das Wort und ist das Schweigen der Vorzeit, in denen die prophetische Stimme sich versucht, Leiden und Tod, wo sie diese Stimme erlösen, niemals ein Schicksal im pragmatischen Gehalt seiner Verwicklung."[7] Das Schweigen der Vorzeit und die Stimme, die versucht, das Leiden dieser Vergangenheit zu erlösen, sind nach Benjamin tra-

---

[7] Walter Benjamin: *Gesammelte Schriften*, hg. von Rolf Tiedemann/Hermann Schweppenhäuser, Frankfurt a. M.: Suhrkamp 1991, Bd. 1, S. 297.

gisch. Der Versuch, mit Sprache Leiden und Schweigen zu überwinden, ist zuerst tragisch und eventuell, unter bestimmten Bedingungen, prophetisch.

Theodizee und Schweigen sind auch in anderen Texten Walter Benjamins mit der Prophetie zusammengedacht. Seine Aussage über das Trauern der Natur nach dem Sündenfall erinnert an ein Echo prophetischer Stellen (z. B. Jes 33, Jer 22,11; 32,10; Hos 4,3; Joel 1,10): „Weil sie stumm ist, trauert die gefallene Natur. Doch noch tiefer führt in das Wesen der Natur die Umkehrung dieses Satzes ein: ihre Traurigkeit macht sie verstummen."[8] Diese Idee erscheint auch in dem früheren Essay über Sprache (1916).[9]

II Klassische Prophetie

Bibelwissenschaftler bezeichnen die frühen prophetischen Bücher als „klassisch". Nach Gadamers Hermeneutik (und David Tracys Anwendung dieser Hermeneutik) beschreibt „klassisch" die inneren Qualitäten dieser prophetischen Bücher: etwa ihre Gewalt des Ausdrucks, die Eleganz ihrer Komposition oder eine innovative Verwendung von traditionellen Elementen.[10] Natürlich haben auch äußerliche Qualitäten viel mit dem kanonischen Status zu tun, nämlich die Niederschrift und Verbreitung eines Textes, die Weise, wie er in die religiösen und kulturellen Sitten einer Gemeinschaft einbezogen wird, und seine Übertragung von Generation zu Generation.

Micha und Jesaja, zwei dieser klassischen prophetischen Bücher, stammen aus dem achten Jahrhundert. Obwohl das Jesajabuch umfassender und wesentlich bedeutender als Micha ist, haben beide Bücher ähnliche Themen: Zion, der Tempelkult, die assyrische Gefahr und der davidische Bund. Ihre Ähnlichkeit führt manchmal zu wörtlichen Übereinstimmungen, zum Beispiel der berühmte Satz: „Sie werden ihre Schwerter zu Pflugscharen und ihre Spieße zu Sicheln machen" (Jes 2,2–4; Mi 4,1–3). Es ist nicht notwendig zu entscheiden, welches Buch älter ist; es reicht, festzustellen, dass diese Bücher das demonstrieren, was Michael Fishbane „inner-biblical exegesis" nennt: Biblische Bücher zitieren einander oft.[11] Während Micha ein kompakter Text ist, besteht Jesaja aus zwei oder drei Teilen aus dem achten bis sechsten Jahrhundert – und gerade das ist typisch für die Entwicklung

---

8 Ebd., S. 398, 224. Diese Idee erscheint auch in dem früheren Essay über Sprache (1916).
9 Benjamin erklärt die Bedeutung der Klage hier folgendermaßen: „Weil sie stumm ist, trauert die Natur. Doch noch tiefer führt in das Wesen der Natur die Umkehrung dieses Satzes ein: die Traurigkeit der Natur macht sie verstummen." (Ebd., S. 155, 73). Der Sündenfall und seine Folgen instituieren den ursprünglichen Zustand unserer Sprache, und der tiefste Ausdruck dieser Folgen, dieser Verlust, kommt aus biblischer Prophetie. Vgl. dazu auch Gershom Scholem: „Über Klage und Klagelied", 1918, in: ders.: *Tagebücher*, Bd. 2, S. 128–133.
10 David Tracy: *The Analogical Imagination: Christian Theology and the Culture of Pluralism*, New York: Crossroad 1998.
11 Michael Fishbane: *Biblical Interpretation in Ancient Israel*, Oxford: Oxford University Press 1985.

des Kanons. Beide Bücher enthalten Orakel gegen Israel, den Rechtstreit Gottes mit Israel und Visionen über die Zukunft, besonders für „den Rest Israels".

Die kanonische Wichtigkeit des Buches Jesaja hat meines Erachtens viel mit seinen Ausdrucksqualitäten zu tun: mit der dramatischen visuellen Kraft seiner Berufungserzählung (Kap. 6) und mit der Verbindung von Tradition und Innovation in den sogenannten Gottesknechtliedern, vier Texten in Deuterojesaja (42,1–4; 49,1–6; 50,4–9; 52,13–53,12), die davon handeln, wie der ‚Knecht' – d. h. je nach Deutung der Prophet, Israel oder (für Christen) Jesus Christus – Gott dient und für Israels Sünde leidet: „Fürwahr, er trug unsere Krankheit und lud auf sich unsere Schmerzen?" (53,4). Neben diesen literarischen Elementen tragen historische und theologische Faktoren dazu bei, dass Jesaja zum Fundament wurde, auf welchem die spätere Überlieferung bauen konnte: So wurden etwa die Orakel über die Zerstörung Israels zuerst auf den Kampf mit Assyrien im achten Jahrhundert bezogen und zweihundert Jahre später auf den Kampf mit Babylonien.

Es ist ein Gemeinplatz der Exegese, dass Prophetie nicht einfach eine Vorhersage der Zukunft sei. Maurice Blanchots Essay „Die prophetische Rede" entwickelt eine neue Version dieser Auffassung:

> [...] die prophetische Rede kündigt eine unmögliche Zukunft an, oder sie macht aus der Zukunft, die sie ankündigt und weil sie sie ankündigt, etwas Unmögliches, das nicht in unser Erleben eingeht und das alle verlässlichen Daseinsvoraussetzungen umstürzt. Wenn die Rede prophetisch wird, ist es nicht die Zukunft, die uns gegeben ist; sondern es ist die Gegenwart, die uns entzogen wird [...].[12]

Wie André Neher vergleicht Blanchot prophetische Rede mit der nomadischen Wanderung durch die Wüste, durch „ein[en] Raum ohne Ort und eine Zeit ohne Zeugung."[13] Prophetische Rede kündigt eine schreckliche, unmögliche Zukunft an – und schließt diese Beschreibung ab mit dem Wort *dennoch* („pourtant", „*laken*"): „Einzigartiges Wort, mit dem die prophetische Rede ihr Werk verrichtet und in dem ihr Wesen frei wird: das ewige Unterwegssein [...]."[14] Prophetische Wörter sind nicht symbolisch und transparent, sondern wörtlich und konkret, sie haben ein „erschreckendes und hinreißendes, vertrautes und unbegreifliches Licht, das unmittelbar gegenwärtig und unendlich fremd ist [...]."[15] Diese Spannungen drücken die Antinomien von Innovation und Tradition, Bund und Theodizee aus, die für die klassische Prophetie charakteristisch sind. Der Kanon prophetischer Bücher stellt die Zukunft als Vergangenheit dar, aber als klassische Literatur wird diese Vergangenheit stets erneuert und die Zukunft bleibt stets offen. In der modernen Literatur nennt Blanchot Rimbaud als Beispiel für diese Tendenz. Rimbaud, der sich selbst als ‚voyant' verstand, ist für Blanchot „ein Genie der Ungeduld und der

---

12 Maurice Blanchot: *Der Gesang der Sirenen. Essays zur modernen Literatur*, übers. von Karl August Horst, hg. von Kurt May/Walter Höllerer, München: Carl Hanser Verlag 1962, S. 111.
13 Ebd., S. 113.
14 Ebd., S. 114.
15 Ebd., S. 119.

stürmischen Eile und [...] ein großes prophetisches Genie".[16] Ein zweiter Schriftsteller, der klassische Prophetie verfolgt, ist für mich William Faulkner.[17]

III Biographische Prophetie

Hosea und Jeremia erweitern die biblische Prophetie um eine biographische Dimension, ohne dass sie allerdings dadurch schon zu modernen Individuen würden. Hosea, wahrscheinlich eine Quelle für Jeremia, löst die Grenze zwischen Leben und Werk auf: seine Ehe mit einem „Hurenweib" und seine Kinder – sie heißen „Lo-Ruhamah" (,keine Gnade') und „Lo-Ammi" (,nicht mein Volk') –, sein ganzes Leben wird zu seiner Prophezeiung. Die biographische Prophetie von Jeremia und Hosea zeigt jenseits des eigenen Lebens auf das eigene Volk und auch auf die Umwelt: Benjamins bereits zitierter Satz, dass die Natur trauere, erscheint schon bei Hosea und Jeremia (Jes 24,4–6; 33,9; Hos 4,3; Joel 1,10; Jer 23,10–11).

Die Legitimität der Prophetie wird oft mit der biographischen Prophetie verbunden. Im Deuteronomium und in Jeremia wird gefragt, welcher Prophet ein echter Prophet sei; die Antworten haben mehr mit ideologischen Fragen als mit solchen der Authentizität zu tun. Der Konflikt zwischen Hanania und Jeremia (Jer 28) etwa kommentiert die Unterscheidung von wahren und falschen Propheten, die in Deuteronomium 18 getroffen wird, ohne dass dabei allerdings ein klares Kriterium entwickelt würde – im Deuteronomium wird lediglich festgestellt, dass der falsche Prophet sterben wird (Deu 18,20). Jeremia entwickelt eine andere Antwort: Orakel über Krieg, Unglück und Pest sind wahrscheinlich echt, dagegen kann man Voraussagen über Frieden nur glauben, wenn sie eingetroffen sind. Jeremia gibt auch das Schicksal des falschen Propheten präziser an als im Deuteronomium: „dies Jahr sollst du sterben" (28,16).

Biographische Prophetie erfordert eine metonymische Verbindung zwischen einer bestimmten Person, z. B. Jeremia, und dem Volk Israels. Die Zukunft der biographischen Prophetie entsteht aus dieser Dialektik, die im Fall Adornos eine negative ist, in welcher der Ausdruck der persönlichen Verzweiflung irgendwie, durch kollektives Lesen und im geschichtlichen und kanonischen Kontext eine hoffnungsvolle Zukunft vorstellen kann. Solche Zukunft mag unmöglich und schwer fassbar sein, aber ihr Vorteil ist, dass sie aus einem konkreten und besonderen Leben entspringt. In „Der Böse Kamerad" (*Minima Moralia*) betrachtet Adorno die Vergangenheit im Rückblick als die Zukunft:

> Eigentlich müßte ich den Faschismus aus der Erinnerung meiner Kindheit ableiten können. [...] Der Ausbruch des dritten Reiches überraschte mein politisches Urteil

---

16 Ebd., S. 120.
17 Faulkner ist relevant nicht nur für das berühmte Sprichwort „[T]he past is never dead. It's not even past" (*Requiem for a Nun*, New York: Vintage 1975, S. 80), sein ganzes Werk, besonders *The Sound and the Fury* (1929) und *Absalom, Absalom!* (1936), beschäftigt sich mit der Vergangenheit als Überlieferung.

zwar, doch nicht meine unbewußte Angstbreitschaft. So nah hatten alle Motive der permanenten Katastrophe mich gestreift, so unverlöschlich waren die Mahnmale des deutschen Erwachens mir eingebrannt, daß ich ein jegliches dann in Zügen der Hitlerdiktatur wiedererkannte: und oft kam es meinem törichten Entsetzen vor, als wäre der totale Staat eigens gegen mich erfunden worden, um mir doch noch das anzutun, wovon ich in meiner Kindheit, seiner Vorwelt, bis auf weiteres dispensiert geblieben war.[18]

Für die biographische Prophetie und ihre modernen Erben sind starke Ausdrücke typisch. Für Theodor Adorno erfordert Treue zur offenbarten Religion Schweigsamkeit, obwohl diese Religion nur einen kritischen Standpunkt anbietet. In *Minima Moralia: Reflexionen aus dem beschädigten Leben*, seinem am stärksten biographischen und theologischen Werk, behauptet Adorno, „Philosophie, wie sie im Angesicht der Verzweiflung einzig noch zu verantworten ist, wäre der Versuch, alle Dinge so zu betrachten, wie sie vom Standpunkt der Erlösung aus sich darstellten. [...] Gegenüber der Forderung, die damit an ihn ergeht, ist aber die Frage nach der Wirklichkeit oder Unwirklichkeit der Erlösung selber fast gleichgültig."[19] In seinem Essay über Vernunft und Offenbarung sagt Adorno, dass die einzige Wahl sei, „äußerste Askese jeglichem Offenbarungsglauben gegenüber, äußerste Treue zum Bilderverbot, weit über das hinaus, was es einmal an Ort und Stelle meinte."[20]

Adornos kritische Rhetorik ist mit biographischer Prophetie verwandt. Wie die Propheten stellt Adorno moralische Urteile auf ein ontologisches oder sogar metaphysisches Niveau. Wie die Propheten stellt Adorno eine zerfallene Realität als Konsequenz aus den gebrochenen Versprechen von Freiheit und Glück dar. Diese falschen Versprechen wurzeln nach Adorno in der Idolatrie der Aufklärung und Kulturindustrie:

> Unter dem Titel der brutalen Tatsachen wird das gesellschaftliche Unrecht, aus dem diese hervorgehen, heute so sicher als ein dem Zugriff ewig sich entziehendes geheiligt, wie der Medizinmann unter dem Schutze seiner Götter sakrosankt war. [...] mit der Versachlichung des Geistes wurden die Beziehungen selber verhext, auch die jedes Einzelnen zu sich. [...] Der Animismus hatte die Sache beseelt, der Industrialismus versachlicht die Seelen.[21]

Er spricht auch vom „Fetischcharakter", der „Brutalität" und dem „Blendwerk von Zauberern und Medizinmännern" in der Kulturindustrie.[22]

---

18 Theodor Adorno: *Minima Moralia: Reflexionen aus dem beschädigten Leben*, Frankfurt a. M.: Suhrkamp 2005, S. 219.
19 Ebd., S. 283.
20 Theodor Adorno: „Vernunft und Offenbarung", in: *Gesammelte Schriften*, Frankfurt a. M.: Suhrkamp Verlag 2003, Bd. 10.2, S. 616. Vgl. Elizabeth Pritchard: „*Bilderverbot* Meets Body in Theodor W. Adorno's Inverse Theology", in: *Harvard Theological Review* 95 (2002), S. 291–318, hier S. 294.
21 Max Horkheimer/Theodor W. Adorno: *Dialektik der Aufklärung*, Frankfurt a. M.: Fischer 2008, S. 34.
22 Ebd., S. 35.

Ein wichtiges Motiv der biographischen Prophetie ist der agonistische Streit. So wie Jeremia den falschen Propheten Hanania angreift, so attackiert Adorno Martin Heidegger. In *Jargon der Eigentlichkeit* kritisiert Adorno Sprache und Gedanken von Heidegger und seinen Jüngern in Form eines Pamphlets. Der „Jargon", von dem Adorno spricht, ist religiös: er enthält einen „theologischen Klang", der zum „Kultus der Eigentlichkeit" gehört, er ist „sakral ohne sakralen Gehalt".[23] Obwohl er meint, sozialkritisch zu sein, bleibt der Jargon faktisch abhängig von Liberalismus und Faschismus.[24] Adorno zitiert Heideggers Behauptung, Philosophie gehöre „mitten hinein in die Arbeit der Bauern" mit dem enthüllenden Kommentar: „Man möchte dazu wenigstens deren Ansicht erfahren."[25]

Noch stärker weist Adorno Heideggers Kritik von Geschwätz und Gerede zurück: „Er verurteilt das Gerede, aber nicht die Brutalität, mit der zu paktieren die wahre Schuld des an sich weit unschuldigeren Geredes ist."[26] Zu Heideggers Bezeichnung des „alltäglichen Daseins" als „entwurzelt" bemerkt Adorno: „Der wurzellose Intellektuelle trägt in Philosophie 1927 den gelben Fleck des Zersetzenden."[27] Und auch Heideggers Idee des Todes ist für Adorno gefährlich: „Gewalt wohnt wie der Sprachgestalt so dem Kern der Heideggerschen Philosophie inne: der Konstellation in welche sie Selbsterhaltung und Tod rückt."[28] So kann man Adornos *Jargon* vom Anfang bis Ende wie einen prophetischen Fluch gegen Heidegger und seine Schüler lesen.

Biographische Prophetie stellt den Propheten als Opfer dar. Der „Gottesknecht" von Deuterojesaja, mit dem möglicherweise Jeremia gemeint ist, geht „wie ein armes Schaf auf dem Weg zur Schlachtbank" (Jes 53,7; Jer 11,19). Was für eine Zukunft ist unter dem Zeichen eines solchen Opfers möglich? Kurz gesagt: eine messianische Zukunft, insofern der Messias die Hoffnung auf einer kollektiven Wiederherstellung durch erlösendes Leiden verkörpert. In biblischer Tradition ist diese Zukunft immer schwierig vorzustellen und noch schwieriger zu erreichen. Aber solche Zukunft begründet das Leiden der Propheten und damit eine asketische und intellektuelle Praxis, welche Pierre Hadot „spirituelle Übungen" nennt.[29] Adorno, der ein Student von Paul Tillich war und sein erstes Buch über Kierkegaard geschrieben hat, hat dieses Problem gut verstanden und es in die kritische Philosophie verschoben. Diese Philosophie wurzelt in asketischer Praxis und messianischen Reden über die biographische Prophetie.

Der Prophet als Opfer dient als Modell für Protagonisten in romantischer und moderner Literatur. In den Erzählungen und Romanen von Poe und Kafka geht es

---

23 Theodor Adorno: *Jargon der Eigentlichkeit: Zur deutschen Ideologie*, Frankfurt a. M.: Suhrkamp 1977, S. 12.
24 Ebd., S. 44.
25 Ebd., S. 47–48.
26 Ebd., S. 86.
27 Ebd., S. 95.
28 Ebd., S. 111.
29 Pierre Hadot: *Philosophy as a Way of Life*, hg. von Arnold Davidson, übers. von Michael Chase, Oxford: Blackwell 1995.

permanent um Verzweiflung und Leiden; dabei ist Poes Welt – etwa in „The Pit and the Pendulum", „The Facts in the Case of M. Valdemar" und „Premature Burial" – geheimnisvoll und grotesk, Kafkas unerforschlich und ungerecht (und oft auch grotesk, z. B. in der *Verwandlung* oder in *Vor dem Gesetz*). Wie in der Bibel wissen auch die Protagonisten dieser Texte nicht, warum sie leiden, und der Leser muss über diese Theodizeefrage denken und entscheiden. Wie in der biblischen Prophetie kann man bei Kafka und Poe nur durch Lesen und Denken Hoffnung finden.

IV Apokalyptische Prophetie

Apokalyptik ist Literatur der Krise. Für Ezekiel und Daniel, die Apokalyptiker unter den Propheten, ist die Krise schon vorbei, aber anstelle einer sanften Botschaft wie in Deuterojesaja intensivieren diese Bücher die Rhetorik und Bildlichkeit der Katastrophe. Beide Texte enthalten Weltuntergangsvisionen: im Exil ohne Tempel und Heimat sieht Ezekiel einen herrlichen, zukünftigen Tempel in Jerusalem. Bei Daniel werden die heroischen Legenden der *Diasporanovelle* im ersten Teil (Kap. 1–7) von apokalyptischen Visionen gefolgt, als ob jene Legenden nicht stark genug sind, gegen die Katastrophe der Geschichte zu kämpfen. Beide Teile sind in den religiösen und politischen Kämpfen des dritten und zweiten Jahrhunderts entstanden, und beide Teile kreisen um die Theodizee. Während aber die Erzählungen heroisches Verhalten in der Vergangenheit zeigen, setzt Kap. 8 mit einer Vision Daniels ein, die dieser so wenig versteht wie der babylonische König seine Träume verstanden hatte (Dan 4). Was bedeutet diese Vision? Der Engel Gabriel erklärt: „Merke auf, du Menschenkind! denn dies Gesicht gehört in die Zeit des Endes" (8,17). Daniels Zeit des Endes ist die apokalyptische Zukunft, aber diese Zukunft kann geschichtliche oder ganz apokalyptische sein. Später (Kap 11,1–39) wird die Vision sehr detailliert und spezifisch und beschreibt auch Ereignisse, die bereits stattgefunden haben, wenn sie etwa die Reihe der persischen und griechischen Herrscher aufzählen oder den Tyrannen Antiochus Epiphanes behandeln (v. 21). Schließlich kehrt der Text noch mal zur apokalyptischen Zukunft zurück (Kap 11,40–12,13) und beschreibt „die letzte Zeit" und „das Ende der Tage" (12,4; 11; 13).

Die Verbindung von Apokalyptik und modernem Denken zeigt sich bei Georges Sorel, Karl Marx, Karl Löwith, Jacob Taubes, Alexander Kluge und natürlich auch bei Walter Benjamin. Weil sie visionär und damit auf großartige Weise umfassend ist, ist die Zukunft des Apokalyptikers esoterisch. Apokalyptik interessiert sich nicht für die Zukunft im Konkreten, sondern für die Hoffnung auf die Zukunft, sozusagen für Zukünftigkeit. Auch der Begriff des Messias bezieht sich auf Zukünftigkeit, aber die Kategorie der Apokalyptik ist umfassender und braucht nicht die spezifische Last der messianischen Theodizee zu tragen. In seinem Gedicht „Apokalypse" von 1920 stellt Karl Kraus zum Beispiel ungeheure Menschen vor den Hintergrund kosmischer Stürme, einer schwarzen Sonne und einer zitternden Erde:

> Wild um mich tobt die Zeit im Untergang,
> Sie töten sich zum Ausgang zu gelangen:
> Der aber ist versperrt, so räumen sie
> Einander weg und immer weniger
> verbleiben hier, einander Raum zu machen.
> Doch jene andern, von den Strömen her,
> die bitter nicht und ohne Trübnis sind,
> befruchtend ihre Welt: die Menschen, die
> nicht von den Wassern sterben, drängen zu
> und werden immer mehr; ihr Antlitz ist
> der Menschen Antlitz, doch sie haben Haare
> wie Weiberhaare und die Zähne sind
> wie die der Löwen und sie haben Schwänze
> den Schlangen gleich und Köpfe haben sie,
> zu schaden.[30]

Hier zitiert Kraus einige apokalyptische Texte, besonders Hesekiel 32,2 („Du bist gleich wie ein Löwe unter den Heiden und wie ein Meerdrache und springst in deinen Strömen und rührst das Wasser auf mit deinen Füßen und machst seine Ströme trüb") und Offenbarung 4,7 („Und das erste Tier war gleich einem Löwen, und das andere Tier war gleich einem Kalbe, das dritte hatte ein Antlitz wie ein Mensch, und das vierte Tier war gleich einem fliegenden Adler"). Nach dem ersten Weltkrieg evozieren diese apokalyptischen Bilder Gewalt und Zerstörung, und im Gegensatz zum biblischen Bild einer zukünftigen Versöhnung schließt das Gedicht mit einem Engel, der ein kannibalistisches Racheritual ankündigt.

Apokalyptische Literatur hat normalerweise politische und symbolische Implikationen. In Toni Morrisons apokalyptischen Romanen wie *Beloved*, *Paradise* und *A Mercy* erfordern geschichtliche Katastrophen radikale Lösungen, auch im literarischen Sinn. Obwohl ihre Themen ganz weltlich sind, verwendet Morrison immer wieder apokalyptische Elemente: Ihre Romane verwenden immer wieder biblische und religiöse Motive, um den Schrecken der Sklaverei und der rassistischen Gewalt darzustellen, etwa wenn sie den Überfall auf ein Kloster beschreibt:

> Eine halbe Meile vor ihrem Ziel wurden die Männer bis zu den Hüften von Nebel umgeben. Sie erreichten das Kloster nur Sekunden vor der Sonne und sahen für einen Moment, wie das Gebäude schwebte, dunkel und auf bösartige Weise abgelöst von Gottes Erde. […] Die schwarzen Frauen, die Maria nicht erlöst zu haben schien, sprangen wie panisches Wild in einer Sonne, die den Dunst vertrieben hatte und ein öliges Licht über die Jagdszene goss. Für die Männer war Gott auf ihrer Seite, und sie nahmen Ihre Ziele ins Visier.[31]

Heute fordert Žižek angesichts der Gefahr von ökologischer und biotechnischer Zerstörung einen neuen universalen Begriff für das Proletariat, nach dem „wir alle potentiell *homo sacer* sind". „Wir leben in apokalyptischen Zeiten", behauptet

---
30 Karl Kraus: „Apokalypse", in: *Die Fackel* 22 (Juli 1920), S. 78.
31 Toni Morrison: *Paradise*, New York: Alfred A. Knopf 1998, S. 18.

Žižek, aber es gibt keine zukünftige Vision in seinem Buch.[32] Er entwirft vielmehr „eine eschatologische Apokalyptik", die *nicht* eine Phantasie des letzten Urteils enthält, sondern, indem er Benjamin gegen Marx zitiert, Handlungen *gegen* den geschichtlichen Fortschritt: „Vielleicht", so Benjamin, „sind die Revolutionen der Griff des in diesem Zuge reisenden Menschengeschlechts nach der Notbremse."[33] Žižeks Text stellt die apokalyptische Antinomie zwischen weltlichen und außerweltlichen Zukünften bloß. Apokalyptik ist die dringendste und unrealistischste Form der Prophetie.

V Ausblick: *Die Antinomien prophetischer Diskurse*

Für biblische Prophetie und ihr Nachleben ist die Zukunft oft bereits Vergangenheit, weil die prophetischen Bücher nach den prophetischen Orakeln und den historischen Ereignissen, auf die sich jene Orakel beziehen, geschrieben worden sind. Dieses Paradox des Kanons ist in Benjamins „Über den Begriff der Geschichte" zentral: „Bekanntlich war es den Juden untersagt, der Zukunft nachzuforschen. Die Thora und das Gebet unterweisen sie dagegen im Eingedenken. Dieses entzauberte ihnen die Zukunft, der die verfallen sind, die sich bei den Wahrsagern Auskunft holen."[34] Unmittelbar im Anschluss sagt Benjamin in einer charakteristischen Umkehrung, dass die Juden immer den Messias erwarten. Prophetie als Wahrsagung oder Vorhersage der Zukunft haben dabei für Benjamin immer etwas mit Schrift und Sprache zu tun. In seiner „Lehre vom Ähnlichen" wird Sprache als „Archiv unsinnlicher Ähnlichkeit" und „die höchste Verwendung des mimetischen Vermögens" bezeichnet: „Schrift und Sprache sind es, an die die Hellsicht ihre alten Kräfte im Laufe der Geschichte abgetreten hat."[35] Benjamins prophetische Zukunft dreht sich immer zur Vergangenheit. Sein Angelus Novus wird als „ein rückwärts gekehrter Prophet" beschrieben, er prophezeie, „was für jene noch als Zukunft zu gelten hatte, inzwischen aber ebenfalls zur Vergangenheit geworden ist."[36] Das heißt, „der Historiker wendet der eigenen Zeit den Rücken zu und sein Seherblick entzündet sich an den immer tiefer ins Vergangene hinschwindenden Gipfeln der früheren Menschengeschlechter. Dieser Seherblick eben ist es, dem die eigene Zeit weit deutlicher gegenwärtig ist als den Zeitgenossen, die ‚mit ihr Schritt halten'."[37] Diese Einsicht in prophetische Zukünfte und die Vergangenheit, die die Arbeit des Historikers mit der prophetischen Rolle des Engels verbindet, drückt die Spannung zwischen „der profanen Ordnung des Profanen" und „dem Kom-

---

32 Žižek: *First as Tragedy* (Anm. 6), S. 148–149.
33 Benjamin: *Gesammelte Schriften* (Anm. 7), S. 1232.
34 Ebd., S. 704.
35 Benjamin: *Gesammelte Schriften*, (Anm. 7), Bd. 2, S. 209.
36 Ebd., Bd. 1, S. 1237; hier zitiert Benjamin Friedrich Schlegel: Der Historiker ist ein rückwärts gekehrter Prophet. Friedrich Schlegel: *„Athenäums-Fragmente,"* in: *Kritische und theoretische Schriften*, Stuttgart: Reclam 1978, S. 85.
37 Benjamin: *Gesammelte Schriften*, Bd. 1, S. 1237.

men des messianischen Reiches" aus, von der Benjamins „theologisch-politisches Fragment" spricht.³⁸ Benjamin entwirft dabei kein klares Bild dieser messianischen Zukunft, aber er besteht darauf, sie sowohl mit der Gegenwart als auch mit der religiösen Tradition zu verbinden. Denn die messianische Zukunft ist natürlich sehr schwer fassbar, aber sicher eine biblische.

Prophetie ist ein Versuch, durch eine zeitliche und körperliche Form – nämlich durch die Schrift – die Grenzen der Zeit aufzuheben. Heutzutage basieren Diskussionen über Zeit und Gedächtnis meist auf Augustinus und anderen philosophischen Überlegungen, aber man könnte auch in der Prophetie und in der biblischen Überlieferung eine reiche Diskussion der Zeit finden. Dieser Aufsatz ist nur ein skizzenhafter Versuch, über biblische Zukünfte nachzudenken, und weitere Untersuchungen wären notwendig, um die biblischen Zukünfte und ihre Wirkungsgeschichte im Zusammenhang mit Ideen zur Zeit – nicht nur zur Zukunft – zu diskutieren. Obwohl die Zukunft der Literatur oft in der Vergangenheit liegt, kann alle Literatur als „zukünftige" bezeichnet werden, weil der Akt des Lesens den Fluss der Zeit verschiebt, gleich wie Scheherazade ihren Tod durch Erzählungen verschiebt. Auch zeigt und gestaltet Literatur immer wieder verschiedene Zukünfte; die Fragen, wie diese Zukünfte ihrerseits unser Leben gestalten, wieweit wir diese Einflüsse verstehen, und wie biblisch diese Zukünfte sind, bleiben dabei offen. Wenn Löwiths Deutung von Marx als Apokalyptiker uns heute hoch überzeugt, dann gibt es noch viel über die Prophetie in der Moderne zu sagen.

---

38 Walter Benjamin: *Theologisch-Politisches Fragment*, in: ders.: *Gesammelte Schriften*, Bd. 2, S. 204.

Daniel Weidner

Mächtige Worte
Zur Politik der Prophetie in der Weimarer Republik

Am Schluss seiner 1917 gehaltenen Rede *Wissenschaft als Beruf* warnt Max Weber vor überzogenen Erwartungen an die zahllosen zeitgenössischen Erlösungslehren: Man müsse sich klar sein,

> daß heute für alle jene viele, die auf neue Propheten und Heilande harren, die Lage die gleiche ist, wie sie aus jenem unter die Jesaja-Orakel aufgenommenen edomitischen Wächterlied in der Exilszeit klingt: „Es kommt ein Ruf aus Se'ir in Edom: Wächter wie lang noch die Nacht? Der Wächter spricht: Es kommt der Morgen, aber noch ist es Nacht. Wenn ihr fragen wollt, kommt ein andern Mal wieder." Das Volk, dem das gesagt wurde hat gefragt und geharrt durch weit mehr als zwei Jahrtausende, und wir kennen sein erschütterndes Schicksal. Daraus wollen wir die Lehre ziehen: daß es mit dem Sehnen und Harren allein nicht getan ist, und es anders machen: an unsere Arbeit gehen und der ‚Forderung des Tages' gerecht werden – menschlich sowohl wie beruflich. Die aber ist schlicht und einfach, wenn jeder den Dämon findet und ihm gehorcht, der seines Lebens Fäden hält.[1]

Es gebe keine Propheten und Heilande in der Gegenwart, von denen man sich Führung erwarten könne – das war bereits der Tenor von Webers gesamter Rede gewesen. Schon gar nicht solle man auf eine solche Führung im Namen der Wissenschaft warten: Deren „Katederprophetie" sei noch schlimmer als diejenigen Lehren, die in der allgemeinen Öffentlichkeit, außerhalb der Wissenschaft vorgetragen werden. Denn Wissenschaft, so Webers Argumentation, könne immer nur Tatsachenwissenschaft sein, nicht Werte setzen; jeder müsse daher selbst entscheiden, welchen Werten er folgen wolle. Webers Kritik an den überzogenen Ansprüchen an die Wissenschaft ist allerdings latent widersprüchlich: ‚Ich sage Euch (vom Katheder), glaubt niemandem, der vom Katheder zu Euch spricht.' Das ist nur deshalb kein reines Paradox, weil Weber so entschieden das ‚Ich' ins Spiel bringt, also auf den eigenen Sprechakt verweist. Und tatsächlich wird in *Wissenschaft als Beruf* dieses Sprechen ausführlich inszeniert. Immer wieder spricht der Redner über die Enttäuschung, die er seinen erwartungsvollen Hörern bereiten müsse; zugleich ist der Text ein vehementer Appell, wie die Goethe'sche Wendung von den ‚Forderungen des Tages' abschließend unterstreicht.

---

1 Max Weber: „Wissenschaft als Beruf", in: ders.: *Gesammelte Aufsätze zur Wissenschaftslehre*, hg. von Johannes Winckelmann, Tübingen: Mohr [7]1988, S. 582–613, hier S. 613. Über Webers ‚Dämon' als „Abgott einer entgötterten Menschheit" vgl. Karl Löwith: „Max Weber und Karl Marx", in: ders.: *Sämtliche Schriften*, Bd. 5, hg. von Klaus Stichweh/Marc B. De Launay/Bernd Lutz u. a., Stuttgart: Metzler 1988, S. 324–407, bes. S. 366 ff.

Interessanterweise wird dieser Verweis auf das eigene Sprechen hier, am Schluss des Textes, im Zitat gewissermaßen verdoppelt: Weber zitiert Jesaja 21,11f., eine der vielen rätselhaften Stellen in den prophetischen Büchern der hebräischen Bibel. Damit wird die antiprophetische Warnung gewissermaßen verschachtelt: Weber zitiert einen Propheten, der seinerseits einen ‚Wächter' zitiert, um uns davon abzuhalten, auf Propheten zu hören. Die Komplexität und Widersprüchlichkeit dieses Sprechakts zeigt, dass die Prophetie selbst dort nicht so leicht loszuwerden ist, wo sie negiert werden soll. Sie zeigt aber zugleich, wie kompliziert prophetisches Sprechen in der Moderne organisiert sein kann, und allgemeiner, was es unter modernen Bedingungen heißen kann ‚im Namen' von jemandem (der Wissenschaft, der Tradition, der Zuhörer etc.) zu sprechen.

Webers Text kann man als Urszene eines prophetischen Diskurses in der Weimarer Zeit lesen. Dieser Diskurs gewinnt seine Kraft, aber auch seine Komplexität aus einer selbstkritischen Wendung, in der sich prophetischer Anspruch und antiprophetische Kritik permanent vermischen. Damit stellt er keinen Einzelfall dar, sondern gehört in den weiten Bereich der Reaktionen auf die Krise, die mit dem Ersten Weltkrieg einherging: Schon im Krieg war allenthalben ein Ruf nach Führung und Erlösung laut geworden, der zugleich immer wieder Gegenstimmen provozierte. Der politische ‚Messianismus' der folgenden Weimarer Zeit ist oft als Anachronismus und als bloßes Krisensymptom betrachtet worden.[2] So richtig das generell auch sein mag, man muss sich auch das politische und epistemische Potenzial dieser Diskurse vor Augen halten: Aus der Sehnsucht nach Führung ließ sich eine Theorie des Politischen, aus der polemischen Kulturkritik eine Theorie der Kultur ableiten. Diese Theorien sind bis heute wichtig und fruchtbar, auch wenn man die antiliberale Haltung nicht teilt, aus der sie zumindest zum Teil entsprungen sind. Eine andere Argumentationslinie deutet den Anachronismus einer modernen Prophetie durch eine Unterscheidung der Diskurse: Prophetie sei demnach in der säkularen Moderne nur noch in der Poesie möglich, die gerade in der Figur des Propheten hypertrophe Wissensansprüche ‚metaprophetisch' reflektiere.[3] Demgegenüber lässt sich zeigen, dass nicht nur literarische, sondern auch theoretische Texte auf die Figur des Propheten zurückgreifen, dass man aber umgekehrt gerade an der Rhetorik der Prophetie nach einer *Poesie der Theorie* suchen kann, die von zentraler Bedeutung für die avanciertesten Versuche der 1920er Jahre ist, die Grenzen der Disziplinen zu überschreiten.

---

2 Vgl. dazu Klaus Schreiner: „‚Wann kommt der Retter Deutschlands?' Formen und Funktionen von politischem Messianismus in der Weimarer Republik", in: *Saeculum* 49 (1998), S. 107–160, sowie Klaus Vondung: *Die Apokalypse in Deutschland*, München: DTV 1988. Zur Dokumentation der Erlösungslehren vgl. auch Ulrich Linse: *Geisterseher und Wunderwirker: Heilsuche im Industriezeitalter*, Frankfurt a. M.: Fischer 1996.

3 Vgl. Werner Frick: „Poeta Vates: Versionen eines Mythischen Modells in der Lyrik der Moderne", in: Matias Martinez (Hg.): *Formaler Mythos. Beiträge zu einer Theorie ästhetischer Formen*, Paderborn: Schöningh 1996, S. 125–162.

Die Frage nach einer prophetischen Rhetorik ist dabei umso interessanter, als die theoretischen Diskurse der Zwischenkriegszeit in der Vergangenheit schon mehrfach auf ihre Rhetorik und ihre Argumentationsmuster untersucht wurden, und zwar unter explizitem Rückgriff auf religionsgeschichtliche Kategorien. So wurde etwa die „Rhetorik der Selbstermächtigung" mit dem gnostischen Diskurs in Verbindung gesetzt[4] oder der „Setzungscharakter" dieser Diskurse als apokalyptische Argumentationsstruktur beschrieben.[5] Insbesondere der ‚Messianismus' hat sich in den letzten Jahrzehnten als interpretatorische Schlüsselkategorie des Weimarer Denkens erwiesen; freilich wird diese Kategorie nur ausnahmsweise auf die biblische Tradition bezogen und dort dann eher mit Paulus als mit der biblischen Prophetie in Verbindung gebracht – obwohl die Prophetie sowohl in der Antike wie im 20. Jahrhundert für die Entstehung bzw. Aktualisierung des Messianismus von zentraler Bedeutung war.[6] Die Frage nach der prophetischen Rhetorik ermöglicht es daher, die Intellektualgeschichte der Weimarer Republik neu zu lesen.

Im Folgenden sollen weniger die systematischen Zusammenhänge als die spezifischen Sprachgesten dieses Denkens rekonstruiert werden, indem (1) am Beispiel von Max Webers religionssoziologischen Schriften gezeigt wird, wie die biblische Prophetie am Anfang des 20. Jahrhunderts verstanden wurde, bevor (2) noch einmal der Rekurs auf die Prophetie in Webers Wertlehre untersucht wird. Im Anschluss soll an zwei Reaktionen auf Weber gezeigt werden, wie dieser prophetische Diskurs weiterwirkte: Karl Barths theologische Rhetorik (3) radikalisiert die Rhetorik der Kritik und der Unterscheidung von wahrer und falscher Mitteilung bis zur Paradoxie; Walter Benjamins Überlegungen zu Kritik und Übersetzung (4) bedienen sich ebenfalls radikaler Unterscheidungen und problematisieren zugleich den eigenen Standpunkt.

1.

Webers Berufung auf die Prophetie am Ende von *Wissenschaft als Beruf* erfolgt nicht von ungefähr. Während der Zeit des Ersten Weltkriegs hatte er sich intensiv mit der Geschichte des alten Israel auseinandergesetzt; das Ergebnis dieser Studien erschien 1920 postum im dritten Band seiner Aufsätze *Zur Wirtschaftsethik der Weltreligionen*. Diese Arbeit hatte ein augenscheinlich identifikatorisches Moment,

---

4 Vgl. Michael Pauen: *Dithyrambiker des Untergangs: Gnostizismus in Ästhetik und Philosophie der Moderne*, Berlin: Akademie Verlag 1994; Norbert Bolz: *Auszug aus der Entzauberten Welt. Philosophischer Extremismus zwischen den Weltkriegen*, München: Fink 2003.
5 Jürgen Brockhoff: *Die Apokalypse in der Weimarer Republik*, München: Fink 2001.
6 Vgl. exemplarisch Michael Löwy: *Erlösung und Utopie. Jüdischer Messianismus und libertäres Denken*, Berlin: Kramer 1997; Arno Münster: *Utopie, Messianismus und Apokalypse im Frühwerk von Ernst Bloch*, Frankfurt a. M.: Suhrkamp 1985; Manfred Voigts: *Jüdischer Messianismus und Geschichte: Ein Grundriß*, Berlin: Agora 1994. Für Agamben ist die Prophetie nur eine Kontrastfigur für das authentisch Messianische, vgl. Giorgio Agamben: *Die Zeit, die bleibt. Ein Kommentar zum Römerbrief. Referenzstellen aus paulinischen Texten*, Frankfurt a. M.: Suhrkamp 2006, S. 73 ff.

wie sich Webers Frau Marianne später erinnerte: „Besonders ergriff ihn die Gestalt des Unglückspropheten Jeremia, dessen Analyse wie die der Puritaner eine starke innere Beteiligung durchschimmern läßt. Wenn er der Gefährtin abends daraus vorlas, so sah sie in manchem sein eigenes Schicksal."[7] Offensichtlich betrachtete sich Weber selbst als den Unglückspropheten, der die deutsche Katastrophe vorhergesehen hatte, ohne dass jemand auf ihn gehört hatte. Die Erbauung an den Prophetenbüchern gehört zu den festen Bestandteilen eines protestantischen Habitus, und gerade der klagende Jeremia hat immer wieder als Trostfigur für Gläubige in der Anfechtung gedient. Bei Weber verschiebt sich diese Erbauung aber vom Religiösen ins Politische, denn nicht als frommes Individuum, als Lehrer oder als aufrechter Bekenner kann sich Weber in den Propheten Israels erkennen, sondern als Politiker, und zwar gerade als Politiker des Wortes.

Webers Lesart folgt weitgehend der Deutung der Propheten durch die von ihm intensiv rezipierte protestantische Bibelwissenschaft.[8] Hier wurden die biblischen Propheten am Ende des 19. Jahrhunderts im Rahmen einer historischen Konstruktion interpretiert, in der die politische Geschichte Israels eine Schlüsselrolle spielte: Seit den 1880er Jahren verabschiedete sich die Exegese zunehmend vom älteren romantischen und idealistischen Bild der Propheten als geniale Individuen und Verkünder einer Religion der Innerlichkeit und des Gewissens.[9] Besonders Julius Wellhausen und seine Schüler betonten jetzt, dass die Prophetie in Israel aufgrund einer Krise des Staates auftrat: Als das Reich Israel und später der Staat Juda untergegangen seien, hätten die Propheten diese Katastrophen als göttliche Strafen erklärt und die Gläubigen zum moralischen Wandel aufgefordert. In dieser Sichtweise wird die Prophetie von politischen Ereignissen provoziert, sie verwirft die Machtpolitik der Könige zugunsten des guten alten Rechts, letztlich führt ihre Predigt dabei zu einer Entpolitisierung der jüdischen Religion im Exil.[10] Diese Vorstellung der Propheten als ‚Ideologen' der Moral – die auch Nietzsches Vorstellung von einer ‚Umwertung der Werte' beeinflusste – stellt die Prophetie insgesamt

---

7 Marianne Weber: *Max Weber. Ein Lebensbild*, Nachdruck, München: Piper 1989, S. 605. Hier wird auch betont, dass „erst das Erleben des Krieges und des politischen Treibens" (ebd.) Weber die Prophetie erschließt, sie paraphrasiert Webers Verständnis: „Ungebändigt entlädt sich die glühende Leidenschaft des Propheten – aber diesen ‚Titanen des Heiligen Fluchens' gebietet nicht die eigene Person, sondern Jahwehs Sache. Und nachdem er dann recht behalten hat – keine Spur von Triumph darüber" (ebd.).

8 Vgl. insgesamt die Studie von *Eckart Otto: Max Webers Studien des antiken Judentums*, Tübingen: Mohr Siebeck 2002, S. 202 ff. Otto macht auch deutlich, dass Webers Betonung der Prophetie sich kritisch von den sehr viel negativer gezeichneten Deutungen des Judentums bei Nietzsche und Werner Sombart unterscheidet.

9 Vgl. dazu Wilhelm Hübner: *Die Prophetenforschung des Alten Testaments seit der Mitte des 18. Jahrhunderts*, Heidelberg (Diss.) 1957; sowie Peter H. A. Neumann: „Prophetenforschung seit Heinrich Ewald", in: ders. (Hg.): *Das Prophetenverständnis in der deutschsprachigen Forschung seit Heinrich Ewald*, Darmstadt: WBG 1979, S. 1–51.

10 Vgl. dazu die immer noch klassische Analyse von Friedemann Boschwitz: *Julius Wellhausen. Motive und Maßstäbe seiner Geschichtsschreibung*, Darmstadt: WBG 1968.

in den Mittelpunkt der Religionsgeschichte Israels.[11] Dabei wird nicht nur das Verhältnis von Moral und Politik verhandelt, das für die Krisendiskurse der Weimarer Zeit eine zentrale Rolle spielen sollte, diskutiert werden auch methodische Fragen der Geschichtsschreibung.

In dieser Hinsicht betonte etwa Webers Freund und Kollege Ernst Troeltsch in einer Kontroverse mit Hermann Cohen, dass man die Prophetie weder einfach ‚materialistisch' auf Interessen- oder gar Klassenkonflikte reduzieren könne noch ‚idealistisch' einfach als religiösen ‚Fortschritt' deuten solle, sondern historisch aus einer Aporie verstehen müssen, nämlich aus dem „Zusammenhang des Prophetismus mit einer höchst aktiven und lebendigen, aber kulturindifferenten, ja kulturfeindlichen Ethik".[12] Nach Troeltsch unterzogen die Propheten die Verhältnisse Israels einer kompromisslosen Kritik, die sich zwar am alten Gewohnheitsrecht orientierte, unter den gegebenen Machtverhältnissen aber reine Utopie war: „Aus der Politik geht diese ganze religiöse Ideenwelt hervor, die so unendlich wichtig geworden ist; aber diese Politik ist nun ihrerseits nicht eigentlich Politik, sondern ein altererbter felsenfester Glaube an die Unvergänglichkeit Israels und ein einzigartiger Ausschluß jedes Kompromisses mit fremden Kulten."[13] Die prophetische Politik ist also utopische Politik. Sie entspringt einer politischen Situation und will politisch wirken, aber sie ist zu radikal für das praktische politische Handeln und daher gewissermaßen ‚reine Politik' oder ‚Antipolitik'. Dabei wird – wie auch in anderen religionssoziologischen Untersuchungen von Troeltsch und Weber –, gerade das kulturkritische Potenzial der Religion als Triebkraft kultureller Entwicklungen betrachtet und somit eine Dialektik in den Kulturbegriff eingetragen, die sich als höchst fruchtbar für dessen kritische Erweiterung erweisen wird.

Auch Weber betrachtet in seiner Studie über das antike Judentum die Propheten als „politische Demagogen", die alles andere als „Realpolitiker" sind, weil ihre Politik durch „utopische Weltindifferenz" geprägt sei.[14] Sie betreiben „religiöse Demagogie, [...] welche autoritär auftritt und jede geordnete Verhandlung meidet", sie sind die „großen Ideologen des Jahwismus, [...] die gar keine Rücksichten kannten und ebendadurch jene gewaltigen Wirkung erzielten, die ihnen beschieden wa-

---

11 Daher stützen sich auch jüdische Interpretationen der Prophetie oft auf Wellhausens Konstruktion, vgl. dazu Daniel Weidner: „‚Geschichte gegen den Strich bürsten'. Julius Wellhausen und die jüdische ‚Gegengeschichte'", in: *Zeitschrift für Religions- und Geistesgeschichte* 54/3 (2002), S. 32–61.
12 Ernst Troeltsch: „Glaube und Ethos der hebräischen Propheten", in: ders.: *Gesammelte Schriften*, Bd. 4, hg. von Hans Baron, Tübingen: Mohr Siebeck 1925, S. 34–64, hier S. 38. Zur Debatte vgl. Wendell S. Dietrich: *Cohen and Troeltsch: Ethical Monotheistic Religion and Theory of Culture*, Atlanta: Scholars Press 1986.
13 Troeltsch: „Glaube und Ethos" (Anm. 12), S. 45. Troeltsch betont auch die „Aktivität und Willensanspannung" der Prophetie, die aber „indifferent gegen Welt und Kultur im abendländischen Sinne" sei, ebd., S. 61.
14 Max Weber: *Gesammelte Aufsätze zur Religionssoziologie*, Bd. 3, hg. von Marianne Weber, Tübingen: Mohr [8]1988, S. 281 f., 334, 342. Weber unterscheidet die Propheten scharf von anderen religiösen Typen, etwa den Mystikern: „Nie jedenfalls ist die Nähe Jahwes ein seliges Innewohnen des Göttlichen, vielmehr immer Pflicht und Gebot, meist jagende, stürmische Forderung" (ebd., S. 327).

ren".¹⁵ Zwar gehe es ihnen um durchaus konkrete Güter, weil schon die ältere hebräische Tradition durch den Bundesgedanken das innerweltliche Handeln gegenüber jeder Weltflucht betont hatte: „Sowohl Erlösung und Verheißung betreffen aktuell politische, nicht innerliche Dinge. Erlösung von der Knechtschaft der Ägypter, nicht von der brüchigen, sinnlosen Welt, Verheißung der Herrschaft über Kanaan, das man erobern wollte, und ein glückliches Dasein dort, nicht Verheißung transzendenter Güter bot der Gott".¹⁶ Aber wie für Troeltsch sind auch für Weber die Propheten dadurch letztlich unpolitisch, dass sie keine Rücksicht auf die wirklichen Machtverhältnisse nehmen, so dass sie „zwar der Art ihres Wirkens nach objektiv politische, und zwar vor allem weltpolitische, Demagogen und Publizisten sind, aber subjektiv nicht politische Parteigänger".¹⁷ Ihre Politik ist daher spezifisch irrational und dadurch radikal: „Das absolute Wunder ist der Angelpunkt aller prophetischen Erwartung, ohne welchen sie ihre spezifische Pathetik verlieren würde."¹⁸

Weber führt diese ambivalente Haltung der Propheten zur Politik auf ihre soziale Position zurück. Nach seiner Darstellung entstammen sie einer entmilitarisierten Kriegerkaste und sind daher eigentlich Privatmänner, beanspruchen aber, als Sprecher der Gemeinschaft aufzutreten. Sie werden jedoch von dieser Gemeinschaft in der Regel nicht anerkannt und bleiben einsam, nicht zuletzt deshalb, weil sich ihre Unheilsprophetie anders als die Wahrsagerei nicht als bezahltes Amt verstetigen lässt:

> Die Propheten wissen sich nicht, wie die alten Christen, als Glieder einer pneumatischen Gemeinschaft, die sie trägt. Im Gegenteil. Unverstanden und gehaßt von der Masse der Hörer wissen sie sich, niemals von ihnen getragen und gehegt als von gleichgestimmten Genossen [...]. [D]as ganze Pathos innerer Einsamkeit liegt über ihrer gerade in der vorexilischen Prophetie überwiegend harten und bitteren – oder wenn, wie bei Hosea, weichen, dann wehmütigen – Stimmung.¹⁹

Die Propheten sind also wesentlich einsam, und Ihre Einsamkeit wiederum bedingt die Radikalität ihrer Mitteilung, die auf keine partikularen Interessen Rücksicht nehmen muss. Die Propheten haben keine politische Machtbasis und gehören keiner Institution an, sie sind daher – in Webers Terminologie der Herrschaftstypen – mustergültige Charismatiker: Ihr Führungsanspruch beruht weder auf rationalen Verfahren noch auf Tradition, sondern darauf, dass ihnen übernatürliche Autorität zugesprochen wird, genauer, dass sie beanspruchen, im Namen Gottes zu sprechen: „Kein Prophet hat nach seiner Selbstbeurteilung etwas Eigenes an Heilsbesitz, er ist stets nur Mittel der Verkündigung göttlicher Gebote. Immer bleibt er nur Werkzeug und Knecht seines jeweiligen Ausdrucks. Nie sonst ist der

---

15 Ebd., S. 285, 118 f.
16 Ebd., S. 136.
17 Ebd., S. 288 f.
18 Ebd., S. 347.
19 Ebd., S. 307.

Typus der ‚Sendungsprophetie' so rein ausgeprägt gewesen."[20] Wie wichtig diese Form der Prophetie in der späteren politischen Geschichte Europas sein sollte, war Weber nicht zuletzt durch seine intensive Beschäftigung mit dem reformierten Protestantismus deutlich, in dem anders als im Luthertum die Bedeutung des prophetischen Amtes neben dem königlichen immer betont worden war.

Die ‚Sendungsprophetie' des alten Israel repräsentiert für Weber nicht nur die ihrem Wesen nach instabile charismatische Herrschaft, sondern auch deren Tragödie, die sich im Leiden des geschlagenen Propheten manifestiert. Diese Tragödie besteht nicht nur darin, dass sich der charismatische Anspruch selbst nicht legitimieren und verstetigen lässt und daher immer prekär bleibt – dass also jeder Prophet radikal einsam ist –; sie besteht auch darin, dass die radikale Kritik der Propheten in ihrer Wirkung letztlich zur Auflösung des politischen Gemeinwesens beiträgt, das sie eigentlich restaurieren wollen. Denn indem die Propheten die existierende Königsherrschaft kritisieren, unterziehen sie schließlich *jede* Herrschaft ihrer Kritik. Weber folgt Wellhausens Deutung, derzufolge die Propheten als Vorbereiter der politisch unselbständigen Gemeinde des Exils zu verstehen seien. So führt der prophetische Protest etwa bei Deuterojesaja (Jes 40–55) letztlich zur „Verklärung der Pariavolkslage und des geduldigen Ausharrens in ihr".[21] Die Prophetie, politisch gelesen, zeigt somit die Ambivalenz einer Politik der Machtlosen, die gerade als machtlose Politik radikal ist, weil sie gegenüber jeglicher politischen Position extraterritorial bleibt, die in ihrer Radikalität aber auch ihre eigene Grundlage in Frage stellt, weil ihre kritische Wucht schließlich jede Wirklichkeit untergräbt und jedes politische Handeln lähmt: „nur die Wucht der Prophetie machte Israel in diesem einzigartigen Maße zu einem Volk der ‚Erwartung' und des ‚Harrens'".[22]

2.

Wenn Weber am Schluss von *Wissenschaft als Beruf* seine Hörer vor dem Schicksal des jüdischen Volkes warnt und betont, „daß es mit dem Sehnen und Harren allein nicht getan ist", so muss das im Rahmen der ambivalenten politischen Rolle betrachtet werden, die er der alttestamentlichen Prophetie zuschreibt. Denn die Position des Propheten, die er hier aufruft und von der er sich zugleich distanziert, betrifft das Verhältnis von Kultur und Religion ebenso wie das von Politik und Ethik und auch – in epistemologischer und axiologischer Hinsicht – das Verhältnis

---

20 Ebd., S. 313. Vgl. dazu auch Otto, der betont, dass Webers Begriff des Charisma nicht nur kirchenrechtliche Quellen hat, sondern – vermittelt über Adolf Holl u. a. – deutlich biblisch konturiert ist: „Es war also nur noch ein kleiner Schritt, den Charisma-Begriff vom politischen wieder in den unmittelbaren religiösen Bereich zurückzuholen und auf die Prophetie zu übertragen." Otto: *Max Webers Studien* (Anm. 8), S. 190 f.
21 Weber: *Gesammelte Aufsätze zur Religionssoziologie* (Anm. 14), S. 392.
22 Ebd., S. 249.

der Wissenschaft zum Nicht-Wissen, das im Zentrum von Webers höchst einflussreicher Theorie der Werte steht.

In seinen wissenschaftstheoretischen Schriften unterscheidet Weber wissenschaftliche Tatsachenurteile von Werturteilen und betont zugleich die irreduzible Vielheit von Wertgesichtspunkten, zwischen denen keine rationale Wahl möglich ist. Er schließt damit an die neukantianische Unterscheidung von Werten und Tatsachen an, die um 1900 fundamental für die Idee einer Kulturwissenschaft war. Allerdings zieht Weber diese Unterscheidung nicht mehr wie etwa noch Rickert zwischen zwei säuberlich getrennten Gebieten von Kultur- und Naturwissenschaft; vielmehr geht es ihm um die Grenze von Wissenschaft und praktischer Wertung überhaupt:

> Wie man es machen will, ‚wissenschaftlich' zu entscheiden zwischen dem Wert der französischen und deutschen Kultur, weiß ich nicht. Hier streiten eben auch verschiedene Götter miteinander, und zwar für alle Zeit. Es ist wie in der alten, noch nicht von ihren Göttern und Dämonen entzauberten Welt, nur in anderem Sinne: wie der Hellene einmal der Aphrodite opferte, und dann dem Apollon und vor allem jeder den Göttern seiner Stadt, so ist es, entzaubert und entkleidet der mythischen, aber innerlich wahren Plastik jenes Verhaltens, noch heute. Und über diesen Göttern und in ihrem Kampf waltet das Schicksal, aber ganz gewiß keine ‚Wissenschaft'. [23]

Dieses bekannte Bild vom ‚Streit der Götter' ist keine beliebige Illustration der Wertlehre, es hat vielmehr symptomatischen Charakter, und zwar vor allem deshalb, weil es eine Lücke bzw. einen blinden Fleck von Webers Wertlehre verdeckt. Denn anders als etwa Rickert hat Weber niemals eine systematische Werttheorie ausformuliert: Er hat niemals definiert, was Werte für ihn darstellen, welche verschiedenen Wertsphären es gebe und in welchen Verhältnissen diese zueinander stünden.[24] Die Allegorie vom Götterkampf *ersetzt* daher die fehlende Werttheorie durch eine bildliche Darstellung, in der die Anschaulichkeit der Werte ihrer von Weber behaupteten Unentrinnbarkeit entspricht: Sie sind immer schon da, man kann sich ihnen nicht entziehen. Darüber hinaus gerät das Bild bald dadurch in Bewegung, dass Weber neben der polytheistischen auch die monotheistische Semantik aufruft:

> Je nach der letzten Stellungnahme ist für den einzelnen das eine der Teufel und das andere der Gott, und der Einzelne hat sich zu entscheiden, welches *für ihn* der Gott und welches der Teufel ist .[...] Der großartige Rationalismus der ethisch-methodischen Lebensführung, der aus jeder religiösen Prophetie quillt, hatte diese Vielgötterei entthront zugunsten des „Einen, das not tut" – und hat dann, angesichts der Rea-

---

23 Weber: „Wissenschaft als Beruf" (Anm. 1), S. 604.
24 Zu Form und Status von Webers Wertlehre vgl. Wolfgang Schluchter: *Religion und Lebensführung. Studien zu Max Webers Kultur- und Werttheorie*, 2 Bde., Frankfurt a. M.: Suhrkamp 1988, S. 288 ff. Insbesondere wird in Webers Werttheorie nie wirklich klar, ob das Religiöse für ihn eine eigene Wertsphäre darstellt oder ob alle Werte eine im Kern religiöse Natur haben. Die „Zwischenbetrachtung" aus Webers Aufsätzen zur Religionssoziologie, die einer solchen Theorie noch am nächsten kommt, handelt bezeichnenderweise nur von der religiösen Entwertung der Welt, nicht aber von der Wertkonstitution selbst.

litäten des äußeren und inneren Lebens, sich zu jenen Kompromissen und Relativierungen genötigt gesehen, die wir alle aus der Geschichte des Christentums kennen. Heute aber ist es religiöser ‚Alltag'. Die alten vielen Götter, entzaubert und daher in Gestalt unpersönlicher Mächte, entsteigen ihren Gräbern, streben nach Gewalt über unser Leben und beginnen untereinander wieder ihren ewigen Kampf.[25]

Explizit bestätigt diese Stelle die polytheistische Natur der Werte, die vom Christentum nur lange verdeckt worden sei. Aber die bloße Erwähnung des Monotheismus und seiner prophetischen Forderung ruft darüber hinaus einen ganz anderen Aspekt der Werte auf: ihren normativen Charakter. Denn Werte sind für Weber nicht nur (im polytheistischen Sinn) Gegebenheiten, quasi mythische Entitäten, sondern auch (im monotheistischen Sinn) ethische Aufgaben, für die man sich *entscheiden* muss – gerade weil man hier keine Hilfe von der Wissenschaft erwarten kann. Dadurch ändert sich freilich auch die Rolle des Polytheismus, der heute „in anderem Sinne" zurückkehrt: Während der Hellene mal diesem und mal jenem Gott opferte, herrscht in der modernen Welt ein *Kampf* der Götter.[26] Die monotheistisch/polytheistische Überkodierung des Götterkampfbildes erlaubt es Weber, zugleich deskriptiv über die Vielheit der Werte und appellativ über die Notwendigkeit der Entscheidung zu sprechen. Explizit hält er Wissenschaft und Wertung auseinander, implizit erlaubt ihm das spannungsreiche Bild des Götterkampfes, zugleich innerhalb und außerhalb der Wissenschaft zu sprechen, zugleich Wertewissenschaft und Lebenslehre zu betreiben, damit auch zugleich wissenschaftlich über Prophetie zu schreiben und selbst im prophetischen Sinne radikale Forderungen zu stellen.

Damit werden aber die Diskursinstanzen instabil: Es ist nicht länger sicher, dass Weber ‚über' Religion und Mythologie spricht, weil Wissenschaft selber ‚religiös' figuriert wird; in dem Maße, in dem sich die Allegorie verselbständigt, ist die Wissenschaft nicht mehr der unsichtbare Ort, von dem aus der Text spricht, sondern ein Ort unter anderen – eben nur noch ‚Wissenschaft'. Wo diese selbst nicht mehr genügt, ruft sie andere Stimmen auf: Götter, Dämonen, und eben Propheten.

Weber betont die Notwendigkeit der Entscheidung auch deshalb, weil er sie in seiner Gegenwart bedroht sieht: durch die Vermischung von Tatsachen und Werten, aber auch durch die unpersönlichen Mächte, zu denen die wiederkehrenden Götter geworden seien. Denn Weber ist Realist genug, um zu sehen, dass am Ende

---

25 Weber: „Wissenschaft als Beruf" (Anm. 1), S. 604 f. Dieses Zitat wird in der Regel spiegelbildlich fehlgelesen: entweder als bloßer Schmuck einer an sich rationalen Theorie (so Schluchter: *Religion und Lebensführung* [Anm. 24], Bd. 1, S. 346 ff.) oder in purer Wörtlichkeit als Wiederaufnahme der antiken Schicksalslehre (Jacob Taubes: *Vom Kult zur Kultur*, München: Fink 1996. S. 292 ff.).
26 Vgl. dazu die Interpretation von Leo Strauss: „Die kampfzerrissene Welt verlangt ein kampfzerrissenes Individuum. Der Kampf würde nicht völlig vorherrschen, wenn man der Schuld ausweichen könnte. […] Er [Weber] mußte die durch den Atheismus erzeugte Angst (das Fehlen jeglicher Erlösung, jeglichen Trostes) mit der durch die offenbarte Religion erzeugten Angst (das erdrückende Schuldgefühl) verbinden. Ohne jene Verbindung würde das Leben aufhören, tragisch zu sein, und so seine Tiefe verlieren." Leo Strauss: *Naturrecht und Geschichte*, Frankfurt a. M.: Suhrkamp 1977, S. 67 f.

der christlichen Moral nicht die Wiederkehr der heroischen und ästhetischen Ideale Griechenlands steht, sondern die Herrschaft von Ökonomie und Bürokratie. Vor diesem Ende hatte Weber schon geraume Zeit vor seiner Rede über *Wissenschaft als Beruf* gewarnt, charakteristischerweise ebenfalls durch Rekurs auf einen Propheten. Seine Schrift *Die Protestantische Ethik und der Geist des Kapitalismus* von 1901 endet mit einem Ausblick auf den „stahlharten Käfig" einer Welt von Sachzwängen, die am Endpunkt der Entwicklung der Moderne stehen könnte:

> Niemand weiß noch, wer künftig in jenem Gehäuse wohnen wird und ob am Ende dieser ungeheuren Entwicklung ganz neue Propheten oder eine mächtige Wiedergeburt alter Gedanken und Ideale stehen werden, *oder* aber – wenn keins von beiden – mechanisierte Versteinerung, mit einer Art von krampfhaftem Sich-wichtig-nehmen verbrämt. Dann allerdings könnte für die „letzten Menschen" dieser Kulturentwicklung das Wort zur Wahrheit werden: „Fachmenschen ohne Geist, Genußmenschen ohne Herz: dies Nichts bildet sich ein, eine nie vorher erreichte Stufe des Menschentums erstiegen zu haben." –
> Doch wir geraten damit auf das Gebiet der Wert- und Glaubensurteile, mit welchen diese rein historische Darstellung nicht belastet werden soll.[27]

Weber entwirft ein apokalyptisches Szenario (,Versteinerung') mitsamt möglichen Alternativen (,Wiedergeburt'), geht aber zugleich auf Distanz zu diesem Entwurf, weil er nicht ,glauben' und ,werten' will, sondern ,rein historisch' zu argumentieren beansprucht. Es ist daher höchst bezeichnend, dass der Text mitten im Ausblick auf die Zukunft abbricht, und es ist ebenso bezeichnend, wie das geschieht: Die Diagnose kulminiert in einem *Zitat*, das allgemein als Nietzsche-Zitat gilt und auch deutliche Züge von Nietzsches Rede vom ,letzten Menschen' trägt, sich aber tatsächlich in dieser Form nicht in Nietzsches Texten findet. Vielmehr wird ,Nietzsche' hier als ein bestimmter Typus zitiert: als vehementer Kritiker der Kultur und als Umwerter der Werte – als Prophet, als der er vielen seiner Zeitgenossen erschien.[28] Dabei übernimmt Weber ,Nietzsches' Werturteile nicht einfach, sondern zitiert sie und unterstreicht diesen Zitatcharakter zudem durch den plötzlichen Abbruch des Textes. Weil ein wissenschaftlicher Text eben keine Werturteile fällen kann, muss er sie von jemand anderem sprechen lassen: Er braucht einen ,Propheten'. Dass sich die Rationalität nicht selbst genügt, war ja schon das Argument von Webers gesamter Untersuchung, die sich auf die Suche nach einem ,Geist' des Kapitalismus machte und diesen ausgerechnet in der Religion und ihren Konzepten des ,Berufs' fand. Der Prophet als Berufener füllt die epistemologische Lücke des Textes – aber nur, indem er gleich wieder verschwindet.

---

27 Max Weber: „Die Protestantische Ethik und der ‚Geist' des Kapitalismus", in: ders.: *Gesammelte Schriften zur Religionssoziologie*, Bd. 1, hg. von Marianne Weber, Tübingen: Mohr ⁹1988, S. 17–206, hier S. 204. Vgl. dazu auch meinen Aufsatz: „Zur Rhetorik der Säkularisierung", in: *Deutsche Vierteljahrsschrift für Literaturwissenschaft und Geistesgeschichte* 78/1 (2004), S. 95–132.

28 Vgl. Daniel Weidner: „‚ Und ihr – ihr machet schon ein Leier-Lied daraus. Nietzsche als Prophet", in: *Arcadia* 47/2 (2012), S. 361–384.

Vom Schluss der Protestantismus-Studie wird auch der Schluss von *Wissenschaft als Beruf* noch einmal anders lesbar. Formal sind sich beide Schlusswendungen ähnlich: Beide rufen an ihrem pathetischen Höhepunkt einen Propheten auf, beide distanzieren sich sofort wieder von ihm. Sie sind aber auch komplementär: Während im Protestantismus-Aufsatz Nietzsche aufgerufen wird, um den Fortschrittsoptimismus des Liberalismus zu verwerfen, zieht *Wissenschaft als Beruf* Jesaja heran, um vor der Sehnsucht nach neuen Propheten und vor der Kritik der Wissenschaft im Namen des Lebens zu warnen – letztlich: um vor Nietzsche zu warnen. Mit Hans Blumenberg ist man geneigt zu sagen: gegen einen Propheten nur ein Prophet, gegen Nietzsche nur Jesaja. Die Wucht der Prophetie lässt sich nur durch eine Gegenprophetie auffangen; diese Gegenprophetie wird bereits durch ihren antagonistischen Charakter, durch den impliziten Dialog mit dem Text, dem sie begegnet, komplex.[29]

Tatsächlich spiegelt dieser prophetische Exorzismus, die ‚Entzauberung' Nietzsches, wohl eine Verschärfung der diskurspolitischen Situation wider, auf die Weber in *Wissenschaft als Beruf* reagiert. Der Konflikt von Wissenschaft und Leben und die radikale Kritik der Moderne, der sich mit dem Namen Nietzsches verband, hatte sich schon um 1900 im Umfeld der Jugendbewegung und zahlloser neureligiöser Bewegung verbreitet. Besonders akut wurde sie dann mit dem Ersten Weltkrieg und den ‚Ideen von 1914', in denen die Erwartungen und Hoffnungen auf eine andere Moderne, auf eine organische Gemeinschaft statt einer zerfallenden Gesellschaft, Wirklichkeit zu werden schienen.[30] Nietzsche konnte gerade deshalb von seinen Anhängern als Prophet gelesen werden, weil er von einem Zustand jenseits der Moderne zu sprechen schien, der nun eintrat oder im Begriff war, einzutreten. Umgekehrt erhielten jene Ideen ihre Überzeugungskraft nicht unwesentlich dadurch, dass sie als Erfüllung einer langen kulturkritischen Tradition gesehen werden konnten. Freilich galt das nicht für alle: Kritische Beobachter erlebten den Kriegsausbruch als Schock oder jedenfalls als Gefahr. Weber war schon während der Kriegszeit höchst skeptisch gegenüber der Kriegsbegeisterung und ihren romantischen Zügen.[31] 1917 lagen deren fatale Konsequenzen – etwa die Selbstaufgabe des deutschen Liberalismus oder auch der Arbeiterbewegung – längst zu Tage und noch schlimmere Konsequenzen schienen unmittelbar bevorzustehen: für Weber etwa die totale politische Machtlosigkeit eines geschlagenen Deutschlands.

---

29 Vgl. Hans Blumenberg: *Arbeit am Mythos*, Frankfurt a. M.: Suhrkamp 2006, S. 433 ff. Die Arbeit der Relektüre der Vorgängerpropheten ließe sich auch mit den von Harold Bloom entworfenen Strategien der Abwehr beschreiben, vgl. Harold Bloom: *Einflussangst. Eine Theorie der Dichtung*, Frankfurt a. M. u. a.: Stroemfeld 1995. Im Falle Webers ist die Gegenstellung zu Nietzsche wohl nicht die einzige: Weber könnte auch auf ein Zitat derselben Stelle bei Hermann Cohen reagieren, der ebenfalls Jesaja 21,11 f. zitiert und kommentiert, vgl. Hermann Cohen: „Der Stil der Propheten", in: Bruno Strauss (Hg.): *Hermann Cohens jüdische Schriften*, Bd. 1, Berlin: Schwetschke 1924, S. 262–283, hier S. 283.

30 Vgl. dazu ausführlich Vondung: *Apokalypse* (Anm. 2).

31 Vgl. Klaus Lichtblau: *Kulturkrise und Soziologie um die Jahrhundertwende: Zur Genealogie der Kultursoziologie in Deutschland*, Frankfurt a. M.: Suhrkamp 1996, S. 420 ff., hier auch Näheres zur Kontextualisierung von Webers *Wissenschaft als Beruf.*

Von diesem Scheitern ist auch der kulturkritische Diskurs der Vorkriegszeit betroffen, der zumindest für die sensiblen Denker in der Weimarer Zeit nicht einfach fortzuführen war. Er wird in ihren Texten gewissermaßen gebrochen und damit indirekt: Setzte die Kulturkritik, gerade weil sie sich nicht als Wissenschaft verstand, ein authentisches Sprechen im eigenen Namen voraus, so wird sie bereits in Webers Protestantismus-Aufsatz zu einem Zitat; in *Wissenschaft als Beruf* wird dieses Zitat durch ein zweites, prophetisches Zitat korrigiert und beide Zitate zusammen konstituieren einen Diskurs, der immer zugleich innerhalb und außerhalb der Wissenschaft spricht. Diese Selbstkritik der Kritik wird sich epistemologisch als ausgesprochen fruchtbar für verschiedene Diskurse der Weimarer Zeit erweisen.

3.

Max Webers *Wissenschaft als Beruf* eröffnete eine umfassende Debatte über das Verhältnis zwischen Wissenschaft und Kultur, die von entscheidender Bedeutung für das Selbstverständnis der deutschen Geistes- und Kulturwissenschaften der Zwischenkriegszeit werden sollte.[32] Auch jenseits expliziter Bezugnahmen auf Weber entstanden zahlreiche andere Texte über den Beruf der Wissenschaft in der Krise der Gegenwart. Zu ihnen gehört auch ein Aufsatz von Karl Barth aus dem Jahre 1922: *Das Wort Gottes als die Aufgabe der Theologie*, eine Art Programmschrift der ‚Dialektischen Theologie', also jener Theologie der Krise, die zu den wichtigsten Symptomen der diskursgeschichtlichen Zäsur nach dem Ersten Weltkrieg gehört. Barths Abhandlung ist in diesem Kontext nicht nur deshalb interessant, weil sie die Figur der Prophetie weitaus expliziter, wenn auch nicht weniger paradox als Weber auf ihre epistemologischen Möglichkeiten hin durchspielt, sondern auch weil die Dialektische Theologie insgesamt auch kaum zu überschätzenden – und meist unterschätzten – Einfluss auf die Semantik des Religiösen im 20. Jahrhundert hat. Denn noch weit mehr als Webers Rekurs auf die Religionsgeschichte wird Barths doppelte Rhetorik der Religion – sein ‚dialektischer' Gebrauch religiöser und theologischer Begriffe – auch außerhalb der Theologie unhintergehbare Voraussetzung für das Sprechen über Religion und damit auch über Prophetie.

Barths Text ist ebenfalls eine Rede: Weber wandte sich an Studenten, der streitbare Schweizer Theologe wendet sich an Kollegen und betont gleich eingangs die Gemeinsamkeit: „Wir Theologen sind durch unsern Beruf in eine Bedrängnis versetzt, in der wir uns vielleicht vertrösten, aber sicher nicht trösten lassen können."[33]

---

32 Vgl. die Übersicht bei Richard Pohle: *Max Weber und die Krise der Wissenschaft*, Göttingen: Vandenhoeck und Ruprecht 2009, sowie auch Fritz K. Ringer: *Die Gelehrten. Der Niedergang der deutschen Mandarine 1890–1933*, Stuttgart: Klett-Cotta 1983, bes. S. 315 ff.

33 Karl Barth: „Das Wort Gottes als Aufgabe der Theologie", in: ders.: *Das Wort Gottes und die Theologie*, München: Chr. Kaiser 1929, S. 156–178, hier S. 156. Nach Barth habe sich die Rede gerichtet an „ahnungslos selbstsicheren ‚Freunden der Christlichen Welt', denen ich mich nicht anders verständlich machen zu können glaubte, als indem ich sie etwas lebhaft mit der ‚Furcht des Herrn'

Auch hier geht der Text von einer Krise aus: Mit der für Barth so charakteristischen Metaphorik der ‚Zerstörung', des ‚Abgrundes', des ‚Angriffs' oder der ‚Explosion' – nicht unzutreffend hat man von Barths ‚theologischem Expressionismus' gesprochen – unterzieht er die Kultur seiner Zeit und insbesondere die liberale Theologie einer scharfen Kritik.[34] Letztlich beruhe die Bedrängnis des Theologen aber nicht in der Kulturkrise, sondern in der Theologie selbst, deren paradoxe Aufgabe Barth mit drei Sätzen charakterisiert: „Wir sollen als Theologen von Gott reden. Wir sind aber Menschen und können als solche nicht von Gott reden. Wir sollen Beides, unser Sollen und unser Nicht-Können, wissen und eben damit Gott die Ehre geben."[35] Das Problem der Theologie ist damit kein subjektives und zufälliges, sondern liegt in der Sache der Theo-Logie, in ihrem Reden von Gott.

Barth buchstabiert im Folgenden die Notwendigkeiten und Unmöglichkeiten dieses ‚Berufs' in verschiedenen Kontexten durch. So sei die Theologie im System der Wissenschaften wie ein permanentes Minus vor der Klammer, das den Konsens der Wissenschaften mit dem Leben in Frage stelle; im Raum der Universität sei sie ein permanentes „Gefahrenzeichen" und eine „Notstandsmaßnahme", die eigentlich aus der Logik der Wissenschaften heraus keinen Sinn habe.[36] Letztlich führen diese Probleme aber auf das eine Problem der Theologie selbst zurück, die nicht von Wissenschaft, Kultur, Ethik oder irgendetwas anderem zu sprechen habe, sondern von Gott. Und zwar nicht *über* Gott und auch nicht *zu* ihm, sondern eben *von* ihm – Theologie ist für Barth wesentlich die Verkündigung von Gottes Wort, die dem Theologen zugleich aufgegeben und unmöglich ist:

> Von Gott reden würde heißen Gottes Wort zu reden, das Wort, das nur von ihm kommen kann, das Wort, *daß Gott Mensch wird*. Diese vier Worte können wir sagen, aber wir haben damit noch nicht das Wort Gottes gesagt, in dem das *Wahrheit* ist. Das zu sagen, daß *Gott Mensch* wird, aber als *Gottes* Wort, wie es eben wirklich *Gottes* Wort ist, das wäre unsere theologische Aufgabe.[37]

Von Gott zu sprechen, also jene vier Worte auszusprechen, läuft immer Gefahr, dieses Wort zu verfehlen, sei es, dass man es dogmatisch verfestigt, sei es, dass man es hyperkritisch auflöst. Theologie ist daher unmöglich, und zwar nicht, weil sich ihr ‚Gegenstand' einer Versprachlichung entziehen würde, sondern weil er eigentlich gar kein ‚Gegenstand', sondern selbst eine Rede ist – aber eine Rede des ande-

---

bekannt zu machen versuchte" (zitiert nach Eberhard Busch: *Karl Barths Lebenslauf: Nach seinen Briefen und autobiographischen Texten*, Zürich: Theologischer Verlag 2005, S. 153).

34 Zum theologischen Expressionismus vgl. Stephen H. Webb: *Refiguring Theology: The Rhetoric of Karl Barth*, New York: New York University Press 1991, S. 8 ff., sowie Werner M. Ruschke: *Entstehung und Ausführung der Diastasentheologie in Karl Barths zweitem Römerbrief*, Neukirchen-Vluyn: Neukirchener Verlag 1987, S. 154 ff. Charakteristisch ist auch die militärische Bildlichkeit, die sich noch in der Forschung spiegelt: „Can Barth's Sherman-like march through the battlefileds of a defeated liberal theology leave anything but destruction in ist wake?" (Webb: *Refiguring Theology*, S. 17).

35 Barth: „Das Wort Gottes" (Anm. 33), S. 158.
36 Ebd., S. 164.
37 Ebd., S. 166.

ren. Von Gott zu sprechen hieße also, in seinem Namen zu sprechen: eine Aufgabe, die der Text selbst mitvollzieht in seinen Emphasen, die ja nicht nur die Radikalität, sondern auch den Zitatcharakter von ‚Gottes Wort' betonen. Von Gott zu sprechen hieße Gott zu zitieren und seine Sendung auszuführen – aber eben das ist für Menschen nicht möglich:

> Wir denken an das Wort des Ältesten unserer Gewährsmänner: Ach Herr, Herr, ich tauge nicht zu predigen! Er hat es stehen lassen in seinen Reden, auch als er 23 Jahre gepredigt *hatte,* sicher nicht als Dokument seiner Entwicklung, sondern als Überschrift über Alles, was er nachher gesagt hat: ich kann es nicht sagen. Und Jeremia war ein von Gott selbst Berufener und Geheiligter.[38]

Die Aufgabe des Theologen ist somit eine prophetische Aufgabe, sie geht auf die Berufung des Propheten zurück, aus der Barth hier zitiert (Jer 1,6). Damit wird Webers Beschwörung der Berufsethik gewissermaßen ins Literale rückübersetzt, wenn aus dem ‚Beruf' des Theologen jetzt die ‚Berufung' zur Verkündigung wird, die selbst eben eine Beauftragung im Sinne der ‚Sendungsprophetie' ist: Sie spricht im Namen eines anderen. Aber diese Sendung ist paradox, denn die Berufung zum Boten legitimiert den Propheten nicht nur, sondern stellt ihn auch radikal in Frage: Alle seine Reden von Gott sind untauglich.

Diese Selbstkritik der prophetischen Rede ist, wie Barth zurecht betont, kein peripherer Zug der Berufungsgeschichte Jeremias, sondern gehört essenziell zur biblischen Prophetie, die immer wieder auf ihre eigenen Grenzen hinweist, sei es, dass sie gegen die falschen Propheten polemisiert, ohne ein klares Kriterium zur Unterscheidung wahrer von falschen Propheten zu haben, sei es, dass sie ihr eigenes Scheitern thematisiert, oder sei es, dass ihre hochgradig metaphorische Rede von Gott und im Namen Gottes immer wieder abbricht, wenn ihre extreme Bildlichkeit ihren Höhepunkt erreicht hat.[39] Diese Gespaltenheit des Propheten, die Weber historisch beschreibt und soziologisch erklärt, wird bei Barth als essenzieller Zug eines Sprechens gedacht, das einen absoluten Wahrheitsanspruch kennt, aber weiß, dass sein Auftritt im Namen dieses Anspruchs immer scheitern muss. Als in diesem Sinne prophetischer Diskurs wird Theologie als unmögliches Unterfangen und damit auch als Diskurs des Unmöglichen entworfen, denn wie der Prophet spricht

---

38 Ebd., S. 165 f. Vgl. dazu auch die Ausführungen über die Prophetie in der der viel späteren kirchlichen Dogmatik: Karl Barth: *Die kirchliche Dogmatik*, Bd. 4.3, Zürich: Theologischer Verlag 1959, S. 52 ff.: „Keiner der alttestamentlichen Propheten ist ein Mittler zwischen Gott und den Menschen. Sie sind von Gott aus der Mitte der Anderen heraus an seine Seite gerufene Menschen, ihnen gegenüber zu seinen Boten und Streitern berufen […]. Der Zwiespalt ist auch in ihnen selber" (ebd., S. 55). „Die alttestamentlichen Zeugen sagen nichts voraus, und sie sagen nur insofern *vorher*, als sie die vorhersagende Prophetie der *Geschichte Israels* bezeugen. […] Die Geschichte Israels sagt *vorher*, was die Geschichte Jesu Christi *nachher* sagt." (ebd., S. 71).

39 Das kann hier nicht entfaltet werden, vgl. aus vielem Robert Alter: „Prophecy and Poetry", in: ders. (Hg.): *The Art of Biblical Poetry*, New York: Basic Book 1985, S. 137–162; Harold Fisch: *Poetry with a Purpose*, Bloomington: Indiana University Press 1988, sowie der Aufsatz von Herbert Marks in diesem Band.

auch der Theologe von einem „Ort, der überhaupt kein Ort ist", von einem „Standpunkt, der kein Standpunkt ist".[40]

Dieser ortlose Ort ist für Barth wesentlich ein Ort des Sprechens. Denn die unmögliche Aufgabe des Theologen macht nicht nur jede Art von Vermittlung des radikal Unterschiedenen – also eine menschliche Rede von Gott – unmöglich, sondern zwingt zugleich zum Weiterreden:

> Der echte Dialektiker weiß, dass diese Mitte unfaßlich und unanschaulich ist, er wird sich also möglichst selten zu direkten Mitteilungen darüber hinreißen lassen, wissend, daß alle direkten Mitteilungen *darüber,* ob sie nun positiv oder negativ seien, *nicht* Mitteilungen darüber, sondern eben immer *entweder* Dogmatik *oder* Kritik sind. Auf diesem schmalen Felsengrat kann man nur gehen, nicht stehen, sonst fällt man herunter, entweder zur Rechten oder zur Linken, aber sicher herunter.[41]

Dieses Bild zeigt noch einmal den rhetorischen Charakter der theologischen Rede in ihrem instabilen Gleichgewicht. Denn der ‚Abgrund' der Barth'schen Differenz ist weniger ein metaphysischer als ein rhetorischer; Barth zieht keine systematische Unterscheidung zwischen dem Endlichen und dem Unendlichen, sondern verwendet eine ganze Fülle von sprachlichen Figuren, und nur in dieser Fülle lässt sich jener Abgrund zur Darstellung bringen – im Bild gesprochen, fällt man so lange nicht in diesen Abgrund, wie man geht: also weiter spricht. Die Unmöglichkeit einer logischen Überbrückung der radikalen Differenz wird durch sprachliches Handeln supplementiert: durch hyperbolische und exzessive Kritik, aber auch durch die permanente Ironie, d. h. die Relativierung und Infragestellung der eigenen Position, die Barths Diskurs ebenso auszeichnet wie den prophetischen.[42]

Diese Rhetorik der Differenz bricht die Semantik der Religion auf. Wenn jeder Ausdruck gewissermaßen eine doppelte Bedeutung haben kann, wenn man ihn der dialektischen Wechselbestimmung von Endlichkeit und Unendlichkeit, Möglichkeit und Notwendigkeit unterzieht, so gilt das ganz besonders für die Begrifflichkeit der ‚Religion', des Grundbegriffs der liberalen Theologie, die bei Barth radikal umgewertet wird. Die liberale Idee von Religion ist für Barth der „*Gipfel* der Humanität – im bedrohlichen Doppelsinn des Wortes",[43] denn in ihr setze sich letzt-

---

40 Karl Barth: *Der Römerbrief. Zweite Fassung* (1922), Nachdruck: Zürich: Theologischer Verlag 1985 (zitiert wird nach der Paginierung der Erstausgabe), S. 85. Vgl. auch: „Das Wort Gottes ist die ebenso notwendige, wie unmögliche Aufgabe der Theologie." Barth: „Das Wort Gottes" (Anm. 33), S. 176.
41 Barth: „Das Wort Gottes" (Anm. 33), S. 171 f. Vgl. auch das ganz ähnliche ‚Wortspiel: „Direkte *Gegenwart* der Wahrheit wäre nicht Gegenwart der *Wahrheit.*" Barth: *Der Römerbrief* (Anm. 40), S. 329.
42 Vgl. dazu Webb: *Refiguring Theology* (Anm. 34): „Hyperbole has named God as unknowable and the church as impossible. Irony serves to counter the inability of theology; it allows theology both to speak and not to speak about a reality that it does not know" (ebd. S. 123). Barth wurde dementsprechend immer wieder als Prophet wahrgenommen, vgl. etwa: „Most of us wait for the prophet and for the philosopher who can tell us what we ought to think and to believe" Wilhelm Pauck: *Karl Barth: Prophet of a New Christianity*, New York u. a.: Harper 1931, S. 7.
43 Barth: *Der Römerbrief* (Anm. 40), S. 218. Vgl. dazu bes. Hans-Joachim Kraus: *Theologische Religionskritik*, Neukirchen-Vluyn: Neukirchener Verlag 1982, S. 4–16.

lich der Mensch an die Stelle Gottes, anstatt diesen Gott sein zu lassen. Sie sei daher nichts anderes als „Spiegelbild des mit sich selbst uneinigen Menschen", sie „vertritt das Göttliche, sie ist seine Delegation, sein Abdruck, sein Negativ – außerhalb des göttlichen Selbst".[44] Barth kann hier die materialistische Religionskritik des 19. Jahrhunderts übernehmen und zugleich die gesamte moderne Kultur und insbesondere den Kulturprotestantismus als Götzendienst kritisieren. Damit wird die Religionskritik, die seit der Aufklärung das Muster von Kritik überhaupt ist, in die Kulturkritik zurückübersetzt, und zwar so, dass nun jegliche kulturelle Unterscheidung wiederum religiös beschreibbar ist.[45]

Indem Barth die Religionskritik aufnimmt, begründet er eine doppelte Semantik der Religion, die von jetzt an zugleich als Ideologie und als Kritik, zugleich als Zauber und als Entzauberung fungieren kann. Erst diese doppelte Semantik macht die große Rolle verständlich, die religiöse Diskurse und Figuren im 20. Jahrhundert auch außerhalb von Theologie oder Religionswissenschaft spielen. Möglich ist diese Übertragung in den allgemeinen Diskus gerade deswegen, weil die dialektische Rhetorik sich eben nicht mehr auf eine stabile Unterscheidung von Religion und Welt oder von Immanenz und Transzendenz stützt, sondern sämtliche Unterscheidungen rhetorisch-dialektisch in Bewegung setzt. In diesem Sinne ist die ‚prophetische Rede' – also das ambivalente Ineinander von Anspruch und Selbstnegation, von Auftrag und Unmöglichkeit – fundamental für den Status der ‚Religion' in den Diskursen der Weimarer Zeit.

4.

Wie Karl Barth schreibt auch Walter Benjamin Anfang der zwanziger Jahre einen Text über Beruf, Berufung, Aufgabe und notwendiges Scheitern: *Die Aufgabe des Übersetzers*. Dieser Text fragt nicht zuletzt nach der Aufgabe des Intellektuellen zwischen der literarischen Tradition und der Krise der Gegenwart. Als engagiertes Mitglied der Freistudentenschaft war Benjamin selbst gewissermaßen ein virtueller Adressat von Webers Vortrag gewesen, hatte sich allerdings unter dem Eindruck des Ersten Weltkriegs von seinen jugendbewegten Aktivitäten bereits distanziert und arbeitete seitdem an einem neuen Verständnis intellektueller Politik.[46] Auch

---

44 Barth: *Der Römerbief* (Anm. 40), S. 169, 236. Auch dieses Verhältnis kann martialisch beschrieben werden: „Religion *ist der Gegner*, der als treuester Freund verkappte *Gegner* des Menschen, des Griechen und Barbaren, die *Krisis* der Kultur *und* der Unkultur. Sie ist der *gefährlichste* Gegner, den der Mensch diesseits des Todes (abgesehen von Gott) hat" (ebd., S. 250).

45 „Indem Barth Religionskritik treibt, treibt er Ideologiekritik – und umgekehrt. Barth entlarvt die ideologische Funktion der Religion, indem er die Ideologien als offene oder heimliche Religionen Versteht" Ruschke: *Entstehung und Ausführung der Diastasentheologie* (Anm. 34), S. 99.

46 Mit dem Beruf und der Berufung hatte Benjamin sich schon früh befasst. In *Das Leben der Studenten* hatte er insbesondere gegen die „Verfälschung des Schöpfergeistes in Berufsgeist" und gegen die an der Universität herrschende „Berufsideologie" polemisiert, (Walter Benjamin: „Das Leben der Studenten", in: *Gesammelte Schriften*, Bd. 2.1, hg. von Theodor W. Adorno/Gretel Adorno, Frankfurt a. M.: Suhrkamp 1977, S. 75–87, hier S. 83) der gegenüber die historische „Aufgabe" darin

bei Benjamin lässt sich daher beobachten, wie sich die Kritik der Kultur zur Selbstkritik der eigenen Position wandelt, die ihrerseits ein neues Verständnis von Kultur hervorbringt; auch bei ihm spielt dabei die religiöse Semantik und die spezifisch dialektische Rhetorik der unmöglichen Aufgabe eine zentrale Rolle.

In *Die Aufgabe des Übersetzers* betont Benjamin, dass die eigentliche Aufgabe der Übersetzung – die Darstellung der Originalsprache in der Zielsprache und damit der Hinweis auf die Einheit der Sprache – nicht gelöst werden kann: „diese Aufgabe: in der Übersetzung den Samen reiner Sprache zur Reife zu bringen, scheint niemals lösbar, in keiner Lösung bestimmbar".[47] Sie bleibt gerade darum eine unendliche Aufgabe, weil keine ihrer Erfüllungen sie zum Verschwinden bringen kann und weil es keine äußerlichen Kriterien gibt, an denen man Gelingen einer Übersetzung messen könnte. Der ‚Beruf' des Übersetzers ist daher aporetisch konstruiert und ließe sich gewissermaßen dialektisch formulieren: Der Übersetzer soll die Sprachbewegung zeigen; er muss aufgeben, weil sein Werk Fragment bleibt; gerade dieses Aufgeben auszustellen ist die Aufgabe des Übersetzers. Benjamin radikalisiert die Aufgabe des Übersetzers, um sie aus dem Schema von Treue und Freiheit zu lösen – also aus dem, was Benjamin die „althergebrachten Begriffe in jeder Diskussion von Übersetzungen" bezeichnet –[48] und sie geschichtlich zu denken: als notwendige Unmöglichkeit, mit fremder Stimme zu sprechen.

Die Argumentation von Benjamins Übersetzer-Aufsatz besteht darin, verschiedene Ebenen der Sprache – empirische und reine Sprache, Wörtlichkeit und Bedeutung – zugleich scharf voneinander zu unterscheiden und aufeinander zu beziehen. Dieses Verfahren prägt viele Texte Benjamins, etwa das *Theologisch-Politische Fragment*, die *Kritik der Gewalt* oder den Aufsatz über *Karl Kraus*. Auch diese operieren, wenn sie vom ‚Messianischen', von der ‚göttlichen Gewalt' oder vom ‚Kreatürlichen' sprechen, mit radikaler Differenz; auch sie verstehen sich als ‚Übersetzungen' dieser Differenz: Sie rufen etwas auf, das sie nicht beherrschen und das ihnen fremd bleibt – eine Wahrheit, die in der Sprache des Übersetzer-Aufsatzes ‚unbestimmbar', also für den Diskurs des Kritikers unverfügbar bleibt. Ähnlich wie bei Weber könnte man sagen, dass Benjamin diese Differenzen – zwischen reiner und historischer Sprache, zwischen dem Messianischen und dem Profanen – nicht einfach verwendet sondern eher *zitiert*, indem er auf sie hinweist. Jedenfalls ist ihre Verwendung immer komplex, insofern Benjamins Texte den radikalen Anspruch dieser Unterscheidungen zugleich betonen – meist unter Rekurs auf religiöse Semantik – und die sich daraus stellenden Aufgaben als unmöglich figurieren.

Wie nahe es liegt, die unmögliche Notwendigkeit der Übersetzung in religiöser Semantik zu formulieren, zeigt Franz Rosenzweigs Aufsatz *Die Schrift und Luther* von 1926. Sehr viel expliziter wird hier die Übersetzung mit der Dialektik der Auf-

---

bestehe, „eine Gemeinschaft von Erkennenden zu gründen an Stelle der Korporation von Beamteten und Studierten" (ebd., S. 76).
47 Walter Benjamin: „Die Aufgabe des Übersetzers", in: *Gesammelte Schriften,* Bd. 4.1, hg. von Theodor W. Adorno/Gretel Adorno, Frankfurt a. M.: Suhrkamp 1972, S. 9–21, hier S. 17.
48 Ebd.

gabe beschrieben: „Übersetzen heißt zwei Herren dienen. Also kann es niemand. Also ist es wie alles, was theoretisch besehen niemand kann, praktisch jedermanns Aufgabe. Jeder muß übersetzen und jeder tuts."[49] Auch hier überwindet die dialektische Denkbewegung die Antithese von Treue und Freiheit und zeigt, „daß diese blendende Antithese, insofern sie ernstlich Antithese hatte bleiben wollen, wirklich nur blendend war".[50] Blendend ist sie für Rosenzweig schon durch die Historizität des Übersetzens, die im „Gesetz der Einmaligkeit der Übersetzung" jedes klassischen Werkes beschlossen liege: Weil etwa die Bibel durch Luthers Übersetzung zum Fundament der deutschen Literatursprache geworden sei, stehe jede neue Bibelübersetzung nicht nur im Verhältnis zum Original, sondern auch zur Geschichte der Übersetzung und zur Geschichte der deutschen Sprache als solcher. Gerade weil die Luther'sche Übersetzung somit schon Teil der Sprachgeschichte ist, ist es unmöglich, sie als ‚Äquivalent' zum Original zu verstehen. Umso mehr sei eine Neuübersetzung nicht nur praktisch möglich, sondern sogar notwendig, um die Bibel erneut lesbar zu machen und lesbar zu halten:

> Wenn sie [die Bibel] irgendwo vertraut, gewohnt, Besitz geworden ist, dann muß sie immer wieder aufs neue als fremder, unvertrauter Laut von draußen die zufriedene Gesättigtheit des vermeintlichen Besitzers aufstören. Dies Buch, es allein unter allen Büchern der Menschheit, darf nicht im Schatzhaus ihres Kulturbesitzes sein Ende finden; weil es nämlich überhaupt nicht enden soll.[51]

Weil die Bibel hier als radikal fremd vorgestellt wird, ist es die Aufgabe der Übersetzung, diese Fremdheit zur Sprache zu bringen und damit zugleich die Kultur, in die übersetzt wird, zu kritisieren; allerdings erfolgt diese Kritik nicht direkt, mit eigenen Worten, sondern über den Umweg einer anderen ‚Stimme', die als radikal heterogen gedacht wird und gerade dadurch auch ethisch relevant ist: „die Stimme dieses Buches darf sich in keinen Raum einschließen lassen".[52] Bekanntlich wird diese Idee der Stimme sogar die Übersetzungstechnik beeinflussen, insofern Rosenzweig und Martin Buber sich an Atemeinheiten orientieren und immer wieder den Appellcharakter des Textes betonen, der seine Hörer unmittelbar ansprechen will.

In Benjamins Aufsatz über die *Aufgabe des Übersetzers* spielt zwar nicht die Bibel aber die Idee der ‚Heiligen Schrift' eine zentrale Rolle, und zwar insbesondere, wenn es darum geht, Übersetzung in ihrer Geschichtlichkeit denkbar zu machen. Benjamin rekurriert dabei nicht auf die Metaphorik der Stimme, sondern auf die der ‚Schrift' und der ‚Lehre', für Benjamin Begriffe explizit religiösen Charakters, mit dem Benjamin die wesentliche Geschichtlichkeit der Überlieferung denkt.[53] In der ‚Lehre' scheinen Sprache und Wahrheit am Ende des Aufsatzes zu konvergie-

---

49 Franz Rosenzweig: „Die Schrift und Luther", in: ders. und Martin Buber: *Die Schrift und Ihre Verdeutschung*, Berlin: Schocken 1936, S. 88–129, hier S. 88.
50 Ebd., S. 89 f.
51 Ebd., S. 105.
52 Ebd., S. 104.
53 Vgl. dazu Daniel Weidner: „Fort-, Über-, Nachleben. Zu einer Denkfigur bei Benjamin", in: Daniel Weidner/Sigrid Weigel (Hg.): *Benjamin Studien*, Bd. 2, München: Fink 2011, S. 161–178.

ren: „Wo der Text unmittelbar, ohne vermittelnden Sinn, in seiner Wörtlichkeit der wahren Sprache, der Wahrheit oder der Lehre angehört, ist er übersetzbar schlechthin."[54] Der paradigmatische Charakter der heiligen Texte liegt dabei – wie auch bei Rosenzweig – nicht so sehr in der Autorität, die sie beanspruchen, als vielmehr in ihrer Historizität: Es sind Texte, die eine Geschichte haben und diese auch ausstellen, am deutlichsten in jenem ‚Urbild' der Übersetzung, mit dem Benjamins Text schließt: „Die Interlinearversion des heiligen Textes ist das Urbild oder Ideal aller Übersetzung."[55] Paradigmatisch ist für Benjamin nicht der heilige Text als solcher – also als Original oder reine Stimme, jenseits oder vor aller Übersetzung –, sondern eine bestimmte Form der *Übersetzung*. Folglich endet Benjamins Argument nicht mit der Evokation eines heiligen Textes, der die Differenz der Übersetzung ‚messianisch' auflösen würde, sondern mit dem Rekurs auf eine Form, die gerade die Zusammengehörigkeit von Original und Übersetzung präzise ausdrückt. Eine Interlinearübersetzung ist dabei immer ein komplexes Gefüge, eine Agentur der Differenz, und zwar insbesondere, wenn man annimmt, dass Benjamin hier an eine Interlinearversion der hebräischen Bibel denkt. Denn eine solche ist nur schwer ‚lesbar', weil man aufgrund der umgekehrten Laufrichtung der hebräischen Schrift in deren deutscher Interlinearübersetzung die Zeile von rechts nach links, das Wort aber von links nach rechts lesen muss. Die Interlinearversion figuriert daher keineswegs Transparenz und Fülle des Sinns, sondern allenfalls eine umwegige und komplizierte Lesebewegung, die gewissermaßen epizyklisch fortschreitet; es handelt sich um eine fast unlesbare Schrift, die auf Lesbarkeit nur hindeutet: – auf die Lesbarkeit des Hebräischen nämlich, aus welcher derjenige der sich die Interlinearversion ansieht – sagen wir: Benjamin –, ausgeschlossen ist. Wie in anderen oben analysierten Diskursen verbindet sich also die radikale Kritik – etwa des herkömmlichen Verständnisses der Übersetzung – mit einer Selbstkritik, die auch die Unmöglichkeit des eigenen Standpunkts betont; eine Kritik, die sich hier allerdings nicht im Modus der Rede oder der Stimme, sondern der Schrift vollzieht.

Dieser Gestus radikaler Kritik *und* Selbstkritik unter Referenz auf religiöse Semantik ist oben, in Bezug auf Weber und Barth, als ‚prophetisch' bestimmt worden. Auch Benjamins Denken kann durch diesen Gestus charakterisiert werden, selbst wenn er nur gelegentlich explizit von Prophetie spricht. So hatte Benjamin schon 1916 in einem Brief an Martin Buber das ‚prophetische' Schreiben als ein Beispiel der unmittelbaren Wirkung des Schrifttums neben dem Schreiben der

---

54 Benjamin: „Aufgabe des Übersetzers" (Anm. 47), S. 21.
55 Ebd.; vgl. dazu auch folgendes Bild aus der *Einbahnstraße*: „Kommentar und Übersetzung verhalten sich zum Text wie Stil und Mimesis zur Natur: dasselbe Phänomen unter verschiedenen Betrachtungsweisen. Am Baum des heiligen Textes sind beide nur die ewig rauschenden Blätter, am Baume des profanen die rechtzeitig fallenden Früchte." Walter Benjamin: „Einbahnstraße", in: *Gesammelte Schriften*, Bd. 4.1, hg. von Theodor W. Adorno/Gretel Adorno, Frankfurt a. M. (Suhrkamp) 1972, S. 83–148, hier S. 92. Das Bild beschreibt präzise das ‚Leben' des heiligen Textes, in dem Kommentar und Übersetzung das Original nicht ablösen, sondern immer schon mit ihm zusammengehören, jedenfalls solange der Text noch ‚lebendig' ist. Vgl. zu dieser Theorie einer skripturalen ‚Funktion' (die durchaus im Sinne Jakobsons zu interpretieren wäre) Brian M. Britt: *Walter Benjamin and The Bible*, New York: Continuum 1996, bes. S. 51–69.

Dichter, der Herrscher und der – ihm selbst als Ziel vorschwebenden – ‚sachlichen' Schreibart entworfen.⁵⁶ Später wird er in den Vorarbeiten zu *Das Kunstwerk im Zeitalter seiner technischen Reproduzierbarkeit* dem Kritiker eine prophetische Rolle zuweisen: „Es ist die wichtigste Aufgabe der Kunstgeschichte die der Epoche ihrer Abfassung geltenden Prophetien in den großen Kunstwerken der Vergangenheit zu entziffern."⁵⁷ Und unter den Aufzeichnungen zu Benjamins *Thesen zum Begriff der Geschichte* befindet sich ein mit „Vorbemerkung" betiteltes Manuskript, das den Gegenwartsindex jeder historischen Erkenntnis in der Figur der prophetischen Vision beschreibt:

> Es gibt einen Begriff der Gegenwart, nach dem sie den (intentionalen) Gegenstand einer Prophetie darstellt. Dieser Begriff ist das (Komplement) Korrelat zu dem der Geschichte, die blitzhaft in die Erscheinung tritt. Er ist ein von Grund auf politischer und so wird er bei Turgot auch definiert. Das ist der esoterische Sinn des Wortes, der Historiker ist ein rückwärts gekehrter Prophet. Er kehrt der eignen Zeit den Rücken; sein Seherblick entzündet sich an den ins Vergangene verdämmenden Gipfeln der frühern Ereignisse. Dieser Seherblick ist es, welchem die eigene Zeit deutlicher gegenwärtig ist als den Zeitgenossen, die mit ihr Schritt „halten".⁵⁸

Hier wird wie bei Weber und Barth der Prophet zu einer Figur des radikalen Kritikers, dessen Verfahren trotz seiner Radikalität indirekt ist: Er schaut in die Vergangenheit, um die Gegenwart zu erkennen und in ihr insbesondere das Moment politischen Handelns zu erkennen. Benjamin löst dabei die Rede von der Prophetie nicht nur von der Zukunft, sondern auch von der Gegenwart, welcher der Kritiker absichtsvoll den Rücken zuwendet, damit sein visionärer Blick ihn Abstand von ihr gewinnen lässt. Auch bei Benjamin besteht das Prophetische unter modernen Bedingungen in einem Bewusstsein der Differenz, das erst eigentlich politisches Handeln möglich macht. Wie auch bei anderen Denkern der Weimarer Zeit ist die Figur der Prophetie dabei zugleich mit einer radikalen Kritik und einer metakritischen Reflexion verbunden, die sich hier gegen den falschen Fortschrittsoptimismus linker Politik richtet.

5.

Der prophetische Diskurs zur Zeit der Weimarer Republik kreist um ein neues Verständnis von Politik. Es ist eine Politik abseits der Institutionen, die auch den etablierten Denkfiguren der Gesellschaftskritik im Namen der ‚Gemeinschaft', des

---

56 Vgl.: „Schrifttum überhaupt kann ich mit dichterisch prophetisch sachlich – was die Wirkung angeht aber jedenfalls nur *magisch* das heißt un-*mittel*-bar verstehen." (Walter Benjamin an Martin Buber im Juli 1916, in: Walter Benjamin: *Gesammelte Briefe,* Bd. 1, hg. von Henri Lonitz/Christoph Gödde, Frankfurt a. M.: Suhrkamp 1995, S. 326.)
57 Walter Benjamin: *Gesammelte Schriften,* Bd. 1.3, hg. von Theodor W. Adorno/Gretel Adorno, Frankfurt a. M.: Suhrkamp 1974, S. 1046.
58 Ebd., S. 1235.

‚Individuums' oder des ‚Lebens' nicht mehr traut. Ihr wird jedes Sprechen ‚im Namen' solcher kritischen Programme grundsätzlich problematisch, was sie dazu zwingt, nach neuen Formen des Sprechens zu suchen. Der autoritative Gestus prophetischen Sprechens kann dabei nicht einfach als Selbstermächtigung betrachtet werden, denn jede dieser Ermächtigungen geht mit der Rücknahme und Problematisierung des Gesagten und des eigenen Aussagens einher. Die Figur des Propheten als des charismatischen Verkünders betont zum einen die Relativität des eigenen Sprechens im Verhältnis zu einer anderen Ordnung und höheren Wahrheit, zum anderen markiert sie in der Rolle des geschlagenen Propheten auch das Misslingen oder jedenfalls das Risiko dieser Form des Sprechens.

Gerade durch diese Selbstrelativierung gewinnt die Figur des Propheten eine besondere Relevanz. Sie verweist auf die neue epistemische Situation der Weimarer Zeit, in der das wissenschaftliche Wissen in vorher kaum geahnter Weise ‚politisch' wird und auch das Religiöse in kaum erwarteter Weise wieder in das Zentrum der Aufmerksamkeit rückt. Der im Verlauf des 19. Jahrhunderts erzielte bürgerliche Kompromiss von Philosophie und liberaler Theologie hatte die Religion privatisiert, auf den sonntäglichen Kirchgang reduziert und auf die politisch irrelevante Beschäftigung mit letzten Fragen begrenzt. In dem Maß, in dem dieser historische Kompromiss wieder brüchig wurde, öffnete sich eine Lücke im System der Diskurse, eine Lücke zwischen Wissenschaft und Philosophie, aber auch zwischen Philosophie und Literatur, eine Lücke, in der so etwas wie prophetisches Sprechen wieder möglich und vielleicht sogar notwendig wird, um politisch zu denken.

BENJAMIN BÜHLER

Von „Hypothesen, die auf einer Hypothese gründen"
Ökologische Prognostik in den 1970er Jahren

Die Ökologie ruft die Frage nach dem Verhältnis von Wissen und Politik auf. Das zeigt sich schon in ihrer Gründungsphase als biologischer Disziplin: Etwa formulierte der Zoologe Karl Moebius erstmals den Begriff ‚Biozönose' in seiner Abhandlung *Die Auster und die Austernwirthschaft* (1877), in der er das Thema der Überfischung genauso behandelte wie Lebensbedingungen, Fangtechniken, Transport, Verzehr, den ökonomischen Ertrag sowie die Regulierung der Austernbestände durch den Staat.[1] Bereits im Jahr 1948 sprach der Geologe Fairfield Osborne von der ausgeplünderten Erde und forderte die Regierung auf, Maßnahmen angesichts der sinkenden Produktivität der Böden und der wachsenden Bevölkerung zu ergreifen.[2] Rachel Carsons berühmtes Buch *Silent Spring*, das der Anreicherung von Pestiziden, insbesondere des Insektizids DDT, in der Nahrungskette nachging, erschien im Jahr 1962; vier Jahre später führte Barbara Ward die Metapher *Spaceship Earth* ein, die Buckminster Fuller aufgriff und, gekoppelt an Konzepte wie Regeneration und Synergie, wirkmächtig einsetzte.[3] Doch erst um 1970 kam es zu einer Ausbreitung, Ausdifferenzierung und Institutionalisierung des Ökologischen, weshalb Historiker von einer „Epochenschwelle" (Sieferle), „1970er Diagnose" (Kupper), von „ökologischer Revolution" (Radkau) oder gar einem „ökologischen Urknall" (Ueköttter) sprechen.[4]

Festhalten lässt sich jedenfalls zweierlei: Erstens zeigt sich, dass, mit Niklas Luhmann gesprochen, auch nach Überschreiten dieser ökologischen Epochenschwelle kein gesellschaftliches Subsystem ‚Ökologie' existiert, sondern es allein mit der

---

1 Karl Moebius: *Die Auster und die Austernwirthschaft*, Berlin: Wiegandt, Hempel & Parey 1877.
2 Fairfield Osborne: *Our Plundered Planet*, London: Faber und Faber 1948.
3 Barbara Ward: *Space Ship Earth*, London: Hamilton 1966; R. Buckminster Fuller: *Operating Manual for Spaceship Earth*, New York: Southern Ill. Univ. Pr. 1969.
4 Dabei handelt es sich nicht zuletzt um eine Selbstbeschreibung: 1970 erscheint Max Nicholsons Buch *The Environmental Revolution* und Hubert Weinzierl veröffentlicht in demselben Jahr ein Buch mit dem Titel *Die große Wende im Naturschutz*. Zu den zitierten Formulierungen und zum kritischen Umgang mit der Zäsur 1970 bzw. auch 1972 oder 1973: Rolf-Peter Sieferle: *Epochenwechsel. Die Deutschen an der Schwelle zum 21. Jahrhundert*, Berlin: Propyläen 1994, S. 248 ff.; Frank Uekötter: *Von der Rauchplage zur ökologischen Revolution. Eine Geschichte der Luftverschmutzung in Deutschland und den USA 1880–1970*, Essen: Klartext 2003, S. 389 ff.; Kai Hünemörder: *Die Frühgeschichte der globalen Umweltkrise und die Formierung der deutschen Umweltpolitik (1950–1973)*, Stuttgart: Franz Steiner 2004; Franz-Josef Brüggemeier/Jens Ivo Engels: „Einleitung", in: dies. (Hg.): *Natur und Umweltschutz in Deutschland nach 1945. Konzepte, Konflikte, Kompetenzen*, Frankfurt a. M./New York: Campus 2005, S. 10–19; Joachim Radkau: *Die Ära der Ökologie. Eine Weltgeschichte*, München: C.H. Beck 2011, S. 124 ff.

Ökologie verbundene Interferenzen zu gesellschaftlichen Funktionssystemen wie Ökonomie, Politik, Recht oder Wissenschaft gibt.[5] Gerade aber weil die Ökologie keinen definierten Ort hat, ist sie, vor allem in den 1970er Jahren, überall bzw. in den Grenzräumen zwischen den sozialen Systemen.[6] Zweitens werden die unterschiedlichen Ausläufer des Ökologischen nicht durch eine Form der System-Zugehörigkeit aufeinander bezogen, sondern durch bestimmte Objekte (z. B. „die Erde", „die Bevölkerung"), Begriffe (z. B. Lebensqualität, politische Ökologie), Aussageformen (z. B. Berichte, Manifeste, Programme), politische Interventionen (z. B. Proteste, Richtlinien, Verbote) und Institutionen (z. B. Initiativen, Parteien, internationale Behörden). Das zentrale verbindende Element aber ist die Prognostik, und zwar in Hinsicht auf verschiedene Aspekte:

- Die wissenschaftliche Ökologie bestimmt sich selbst als *exakte Naturwissenschaft* und leitet daraus ihr prognostisches Vermögen ab;
- somit entsteht eine wissenschaftliche *Autorisierung*, auf die sich auch die Akteure politisch-ökologischer Interventionen berufen;
- die *Adressierung* der „kommenden Generationen" ist die zentrale Legitimationsstrategie für gegenwärtige Handlungen und für die Ausbildung einer neuen Ethik;
- *Sprechakte* des Drohens, Warnens oder Aufforderns zielen auf individuelle und kollektive Verhaltensänderungen;
- *Zukunftsfiktionen* ermöglichen das Austesten von Hypothesen, die Darstellung geschichtsphilosophischer Theorien oder schlicht die Entfaltung ökologisch-apokalyptischer Szenarien.

Die Prognosen im Diskurs der politischen Ökologie werden immer wieder selbst auf den Prüfstand gestellt. Im Zentrum stehen hierbei die aus den wissenschaftlichen Aussagen getroffenen politischen Folgerungen. So setzt sich etwa der Sammelband *Die Zukunft des Wachstums* (1973) mit dem Bericht des *Club of Rome* auseinander. Als Erwiderung konzipiert, untersucht dieser Band die Techniken und Simulationsmethoden, die Voraussetzungen und alarmierenden Schlussfolgerungen. Der schwedische Ökonom Gunnar Myrdal führt etwa aus, dass die Warnungen von Rohstofferschöpfung und Umweltvergiftung auf ungewissen Schätzungen beruhen, dass die naturwissenschaftlichen Kenntnisse nicht ausreichen, um ein wirksames Aktionsprogramm zu entwerfen, dass sich eine künftige Politik grundsätzlich nicht voraussagen lasse und dass die Studie *Grenzen des Wachstums* schwerwiegende Mängel aufweise. Doch die Ungewissheit dieser Voraussagen besage nur, dass man nicht wisse, *wann* das ungezügelte Wachstum auf seine Grenzen stoße –

---

5 Niklas Luhmann: *Ökologische Kommunikation. Kann die moderne Gesellschaft sich auf ökologische Gefährdungen einstellen?* Wiesbaden: Westdt. Verlag 1986.

6 Vgl. zu einer kulturwissenschaftlichen Lektüre der Systemtheorie, die nach dem fragt, was die Systemtheorie auslagert: Albrecht Koschorke/Cornelia Vismann: „Einleitung", in: dies. (Hg.): *Widerstände der Systemtheorie. Kulturtheoretische Analysen zum Werk von Niklas Luhmann*, Berlin: Akademie 1999, S. 9–16.

dass es an seine Grenzen komme, sei gewiss.[7] Für den Friedens- und Konfliktforscher Johan Galtung ist die Meadows-Studie überhaupt nicht politisch, da sie alleine technische Lösungen wie Geburtenkontrolle, Verschmutzungskontrolle oder Rohstoffsteuerung vorschlage und demnach der herrschenden Wachstumsideologie nicht widerspreche. Auch Philip Barrow und Thomas A. Reiner setzen am Verhältnis von Wissenschaft und Politik an, indem sie sich gegen Jay W. Forresters Simulations-Methode wenden, die der Meadows-Studie zu Grunde liegt: Die Schlussfolgerungen seines Stadt-Modells[8] seien Produkte der ihm eingeschriebenen Grundannahmen, Ausgangsmuster usw. Problematisch werde diese Blindheit gegenüber den eigenen Voraussetzungen, wenn die aus dem Modell gezogenen Schlüsse in politische Handlungen umgesetzt würden.

Die Beispiele ließen sich vermehren. Worauf es vor allem ankommt, ist die Problematisierung der konstruierten Zukunftsszenarien, der Methoden, mit denen sie entworfen werden sowie auch des ihnen impliziten Verhältnisses von wissenschaftlicher Aussage und politischer Praxis. Denn ökologische Prognostik besteht zum einen in der Formulierung von Zukunftsaussagen, zum anderen in der Hinterfragung und Reflexion des Zukunftswissens selbst. Dabei handelt es sich keineswegs nur um intellektuelle Reflexionen, sondern um ein hart umkämpftes Terrain. Von den Zukunftsaussagen und -szenarien nämlich hängen die in der Gegenwart gezogenen politischen Folgerungen ab, weshalb um die Zukunft eine Auseinandersetzung geführt wird, in der sich der wissenschaftliche und der politische Anteil nicht trennen lassen.

In ihren unterschiedlichen Dimensionen markiert die Prognostik das wissenschaftlich-politisch Imaginäre der Ökologie,[9] das allererst konstituiert, was als relevantes Problem wahrgenommen wird und was nicht, das den beschriebenen Phänomenen eine spezifische Form verleiht und sie in bestimmte Theorien einfügt und das vor allem als regulative Instanz gesellschaftliche Prozesse steuert bzw. zu steuern versucht. Im Folgenden wird untersucht, welche Gestalten dieses Imaginäre in den 1970er Jahren annimmt. Dabei geht es zunächst um den in diesem Zeitraum geprägten Begriff „politische Ökologie", dann um das Verhältnis von Bevölkerung und Überleben, um Narrative der Prävention in ökologischen Aktionsprogrammen und um die Rolle des Abfalls in Zukunftsfiktionen. Der letzte Abschnitt widmet sich Hans Magnus Enzensbergers sogenannter „Komödie" *Der Untergang der Titanic*, die aus miteinander verwobenen Gesängen und Gedichten besteht, in denen technische, statistische, religiöse und wissenschaftliche Zukunftsmodellierungen als *Repräsentationen* der Zukunft durchdekliniert werden.

---

7 Gunnar Myrdal: „Ökonomie der verbesserten Umwelt – Strategien wider die Selbstmordgesellschaft?", in: Heinrich von Nussbaum (Hg.): *Die Zukunft des Wachstums. Kritische Antworten zum „Bericht des Club of Rome"*, Düsseldorf: Bertelsmann 1973, S. 13–44, hier S. 16.
8 Gegenstand ihres Artikels „Systemanalyse als Planungsinstrument – Forresters Planspiele" (in: ebd., S. 103–119) ist Forresters Buch *Urban Dynamics* (1969).
9 Zum Begriff eines politisch Imaginären vgl. Susanne Lüdemann: *Metaphern der Gesellschaft. Studien zum soziologischen und politischen Imaginären*, München: Fink 2004.

1. Politische Ökologie

Zwar ist der Mensch seit Begründung der Disziplin Ökologie als Teil von Lebensgemeinschaften oder Ökosystemen angesehen worden, doch erst mit den in Deutschland in den 1970er Jahren aufkommenden Begriffen ‚politische Ökologie' und ‚Humanökologie' wird die Naturwissenschaft mit Gesellschaftstheorien und geschichtsphilosophischen Konzepten verbunden. Eine intensive Auseinandersetzung mit der neuen Humanökologie leistet Hans Magnus Enzensberger in dem Essay „Zur Kritik der politischen Ökologie" (1973), in dem bereits Luhmanns Verortung der Ökologie zwischen den sozialen Systemen vorweggenommen wird. Denn für Enzensberger ist die Humanökologie eine „hybride Disziplin, in der natur- und sozialwissenschaftliche Kategorien und Methoden nebeneinander her angewandt werden müssen, ohne daß die Weiterungen, die sich daraus ergeben, theoretisch in irgendeiner Weise geklärt wären."[10] Und auch den zweiten bereits erwähnten Befund stellt Enzensberger heraus: Die Ökologie habe zunehmend prognostische Züge angenommen, was, aufgrund der ungeklärten Hybridisierung unterschiedlicher Wissenschaften, zu ihrer „futurologischen Deformation" geführt habe.

Abgesehen davon, dass Enzensberger damit eine zeitlich vorangegangene „reine" Ökologie konstruiert, die es so nicht gab, arbeitet er doch den Kern der ökologischen Prognostik luzide heraus. Für ihn ist der Aufstieg der Ökologie in den Mittelpunkt gesellschaftlicher Auseinandersetzung vor allem in ihrem Zukunftsbezug begründet. Gemeint ist damit eine Aussageform, die „zugleich prognostischer und hypothetischer Art ist", und der sich, da sie die gesamte Gattung betrifft, niemand entziehen kann.[11] Die Besonderheit und die Abgrenzung der ökologischen Prognostik zu apokalyptischen Katastrophenszenarien sieht Enzensberger darin, dass sie nicht einer linearen, monokausalen Argumentation folgt, sondern mit ihr „synergetische Faktoren" ins Spiel kommen.[12] Ihr Gegenstand ist ein „System von Regel- oder besser gesagt Störkreisen, die auf vielfältige Weise ineinander verkoppelt sind."[13]

Die Pointe von Enzensbergers Aufsatz liegt weniger in der Rezeption von systemwissenschaftlicher und kybernetischer Terminologie, als vielmehr darin, dass diese unsicheren hypothetischen Prognosen mit politischen Interessen verbunden sind. Etwa führe die Aussicht auf eine ökologische Katastrophe zum Appell an die „technokratische Vernunft", worauf Regierungsprogramme antworteten mit dem Versprechen, die „Lebensqualität" zu verbessern.[14] Tatsächlich aber greife der Staat

---

10 Hans Magnus Enzensberger: „Zur Kritik der politischen Ökologie", in: *Kursbuch* 33 (1973), S. 1–42, hier S. 1.
11 Ebd., S. 2.
12 Ebd.
13 Ebd., S. 4.
14 Ebd., S. 10. Wie Hünemörder (*Die Frühgeschichte der globalen Umweltkrise* [Anm. 4], S. 228 ff.) ausführt, begann man in Deutschland die politischen Folgerungen aus der Umweltkrise unter dem Schlagwort „Lebensqualität" nach einem Vortrag von Erhard Eppler (1972) zu diskutieren.

erst ein, wenn wirtschaftliche Interessen bedroht seien. Die Industrie wiederum niste sich in die ökologische Bewegung ein – wie am *Club of Rome* oder dem Zusammenschluss *Environmental Action* (der 1970 den *Earth Day* organisierte) deutlich werde –, um die neue Industrie, die sich der Bekämpfung von Umweltschäden widmet, von vornherein zu besetzen. Nicht zuletzt erscheint die Ideologiekritik als Ideologie, die nicht um die Grenzen ihrer Wirkungsmöglichkeit wisse und deren Analysen nur in der Wiederholung von Leerformeln bestünden. Der Behauptung, „der Kapitalismus" sei schuld, setzt Enzensberger in seiner Kritik der Ideologiekritik die Umweltverschmutzung in der Sowjetunion entgegen.

Diese Überlegungen führen Enzensberger aber nicht zur Absage an die ökologische Prognostik. Denn der Grund für das Versagen ökologischer Argumentationen angesichts der Komplexität der behandelten Probleme liegt für ihn in der fehlenden Einbeziehung des Menschen und einer erweiterten theoretischen Fundierung. Die Vermittlung zwischen Subsystem und Gesamtsystem sei mit den Mitteln der Biologie nicht aufzuklären: „diese Vermittlung ist gesellschaftlich, und ihre Explikation erfordert eine elaborierte Sozialtheorie und zumindest einige Grundannahmen über den historischen Prozeß."[15] Aus der „gesellschaftlichen Unwissenheit" der Ökologen folgt für Enzensberger demnach nicht die Gegenstandslosigkeit der Voraussage einer ökologischen Krise aufgrund der Fortsetzung des heutigen Industrialisierungsprozesses. Vielmehr mache es die Bedeutung dieser Hypothese heuristisch notwendig, „jeder Überlegung, die sich auf die Zukunft bezieht, ihre Aussagen zugrundezulegen."[16] Prognosen sind somit gerade in ihrer politischen Bedeutung unentbehrlich, weshalb Enzensberger selbst denn auch „Hypothesen, die auf einer Hypothese gründen",[17] entwickelt. Enzensberger führt vor, dass hypothetische Zukunftsentwürfe den Kern der politischen Ökologie ausmachen. Mit anderen Worten: Die politische Ökologie ist in ihrem Inneren durch ein wissenschaftlich-politisch Imaginäres organisiert.

---

15 Enzensberger: „Zur Kritik der politischen Ökologie" (Anm. 10), S. 20. Genau diese Argumentation findet sich heute in den Diskussionen um die Rolle der Kultur- und Sozialwissenschaften für den Klimawandel wieder. So führe die „Zukunftsvergessenheit" der Kultur- und Sozialwissenschaften, wie die Herausgeber des Bandes *KlimaKulturen* schreiben, zur Entpolitisierung des öffentlichen Raumes. Außerdem überließen sie damit nicht nur die Empirie, sondern auch die Vermittlung und Deutung des anthropogenen Klimawandels sowie seiner Konsequenzen ganz den Naturwissenschaften. Allerdings könnten diese die wesentlichen Fragen nach einer historisch fundierten Technikkritik, Umweltgeschichte, Genese von institutionellen Infrastrukturen oder soziale Dynamiken nicht stellen, da sie nicht in ihren Zuständigkeitsbereich fielen. Harald Welzer/Hans-Georg Soeffner/Dana Giesecke: „Einleitung", in: dies. (Hg.): *KlimaKulturen. Soziale Wirklichkeiten im Klimawandel*, Frankfurt a. M.: Campus 2010, S. 7–19, hier S. 14.
16 Enzensberger: „Zur Kritik der politischen Ökologie" (Anm. 10), S. 36.
17 Ebd.

2. Bevölkerung und Überleben

Das zentrale Objekt der politischen Ökologie ist die Bevölkerung bzw. deren exponentielles Wachstum, was denn auch drastische Metaphern wie *Population Bomb* oder *Bevölkerungsexplosion* vorführen. Im nicht mehr regulierbaren Anwachsen der Weltbevölkerung wird ein zentraler Grund für die kommende ökologische Katastrophe festgemacht. Immer wieder wird hierbei eine Abweichung von natürlichen Prozessen registriert. Nach Konrad Lorenz etwa gibt es in der Natur so gut wie keine Fälle positiver Rückkopplung: Zum Beispiel verstärkt sich die Vermehrung von Tieren nicht selbst, sondern die Menge der vorhandenen Nahrung oder die Fressfeinde regulieren die Populationsgröße. Nur im Fall des Menschen setzten die Regulationsmechanismen aus, weshalb die positive Rückkopplung zum Teufelskreis werde und unvermeidlich zur Katastrophe führe.[18] Auf der Grundlage dieser Beobachtung und der sich aus ihnen ergebenden Prognosen kommt die politische Ökologie gar nicht umhin, an der Regulierung der Bevölkerung anzusetzen. Die Politik zielt nicht auf die Qualitäten des einzelnen Lebens, also nicht auf den Lebensstandard, sondern auf die Sicherung und Verbesserung der Lebensbedingungen.[19]

Damit ist die politische Ökologie in das einzuordnen, was Michel Foucault als Gouvernementalität beschrieben hat, allerdings mit einer zentralen Verschiebung. In beiden Fällen geht es um die Erhebung von Wissen über den Menschen als Lebewesen, was die Geburten- und Sterberate ebenso betrifft wie die Verteilung von Krankheiten oder die Nahrungsversorgung. Foucault verfolgt das Erscheinen der Kategorie ‚Bevölkerung' im 18. Jahrhundert und arbeitet heraus, wie Regieren nach ökonomischen Prinzipien ausgeübt wird; mit dem Physiokraten Quesnay spricht er von der „ökonomischen Regierung"[20]. Die Leitwissenschaft ist hierfür die politische Ökonomie, welche Foucault bis in den Neoliberalismus des 20. Jahrhunderts verfolgt. In der politischen Ökologie der 1970er Jahre geht es aber gerade nicht um neoliberale Konzepte. Vielmehr erscheint als einzige Möglichkeit der Bevölkerungsregulierung die Etablierung einer autoritären Instanz. Dabei ist auch Foucaults berühmte Formel „leben machen, sterben lassen"[21] abzuwandeln in: „leben *erhalten*, sterben lassen". Denn an der Erzeugung von Leben hat die politische Ökologie kein Interesse, ihr geht es schlichtweg um das Überleben angesichts einer drohenden globalen Krise.

---

18 Konrad Lorenz: *Die acht Todsünden der zivilisierten Menschheit*, München: R. Piper & Co. 1973, S. 37.
19 Erhard Eppler: *Ende oder Wende? Von der Machbarkeit des Notwendigen*, München: dtv 1976, S. 53 f.: „Kurz: Politisches Handeln zielt auf die Qualität der Lebensbedingungen, nicht auf die Qualität des einzelnen Lebens."
20 Michel Foucault: *Geschichte der Gouvernementalität I: Sicherheit, Territorium, Bevölkerung. Vorlesung am Collège d France 1977–1978*, hg. von Michel Sennelart, Frankfurt a. M.: Suhrkamp 2004, S. 144.
21 Michel Foucault: *In Verteidigung der Gesellschaft. Vorlesungen am Collège de France (1975–76)*, Frankfurt a. M.: Suhrkamp 1999, S. 278.

Besonders deutlich wird die Form der ökologischen Biopolitik in dem 1975 erschienenen, äußerst erfolgreichen Buch *Ein Planet wird geplündert* von Herbert Gruhl, ehemals Mitglied der CDU, später Gründer der Partei ÖDP. Nach Gruhl sind die Zukunftsaussichten des Menschen bislang falsch eingeschätzt worden. Die Einleitung hebt mit dem Satz an: „Die Bewohner dieser unserer Erde werden in den nächsten Jahrzehnten gewaltige Veränderungen erleben – nur nicht die, welche in den letzten Jahrzehnten überall vorausgesagt worden sind."[22] Gruhl wendet sich damit gegen die Vertreter der Doktrin vom Wirtschaftswachstum, die seiner Ansicht nach die „totalitärste Ideologie" sei, die die Menschheit bislang hervorgebracht habe.[23] Gegen deren Prognose eines wachsenden Wohlstandes setzt Gruhl die apokalyptische Katastrophe: Der Verbrauch der Rohstoffe, die Zunahme der Weltbevölkerung und die fortschreitende Umweltverschmutzung führten zur Zerstörung der Lebensgrundlagen und bald bestehe kein „Steuerungsspielraum" mehr.[24] Der historische Ablauf sieht für Gruhl folgendermaßen aus: „Der Ausbruch des Menschen aus dem natürlichen Regelkreis der Sonnenenergieverwertung begann wahrscheinlich mit der Entdeckung des Feuers. [...] Aus dem Feuer wurde das Pulver und mittlerweile das atomare Feuer, durch das die Erde im Nu vernichtet werden könnte, verlöre der Mensch auch nur für kurze Zeit die Kontrolle über diese Macht."[25] Diese geradezu hyperbolische Klimax mit ihrem zeitlichen Sprung von der Erfindung des Feuers zum Atomkrieg ist typisch für die teilweise überspannten ökologischen Diskussionen der 1970er Jahre.

Für Gruhls Ausführungen entscheidend ist das Problem der Zeit. Zum einen handle es sich dabei um einen vergessenen Faktor, weil in kürzester Zeit Rohstoffe verbraucht würden, deren Entstehung Millionen von Jahren gebraucht habe. Dieser Verbrauch sei ein kostenloser „Import aus der Zukunft",[26] da diese Rohstoffe den zukünftigen Generationen nicht mehr zur Verfügung stünden – womit sich bereits bei Gruhl Hans Jonas' Verantwortungsethik abzeichnet. Zum anderen hebt Gruhl das Moment des Zeitdrucks hervor.[27] Angesichts des rasant steigenden Verbrauchs der Rohstoffe, der exponenziell steigenden Bevölkerung und des auf Kosten der Zukunft erfolgenden wirtschaftlichen Wachstums bestehe ein Handlungsdruck, dem die Demokratie mit ihren langwierigen Entscheidungsprozessen und verteilten Machtinstanzen nicht gewachsen sei.[28] Es bedürfe *einer* Instanz, welche

---

22 Herbert Gruhl: *Ein Planet wird geplündert. Die Schreckensbilanz unserer Politik* [1975], Frankfurt a. M.: Fischer Alternativ [4]1975, S. 11.
23 Ebd., S. 3.
24 Ebd., S. 286, vgl. auch S. 271: „Die im vorigen Kapitel dargestellte Entwicklung in den Industrieländern ist den Staatsführungen völlig entglitten; richtiger, sie haben die moderne Welt nie in der Hand gehabt."
25 Ebd., S. 50.
26 Ebd., S. 92, die Formulierung zitiert Gruhl von Hans Christoph Binswanger.
27 Dabei handelt es sich weitgehend um ein Stereotyp, z. B. erleben wir nach Bruno Fritsch „heute eine ungeheure Beschleunigung aller technischen und gesellschaftlichen Veränderungen". *Die vierte Welt. Modell einer neuen Wirklichkeit*, Stuttgart: Deutsche Verlags-Anstalt 1970, S. 176.
28 Gruhl: *Ein Planet wird geplündert* (Anm. 22), S. 261: „In den Demokratien ist schon darum keine zur Entscheidung befugte Instanz vorhanden, weil man aus Angst vor der Machtkonzentration die

die Interessen kommender Geschlechter vertrete: „Die vorausschauende Vernunft müßte eine solche Mächtigkeit entwickeln, daß sie sich in wirksame Handlungen umsetzen ließe."[29] Gruhl zielt hier darauf ab, sich selbst als diese *vorausschauende Vernunft* zu autorisieren und sich selbst als *wirkmächtige Instanz* zu etablieren.

Diese angeblich notwendige autoritäre Instanz soll Gruhl zufolge das Überleben gewährleisten, wobei es nicht nur um Geburtenkontrolle und das Ende des freien Marktes geht. Unter dem Titel der Verantwortung gegenüber den zukünftigen Generationen soll eine Politik entstehen, die nicht auf die Freiheitsrechte jedes Einzelnen zielt, sondern auf den gesamten Planeten, nicht auf das Überleben des Einzelnen, sondern auf das „ganzer Völker"[30]. So ist es nur konsequent, dass Kinder für Gruhl in eine Systemstelle mit Rohstoffen, Energie und Verkehr rücken, denn die Vorbereitung einer „stabile[n] Raumschiff-Wirtschaft" erfordere Verzichte: „Verzicht auf Kinder, Verzicht auf Rohstoffe, Verzicht auf Energieverbrauch."[31] Aus der Verantwortung für die zukünftigen Generationen leitet Gruhl eine Politik des Überlebens ab, welche die Grenzen zwischen Mensch und Rohstoff aufhebt: Der Mensch ist nichts anderes als ein Faktor in der Ökosphäre. Diesen Schluss zog zwar bereits Arthur Tansley mit der Einführung des Begriffs *ecosystem*,[32] bei Gruhl aber werden die politischen Konsequenzen daraus gezogen:

> Jetzt muß die Zukunft geplant werden. Und es ist weit und breit niemand sichtbar, der das tun könnte, außer dem Staat. Wenn er es aber tut, dann muß er tatsächlich jetzt viele Freiheiten entschlossen aufheben, um das Chaos zu verhüten. Infolgedessen werden weitere Freiheiten nicht deshalb verlorengehen, weil alle immer besser leben wollen, sondern weil sie überleben wollen.[33]

Fluchtpunkt von Gruhls Ausführungen und Ergebnis seiner apokalyptischen Prognostik ist konsequenterweise die Einrichtung einer „Weltregierung mit diktatorischen Vollmachten", da nur eine solche die Güter unter allen Menschen gleichmäßig verteilen und ihre Anweisungen überall durchsetzen könnte – was die Voraussetzungen eines Weltfriedens seien.[34] Die Alternative zu einer solchen Überlebensdiktatur bestünde dagegen im bloßen Kampf um das Überleben, die „Kriege der Zukunft" würden um die Teilhabe an den Lebensgrundlagen geführt, um Nahrungsmittel und Bodenschätze, und würden unter Umständen an Furchtbarkeit alles bisher dagewesene in den Schatten stellen.[35]

Verantwortung auf unzählige Gremien verteilt hat. Auch die Regierung ist nur eine unter vielen Instanzen. [...] Und der Entscheidungsprozeß ist so langwierig, daß er stets hinter der Entwicklung herläuft."
29 Ebd., S. 234 f.
30 Ebd., S. 290.
31 Ebd., S. 291.
32 Arthur G. Tansley: „The Use and Abuse of Vegetational Concepts and Terms", in: *Ecology* 16 (1935), S. 284–307.
33 Gruhl: *Ein Planet wird geplündert* (Anm. 22), S. 290.
34 Ebd., S. 301.
35 Ebd., S. 319. Vgl. zu Szenarien solcher zukünftiger Kriege aus aktueller Sicht: Harald Welzer: *Klimakriege. Wofür im 21. Jahrhundert getötet wird*, Frankfurt a. M.: S. Fischer 2008.

Die Frage nach der Zukunftsfähigkeit der Demokratie begleitet die politische Ökologie bis heute. Verschiedene Positionen zusammenfassend und erweiternd hat der Soziologe Ingolfur Blühdorn kürzlich ausgeführt, dass die Demokratie eine nachhaltige Politik geradezu verhindere: Die fortschreitende funktionale Differenzierung moderner Gesellschaften erschwere die Integration und Koordination verschiedener gesellschaftlicher Teilsysteme durch das als *„übergeordnet"* gedachte System der demokratischen Politik; die Komplexität der umweltrelevanten Themen könne den Entscheidern nur durch Wissenschaftler vermittelt werden, wodurch sie zumindest partiell entmachtet würden, und nicht zuletzt machten es Beschleunigung und Flexibilisierung immer schwieriger, Entscheidungen für eine „völlig unkalkulierbare Zukunft zu treffen."[36] Für Blühdorn ist die Demokratie vor diesem Hintergrund nur durch die Verankerung einer „normativen Basis", d. h. durch die Thematisierung von Beschränkung, Begrenzung und Genügsamkeit, überlebensfähig.[37]

In diesen Debatten ist die Frage nach der Zukunft nicht nur ein Aspekt neben anderen. Gerade der Blick auf die Zukunft ermöglicht nämlich die Berücksichtigung aller gesellschaftlichen Teilsysteme. Das politisch Prekäre dieser Zukunfts-Repräsentationen liegt dabei in der Frage, ob die Demokratie die Spannung aushält zwischen dem unvermeidbar wahrscheinlichen und hypothetischen Status des Zukunftswissens und der durch die Katastrophenszenarien suggerierten Unvermeidlichkeit umfassenden, koordinierten und schnellen politischen Handelns.

3. Narrative der Prävention: Manifeste und Programme

Nahezu sämtliche Bücher zu ökologischen Themen in den 1970er Jahren folgen dem Narrativ der Prävention. Am Beginn steht die Analyse der Gegenwart (zumeist mit dem Befund der Verselbständigung ökonomischer und technischer Prozesse), in die in der Regel ein Rekurs auf die Geschichte (vor allem den Industrialisierungsprozess) sowie auf alternative Lebensformen (wie indianische Kulturen) eingebaut ist. Es folgt der Entwurf einer möglichen Zukunft nach ungehemmtem wirtschaftlichem Wachstum, exponenziell steigender Bevölkerung und zunehmender Umweltverschmutzung, der dann in der Formulierung eines Kataloges präventiver Maßnahmen mündet. Damit impliziert die Logik der Prävention mindestens drei Prognosen: Nach der ersten Prognose tritt ein bestimmtes Ereignis (die ökologische Katastrophe) ein, wenn alles weiterläuft wie bisher. Damit verknüpft sich die eigentlich präventive Vorhersage, gemäß derer das Ergreifen bestimmter Maßnahmen (die mehr oder weniger durchgreifende Umstellung der gesamten sozialen, ökonomischen und technischen Systeme) den Eintritt einer Katastrophe verhin-

---
36 Ingolfur Blühdorn: „Zur Zukunftsfähigkeit der Demokratie. Nachdenken über die Grenzen des demokratischen Optimismus", in: *Wissenschaft & Umwelt interdisziplinär* 14 (2011), S. 19–28, hier S. 22 f.
37 Ebd., S. 27.

dert. Hinzufügen ließe sich eine dritte Zukunftsaussage, derzufolge das Ergreifen geeigneter Maßnahmen nicht nur eine Katastrophe verhindert, sondern außerdem zu einer neuen Gesellschaftsform führt (Einklang zwischen Mensch, Technik und Natur).

Allerdings hatte die Ökologie-Bewegung schon in den 1970er Jahren mit der Wirkungslosigkeit ihrer radikalen Forderungen mit globaler Reichweite umzugehen. Der Philosoph Georg Picht schreibt etwa, dass „das Überleben der Menschheit ohne eine planetarische Verwaltung der lebenswichtigen Rohstoffe auf die Dauer nicht garantiert werden" könne. Die Schlüsse dieser Folgerung seien aber angesichts der gegenwärtigen politischen Strukturen nicht umzusetzen.[38] Deshalb müssen Programme und Manifeste sämtliche Register der Rhetorik aufbringen, womit sie dem Wortsinn von *Programm*, ‚schriftliche Bekanntmachung', folgen: Diese Texte zielen auf das Öffentlichmachen des Verdrängten und liefern Konzepte, mit denen ein bestimmtes Ziels erreicht werden soll: eine Zukunft, in der der Mensch im Einklang mit der Natur lebt. Die politische Ökologie, der es darum geht, „machbar zu machen, was bislang als nicht machbar erscheint",[39] muss sich selbst allererst schriftlich ins Werk setzen.

Dabei lässt sich in den Programmen eine Radikalisierung der Forderungen festmachen. Während die *Grüne Charta von der Mainau* aus dem Jahr 1961 einen Katalog von Maßnahmen enthält, die vor allem auf Raumordnung, Landschaftspläne, Erholungsräume und gesunden Lebensraum sowie den Ausgleich zwischen Technik, Wirtschaft und Natur abzielt,[40] geht der Maßnahmen-Katalog des *Ökologischen Manifests 1973*, verfasst von der Gruppe Ökologie, über derartige Forderungen (die er gleichfalls enthält) weit hinaus. Seine Autorisierung gewinnt das Manifest dabei weniger von den Mitgliedern der Gruppe – auch wenn immerhin Prominente wie Bernhard Grzimek, Horst Stern oder Konrad Lorenz dazu gehörten –, als vielmehr durch den Kollektivsingular, in dem gesprochen wird: Mit der Nennung „die Gruppe Ökologie" beginnen acht von zwölf Abschnitten („Die Gruppe Ökologie" sieht, erblickt, stellt fest, fordert, warnt, unterstützt, weiß, sucht). Die Rhetorik ist im Vergleich zur *Grünen Charta* weitaus dramatischer geworden, wenn es heißt, die Gruppe Ökologie sehe für „die Menschheit nur dann eine Möglichkeit friedlichen und geordneten Weiterlebens, wenn das derzeitige Wachstum der Weltbevölkerung rasch eingedämmt werden" könne.[41]

Neben der Adressierung der gesamten Menschheit und alternativlosen Forderungen finden sich auch vereinfachte Schlussfolgerungen, z. B.: „Massenvermehrung erzeugt Massenelend und oft genug Massenvernichtung."[42] Die Verbindung von Bevölkerungswachstum, Verarmung und Einsatz atomarer Waffen erzeugt in

---

38 Georg Picht: „Die Bedingungen des Überlebens. Die Grenzen der Meadows-Studie", in: Nussbaum (Hg.): *Die Zukunft des Wachstums* (Anm. 7), S. 45–58, hier S. 50.
39 Eppler: *Ende oder Wende?* (Anm. 19), S. 76.
40 *Grüne Charta von der Mainau*, Konstanz 1961.
41 „Ökologisches Manifest 1973", in: *Blätter für Natur und Umweltschutz* 3 (1973), S. 78–79, hier S. 78.
42 Ebd.

der dreimaligen Nennung der „Masse" den Anschein logischer Schlüssigkeit und ist dabei noch leicht memorierbar. Die wissenschaftlich autorisierten Aussagen werden dann normativ gewendet: „Der Mensch ist ein Teil der Natur, von der er lebt. Er muß sich ihr anpassen, wie alle anderen Lebewesen auch."[43] Der zweite Satz lässt keine Alternative zu und suggeriert von vornherein, dass allein ein harmonischer Gleichklang zwischen Mensch und Natur ein Überleben sichert, zumal diese Position wiederholt und auf die Wirtschaft bezogen wird: „Auch die ökonomischen Ziele des Menschen müssen sich nach den Grenzen der Natur richten."[44] Schon in diesen zwei Sätzen ist die Kernaussage des Manifests enthalten: Ein Wachstum der Wirtschaft verstößt gegen die behauptete Naturgesetzlichkeit und kann daher gerade nicht eine „lebenswerte Zukunft" sichern,[45] umgekehrt erscheint die Begrenzung des Wachstums als naturgesetzliche Verpflichtung und damit als Königsweg zu eben dieser „lebenswerten Zukunft".

Im Gegensatz zu diesem zweiseitigen Manifest ist das ein Jahr zuvor erschienene *A Blueprint for Survival* weitaus umfangreicher. Auch hier spricht ein Kollektivsingular, nämlich eine „Gruppe von Wissenschaftlern, die sich beruflich mit den Umweltproblemen des Menschen befassen", konkret handelt es sich um Wissenschaftler aus dem Umfeld der Zeitschrift *The Ecologist*. Auch dieses „Planspiel zum Überleben", so der deutsche Titel, bedient die Rhetorik der Unvermeidlichkeit, stellt aber weitaus stärker die Rolle der wissenschaftlichen Prognostik in den Vordergrund: „Unsere Überlebenschance beruht seit jeher darauf, dass ökologische Prozesse vorhersagbar sind."[46] Die wissenschaftliche Ökologie habe hierfür zwei Grundsätze ausgemacht: Erstens strebten alle ökologischen Systeme einem Zustand der Stabilität zu, zweitens wachse die Stabilität mit der Komplexität des Systems. Durch die massiven Eingriffe des Menschen seien die ökologischen Systeme allerdings nicht mehr in der Lage, Störungen auszugleichen und sich selbsttätig in Richtung größerer Stabilität zu entwickeln.[47]

Nachdem solchermaßen das natürliche Grundgesetz formuliert ist, konkretisieren es die Autoren an unterschiedlichen Gegenstandsbereichen. Dabei kulminieren die Verwendung von Pestiziden, die Erschöpfung der Böden, der Verlust von Arten und die Erschöpfung der Rohstoffe im Zusammenbruch der Gesellschaft[48] – womit

---

43 Ebd.
44 Ebd.
45 Wo die von der Natur gesetzten Grenzen überschritten würden, „sind Hunger und Elend, Haß und Gewalt die unvermeidlichen Folgen." Ebd.
46 Edward Goldsmith/Robert Allen: *A Blueprint for Survival*, Boston: Houghton Mifflin 1972, im Folgenden zit. nach der deutschen Ausgabe: *Planspiel zum Überleben. Ein Aktionsprogramm*, Stuttgart: Deutsche Verlagsanstalt 1972, S. 13.
47 Ebd. S. 13 und 14. An diesen Positionen zeigt sich der Wandel, den die Ökologie selbst seither erfahren hat. Denn heute ist nicht mehr davon die Rede, dass sich ökologische Systeme „selbsttätig" in Richtung Stabilität entwickeln, sondern sie erscheinen als „stabile Ungleichgewichte" oder „discordant harmonies". Vgl. Josef H. Reichholf: *Stabile Ungleichgewichte. Die Ökologie der Zukunft*, Frankfurt a. M.: Suhrkamp 2008; Daniel Botkin: *Discordant harmonies. A new ecology for the twenty-first century*, Oxford: Oxford Univ. Press 1992.
48 Allen/Goldsmith: *Planspiel zum Überleben* (Anm. 46), S. 17.

in eine andere Form der Prognostik übergegangen wird. Während nämlich die ökologische Prognostik als wissenschaftlich gesichert gilt, sind die Vorhersagen der sozialen Entwicklung in Graden der Wahrscheinlichkeit ausgeführt: In Zeiten chaotischer sozialer Zustände – wenn soziale Systeme in der Folge von Industrialisierung und Verteuerung durch knappe Rohstoffe zusammenbrächen, wenn durch Umweltverschmutzung die Gesundheit beeinträchtigt werde, sich durch zunehmenden internationalen Verkehr Krankheiten ausbreiteten und der Zusammenbruch der Wasserversorgung Epidemien hervorrufe –, sei es „sehr wahrscheinlich", dass sich „skrupellose Elemente der Regierungsgewalt bemächtigen", welche nicht vor Angriffskriegen um Rohstoffe zurückschrecken würden. Schließlich nehme die Wahrscheinlichkeit von Serien „lokaler, wenn nicht globaler" nuklearer Kriegshandlungen rapide zu aufgrund der wachsenden Zahl von Kernkraftwerken. Die Autoren gehen selbst auf den Unterschied dieser Vorhersage zu den „Grundgesetzen" der Ökologie ein und ergänzen sie noch um eine dritte:

> Aber der Gedankensprung von den vorliegenden wissenschaftlich bestätigten Daten zu der Voraussage einer Menschheitskatastrophe ist fast bedeutungslos gegenüber dem, der notwendig ist, sich, ohne lächerlich zu werden, eine Erde mit 10 bis 15 Milliarden Bewohnern vorzustellen, die alle denselben Lebensstandard wie die USA genießen sollen, auf einer betonierten Erdoberfläche, auf der sich außer ihnen nur noch Maschinen bewegen.[49]

Während der erste „Gedankensprung" eine kontinuierliche Entwicklung behauptet, in der die Ereignisse konsequent auseinander folgen, versetzt der zweite „Sprung" den Leser direkt in ein Zukunftsszenario, das seinen Appellcharakter und seine Plausibilität aus der drastischen Darstellung gewinnt. An der Schnittstelle von Wissenschaft und Politik setzt somit notwendigerweise das Imaginäre ein, welches leitend für die politischen Aktionen ist, welche das düstere Zukunftsszenario verhindern sollen: „Da wir unausweichlich vor einer gewaltigen Veränderung stehen, haben wir Entschlüsse zu fassen und müssen wir sie völlig nüchtern treffen, aufgrund der umfassendsten Informationen, nicht aber als Karikaturen geisteskranker Wissenschaftler."[50] Um eben nicht eine Karikatur zu sein, bedarf es einer begründeten Prognostik, gleichgültig ob diese ihre Plausibilität aus ihrer Wissenschaftlichkeit, ihrer Narration oder ihrer Drastik bezieht.

Auch hier wissen die Autoren um die politische Realität, welche ihre konkreten Vorschläge, zu einer „stabilen Gesellschaft" zu gelangen, als undurchführbar erscheinen lassen, und auch hier wird hervorgehoben, dass es eine „Strategie zum Überleben" geben *muss*. Deutlich wird auch, wie sich die politische Grundeinstellung ändert: „Wenn wir Gegenmaßnahmen unter den Gesichtspunkten politischer Klugheit statt entsprechend den ökologischen Realitäten planen, dann werden wir uns nach allem, was wir wissen, mit großer Sicherheit auf den direkten Weg zur

---

49 Ebd., S. 20.
50 Ebd.

Auslöschung unserer Gesellschaft begeben."⁵¹ Ausgangs- und Fluchtpunkt der Politik muss demnach die „ökologische Realität" sein, welche aber eben keine Realität ist, sondern sich aus wissenschaftlichen Aussagen, unterschiedlichen Formen der Vorhersage und imaginären Szenarien zusammensetzt. Die politische Ökologie neigt dazu, zu vergessen, dass sie ihre Form und ihr Programm ganz wesentlich durch ein wissenschaftlich-politisch Imaginäres erhält.

4. Recycling und alternative Gesellschaften

Die politische Ökologie hat ihren Ausgangspunkt in der Integration des Menschen in die Natur und ihren Fluchtpunkt in der Idee eines natürlichen und sozialen ökologischen Kreislaufs. Ihr Diskurs verdichtet sich am „Abfall", in wörtlicher und in metaphorischer Hinsicht. Barry Commoner, einer der wichtigsten Vordenker der ökologischen Bewegungen, hatte sich in dem Buch *The Closing Circle* mit seinem zweiten ökologischen Grundgesetz – „Alles muß irgendwo bleiben" – dem Abfall gewidmet. In der Natur, so Commoner, gibt es keinen Abfall, da sämtliche Absonderungen eines Organismus einem anderen Organismus zur Nahrung dienen, ob Kohlendioxid den Pflanzen zur Assimilation verhelfen oder tierische Ausscheidungen von Bakterien zersetzt werden, deren „Abfälle", Nitrat, Phosphat, dann wieder Algen ernähren.⁵² Wenn Menschen in solchen Kreisläufen Störungen verursachen, wirken diese wieder auf den Menschen selbst zurück. Denn Umweltgifte wie das in Batterien enthaltene Quecksilber gelangen über mehrere Stationen ins Wasser, wo Fische es aufnehmen, welche Menschen zur Nahrung dienen.⁵³

Wie aus dem Abfall eine weitreichende Metapher wird, zeigt sich in Carl Amerys Essay *Natur als Politik*. Nach Amery lässt der Produktionsprozess nämlich nicht nur materiellen, sondern auch „gesellschaftlichen, psychischen, menschlichen Abraum" entstehen.⁵⁴ Demgemäß liegt für Amery das Übel in demjenigen Humanismus, der die „Einbettung des Menschen in seine natürlichen Gegebenheiten außer Acht ließ", woraus nämlich gerade nicht „die Humanisierung des nicht-menschli-

---

51 Ebd., S. 21.
52 Barry Commoner: *The Closing Circle – Nature, Man, and Technology*, New York: Knopf 1971. Hier zitiert nach der deutschen Ausgabe: *Wachstumswahn und Umweltkrise*, München u. a.: Bertelsmann 1971, S. 44 f. Das Buch war ein Bestseller und 1970 kam Commoner sogar auf die Titelseite des *Time Magazine*.
53 Ebd., S. 44 f. Wegweisend für die Darstellung der Rückwirkung von Giften war Rachel Carsons bereits erwähntes Buch *Silent Spring*. Mit der Rolle des Quecksilbers beschäftigt sich Ishimure Michikos Trilogie *Paradies im Meer der Qualen* (*Kugai Jodo*, 1969, dt.: 1970). Das Buch schildert die Folgen der Ableitung von Quecksilber-Verbindungen in die Meeresbucht von Minamata. Der Verzehr der vergifteten Meerestiere ruft die sogenannte Minamata-Krankheit hervor (Seh-, Hör-, Bewusstseinsstörungen, Lähmungen) und führt zu Missbildungen bei Kindern. Wie Joachim Radkau schreibt (*Die Ära der Ökologie* [Anm. 4], S. 329 ff.) war dieser Zusammenhang seit 1956 bekannt, doch erst das Buch machte den Skandal öffentlich.
54 Carl Amery: *Natur als Politik. Die ökologische Chance des Menschen*, Reinbek bei Hamburg: Rowohlt 1976, S. 55.

chen, sondern die Entmenschlichung der humanen Umwelt" folge.[55] Schließlich verweist der „Abfall" auf ein weiteres Themenfeld, das bereits Buckminster Fuller mit der Metapher *spaceship earth* veranschaulichte: Denn wie ein Raumschiff nicht über unendliche Ressourcen verfüge, so auch nicht der Planet Erde. Aus diesem Grund dürfe man nicht Raubbau an der Natur betreiben, sondern müsse die verwendeten Stoffe wiederaufbereiten, recyclen. Der Abfall, die Reste und Gifte sind es, an denen sich die Zukunft des Menschen entscheidet; mit Commoner gesprochen: Der Mensch kann „unter menschlichen Lebensbedingungen weiterexistieren, wenn die Gesellschaftsordnung der Menschheit in Einklang mit der Ökosphäre gebracht wird."[56] Konsequenterweise müsse eine ‚neue' Gesellschaft in Rücksicht auf solche Kreislauf-Prozesse eingerichtet werden. Da die Einrichtung einer solchen sozialen Ordnung derzeit nicht realisierbar sei, müsse eine alternative, durch Recycling organisierte Gesellschaftsform als regulative Fiktion entworfen werden, welche dann die sozialen Prozesse in Richtung auf ihre Realisierung hin steuern könne.

Vor diesem Hintergrund ist das Ernest Callenbachs 1975 erschienenem Roman *Ecotopia* vorangestellte Motto, ein Zitat aus Commoners *The Closing Circle*, programmatisch zu verstehen: „In nature, no organic substance is synthesized unless there is provision for its degradation: recycling is enforced."[57] Die von Callenbach geschilderte zukünftige Gesellschaft *Ecotopia* hat sich vom Rest der USA abgetrennt und sämtliche Verbindungen gekappt. Ganz in der Tradition der Utopie lässt Callenbach einen Reisenden, den Journalisten William Weston, in diesen Staat reisen und seine Eindrücke berichten. Dabei wechseln sich Reportagen, die Weston an seine Redaktion schickt, und Eintragungen in sein Tagebuch ab. Die Reportagen widmen sich dem Wirtschafts-, Erziehungs- und Bildungssystem, dem Verkehr, Sport und anderen Spielen, der Forstwirtschaft oder dem Wohnungsbau, während sich an den Tagebucheinträgen das Zusammenleben in kommunenartigen Strukturen, das Geschlechterverhältnis, geheimdienstliche Aktivitäten, Sexualverhalten und vor allem die innere Entwicklung Westons verfolgen lässt: Am Ende bleibt er in *Ecotopia*.

Der zentrale Ermöglichungsgrund für die Gründung dieses neuen Staates liegt im Recycling, d. h. in der Vermeidung der Produktion von Abfällen und Giftstoffen sowie in der Institutionalisierung von „stable state life systems". Eine ganze Reportage widmet sich dem Thema „Their Plastics and Ours": Zwar ist Holz das wichtigste Material in *Ecotopia* (für die Forstwirtschaft steht das Prinzip der Nachhaltigkeit an oberster Stelle), doch wenn Plastik verwendet wird, dann ausschließlich solches, das von lebenden biologischen Quellen stammt und nicht von fossilen Rohstoffen wie Erdöl oder Kohle. Dementsprechend verwendet man in *Ecotopia*

---

55 Ebd., S. 58.
56 Commoner: *Wachstumswahn und Umweltkrise* (Anm. 52), S. 273.
57 Ernest Callenbach: *Ecotopia. The Notebooks and Reports of William Weston* [1975], hg. von Klaus Degering, Stuttgart: Reclam 1996, S. 3.

auch keine fossilen Brennstoffe, sondern gewinnt Energie aus Solar-[58] und Wasserkraftwerken sowie auch, zumindest für eine Übergangszeit, aus Kernkraftwerken, für die aber besondere Sicherheitsvorkehrungen getroffen werden. Folgerichtig findet das Prinzip des Recycling auch Anwendung auf den Menschen: „At any rate, when they feel their time has come, they let it come, comforting themselves with their ecological religion: they too will now be recycled."[59] Ein „Assistant Minister" fasst das Prinzip am Beispiel der Nahrungsmittelproduktion zusammen: „In short, we have achieved a food system that can endure indefinitely."[60] Die Einbettung des Menschen in die ökologischen Kreisläufe erscheint auch bei Callenbach als Voraussetzung für die Zukunftsfähigkeit des Menschen. Dementsprechend ist auch jeder Bereich des menschlichen Lebens davon betroffen – etwa hat man die Arbeitswoche auf 20 Stunden verkürzt, aus philosophischen und ökologischen Gründen:

> Mankind, the Ecotopians assumed, was not meant for production, as the 19th and early 20th centuries had believed. Instead humans were meant to take their modest place in a seamless, stable-state web of living organisms, disturbing that web as little as possible. This would mean sacrifice of present comsumption, but it would ensure future survival – which became an almost religious objective, perhaps akin to earlier doctrines of „salvation". People were to be happy not to the extent they dominated their fellow creatures on earth, but to the extent they lived in balance with them.[61]

Aus dem Gleichgewichtsgedanken resultiert auch die Bevölkerungspolitik, wie Westons Reportage mit dem Titel „The Ecotopian Population Challenge" belegt. Weder folgt *Ecotopia* dem amerikanischen Glauben, dass nur das Wachstum der Wirtschaft und der Bevölkerung zu Verbesserungen des Lebens führen, noch einem „eugenic population planning", wie es in den USA so leidenschaftlich diskutiert worden sei.[62] Dagegen erreichen die Bewohner von *Ecotopia* den statistisch aufgezeigten Bevölkerungsrückgang durch Information über Empfängnisverhütungen und durch die aus der Dezentralisierung entstandenen neuen Formen des Zusammenlebens. In der Gegenüberstellung der zukünftigen, von Umweltverschmutzung und Kriminalität beherrschten und ganz einer Wachstumsideologie verpflichteten USA und des abgespaltenen *Ecotopia* entwirft Callenbachs Roman das positive Bild einer möglichen zukünftigen Gesellschaft, womit er sich von vielen dystopischen Sachbüchern und Programmschriften abhebt.

Auch Carl Amery, einer der führenden Intellektuellen der ökologischen Bewegung in den 1970er Jahren in Deutschland, verknüpft in seinem Science-Fiction-Roman mit dem Titel *Der Untergang der Stadt Passau* das Ende der Zivilisation (nach einer nicht näher erläuterten Seuche) mit deren Neuanfang. Diesen fasst

---

58 Callenbach lieferte 1981 mit dem Roman *Ecotopia Emerging* die Vorgeschichte von *Ecotopia* nach. Darin schafft die Erfindung einer besonders effizienten Solarzelle die energetischen Grundlagen des neuen Staates.
59 Callenbach: *Ecotopia* (Anm. 57), S. 299.
60 Ebd., S. 48.
61 Ebd., S. 98.
62 Ebd., S. 143.

Amery – durchaus im Sinne von Callenbachs *stable-state life systems* – mit dem Begriff *Ökostabilität*. Amerys Roman spielt auf zwei Zeitebenen. Das eigentlich erzählte Geschehen findet in der Zukunft, im Jahr 2013, statt: Hier treffen die Führer der Passauer und Rosenheimer, der Scheff und Lois, zusammen. Der Scheff hat die Absicht, die Rosenheimer auszubeuten und zu „Untertanen" zu machen; begründet wird die Feindschaft durch den Kampf der beiden Söhne dieser Führer, bei dem der Passauer stirbt. Eingebettet sind in den Roman Auszüge aus einer Chronik mit dem Titel „Großtaten Gottes durch das Volk der Rosmer" – die zweite Zeitebene – welche nachträglich von Anfang und Geschichte der neuen Zivilisation sowie über die Ereignisse des Jahres 2112 berichten, als eine Streitmacht unter Führung der „Rosmer" die Passauer endgültig besiegt. Ebenfalls eingefügt sind die Vorgeschichten der wichtigsten Protagonisten, womit der Roman die Zeit vor der großen Seuche und die Reaktionen auf deren Eintreten thematisiert.

Amery stellt zwei nach der großen Katastrophe etablierte Gesellschaftsformen einander gegenüber. Auf der einen Seite stehen die Passauer mit einer klar hierarchischen Gesellschaftsstruktur. Sie leben von den Resten der untergegangenen Welt, was sie als ihren *PLAN* bezeichnen: „Wir können bloß hernehmen, was noch da ist", wie der Scheff seine Philosophie formuliert.[63] So ziehen sie los, um aus den umliegenden Dörfern und Städten Metall, Maschinen, Benzin, Waffen und anderes zu holen. Dieser übrig gebliebene „Abfall" dient dazu, die Einwohner der Stadt am Leben zu erhalten, denn die Passauer produzieren nichts. Auf der anderen Seite befinden sich die Rosenheimer, die, um ihr Überleben zu sichern, zurückgekehrt sind zu einer archaischen Lebensweise: Sie leben von der Jagd, vom Fallenstellen und von gelegentlicher Bodenbewirtschaftung. Deren führender Kopf, Lois, beschäftigte sich vor der Katastrophe, als er der Meinung war, das sei „keine Welt zum Heiraten und Kinderkriegen",[64] sowohl mit Soziologie und Politik als auch mit Biologie und Anthropologie – womit er sich die nötige Doppel-Kompetenz aneignete, um das Buch „GRUNDRISS DES ÖKOLOGISCHEN MATERIALISMUS" zu verfassen.[65] Das Buch wurde zwar nicht fertig, dafür aber gibt er kurz vor seinem Tod seinem Pflegesohn eine mündliche Lehre auf den Weg: „Der Scheff ist ein – armer Hund. Denn die Verhältnisse – die sind nicht so. Net so, wie er sichs denkt. Viel z'früh für a Stadt. Das, Marte, ist die Zeit für Pferdl, für Pfeil und Bogen. Schmeißt die Büchsen weg, Marte. Schmeißt die glei' weg, nehmts Pfeil und Bogen. Fangts mit die Kinder an, sobalds laufen können."[66] Vom Ergebnis dieser Lehre berichtet dann die Chronik: Aus dem Krieg im Jahr 2112 geht eine neue Gruppe unter dem „weisen und gerechten Marte" hervor, die ein Reich gründet, das gesegnet sei mit Gesundheit „für Mensch und Tier und den Reichtümern des Berges."[67]

---

63 Carl Amery: *Der Untergang der Stadt Passau*, München: Wilhelm Heyne 1975, S. 78.
64 Ebd., S. 98.
65 Mit diesem Buch ist Amerys Essay *Natur als Politik* (Anm. 54) gemeint.
66 Amery: *Der Untergang der Stadt Passau* (Anm. 63), S. 108 f.
67 Ebd., S. 127 f.

Eine zentrale Rolle spielt in der politischen Ökologie die Erziehung, ob es sich um ein völlig neues Bildungssystem oder um die Weitergabe einer Lehre an die Nachkommen handelt. Das zeigt sich auch am Beispiel des Kinderbuches. Äußerst erfolgreich – auch als Film – waren die von Elisabeth Beresford erfundenen *Wombles*, pelzige, langnasige Wesen, die Teddy-Bären gleichen und in Erdhöhlen im Londoner Stadtteil Wimbledon leben.[68] Die Wombles sammeln alles, was Menschen wegwerfen, und dank ihres Erfindungsgeistes machen sie daraus nützliche Dinge. Doch in dem Band *The Wombles to the Rescue* entsteht für die Wombles in aller Welt eine existenzbedrohende Krise: Wegen der Energiekrise werde Papier und Plastik knapp, weshalb die Menschen weniger wegwerfen. Ausgerechnet weil die Menschen dazu gezwungen sind, sich umweltfreundlich zu verhalten, haben die Wombles weniger Sammelarbeit; es fehlt ihnen an Baumaterial, Essen und auch an Malpapier für den Kindergarten. Die Erzählung schildert, wie die Wombles eine Antwort auf diese Krise finden und wie sie ihre eigene Zukunft sichern. Nachdem ihr Versuch, im Teich nach Erdöl zu bohren, zu einer Umweltkatastrophe führt, richten sie eine Unterwasserpflanzenzucht ein, die sie mit Nahrung versorgt; das mangelnde Papier wird ersetzt durch Plastikblätter, von denen die Farbe abgewaschen werden kann; eine Mischung aus Löwenzahnsaft und Teichschlamm ergibt Schmieröl usw. Vermittelt wird solchermaßen die Verbindung der Wiederverwendung von scheinbar nutzlosen Materialien mit Kreativität, denn letztlich sind es stets die Wombles selbst, die, mal gemeinsam, mal einzeln, für jedes Problem eine Lösung finden und auf diese Weise vorführen, wie das Überleben einer Bevölkerung möglich sein kann.

5. Zukunft schreiben: Enzensbergers *Der Untergang der Titanic*

Bereits in einem Essay aus dem Jahr 1962 widmet sich Enzensberger der Frage nach dem Verhältnis von Prognostik und Politik. Ob im Modus des Zweifels, der Absage oder Verneinung – Poesie sei Antizipation. Allerdings spreche die Poesie nicht „über die Zukunft", sondern so, *„als wäre Zukunft möglich*, als ließe sich frei sprechen unter Unfreien, als wäre nicht Entfremdung und Sprachlosigkeit".[69] Ein bloßes „Vorgreifen" wäre Lüge, wenn es nicht mit Kritik verbunden wäre – und wenn Kritik nicht mit Antizipation verbunden wäre, wäre sie Ausdruck von Ohnmacht. Was Enzensberger hier auf die Poesie bezieht, gilt durchaus auch für die *Kritik der politischen Ökologie* im bereits erwähnten gleichnamigen Essay, in dem er

---

68 Beresford veröffentlichte fünf Bände: *The Wombles* (1968), *The Wandering Wombles* (1970), *The Wombles at Work* (1973), *The Wombles to the Rescue* (1974) und *The Wombles Go Round the World* (1976). Im Jahr 1973 entstand eine Filmserie für das englische Fernsehen, in Deutschland wurden *Die Wombles* ab 1977 ausgestrahlt.
69 Hans-Magnus Enzensberger: „Poesie und Politik (1962)", in: ders.: *Einzelheiten II. Poesie und Politik*, Frankfurt a. M.: Suhrkamp 1984, S. 113–137, hier S. 136.

eine Kritik an der Kopplung von Prognostik und Politik ausführt und dabei dennoch „Hypothesen, die auf einer Hypothese gründen", formuliert.[70]

Einen ähnlichen Einsatz hat auch die 1978 erschienene „Komödie" *Der Untergang der Titanic*, die aus 33 Gesängen und 16 zwischen diesen eingeschobenen Gedichten besteht. Dabei verbindet Enzensberger die Ereignisse auf dem sinkenden Passagierschiff Titanic 1912 mit der Entstehung von vier Gemälden sowie dem Verfassen der „Komödie" selbst. Das Sprecher-Ich von 1977 (in Berlin) blickt auf sich selbst im Jahr 1969 (in La Habana, Kuba) zurück, in dem die Anfänge des Textes liegen. Es treten eine Reihe unterschiedlicher Sprecher auf: einer verfolgt in einer „Zeitmaschine" den Untergang der Titanic, einer verfasst den Text, hinzu kommen diverse Maler, ein Ingenieur, Überlebende, Tote sowie andere, nicht immer zu identifizierende Sprecher, die alle voneinander unterschieden sind und zugleich aufeinander verweisen – etwa wenn der Schriftsteller und der Maler ähnliche Schwierigkeiten haben, einen „Untergang" darzustellen, oder wenn der Verfasser und ein Überlebender miteinander verschmelzen. Seine semantische Vielfalt erzeugt der Text durch Parallelisierungen von Figuren (Maler und Schriftsteller, erinnerndes und erinnertes Ich) und Materialien (die Leinwand des Malers, das Papier des Autors und die Wand des Schiffes), durch Motive (der Untergang der Titanic, die Insel Cuba, die Welt und das Gedicht) oder durch Bildfelder (Zerreißen und Aufschneiden). Im Folgenden soll Enzensbergers „Komödie" nur mit Blick auf die ökologische Prognostik betrachtet werden.[71]

Die unterschiedlichen Zukunftsmodellierungen sind über das Leitmotiv des Untergangs miteinander verbunden: Dies gilt zuallererst für das Schiff, die Titanic, die bekanntlich als Inbegriff des technischen Fortschrittes galt.[72] Im Vordergrund steht erstens die Technik selbst, wie etwa der Ausruf „Fabelhaft, dieser Marconi!" zeigt.[73] Guglielmo Marconi war ein Pionier der drahtlosen Kommunikationstechnik und gründete im Jahr 1897 *Marconi's Wireless Telegraph Company*, deren innovativste Funktechnik man auf der Titanic installierte – was Enzensberger damit konterkariert, dass der Funker auf dem nahegelegenen Schiff *California* die Notrufe nicht hörte, weil er schlief: Der Mensch wurde als mögliche Fehlerquelle nicht

---

70 Enzensberger: „Zur Kritik der politischen Ökologie" (Anm. 10), S. 36.
71 Vgl. allgemein zu Enzensbergers Text: Götz Müller: „‚Der Untergang der Titanic'. Bemerkungen zu Enzensbergers Gedicht", in: *Zeitschrift für Deutsche Philologie* 100 (1981), S. 254–274; Manfred Koch: „‚Vor Neufundland vereinzelt Eisberge' Zum Verhältnis von Utopie und Apokalypse in Enzensbergers *Untergang der Titanic*", in: *Amsterdamer Beiträge zur neueren Germanistik: Zeitgenössische Utopieentwürfe in Literatur und Gesellschaft. Zur Kontroverse seit den achtziger Jahren* 41 (1997), 273–294; Manon Delisle: *Weltuntergang ohne Ende. Ikonographie und Inszenierung der Katastrophe bei Christa Wolf, Peter Weiss und Hans Magnus Enzensberger*, Würzburg: Königshausen & Neumann 2001; Axel Goodbody: *Nature, technology and cultural change in twentieth-century German literature. The challenge of ecocriticism*, Basingstoke u. a.: Palgrave Macmillan 2007.
72 Von zwei Bronze-Nymphen am Eingang des Großen Foyers stellt eine den Fortschritt dar. Enzensberger ironisiert dieses Symbol, indem er es im Siebenten Gesang zwischen einer Speisekarte, endend mit „Tropical Fruit", und der Aufforderung, zum Diner zu kommen, positioniert. Hans Magnus Enzensberger: *Der Untergang der Titanic. Eine Komödie*, Frankfurt a. M. 1978: Suhrkamp, S. 30.
73 Ebd., S. 10.

eingerechnet. Im achten Gesang ist das Sprecher-Ich ein Ingenieur, der sich zwar über das Salzwasser in der Tennishalle ärgert, aber feststellt, nasse Füße seien noch nicht das Ende der Welt.[74] Dabei geht es nicht nur um sein unerschütterliches Vertrauen in die Technik, sondern auch um eine ganz andere Einordnung des Untergangs, nämlich als Unfall. Denn wenn der für den Ingenieur unerwartete Fall eines Untergangs eintritt, gilt: „Im übrigen geht jede Innovation auf eine Katastrophe zurück: / neue Werkzeuge, Theorien und Gefühle – man nennt das Evolution."[75] Das eine Schiff und die vielen Toten werden somit zu statistischen Größen; mit der Titanic geht nicht der Fortschritt der Technik unter, im Gegenteil treibt die Katastrophe diesen Fortschritt voran. Indem er den Ingenieur sprechen lässt, führt Enzensberger eine klassische Position der Technik-Theorie ein, die mit dem Begriff der Störung über die Medientheorie auch in die Kulturwissenschaften Eingang gefunden hat,[76] zugleich distanziert er sich mit der ironischen Vorführung des Ingenieurs von jeglichem Technik-Glauben.

Ein zweiter wichtiger Aspekt dieses Schiffsunglücks liegt in dem plötzlichen Einbruch des Untergangs in den Alltag. Während man Gymnastik betreibt, der Steward einem alten Herrn die Schnürsenkel zubindet oder John Jacob Astor einen Rettungsring aufschneidet, um seiner Frau zu zeigen, was darin ist, strömt das Wasser in den Laderaum ein. Der Untergang kommt unbemerkt, nicht zuletzt aufgrund menschlicher Ignoranz, was hier durchaus allegorisch zu verstehen ist. Denn das Schiff ist auch der Staat – das eingeschobene Gedicht „Schwacher Trost" spricht von der Verstaatlichung des Kampfes aller gegen alle und sendet „Schöne Grüße von Hobbes"[77] – sowie auch die gesamte, von einer globalen Katastrophe bedrohte Erde: Im letzten Gesang fragt das Sprecher-Ich, ob da nur einige Dutzend Personen untergehen oder nicht vielmehr das gesamte Menschengeschlecht.[78]

Drittens geht es um die sozialen Unterschiede: Die Passagiere auf dem Zwischendeck, also die dritte Klasse, bemerken es, „wie immer", zuerst, und sie wissen auch um die Logik der Rettung: „daß die Erste Klasse zuerst drankommt, / daß es nie genug Milch und nie genug Schuhe / und nie genug Rettungsboote für alle gibt."[79] Eine eingefügte Tabelle mit den Zahlen der Geretteten und der Verlorenen macht die Unterschiede vor allem zwischen der ersten und dritten Klasse evident. Während das Gedicht hier eine statistische Analyse zitiert, liefert der elfte Gesang

---

74 „Salzwasser in der Tennishalle! Ja, das ist ärgerlich, / aber nasse Füße sind noch lange nicht das Ende der Welt. / Die Leute freuen sich immer zu früh auf den Untergang [...]". Ebd., S. 34.
75 Ebd.
76 Vgl. dazu: Albert Kümmel: „Störung", in: Alexander Roesler/Bernd Stiegler (Hg.): *Grundbegriffe der Medientheorie*, Paderborn: Fink 2005, S. 229–236.
77 „Der Kampf aller gegen alle soll, / wie aus Kreisen verlautet, / die dem Innenministerium nahestehn, / demnächst verstaatlicht werden, / bis auf den letzten Blutfleck. Schöne Grüße von Hobbes." Enzensberger: *Der Untergang der Titanic* (Anm. 72), S. 57.
78 „Ich frage mich, sind es wirklich nur ein paar Dutzend Personen, / oder hanget da drüben das ganze Menschengeschlecht, / wie auf einem x-beliebigen Musikdampfer, der schrottreif / und nur noch einer Sache geweiht ist, dem Untergange?" Ebd., S. 114.
79 Ebd., S. 11. Vgl. auch: „Wir sitzen alle in einem Boot, / doch: Wer arm ist, geht schneller unter." S. 71.

die Perspektive der Reisenden auf dem Zwischendeck: „Laßt uns raus / Wir ersticken hier / Der Viehwagen schlingert / Der Schrank wankt / Der Sarg gurgelt / Wir kämpfen auf den Treppen / Wir trommeln gegen das Holz [...]". Die durch Alliterationen und Assonanzen lautlich dichten Verse verbinden die Situation der ertrinkenden Passagiere der Dritten Klasse mit der Situation der in Viehwaggons deportierten Juden und geraten schließlich zu einer einzigen Bewegung der Ausgeschlossenen: „Entsetzlich viele / sind wir auf einmal / Wir zertreten / die Zertretenen / massenhaft weich".[80] Die Armen auf der Titanic hören zwar einem zum gewalttätigen Aufstand und zur Rache aufrufenden Revolutionär zu, aber „warteten, bis sie versunken waren"[81] – womit neben dem Fortschritt das zweite zentrale Zukunftsmodell aufgerufen ist: die Revolution, deren möglicher Einsatz freilich ungenutzt verstreicht.

Wie schon erwähnt, nennt das Verfasser-Ich zwei Daten der Entstehung des Gedichts, 1969 und 1977. Im Jahr 1969 hält er sich in La Habana auf und schreibt am Untergang der Titanic. Auf der einen Seite erscheint dieses Vorhaben zu dieser Zeit an diesem Ort als unpassend, geht es doch zehn Jahre nach der kubanischen Revolution immer noch emphatisch um den Aufbruch zu etwas Neuem; auf der anderen Seite macht allererst der Untergang den ersehnten Neuanfang möglich.[82] Denn folgendermaßen wird die kubanische Lebenshaltung charakterisiert: „Morgen wird es besser sein, und wenn nicht / morgen, dann übermorgen. Naja – / vielleicht nicht unbedingt besser, / aber doch anders, vollkommen anders, / auf jeden Fall. Alles wird anders sein."[83] Und so spricht man „von der Befreiung, von einer Zukunft, reich / an Glühbirnen, Milchkühen, nagelneuen Maschinen."[84] In dieser Situation, so behauptet der Verfasser, habe er einen Eisberg gesehen, wie eine Fata Morgana, der auf ihn zutrieb. Doch untergegangen sei schließlich nicht Kuba, sondern sein Gedicht über den Untergang der Titanic.

Das aber ist nicht wenig, denn der Untergang des Gedichts vom Untergang markiert einen weiteren Untergang, nämlich den der Revolution. Dafür steht metonymisch der Verweis auf den kubanischen Dichter Heberto Padilla, von dem es heißt: „er saß noch nicht / im Gefängnis – aber wer dieser Padilla war, / weiß niemand mehr, weil er verloren ist, ein Freund, / ein verlorener Mann [...]".[85] Die Geschehnisse um Padilla sollten für viele Schriftsteller und Intellektuelle zum Anlass werden, ihre Unterstützung der kubanischen Revolution zu beenden – was im Jahr 1969 diejenigen, die auf die Revolution hofften und sich für sie einsetzten, nicht wissen konnten.[86] Padilla erhielt im Jahr 1968 den Preis des kubanischen

---

80 Ebd., S. 45.
81 Ebd., S. 25.
82 „Auch eine Spielart der Zuversicht! / Wir glaubten noch an ein Ende, damals / (wann: „damals"? 1912? 18? 45? 68?), / und das heißt: an einen Anfang." Ebd., S. 97.
83 Ebd., S. 14.
84 Ebd., S. 15.
85 Ebd., S. 16.
86 Dieses Nicht-Wissen thematisiert der vierte Gesang, das damalige Ich als „blutigen Laien" adressierend: „Ich wollte nicht wahrhaben, / daß das tropische Fest schon zu Ende war. / [...] / Ein paar

Schriftstellerverbandes für ein Buch, das später als konter-revolutionär eingestuft wurde. Die Sicherheitspolizei verhaftete ihn im Jahr 1971 und zwang ihn, eine „Selbstkritik" zu veröffentlichen. Diese sogenannte „Padilla-Affäre" brachte Intellektuelle wie Jean-Paul Sartre und Susan Sonntag dazu, sich von der kubanischen Revolution zu distanzieren. Der vielfache Aufruf zum Umsturz und die Hoffnung auf einen Neuanfang scheiterten damit dramatisch.

Was bei all diesen Untergängen letztlich nicht unterging, war der Text, den Enzensberger in Berlin im Jahr 1977 dann doch schrieb. Er handelt nicht vorrangig vom Untergang, sondern von den Schwierigkeiten der Repräsentation des Untergangs. Im ersten eingeschobenen Gedicht mit dem Titel „Apokalypse. Umbrisch, etwa 1490" führt einen Maler der Auftrag einer bildnerischen Darstellung der Johannes-Apokalypse zu der Frage: „Wie fängt man es an, / den Weltuntergang zu malen?"[87] Ihn treiben technische Fragen ebenso um wie Kompositionsprobleme. Besonders schwierig sei es, Geräusche zu malen, womit hier eines der zentralen Themen des gesamten Textes aufgerufen wird.[88] Zuletzt ist es die glückliche Vollendung des Weltuntergangs, die den Maler erheitert und ihm Anlass zum Feiern gibt. Der Untergang bringt also nicht nur den Fortschritt hervor, sondern ebenso ästhetisches Vergnügen – ob in der hohen Kunst wie bei diesem umbrischen Maler oder in der populären Kultur, wenn, wie der 26. Gesang vorführt, der Untergang der Titanic in einem kitschigen Film inszeniert wird.

Besonders deutlich stellt sich die Frage der Repräsentation bei der Darstellung des Zukünftigen. Das Gedicht „*Forschungsgemeinschaft*" führt mehrere Vorhersagende als „in die Zukunft blickende Zauberkünstler" vor.[89] Hierbei gehen verschiedene Sprecherpositionen und verschiedene Techniken der Vorhersage – Prophetie, Schamanismus, wissenschaftliche Prognose, Lesen aus Knochen oder Eingeweiden und Delphi-Methode – ineinander über. Für alle gilt, dass sie nichts anderes als „Vorläufiges" produzieren. So kann der Prophet den Weltuntergang immer aufs Neue verkünden, denn zwar sei sein Zeitpunkt nicht gewiss, sein Eintreten aber sehr wohl.[90] Und nachträglich könne man immer sagen, man habe es ja gewusst – worüber Enzensberger die Toten klagen lässt.[91] Nicht zuletzt verknüpft dieses Gedicht die Zukunft mit dem Meer, indem es die Wendungen „mit dem Rücken zum Meer" und „mit dem Rücken zur Zukunft" parallelisiert. In beiden Fällen wird das Nicht-Wissen mit der Produktion von Wissen verknüpft. Die Propheten erzeugen

---

armselige Jahre später, / jetzt, ist alles gelaufen, / es wimmelt von Schuhen, / Glühbirnen, Arbeitslosen, / nagelneuen Vorschriften und Maschinen." Ebd., S. 20.
87 Ebd., S. 12.
88 Enzensberger entwickelt regelrecht eine Phänomenologie des Hörens und verbindet sie mit der Frage der Darstellbarkeit von Lauten, womit nicht zuletzt die Wahl der Gedichtform mitreflektiert wird. So beginnt der erste Gesang mit den Worten „Einer horcht" und das erste, was der Leser von der Titanic erfährt, ist „Ein Knirschen. Ein Scharren. Ein Riß." Ebd., S. 7 f.
89 Ebd., S. 87.
90 Ebd., S. 70.
91 „Hinterher natürlich hatten alles es kommen sehen, / nur wir nicht, die Toten." Ebd., S. 67.

Vorhersagen mit dem *Rücken zum Meer*, und der Verfasser liest Grundrisse und Statistiken mit dem *Rücken zur Zukunft*.

Während im Jahr 1969 in La Habana das Gedicht vom Untergang mit der Revolution untergeht, umkreist das Gedicht vom Untergang aus dem Jahr 1977 das Sprechen vom Untergang. Darüber hinaus findet sich ein weiteres Zukunftsmodell, den Fortschritt und die Revolution beiseite schiebend, ein, nämlich das Überleben. Obgleich auf der Titanic die Passagiere der Ersten Klasse höhere Überlebenschancen hatten, ist das Überleben doch kontingent: Während der erwähnte John Jacob Astor, einer der Reeder des Schiffes, stirbt, überleben zum Beispiel einige Chinesen, von denen niemand weiß, wie sie ins Rettungsboot kamen und wohin sie später gehen. Zugleich herrscht ein brutaler Kampf ums Überleben, wenn etwa die Rettungsboote nicht zum sinkenden Schiff zurückkehren, aus Angst, mit den Ertrinkenden unterzugehen.[92] Und schließlich tritt im letzten Gesang ein Sprecher-Ich auf, das die mit nassen Koffern am Rande des Abgrunds stehenden Personen warnt. Seine Worte „Ich sehe, wie ihr langsam versinkt", werden zwar gehört, aber nicht beantwortet: Die Personen versinken, während das Ich weinend weiterschwimmt.[93]

Es liegt nahe, dieses letzte Gedicht nochmals auf Enzensbergers 1973 publizierten Aufsatz „Zur Kritik der politischen Ökologie" zu beziehen. Denn auch hier geht es weder um Fortschritt noch um Revolution, sondern um das Überleben – auf der Grundlage von „Hypothesen, die auf einer Hypothese" gründen. Die politische Ökologie erschafft durch Warnungen, Programme, Dystopien und Utopien ein politisch-wissenschaftliches Imaginäres, das als Regulativ für die Rettung der Erde und der Menschheit fungieren soll. Enzensbergers „Komödie" *Der Untergang der Titanic* setzt diese Überlegung nicht einfach literarisch um, sondern liefert eine höchst komplexe Reflexion über Zukunftsmodellierungen und ihre religiösen, wissenschaftlichen, technischen, sozialen und politischen Aspekte. Dabei steht das Buch bereits an der nächsten Epochenschwelle, nämlich dem Übergang in die 1980er Jahre. Hier gründete sich die Partei *Die Grünen*, deren 1980 verfasstes Bundesprogramm die Forderung gesellschaftlicher und wirtschaftlicher Veränderungen mit dem Beharren auf demokratischen Prinzipien verband.

---

92 „die Stimmen, sagte die Stimme, trugen sehr weit, / sie waren sehr deutlich, und also hieß es / im Boot, wir müssen umwenden, es ist noch Platz, / sagten manche, auf keinen Fall, sie werden sich / an jede Planke klammern, das sagten andre, / und uns alle schreiend ersäufen". Ebd., S. 60.
93 Ebd., S. 115.

Armin Grunwald

Prognostik statt Prophezeiung
Wissenschaftliche Zukünfte für die Politikberatung

1. Einführung und Überblick[1]

Prognostik steht am Beginn der modernen Wissenschaften. Die Vorhersage der Bewegung von Himmelskörpern für die Zwecke der Navigation, aber auch von besonderen Ereignissen wie Mond- oder Sonnenfinsternissen, gehört zu den ursprünglichen Motivationen wissenschaftlicher Beobachtung des Himmels. Versuche, die Himmelsmechanik zu verstehen, um bessere Vorhersagen zu machen, wie dies z. B. die Keplerschen Gesetze beanspruchten, können als Elemente der Geburt neuzeitlicher Wissenschaft gelten. Das prognostische Element ist auch heute wesentlicher Teil einiger Naturwissenschaften wie z. B. der Klimaforschung und der Meteorologie.

Im gesellschaftswissenschaftlichen Bereich ist die Zuwendung zur Zukunft jüngeren Datums. Moderne Sozial- und Wirtschaftswissenschaften befassen sich nicht nur mit der Gegenwart und der Vergangenheit, sondern seit einigen Jahrzehnten verstärkt auch mit gesellschaftlichen Zukunftsbildern und Zukunftstrends. Dies hängt damit zusammen, dass moderne Gesellschaften ihre Entscheidungen kaum mehr mit Bezug auf Traditionen, sondern viel stärker durch Zukunftsüberlegungen begründen. Die Stichworte nachhaltige Entwicklung,[2] Risikogesellschaft,[3] Erhalt der Wettbewerbsfähigkeit und demografische Entwicklung sind einschlägige Beispiele. Entscheidungsträger in Politik und Wirtschaft wollen sich auf zukünftige Entwicklungen einstellen und frühzeitig informiert werden, um mitgestalten zu können. Diese Zukunftsüberlegungen werden seit Jahrzehnten immer stärker mit wissenschaftlichen Methoden unterstützt. Wirtschaftswissenschaftliche Institute produzieren Prognosen über die wirtschaftliche Entwicklung und den Arbeitsmarkt, Systemanalyseinstitute bringen Szenarien zur zukünftigen Energieversorgung auf den Markt, die wissenschaftlichen Szenarien des Weltklimarats (IPCC) dominieren die klimapolitische Diskussion, der demographische Wandel wird wis-

---

1 Der vorliegende Beitrag stützt sich auf Vorarbeiten des Autors und entwickelt diese weiter: Armin Grunwald: „Energiezukünfte vergleichend bewerten – aber wie?", in: Dominik Möst/Wolf Fichtner/Armin Grunwald (Hg.): *Energiesystemanalyse*, Karlsruhe: Universitätsverlag Karlsruhe 2009, S. 33–47; Armin Grunwald: „Wovon ist die Zukunftsforschung eine Wissenschaft?", in: Raimund Popp/Ernst Schüll (Hg.): *Zukunftsforschung und Zukunftsgestaltung. Beiträge aus Wissenschaft und Praxis*, Berlin/Heidelberg: Springer-Verlag 2009, S. 25–35.
2 Armin Grunwald/Jürgen Kopfmüller: *Nachhaltigkeit*, Frankfurt/New York: Campus 2006.
3 Ulrich Beck: *Risikogesellschaft. Auf dem Weg in eine andere Moderne*, Frankfurt a. M.: Suhrkamp 1986.

senschaftlich erforscht und auch die Bearbeitung der großen Fragen einer nachhaltigen Entwicklung der Menschheit wird mit wissenschaftlichen Mitteln versucht. Ein konkretes Beispiel: Der Verabschiedung des Energiekonzepts der deutschen Bundesregierung im Herbst 2010, das eine wesentliche Laufzeitverlängerung für Kernkraftwerke umfasste, ging die Erarbeitung wissenschaftlicher Energieszenarien voraus. Ein ganzer Forschungszweig mit einem eigenen Methodenarsenal hat sich entlang dieser Herausforderungen gebildet. Technikfolgenabschätzung[4] und Zukunftsforschung[5] sind nur einige der involvierten Forschungsrichtungen.

Die Karriere der wissenschaftlichen Erforschung der gesellschaftlichen Zukunft beginnt in den sechziger Jahren des vorigen Jahrhunderts, inmitten der Zeit des Planungsoptimismus. Die Zukunft galt als mehr oder weniger berechenbar durch Extrapolation erforschter Entwicklungen, durch Anwendung gesellschaftlicher Verlaufsgesetze oder durch komplexe Modellierungen, die durch die Fortschritte in der Computertechnik möglich wurden. Auch die Weltmodelle des Club of Rome, die zu der bekannten Studie „Grenzen des Wachstums" führten, waren getragen von diesem Optimismus einer Erforschbarkeit der Zukunft. Bekannt sind die großen Studien von Hermann Kahn, die allerdings heute, nachdem der Zeitpunkt der erforschten Zukunft, meist das Jahr 2000, erreicht oder überschritten worden ist, teilweise merkwürdig altmodisch anmuten. Aufgrund vieler prognostischer Misserfolge, aber auch durch die Ergebnisse der theoretischen Reflexion der Erkenntnisgrenzen von Vorhersagen, wird vielfach über Möglichkeiten wissenschaftlicher Zukunftsforschung gestritten.[6]

In diesem Beitrag möchte ich der Frage nachgehen, wodurch sich wissenschaftliche Zukunftsbetrachtungen, die vielfach für die Politik- und Gesellschaftsberatung unternommen werden, von anderen Formen der Zukunftsschau unterscheiden. Wissenschaftliche Zukunftsschau ist oft teuer und langwierig, es erscheint also mehr als berechtigt, nach ihren Vorteilen gegenüber anderen Zugängen zu fragen, etwa der literarischen Zukunftsschau. Dazu werde ich folgende Thesen entfalten:

- Wissenschaftliche Zukünfte sind soziale Konstruktionen und keine wertneutralen Beschreibungen zukünftiger Entwicklungen.
- Ein Nachweis der Wissenschaftlichkeit *wissenschaftlicher* Zukünfte ist wissenschaftstheoretisch nicht trivial und unterscheidet sich von den Nachweisen der Wissenschaftlichkeit in anderen Bereichen.
- Die Erwartung, wissenschaftliche Zukünfte seien *per se* besser als nichtwissenschaftliche (wie z. B. literarische oder astrologisch motivierte Zukünfte) – in dem Sinne, dass sie besser die Zukunft vorhersagen –, ist nicht begründet.

---

4 Armin Grunwald: *Technikfolgenabschätzung – eine Einführung*, Berlin: edition sigma ²2010.
5 Raimund Popp/Ernst Schüll (Hg.): *Zukunftsforschung und Zukunftsgestaltung. Beiträge aus Wissenschaft und Praxis*, Berlin/Heidelberg: Springer-Verlag 2009.
6 Beispielhaft: Nelson Goodman: *Fact Fiction Forecast*, London: Sage 1954; Hans Georg Knapp: *Logik der Prognose*, Freiburg/München: Alber 1978; Paul Lorenzen: *Lehrbuch der konstruktiven Wissenschaftstheorie*, Mannheim: Bibliographisches Institut 1987.

- Stattdessen haben wissenschaftliche Zukünfte die Vorteile, dass sie allgemeine Zustimmungsfähigkeit schaffen, dass sie erlauben, Konsistenzforderungen zu stellen und zu überprüfen, und dass sie ein Lernen aus dem Vergleich der vorhergesagten mit den dann real eintretenden Ereignissen ermöglichen.

Wenn es in diesem Beitrag spezifisch um die Wissenschaftlichkeit von Zukunftsbetrachtungen geht – in Gegenüberstellung zu einer un- oder nichtwissenschaftlichen Prophezeiung –, so möchte ich die Betrachtung auf die wissenschaftlich gestützte Zukunftsschau *in gesellschaftlichen Feldern* beschränken und nicht auf Vorhersagen generell, etwa der Astronomie, der Meteorologie oder der Kosmologie, erstrecken.

2. Wissenschaftliche Zukünfte für die Politikberatung

Zukunftsforschung ist nicht aus reinem Erkenntnisinteresse entstanden, sondern vor dem Hintergrund konkreter Erwartungen aus Politik und Wirtschaft. Insbesondere nach dem Zweiten Weltkrieg ging es darum, unter sicherheitspolitischen und militärischen Aspekten Szenarien und Prognosen zu erstellen, um darauf aufbauend politische Entscheidungen zur Vorsorge treffen zu können. In jener Zeit entstanden die bekannten Think Tanks wie die RAND Corporation, in denen zentrale Methoden wie die Szenarientechnik entwickelt wurden. Auch in zivilen Bereichen wuchs der Bedarf nach wissenschaftlichen Zukünften, so in der Technologie- und Energiepolitik und seit den 1970er Jahren verstärkt in Umwelt- und Klimapolitik. Jeweils ging es darum, durch Zukunftsforschung Wissen zum Handeln zu generieren, ob nun für politische Entscheidungen oder für strategische Unternehmensentscheidungen. Zukünftige Entwicklungen sollten und sollen für die Zwecke der Früherkennung von Chancen, der Frühwarnung vor Risiken und der Antizipation politik- oder wirtschaftsrelevanter Rahmenbedingungen wie z. B. im demographischen Wandel möglichst frühzeitig eingeschätzt werden.

In modernen Gesellschaften ist es ein genereller Modus, Orientierung in Bezug auf heute anstehende Entscheidungen dadurch zu schaffen, dass (1) über zukünftige Entwicklungen und die Folgen von Handlungen und Entscheidungen nachgedacht wird, dass (2) diese Zukünfte im Hinblick auf Erwünschtheit oder Zumutbarkeit bewertet werden und dass (3) die Ergebnisse dieses Prozesses in die Entscheidungen hinein rückgekoppelt werden. Die Rede vom Vorsorgeprinzip oder von nachhaltiger Entwicklung sind Beispiele für diese ‚Umwegargumentation': Die Technikfolgenabschätzung ist geradezu zu dem Zweck ‚erfunden' worden, Wissen über mögliche Technikfolgen wie Risiken oder Innovationspotentiale möglichst frühzeitig zu erhalten und für Entscheidungs- und Gestaltungszwecke fruchtbar zu machen. Ausgehend von gegenwärtigen Herausforderungen, Problemen und Entscheidungsnotwendigkeiten wird dabei auf dem Umweg über Zukunftsdebatten Orientierung *für heute* gesucht (Abb. 1). Ist dies bereits im alltäglichen Leben gängige Praxis, etwa wenn der Wetterbericht als Basis genommen wird, um z. B. Ent-

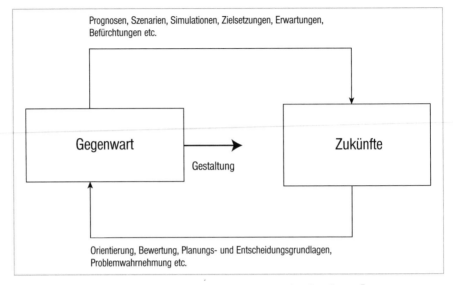

Abb. 1: Der entscheidungstheoretische Kreisgang über Zukunftsreflexion[7]

scheidungen über die angemessene Kleidung zu treffen, so gilt dies auch im politischen Bereich. Umweltpolitik, Energiepolitik oder Sicherheitspolitik sind einschlägige Felder.

Diese ‚Umwegargumentation' führt jedoch keineswegs wie von selbst zu neuen Formen gesellschaftlicher Orientierung. Denn Zukunftserwartungen und -befürchtungen sind häufig selbst umstritten[8] und zeigen tief gehende Ambivalenzen[9]. Nicht nur, dass sie in Bezug auf die vorhergesagten Ereignisse, Entwicklungen oder Zustände stark divergieren, hinzu kommt noch die Divergenz daran anschließender Bewertungen. Epistemische Unsicherheit ist gepaart mit normativen Konflikten. Oft sind Zukünfte daher Ausdruck der Konflikte einer pluralistischen Gesellschaft, da in Zukunftsdebatten Werte, Menschenbilder, Hoffnungen, Befürchtungen und Vorstellungen der zukünftigen Gesellschaft mit verhandelt werden, in denen sich selbstverständlich die unterschiedlichsten weltanschaulichen und politischen Positionen widerspiegeln. Man kann geradezu sagen, dass moderne Gesellschaften ihre wesentlichen Konflikte über derartige Zukunftsdebatten austragen.

Ein prominentes Beispiel sind energiepolitische Debatten. Entscheidungen in Energiepolitik, Energiewirtschaft und Energieforschung im Hinblick auf Techno-

---

7 Armin Grunwald: *Auf dem Weg in eine nanotechnologische Zukunft. Philosophisch-ethische Fragen*, Freiburg: Alber 2008, S. 286.
8 Nicholas Brown/Brian Rappert/Andrew Webster (Hg.): *Contested Futures. A sociology of prospective techno-science*, Burlington: Ashgate Publishing 2000.
9 Armin Grunwald: „Technische Visionen und ihre Ambivalenzen", in: ders. (Hg.): *Technik und Politikberatung*, Frankfurt a. M.: Suhrkamp 2008, S. 76–94.

logien und Infrastrukturen für Energiebereitstellung und Energieumwandlung erfolgen im Hinblick auf teils weit entfernte Zukünfte. Aufgrund der hohen Investitionskosten von Energieinfrastruktur und -bereitstellungstechnologien sowie der in der Regel langen Betriebsdauern einmal in Betrieb genommener Großanlagen oder kostspielig installierter Infrastrukturen wird durch Entscheidungen im Energiebereich die Zukunft auf lange Sicht ‚festgelegt' oder wenigstens stark beeinflusst. Die langen Zeiträume bis zur Marktreife neuer Energietechnologien und bis zum Aufbau neuer Infrastrukturen führen ebenfalls zu einem hohen Bedarf an Energiezukünften, damit entsprechend langfristig geplant werden kann. Schließlich führt die zentrale Bedeutung von Energie für die Funktionsfähigkeit moderner Volkswirtschaften zu erheblichen politischen Vorsorgenotwendigkeiten, die ebenfalls der Orientierung durch Zukunftsüberlegungen bedürfen, z. B. im Hinblick auf geopolitische Verschiebungen.

Mit teils hohem Aufwand werden wissenschaftliche Energiezukünfte, insbesondere Szenarien und Prognosen erstellt, um rationale Entscheidungen zu orientieren. Einerseits sind dies *normative* Szenarien, die z. B. bestimmten erneuerbaren Energieträgern im Jahr 2050 einen konkreten Anteil an der Gesamtenergieversorgung zuweisen und dadurch das Zielsystem umschreiben, das es zu erreichen gilt. Daraus werden dann abgeleitet, was heute getan werden müsse, um die Ziele zu realisieren.[10] Andererseits werden *explorative* Szenarien angefertigt, die mögliche Zukünfte untersuchen und das Spektrum mehr oder weniger plausibler Zukunftsentwicklungen zwischen *worst-case-* und *best-case*-Szenarien kartieren, häufig um *business-as-usual*-Szenarien als Extrapolationen heutiger Trends herum organisiert. Damit soll herausgefunden werden, auf welches Spektrum an Zukünften sich Entscheidungsträger einstellen sollten und welche politischen oder technischen Maßnahmen auch in unterschiedlichen Szenarien positive Beiträge leisten können. Zu erwähnen sind gerade im Energiebereich auch die so genannten Potentialstudien, in denen die möglichen Beiträge neuer, zumeist erneuerbarer, Energieträger zur zukünftigen Energieversorgung vorhergesagt werden. Diese stecken nach Maßgabe einer Reihe von Prämissen ‚Möglichkeitsräume' ab, welche z. B. für Überlegungen zum Ausstieg aus der Kernenergie erforderlich sind.

Die Erfüllung dieser Erwartungen an Energieszenarien führt jedoch zu erheblichen Problemen von Beliebigkeit, Ambivalenzen und Intransparenz. Vielfach sind Zukunftsvorstellungen oder Teile davon mangels Wissen einfach ‚gesetzt', z. B. über die zukünftige Rolle der Kernenergie, über Trends hin zu einer eher dezentralen bzw. zurück zu einer zentralen Energieversorgung oder über die zukünftige Verfügbarkeit von neuen Energieträgern. Energiezukünfte sind unsicher, teils normativ

---

10 Christian Dieckhoff/Wolf Fichtner/Armin Grunwald et al. (Hg.): *Energieszenarien. Konstruktion, Bewertung und Wirkung – „Anbieter" und „Nachfrager" im Dialog*, Karlsruhe: KIT Scientific Publishing 2011.
11 Joachim Nitsch/Christine Rösch: „Perspektiven für die Nutzung regenerativer Energien", in: Armin Grunwald/Reinhard Coenen/Joachim Nitsch et al. (Hg.): *Forschungswerkstatt Nachhaltigkeit*, Berlin: edition sigma 2002, S. 297–319.

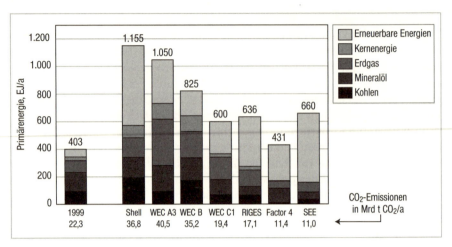

Abb. 2: Szenarien des Weltenergieverbrauchs für das Jahr 2050 und Vergleich mit dem derzeitigen Verbrauch: Shell-Szenario „Nachhaltige Entwicklung"; WEC = Szenarien der Weltenergiekonferenzen 1995 und 1998; RIGES = „Renewable Intensive Global Energy Scenario"; Faktor 4 – Szenario Wuppertal-Institut; SEE = Szenario „Solar Energy Economy".[11]

geprägt und häufig umstritten. Vertreter gesellschaftlicher Positionen, substantieller Werte und spezifischer Interessen scheinen einfach die ihnen passenden Zukunftsbilder zu produzieren, um diese dann in Auseinandersetzungen zur Durchsetzung ihrer partikularen Positionen zu nutzen.[12] So werden z. B. im Energiebereich seit Jahren inkompatible und divergierende Energiezukünfte gehandelt (vgl. die Beispiele in Abb. 2), ohne dass klar ist, welche Zukünfte wie weit durch Wissen abgesichert sind, wo die Konsensbereiche liegen und wo wenig oder gar nicht gesicherte Annahmen über Randbedingungen und gesellschaftliche Entwicklungen die Zukünfte determinieren.

Angesichts der Fragestellung dieses Beitrags ist die Beobachtung interessant, dass es hier nicht um einen Streit zwischen wissenschaftlichen und nichtwissenschaftlichen Zukünften geht, sondern um einen Streit zwischen Zukünften, von denen die Autoren sämtlich behaupten, dass sie wissenschaftlich seien. Die unglaubliche Divergenz beispielsweise der Energiebedarfsrechnungen in Abb. 2 ist jedoch schwer mit der Vorstellung vereinbar, dass Wissenschaftlichkeit auch etwas mit klaren Ergebnissen zu tun haben müsse. Im Feld der Zukünfte scheint (beanspruchte) Wissenschaftlichkeit eine üblicherweise als unwissenschaftlich bezeichnete Beliebigkeit nicht auszuschließen.

Eine Beliebigkeit auch wissenschaftlicher Zukünfte würde jedenfalls auch alle Hoffnungen auf Orientierungsleistung für anstehende Entscheidungen (Abb. 1)

---

12 Brown et al: *Contested Futures* (Anm. 8).

zunichte machen. Aus Beliebigem kann nichts verlässlich gefolgert werden. Um in der Arena kontroverser Zukünfte ‚Orientierung' zu erbringen, bedarf es – jedenfalls insofern die Schaffung von Orientierung unter der Maßgabe von Wissenschaftlichkeit und damit von argumentativer Rationalität erfolgt und nicht dem gesellschaftlichen Spiel der Kräfte, medialer Macht oder tagespolitischen Erwägungen überlassen werden soll – zumindest transparenter und nachvollziehbarer Kriterien sowie einschlägiger Verfahren der argumentativen Abwägung und Entscheidung zwischen verschiedenen Zukunftserwartungen, Befürchtungen, Hoffnungen, Szenarien, Visionen oder Projektionen, um aus der Beliebigkeit der Zukunftsprojektionen herauszukommen. Demokratische Öffentlichkeit und Entscheidungsverfahren, innerhalb derer legitimiert über konkurrierende Zukünfte und Konsequenzen für die Gegenwart entschieden wird, benötigen eine rationale und transparente Aufarbeitung der Gehalte der ‚verhandelten Zukünfte' als Basis für eine informierte Beratung. Dementsprechend ist ein Urteil darüber auszubilden, welche Zukunftskonstruktionen aufgrund welcher Kriterien und mit welchen Gründen Beratungs- und Entscheidungsgrundlage sein sollen und welche nicht. Es ist jedoch nicht a priori klar, welche Kriterien und Gründe hier anzulegen sind. Ob und in welcher Hinsicht von einer ‚argumentativen Qualität' oder Belastbarkeit von Zukunftsaussagen gesprochen werden kann, ist klärungsbedürftig.

Prägnanter formuliert: Was das Attribut ‚wissenschaftlich' in Bezug auf Zukunftsaussagen bedeutet, ist nicht ohne weiteres klar. Diese Diagnose kann als eine Anfrage an die Wissenschaftstheorie verstanden werden, durch Reflexion auf die Ursachen und Gründe der befürchteten Beliebigkeit die Wissenschaftlichkeit wissenschaftlicher Zukünfte zu ‚retten' und Kriterien und Verfahren bereitzustellen, um konkurrierende Zukünfte mit wissenschaftlichen Mitteln beurteilen und gegeneinander abwägen zu können. Auf diesem Weg ist zunächst eine generelle, sprachphilosophisch motivierte Reflexion vorzuschalten.

3. Zukünfte als je gegenwärtige Konstruktionen

Der Begriff der Zukunft gehört zu den scheinbaren Selbstverständlichkeiten der Sprache, sowohl in der Lebenswelt als auch in den Wissenschaften. Wir machen Aussagen im Futur, geben Prognosen ab oder richten uns nach ihnen, simulieren zeitliche Entwicklungen, formulieren Erwartungen und Befürchtungen an zukünftige Entwicklungen, bewerten Zukünfte unter den Aspekten von Chance oder Risiko, setzen Ziele und denken über Pläne zu ihrer Realisierung nach. Zumeist reden wir dabei über Zukunft in dem Sinne der *zukünftigen Gegenwart*, d. h. wie über einen Zustand, der dem Erleben der Gegenwart entspricht, der allerdings mit einem anderen Zeitindex versehen ist.[13] In dieser Redeweise versetzen wir uns wie in einem Gedankenexperiment in die Perspektive eines Teilnehmers jener ‚zukünf-

---

13 Zur Unterscheidung zukünftiger Gegenwarten und gegenwärtiger Zukünfte: Georg Picht: *Prognose Utopie Planung*, Stuttgart: Metzler 1971.

tigen Gegenwart'. Wenn wir über Urlaubspläne, den Wetterbericht, die Aussichten für das Wirtschaftswachstum im nächsten Jahr oder den demografischen Wandel reden, denken wir dabei jeweils zumeist an derartige zukünftige Gegenwarten. Auch die Wissenschaften, zu deren Programm Zukunftsaussagen gehören, wie etwa die Volkswirtschaftslehre und die Zukunftsforschung, formulieren zumeist Aspekte zukünftiger Gegenwarten, über die man heute schon etwas wissen könne. Es scheint kein Verständnisproblem zum Begriff ‚Zukunft' zu geben. Diese Sicherheit ist jedoch trügerisch.

Denn Zukunft und Zukünfte ‚gibt' es nur im Medium der Sprache, in Texten, Diagrammen oder Bildern. Weder lebensweltlich noch wissenschaftlich haben wir einen außersprachlichen Zugriff auf die Zukunft. Niemand kann zukünftige Gegenwarten unmittelbar beobachten, weder in der Realität noch in einem Labor. Höchstens in einer Modellsimulation, aber damit wären wir schon wieder im Bereich der Sprache, denn Modelle sind Konstruktionen, die sprachlich (z. B. in der Sprache der Mathematik) erklärbar sind und sein müssen.

Zukunft ist aufgrund des unlösbaren Bezuges auf die sprachlichen Mittel, mit denen wir über Zukunft reden, immer das, von dem in der Sprache, also jeweils ‚heute', *erwartet wird*, dass es sich ereignen wird oder ereignen kann. Zukunft als Reflexionsbegriff über ‚Mögliches' ist etwas je Gegenwärtiges und verändert sich mit den Veränderungen der Gegenwart; alles Reden über Zukunft verbleibt notwendig in der *Immanenz der Gegenwart*. Daher können wir über *mögliche* Zukünfte reden, über alternative Möglichkeiten, wie wir uns die zukünftige Gegenwart vorstellen, und darüber, mit welcher Berechtigung wir heute etwas in der Zukunft erwarten dürfen oder sollen, nicht aber über die Zukunft ‚als solche'. Dies hat auch zu anthropologischen Überlegungen Anlass gegeben. Wenn es nur die Sprache ermöglicht, Zukunft ‚zu haben', sich mögliche *zukünftige* Gegenwarten heute schon vorzustellen und unterschiedliche Entwicklungen gegeneinander abzuwägen, und wenn die Sprache ein Element der Sonderstellung des Menschen ist, dann kann der Mensch als das Tier angesehen werden, das ‚Zukunft hat' und sich dieser Zukunft bewusst ist – vermittelt über Sprache.[14]

Zukunft ‚gibt' es daher nicht als zukünftige Gegenwart, sondern Zukunft existiert nur im Medium der Sprache – und da dort viele, wahrscheinlich unendliche viele unterschiedliche Vorstellungen über ‚die' Zukunft existieren, erscheint es nicht nur erlaubt, sondern geradezu geboten, von Zukunft nur im Plural zu sprechen. Der Singular ist letztlich *misleading* und Quelle unzähliger Missverständnisse, nach denen es ‚die' Zukunft gebe, die man dann auch wissenschaftlich erforschen könne. Das ist aber, wie diese fast triviale Überlegung zeigt, Unsinn. Erforschbar sind nur die heutigen und vergangenen Zukünfte, nicht aber die zukünftigen Gegenwarten.

In vielen Situationen des Alltags ist die Differenz zwischen gegenwärtigen Zukünften und zukünftigen Gegenwarten weitgehend irrelevant und führt dazu, dass

---

14 Wilhelm Kamlah: *Philosophische Anthropologie. Sprachkritische Grundlegung und Ethik*, Mannheim: Bibliographisches Institut 1973.

die erwähnte, nur scheinbare Sicherheit in der Verwendung des Zukunftsbegriffs in der Regel nicht auffällt. Dies ist jedoch anders im Falle weit reichender gesellschaftlicher Zukunftsdebatten, welche genau das Feld auch der Zukunftsforschung sind. Dort sind Zukünfte (z. B. Prognosen, Szenarien oder Visionen) komplexe Konstrukte aus Wissensbestandteilen, Ad-hoc-Annahmen, Relevanzeinschätzungen etc. Sie stützen sich nur zum Teil auf Wissen, nehmen häufig an, dass gegenwärtiges Wissen in die Zukunft extrapoliert werden darf, und beruhen vielfach auf mehr oder weniger gut begründeten Annahmen über Randbedingungen. Nicht durch Wissen gestützte Anteile werden durch Plausibilitätsannahmen und normative Festlegungen ergänzt oder kompensiert. Diese Zukünfte – die z. B. im Rahmen der Technikfolgenabschätzung erzeugt werden, um politische Entscheidungsträger zu informieren und zu beraten[15] – sind sprachlich explizierbare *gegenwärtige Konstruktionen möglicher Zukünfte*.

Wenn wir also über den Energiemix im Jahr 2050 reden, reden wir nicht darüber, wie dieser Energiemix dann ‚wirklich' sein wird, sondern darüber, wie wir ihn uns *heute* vorstellen. Diese Energiezukünfte sind *etwas je Gegenwärtiges* und verändern sich über die Zeit. Die Energiezukünfte der 60er Jahre für das Jahr 2000 sahen anders aus als die Energiezukünfte nach den beiden Ölkrisen. Energiezukünfte für Deutschland sahen nach dem Ausstiegsbeschluss aus der Kernenergie anders aus als vorher. In den deutschen Debatten nach Fukushima sehen auf einmal viele der vorher aktuellen Energiezukünfte alt aus. Unerwartete gegenwärtige Ereignisse können weit reichende Auswirkungen auf Zukünfte haben.

Umgekehrt gesagt: Zukünfte können veralten. Eine selten gestellte Frage ist, was mit diesen Zukunftsbildern im Laufe der Zeit geschieht, wenn sie nicht mehr gar so neu und aufregend sind. Ein Blick auf einige vergangene wissenschaftliche Zukünfte liefert Anschauungsmaterial:

In den 1950er und 1960er Jahren stand die ‚friedliche Nutzung der Kernenergie' im Mittelpunkt vieler Visionen. Diese reichten von globalen Träumen, die Wüsten der Erde durch Kernenergie fruchtbar zu machen, bis zu Alltagstechniken. So wurde von Atomflugzeugen, Atom-D-Zügen oder atomgetriebenen Autos geredet. Die Kernenergie schien eine unerschöpfliche Energiequelle zur Lösung praktisch aller Probleme der Menschheit zu bieten.

In der Raumfahrt spielten Visionen von Beginn an eine zentrale Rolle. Ohne die Visionen der großen Raumfahrtpioniere (und ihren gezielten Einsatz in spezifischen politischen Kontexten wie dem Dritten Reich oder dem Kalten Krieg) wäre es kaum zu Ereignissen wie der Mondlandung gekommen. Noch in den 1990er Jahren wurde über Bergbau auf dem Mond und über Sonnenkollektoren im Weltraum zur Lösung der Energieprobleme der Menschheit wissenschaftlich gearbeitet.

Der Club of Rome veröffentlichte im Jahre 1972 den bekannten Bericht über die Grenzen des Wachstums. Für das Jahr 2000 wurden weltweit heftige Auseinandersetzungen um Ressourcen und wirtschaftlicher Niedergang erwartet.

---

15 Grunwald: *Technikfolgenabschätzung* (Anm. 4).

Heute wirken diese Visionen merkwürdig altmodisch. Die Kernenergie ist über technische Probleme und gesellschaftliche Konflikte an Grenzen gestoßen. Selbst ihren eifrigsten Befürwortern dürften die früheren hoch fliegenden Erwartungen eher peinlich sein. Die Raumfahrt hat ihren visionären Zug verloren und wird heute eher unter Fragen des konkreten Nutzens diskutiert. Die apokalyptischen Szenarien des Club of Rome sind bekanntlich nicht eingetreten, wenngleich die Frage nach Grenzen des Wachstums weiterhin auf der Tagesordnung ist.

Wenn Zukünfte, wie oben mit Bezug auf die Sprache gesagt, etwas je Gegenwärtiges sind, dann wird auch die Rede von *vergangenen* Zukünften sinnvoll: es geht um die Zukunftsbilder, die in der Vergangenheit erzeugt und kommuniziert wurden und in die auch Elemente der jeweiligen Zeit eingegangen sind. Politische Rahmenbedingungen, kollektive Überzeugungen, Lebensgefühl, gesellschaftliche Erwartungen, *common-sense*-Einstellungen und Verhaltensmuster prägen die Zukünfte einer jeden Gegenwart mit, auch die wissenschaftlich erzeugten Zukünfte, die abhängig vom gegenwärtigen Wissensstand und von vielerlei Einschätzungen sind. Dass wissenschaftliche Zukunftsbilder veralten, ist also nicht ungewöhnlich, sondern erwartbar. Historiker können den Wandel der Zukünfte über die Zeit erforschen und daraus auf bestimmte Aspekte der vergangenen Gegenwarten schließen.

4. Wissenschaftliche Zukünfte: Konstruktion und Dekonstruktion

Zukünfte als wissenschaftliche Konstruktionen ‚gibt' es nicht von sich aus und sie entstehen nicht von selbst. Sondern sie werden ‚gemacht' und sprachlich, oder sprachlich explizierbar, z. B. im Falle von Modellierungen, mathematischen Formeln oder Diagrammen, *konstruiert*, – auf mehr oder weniger komplexe Weise. Zukünfte, seien dies Prognosen, Szenarien, Pläne, Programme, spekulative Befürchtungen oder Erwartungen, werden ‚verfertigt' unter Verwendung einer ganzen Reihe von Zutaten wie Wissensbeständen, Werturteilen oder Annahmen. Dieser Konstruktcharakter von Zukünften, ihr Charakter als Resultate eines Konstruktionsprozesses, trifft besonders sichtbar auf *Szenarien* zu.[16] Die gängige Rede von einem *scenario building* verdeutlicht diesen Konstruktionsprozess.

In Abgrenzung zur Erzeugung von Zukunftsaussagen durch Prophetie und Kristallkugeln soll es nun um die Frage gehen, ob und wie Zukünfte *als wissenschaftlich* erwiesen werden können. Diese Charakterisierung ist für Zukunftsforschung zentral. Ohne die Differenz von Wissen und Meinen nachvollziehbar deutlich machen zu können, wäre Zukunftsforschung bestenfalls ein Spielball im Streit von gesellschaftlichen Akteuren, die mittels geeigneter Zukunftskonstruktionen versuchen, ihre jeweiligen Interessen durchzusetzen. Da wissenschaftliche Zukünfte ein we-

---

16 Christian Dieckhoff: „Empirische Untersuchung der Entstehungsprozesse von Energieszenarien", in: Georg Aichholzer/Alfons Bora/Stephan Bröchler et al. (Hg.): *Technology Governance. Der Beitrag der Technikfolgenabschätzung*, Berlin: edition sigma 2010, S. 293–296.

sentliches Element für Meinungsbildung und Entscheidungsfindung in der modernen Gesellschaft sein sollen, stellen sich Fragen wie: Ist es möglich, Zukünfte auf ihren ‚Objektivitätsgehalt' oder auf ihre ‚Objektivierbarkeit' hin zu untersuchen? Können Zukünfte auf ‚Rationalität' hin bewertet und verglichen werden? Kann wissenschaftlich, d. h. mit guten Gründen nachvollziehbar, ein ‚Objektivitätsgefälle' zwischen konkurrierenden Zukünften bestimmt werden? Wie weit ist es möglich, Einseitigkeiten, ideologische Vorannahmen, Zeitgeist, Interessen und Prämissen transparent aufzudecken und angesichts kontroverser und umstrittener Zukünfte zu einer möglichst rationalen Beurteilung der ‚Qualität' dieser Zukünfte zu kommen?

Die zentrale Herausforderung in der Beantwortung dieser Fragen besteht darin, dass die üblichen positiven und logischen Verfahren zur Prüfung der Wissenschaftlichkeit im Feld der Zukünfte versagen:

- Es entfällt die Möglichkeit empirischer Überprüfung – Zukünfte lassen sich weder in der Realität noch im Labor beobachten.
- Als Ersatz fungiert vielfach die Nutzung von Modellwelten – aber auch hier ist eine Validierung an der Realwelt nicht ohne Prämissen wie die Geltung und Kontinuität von Annahmen über Trends und Regelmäßigkeiten möglich, weil die Realwelt eben in der Zukunft liegt.
- Auch die logische Ableitung von Zukünften schlägt fehl; selbst wenn es klare Verlaufsgesetze gäbe, bedürfte ihre Verlängerung in die Zukunft hinein grundsätzlich weiterer Prämissen, die selbst nicht mehr prüfbar sind.[17]
- Schließlich ergibt sich die bereits genannte Schwierigkeit, dass auch der Wissenschaftler Teil des Systems ist, das er untersucht und für das er Zukünfte erstellt, und dass er dieses System durch seine Untersuchung beeinflussen kann.

Es ist daher nach anderen als den klassischen Kriterien der positiven und logischen Wissenschaften zu fragen. Dies wird im Folgenden mit dem Begriff der ‚Geltung' versucht. Unter der Geltung einer Aussage wird ihre erfolgreiche ‚Verteidigung' im Diskurs verstanden. Durch diese erfolgreiche Verteidigung ist die Geltung sofort und notwendigerweise auf die jeweilige (gegenwärtige!) Konstellation und z. B. den entsprechenden Wissensstand bezogen. Über die Geltung von Aussagen (also auch von Zukunftsaussagen) und die Berechtigung von Aufforderungen wird generell diskursiv entschieden.[18] Der Diskurs, der zwischen Opponenten und Proponenten unter Einhaltung von Diskursregeln erfolgt, ist das Verfahren, durch das auch zwischen konkurrierenden Zukünften entschieden werden müsste bzw. durch das eine Abwägung erfolgen sollte.

Dabei kann es immer nur um eine Geltung ‚bis auf Weiteres' gehen, d. h. bis Argumente auftauchen, unter denen dann eine bisher noch geltende Aussage nicht mehr erfolgreich behauptet werden kann. In der Analyse, welche Geltung Aussagen über die Zukunft, z. B. über ein bestimmtes Energieszenario, zukommen kann und

---

17 Goodman: *Fact* (Anm. 6).
18 Jürgen Habermas: *Theorie des kommunikativen Handelns*, Frankfurt a. M.: Suhrkamp 1988.

wie diese bestimmt wird, müssen Proponenten einer derartigen Aussage mit ihren eigenen Ansprüchen und den Argumenten der Opponenten konfrontiert werden.

Aus der Immanenz der Gegenwart folgt unmittelbar, dass die *Geltung* von Aussagen über die Zukunft ausschließlich nach Kriterien der Gegenwart bemessen werden kann. Kriterium für Geltung kann nicht das spätere Zutreffen oder Nichtzutreffen von Zukunftsannahmen sein, denn ein Wissen über Zutreffen oder Nichtzutreffen in der Zukunft ist in der jeweiligen Gegenwart, in der die Geltung beurteilt werden muss, prinzipiell nicht verfügbar. Die wissenschaftliche Geltung von Zukunftsaussagen und das Eintreffen einer Prognose sind also, wie eingangs als These formuliert, kategorial verschieden: Geltung ist ein ‚Prädikat ex ante' und kann jederzeit geprüft werden, Eintreffen aber ist ein ‚Prädikat ex post' und kann erst nach Erreichen der zukünftigen Zeit geprüft werden. Die Wissenschaftlichkeit von Aussagen der Zukunftsforschung muss *ex ante* erwiesen werden, denn so kann z. B. die wissenschaftlich erwiesene Geltung dazu beitragen, dass bestimmte Zukünfte als legitime Entscheidungsgrundlagen herangezogen werden (Kap. 2). Die Prüfung wissenschaftlicher Geltung muss sich auf die *gegenwärtigen Zukunftskonstruktionen* beziehen.

Zukunftsvorstellungen (z. B. Prognosen, Szenarien, Folgenannahmen, Konstanz- oder Kontinuitätsannahmen, Visionen oder Befürchtungen) sind, wie gesagt, komplexe Konstrukte. Ein erster Schritt zur wissenschafts- und erkenntnistheoretischen Analyse derart komplexer Zukünfte muss in einer Identifikation und Abstufung der Wissensbestandteile bestehen, die in die jeweilige Zukunftsaussage eingeflossen sind. Zu dieser Identifikation und Abstufung gehört aber auch die Analyse der jeweils unterstellten Prämissen. Wissensbestandteile und Prämissen können sodann nach üblichen diskursiven Maßstäben unter Geltungsaspekten analysiert werden. In einer groben Annäherung kann folgende Abstufung vorgenommen werden (in Klammern erläutert an dem Beispiel, dass Folgenwissen über den Einsatz neuer Flugzeugtriebwerke bereitgestellt werden soll):

- *Gegenwärtiges Wissen*, das nach anerkannten (z. B. disziplinären) Kriterien *als* Wissen erwiesen ist (Beispiel: ingenieurwissenschaftliches Wissen über Energie- und Materialienverbrauch sowie über Emissionen);
- *Einschätzungen* zukünftiger Entwicklungen, die kein gegenwärtiges Wissen darstellen, sich aber durch gegenwärtiges Wissen begründen lassen (Beispiel: Entwicklung des Mobilitätsverhaltens, der Tourismusbranche, demografische Entwicklungen);
- *Ceteris-paribus-Bedingungen*: es werden bestimmte Kontinuitäten, ein *business as usual* in bestimmten Hinsichten oder die Abwesenheit disruptiver Veränderungen als Rahmen angenommen (Beispiel: keine neuartigen Konkurrenzsysteme zum Flugzeug, keine extremen Behinderungen des Flugverkehrs z. B. aus Gründen der Terrorismusabwehr);
- *Ad-hoc-Annahmen*, die nicht durch Wissen begründet sind, sondern die ‚gesetzt' werden (Beispiel: das Nichteintreten eines katastrophalen Kometeneinschlags auf der Erde, eines Weltkrieges etc.).

Für den Vergleich von konkurrierenden Zukunftsaussagen unter Geltungsaspekten sind demnach die Qualität des enthaltenen gegenwärtigen Wissens, die Intersubjektivität der Einschätzungen, der Ceteris-paribus- und der Ad-hoc-Annahmen sowie ihrer Zusammenstellung zu hinterfragen. Die Geltung von Zukunftsaussagen bemisst sich an ihrer ‚argumentativen Härte‘ in der Immanenz des Gegenwartsdiskurses und hängt von zugrunde liegenden Prämissen und Wissensbestandteilen ab. Die diskursive Geltungsprüfung besteht wesentlich in der Aufdeckung und Prüfung der Voraussetzungen, die in die Zukünfte eingehen, und in der Prüfung ihrer Konsistenz und Kohärenz auf zwei Ebenen:

- auf der Ebene der *Bestandteile* des eingegangenen (häufig disziplinären) Wissens sowie der Annahmen und Prämissen, welche je für sich beurteilt werden können,
- auf der Ebene der (häufig inter- oder transdisziplinären) *Integration* oder *Komposition* dieser verschiedenen Bestandteile zu einem konsistenten, anschlussfähigen und kohärenten Zukunftsbild (z. B. einem Szenario). Zu dieser Komposition gehören evidenterweise auch die getroffenen Annahmen und die dadurch erzeugten, den jeweiligen Perspektiven geschuldeten ‚blinden Flecken‘.

Ein Diskurs über Geltungsfragen von Zukunftsaussagen wird dadurch zu einem Diskurs über die – jeweils *gegenwärtig* gemachten – Voraussetzungen, die zu der Zukunftsaussage geführt haben. Die wissenschaftliche Geltung von Zukunftsaussagen bemisst sich nicht daran, was ‚hinten‘ an Vorhersagen oder Szenarien herauskommt, sondern was ‚vorne‘, d. h. in der Konstruktion der Zukünfte, hineingesteckt wurde. Eine derartige erkenntnistheoretische ‚Dekonstruktion‘ wissenschaftlicher Zukünfte ist erforderlich, um eine transparente demokratische Debatte über gesellschaftlich interessierende Zukunftsfragen zuallererst zu ermöglichen und Entscheidungsprozesse zu unterstützen, ohne sich dem Vorwurf der Beliebigkeit auszusetzen (Kap. 2).

Um an das mehrfach erwähnte Beispiel von Energieszenarien als hochkomplexen wissenschaftlichen Zukünften anzuknüpfen: Hier ist ersichtlich, dass eine erhebliche Wissenstiefe über die Konstruktion von Energieszenarien, über die vorgängigen Entscheidungen sowie über die ‚Ingredienzien‘ erforderlich ist, um Aussagen zur wissenschaftlichen Qualität der Szenarien machen zu können. Als besonders wesentlich erweisen sich Entscheidungen, die zu Beginn von Modellbildungen getroffen werden, z. B. über die Art des Modells, über die Systemgrenzen und über als relevant erachtete und daher in der Modellierung berücksichtigte Systemzusammenhänge. Hier gilt es, Wissen über den Zusammenhang der am Anfang stehenden Entscheidungen mit den Ausprägungen und Ergebnissen der Szenarien bereitzustellen, um verstehen zu können, wie bestimmte Ergebnisse zustande kommen – und um dann entscheiden zu können, auf welche der divergierenden Szenarien man sich im Falle anstehender Entscheidungen abstützen möchte.

Diese ‚Dekonstruktion‘ und wissenschaftstheoretische Rekonstruktion in Bezug auf die Bestandteile der Zukünfte, ihre Komposition und die jeweils unterstellten

Prämissen und Randbedingungen macht deutlich, dass wissenschaftliche Zukünfte grundsätzlich eine *konditionale Struktur* in Form von Wenn-dann-Aussagen haben: „Wenn die theoretischen Grundannahmen über Wirkungszusammenhänge auch in Zukunft gelten und wenn die Systemgrenzen nichts Relevantes unberücksichtigt gelassen haben und wenn außerdem die Annahmen über zukünftige Sachverhalte zutreffen, dann tritt die beschriebene Entwicklung/das beschriebene Ereignis in der Zukunft tatsächlich ein." Für in diesem Sinne wissenschaftliche Zukunftsaussagen können sich im Laufe der realen Entwicklung Annahmen als falsch herausstellen, wodurch das vorhergesagte Ereignis nicht eintritt. Dennoch bleibt dann die ursprüngliche Aussage *als konditionale* gültig. Daher ist auch der verbreitete Spott über vergangene und nicht eingetroffene Zukünfte (z. B. in Prognosen der Wirtschaftsentwicklung) müßig und letztlich bloß einem mangelnden Verständnis der ‚Natur' dieser Zukünfte geschuldet. Paradox formuliert: *Die Wissenschaftlichkeit von Zukunftsaussagen äußert sich darin, dass sie wahr bleiben, auch wenn das Ergebnis nicht eintritt.*

Damit ist die Wissenschaftlichkeit wissenschaftlicher Zukünfte in Entgegensetzung zu anderen Typen von Zukünften (z. B. literarischen, filmischen oder prophetischen) geklärt: sie besteht darin, dass wissenschaftliche Zukünfte transparent in Wenn-dann-Ketten zerlegt werden können, über deren argumentative Haltbarkeit sich dann ‚im Prinzip' jede Person eine Meinung bilden kann – so wie auch andere wissenschaftliche Aussagen ‚im Prinzip' durch jede Person überprüfbar sein sollten.

6. Der Wert der Wissenschaftlichkeit von Zukunftsbildern

Damit wird insbesondere deutlich, dass eine zu einer bestimmten Zeit als wissenschaftlich rational erwiesene Zukunft keineswegs eintreten *muss* (weil sich z. B. im Laufe der Zeit die Eintrittsbedingungen geändert haben), während umgekehrt eine nichtwissenschaftliche Zukunft wie das Ergebnis der Befragung einer Kristallkugel durchaus eintreten *kann*. In Bezug auf das Eintreten können Wahrsager und Hellseher in Einzelfällen durchaus besser als Wissenschaft sein. Der Wert der Wissenschaftlichkeit liegt an anderer Stelle:

Wissenschaftliche Zukünfte (im obigen konditionalen Verständnis) sind über eine diskursive und intersubjektiv nachvollziehbare Prüfung ihrer Geltung als Entscheidungsgrundlagen legitimiert. Von der Wissenschaftlichkeit einer Vorhersage kann sich im Prinzip jedermann überzeugen, während der Kristallkugel oder dem Hellseher einfach ‚geglaubt' werden muss, ohne dass man irgendetwas prüfen kann.

Wissenschaftliche Zukünfte verlangen von sich aus nach einer Prüfung von Konsistenzproblemen und ermöglichen diese aufgrund ihrer konditionalen Struktur. Die Konsistenzprüfung ist z. B. in der Erstellung von Szenarien ein wesentlicher Schritt. Die Notwendigkeit zur Sicherstellung von Konsistenz könnte ein Argument dafür abgeben, dass wissenschaftliche Szenarien zu gesellschaftlichen Entwicklungen gelegentlich (vielleicht sogar oft, dies wäre eine empirische Frage) auch im ‚Zutreffen' besser sind als bloße Prophezeiungen. Freilich könnte eine derartige Aussage höchstens statistischer Natur sein und dürfte nicht auf den Einzelfall bezogen werden.

Wissenschaftliche Zukünfte erlauben über die konditionale Struktur ihrer Aussagen ein *Lernen*. Insbesondere wenn Vorhersagen nicht eintreten, kann nach den Gründen dafür gefragt werden, und es kann zu Lernprozessen z. B. über die Gültigkeit von Kausalzusammenhängen, das Ungenügen von Systemgrenzen oder die Grenzen der Extrapolierbarkeit von Trends kommen.

Durch die geschilderte erkenntnistheoretische Prüfung oder Dekonstruktion von Zukünften kann es gelingen, differenzierte Vorstellungen von angenommenen Zukünften in Relation zu den jeweils unterstellten Voraussetzungen zu erzeugen. Konsensbereiche in diesen Feldern (z. B. im Hinblick auf ‚Energiezukünfte') können genauso identifiziert werden wie verbleibende Dissense und die Gründe, die zu den Dissensen führen. Damit ist noch kein Orientierungsproblem gelöst – aber die kognitive und normative Basis ist bereitet, um Handlungsalternativen aufstellen und diese nach Maßgabe des erzeugten Folgenwissens beurteilen zu können.

Geltungsprüfungen werden selten nach den Maßstäben rein argumentativer Diskurse durchgeführt. Vielmehr werden häufig wissenschaftliche Methoden und Prüfverfahren eingesetzt, um solche Diskurse zu operationalisieren und zu vereinfachen. So ist die Angabe von Wahrscheinlichkeiten des Eintretens von Vorhersagen ein häufig genutztes Mittel, unterschiedliche Zukünfte gegeneinander abzuwägen. Andere Operationalisierungen bestehen darin, die Wissenschaftlichkeit an das korrekte Durchlaufen methodischer Schritte zu binden. Dies alles ist gängige und anerkennenswerte wissenschaftliche Praxis. Gleichwohl bleibt das *ceterum censeo*, dass die Wissenschaftlichkeit von Zukunftsaussagen an ihrem Eintreten weder gemessen werden kann noch gemessen werden darf. Vielmehr gilt der in anderer Formulierung bereits genannte paradoxe Satz: *Wenn wissenschaftliche Zukunftsaussagen wahr sind, bleiben sie auch dann wahr, wenn sie nicht eintreten.*

SCHAUPLÄTZE DES SPRECHENS

HERBERT MARKS

Der Geist Samuels
Die biblische Kritik an prognostischer Prophetie

Kritisch betrachtet scheint die biblische Prophetie ein fatales Paradox zu implizieren. Denn nach den Kriterien, die Moses im Deuteronomium verkündet, kann sich die Wahrheit einer Prophetie nur nach dem Eintreffen oder Ausbleiben dessen richten, was sie vorhersagt:

> Und wenn du denkst: Woran können wir ein Wort erkennen, das der Herr nicht gesprochen hat?, dann sollst du wissen: Wenn ein Prophet im Namen des Herrn spricht und sein Wort sich nicht erfüllt und nicht eintrifft, dann ist es ein Wort, das nicht der Herr gesprochen hat. Der Prophet hat es sich nur angemaßt, es zu sprechen. Du sollst dich dadurch nicht aus der Fassung bringen lassen. (Dtn 18,21–22)

Dieses Kriterium erweist sich für das Publikum und erst recht für die Propheten als höchst problematisch. Entweder hört das Publikum auf die Prophezeiung drohenden Unheils, bereut seine Taten und wird verschont – womit sich die Worte des Propheten allerdings als falsch erweisen –, oder es ignoriert die Weissagung und wird vernichtet – womit sich die Worte des Propheten zwar bewahrheiten, zugleich aber auch völlig nutzlos gewesen sind. Obwohl der Glaube an Voraussagen tief in der höfischen Kultur und in der volkstümlichen Tradition der vorderorientalischen Antike verankert war, war er letzten Endes nicht mit der biblischen Konzeption der Souveränität und Freiheit Gottes vereinbar. Es ist daher keine Übertreibung zu sagen, dass die fundamentale Tendenz der biblischen Prophetie, wenn man sie als Form des Wissens und nicht als rhetorischen Modus betrachtet, antiprophetisch ist.

Der klassische *locus*, an dem dieses Paradox durchgespielt wird, ist das Buch Jona, ein Triumph komischer Ironie, der gekonnt zwischen Parabel und Parodie balanciert. Das Buch stammt vermutlich aus der zweiten Hälfte der persischen Herrschaft, zu einer Zeit also, als das Corpus der Prophetenbücher kurz vor dem Abschluss stand. Sein Protagonist ist dem Buch der Könige entnommen, wo ein gewisser „Jona, [der] Sohn Amittais" (2 Kön 14,25)[1] einen kurzen Auftritt als Kriegsprophet hat, dessen Prophezeiungen den Expansionsbestrebungen Jerobeams ein gutes Gelingen prognostiziert. Dass Gott mit Jona ausgerechnet einen Spezialisten für prognostische Prophetie beruft, um den Untergang Ninives vorherzusagen, ist allein schon zutiefst ironisch. Die ersten beiden Kapitel des Buchs Jona berichten vom Versuch des Propheten, dem Auftrag Gottes auf dem Meer zu ent-

---
1 Bibelzitate folgen, soweit nicht anders angegeben, der Einheitsübersetzung.

fliehen. Als sein Schiff von einem schweren Sturm heimgesucht wird, werfen ihn die Matrosen über Bord, woraufhin er von einem riesigen Fisch verschlungen wird; nach dem er zu Gott gebetet hat, entkommt er dem Bauch des Fisches wieder. In den folgenden zwei Kapiteln zieht Jona, nunmehr Gottes Befehlen gehorsam, nach Ninive, um seine Weissagung zu verkünden: „Noch vierzig Tage, und Ninive ist zerstört!" (3,4). Jedoch werden die Niniviter durch die Prophezeiung – und sehr zum Leidwesen des Propheten – zur Reue bewegt, und deshalb von Gott geschont. Der Text endet mit einem an das Buch Hiob mahnenden Dialog, in dem Gott die Gründe von Jonas Groll erfragt und darauf besteht, mit einem jeden, gleich wem, Mitleid haben zu können. Während die erste Hälfte des Buchs noch zu lehren scheint, dass Gott omnipräsent, ein Fluchtversuch also ohnehin zwecklos sei, unterminiert die zweite Hälfte bewusst jede moralisierende Sichtweise. Das Buch schließt mit der rhetorischen Frage Gottes: „Mir aber sollte es nicht leid sein um Ninive […]?" Der Prophet Jeremia etwa würde die Frage bejahen, da Reue von Gott stets belohnt wird (vgl. Jer 18,8; 26,3). Jona verschreibt sich hier jedoch der gegenteiligen Antwort, die aus der Sicht eines Propheten ebenso plausibel ist, da Gott seinem Wort immer treu bleibt (vgl. Ez 24,14). Das Buch Jona scheint diese beiden Alternativen vermitteln zu wollen, so wie auch die Niniviter die Frage offen lassen („Wer weiß, vielleicht reut es Gott wieder […]?" [3,9]); vielleicht weil sie erkennen, dass Gottes Liebe unberechenbar sein muss, wenn sie tatsächlich unbedingt sein soll.

Die Frage, warum Gott Ninive verschont, ist mit der zunächst scheinbar weniger dringlichen Frage, warum sich Jona Gottes Befehl zu entziehen sucht, unmittelbar verknüpft. Wie immer in biblischen Erzählungen sind hier gleich mehrere Antworten möglich: vielleicht ist es Jonas Widerwille, Israels Feinde zu warnen, oder sein Glaube an eine moralische Weltordnung, die Mitleid mit dem Bösen ausschließt. Diese zwei Deutungsmöglichkeiten betreffen allerdings vor allem die Natur und den Willen Gottes. Das epistemologische Dilemma falscher Prophetie, das hier im Zentrum stehen soll, führt uns in eine andere Richtung: Als aufmerksamer Leser der prophetischen Literatur weiß Jona, dass sich die Worte eines wahren Propheten erfüllen müssen. Offenbar erkennt Jona – anders als seine späteren Ausleger – die Unhaltbarkeit seiner Position als Prophet. Hätten die Assyrer seine Worte in den Wind geschlagen, so wären sie zugrunde gegangen und seine Mission wäre eine sinnlose Extravaganz gewesen. Da sie nun aber bereut haben und von Gott verschont worden sind, so ist seine Prophezeiung nichts als eine Farce.

Allerdings kann Jona nicht wissen, dass die Zerstörung Ninives dadurch nicht abgewendet, sondern nur hinausgezögert wurde. Zu dieser höheren, schon den ersten Lesern des Buchs Jona zugänglichen Ironie gehört, dass die günstigen Prophezeiungen von Jona, dem Sohn Amittais, den Untergang des Königreichs Israel auf Dauer nicht aufhalten konnten. Auch in der Zerstörung Jerusalems erfüllen sich die prophetischen Worte, die im Buch Jesaja auf den Untergang Ninives gemünzt werden: „Ja die befestigte Stadt ist einsam geworden, ein entvölkerter Ort, verlassen wie die Steppe. Dort weiden die Rinder und legen sich nieder. […] Es ist ein Volk ohne Einsicht; deshalb hat sein Schöpfer kein Erbarmen mit ihm"

(Jes 27,10–11). Der Verfasser des Buchs Jona spielt auf diese Begründung göttlicher Vergeltung an, deutet sie in seiner berühmten letzten Antwort auf Jona jedoch radikal um. Jona, der inzwischen den Schatten spendenden Rizinusstrauch eingebüßt hat, pocht auch weiterhin heroisch auf sein Recht, zornig zu sein „bis in den Tod":

> Darauf sagte der Herr: Dir ist es leid um den Rizinusstrauch, für den du nicht gearbeitet und den du nicht großgezogen hast. Über Nacht war er da, über Nacht ist er eingegangen. Mir aber sollte es nicht leid sein um Ninive, die große Stadt, in der mehr als hundertzwanzigtausend Menschen leben, die nicht einmal rechts und links unterscheiden können – und außerdem soviel Vieh? (4,10–11)

Ganz gleich, ob diese Frage als rhetorische oder tatsächliche Frage zu verstehen ist, Gottes – vorübergehende – Verschonung der Assyrer hat denselben Grund wie seine – ebenfalls vorübergehende – Verschonung der Israeliten in den Tagen des ersten Jona. Verschont werden beide Völker nicht ihrer Reue, wie Jona annimmt, sondern ihrer kläglichen Hilflosigkeit wegen (vgl. 2 Kön 14,26–27). Ob man nun auf die erfahrene Gnade oder auf die spätere Zerstörung der Stadt abheben will, durch die Erzählung wird nicht nur prognostische Prophetie zersetzt und in Frage gestellt, sondern auch der ursächliche Zusammenhang zwischen Reue und Vergebung, wodurch es Gott jetzt freigestellt ist zu handeln, wie es ihm beliebt.

Man kann diese Burleske prognostischer Prophetie daher als Argument gegen die schicksalhafte Vorherbestimmung geschichtlicher Prozesse lesen. Philosophisch ausformuliert wird das Argument bei Cicero, dessen Buch *De divinatione* mit dem alten, vor allem von den Stoikern vertretenen Glauben an die Möglichkeit prognostischer Prophetie bricht. Die stoische Position wird in diesem Dialog von Ciceros Bruder Quintus vertreten, der Prophetie als „Verkündigung und Vorahnung der Dinge [...], die man dem Zufall zuschreibt", definiert.[2] Wenn Prophetie möglich ist, so Quintus' Argumentation, dann muss es Götter geben; und wenn es Götter gibt, dann muss auch Prophetie möglich sein. Das ist genau die Prämisse prognostischer Prophetie, die in Montaignes skeptischem Essay *Des pronostications* zitiert und explizit abgelehnt wird (Essais I.11). Quintus unterscheidet weiter eine künstliche von einer natürlichen Prophetie, wobei zu dieser auch Träume und paranormale Situationen gehören (wie der prophetische Furor [*mantikē*], den Platon vom Wort *mania* herleitet [*Phaidros* 244c]). Er vergleicht die Prophetie mit der Medizin, die ebenfalls zutreffende Aussagen über den Verlauf einer Krankheit und die positiven Auswirkungen von Heilpflanzen machen könne, ohne dafür um das Weshalb und Warum wissen zu müssen. Marcus entgegnet darauf mit logischen und praktischen Argumenten. Logisch stellt er die Schlüssigkeit der stoischen Definition in Frage: Wenn Ereignisse tatsächlich kontingent sind, so ist es auch einem Gott unmöglich, die Zukunft vorherzusehen. „Weiß er es nämlich, so wird es un-

---

2 Marcus Tullius Cicero: *Über die Wahrsagung. De divinatione*, hg. von Christoph Schäublin, Darmstadt: Wissenschaftliche Buchgesellschaft 1991, Buch I.9.

bedingt eintreffen; wird es aber unbedingt eintreffen, so gibt es keinen Zufall."[3] Wenn das stimmt, so fordert Marcus seinen Bruder auf: „dann ändere deine Definition der Wahrsagung".[4] Das praktische Gegenargument ist noch aufschlussreicher:

> Wenn alles durch Schicksalsfügung geschieht, was nützt mir das Wahrsagevermögen? […] Wenn alles durch Schicksalsfügung geschieht, dann können seine Warnungen nicht den Zweck haben, daß wir uns besser vorsehen; denn wie auch immer wir uns betragen: es wird trotzdem das geschehen, was sein muß; wenn aber die Möglichkeit gegeben ist abzuwenden, was sein muß, dann gibt es kein Schicksal – unter dieser Bedingung aber auch keine Wahrsagung.[5]

Auch für Cicero gilt: Prophetie ist entweder falsch oder nutzlos.

Kann überhaupt irgendetwas vor einem solchen Angriff in Schutz genommen werden? Wie soll man sich die Welt vorstellen, die die biblischen Autoren – und vor ihnen vermutlich auch die Propheten selber – auf den Glauben an Prophetie gegründet haben? Bevor diese Frage überhaupt gestellt werden kann, gilt es, die verschiedenen Ausprägungen biblischer Prophetie zu unterscheiden. Als Prophet wird gewöhnlich derjenige bezeichnet, der zukünftige Ereignisse vorher*sieht* und vorher*sagt*. Diese gebräuchliche Vorstellung entstammt allerdings vor allem der christlichen Bibel. Dort stehen die Prophetenbücher am Schluss des Alten Testaments und schlagen, weil sie als Präfiguration der Ankunft Christi gelesen werden, eine Brücke zum Neuen Testament. Der Identifikation von Prophetie und Prognose hat ferner ein Missverständnis des griechischen Worts ‚Prophetie' selbst Vorschub geleistet, dessen Präfix *pro-* ein Substitutionsverhältnis anzeigt. Es meint daher nicht, wie meist angenommen, einen zeitlichen, sondern einen räumlichen Vorrang, so dass der *prophētēs* im klassischen Griechisch ein ‚Für-Sprecher' und kein ‚Vorher-Sager' ist. Im Apollontempel zu Delphi wurden die mantischen Orakel der Pythia, durch die der Gott gesprochen hatte, von einem professionellen „Propheten" übersetzt und in Versen niedergeschrieben. Die ersten Bibelübersetzer wählten dieses mehr auf Klarheit als auf Enthusiasmus abhebende Wort als Übertragung des hebräischen *nabi'*, welches selbst wahrscheinlich auf das akkadische *nabu*, „rufen" bzw. im Passiv „gerufen werden" zurückgeht. Der biblische Prophet ist somit direkter Vermittler von Gottes Wort, der ohne besondere Techniken oder Effekte auskommt. Das unterscheidet ihn von den spirituellen Ekstatikern, die allerdings mitunter auch als Propheten angesprochen werden können (vgl. Sam 19,20–24 und 1 Kön 18,26–28), und deren illegitimen Gegenspielern: den Hellsehern, Wahrsagern, Spiritisten und Geistersehern, die in Deuteronomium 18,10–12 verurteilt werden: „Es soll bei dir keinen geben, […] der Losorakel befragt, Wolken deutet, aus dem Becher weissagt, zaubert, Gebetsbeschwörungen hersagt oder Totengeister befragt, keinen Hellseher,

---

3 Ebd., Buch II.18.
4 Ebd., II.19.
5 Ebd., II.20–21.

keinen, der Verstorbene um Rat fragt. Denn jeder, der so etwas tut, ist dem Herrn ein Greuel." Auf diese Stelle wird noch zurückzukommen sein.

In der hebräischen Bibel ebenso wie in den Mari-Briefen und anderen antiken vorderorientalischen Texten ist die Prophetie Instrument einer Offenbarung. Im engeren Sinne bedeutet Offenbarung Enthüllung, die Entdeckung eines Verborgenen. Sie vollzieht sich vorrangig als Darstellung einer zu vermittelnden Botschaft und damit als „Sprechakt" im Sinne Bühlers. Im weiteren Sinn ist Prophetie eine Bühler'sche „Sprechhandlung", eine Aufforderung also, in der Sprache als Medium einer Beeinflussung der Hörer fungiert. In diesem Sinn ist der Prophet weniger Entdecker von Geheimnissen als Vermittler zwischen Mensch und Gott. Da seine Rolle in der Bibel auch die Fürbitte einschließen kann, repräsentiert der Prophet nicht nur Gott vor den Menschen, sondern auch die Menschen vor Gott.

Die Offenbarung im Sinne einer Sprechhandlung fächert sich in zwei Grundformen prophetischer Rede auf, die der grammatischen Unterscheidung von Imperativ und Deklarativ entsprechen – der dritte Satztyp, der Fragesatz, ist nicht Gott, sondern dem Menschen eigentümlich; diesem allerdings so sehr, dass ihn die Bibel geradezu als fragendes Wesen definiert. Wenn sich Gottes Wille als allgemein gültiger Befehl äußert, dann nimmt er die Form des Gesetzes an. Als Vermittler der Gesetze, der damit die prophetische Berufung gleichsam in Reinform personifiziert, ist Mose der höchste Prophet. Das Gesetz ist nicht auf eine konkrete Situation beschränkt, es ist der zeitlose Ausdruck von Gottes Wille. Allerdings hat Mose bisweilen um eine genauere Erläuterung der Gesetze gebeten (so im Fall des Fluchers, Lev 24,10–23 oder des Mannes, der am Sabbat Holz las, Num 15,32–36 – beides offensichtliche Beispiele epexegetischer Extrapolation). Auch wurde eine sekundäre Form der Prophetie (die von den Rabbinern *bat qol*, „Tochter der [göttlichen] Stimme" genannt wurde und sich in ‚inspirierter' Exegese äußerte) notwendig, um Lücken zu füllen und Widersprüche zu lösen. Trotz allem ist das Gesetz jedoch ebenso ewig und unvergleichlich wie die Schöpfung selbst. Für die mosaische Prophetie stellt sich die Frage nach einer prognostischen Prophetie folglich nicht. Gesetz und Welt kennen Zeit und Zeiten (wie Sabbat und Pessach) nur als Abschnitte eines ewig wiederkehrenden Zyklus.[6]

In der zweiten, grammatisch mit dem Deklarativum assoziierten Form der Offenbarung spielt Zeit eine weit gewichtigere Rolle. Im Gegensatz zur Befehlsform des Imperativ haben deklarative Aussagen eine dezidiert temporale Dimension, da sie sich entweder auf Vergangenes, Gegenwärtiges oder Zukünftiges beziehen. Hier eröffnet sich das eigentliche Feld der Prophetie. Wie das Gesetz behauptet die Prophetie, Gottes Wort zu repräsentierten und einen Willen manifest werden zu lassen, der die menschliche Geschichte übersteigt; zugleich besteht sie darauf, dass Geschichte bedeutungsvoll ist als eine Bühne, auf der Gottes Wille agiert. Diese historische Prophetie kann in zwei Hauptformen unterteilt werden: eine prognostische

---
6 In diesem Zusammenhang können die Kontaminationen wie die Prophezeiung von Exil und Heimkehr in Dtn 29–30 oder die Verbindung des „prophetischen Geistes" mit dem Richteramt in Num 11 (eine Vorwegnahme des *bat qol*) ausgeklammert werden.

und eine ethische. In der Praxis mögen die beiden Formen oft miteinander vermischt sein, sie lassen sich aber eindeutig unterscheiden. Die *prognostische Prophetie*, der es darum geht, bestimmte Inhalte zu vermitteln, ist darauf angewiesen, zukünftige Ereignisse vorhersehen zu können. Ein solches Wissen um die Zukunft gehörte bei den Israeliten ursprünglich zum Aufgabenbereich des Priesters, der die heiligen „Lose Urim und Thummim" kontrollierte (Ex 28,30). Anders als die Augurie und Haruspexie Mesopotamiens war die prognostische Prophetie kein technisches Wissen, das von den Fähigkeiten des Amtsinhabers abhing, obwohl auch sie einen liturgischen Rahmen und besondere rituelle Gerätschaften benötigte. Die Prophezeiungen waren folglich vor allem von militärischer Bedeutung. Man befragte die Lose insbesondere im Vorfeld einer Schlacht. Prinzipiell konnten Losorakel aber bei jeder Frage, die mit ja oder nein zu beantworten war, befragt werden; etwa um die Schuldfrage im Fall eines heimlichen oder eines unbeabsichtigten Verstoßes zu klären (siehe 1 Sam 14,41–42). In den biblischen Geschichts- und Prophetenbüchern sind die prophetischen Weissager bereits Teil der staatlichen Bürokratie geworden und fungieren als politische und militärische Berater des Königs. Ihre Prophezeiungen – obwohl von der Theatralität der priesterlichen Weissagung befreit – werden immer noch erbeten; sie beantworten eine zuvor vom Hof unterbreitete Frage.

Im Gegensatz dazu antwortet die *ethische Prophetie* keiner Aufforderung, sondern bricht sich unvorhersehbar Bahn: „Der Löwe brüllt – wer fürchtet sich nicht? Gott, der Herr, spricht – wer wird da nicht zum Propheten?" (Am 3,8). Obwohl sie eher deklarativen als imperativen Charakters ist, äußert sich die ethische Prophetie ebenfalls als direkte Anrede, nur dass sie dort droht und verspricht, wo die mosaische Gesetzes-Prophetie befiehlt. Drohung und Versprechen zeichnen sich zwar durch ein konstitutives Verhältnis zur Zukunft aus, dennoch beziehen sie sich vor allem auf die gegenwärtige Situation des Publikums, die erfahren soll, was es bedeutet, in eben diesem Moment angesprochen zu werden. An dieser unmittelbaren Erfahrung, die in Amos' Metapher des brüllenden Löwen sinnfällig wird, hat auch der als Vermittler des göttlichen Worts auftretende Prophet Anteil. Anstatt die Zukunft zu offenbaren, unterbricht der göttliche Anspruch, der in der ethischen Prophetie zu Wort kommt, den Fluss der Zeit. Dabei suspendiert er die kausale Beziehung von Ursache und Wirkung, die die Grundlage prognostischer Prophetie sowie späterer Visionen der Apokalyptik bildet, die noch eindringlicher als die prognostische Prophetie das Wissen um eine vorherbestimmte Zukunft für sich in Anspruch nehmen. Die ethische Prophetie dagegen ist dynamisch und transformativ. Das Wort fungiert hier demnach nicht nur als Signifikant, sondern vor allem als wirkende Kraft. Folglich zeichnen sich die Propheten der hebräischen Bibel – deren Weissagungen sich oft auch als falsch erweisen – nicht in erster Linie durch ihr Wissen um die Zukunft aus. Mehr ‚Für-Sprecher' als ‚Vorher-Sager' übermitteln die Propheten den Willen und die Gefühle Gottes, indem sie den inneren Konflikt von Liebe und Zorn in Szene setzen, den Abraham Heschel als „göttliches Pathos" bezeichnet hat.[7]

---

7 Abraham J. Heschel: *The Prophets. An Introduction*, New York u. a.: Harper & Row 1962.

Der Unterschied zwischen der Repräsentation zukünftiger Ereignisse und der direkten Anrede durch Gott lässt sich mit Hilfe von Austins Unterscheidung von konstativen und performativen Äußerungen deutlicher vor Augen führen.[8] Eine konstative Äußerung sagt aus, dass etwas der Fall ist und ist grundsätzlich verifizierbar. Wenn er sich auf die Zukunft bezieht, wird aus einer Feststellung eine Prognose. (Dabei kann der Unterschied von vorher*sagen* und vorher*sehen* in diesem Zusammenhang vernachlässigt werden, da die Bibel das, was jemand – Gott eingeschlossen – denkt, einzig durch das darstellt, was dieser sagt.) Dagegen ist eine performative Äußerung, obwohl auch sie etwas aussagt, weder verifizierbar noch zeitlich bestimmbar. Da Performativa etwas *tun*, anstatt nur etwas zu *sagen*, werden sie von Austin als „das Vollziehen einer Handlung" definiert.[9] Performativa sind nicht wahr oder falsch, sondern erfolgreich oder nicht erfolgreich („geglückt" oder „verunglückt"). Werden die Worte ‚hiermit erkläre ich Sie zu Mann und Frau' unter bestimmten Bedingungen gesprochen, dann vollziehen sie das, was sie aussagen, und ändern den gesetzlichen Status des Paares. Wetten, Schiffstaufen, Entschuldigungen und Versprechen sind Beispiele für solche Sprachhandlungen, die unmittelbare Auswirkungen haben; und sei es nur auf die Art, wie eine bestimmte Situation verstanden wird. Ein ‚falsches' Versprechen etwa ist kein Irrtum, sondern ein Täuschungsversuch.[10] Jemand, der ein Versprechen gibt, hat sich damit zu etwas verpflichtet, selbst wenn er das Versprechen später ignoriert.

Die Unterscheidung von Konstativum und Performativum ist ebenso wenig absolut wie die von prognostischer und ethischer Prophetie. Denn auch Konstativa können die Ausführung einer Handlung ermöglichen. Da es folglich mehrere Weisen gibt, in denen ‚etwas sagen' zugleich ‚etwas tun' ist, ergänzt Austin das anfänglich zweigliedrige Modell um eine dreigeteilte Unterscheidung von lokutionären, illokutionären und perlokutionären Äußerungen. Ähnlich einer performativen Äußerung hat auch eine illokutionäre – wenn sie denn erfolgreich vollzogen wird – eine unmittelbare Wirkung auf das Publikum, und zwar nicht als Folge der Rede, sondern in der und durch die Rede selbst. Deren Wirkung hängt nicht allein von ihrer Bedeutung, sondern vor allem von der Wirkungsmacht der Lokution ab. Jemanden warnen beispielsweise ist ein illokutionärer Akt, der nur dann glückt, wenn die Zuhörer seine illokutionäre Kraft als solche erkennen; wohingegen die Vorhersage ein lokutionärer Akt ist, der als solcher wahr oder falsch sein kann. Es ist jederzeit möglich, einen illokutionären Akt mit einer performativen Wendung wie „ich warne euch, dass..." zu umschreiben. Aber auch ohne eine solche Formel können Äußerungen eine illokutionäre Wirkung zeitigen, wie im Falle von Jonas Prophezeiung in den Straßen Ninives („Noch vierzig Tage, und Ninive ist zerstört!" [3,4]). Die Bewohner Ninives antworteten auf die Kraft der Prophezeiung, indem sie ihre Lebensart änderten. Obwohl sich Jonas Prophetie als falsch erweist, war sie

---
[8] Vgl. John L. Austin: *Zur Theorie der Sprechakte (How to Do Things with Words)*, hg. von Eike von Savigny, Stuttgart: Reclam 1972, S. 25–34.
[9] Ebd., S. 28.
[10] Ebd., S. 32–33.

dennoch als illokutionärer Akt erfolgreich. Jonas Fehler ist es, ausschließlich auf die lokutionäre Dimension seiner Prophezeiung zu achten. Deswegen redet er im abschließenden Gespräch an Gott vorbei, der wiederum ihre illokutionäre Dimension betont.

Die dritte Kategorie, die sogenannten perlokutionären Akte, umfasst Äußerungen, die eine Wirkung entfalten, welche ihrer Aussage sekundär ist. Warnung und Drohung sind illokutionär, Überzeugen und Einschüchtern perlokutionär.[11] Während jene durch die Kraft der Aussage zu Reaktionen lediglich *einladen*, so *erzielen* diese tatsächlich eine Wirkung.[12] Sätze wie „ich warne dich, dass..." sind nicht nur illokutionäre Sprechakte, sondern ausdrücklich gemachte Performativa, bei denen zwischen Äußerung und Handlung nicht eindeutig unterschieden werden kann. Perlokutionäre Effekte können dagegen auch auf andere Weise und ohne die Vermittlung einer Äußerung erzielt werden. Wenn eine Gerichtsprophetie den tatsächlichen Untergang einläutet oder eine Prophezeiung der Rettung unmittelbar Linderung bringt, dann hat das prophetische Wort eine perlokutionäre Kraft. Wie beim schöpferischen Wort Gottes, auf das sie zurückgeht, äußert sich diese Perlokution in einer Änderung der Welt. Um es noch einmal zu betonen: die verschiedenen Arten prophetischer Rede treten oft in Mischformen auf. Dass eine Prophezeiung zugleich als Wort der Macht und als Wort des Wissens fungieren kann, wird nicht zuletzt im hebräischen Wort *dabar* augenscheinlich, das sowohl „Wort" als auch „Tat" bedeuten kann.

Der traditionellen Zählung zufolge gibt es in der hebräischen Bibel 55 Propheten. Die meisten treten in den Geschichtsbüchern auf, deren Darstellung des Königreichs durch ein aufwendiges Netzwerk von Prophezeiungen und Erfüllungen strukturiert wird. Die wichtigsten Beispiele sind wahrscheinlich die Teilung des Königreichs und der folgende Untergang des Nordreichs sowie die Zerstörung Judas. Die Teilung des Königreichs und der Untergang des Nordreichs werden schon früh von Ahija weisgesagt, der sie als Strafe für die Sünden Salomons bzw. Jerobeams versteht (1 Kön 11,29–39; 14,7–16). Die Zerstörung Judas wird sogar insgesamt dreimal vorhergesagt: von Deutero-Jesaja, von einem anonym bleibenden Propheten und von der Prophetin Hulda (siehe 2 Kön 20,17–18; 21,13–14; 22,16–17). Zu den Aufgaben der in den narrativen Büchern auftretenden Propheten, etwa Bileam, der Sohn Beors (Num 22–24) oder Jona, der Sohn Amittais (2 Kön 14,25), zählen auch Prophezeiungen über den Ausgang von Kriegen und Krankheiten. Allerdings werden vatische Äußerungen und weissagerische Techniken oftmals herabgesetzt, wie sich an der besonders widersprüchlichen Figur des ‚Sehers' Bileam zeigen lässt. Auch der Prophet, der Sauls Esel wiederfindet, ist, wie wir noch sehen werden, Zielscheibe des Spotts. Die Prophetenbücher lehnen vor allem die professionellen, am Hof und Tempel bediensteten Propheten ab. So wird Ezechiel befohlen: „weissage wider die Propheten Israels" (13,1–16) – ebenso Jere-

---

[11] Vgl. ebd., S. 137–138.
[12] Vgl. ebd., S. 134.

mia (14,13–22) und Micha (3,5–8), der sie anklagt, dass sie „um Geld" „wahrsagen" (3,11). Selbst den Titel des „Propheten" beansprucht keiner der klassischen Propheten und Amos verwirft ihn sogar ausdrücklich (7,14–15).

Hinter dem scheinbar prognostischen Charakter vieler biblischer Prophezeiungen verbirgt sich oft ein illokutionärer oder perlokutionärer Sprechakt. Ein einschlägiges Beispiel ist die Prophezeiung gegen Hananja, Oberhaupt der Tempelpropheten und Wortführer der Gegner Jeremias. Hananja ist zuvor durch ganz Jerusalem gezogen, um überall die bevorstehende Rückkehr der ersten Heimkehrer aus dem babylonischen Exil vorherzusagen (Jer 28). Ebenso wie Jeremia beansprucht Hananja für sich im Namen YHWHs zu sprechen. Beide bedienen sich derselben Form der Prophezeiung und geben ihre Botschaften im Tempel kund. Wenn Hananja hier die königstreue Theologie Jerusalems verteidigt, so folgt er niemand geringerem als Jesaja, der etwa 100 Jahre zuvor die Befreiung Jerusalems von den Assyrern verkündet hat (Jes 10,24–27). Dagegen hält Jeremia an der deuteronomischen Tradition fest, derzufolge Gottes Schutz nicht durch einen bedingungslosen Bund garantiert wird, sondern von der Einhaltung des Gesetzes abhängt. Jeremias Propheten-Streit mit Hananja bildet den Höhepunkt der für das gleichnamige Buch wichtigen Auseinandersetzung mit der Problematik falscher Prophetie. Von Gott angewiesen stellt sich Jeremia mit einem hölzernen Joch – ein Symbol für die baldige Knechtschaft Judas – Hananja entgegen. Dabei erinnert Jeremia an Deuteronomium 18, wo es heißt, dass wahre Prophetie sich dadurch ausweist, dass die von ihr vorhergesagten Ereignisse auch tatsächlich eintreffen (siehe Jer 28,9). Daraufhin nimmt Hananja das Joch von Jeremias Nacken und zerbricht es vor aller Augen. Zwar zieht sich Jeremia zunächst wortlos zurück, kehrt aber sodann für eine zweite Runde zurück und erklärt (im Perfekt), dass Gott alle Nationen, einschließlich Juda, den Babyloniern ausgeliefert hat: „Ein eisernes Joch habe ich auf den Nacken aller dieser Völker gelegt; sie müssen Nebukadnezzar, dem König von Babel, untertan sein" (28,14). Anschließend weissagt Jeremia in einer separaten Prophezeiung sogar den Tod Hananjas selbst: „Darum – so spricht der Herr: Siehe, ich schaffe dich vom Erdboden fort. Noch in diesem Jahr bist du tot" (28,16). Da Hananja zwei Monate später tatsächlich stirbt, scheint es sich hierbei um eine prognostische Prophezeiung zu handeln, die zudem Jeremias prophetischen Anspruch – getreu dem von ihm selbst aufgerufenen deuteronomischen Kriterium wahrer Prophetie – legitimiert. Auf den zweiten Blick zeigt sich allerdings, dass Jeremia hier kein überlegenes Wissen um die Zukunft, sondern seine sprachliche Übermacht zur Schau stellt. Denn es ist nicht klar, ob Hananja auch gestorben wäre, wenn Jeremia seine Prophezeiung nicht verkündet hätte. Jeremias Prophezeiung von Hananjas Ende weist offenbar dieselbe Dynamik auf wie die Haupt-Prophezeiung, in der Jeremias Hananjas sagt, dass Gott den Menschen ein Joch aus Eisen machen *wird*, und die Aussage, dass er ihnen das Joch (schon) auferlegt *hat* (28,13–14).[13] Bereits im und durch das ihn persönlich betreffende Wort,

---

13 Der Text wurde nach Septuaginta und Vulgata emendiert. Im Masoretischen Text ist das erste Pronomen nicht „ich", sondern „du". So könnte die Passage bedeuten, dass Hananjas Gegenwehr

das Jeremia nicht an, sondern *auf* Hananja richtet, erfüllt sich die Prophezeiung: sie auszusprechen heißt, sie unmittelbar in die Tat umzusetzen.

Der Propheten-Wettstreit zwischen Jeremia und Hananja findet auf einer sprachlichen und einer theatral-dramatischen Ebene statt. Bezeichnenderweise wird Hananjas *coup de théâtre*, dem Jeremias dramatische Versuche nichts Konkurrenzfähiges entgegenstellen konnten, durch die überlegene Kraft der Sprache übertrumpft. Symbolische Handlungen gehören von jeher zum prophetischen Repertoire. In der Bibel werden sie allerdings vor allem im Kontext der prognostischen Prophetie vollzogen, während das prophetische Wort illokutionären Akten (wie Drohung und Versprechen) und perlokutionären Akten (wie Jeremias Verdammung Hananjas) vorbehalten bleibt. Das Aufsetzen des Jochs als Zeichen der zukünftigen Knechtschaft ist nicht Jeremias einzige symbolische Handlung: Er zerbricht ein Gefäß (Kap. 18), vergräbt ein Lendentuch aus Leinen und gräbt es wieder aus, nachdem es verrottet ist (Kap. 13), und kauft ein Feld, obwohl der Feind vor den Toren steht (letzteres ist im Gegenteil als Zeichen der baldigen Errettung Judas intendiert). Solche symbolischen Handlungen finden sich auch in anderen Büchern. Jesaja stellt das Leid dar, das die Ägypter von den Assyrern angetan werden wird, indem er nackt und barfuß umhergeht (Jes 20). Dass Ezechiel 430 Tage auf einer Seite liegt, soll die Länge des babylonischen Exils symbolisieren; dass er sein Essen über Kot garen lässt, beschwört die Widrigkeiten der kommenden Belagerung Jerusalems herauf (Ez 4). Ahija versinnbildlicht die Teilung von Salomons Königreich dadurch, dass er seinen Mantel vor den Augen Jerobeams ostentativ in zwölf Stücke zerreißt (1 Kön 11,29–30).

Zu diesen vor Publikum aufgeführten symbolischen Handlungen gehören auch die prophetischen Visionen, nur dass bei diesen Visionen – die ähnlich den Traumbildern gewöhnlich Vorahnungen und böse Omina zum Gegenstand haben – der Prophet selbst der Zuschauer ist. Exemplarisch hierfür ist Jeremias Vision eines dampfenden Kessels, dessen Rand sich von Norden her neigt. Die Vision steht für das sich aus dieser Himmelsrichtung nahende „Unheil", welches sich „über alle Bewohner des Landes" ergießen wird (Jer 1,13–14). Zu den prophetischen Visionen zählen auch die Reihe immer düsterer, den unentrinnbaren Untergang voraussagender Gesichte (7,1–6, 8,1–9,10) am Schluss des Buchs Amos (dessen empörte und scharfe Worte zuvor eher von der Empörung über die Perversion sozialer Gerechtigkeit provoziert wurden als von der Beunruhigung durch zukünftige Ereignisse) und Ezechiels erschütternde Vision der sich von der Schwelle des Tempels erhebenden und nach Babylon wendenden Herrlichkeit Gottes (Ez 10,4, 18–19), die den bevorstehenden Fall Jerusalems ankündigt, weil dessen Tempel nunmehr schutzlos und verwaist daliegt. Solche visionären Stellen sind die Vorbilder für die apokalyptischen Spektakel des Buchs Daniel und der Offenbarung des Johannes, in denen die Zukunft bereits auf ein unabänderliches Ziel hin ausgerichtet ist, dessen Vorboten es nun nur noch zu entziffern gilt. Während die in den Propheten-

---

gegen Jeremia – und damit auch gegen das Exil als Mittel der Sühne – das Leiden unweigerlich verstärken wird.

büchern ausgesprochenen Prophezeiungen einen weitgehend drohenden Charakter haben, sind die darin dargestellten symbolischen Handlungen und Visionen also zumeist prognostischer Natur. Die dramatischen bzw. bildlichen Darstellungen dieser Gesichte suchen das, was sie darstellen, möglichst getreu nachzuahmen. In diesem Zusammenhang erhellt sich auch die paradoxe Aufforderung an Habakuk: „Schreib nieder, was du siehst […], damit man es im Vorbeigehen lesen kann" (Hab 2,2, Übersetzung leicht verändert). Aus dem Text wird nicht ersichtlich, ob mit „vorbeigehenden" Adressaten ein Fliehender oder ein Angreifer gemeint sein soll bzw. ob es sich um einen Leser oder um einen späteren Propheten handelt, der die Vision verkünden soll. Der Inhalt der Vision zumindest wird hier bewusst zurückgehalten: „Denn erst zu der bestimmten Zeit tritt ein, was du siehst; aber es drängt zum Ende und ist keine Täuschung" (2,3). Habakuk bedient sich hier derselben Strategie wie der „verier ghost" in John Donnes Gedicht „The Apparition", der droht, seine betrügerische Geliebte heimzusuchen, grausamerweise aber für sich behält, was er ihr sagen wird. Der Prophet verstärkt die Wirksamkeit seiner Weissagung, indem er die Form prognostischer Prophetie zwar reproduziert, sie dabei aber jeglichen Inhalts beraubt; so als ob die Macht, die eine Prophezeiung über die Aufmerksamkeit und Zustimmung des Publikums ausübt, umgekehrt proportional zur Bestimmbarkeit des in ihr ausgedrückten Wissens stünde.

Wenn man den aus dem Buch der Könige übernommenen historischen Anhang ausklammert, endet das Buch Jeremia mit den Prophezeiungen gegen Babel (Jer 50–51). Der abschließende Nachtrag berichtet, wie Jeremia die „Buchrolle", in der er „all das Unheil, das über Babel kommen sollte" (50,60), aufgeschrieben hat, Seraja übergibt (die Passage spielt auf das symbolische Eingraben des Lendentuchs an, ein Bild für die Zerstörung Judas; siehe Jer 13). Seraja ist der Bruder des Schriftgelehrten Baruch, der Jeremias Weissagungen gegen Juda aufgeschrieben (Jer 36) und eine Abschrift angefertigt hat, nachdem die erste Schriftrolle vom König zerstört worden war. Sein Bruder Seraja wird nunmehr von Jeremia nach Babylon geschickt, wo er den Text mit den Prophezeiungen erst verlesen und dann im Euphrat versenken soll. Von einer Kopie ist keine Rede. Folglich ist die Situation nicht mit derjenigen im Buch Jesaja vergleichbar, wo das prophetische „Zeugnis" der kommenden Ereignisse nur vorübergehend „mit einem Siegel" verschlossen wurde (8,16), bis sich die Prophezeiungen schließlich erfüllten. Aber in Jeremias letzter Prophezeiung wird es keine Worte zu versiegeln geben. Für die abschließenden Prophezeiungen gegen Babel sorgt der Prophet selbst dafür, dass seine Worte unwiederbringlich verloren gehen, ganz gleich wie sich das Strafgericht über Babel gestalten wird. Die Worte, die wir in Kapitel 50–51 gerade gelesen haben, können demnach weder den ursprünglichen Wortlaut wiedergeben, noch auf einer autorisierten Abschrift beruhen. Er ist nichts als eine zwar literarisch plausibel, letztlich aber ungesicherte Fiktion, die im schlimmsten Fall falsch ist, in jedem Fall aber nur menschlichen und nicht göttlichen Ursprungs ist. Die Brüder Baruch und Seraja sind Pendants: während Baruch bezeugt, dass das Buch Jeremia die ureigensten Worte des Propheten wiedergibt, legt Seraja nahe, dass diese ureigensten Worte allein in den geschichtlichen Ereignissen auffindbar sind, weil sie der Geschichte übergeben wurden und dort eben nicht als Worte, sondern als Ereignisse (als Fall von Babylon und Rettung Israels) wirksam sind. Und nur im Bereich der Geschichte können wir sie lesen. Wenn das wahre prophetische Wort das Wort ist, das sich erfüllt hat (Deut 18,22), widersetzt sich diese letzte Prophetie unserer Überprüfung.

Vielleicht wollte der Autor, der diese Geschichte dem Ende des Jeremiabuches hinzufügte, dass das Wasserbegräbnis der Buchrolle dort steht, wo eine Erzählung vom Tod des Propheten selbst erwartet werden könnte – ein Gegenstück zum Begräbnis von Mose in Deuteronomium 34, dessen Schilderung bekanntlich die traditionelle These, dass der Pentateuch aus Moses eigener Feder stammen soll, in Frage stellt. Die Leser des Pentateuch sollen abschließend lernen, sich nur auf den Wortlaut des Textes zu verlassen, wohingegen die Leser des Buchs Jeremia dazu gebracht werden sollen, sich nur auf die tatsächlichen geschichtlichen Ereignisse zu verlassen. Damit ergänzen sich die lückenhaften Begründungen der Textgenese in Deuteronomium und Jeremia gegenseitig. Zwar ist ‚Mose' die Quelle der Geschichte des Pentateuch, jedoch hat er die Vorgabe historischer Glaubwürdigkeit durch die Erzählung seines eigenen Todes verletzt. Das Buch Jeremia untergräbt seine eigene Wahrheit dagegen nicht, indem es das historische Faktum des Untergangs von Babel in Frage stellt, sondern es lässt an den Worten zweifeln, die eben diesen Untergang vorhergesagt haben sollen. Kennt man die Worte, so sind die Ereignisse ungewiss, kennt man jedoch die Ereignisse, so sind es die Worte, die ungewiss bleiben. Wo der Pentateuch die geläufige Vorstellung von Geschichte absichert, untergräbt das Buch Jeremia die prognostische Funktion des prophetischen Worts, das dort gezeigt wird, wo seine beiden primären Funktionen, Voraussage und Drohung, sich treffen.

Eine vergleichbare Spannung findet sich im Deuteronomistischen Geschichtswerk, wo dem Schema von Prophezeiung und Erfüllung zwei Zyklen prophetischer Legendenbildung entgegenstehen, die sich um die Figuren Elija und Elischa ranken. In diesen Passagen, die später und womöglich eigens deshalb in den Text eingefügt wurden, um den Primat prognostischer Prophetie herauszufordern, werden die prognostischen Elemente prophetischer Rede der Macht ihrer sprachlichen Dynamik untergeordnet. Elijas Worte sagen die Dürre, von der sie sprechen, nicht nur voraus, sondern sie verursachen diese. So kann er behaupten, dass nur das prophetische Wort sie beenden wird: „in diesen Jahren sollen weder Tau noch Regen fallen, es sei denn auf mein Wort hin" (1 Kön 17,1). Die Heilung des Sohns der Witwe (17,17–24), der Wettstreit mit den Propheten des Baal (18,1–40) sowie die Verbrennung der Truppen des Ahasja durch Feuer vom Himmel (2 Kön 1,1–12) schließen ebenfalls perlokutionäre Akte ein, und obgleich Elija den Untergang Ahabs, Isebels und Ahasjas vorhersagt (1 Kön 21,20–24 und 2 Kön 1,16), wird deutlich, dass seine Prophezeiungen – ebenso wie Jeremias Vorhersage von Hananjas Tod – nicht nur prognostisch sind, sondern selbst die Ereignisse hervorrufen, von denen sie sprechen.

Im volkstümlicheren Elischa-Zyklus scheinen die Kräfte des Propheten, der den Sieg Israels gegen den König von Moab vorhersagt (2 Kön 3,13–19, siehe 7,1–2) und damit eindeutig als Kriegsprophet zu erkennen ist, eher denen eines Zauberers und Hellsehers verwandt. Auch hier haben die Verfasser zwei Szenen hinzugefügt, die die Bedeutung der Prognose im prophetischen Repertoire in Frage stellen. Die erste ist die gleichsam parodistische Geschichte von Elischa und der Schunemiterin, deren Plot an eine Komödie erinnert (2 Kön 4,8–37). Der angeblich prophetisch begnadete Meister ist hier ganz auf die Welterfahrung seines Dieners Gehasi angewiesen. Elischas Gastgeberin wünscht sich einen Sohn; einen Wunsch, den ihr schon greiser Mann nicht erfüllen kann. Die Natur dieses Wunsches muss allerdings Gehasi seinem Meister erst verdeutlichen. Die zweite Episode, auf den ersten Blick eine klassische Weissagungsszene, ist subtiler: Hasaël, ein Diener des kranken Königs von Aram, wird zu Elischa geschickt, um ihn zu fragen, ob sein Herr genesen wird oder nicht. Die Antwort des Propheten ist in gleich zweifacher Weise doppelsinnig, weil unklar bleibt, ob er nur widersprüchliche Weissagungen macht, von denen eine falsch, die andere aber richtig ist, oder ob seine Worte hier ein ganz anderes Ziel verfolgen.

> Hasaël [...] kam zu Elischa, trat vor ihn hin und sagte: Dein Sohn Ben-Hadad, der König von Aram, hat mich zu dir gesandt und läßt fragen: Werde ich von dieser Krankheit wieder genesen? Elischa antwortete ihm: Geh und sag ihm: Du wirst genesen. – Doch der Herr hat mir gezeigt, daß er sterben muß. Hasaël verzog keine Miene und blickte ihn scharf an, bis er weinte. Der Gottesmann aber weinte. Als Hasaël dann fragte: Warum weint mein Herr?, gab er zur Antwort: Weil ich weiß, wieviel Leid du den Israeliten bringen wirst. Du wirst ihre Festungen in Brand stecken, ihre jungen Männer mit dem Schwert töten, ihre Kinder zerschmettern, ihren schwangeren Frauen den Leib aufschlitzen. Hasaël entgegnete: Was ist denn dein Knecht, dieser Hund, das er so gewaltige Dinge könnte? Elischa antwortete: Der Herr hat dich mir als König von Aram gezeigt. Hasaël verließ Elischa und kehrte zu seinem Herrn zurück. Dieser fragte ihn: Was hat Elischa zu dir gesagt? Und er gab zur Antwort: Er hat zu mir gesagt, daß du genesen wirst. Am folgenden Tag aber nahm er eine Decke, tauchte sie ins Wasser und legte sie ihm aufs Gesicht, so daß er starb. Hasaël wurde König an seiner Stelle. (2 Kön 8,9–15, Übersetzung leicht verändert)

Die Krux dieses rätselhaften Gesprächs ist der narrative Übergang, der auf die Prophezeiung folgt („Hasaël verzog keine Miene und blickte ihn scharf an"). Im hebräischen Wortlaut des Satzes wird nicht deutlich, wer hier wen anblickt, weil kein Name fällt. Die wörtliche Bedeutung des hebräischen Verbs *vayyāśem* (hier als „blickte ihn scharf an" übersetzt) ist „setzen", was mit dem ersten Verb *vayyaʿamed* (hier „verzog keine Miene") praktisch synonym ist. Eine andere Punktierung, der die Vulgata und viele moderne Übersetzungen folgen, ergibt *vayyiššom*, „war trostlos". Auch über die folgende Wendung (hier „bis er weinte") herrscht Unklarheit, weil die Infinitivform des Originalwortlauts (*ʿad-bōš*) durch kein Personalpronomen näher bestimmt wird. Im anschließenden Satz heißt es, „der Gottesmann aber weinte", was für Flavius Josephus' Rekonstruktion der Stelle (*Antiquitates* ix.90) zu sprechen scheint, der auch die oben zitierte Übersetzung folgt. Für Josephus ist Hasaël das Subjekt des gesamten ersten Satzes: er ist es, der trostlos ist, bis Elischa zu weinen beginnt. So würden beide Männer trauern, wenn auch aus unterschiedlichen Gründen. Viele Übersetzungen der Bibel hingegen entscheiden sich dafür, als Subjekt durchweg Elischa anzunehmen (so etwa Luther: „Und der Mann Gottes schaute ihn lange an und weinte").[14] Solche Versuche, den Text zu vereindeutigen, übersehen den Zusammenhang, der zwischen der doppelbödigen Prophezeiung Elischas und dem womöglich in Hasaëls Herzen verborgenen Ehrgeiz besteht. Sie blenden damit auch die düstere Möglichkeit aus, dass die Prophezeiung selbst Auslöser des Attentats sein könnte. Der Verfasser dieser Stelle bietet nämlich zwei Lektüremöglichkeiten an und überlässt die Entscheidung dem Leser: entweder hat Elischa Hasaëls verräterisches Wesen entdeckt und seine Tat nur vorhergesehen oder das prophetische Wort stiftet perlokutionär zu einem Verbrechen an, das andernfalls nie verübt worden wäre. Die entscheidende Frage ist, ob der mörderische Ehrgeiz Hasaëls durch Elischas Prophezeiung allererst ins Leben gerufen oder lediglich gestärkt wird.

Der vielleicht beste Kommentar zu dieser Frage ist Shakespeares Tragödie *Macbeth*, die den Hinweis aus der Hasaël-Episode weiterzuentwickeln scheint. Elischas Rolle wird dort von den *three weird sisters* übernommen, die zwar deutlich als zeittypische Hexen zu erkennen sind, zugleich aber noch über einen Rest der antiken schicksalsmächtigen Kräfte verfügen. Die Grundspannung des Dramas besteht darin, dass der Zuschauer sich nie gewiss sein kann, ob das Böse, das Schottland heimsucht, von der Figur Macbeths ausgeht oder einer Macbeth übersteigenden Quelle entspringt. Gleich zu Beginn sprechen die Hexen den von der Schlacht zurückkehrenden Macbeth als den „king hereafter" an. Am Ende des Stücks hat Macbeth in dieser Prophezeiung „th' equivocation of the fiend / Who lies like truth" (V/5, Vs. 42–43) erkannt. Für den Leser jedoch ist zwischenzeitlich die Wahrheit selbst doppeldeutig geworden. Denn es fragt sich, ob die Hexen – mithilfe eines zweiten Gesichts – das in Macbeth schlummernde Böse nur geweckt oder ob sie ihm dieses allererst eingegeben haben. Wie bei der Geschichte von Elischa und Hasaël bleibt die Entscheidung zwischen diesen beiden Möglichkeiten bis zuletzt in der Schwebe. Banquos überraschte Frage: „Good sir, why do you start and seem to fear / Things that do sound so fair" (I/3, Vs. 51–52) legt nahe, dass die Hexen nur Macbeths Wünsche widerspiegeln, die nun – wie die Schändlichkeit Hasaëls – ans Tageslicht gebracht werden und Macbeth damit zur Einsicht in seine eigenen Abgründe zwingen. Allerdings sind schon die ersten Worte, die Macbeth im Stück spricht: „So foul and fair a day I have not seen" (I/3, Vs. 38) lediglich ein Echo des vorangegangenen Zauberspruchs der Hexen: „Fair is foul, and foul is fair" (I/1, Vs. 11). Dies spräche dafür, dass hier tatsächlich eine okkulte Macht, die Macbeth nicht kontrollieren kann, sein Schicksal weniger als seine Sprache bestimmt.

---

14 Diese Übersetzung versteht ʽad-bōš als idiomatischen Ausdruck der Dauer. Zwei weitere Beispiele: „The man of God stood there with a set face like a man stunned, until he could bear it no longer; then he wept" (*New English Bible*); „The man of God kept his face expressionless for a long time: and then he wept" (*New Jewish Publication Society of American Tanakh*). Dagegen bleibt die Übersetzung von Buber und Rosenzweig näher am Originalwortlaut und erhält damit, wie so oft, die Doppeldeutigkeit: „Er machte seinen Blick stillstehen und richtete hin auf jenen bis zur Beschämung. / Dann weinte der Mann Gottes."

Gewiss gehören Stellen wie die Prophezeiung von Ben-Hadads Tod zu den Ausnahmen im Buch der Könige. Aber sie reichen aus, um zu verdeutlichen, dass der prognostische Charakter der Prophetie in der Bibel nicht unhinterfragt bleibt. Bedeutsam ist prognostische Prophetie vor allem für die deuteronomistische Theodizee, die Gott vor dem Vorwurf bewahren soll, er habe bei der babylonischen Zerstörung Jerusalems mitgewirkt. Man kann hier also mehr über das Bedürfnis der Deuteronomisten nach einer moralischen Weltordnung als über ihr Verständnis von Prophetie lernen. Wenn sich Prophezeiungen erfüllen, so ist anzunehmen, dass Gott seinem Bund treu bleibt – und das trotz der Unbeständigkeit der Israeliten. Im Buch Samuel, dem ich mich abschließend zuwenden möchte, ist das Anliegen eher theologischer als historiographischer Natur. Daher wird dort die göttliche Beständigkeit und mithin die Kritik prognostischer Prophetie weit nuancierter dargestellt.

Der israelische Gelehrte Meir Sternberg hat eindrücklich über das geschrieben, was er „epistemologische Revolution" nennt, die „den Schwerpunkt der antiken Welt vom Sein zum Wissen verlagert".[15] Das heißt, dass in der alten nahöstlichen und griechischen Theologie die Unterscheidung zwischen einem Gott und einem Menschen eine existentielle Unterscheidung ist: Die Menschen sterben, die Götter nicht. Dagegen soll in der Bibel das existenzielle Kriterium von Sterblichkeit und Unsterblichkeit nur *sekundär* und dem grundlegenden Unterschied von Wissen und Nichtwissen nachgeordnet sein. Durchgespielt wird dieses epistemologische Modell im Buch Genesis, wo die Sterblichkeit des Menschen aus dem Versuch folgt, vom Baum der Erkenntnis zu essen und damit die Grenze zum Göttlichen zu überschreiten, verhängt wird. Das Streben, die Begrenztheit des menschlichen Wissens zu überwinden, tritt in den heiligen Texten immer wieder in verwandelter Form auf, allerdings zieht es stets gleich schreckliche Auswirkungen nach sich. Die epistemologische Grenze von Menschen und Göttern ist in den anderen Texten des Nahen Ostens und Griechenlands weit durchlässiger als in der Bibel. Die Götter Homers sind alles andere als allwissend, so dass selbst der sterbliche Seher Teiresias die Fähigkeiten der unsterblichen Nymphe Kalypso bei weitem übertreffen kann. Der ägyptische Pharao gleicht an Weisheit dem allwissenden Gott Thot und im akkadischen Epos wird Atrahasis (dessen Name schon „äußerst weise" bedeutet) oder Gilgamesch als „derjenige, der alles weiß", beschrieben.

Die hier behauptete Einzigartigkeit der Bibel ist tief im jüdisch-christlichen Selbstverständnis verankert, stellt aber eine fromme Vereinfachung dar, die einerseits den Abstand von Athen und Jerusalem übertreibt, andererseits die tatsächliche Komplexität der Bibel herunterspielt. Trotzdem kann man die Fiktion eines allwissenden Gottes und seines Stellvertreters, des allwissenden Erzählers als Ausgangspunkt nehmen, um die biblische Kritik prognostischer Prophetie zu verstehen. Diese zeigt sich dann als besonderer Fall der allgemeinen Kritik an Wissen und Weisheit, die in Genesis beginnt, in den Geschichtstexten gelegentlich in Erschei-

---

15 Meir Sternberg: *The Poetics of Biblical Narrative*, Bloomington: Indiana Univ. Press 1985, S. 88.

nung tritt und bis zu den skeptischen Büchern Hiob und Kohelet nachweisbar ist. So werden sowohl Weisheit als auch Prophetie im Buch Samuel einer eindringlichen Kritik unterzogen, die sich – wie in der Genesis – gegen die menschliche Hybris richtet, insbesondere an der Institution des Königtums, die hier im Übergang der bis dahin vorherrschenden charismatischen Herrschaft durch das dynastische Prinzip begriffen ist. Dabei ist die Verunglimpfung der „Weisheit" unverkennbar, die Kritik an der Prophetie dagegen subtil.

Das Buch Samuel, das geschickt zwischen moralischer Dringlichkeit und der Undurchsichtigkeit menschlicher Motive die Schwebe hält, gilt gemeinhin als Höhepunkt biblischer Erzählkunst. Darüber hinaus führt das Buch mit Königtum und Prophetie die beiden Institutionen vor, die (zusammen mit der Priesterschaft) die hebräische Bibel, wie wir sie kennen, maßgeblich geprägt haben. Dass König und Prophet gepaart sind, liegt schon durch die äußere Form des Buchs nahe, das mit einer Einleitung von sechs Kapiteln beginnt, in denen die späteren Geschehnisse gleichsam vorweggenommen werden. In diesen Eingangskapiteln wird berichtet, wie Samuel seinen Lehrer Eli, den alten Priester von Schilo als Oberhaupt der religiösen Führungsschicht ablöst. Im Haupttext wiederholt sich diese Geschichte, als der Emporkömmling David, der als unbekannter junger Mann am Hof Sauls erschien, den Thron des gesalbten Königs usurpiert. Diese Thronfolgeproblematik steht im Zentrum des Buchs: Politisch betrachtet ist der Aufstieg Davids eine Usurpation, theologisch evoziert er den Skandal einer möglichen Unbeständigkeit Gottes. Warum Gott plötzlich ‚bereut' und den von ihm auserwählten König verstößt, bleibt rätselhaft. Zwar wirft Samuel ihm Untreue gegen Gott vor, aber für den Leser ist nicht entscheidbar, ob dieser Vorwurf gerechtfertigt ist, da Samuels Glaubwürdigkeit als Prophet in Frage gestellt wird, nicht zuletzt wenn er darauf besteht, dass „der ewige Ruhm Israels [...] weder lügen noch bereuen" kann: „Er ist doch kein Mensch, so daß er etwas bereuen müßte" (1 Sam 15,29). Hannas Gebet zu Beginn des Buchs gibt da noch eine weit schlüssigere Begründung der unvermittelten Absetzung Sauls: „Der Herr [...] erniedrigt und er erhebt. Den Schwachen hebt er empor aus dem Staub [...]; er gibt ihm einen Sitz bei den Edlen" (2,7–8). Allerdings wird diese Logik von Erhebung und Erniedrigung in den komplexen Wiederholungen und Verdopplungen, die das Buch strukturieren, bis zur Unkenntlichkeit verkompliziert. Der anfänglich berichtete Aufstieg und Fall Sauls wird nämlich mit der folgenden Erzählung von Aufstieg und Fall seines Adoptiv-„Sohnes" David auf eine solche Weise verschränkt, dass Sauls Untergang und Davids Aufstieg zu zwei Aspekten eines einheitlichen Geschehens werden.

Das Problem der Prophetie ist eines der vielen Themen, mit denen die Verfasser die im Buch Samuel erzählte Gründung des Königreichs anreichern. Propheten treten hier als Gegenspieler der jeweiligen Könige auf. Davids Verhältnis zur Prophetie ist dabei allerdings vornehmlich passiver Natur. Schon bei seiner Salbung zum König geht die Initiative nicht von David, sondern von dem ihn suchenden Samuel aus. Auf der Höhe seiner Macht wird David dann von Nathan dreimal aufgesucht: zunächst, um ihm seine Sünden mit Bathseba und Urija vorzuhalten, dann, um ihm Gottes Botschaft zu verkünden, dass seine Dynastie immerfort über

Israel herrschen wird und ein letztes Mal, um Salomons Thronfolge zu sichern. Ganz im Gegensatz zu David sucht Saul während seiner ganzen Karriere aktiv und mit oft tragischer Erfolglosigkeit nach prophetischer Leitung. Bei seiner ersten Begegnung mit Samuel, welche zur heimlichen Salbung führen wird, wird er als bescheidener folkloristischer Held auf der Suche nach den verlorenen Eseln seines Vaters eingeführt. Diese sonderbare Geschichte soll nicht nur YHWHs Hang zu unplausiblen Entscheidungen unter Beweis stellen. Darüber hinaus soll sie Saul auf subtile Weise in der Rolle des Protagonisten einer epistemolgischen Suche einführen. Dieser Rolle wird er selbst dann noch treu bleiben, als er dem flüchtigen David nachjagt.

Die volle Bedeutung diesen Episoden – wie auch von Sauls wiederholten Bemühungen, sich Weissagungstechniken anzueignen – wird erst beim letzten Treffen mit Samuel oder vielmehr mit dessen Geist deutlich. Am Vorabend der Schlacht gegen die Philister versucht Saul, Gott über die Zukunft zu befragen. Dieser gibt ihm aber „keine Antwort, weder durch Träume noch durch die Losorakel, noch durch Propheten" (28,6). Seine letzte Chance sieht der verzweifelte König bei der sogenannten Hexe von Endor, einem Medium, das ihm den Geist des toten Samuel heraufbeschwört. Man weiß kaum, wie man sich zu diesem gleichermaßen beeindruckenden wie unheimlichen Gespenst – das die Macht hat, Vorhersagen zu treffen und die Wahrheit zu sprechen – verhalten soll. Zumindest hat es keine Ähnlichkeit mit dem wenig auratischen ‚Seher', der Saul zu Beginn des Buchs bei der Suche nach den Eseln behilflich ist. Hier wird Samuel sogar zur Zielscheibe ungemein kruder Wortspiele, die den hehren „Propheten" (hebr. *nabi'*) zu einem Dorfwahrsager herabwürdigen, der einen regen Handel mit Opfern und Weissagungen betreibt. Saul ist bereits im Begriff, die Suche nach den Eseln aufzugeben, als sein Diener vorschlägt, den in der Nähe wohnenden „Gottesmann" (9,6) aufzusuchen. Sauls erste Sorge betrifft die Bezahlung des Propheten: „Was sollen wir dem Mann mitbringen [hebr. *nabi'*], wenn wir hingehen? Das Brot in unseren Taschen ist zu Ende. Wir haben nichts, was wir dem Gottesmann als Geschenk mitbringen [*lehabi'*] könnten" (9,7). Doch die Geschichte Israels hat Glück, da der Diener noch einen Viertel-Silberschekel findet. Aus dem *nabi'* („Prophet") macht Sauls volksetymologisches Wortspiel ‚einen Mann, dem man ein Geschenk bringt'. Diese Respektlosigkeit dem Propheten gegenüber wird dann in einer Art antiquarischer Glosse fortgeführt, die Prophetie mit Hellseherei gleichsetzt: „wer heute Prophet genannt wird, hieß früher Seher" (9,9).

Gewiss muss diese Verschmelzung des Trivialen mit dem Bedeutsamen, des Einfachen mit dem Mächtigen nicht unbedingt als Parodie gelesen werden. Hannas Gebet scheint vielmehr nahelegen zu wollen, dass man es hier mit einem theologischen Mysterium zu tun hat. In den einleitenden Kapiteln des Buchs hat der Leser bereits vom Wunder der Geburt Samuels erfahren und von seiner ganz dem klassischen Modell entsprechenden Berufung durch Gott, die ihn als deuteronomistischen ‚Propheten wie Mose' auszeichnet. Das dritte Kapitel untermauert Samuels Privileg, von Gott angesprochen zu sein, indem es ihn mit dem alternden körperlich und spirituell blind gewordenen Hohenpriester Eli kontrastiert. Zu der Zeit, als Samuel von Gott gerufen wird, so wird dem Leser berichtet, sei das Wort Gottes schon selten geworden, die prophetische Visionen versiegten zusehends, die „Lampe Gottes" sei kurz vor dem Verlöschen (vgl. 3,1–3). Mit der Berufung Samuels geht die Vorhersage vom Sturz des Hauses Eli einher, der drei Kapitel später eintrifft, als die Philister die Arche stehlen und den Tempel in Schilo zerstören (was als Vorahnung der babylonischen Gefangenschaft etwa 430 Jahre später gelesen werden kann). Die erste Konfrontation von Prophetie und Königtum scheint ebenfalls für eine positive Einschätzung von Prophet und Prophetie zu sprechen. Denn als das Volk Samuel (der neben seinen Aufgaben als Prophet und Priester auch das Amt eines Richters versieht) bittet, ihm einen König zu salben, scheint Gott die Empörung des Propheten durchaus zu teilen.

Kritischer wird der Ton in der Geschichte von Samuels zweiter Salbung. Nachdem Gott Saul verstoßen hat, weil dieser die Stimme Gottes nicht zu hören vermochte (siehe 15,23), sucht Samuel als Nachfolger einen ‚Mann nach dem Herzens Gottes'. Dieser Mann sei, so lässt Gott Samuel wissen, unter den Söhnen eines gewissen Isai aus Bethlehem zu finden, den der Prophet daraufhin besucht und zum Opfer einlädt. „Als sie kamen und er den Eliab [den ältesten Sohn Isais] sah, dachte er: Gewiß steht nun vor dem Herrn sein Gesalbter" (16,6). In dieser Situation ist der angebliche Prophet allerdings ebenso blind wie der Priester, den er seinerzeit ersetzt hat. Dass Samuel sich dieses Mal im Irrtum befindet, wird durch Gottes Ermahnung unterstrichen: „Sieh nicht auf sein Aussehen und seine stattliche Gestalt [Eigenschaften, die bekanntlich auch Saul auszeichnen] …; Gott sieht nämlich nicht auf das, worauf der Mensch sieht. Der Mensch sieht, was vor Augen ist, der Herr aber sieht das Herz" (16,7). Die ironische Spitze ist hier nicht unbedingt gegen Prophetie als solche, sondern vielmehr gegen ihre illegitime Spielart gerichtet. Dann wäre Samuel fehlgegangen, weil er nicht auf Gottes Leitung gewartet hat. Sein Versuch, den künftigen König von dessen äußerer Erscheinung her zu bestimmen, macht ihn so zum Propheten, der „ein Wort" verkündet, „das nicht der Herr gesprochen hat" (Dtn 18,22). Das würde bereits auf Samuels frühere Behauptung, Sauls Gedanken lesen zu können („alles […] was du im Herzen trägst" 9,19; Übersetzung geändert), zutreffen. Aber diese ‚fromme' Lesart wird im weiteren Verlauf der Geschichte, in der sich die ironischen Brechungen häufen, immer weniger haltbar.

Die Szene, in der Samuel David nicht erkennt, bildet das Gegenstück zur vorangegangenen Stelle im 15. Kapitel, in der er den ersten König verstößt. Saul hat gegen die Gesetze des heiligen Kriegs verstoßen, weil er den Amalekiterkönig Agag und den besten Teil der Beute verschont hat. Die darauf als Strafe folgende Verstoßung Sauls wird von Samuel als endgültig und unwiderruflich dargestellt. Der Prophet beruft sich hier, wie oben schon angemerkt wurde, paradoxerweise aber darauf, dass Gott, „der ewige Ruhm Israels […] weder lügen noch bereuen [kann]. Er ist doch kein Mensch, so daß er etwas bereuen müßte" (15,29). Samuels Haltung in dieser Situation kann mit derjenigen des Propheten Jona verglichen werden, der die Schonung Ninives ebenfalls nur unter moralischen Gesichtspunkten bewertet und Gottes Willen an das Gesetz binden will (sei es nun an einen konkreten Gesetzestext oder an ein abstraktes Ordnungsprinzip). Die Propheten Samuel und Jona sind derart von der Allwissenheit Gottes überzeugt, dass es für sie undenkbar wäre, dass Gott sich verändern oder unbeständig sein könnte. Voltaires Drama *Saul* setzt mit der Verstoßungs-Szene des Königs ein, in der sich der edle Saul durch Milde und Fairness auszeichnet, weil er den unterlegenen Agag verschont, bevor dieser dann aber von einem vor Neid rasenden Samuel brutal zerstückelt wird. Das Interesse der Bibel gilt hier weniger der Frage, ob Samuel zu grausam handelt (die Grenze zwischen religiösem Eifer und Fanatismus ist in der Bibel ohnehin ungleich schwerer zu ziehen als bei Voltaire), als der Frage, ob König und Prophet ihre Befugnisse überschritten haben. Samuel nimmt nämlich immer wieder die militärischen und profanen Vorrechte des Königs für sich in Anspruch, während sich Saul im Gegenzug wiederholt in religiöse Belange einmischt – so wenn er seine eigenen Opfer bereitet (13,9), Weissagungen in Auftrag gibt (14,37, 28,6), rituelle Exzesse begeht (14,17–19, 24) und gar selbst „prophezeit" (10,9–13; 19,18–24). Solche Kompetenzstreitigkeiten verstoßen gegen die deuteronomistische Zwei-Reiche-Lehre politischer Stabilität, derzufolge Prophet und König – wie Papst und Kaiser in Dantes in *De Monarchia* entworfenem Modell einer harmonischen Weltordnung – eindeutig bestimmbare Zuständigkeitsbereiche haben, deren Grenze entlang der Trennlinie von Religiösem und Weltlichem verläuft. Die Verschmelzung von sakraler und säkularer Macht vertieft die Problematik der prognostischen Prophetie bereits im ersten Kapitel des Buches, in dem das mit den Namen Samuel und Saul verbundene Netzwerk poetischer Etymologien angelegt wird.

Wie viele andere antike Texte arbeitet die Bibel gerne mit Etymologien, die Eigennamen auf konkrete Bedeutungen zurückführen. Wenn der Name die Eigenart eines Menschen bezeichnet, dann kann er auch – *nomen est omen* – einen Hinweis auf das Schicksal dieser Person geben. „[W]ie sein Name sagt, so ist er", sagt Abigajil von ihrem Mann, als dieser erfolglos versucht hat, David die geforderten Gelder vorzuenthalten: „Nabal (Thor) heißt er, und voll Thorheit ist er" (25,25). Allerdings versuchen die biblischen Etymologien zumeist den Determinismus zu untergraben, der sich in einer solchen essenzialistischen Vorstellung des Namens ausspricht. Im wohl berüchtigsten Beispiel entzieht sich Gott dem Versuch Moses, seinen Namen zu erfahren, indem er ihm ein etymologisches Rätsel aufgibt, das seine eigene Unvorhersehbarkeit sicherstellt: *'ehyeh 'ašer 'ehyeh*, „ich werde der sein, der ich sein werde" (Ex 3,14). In vielen Fällen arbeitet die Bibel – wenngleich oft nur implizit – mit konkurrierenden Etymologien oder sie problematisiert scheinbar klare Deutungen durch widersprüchliche Anspielungen. So führt selbst der auf den ersten Blick eindeutige Name „Nabal" ein Geheimleben als Spiegelung von „Laban". Denn die Geschichte, in der David Saul durch List zu übertölpeln sucht, spielt die Geschichte von Jakob und Laban erneut durch (und bildet so einen Teil des groß angelegten Jakob-Paradigmas im Buch Samuel), so dass Davids Entscheidung, sich nicht an Nabal/Laban zu rächen, die spätere und viel wichtigere Entscheidung, seinen Schwiegervater Saul zu verschonen, vorwegnimmt. Beide überlässt er der Gerechtigkeit Gottes. Es wird deutlich, dass Namen keinesfalls die Identität und Zukunft einer Person bestimmen, sondern vielmehr dazu neigen, sie zu verbergen; wo der Name eine Identität fixiert, löst die Glosse sie wieder auf und bringt sie wieder ins Spiel.

Die komplexe etymologische Vernetzung der Namen Saul und Samuel setzt bereits bei der Geburt des Propheten ein: „Als die Zeit abgelaufen war, gebar sie einen Sohn und nannte ihn Samuel [hebr. *šemu'el*], denn (sie sagte): Ich habe ihn vom Herrn erbeten [hebr. *še'iltiv*]" (1,20). Obwohl Samuels hebräischer Name *šemu'el* hier mit der Wurzel des Wortes „fragen" (*ša'al*) assoziiert wird, liegt die Verbindung mit *ša'ul*, dem hebräischen Namen Sauls weitaus näher (vgl. 1,27; 10,22). Gegen Ende des Kapitels wird diese Verbindung ausdrücklich gemacht, als Hanna ihren Sohn dem Dienst des Herrn weiht: „der Herr hat mir die Bitte erfüllt [hebr. *et-še'elatî*], die ich an ihn gerichtet habe [*ša'altî*]. Darum lasse ich ihn auch vom Herrn zurückfordern [*hiš'iltihû*]. Er soll für sein ganzes Leben ein vom Herrn Zurückgeforderter sein [*hu' ša'ul*, wörtlich: „er ist Saul"]" (1,27–28, vgl. 2,20). In der Forschung nimmt man an, dass diese Stelle einer Geburtslegende entstammt, die ursprünglich mit der Figur des Königs zusammenhing und erst später auf den Propheten übertragen wurde (dessen Name wörtlich „sein Name ist Gott" bedeutet und in diesem Fall wohl im Sinne von „der von Gott kommt" zu verstehen ist). Woher die doppeldeutige Glosse ursprünglich auch stammen mag, zumindest nimmt sie die spätere Verwirrung der Rollen von König und Prophet vorweg.

Auch die treffendere (wenngleich ebenfalls fiktive) Etymologie, derzufolge ,Samuel' vom hebräischen Verb *šama'*, ,hören', ,horchen', ,gehorchen' abstammt, findet sich im Buch Samuel (vgl. 1,13). Zumeist tritt sie im Zusammenhang mit dem Wort *ša'al* auf, namentlich wenn es um die Institution der Prophetie geht. ,Fragen' bzw. ,erfragen' ist der *terminus technicus* für die Bitte um eine Weissagung, welche dann – sofern Gott das Anliegen ,erhört' – ,gehört', d. h. befolgt werden muss. Wenn daher das Volk nach einem König fragt, weist Gott Samuel an, auf ihre Stimme zu „hören" (8,7–10). Diese Konstellation wiederholt sich, als Samuel das Volk im zwölften Kapitel über die Rolle des Propheten im neu gegründeten Königreich aufklärt; und noch einmal – wie nicht anders zu erwarten – als Saul die Hexe von Endor befragt, um Hilfe zu erlangen. Samuel wendet sich hier Saul ein letztes Mal zu: „Warum fragst [*ša'al*] du mich? […] Weil du nicht auf die Stimme des Herrn gehört […] hast [*šama'*], darum hat dir der Herr heute das angetan. Der Herr wird auch Israel zusammen mit dir in die Gewalt der Philister geben, und morgen wirst du samt deinen Söhnen bei mir sein" (28,16–19).

Das Wortspiel mit fragen und hören wird durch eine Reihe von narrativen Spiegelungen gestützt. Saul hat Samuel politisch ersetzt, weil er nun an dessen Stelle dem Volk ,vorangeht'. In dieser Ersetzung kehrt sich die ursprüngliche Namensvertauschung von Saul und Samuel um: Hat Samuel Saul zunächst dem Namen nach ersetzt, so ersetzt Saul nunmehr Samuel dem Namen nach. Sauls Beschwörung von Samuels Geist ist also ein Gegenstück zu Hannas Gebet, in dem Samuels etymologischer Geist – die begrabene Bedeutung seines Namens – heraufbeschworen wird, als sie YHWH nach einem Sohn fragt (*ša'al*). Im Hintergrund der Geisterbeschwörung in Endor steht aber vor allem Deuteronomium 18, denn die Stelle bietet nicht nur das selbst-negierende Kriterium für die Unterscheidung von falscher und wahrer Prophetie (ein Prophet spricht falsch, wenn sich seine Worte nicht erfüllen), sondern auch die rechtliche Grundlage einer Klage gegen Sauls Kontakt mit dem Medium von Endor, weil die Passage die Totenbeschwörung auf das Ausdrücklichste verbietet. Außerdem ist es die einzige Stelle im Pentateuch, wo die Verben *ša'al* und *šama'* verknüpft werden. *So'el 'ob* – der Ausdruck, mit dem auch die ‚Hexe' bzw. das ‚Medium' von Endor bezeichnet wird – bedeutet wörtlich „jemand, der Geister befragt" (vgl. Dtn 18,11) und lässt sich folglich auf dieselbe Wurzel zurückführen wie der Name Saul. Im unmittelbaren Anschluss an das Verbot der Totenbeschwörung wird ein Prophet, der Moses gleicht, versprochen, auf dessen Stimmen zu „hören" wir angewiesen werden (das Wort *šama'* wird dabei viermal wiederholt).

Die geisterhafte Vertauschung der Namen (aus *ša'ul* wird *šemu'el*, aus *šemu'el* wird *ša'ul*) spiegelt nicht nur die unklare Rollenverteilung zwischen Prophet und König wider, die sich gegenseitig verdunkeln wie zwei umeinander kreisende Sterne, sondern stellt auch eine Verschmelzung hybrider Identitäten dar. Saul kann deshalb am folgenden Tag ‚bei' Samuel sein, weil sie von Anfang an zueinander gehört haben. Das Unheimliche an Samuels Geist ist, dass es zugleich ein lügender Geist und ein wahrer Prophet ist. Ebenso wenig wie Shakespeares Hexen als Projektionen der Wünsche Macbeths zu verstehen sind, lässt sich der Geist Samuels auf die Ängste Sauls reduzieren. Auffällig – und für das Verständnis des 28. Kapitels entscheidend – ist es, dass die Hexe *Saul* just in dem Moment erkennt, in dem der Geist *Samuels* erscheint: „Als die Frau Samuel erblickte, schrie sie laut auf und sagte zu Saul: Warum hast du mich getäuscht? Du bist ja Saul!" (28,12). So bildet diese Szene, wie gesagt, eine Ergänzung zur Namensgebung Samuels im ersten Kapitel. Dort wurde der Geist (bzw. die Wurzel) Sauls heraufbeschworen, um die Identität Samuels zu erklären, hier wird Saul am Geist Samuels erkannt. Der Abstand zwischen der anfänglichen Verwirrung und dieser endgültigen Auflösung entspricht genau der Spanne zwischen Geburt und Tod. Die Wahrheit des Geistes ist untrennbar davon, dass er eine Verurteilung ausspricht. In Begriffen der Prophetie ausgedrückt heißt das, dass ein Prophet, der den Untergang eines Königs prophezeit, ein weinender Elischa und ein trotziger Jona zugleich ist. Denn jede wahre Prophezeiung ist ihrem Wesen nach fatal, und der Untergang, den man einem anderen voraussagt, schließt den eigenen notwendigerweise mit ein.

Wenn Samuels Geist als Typus prognostischer Prophetie figuriert, so ist die prophetische Berufung nicht nur paradox und selbstzerstörerisch, sie ist auch tödlich. Wie die Weisheit so ist auch die Weissagung eine ‚verbotene Frucht', deren Wissen vom Tod nicht getrennt werden kann, weil sie ein Wissen um den Tod ist. Saul ist der einzige tragische Held der Bibel, weil er sich auf die Suche nach diesem Wissen macht. Sein Ende ist der narrativen Logik des Buchs Samuel zufolge vorherbestimmt und unentrinnbar. Weder Kraft noch Ausflucht, weder Aufstand noch Unterwerfung kann das ihm drohende Schicksal abwenden. Für eine Figur, die wie Saul einen Tag und eine Nacht lang nackt vor Samuel auf dem Boden gelegen hat, sind Flucht und Verkleidung vergebens. Was Schicksal und prognostische Prophetie gemeinsam haben, ist ihre Bestimmtheit, die nicht nur die unwiderrufliche Vorherbestimmung der Zukunft (durch einen Gott, der nicht bereut) charakterisiert, sondern auch den Ideen von Ordnung, System, Logik und Vernunft innewohnt. Wallace Stevens' großartiges Gedicht „The Idea of Order at Key West" unterscheidet die Ordnung des Kritikers (Ramon Fernandez) von einer Ordnungswut des Sängers („the maker's rage *to* order"), die – gesegnet („blessed"), aber auch verletzt (*blessé*) – die Hafenlichter aus ihrer Konstellation herauslöst und zu „geisterhafteren Abgrenzungen und eindringlicheren Tönen" verklärt.[16] Wie das poetische so ist auch das prophetische Wort ein Performativ, dessen Wahrheit nur im Hören besteht, nicht in einem jenseits des Hörens befindlichen Wissen. Das Maß der Wahrheit ist das Erstaunen [„wonder"], die, wie ein anderer Samuel – Samuel Johnson – gesagt hat, „ein Aussetzen der Vernunft" ist.

Bei Cicero, wie auch bei Montaigne, war der Widerstand gegen den Gedanken der Ordnung die Grundlage für die Ablehnung der Prophetie. Montaignes Überlegungen zur Prognostik werden erst zu einer veritablen Kritik entfaltet, nachdem sich der Gegensatz von experimentellem und systematischem Wissen gefestigt hat. Die Unmittelbarkeit der Erfahrung, deren Konsequenz für den reifen Montaigne einzig in ihrer Inkonsequenz beruht, bleibt der Vernunft unzugänglich. In den späteren Zusätzen zum Essay *Des pronostications* und namentlich in den eingearbeiteten Cicero-Zitaten schlägt sich die Anerkennung dieser ständigen Wandelbarkeit von Erfahrung nieder. So abwegig es scheinen mag, hier eine Analogie zur biblischen Prophetie zu vermuten; was diese mit Montaigne gemein hat, ist, dass auch sie die Unvorhersehbarkeit individueller Erfahrung einem präskriptiven System entgegensetzt. Da das Wort Gottes für den Propheten eine unmittelbare Präsenz hat und keine zu verfolgende Spur ist, kann dieses Wort mit der Vorstellung zeitlicher Dauer, die der Logik der Prognostik zugrunde liegt, niemals vereinbart werden. Wo Montaigne ein Leben im Einklang mit seiner eigenen Natur führen möchte und sich die Freiheit des Urteilsvermögens bewahrt, indem er die Anmaßung des Wissens scheut und Widerspruchsfreiheit ablehnt, öffnet sich der Prophet selbst für ein direktes Verhältnis mit einer ebenso schwer fassbaren und letzten Endes kapriziösen Quelle des Lebens.

Auch für den Verfasser der Endor-Episode im Buch Samuel sind Leben und Wissen einander entgegengesetzt. Darin gleicht er dem Verfasser der thematisch ähnlich gelagerten Erzählung in Genesis 2–3. Trotz der sogenannten epistemologischen Revolution interessiert sich der Gott der biblischen Erzählungen wenig für das Wissen – außer wenn es darum geht, den Menschen davon fernzuhalten. So ist auch Gottes eigene Weissagung im Garten Eden, in der er Adam wissen lässt, dass er am selben Tag, an dem er vom verbotenen Baum isst, auch „gewiss sterben wird", die erste falsche Prophezeiung, wenn man die Regel von Deuteronomium

---

16 [...] Oh! Blessed rage for order, pale Ramon,
  The maker's rage to order words of the sea,
  Words of the fragrant portals, dimly-starred,
  And of ourselves and of our origins,
  In ghostlier demarcations, keener sounds.

18 zugrunde legt. Den Kommentaren zum Trotz, die den Wortlaut dieser Weissagung geflissentlich außer Acht lassen, konnte Allwissenheit erst dann ein Kennzeichen Gottes werden, als die Bibel mit der griechischen Philosophie in Kontakt kam. Ein allwissender Gott könnte niemals ‚bereuen' oder seine Meinung ändern, ohne das im Vorhinein auch zu wissen. Das, was Gott so eifrig schützt, ist nicht sein Wissen, sondern seine Freiheit, seine Unberechenbarkeit und seine Kraft in der Überraschung.

Dass in Samuels Gespenst just das verbotene Medium *wahr*sagt, ist eine ironische Inkonsequenz, durch die der biblische Erzähler die Logik seiner eigenen Schöpfung untergräbt und die Freiheit seines höheren literarischen Selbstbewusstseins zum Ausdruck bringt. Coleridge schreibt in seinen Notizbüchern einmal, dass „Wunder und Wert [Awe & Value]" der Prophetenbücher sich erst dann zeigen konnte – oder wenigstens erst dann wirklich verfügbar wurde – „nachdem sich ihre Versprechen und ihr wörtlicher Sinn scheinbar als falsch erwiesen hatten [from the time that the apparent falsification of their promises, the failure of their literal sense, became evident]" (26. August 1829). Deshalb warnt er davor anzunehmen, dass die Propheten „kaltblütig Rasereien zusammengezimmert haben [set to work out a cold-blooded carpentry of Furors]".[17] Eine prognostische Prophetie, die vorgibt die Zukunft in einen festen Rahmen einzuspannen, wäre so eine „cold-blooded carpentry". Deren Telos ist die Apokalypse im Buch Daniels und in der Offenbarung des Johannes, wo Lesen zur Dechiffrierung wird und der Leser das Rätsel lösen will, anstatt an ihm teilzuhaben. Dagegen bieten die biblischen Erzählungen eine Kritik der Prophetie, die nunmehr auch im transzendentalen Sinn verstanden werden kann: als Suche nach den Bedingungen der Möglichkeit von Prophetie, wenn denn Prophetie überhaupt möglich ist. Die biblischen Erzählungen sind ‚gesegnet' im Sinne von Wallace Stevens: Sie sind nicht prognostisch, sondern agnostisch; sie sagen keine Wahrheiten vorher, sondern sie erneuern Formen des Erstaunens.

---

17 Kathleen Coburn: *Coleridge on the Bible*, New York 2008, S. 230 f.

Robert Stockhammer

Das Tier, das vorhersagt
Ver-Sprechakte zwischen Pro- und Para-Sprechakten, besonders im Bereich des Klimawandels.

1. Das Tier, das versprechen darf

> Ein Thier heranzüchten, das *versprechen darf* – ist das nicht gerade jene paradoxe Aufgabe selbst, welche sich die Natur in Hinsicht auf den Menschen gestellt hat? ist es nicht das eigentliche Problem *vom* Menschen?[1]

So beginnt Friedrich Nietzsche die zweite, also mittlere Abhandlung der *Genealogie der Moral*. Nietzsches Bestimmung des Menschen spielt so deutlich auf die aristotelische des ζῷον λόγον ἔχον (des den λόγος habenden Lebewesens) an, dass gerade die, in meiner Zählung: fünf, Unterschiede instruktiv sind. Allein die Ersetzung von λόγος durch ‚versprechen' impliziert drei Abweichungen: Erstens würde bereits ‚Sprache' das Bedeutungsspektrum von λόγος (das ja, neben vielem anderen, auch als ‚Vernunft' oder ‚Rechnung' übersetzt werden kann)[2] stark eingrenzen. Zweitens steht an der Stelle eines Substantivs bemerkenswerterweise ein Verb, so als habe Nietzsche von Faust gelernt, der sich für die λόγος-Übersetzung ‚Tat' entscheidet – wobei Nietzsche jedoch daran festhält, dass es sich um eine Sprach-Tat handelt. Drittens wird diese Sprachtat durch die Vorsilbe ver- – von der am Ende dieses Aufsatzes noch zu handeln sein wird – spezifischer bestimmt.

Die Ersetzung eines Substantivs durch ein Verb bringt, viertens, die Konsequenz mit sich, dass das, was den Kern des Menschen ausmacht, nicht besessen werden kann (wie im ἔχον, ‚habend'), vielmehr, weil es ein Verb im Infinitiv ist, durch ein Modalverb weiterbestimmt werden muss; und an dieser Stelle wählt Nietzsche nicht, wie man erwarten könnte, ‚kann', sondern ‚darf', so dass der Mensch weniger durch ein Vermögen als vielmehr durch eine – von wem eigentlich erteilte? – Lizenz bestimmt wird. Fünftens schließlich gibt es diesen Menschen nicht von jeher, sondern er wurde oder wird noch ‚herangezüchtet', ist also nicht einfach von Natur aus Mensch, sondern Produkt einer selbst kulturell tätigen, selbst züchtenden, einer sich selbst eine Aufgabe stellenden ‚Natur'.

---

1 Friedrich Nietzsche: *Zur Genealogie der Moral. Eine Streitschrift* (1887), in: ders.: *Sämtliche Werke, Kritische Studienausgabe*, hg. von Giorgio Colli, Berlin: de Gruyter, 1980, Bd. V, S. 245–412, hier S. 291 (Abhandlung II, Abschnitt 1).
2 Vgl. die beeindruckende Liste von deutschen Äquivalenten in: Werner Kraus: „Logos", in: Gert Ueding (Hg.): *Historisches Wörterbuch der Rhetorik*, Darmstadt: Wiss. Buchgesellschaft 1992 ff., Bd. V, Sp. 624–653, hier Sp. 624 (bereits im Kopf des Lemmas).

Nicht von ungefähr konnte Shoshana Felman dieses Nietzsche-Zitat ihrer sprechakttheoretischen Lektüre von Molières *Don Juan* – bzw. ihrer Molière'schen Lektüre der Sprechakttheorie – voranstellen. Als einer der wenigen, die im 19. Jahrhundert an die seinerzeit weitgehend verschüttete rhetorische Tradition anknüpften, kann Nietzsche offensichtlich auch als Vorläufer der Sprechakttheorie gelten. Dies umso mehr, als er mit dem Versprechen einen Sprechakt aus derjenigen Klasse ins Zentrum stellt, die auch bei Austin eine Schlüsselrolle spielt: der Klasse der ‚commissives',[3] also solcher Sprachakte, die mit einer Verpflichtung des Sprechers für die Zukunft einhergehen. Shoshana Felman hat auf die herausgehobene Rolle dieser Sprechakte hingewiesen und sich eben deshalb derjenigen para-mythischen Figur zugewandt, die zwei dieser Akte, das Versprechen und das Ja-Sagen bei einer Heiratszeremonie, miteinander kombiniert: Don Juan, der ständig verspricht zu versprechen, also das *Heirats*versprechen gibt, ein *Ehe*versprechen zu geben.[4] Zugleich ist Don Juan natürlich das Musterbeispiel für jemand, dessen Versprechen von ‚insincerity' geprägt ist und damit gegen eine nach Austin entscheidende Voraussetzung für das Gelingen von Sprechakten verstößt – in diesem Fall, insofern das Versprochene in einen Widerspruch zum Intendierten tritt.[5]

Nietzsche geht jedoch in mindestens zwei Punkten über Austin hinaus. Zum einen ist das Versprechen ja für ihn nicht einfach *ein*, sei es auch noch so zentraler, Sprechakt unter anderen, sondern einer, der das Menschsein als solches, spezifischer: der das *„souveraine Individuum"*[6] und seine Moralität ausmacht. Der Titel der zweiten Abhandlung kann „‚Schuld', ‚schlechtes Gewissen' und Verwandtes" lauten, weil er die Verwandtschaft dieser Phänomene in der Zeitstruktur verortet, die dem Akt des Versprechens zugrunde liegt und in diesem zutage tritt. Derjenige, der verspricht, verspricht notwendigerweise vor allem, dass er nicht vergessen wird, dass und was er versprochen hat. Er entwirft sich auf eine Zukunft hin, in der die Gegenwart des Versprechens als erinnerte Vergangenheit noch gegenwärtig sein wird. *„Verantwortlichkeit"*,[7] und damit Moral, ist, nach Nietzsche, wesentlich Produktion von Gedächtnis, verstanden als „Gegenvermögen" gegen die Vergesslichkeit.[8] Wer verspricht, verspricht, dass er *„berechenbar, regelmäßig, nothwendig"*[9] ist, dass er nicht eines Tages sagen wird ‚Was schert mich mein Geschwätz von gestern?', dass er, in schwer zu bestimmender, aber scheinbar intuitiv zu beurteilender Hinsicht, ‚derselbe' bleiben wird. Angelegt ist dies bereits bei Austin, demzufolge uns *jeder* Sprechakt zumindest zu „consistency" verpflichte.[10] Viele schwierige Situ-

---

3 Vgl. insb. John L. Austin: *How to Do Things with Words. The William James Lectures delivered at Harvard University in 1955* (1962), Oxford: Oxford Univ. press ²1992, S. 157.
4 Vgl. Shoshana Felman: *The Scandal of the Speaking Body. Don Juan with J. L. Austin, or seduction in two languages* (1980), Stanford, CA: Stanford UP 2003, S. 19 ff.
5 Vgl. Austin: *How to Do Things with Words* (Anm. 3), S. 50.
6 Nietzsche: *Zur Genealogie der Moral* (Anm. 1), S. 293 (Abhandlung II, Abschnitt 2).
7 Ebd.
8 Ebd., S. 292 (Abhandlung II, Abschnitt 1).
9 Ebd.
10 Austin: *How to Do Things with Words* (Anm. 3), S. 157; vgl. Felman: *The Scandal of the Speaking Body* (Anm. 4), S. 20.

ationen entstehen unter diesen Tieren, die versprechen dürfen oder sogar sollen, bekanntlich daraus, dass sie sich mit ihren Versprechen überheben – und dies nicht nur, wenn sie sich zuviel zugetraut haben, sondern schon weil sie nicht in der Weise dieselben bleiben können, wie es ihnen als versprechenden Tieren zugemutet wird.

Zum anderen setzt Nietzsche, wie bereits angedeutet, diese Verantwortlichkeit nicht, wie Austin die Aufrichtigkeit, als seinerseits unbefragbaren, zeitlos gültigen Wert voraus, sondern leitet sie als Ergebnis einer historisch kontingenten Entwicklung (einer ‚Heranzüchtung') ab, die auch einen anderen Verlauf hätte nehmen können. Vielleicht hat Nietzsche selbst das Recht in Anspruch genommen, rhetorisch ‚Was schert mich mein Geschwätz von gestern?' zu fragen;[11] jedenfalls hat er zu denken ermöglicht, dass es auch eine Moral geben könnte (geben können müsste?), in der dieser Satz nicht von vornherein verboten wäre.

Diese Analyse des Versprechens ist nicht in allen Details auf die der Vorhersage zu übertragen. Immerhin jedoch ist beiden Sprechakten gemeinsam, dass sie von etwas handeln, was in der Zukunft eintreten soll oder vorgeblich wird – im Lateinischen und seinen modernen Entwicklungen (hier einschließlich des Englischen) teilt das Wort für ‚Versprechen' daher mit ‚Prophetie' und ‚Prognose' die Vorsilbe *pro*- (‚promissio' usw.). Im Gegensatz zur Vorhersage wird zwar beim Versprechen zumeist unterstellt, dass das Eintreten dieses Sachverhalts in der Hand desjenigen liege, der diesen Sprechakt tätigt. Es gibt aber gleitende Übergänge, und so kennt auch *Grimms Wörterbuch* als eine Bedeutung von ‚versprechen': „die gewisze Hoffnung erwecken, dasz etwas eintreten werde, aber ohne die einwirkung des versprechenden. […] *versprechen* in diesem sinn berührt sich mit *verheißen*."[12] Man sagt schon mal ‚Ich verspreche dir, dass morgen die Sonne scheinen wird', obwohl dies offensichtlich nicht in der Hand desjenigen liegt, der verspricht; oder man sagt, umgekehrt, ‚ich werde dich immer lieben', in einem Ton, der nahelegt, dass dies gar nicht von einem selbst abhänge, dass man es sogar noch gegen seinen eigenen Willen tun werde, so als füge man hinzu: ‚ich brauche das gar nicht zu versprechen, ich weiß nur, dass es so sein wird'. Austin kommentiert diese fließenden Übergänge zwischen verschiedenen futurischen Sprechakten: „To say ‚I shall' may be to promise, or to express an intention, or to forecast my future."[13]

Zwar lässt sich die illokutionäre Rolle eines solchen Sprechakts durch adverbiale Bestimmungen oder explizite performative Verben vereindeutigen. Man könnte also Überschneidungen zwischen Versprechen und Vorhersagen zumindest vorläufig ausschließen, indem man Unterscheidungen trifft wie: Wer versprochen hat, ohne sein Versprechen zu halten, war unaufrichtig; wer mit bestem Wissen und Gewissen eine Vorhersage angestellt hat, die nicht eintritt, hat sich bloß getäuscht.

---

11 Vgl. sein Plädoyer für „Kurze Gewohnheiten", in: Friedrich Nietzsche: *Die fröhliche Wissenschaft* (1882), in: ders.: *Sämtliche Werke. Kritische Studienausgabe*, hg. von Giorgio Colli, Berlin: de Gruyter 1980, Bd. III, S. 343–651, hier S. 535 (Aphorismus Nr. 295).
12 Jacob und Wilhelm Grimm: *Deutsches Wörterbuch*: Art. ‚versprechen', Bd. 12, Abt. I. A. 4, Sp. 1459, bearb. von Ernst Wülcker u. a., Leipzig: Hirzel 1956.
13 Austin: *How to Do Things with Words* (Anm. 3), S. 77.

Oder: Wer verspricht, will im Moment des Versprechens Vorteile, oft etwas wie eine Vorauszahlung auf einen später erst einzulösenden Wechsel (was sich wiederum leicht an Don Juan veranschaulichen ließe); wer hingegen prophezeit oder prognostiziert, will ein von seinen eigenen Handlungen unabhängiges Wissen vermitteln. Auch diese Unterscheidungen sind aber nicht trennscharf: Mancher Prophet (vielleicht auch mancher Prognostiker) will mit seiner Vorhersage, sei es auch einer aufrichtig getätigten, schon im Moment der Vorhersage, also ebenfalls im Vorgriff auf die Zukunft, selbst Anerkennung finden, einen Kreis von Anhängern stabilisieren usw.

Dementsprechend bezweifelt Austin, dass Vorhersagen wesentlich konstativ seien, oder – in seinem Wortlaut, da er in diesem Teil seiner Vorlesungen die Unterscheidung zwischen *performatives* und *constatives* bereits in Frage stellt –, ob sie wesentlich ‚statements' seien. Zwar führt er sie zuerst als ein Beispiel von ‚statements' ein: „I prophesy (or predict) that there is no backside to the moon."[14] Später jedoch stellt er ebendies in Frage: „Is a forecast or even a prediction about, say, persons' behaviour really a statement?" Und er antwortet sich: „It is important to take the speech-situation as a whole."[15] Oder, in freier deutscher Übersetzung durch die Veranstalter der Tagung, aus der dieser Aufsatz hervorgegangen ist: „Worüber Prognosen und Prophetien auch reden, sie sind zuallererst Äußerungen, die unter bestimmten Bedingungen gemacht werden: Sie bedürfen spezifischer Kontexte, vollziehen sich in bestimmten Gattungen, brauchen ein entsprechendes Publikum."[16] Schon insofern ist jede Prognose eine Prophetie. Dies gilt nicht nur im Sinne einer Dialektik der Säkularisierung,[17] sondern schon insofern, als das Wort ‚Prophetie' etymologisch seine Verwandtschaft zu φημί, ‚sagen', ‚behaupten', festhält (abgeleitet von der Wurzel φα, „für das Ohr oder für das Auge deutlich machen […], also = ‚leuchten' (Auge) und = ‚sagen' (Ohr)";[18] vgl. φῶς, (‚Phantasie', usw.), wohingegen γνῶσις (‚Erkennen', ‚Kenntnis') über diesen sprachlichen Charakter des Wissensaktes hinwegzutäuschen erlaubt.

2. Uranologische und meteorologische Dimensionen des Klimawandels

Auch aktuelle Sprechakte zum Thema des Klimawandels sind selbstverständlich in irreduzibler Weise kontextgebunden. Das intendierte Publikum solcher pro-phetischen Akte ist jedoch die ganze Menschheit. Diese Akte richten sich an alle Bewoh-

---

14 Ebd., S. 85.
15 Ebd., S. 137.
16 Aus dem Einladungstext zur Tagung „Prophetie und Prognostik", Zentrum für Literatur- und Kulturforschung Berlin, November 2010. Vgl. die entsprechenden Überlegungen in der Einleitung zum vorliegenden Band, S. 14.
17 Vgl. zu einem besonders intrikaten Beispiel für diese Dialektik unten, S. 17.
18 Wilhelm Pape: *Handwörterbuch der griechischen Sprache. Griechisch-deutsches Handwörterbuch*, Bd. 1: A–K, Bd. 2: L–O, bearb. von Max Sengebusch, Braunschweig: Vieweg & Sohn, ³1914: ‚φημί'.

ner dieses Planeten, und zwar in doppelter Weise: als potenziell Betroffene ebenso wie als Mitverantwortliche. Die jeweils kontextgebundenen pro-phetischen Akte und ihr potenziell globaler Adressatenkreis stehen in einem starken Spannungsverhältnis. Dessen spezifische Gestalt ist vom spezifischen Charakter des in Klimadiskursen involvierten Wissens und Nicht-Wissens untrennbar. Dieser Charakter des (Nicht-)Wissens muss daher kurz umrissen werden, bevor ich an einigen Beispielen analysiere, wie dieses Spannungsverhältnis in konkreten Sprech-, vielmehr Schreibakten zum Klimawandel ausprozessiert wird.

Der Planet Erde ist, bereits seit Aristoteles, Gegenstand zweier klar unterschiedenen Wissenschaften: der Meteorologie und der Uranologie. μετέωρος bedeutet zunächst vieles, was, von der Erde aus gesehen, in der Höhe, in der Luft ist, darunter Witterungserscheinungen ebenso wie bestimmte Himmelskörper – so dass es nur heutzutage ein Kalauer wäre, die Meteorologie als Wissenschaft von den Meteoren zu bestimmen. Noch ein Text Johann Gottfried Herders hält diese Zusammengehörigkeit fest, wenn er als Gegenstände für eine Wissenschaft der Zukunft zusammenstellt: „Witterungskalender, eine Philosophie der wandelbaren Naturerscheinungen, der Meteore".[19] Gegenstand der Meteorologie sind, nach der aristotelischen Definition, „alle die Geschehnisse, die sich auf natürliche Weise, dabei jedoch im Vergleich mit dem ersten Elementarkörper [dem Himmelsgebäude] unregelmäßiger vollziehen".[20] Damit unterscheidet sie sich von der Uranologie, die es mit perfekten Körpern und deren regelmäßigen Bewegungen bzw. ihrer Unbeweglichkeit zu tun hat: mit dem kugelförmigen Himmelsgebäude als Ganzem sowie mit den darin sich befindenden Planeten und Fixsternen.

Zwar werden diese Wissensformen gern (u. a. von Aristoteles selbst)[21] nach ihren Gegenstandsbereichen unterschieden, wobei die translunarische Welt zur Uranologie und die sublunarische zur Meteorologie zu zählen wäre. Dies aber geht, erstens, nur auf, wenn man – wie Aristoteles dies tut – Kometen und sogar die Milchstraße zum Bereich des Sublunarischen zählt. Nach Aristoteles' eigenen Kriterien wären seit der Frühen Neuzeit die Milchstraße (Galilei sei Dank!) und die Kometen (Halley sei Dank!) in den Bereich des uranologischen Wissens überführt (oder zurückgeführt),[22] das es mit den translunarischen Himmelskörpern zu tun hat, die sich entweder gar nicht oder aber regelmäßig bewegen; dem epistemischen Sinn des Wortes treu geblieben sind jedoch Körper, die heutzutage ‚Meteore' heißen. Zweitens ist festzuhalten, dass der Planet Erde Gegenstand der Uranologie *und* der

---

19 Zit. nach: Stefan Willer: „Aussicht ins Unermessliche. Zur poetischen Prognostik", in: *Trajekte* 11 (2010) 21, S. 11–19, hier S. 19.
20 Aristoteles: *Meteorologie*, in: ders.: *Werke. In deutscher Übersetzung*, hg. von Hellmut Flashar u. a., Berlin: Akademie ²1979, Bd. XII, S. 8–117, hier Buch I, Kap. 1 (338 b 20 ff.).
21 Vgl. ebd., Buch I, Kap. 2 (339 a 20).
22 Näher an Galileis durch das Fernrohr gestützte Einsicht in die Zusammensetzung der Milchstraße aus einzelnen Fixsternen lagen bereits Anaxagoras und Demokrit; näher an Halleys Einsicht in die regelmäßige Bahn der Kometen lagen bereits die Pythagoräer, deren Theoreme Aristoteles überliefert, jedoch verwirft (vgl. *Meteorologie*, Buch I, Kap. 8 [345 a 27 ff.] bzw. Buch I, Kap. 6 [342 b 30 ff.]).

Meteorologie ist; *globus* kann ‚Kugel' *und* ‚Klumpen', einen regelmäßigen und einen unregelmäßigen Körper bezeichnen. Uranologisch betrachtet ist die Erde im geläufigen Wortsinn ‚global': ein perfekter geometrischer Körper, an dessen Oberfläche alle Punkte gleich nah zum Mittelpunkt stehen;[23] meteorologisch ist die Erde in einem anderen, nicht mehr geläufigen Wortsinn ‚global': an verschiedenen Stellen verschieden beschaffen, verschiedenen Wettern ausgesetzt und von verschiedenen Klimata geprägt.

Das Meteorologische ist das Nicht-Uranische, dessen Studium von keiner maßgebenden Muse betreut wird. Von den Meteoren bleibt wahr, was am genauesten Karl Valentin in dem Dialog „Hausverkauf" auf den Punkt gebracht hat. Darin nämlich will Valentin schleunigst sein Haus verkaufen und sich auch kein neues mehr zulegen, sondern stattdessen „ein altes tausend Meter tiefes Bergwerk […] mieten", um darin dann auch zu wohnen. Als Liesl Karlstadt, die potenzielle Käuferin des Hauses, einwendet, dies sei „ja unheimlich!", entgegnet

> Valentin: „Schon – aber sicher!"
> Karlstadt: „Vor wem?"
> Valentin: „Vor Meteorsteinen."
> Karlstadt: „Aber Meteorsteine sind doch ganz selten."
> Valentin: „Schon, aber bei mir geht die Sicherheit über die Seltenheit."[24]

Sicherheit vor dem Meteorischen statt eine doch nur statistische Wahrscheinlichkeit, von ihnen nicht getroffen zu werden, gibt es tatsächlich allenfalls in tausend Meter tiefen Bergwerken (vermutlich auch dort nicht).

Der Streit um das epistemologische Primat von Meteorologie oder Uranologie rumorte vermutlich schon in der sog. ‚vorsokratischen' Philosophie, lässt sich aber an der Auseinandersetzung zwischen zwei der wichtigsten Verfasser lateinischer Lehrgedichte besonders anschaulich darstellen. Aus heutiger Perspektive hat sich der Uranologe Manilius vergeblich darum bemüht, in seinen *Astronomica* (aus dem 1. nachchristlichen Jahrhundert) gegen den Meteorologen Lukrez den unabänderlichen Lauf der Gestirne zum Modell der Welt schlechthin zu erklären. Seit deutlich geworden ist, dass sogar elementare Vorgänge unter Laborbedingungen Ergebnisse zeitigen, die sich allenfalls statistisch vorhersagen lassen, ist Lukrez' *De rerum natura* (aus dem 1. vorchristlichen Jahrhundert) von größerer Aktualität als die *Astronomica* seines Gegners. Michel Serres konnte Lukrez als Urahnen der Chaostheorie ausmachen, insofern dieser den nicht-vorausberechenbaren Zufall für jene infinitesimalen Abweichungen der Atome verantwortlich gemacht hatte, dank welcher überhaupt etwas ist und nicht einfach nichts. Lukrez hat diese Abweichungen bekanntlich, mit einem vielleicht schon Demokrit entlehnten, vielleicht aber auch selbst erfunden Wort, *clinamen* genannt. Und von hier führt tatsächlich wiederum

---

23 Vgl. Aristoteles: *Peri Ouranou/Über das Himmelsgebäude*, in: ders.: *Werke. Griechisch/Deutsch*, Leipzig: Engelmann 1857, Bd. II, S. 16–271, hier Buch II, Kap. 14 (297 a).
24 Karl Valentin: „Hausverkauf", in: ders.: *Alles von Karl Valentin. Monologe und Geschichten, Jugendstreiche, Couplets, Dialoge, Szenen und Stücke, Lichtbildreklamen*, hg. von Michael Schulte, München: Piper 1978, S. 233–235, hier S. 235.

kein Kalauer, sondern eine etymologisch gedeckte Beziehung zu to; κλίμα, das sich ebenfalls von κλίνειν, „neigen, biegen, krümmen", ableitet (weil die Sonne an verschiedenen Stellen sich in verschiedenen Winkeln zur Erde neigt, und Klimazonen vor allem von diesem Winkel abhängen). Die regelmäßigen Bahnen der Gestirne, alles Astronomische, ließe sich ohne *clinamen* verstehen; das Leben jedoch, dasjenige also, wozu man eine Atmosphäre braucht, in der es ein Wetter gibt, und das gelegentlich von Meteoriteneinschlägen zerstört wird, beginnt erst mit einem *clinamen* als dem Agenten eines unvorhersehbaren Chaos; nicht umsonst widmet Lukrez den Gewittern und Stürmen einen guten Teil seines sechsten Buches. Serres hat den Unterschied zwischen uranologischem und meteorologischem Wissen auf die anschauliche Formel gebracht: „Die Wissenschaftler können die Stunde einer Sonnenfinsternis berechnen, aber nicht voraussehen, ob sie diese sehen werden können".[25]

Die derzeit populärste Übersetzung von *clinamen* lautet ‚nicht-linear'. Einzelnen Funktionen zugeordnet, bezeichnet dieses Adjektiv zunächst nur den Sachverhalt, dass diese keine geradlinigen Graphen ergeben. Das Klima als Gesamt der *clinamina*[26] jedoch bildet (mit dem heute meistverwendeten Ausdruck, der den in diesem Zusammenhang missverständlichen des ‚Chaos' zunehmend ersetzt) ein „nicht-lineares *System*", in dem die verschiedensten Faktoren in „feedback loops" so zusammenwirken, dass Funktionen für Einzelwerte nicht nur exponenziell, sondern auch unstetig werden können. Das meistzitierte Beispiel dafür ist, dass ein bestimmtes Maß des Abschmelzens des Nordpolareises von Polkappen zu einer Erwärmung des Klimas führen dürfte, dass aber bei noch größerem Abschmelzen der Golfstrom gestoppt und es folglich zumindest auf der Nordhälfte der Erde umgekehrt kälter werden könnte. Offensichtlich sieht sich der Mensch, dieses nach Nietzsche *„berechenbar, regelmäßig, notwendig"* gewordene und gemachte Wesen, damit Vorgängen ausgesetzt, die alles andere als regelmäßig sind. Diese Vorgänge können noch immer nicht im uranologischen Sinne ‚berechnet', immerhin aber, dank leistungsfähiger Computer, ‚modelliert' werden – woraus dann zwar keine ‚Prognosen' im klassischen Sinne, immerhin aber ‚Szenarien' (geordnete *sets* von verschiedenen Prognosen, die jeweils in Abhängigkeit zu verschiedenen Ausgangsannahmen stehen) entwickelt werden können.[27] Seltenheiten werden damit nicht zu Sicherheiten, aber immerhin zu (Un-)Wahrscheinlichkeiten.

Vom Meteoriteneinschlag als paradigmatischem Gegenstand des meteorologischen (Nicht-)Wissens unterscheidet sich der Klimawandel allerdings dadurch, dass er von Menschen gemacht wurde und wird.[28] Seit der ‚industriellen Revolu-

---

25 Michel Serres: *La naissance de la physique dans le texte de Lucrèce. Fleuves et turbulences*, Paris: Minuit 1977, S. 85 (Übersetzung R. St.).
26 Der Plural ist zwar nicht in antiken Texten, aber immerhin belegt bei Jonathan Swift: „A Tale of a Tub. Written fort he Universal Improvement of Mankind", in: ders.: *The Prose Works*, hg. von Herbert Davis, Oxford: Basil Blackwell 1955–59, Bd. I, S. 1–136, hier S. 105.
27 Vgl. zu den Details Gramelsberger, in diesem Band.
28 Eine Metastudie zur klimatologischen Fachliteratur hat 2004 ergeben, dass unter 928 thematisch einschlägigen Publikationen in wissenschaftlichen Zeitschriften keine einzige den anthropogenen

tion' haben Menschen die Natur in einer Weise verändert, die bis in geologische Dimensionen, also Zyklen von vielen tausend Jahren, hineinreicht: „humans have become geological agents".[29] Damit ist, wie Dipesh Chakrabarty überzeugend argumentiert, die Grenze zwischen Human- und Naturwissenschaften kollabiert: Auch ‚Natur' gehört zum *factum*, welches von Vico bis vor kurzem das *verum* nur der Humanwissenschaften sein sollte.[30] Auch die Meteorologie lässt sich, im Gegensatz zur aristotelischen Voraussetzung, nicht mehr eindeutig den ‚Naturwissenschaften' zurechnen; sie gehört, wenn man Vicos Definition beibehalten will, zur Philologie.

Dementsprechend lassen sich unter den Gründen für meteorologische Verschiedenheiten geologische oder klimatische von ökonomischen oder politischen allenfalls heuristisch trennen. Einerseits kommt es auf Unregelmäßigkeiten winzigen Ausmaßes auf dem nicht-perfekten Körper Erde an: Die Malediven (die durchschnittlich 0,5 Meter über dem derzeitigen Meeresspiegel liegen) oder Bangladesh (von dem 10 % der Landesfläche weniger als einen Meter über dem derzeitigen Meeresspiegel liegen) sind stärker bedroht als beispielsweise Deutschland. Neben der Höhenlage unterscheiden sich Territorien durch weitere Faktoren voneinander, etwa durch ein ohnehin mehr oder weniger stabiles Klima. In der sudanesischen Provinz Darfur war eine vergleichsweise minimale, sich jedoch über Jahre hinaus entwickelnde Verschärfung der ohnehin bestehenden Trockenheit für schwere gewaltsame Konflikte mitverantwortlich.[31] Andererseits zeigt schon dieser Fall, der unter weniger schlechten ökonomischen und politischen Bedingungen vielleicht nicht eingetreten wäre, dass diese letzteren die Effekte mildern oder verstärken können: Auf den Malediven leitet der Staat Bestrebungen ein, sich irgendwo anders ein Stück Land zu kaufen, auf das die Bevölkerung umgesiedelt werden kann; das wesentlich dichter besiedelte Bangladesh könnte sich dies nicht leisten. Nach neueren Studien ist davon auszugehen, dass gerade die Nationen, welche am wenigsten CO_2 produzieren, am meisten unter dessen Folgen leiden werden: erstens, weil viele von ihnen ohnehin in klimatisch besonders labilen Zonen liegen, zweitens, weil die meisten von ihnen über geringere Ressourcen zur Abwehr oder Linderung der Folgen verfügen.[32]

Charakter des Klimawandels grundsätzlich in Frage stellte (vgl. Naomi Oreskes: „The Scientific Consensus on Climate Change", in: *Science* [2004] 306, S. 1686, auch referiert bei Stefan Rahmstorf/Hans Joachim Schellnhuber: *Der Klimawandel. Diagnose, Prognose, Therapie*, München: C.H.Beck, 5., aktualisierte Auflage 2007, S. 83, sowie bei Dipesh Chakrabarty: „The Climate of History. Four Theses", in: *Critical Inquiry* 35 [2009], S. 197–222, hier S. 200 f.). Abweichende Positionen werden auch seither nahezu ausschließlich in wissenschaftsfernen Foren diskutiert.

29 Chakrabarty: „Climate" (Anm. 28), S. 206.
30 Vgl. ebd., S. 201–207; Alan Weisman: *The World Without Us*, New York, NY: Picador/Thomas Dunne Books/St. Martin's Press 2007, S. 48.
31 Nicht nur Harald Welzer hat plausibel gemacht hat, dass damit ein erster „Klimakrieg" bereits stattgefunden hat (vgl. Harald Welzer: *Klimakriege. Wofür im 21. Jahrhundert getötet wird*, Frankfurt a. M.: Fischer Taschenbuch Verlag 2010, S. 94–99 u. ö.).
32 Vgl. z. B. Chris D. Thomas u. v. a.: „Exporting the ecological effects of climate change", in: *EMBO reports* 9 (2008), Special Issue, S. 28–33. – Die Malediven verdanken ihre verhältnismäßig privile-

Wenn die Hypothese richtig ist, dass der Klimawandel die stärksten Wirkungen gerade in großer Entfernung von den Ursachen zeitigt, so wäre er mit neueren Globalisierungsprozessen strukturäquivalent, in denen – so der gemeinsame Nenner vieler Definitionen – Nähe-/Ferne-Beziehungen zunehmend von geographischen Faktoren entkoppelt werden. Zwar geht die Möglichkeit, den „Sense of Place" auf einen „Sense of Planet" hin zu öffnen,[33] mindestens auf den Kosmopolitismus eines Demokrit zurück; der Zusammenhang von ‚place', dem Wohnort von Einzelmenschen, und ‚planet', der Erde als Wohnort der Menschen, wurde jedoch traditionellerweise nach dem Modell von konzentrischen Kreisen organisiert. Noch die Risiken der ‚friedlichen' Nutzung von Atomkraft, die in einigen Ländern jüngst wieder besonders intensiv diskutiert wurden, unterscheiden sich von den Folgen des Klimawandels darin, dass sie topologisch vergleichsweise konventionellen Gesetzen folgen, insofern sie sich – abgesehen von den durch Winde verursachten unregelmäßigen Verteilungen im Bereich mittelhoher Konzentrationen und den Exportwegen von kontaminierten Lebensmitteln – weitgehend in das Schema der konzentrischen Kreise fügen.[34]

3. Die Wahl repräsentativer Anekdoten in Klimawandelnarrativen

Richtet sich ein pro-phetischer Akt an das Publikum Menschheit, wird dieses meist als Bewohner des runden *globus* konzipiert; so scheint etwa der Klimawandel uns alle gleichermaßen zu betreffen. Weil jedoch verschiedene Orte davon in verschiedener Weise betroffen sind, lässt sich von den lokalen Unterschieden auf dem klumpenförmigen *globus* nicht abstrahieren. Mündliche *Sprech*akte tragen schon durch den Ort, an dem sie vollzogen werden, eine irreduzible lokale Signatur. *Schreib*akte – und von diesen ist hier wesentlich zu handeln – erscheinen, wenn sie auf eine ausdrückliche Angabe ihres Entstehungsortes verzichten, zwar weniger territorialisiert. Immerhin transportieren sie noch durch das Idiom, in dem sie abgefasst sind, mehr oder weniger starke lokale Assoziationen (schwache bei der Wahl des Englischen, starke bei der Wahl etwa des Lëtzebuergischen), die freilich ihrerseits noch ausgeblendet werden können, wenn es sich um übersetzte Texte handelt.

Auch Schreibakte besitzen jedoch lokale Signaturen durch den Ort oder die Orte, von dem oder denen sie berichten oder erzählen. Denn offensichtlich kann niemals alles berichtet werden; zugleich jedoch steht das Berichtete fast immer unter dem Anspruch, für ein Größeres repräsentativ zu sein. Solche repräsentativen Anekdoten[35] umfassen Beispiele im engeren Sinne (vor allem in argumentativen,

---
gierte Position natürlich dem globalen Tourismus.
33 Vgl. Ursula K. Heise: *Sense of Place and Sense of Planet. The Environmental Imagination of the Global*, Oxford etc.: Oxford UP 2008.
34 Dementsprechend wird etwa die Frage, welche Gebiete nach einem Atomunfall evakuiert werden müssen, typischerweise am Maß eines Radius um den Unfallort diskutiert.
35 Der Terminus stammt von Kenneth Duva Burke, vgl. *A Grammar of Motives* (1945), Berkeley/Los Angeles: California UP 1969, insb. S. 59–61.

nicht-fiktionalen Texten) oder einzelne Geschehnisse, denen zugetraut wird, als *pars pro toto* zu dienen (vor allem in fiktionalen Texten). Für die Lektüre von fiktionalen Texten gilt zwar die Interpretationsanweisung, erzählte Einzelheiten nicht unvermittelt auf eine das Ganze betreffende These hochzurechnen: Das erzählte Singuläre soll nicht einfach die Veranschaulichung eines Allgemeinen sein. Diese Autonomie des Literarischen lässt sich jedoch schwer beibehalten, wenn Erzählungen von etwas handeln, was gleichzeitig Gegenstand einer weitverbreiteten Diskussion argumentativen Charakters ist. Der Appellcharakter literarischer Texte nähert sich dann demjenigen anderer Schreibakte an. Es ist etwa nahezu unmöglich, Ian McEwans Roman *Solar* nicht als Stellungnahme in der Diskussion um den Klimawandel zu interpretieren – selbst wenn es der Autor nicht beabsichtigt hätte. Argumentative Texte können nicht nicht erzählen, erzählerische Texte nicht nicht argumentieren – beide stützen sich auf repräsentative Anekdoten. Der Ausdruck „Klimawandelnarrativ"[36] kann daher verschiedene Formen des Sprechens und Schreibens über den Klimawandel umfassen, ohne damit zu insinuieren, es werde hier ja ‚nur erzählt', nicht argumentiert.

Das Problem der Wahl repräsentativer Anekdoten stellt sich natürlich schon bei der Beschreibung eines einzigen Dorfes. „„Ein einziger Ort ist schon zu groß, dass du alles mitkriegst. Erst recht ein ganzer Planet"".[37] Das Problem nimmt im Rahmen des Klimawandelnarrativs aber offenbar die größtmögliche Ausdehnung an. Und dies nicht nur, weil hier von der ganzen Erde erzählt wird, sondern auch deshalb, weil damit jedem potenziellen Leser zugleich eine Binnenperspektive zugemutet wird: Könnte eine Erzählung über Dorfbewohner sich an Städtebewohner richten, so kann sich eine Erzählung über Erdbewohner nur an Erdbewohner richten. Damit wird zunächst einmal die uranologische Dimension betont: Wir sind alle Bewohner desselben Planeten. Zugleich jedoch ist es offensichtlich nicht unerheblich, von welchen Orten berichtet oder erzählt wird. Dies wäre nur dann der Fall, wenn die Erde ausschließlich uranologisch, als einfacher Körper, in Betracht käme, bei dem alle Punkte auf der Oberfläche gleich weit vom Mittelpunkt entfernt und daher miteinander äquivalent wären. Da sich der Klimawandel jedoch aufgrund der meteorologischen (klimatischen *und* ökonomischen) Ungleichheiten an verschiedenen Orten der Erde verschieden ausprägt, besitzt die Wahl der repräsentativen Anekdote ethische Implikationen[38] und ist von einer Parteinahme kaum abzulösen.[39]

Sehr deutlich macht dies etwa der Konstanzer Physikprofessor Gerd Ganteför, der die Warnungen vor dem Klimawandel für übertrieben hält und zur beschwich-

---

[36] Ulrich Beck verwendete dieses Wort in einer Diskussion mit Hans Joachim Schellnhuber, die am 8.7.2010 an der LMU München stattfand.
[37] Frank Schätzing: *Der Schwarm*, Frankfurt a. M.: Fischer Taschenbuch Verlag ^{20}2010, S. 340.
[38] Vgl. J. Hillis Miller: *The Ethics of Reading, Kant, de Man, Eliot, Trollope, James, and Benjamin*, New York: Columbia UP 1987, insb. S. 2 u. 10 (dort zur Wahl von Beispielen).
[39] Ich, zum Beispiel, versuche mit meinen Beispielen (Bangladesh oder Darfur) die Aufmerksamkeit auf Weltgegenden zu lenken, von denen ich behaupte, dass an sie hierzulande zu wenig gedacht wird.

tigenden Konsequenz kommt, die (auch von ihm nicht bestrittene) Erwärmung bringe doch vor allem Vorteile. Ganteför berücksichtigt zwar meteorologische Unterschiede und räumt sogar ein, dass man wohl ein paar Atolle aufgeben müsse.[40] Seine These, die Welt sitze einer „Angst fördernden Kampage hysterischer Umweltaktivisten auf [...]",[41] illustriert er dann jedoch mit eingesprengten Erzählungen über einen armen Florian, der von seinen grün-alternativen WG-Mitbewohnern ideologisch terrorisiert wird. Provinziellen Kleinkonflikten an einem privilegierten *place* (die mich übrigens mehr an die 1980er Jahre als an die gegenwärtige Diskussionslage erinnern) wird hier zugetraut, als repräsentative Anekdote für die erdumspannenden nicht-linearen Systeme der *clinamina* zu dienen. Ganteför schränkt damit – bewusst oder nicht – den potenziellen Umfang seines Adressatenkreises ein: Bewohner der Pazifik-Atolle, die demnächst umgesiedelt werden müssen, dürften diese Anekdoten schwerlich für repräsentativ halten. Das Buch zielt eher nicht darauf, in andere Sprachen übersetzt zu werden.

Nicht wesentlich anders verfährt jedoch auch der vielgelesene Schriftsteller Ian McEwan, dessen Roman *Solar* (aus dem selben Jahr 2010) bereits in viele Sprachen übersetzt wurde. Sein Buch enthält zwar eine Beschreibung der drohenden Konsequenzen des Klimawandels:

> humankind was drifting towards calamity, when coastal cities would disappear under the waves, crops fail, and hundreds of millions of refugees surge from one country, one continent, to another, driven by drought, floods, famine, tempests, unceasing wars for diminishing resources.[42]

Diese Beschreibung steht dort jedoch nur im Modus eines strafenden Zitats: So reden Klimawandelpropheten. Michael Beard, der Protagonist des Romans, investiert zwar in Solarenergie und adaptiert elegant die Rhetorik von Umweltaktivisten: „The planet [...] is sick", beginnt er eine Rede, mit der er finanzkräftige Investoren davon überzeugen will, ihre Milliarden in die Entwicklung neuer Methoden zur Gewinnung von Sonnenenergie zu stecken. Der Erzähler, möglicherweise sogar der Autor des Romans unterminiert jedoch die Glaubwürdigkeit seines Protagonisten. Nicht nur hat Beard das von ihm gepriesene Verfahren von einem Postdoktoranden plagiiert; vor allem auch wird sein Interesse an einer Rettung des Planeten davon unterlaufen, dass er selbst weit mehr mit seinen eigenen körperlichen Bedürfnissen beschäftigt ist: mit seinen Frauenbeziehungen, mit Ess- und Trinklust, Brechreiz und Harndrang. Der Roman vertritt offenbar die These, dass Menschen viel zu triebgesteuert sind, als dass sie sich um die Zukunft des Planeten ernsthaft kümmern könnten, und unterstellt dabei auch seinen Lesern, dass sie Vorgänge der Aufnahme und Ausscheidung von Flüssigkeiten und Feststoffen in und aus menschliche(n) Körper(n) interessanter finden als Lösungen zur Reduktion des

---

40 Gerd Ganteför: *Klima – Der Weltuntergang findet nicht statt*, Weinheim: Wiley-VCH 2010, S. 243.
41 Ebd., Rückseite des Schutzumschlags.
42 Ian McEwan: *Solar*, London: Cape 2010, S. 15 f.; die Assoziationen zum Alten Testament folgen im unmittelbaren Anschluss an diese Passage.

CO_2-Ausstoßes. Dahingestellt bleibe, ob die „hundreds of millions of refugees" – die zu prophezeien ja nicht schlechterdings abwegig ist[43] – diese anthropologischen Grunddispositionen ebenso gewichten würden. Immerhin gibt der Roman, gegen den Strich gelesen, zu erkennen, dass man es sich an privilegierten Orten leisten kann, dem „Sense of Planet" nur dann zu folgen, wenn damit Vorteile für den eigenen Ort oder einen bestimmten Personenkreis an diesem Ort einhergehen. Entsprechend lässt sich dort der „Sense of Planet" wieder ausblenden, sobald er in einen Konflikt mit dem „Sense of Place" zu treten droht. Besonders deutlich wurde dies in Deutschland im Frühjahr 2011, als die beschleunigte Abschaltung von Atomkraftwerken unter weitgehender Ausschaltung der Rücksicht auf den Klimawandel beschlossen wurde.[44] Wenngleich diese Reaktion von einem Geschehen an einem anderen Ort, dem Reaktorunfall von Fukushima, entscheidend beeinflusst war, wurde diese Beziehung dabei auf eine lokal-lokale reduziert (auf die Frage, ob ‚so etwas auch hier geschehen' könne), so dass der deutsche Beschluss ohne internationale oder auch nur bilaterale Verhandlung gefasst wurde.[45] Die „internationale Dimension des Made in Germany",[46]

---

[43] Bereits bei einem Anstieg der globalen Erwärmung um 3° bis zum Jahr 2100 – also nach einer noch eher ‚konservativen' Schätzung – „müssten bis zu 1 Mrd. Menschen ihre Heimat verlassen" (Birgit Albrecht u. v. a.: *Fischer Weltalmanach 2012. Zahlen – Daten – Fakten*, Frankfurt a. M.: Fischer Taschenbuch Verlag 2011, S. 713, nach einem von der *Royal Society* dem Weltklimagipfel in Cancún, Dezember 2010, vorgelegten Szenario).

[44] Der beschleunigte Ausfall der (*vergleichsweise* klimaneutralen) Atomenergie kann auch bei größter Anstrengung im Bereich der regenerativen Energien nur durch den Bau von Kraftwerken kompensiert werden, welche die besonders viel CO_2 freisetzende Ausbeutung der letzten fossilen Brennstoffe weiter forcieren. Dieser Sachverhalt wurde in Deutschland im Frühjahr 2011 von Politikern aller Parteien und Medien aller politischen Orientierung bestenfalls *en passant* konzediert. Immerhin räumt auch der Abschlussbericht der von der Bundesregierung eingesetzten *Ethik-Kommission Sichere Energieversorgung* ein: „Bei sonst gleichbleibenden Bedingungen könnte die CO_2-Emission auch durch den Ausstieg aus der Kernenergie ansteigen" (Klaus Töpfer u. v. a.: „Deutschlands Energiewende – Ein Gemeinschaftswerk für die Zukunft", http://www.bundesregierung.de/Content/ DE/_Anlagen/2011/05/2011-05-30-abschlussbericht-ethikkommission,property=publication File.pdf, S. 20) –, um gleichwohl zu versichern, dass die von Deutschland zugesicherten Klimaziele trotz Neubau von Gaskraftwerken erreicht werden können (vgl. ebd.). Unerörtert bleibt damit die Frage, welche Ziele mit dem beschleunigten Ausbau von regenerativen Energien *und* der längeren Nutzung von Atomkraft hätten erreicht werden können. Andernorts (etwa in der USA) diskutieren gerade radikalökologische Bewegungen zumindest die Möglichkeit, dass Risiken von Atomkraftwerken im eigenen Land in Kauf genommen werden müssen, um die Folgen des Klimawandels in anderen Ländern zu minimieren. Selbstverständlich „gibt es keine sinnvolle Vergleichsbasis" (ebd.) zwischen diesen beiden Typen von Risiken – dies ist der Charakter aller ethischen Aporien –; eben dies aber wird unterstellt, wenn die Diskussion gar nicht erst zugelassen wird. Denn der zitierte Abschlussbericht vermeidet zwar die Rede vom Klimawandel als dem im Vergleich zum Atomunfall ‚kleineren Übel', die in naiven Kommentaren immer wieder zu hören ist, setzt aber genau diese Abwägung voraus.

[45] Die Beschränkung des Reaktionskreises auf Deutschland ist umso merkwürdiger, als diese in einem offensichtlichen Widerspruch zu Fernwirkungen von Atomunfällen steht und plausiblerweise vermutet wird, dass gerade einige Atomkraftwerke, die nahe an deutschen Grenzen stehen, noch weit gefährlicher sind als deutsche.

[46] Töpfer: „Deutschlands Energiewende" (Anm. 44), S. 46 (oder, in der englischen Übersetzung des Kommissionsberichts, die ebenfalls erst nachträglich notwendig wurde, weil die Kommission dank

dieser isolierten lokalen Entscheidung, beschränkt sich auf eine intendierte globale *Wirkung*: Der Beschluss soll als „Beispiel" dienen – also nicht nur, wie in Abhandlungen und Romanen zum Klimawandel als Belegbeispiel für eine These, sondern sogar als normatives, zur Nachahmung empfohlenes Exempel.[47] Dabei handelt es sich um ein Beispiel für ein abstraktes Ideal – es wäre wünschenswert, wenn die ganze Welt auf Atomkraftwerke verzichten könnte –, das jedoch in der konkreten Situation von einem großen Teil der Welt nicht nachgeahmt werden kann und dort überwiegend negative Auswirkungen zeitigt.[48] Das Beispiel *wäre* repräsentativ, wenn die Erde ausschließlich uranologisch zu beschreiben wäre – seine eigene Möglichkeit verdankt sich jedoch einer privilegierten Position auf dem Planeten, also einer meteorologischen Ungleichheit, über die mit der Behauptung, der nationale Beschluss könne als internationales Beispiel dienen, zugleich hinweggetäuscht wird.

Um dieser meteorologischen Ungleichheit besser gerecht zu werden, scheint sich – um in den Bereich der Klimawandelnarrative zurückzukehren – das Verfahren zu eignen, mehrere repräsentative Anekdoten zu kombinieren, also die Schauplätze zu vermehren. Dieses Verfahren wählen etwa zwei vielgelesene neuere Bücher: Frank Schätzings Roman *Der Schwarm* (2004) und Alan Weismans postapokalyptischer Essay *The World Without Us* (2007). Beide sind zwar keine unvermittelten Darstellungen des Klimawandels, beziehen sich aber deutlich auf die mit ihm einhergehenden Narrative. Nicht nur erzählen beide von weltweiten Katastrophen; diese werden ausdrücklich und mit hohem Einsatz entsprechenden Wissens als Katastrophen des „Ökosystem[s] Erde"[49] dargestellt. Auch enthalten beide Bücher deutliche Anspielungen auf den Klimawandel: Weisman behandelt ausdrücklich die von Menschen dereinst hinterlassene CO_2-Konzentration;[50] Schätzing baut mit dem

---

ihrer Zusammensetzung ausschließlich in deutscher Sprache diskutieren konnte: „The international dimension of made in Germany", in: Germany's energy transition – A collective project for the future. http://www.bundesregierung.de/Content/DE/__Anlagen/2011/05/2011-05-30-abschluss-bericht-ethikkommission__en,property=publicationFile.pdf, S. 47).

47 Töpfer: „Deutschlands Energiewende" (Anm. 44), S. 46. Vgl. zur hier zugrundegelegten Unterscheidung von Beispieltypen: Stefan Willer/Jens Ruchatz/Nicolas Pethes: „Zur Systematik des Beispiels", in: dies. (Hg.): *Das Beispiel. Epistemologie des Exemplarischen*, Berlin: Kulturverlag Kadmos 2007, S. 7–59. – In besonders überheblicher Weise hat Cem Özdemir diese Beispielhaftigkeit des „Made in Germany" vertreten, als er in einem Interview dekretierte, in Zukunft werde Atomkraft nur noch in nicht-demokratischen Staaten eingesetzt werden – was die zynische Annahme bestätigt, dass ärmere Staaten (also solche, die auf die relativ billige Atomenergie nicht so leicht verzichten können wie Deutschland) automatisch totalitäre sein müssen.

48 Der Rest der Welt würde offensichtlich mehr davon profitieren, wenn Deutschland seine Atomkraftwerke weiterbetriebe, statt sie durch Gaskraftwerke zu ersetzen, um damit die Klimaziele, bei gleichzeitigem beschleunigten Ausbau der regenerativen Energien nicht nur trotzdem knapp zu erfüllen, sondern überzuerfüllen. Da überdies die Ökonomien von ‚Entwicklungs-' und ‚Schwellenländern' auf absehbare Zeit nur mithilfe von Atomkraft konkurrenzfähig sein werden, würde es zur Minimierung der mit ihr verbundenen Risiken beitragen, wenn die Sicherheitsstandards mit hohem Kapitaleinsatz weiterentwickelt werden würden – dieser Kapitaleinsatz jedoch wird vermutlich reduziert, wenn Industrieländer aus der Atomkraft aussteigen.

49 Schätzing: *Der Schwarm* (Anm. 37), S. 767.

50 Vgl. Weisman: *The World Without Us* (Anm. 30), S. 47–49, 283 f.

drohenden Versiegen des Golfstroms mindestens ein Katastrophenelement ein, das aus den Szenarien des Klimawandels bekannt ist.

In Schätzings Roman startet eine maritime Intelligenz auf der ganzen Erde einen Guerillakrieg gegen die Menschen und benutzt dabei an ganz verschiedenen Meeresküsten (vor Peru, Norwegen, Vancouver, der Bretagne, La Palma usw.) jeweils verschiedene Strategien: von Millionen hochgiftigen Einzellern über die verschiedensten Meerestiere bis hin zu Walen, die als einzelne den Kampf gegen Menschen antreten. Die Kapitel des Buches, die außer durch Datums- durch Ortsangaben betitelt sind, spielen abwechselnd an diesen verschiedenen Orten. Wenngleich es wohl eher zufällig dazu gekommen ist, dass das Adjektiv ‚nicht-linear' auf Erzählungen ebenso wie auf Systeme angewendet wird (und wenngleich der erzähltheoretische Gebrauch des Adjektivs noch schlechter definiert ist als der systemtheoretische), scheinen sich nicht-lineare Erzählformen für den Umgang mit nichtlinearen Systemen recht gut zu eignen.

Endet der Krieg zwischen Meeresbewohnern und Menschen bei Schätzing in einem Waffenstillstand, in dem die Welt zwar „verfällt",[51] aber die Menschen noch nicht ausgestorben sind, spielt Weisman durch, wie eine Welt aussähe (aussehe?), „from which we all suddenly vanished".[52] Das Buch entwirft unter dieser Prämisse eindrucksvolle Bilder eines schon nach kurzer Zeit versinkenden New York einerseits, einer erst nach 100.000 Jahren zum prä-industriellen Stadium zurückkehrenden CO_2-Konzentration in der Atmosphäre andererseits.[53] Weisman plausibilisiert seine Prophezeiungen mit den Aussagen vieler Fachleute aus den verschiedensten Disziplinen, aber auch mit Besuchen an Orten, die von Menschen weitgehend aufgegeben wurden und an denen sich neue Ökosysteme unter den Bedingungen der menschlichen Hinterlassenschaft entwickeln: an einem kleinen Ort auf Zypern und im Areal um das Atomkraftwerk von Tschernobyl.

Wenn diese beiden Bücher bei allen Anleihen an ökologische Wissens- und Nichtwissens-Bestände gleichwohl keine Darstellungen des Klimawandels zu sein beanspruchen und auch nicht unvermittelt als solche gelesen werden können, so aus strukturellen Gründen. Schätzing setzt nicht-humane, ja sogar *einen* nichthumanen Aktanten voraus. Denn obgleich die maritime Intelligenz in ihrem Krieg gegen die Menschen an verschiedenen Stellen mit ganz verschiedenen Strategien operiert, verfügt sie über eine zentrale Leitung: „es *muss* etwas wie eine Königin geben".[54] Diese Königin erscheint als Konkretisierung der durchaus geläufigen Personifikation, es sei ‚die Natur', die ‚zurückschlage' oder sich für dasjenige ‚räche',

---

51 Schätzing: *Der Schwarm* (Anm. 37), S. 986.
52 Weisman: *The World Without Us* (Anm. 30), S. 5.
53 Wie Chakrabarty (vgl. „The Climate" [Anm. 28]), betont auch Weisman den damit einhergehenden Eingriff des Menschen in geologische Zeiträume: „we *Homo sapiens* didn't bother to wait until fossilization to enter geologic time. By becoming a veritable force of nature, we've already done so" (*The World Without Us* [Anm. 30], S. 48).
54 Schätzing: *Der Schwarm* (Anm. 37), S. 832.

was ihr angetan wurde.⁵⁵ Damit wird vorausgesetzt, dass sie sich als *ein* erdumspannender Agent von den humanen Agenten unterscheiden lasse. Nicht nur, weil der Krieg am Ende durch eine Verständigung gestoppt oder zumindest gebremst werden kann, sondern schon, weil damit überhaupt eine Agentur ausgemacht wird, die als Gegner oder Verhandlungspartner darstellbar ist, erscheint diese Anordnung tröstlicher als die bevorstehenden ‚Kämpfe' gegen die Auswirkungen des von Menschen selbst verursachten Klimawandels. Dank seiner Überschaubarkeit tröstlich ist der *plot* des Romans im Doppelsinne von Verschwörung und Handlungsgefüge: Der Königin, die auf der Ebene des Dargestellten hinter dem Aufstand der Meeresbewohner ausgemacht wird, entspricht die auktoriale Erzählinstanz auf der Ebene der Darstellung, die den Leser schon im zweiten Absatz des Romans auf „Parallelen [eines Geschehnisses] zu ganz ähnlichen Geschehnissen" vorbereitet, „die sich zeitgleich rund um den Globus ereigneten".⁵⁶

Weisman lässt demgegenüber die Motivation für das Verschwinden des Menschen ausdrücklich offen: „Say a *Homo sapiens*-specific virus […] picks us off but leaves everything else intact. […] Or say that Jesus – more on Him later – or space aliens rapture us away, either to our heavenly glory or to a zoo somewhere across the galaxy."⁵⁷ Gegenüber diesen, wie Weisman selbst einräumt, unwahrscheinlichen Gründen für ein Ende der Menschheit wäre der Klimawandel zwar wahrscheinlicher. Dessen Verlaufsform weist jedoch wahrscheinlich nicht die Zeitstruktur auf, die Weisman für sein Gedankenspiel braucht: die Plötzlichkeit. Gegenüber dem Anlass der letzten Konjunktur von Endzeiterwartungen, der Furcht vor dem Einsatz nuklearer Waffen, unterscheiden sich die Folgen der Erderwärmung – worauf jüngst etwa Brian Eno hingewiesen hat – dadurch, dass sie sich, „zumindest in unseren Breiten, nicht unmittelbar als Katastrophe" zeigen.⁵⁸ Der Klimawandel eignet sich, anders gesagt, nicht für im populären Sinne ‚apokalyptische' Vorstellungen. Zwar will Ganteför in einer sehr eigenwilligen Variante von Dialektik der Säkularisierung schließen, dass schon die angebliche Ähnlichkeit von Klimaprognosen zu „alttestamentarischen Überlieferungen […] zu groß [ist], als dass man solche Prophezeiungen einfach so glauben sollte."⁵⁹ Was zu sehr an die Bibel erinnert, und dann gar noch an das Alte Testament, kann nicht wahr sein – das Problem ist aber gerade, dass Klima-Szenarien nur sehr oberflächlich an apokalyptische Szenarien erinnern, weil sie keinen plötzlichen oder auch nur besonders schnellen Untergang der Menschheit annehmen.

Oder, mit den Worten eines Arztes, der in einem Roman Don De Lillos auf die Frage eines Geschichtsprofessors, ob er denn an den Folgen einer Giftgasexplosion sterben werde, antwortet, das werde sich noch herausstellen: „In the meantime we

---

55 Diese in ökologischen Argumentationen weitverbreitete Vorstellung vermeidet auch Weisman nicht ganz, wenn er etwa schreibt: „nature continues its reclamation project" (*The World Without Us* [Anm. 30], S. 121).
56 Schätzing: *Der Schwarm* (Anm. 37), S. 11.
57 Weisman: *The World Without Us* (Anm. 30), S. 5.
58 Brian Eno: Interview mit Dirk Peitz, in: *Süddeutsche Zeitung*, 6./7.11.2010, S. V 2/8.
59 Ganteför: *Klima – Der Weltuntergang findet nicht statt* (Anm. 40), S. 6.

definitely have a situation."⁶⁰ In der Zwischenzeit werden wir noch viele Situationen haben, viele weitere Kontexte von Sprechakten, die sich an real existierende Menschen richten – anders als in Weismans Fiktion, in der ja, pedantisch oder metaleptisch argumentiert, auch eben deren Leser verschwunden sein müssten.⁶¹ Selbst wenn sich aus einer ‚Klimaethik' hieb- und stichfest ableiten lassen sollte, welche Handlungen notwendig sind,⁶² und selbst wenn diese Handlungen ihrerseits dominant nicht-sprachliche sein sollten, so werden doch Aufforderungen zu diesen Handlungen noch lange gebraucht werden. Es wird, prophezeie ich, noch viele Prophezeiungen geben.

4. ver-

„Die Sprache verspricht." So, also deutsch im englischsprachigen Original, lautete, nach Jacques Derridas Zeugnis,⁶³ ein Satz in den Druckfahnen von Paul de Mans Aufsatz „Political Allegory in Rousseau". Offensichtlich wandelt de Man damit den Satz „Die Sprache spricht" ab, um den Martin Heideggers Vortrag „Die Sprache" kreist. Mit Heideggers Satz teilt derjenige de Mans das Insistieren auf der Vorgängigkeit der Sprache gegenüber dem Sprecher, der insofern nur Ent-Sprecher sein kann: „Der Mensch spricht, insofern er der Sprache entspricht."⁶⁴ Gerade weil er ein ζῷον λόγον ἔχον ist („Wohl dagegen ist der Mensch in seinem Wesen sprachlich"),⁶⁵ gehört dem Menschen nicht die Sprache, steht sie ihm nicht als ein Werkzeug zur Verfügung. De Man hat dies mehr im Vokabular Nietzsches als demjenigen Heideggers ausformuliert, also im Rahmen einer (meta-)rhetorischen Reflexion auf die Unhintergehbarkeit einer das Sprechen formierenden Struktur, die von Figuren und Tropen geprägt ist, die teils als solche erkennbar sind, teils nicht – in de Mans Terminologie: Rhetorik als *Rhetoric of Tropes*. Auf Nietzsche (nämlich auf die eingangs des vorliegenden Aufsatzes zitierte Passage) stützt sich de Man aber

---

60 Zit. bei Heise: *Sense of Place* (Anm. 33), S. 162.
61 Zwar ist es ein häufiger Fall, dass der Autor einer Prophezeiung nicht mehr erlebt, ob sie eintrifft – so hatte etwa Halley 1705 die Wiederkehr eines zuletzt 1682, davor aber bereits 1531 und 1607 beobachteten Kometen für das Jahr 1759 vorhergesagt, war aber 1742 gestorben. Es waren aber noch genügend Überlebende vorhanden, die sich daran erinnern konnten, so dass der Komet postum mit Halleys Namen versehen werden konnte. Weismans post-apokalyptischer Zustand hingegen ist gerade dadurch definiert, dass kein Publikum noch das Eintreffen der Vorhersagen beurteilen kann.
62 Vgl. dazu Bernward Gesang: *Klimaethik*, Berlin: Suhrkamp 2011 (eine utilitaristische Beweisführung, die sich auf eine quantifizierbare Vorstellung von ‚Glück' stützt).
63 Vgl. Jacques Derrida: *Memoires, for Paul de Man*, engl. von Cecile Lindsay u. a., New York: Columbia UP 1986, S. 101. (Die folgende Lektüre von de Mans Satz verarbeitet einzelne Momente von Derridas Kommentar, insb. S. 93–101, folgt ihm aber nicht so streng, dass diese als Zitate ausweisbar wären.)
64 Martin Heidegger: „Die Sprache" (1950), in: ders.: *Unterwegs zur Sprache*, Stuttgart: Klett-Cotta ¹⁴2007, S. 9–34, hier S. 33.
65 Ebd., S. 30.

auch für die Ersetzung von „spricht" durch „verspricht".[66] Immer verspricht man, wenn man spricht: Man tätigt einen Einsatz auf die Zukunft – unabhängig davon, ob man es ‚aufrichtig' oder ‚unaufrichtig' meint, oder aber sich dieser Einsatz einer eindeutigen Beurteilung nach dem Kriterium der Aufrichtigkeit entzieht.[67] In de Mans Terminologie, die mit der weiten Ausdehnung des Begriffs von ‚persuasion' eher an Kenneth Burke als an Austin anknüpft:[68] Rhetorik als *Rhetoric of Persuasion*. Die Sprache – der Sachverhalt, dass es Sprache gibt – verspricht diese Möglichkeit zu versprechen. Die Frage, ob sie es dabei aufrichtig meint, ist aber vermutlich sinnlos.

„Die Sprache verspricht (sich)."[69] So lautet de Mans Satz in der letztlich gedruckten Version des Aufsatzes „Political Allegory in Rousseau" ebenso wie in dessen Wiederabdruck als Kapitel ‚Promises' seines Buches *Allegories of Reading*. In Klammern hinzugekommen ist also, wie aus der Perspektive eines Nichtmuttersprachlers des Deutschen leichter zu sehen ist als aus der eines Muttersprachlers,[70] schlicht ein Reflexivpronomen. Der Satz wäre daher zunächst einmal, absichtlich naiv, als „Language promises (itself)" ins Englische zu übersetzen. Tatsächlich sind in Grimms *Deutschem Wörterbuch* die verschiedensten Verwendungen von ‚sich versprechen', auch innerhalb des Bedeutungshofes von ‚promissio', belegt,[71] wenngleich einige davon veraltet sind, andere notwendig eine Ergänzung (ein Akkusativobjekt, ein Präpositionalobjekt, einen Infinitivsatz oder einen Relativsatz) verlangen.[72] Diese Ergänzungsbedürftigkeit des Ausdrucks gilt aber schon für den Satz ohne Reflexivpronomen („Die Sprache verspricht."), ist also, hat man einmal jenen als vollständigen akzeptiert, kein Einwand dagegen, auch den Satz mit Reflexivpronomen in diesem Sinne zu verstehen: Die Sprache tritt mit ihrem Versprechen (welchem auch immer) in ein Selbstverhältnis, ist zugleich Sender und Empfänger eines Versprechens.

---

66 Paul de Man: *Allegories of Reading. Figural Language in Rousseau, Nietzsche, Rilke, and Proust*, New Haven/London: Yale UP 1979, S. 273, Anm. 21, aber a. passim.
67 Letztere Gruppe von Sprechakten wird von Austin ausgeschlossen.
68 Vgl. Kenneth Duva Burke: *Rhetoric of Motives*, Berkeley/Los Angeles: California UP 1969, passim (insb. S. 49–55). De Man bezieht sich explizit auf Burke: *Allegories of Reading* (Anm. 66), S. 8. Austin hingegen will den spezifischen Sprechakt ‚persuasion' vom allgemeinen Sachverhalt, dass verschiedenste Sprechakte perlokutionäre Effekte haben (können), ausdrücklich unterscheiden (vgl. Austin: *How to Do Things With Words* [Anm. 3], S. 118).
69 De Man: *Allegories of Reading* (Anm. 66), S. 277.
70 Vgl. Derrida: *Memoires* (Anm. 63), S. 100.
71 Vgl. Art. „versprechen", in: *Deutsches Wörterbuch*, Abschnitte I 1 f), 2 b), 3 c), 3 d). Der 37 Spalten umfassende Artikel (der erstmals 1912, in der 8. Lieferung des Bandes XII. 1, *V-Verzwunzen*, erschien) wurde von Max Leopold (in Zusammenarbeit mit R. Meißner) verfasst, von dem auch die bis heute umfangreichste Monographie zum Thema (*Die Vorsilbe ver-*) stammt. Zitate aus diesem Artikel ebenso wie aus dem Artikel zur Vorsilbe „ver-" (von E. Wülcker, erstmals 1886, in der 1. Lieferung desselben Bandes) werden im Folgenden unter bloßer Angabe der Spalte im fortlaufenden Text belegt (wobei Spaltenzahlen zwischen 51 und 57 auf „ver-", solche zwischen 1448 und 1485 auf „versprechen" verweisen).
72 ‚sich jemandem versprechen', ‚sich mit jemandem versprechen' (beides von Ehegelöbnissen), ‚sich versprechen, weniger zu trinken', ‚sich versprechen, dass man weniger trinken werde' (Beispiele R. St.).

Selbstverständlich jedoch wird nahezu jeder Muttersprachler des Deutschen auf das hinzukommende Reflexivpronomen damit reagieren, auf eine ganz andere Bedeutung von ‚versprechen' umzuschalten: auf „beim sprechen einen fehler begehen" (1475). In dieser Bedeutung erscheint die These, dass die Sprache selbst dies tue, zunächst einmal noch unplausibler als bei den beiden bisher kommentierten Sätzen oder der ersten Bedeutung des dritten Satzes: Wie sollte, wenn doch Sprechfehler nicht anders definiert werden können denn als Verletzung von Regeln der Sprache, diese selbst schon Fehler begehen? Eben darin aber besteht die konstitutiv tropologische Struktur der Sprache, die alles, was man zu sagen versucht, ablenkt. Das Wort λόγος etwa enthält das Versprechen, dass sich ‚Vernunft' und ‚Sprache' oder ‚Proposition' und ‚Satz'[73] als jeweils zwei Seiten ‚desselben' Denk- und Sprech-Vermögens oder ‚derselben' Denk- und Sprech-Akte verstehen lassen – und doch treten diese Seiten permanent auseinander, so dass man die erstere der *dialectica* (Logik) zurechnet, während man letztere gar noch auf zwei verschiedene Disziplinen aufzuteilen versucht, die ihrerseits nicht trennscharf zu unterscheiden sind, auf *grammatica* und *rhetorica*.[74]

Man könnte einwenden, dass in dieser Prägnanz des Wortwitzes nicht *die* Sprache (sich) versprechen könne, sondern zunächst einmal nur die deutsche. Sie verdankt dies der Vorsilbe *ver*-, die „unter den Verbalpräfixen als das vielseitigste und unübersichtlichste" gilt.[75] Sprachgeschichtlich geht dies wohl auf den parziellen Zusammenfall mindestens dreier germanischer Vorsilben zurück, von denen zwei in etwa den in anderen indogermanischen Sprachen stabiler ausdifferenzierten *para*- und *pro*- entsprechen. Nach einer interessanten Hypothese gehen diese beiden Vorsilben jedoch wiederum „auf einen stamm zurück […], welcher die bedeutung ‚vorbei, hinweg' hat" (51). Dann würde das deutsche *ver*- nur eine ‚Mehrseitigkeit'[76] wiederherstellen, die andere Sprachen durch eine rationalisierende Unterscheidung verleugnen.

Weil es eine nahezu unlösbare Aufgabe ist, „den reichen Schatz unserer Sprache an *ver*-Bildungen auf die einzelnen Grundtypen zurückführen zu wollen",[77] sei hier nur, grob vereinfachend, die erste Spaltung von ‚fort, hinweg, ab' „nach zwei rich-

---

73 Vgl. zu diesen vier Übersetzungsmöglichkeiten (neben vielen anderen): Kraus: „Logos" (Anm. 2), Sp. 624 (bereits im Kopf des Lemmas).
74 Vgl. dazu demnächst: Robert Stockhammer: *Grammatiké* (mit einem abschließenden Abschnitt zu de Man, ausgehend von seiner Bezugnahme auf das *trivium* als „set of unresolved tensions", vgl. de Man: „The Resistance to Theory" (1982), in: ders.: *The Resistance to Theory*, Minneapolis: Minnesota UP 1986, S. 3–20, hier S. 13).
75 Peter Eisenberg: *Grundriß der deutschen Grammatik*, 2 Bde., Stuttgart/Weimar: Metzler 2000, Bd. I, S. 401.
76 Der Ausdruck „mehrseitige Ableitungssilbe" stammt von Friedrich Gottlob Klopstock, in dessen *Grammatischen Gesprächen* von 1794 „Ver" in eigener Person auftritt und sich von der „Wortbildung" sagen lassen muss: „Machen sich die Stamworte nicht selbst zu Silben, um sich mit euch zu vereinigen? […] Ihr mehrseitigen, du Ver, und deine Verwandten, soltet vollends nicht klagen. Ihr machet mit den Stamworten beynah, was ihr wolt." (S. 185 f.).
77 Max Leopold: *Die Vorsilbe ver- und ihre Geschichte* (1907), Hildesheim/New York: Olms 1977, S. 55.

tungen" nachvollzogen, denen ungefähr *para-* und *pro-* entsprechen: Die interpolierte ursprüngliche Vorsilbe „bezeichnet a) ein hinweggehen, hinwegschaffen vom bisherigen wege, b) ein fortgehen, fortschaffen auf dem eingeschlagenen wege bis zum vorgestreckten ziele." (54) Diese Reduktion einer Polysemie auf eine Ambiguität erlaubt immerhin eine strukturelle Beschreibung der zwei Bedeutungen von ‚versprechen', die sich zumindest im heutigen Sprachgebrauch am stärksten aufdrängen. Dem *pro-*Aspekt der Vorsilbe entspricht dabei die Bedeutung „die sichere aussicht auf etwas eröffnen" (1459), also zu versichern, „auf dem eingeschlagenen wege bis zum vorgestreckten ziele" fortzugehen – was Nietzsches Analyse des promissiven Aktes als zentraler Zumutung und Lizenz des moralischen Wesens Mensch reformuliert. Dem *para-*Aspekt von ‚versprechen' lässt sich hingegen die Bedeutung beiordnen: „beim sprechen einen fehler begehen" (1475), womit man „vom bisherigen wege" abweicht, also etwas ‚danebengeht'; damit tritt man in den Bereich der „Bildungen mit üblem Nebensinne" ein, die eine „unbestrittene Domäne von *ver-*" sind;[78] und die Affinität dieses Aspekts von *ver-* mit *para-* bestätigt auch der linguistische Fachterminus ‚Paraphasie' (für eine Sprachstörung).[79]

De Mans „Die Sprache verspricht (sich)" lässt sich auf dieser Grundlage so paraphrasieren oder paraphasieren: Eine Ethik von *Pro-*Sprechakten zu entwickeln hieße, sie als *Ver-*Sprechakte zu reflektieren, also als solche, die immer auch *Para-*Sprechakte sind. Solche Sprechakte können sich nicht unbefragt auf die überlieferten Kriterien des „souverainen Individuums" und seiner Verantwortlichkeit stützen. So aufrichtig auch immer ein Sprecher es mit seinen Versprechen meinen mag, so wenig ist er davor gefeit, dass sie Versprecher werden.

Ulrich Becks plausibler Vorschlag, der Klimawandel als auch-gesellschaftliche Realität lasse sich weder bloß ‚realistisch' – durch Hinweis auf die, sei es auch noch so unwiderlegliche, Faktenlage – noch auch bloß ‚konstruktivistisch' – durch die Behauptung, er werde ja bloß diskursiv hergestellt – adäquat beschreiben und müsse daher in einer Kombination dieser Perspektiven beschrieben werden,[80] lässt sich sprechakttheoretisch als eine komplexe Verflechtung der konstativen und performativen *Akzente* von Sprechakten beschreiben.[81] Schon der entschieden konstativ akzentuierte Hinweis auf die Faktenlage ist unablösbar vom Interesse an einer

---

78 Ebd., S. 279. In dieser Funktion ist *ver-* ja noch heute bei Neologismen am stärksten aktiv: vgl. etwa das junge ‚sich vergoogeln'.
79 Vgl. etwa Sigmund Freud: *Zur Auffassung der Aphasien. Eine kritische Studie* (1891), hg. von Paul Vogel, Frankfurt a. M.: Fischer 1992, S. 52, und Sigmund Freud: Zur *Psychopathologie des Alltagslebens. Über Vergessen, Versprechen, Vergreifen, Aberglaube und Irrtum* (1901), Frankfurt a. M.: Fischer 1954, S. 52: „Das beim normalen Menschen beobachtete Versprechen macht den Eindruck der Vorstufe für die unter pathologischen Bedingungen auftretenden sogenannten ‚Paraphasien'." Das *Deutsche Wörterbuch* verzeichnet die Variante „*paraphrasia* [sic!], in der sprache einzelne worte oder den gedankengang verfehlen" (1475).
80 Vgl. Ulrich Beck: *Weltrisikogesellschaft. Auf der Suche nach der verlorenen Sicherheit,* Frankfurt a. M.: Suhrkamp 2008, S. 161–169.
81 Die Formulierung reagiert darauf, dass Austin die Unterscheidung von konstativen und performativen Sprechakten ja selbst schon aufgegeben bzw. sie nur als eine problematisierte beibehalten hat; vgl. a. oben, S. 4.

performativen Wirkung – von dem noch die vorliegende Analyse nicht frei ist. In der Terminologie des *Ecocriticism* besteht dieses Interesse darin, den „Sense of the Planet" zu stärken. In Globalisierungstheorien, die dem Hölderlinschen „Wo aber Gefahr ist, wächst / Das Rettende auch" verpflichtet sind, hat das Klimawandelnarrativ immerhin den kosmopolitischen Effekt, anschaulich zu machen, dass alle Menschen einen gemeinsamen Planeten bewohnen: „Ich meine, die Welt ist in einer schrecklichen Lage, aber Krise ist ein anderes Wort für Chance."[82] Insofern löst der Klimawandel den weltweiten Atomkrieg ab, dessen Evokation bereits in den Jahrzehnten des ‚Kalten Krieges' und der ‚Friedensbewegung' zu einem vergleichbaren Globalisierungseffekt führte.[83] Im Fall der jüngeren Bedrohung erscheint jedoch die Verantwortung jedes Einzelnen für den Gesamtzusammenhang viel deutlicher, so dass nicht nur an seine Bereitschaft zur politischen Aktion, sondern auch an sein alltägliches Konsumverhalten appelliert werden kann. Der Imperativ „Kooperiere oder versage!"[84] lässt sich in die Aufforderung zu winzigen Akten ausdetaillieren, deren unmittelbare Folgen angeblich als individuelle CO_2-Bilanz ausgerechnet werden können.[85]

Insofern die Beschreibung des Gegenwärtigen fast immer mit ‚Szenarien' einhergeht, die zumindest der Form nach einen (möglichen oder gar mehr oder minder wahrscheinlichen) zukünftigen Zustand konstativ beschreiben sollen, tritt der performative Akzent hier häufig in ein Spannungsverhältnis zum konstativen: Mit dem Appell an die Leser ist die Hoffnung verbunden, dass die Niederschrift der Prophezeiung zu ihrer eigenen Widerlegung beitragen möge, weil die Leser alles dafür tun sollen, den prophezeiten Zustand zu vermeiden. Diese Prophetie ist dann eine ‚self-defeating prophecy', also in freier Paraphrase: ‚Ich hoffe ja, dass ich *nicht* Recht behalte, aber ich kann nur dann widerlegt werden, wenn mir zunächst einmal möglichst viele glauben, damit sie dann Maßnahmen ergreifen, deren Ergebnis mich widerlegt.' Oder: ‚Ich möchte mich mit meinem Versprechen versprechen, aber dazu müsst Ihr mir erst einmal abnehmen, dass dieses Versprechen bestimmten Wahrscheinlichkeiten in der Entwicklung nicht-linearer Systeme folgt.' Grimms *Wörterbuch* hält auch für diese Logik schon eine Bedeutung von *verspre-*

---

[82] Schätzing: *Der Schwarm* (Anm. 37), S. 566. Vgl. insb. Beck: *Weltrisikogesellschaft* (Anm. 80), S. 19 f. u. passim, insb. 153–200 (ausdrücklich zur Klimakatastrophe); Dirk Messner: „Wie die Menschheit die Klimakrise meistern kann – ein optimistisches Essay", in: *Das Parlament* (2010) 32/33, online: http://www.bundestag.de/dasparlament/2010/32-33/Beilage/005.html.; vgl. aber auch Becks Interpretation der Intervention in Bürgerkriege (die er plausibel auf das Paradox „Krieg ist Frieden" bringt – so schon der Alternativtitel zu Ulrich Beck: *Der kosmopolitische Blick oder: Krieg ist Frieden,* Frankfurt a. M.: Suhrkamp 2004).

[83] Die Reaktionen auf die Bedrohung durch die ‚friedliche' Nutzung der Atomenergie unterscheiden sich davon allerdings deutlich; vgl. dazu oben, S. 10 ff.

[84] Vgl. Ulrich Beck: „Abschied von der Provinz Europa", in: *Frankfurter Rundschau*, 21.12.2009 (vgl. http://www.fr-online.de/klimawandel/klima-und-gesellschaft-abschied-von-der-provinz-europa,1473244,2740550.html).

[85] So haben etwa Fluggesellschaften auf ihren Internetseiten längst die Möglichkeit etabliert, bei der Buchung eines Fluges Ablassbriefe mitzubuchen, mit denen man soundso viel Cent pro mitverschuldeter Tonne CO_2 an Klimaschutz-Organisationen spendet.

chen bereit: III. A. im Sinne von ‚besprechen, zaubern', oder, „ursprünglich ‚[...] ein ding sprechend bannen'" (1475), also so sprechen, dass das, was man sagt, verschwindet.[86]

Dieser gewünschte Effekt kann aber in verschiedener Weise verhindert werden. Zum einen natürlich, wenn die Prophetie nicht genügend Leser erreicht oder diese ihr keinen Glauben schenken. Dem immerhin könnte durch möglichst viele, möglichst plausible Prophetien abgeholfen werden. Zum anderen jedoch droht der ‚self-defeating prophecy' der Verlust ihrer Wirkung gerade durch die Einsicht in ihren Charakter. ‚Gerade weil es so schlimm ausgemalt wird', sagt sich der Leser, dann ‚wird es nicht so schlimm werden, weil ja genügend andere Leute dazu aufgefordert werden, durch Verhaltensänderungen diese schlimmen Folgen zu verhindern.' Oder, unspezifischer, aber mit den gleichen Folgen: ‚Wenn so viel darüber geredet wird, wird es schon genügend Leute geben, die das im Blick haben und etwas dagegen unternehmen.' Sagen sich dies zu viele Leser, ändern zu wenige ihr Verhalten, und die schlimmen Folgen treten doch ein. Wahrscheinlich ist es deshalb kein Zufall, dass zwar ein Soziologe offen den Status von Klimaszenarien als selbstwiderlegender Prophezeiungen benennen kann,[87] ein Klimaforscher dies jedoch auch dann eher vermeidet, wenn ihm selbst dieser Status bewusst ist.[88] Bei zu viel Einsicht in die paradoxe Struktur dieser Prophezeiung würde diese, paradoxerweise, deparadoxiert werden, also am Ende tatsächlich eintreffen. Und dieses Gedankenspiel ist kein bloß ‚sophistisches', da seine politischen Konnotationen durchaus beunruhigend sind: Gerade die Einsicht in die rhetorischen Strukturen performativer Akte gilt ja zu Recht als eine Strategie der Aufklärung, der Ideologiekritik.[89] Man muss aber gleichzeitig blind sein, damit die Prophetie eine selbstwiderlegende bleibt; und diese Form der Blindheit ist *nicht* ein unvermeidbarer ‚blinder Punkt', sondern eine strategische, die bewusst zu wählen ist. Man muss die *Ver*-Sprechakte, von denen man weiß, dass es *Para*-Sprechakte sind, für *Pro*-Sprechakte halten, damit sie *Para*-Sprechakte werden.

Überdies ist dieses ‚muss' begründungsbedürftig; eine autorisierte Instanz, die den Imperativ „Kooperiere oder versage!" artikuliert, ist nicht ohne weiteres auszumachen. Gesetzestexte liegen zum Klimaschutz noch kaum vor oder sind von umstrittener Verbindlichkeit. Die Namen internationaler Verpflichtungserklärungen –

---

[86] Salomo Friedlaender hat diese Ambiguität an ‚besprechen' durchgespielt, als er eine Rezension von Ernst Blochs *Geist der Utopie* beendete: „Ich aber wollte, Ihr Buch wäre eine Warze; dann würde ich es so ‚besprechen' können, daß es weg wäre – vielleicht ist es eine Warze?" (Salomo Friedlaender: „Der Antichrist und Ernst Bloch. [Rez. v. ‚Geist der Utopie']" [1920], in: Kurt Hiller [Hg.]: *Das Ziel. Jahrbücher für geistige Politik*, München/Leipzig: Kurt Wolff 1916–20, Bd. IV, S. 103–116, hier S. 116).
[87] Vgl. Beck: *Weltrisikogesellschaft* (Anm. 80), S. 30.
[88] Von Hans Joachim Schellnhubers Einsicht in diesen Status weiß ich nur aufgrund einer mündlichen Äußerung während einer Podiumsdiskussion im universitären Rahmen (LMU München, 8.7.2010).
[89] Paul de Mans letzte Texte (gesammelt in: *Aesthetic Ideology*, hg. von Andrzej Warminski, Minneapolis: Minnesota UP 1996) weisen sehr deutlich aus, inwiefern er mit seiner Kritik der ‚ästhetischen Ideologie' eine ‚traditionelle' Ideologiekritik beerbt.

‚Kyoto-Protokoll', ‚Übereinkunft von Kopenhagen', ‚Cancún-Abkommen' – sind wohl nicht zufällig, in metonymischer Kontingenz, von den Orten ihrer Entstehung abgeleitet; in ihnen verpflichten sich mehr oder weniger viele Staaten in mehr oder weniger verbindlicher Weise gegenseitig, wobei sie ihre dazu nicht eigens befragten Bürger zu vertreten beanspruchen. Einzelne können sich nicht unmittelbar zu diesen (kaum bekannten) Texten verhalten, und zumindest derzeit werden daraus abzuleitende Verpflichtungen von Staaten noch nicht einmal an deren Bürger – sondern ausschließlich in Form von Verordnungen an die Industrie – weitergeleitet. Unter den Texten mit Verfassungsrang verpflichtet die (immerhin schon 1992 verabschiedete) *United Nations Convention on Climate Change* nur Staaten,[90] das Grundgesetz der Bundesrepublik Deutschland im hier anwendbaren Artikel nur die Gesetzgebung und Rechtsprechung.[91]

Damit fehlt genau jene Möglichkeit, sich als einzelner Leser zu einem allgemeinverbindlichen Text zu verhalten, die im Zentrum von Paul de Mans Analyse des (Sich-)Versprechens steht. De Man orientiert sich dabei am Gesetzestext, den er als promissiven Schreibakt *par excellence* versteht. In seiner Lektüre von Rousseaus *Contrat Social* lenkt er das Augenmerk darauf, dass Rousseau die Applikation dieses allgemeingültigen Textes auf den Einzelfall als eine sich insgeheim vollziehende Aneignung beschreibt: Niemand würde sich, als politisches Wesen, das Wort ‚jeder' aneignen, ohne dabei an sich selbst zu denken („il n'y a personne qui ne s'approprie en secret ce mot ‚chacun' et qui ne songe à lui-même en votant pour tous").[92] Die allgemeine Versprechung lässt sich also nur zur Referenz bringen, indem ihre Allgemeinheit dabei zugleich negiert wird: indem man etwas ‚zu seiner Sache macht'.

Rousseaus Vertragsmodell jedoch sieht einen gesicherten Text mit gesichertem Status vor; dieser Text soll für eine Sozietät verbindlich sein, die als eine wohldefinierte verstanden wird und deren Mitglieder sich gegenüber diesem Text unmittelbar (also ohne Zwischeninstanzen) und gleich verhalten. Nichts davon gilt für die bisher existierenden Texte bzw. Textabschnitte, aus denen eine Verpflichtung zum Klimaschutz abgeleitet werden könnte. Keiner von ihnen enthält ein ‚jeder', das von Einzelmenschen appropriiert werden könnte; vielmehr kennt die UN-Konvention ein ‚each' nur in Verbindung mit ‚party' (das sich im Wesentlichen auf die Staaten der UN bezieht), das Grundgesetz ein ‚jeder' nur in anderen Artikeln.

Aber einmal gesetzt, es gäbe einen solchen Text, eine für alle Bewohner der Erde gültige Verfassung, in welcher der Satz nachzulesen wäre, der vielleicht schon als ungeschriebener die Handlungen derjenigen leitet, die auf ihre CO_2-Bilanzen sorgsam achten: ‚Jeder muss sich so verhalten, dass die anthropogene Erderwärmung

---

90 http://unfccc.int/resource/docs/convkp/conveng.pdf.
91 „Der Staat schützt auch in Verantwortung für die künftigen Generationen die natürlichen Lebensgrundlagen und die Tiere im Rahmen der verfassungsmäßigen Ordnung durch die Gesetzgebung und nach Maßgabe von Gesetz und Recht durch die vollziehende Gewalt und die Rechtsprechung." (GG Art. 20 a, seit 1994; 2002 ergänzt um „und die Tiere"). Ob der Klimaschutz ausdrücklich in diesen Artikel aufgenommen werden müsste (wie es verschiedene Organisationen fordern), um diesen entsprechend auslegen zu können, bleibe dahingestellt.
92 Zit. nach de Man: *Allegories of Reading* (Anm. 66), S. 269.

möglichst gebremst wird.' Dann wäre auf der Ebene der Lektüre ein Problem aufgeworfen, das strukturäquivalent zu dem Problem der repräsentativen Anekdote auf der Ebene der Darstellung ist. So wie sich in der narrativen Schicht von promissiven Schreibakten die Frage stellt, welche Einzelmenschen an welchem *place* repräsentativ für den *planet* sein können, so stellt sich in der Applikation dieses Gesetzestextes die Frage, welche Handlungen der Einzelmenschen dieses Gesetz am besten erfüllen. Die hypothetische Gleichheit des ‚jeder‘, die der Satz voraussetzt, tritt dabei in ein Spannungsverhältnis zur realen Ungleichheit der Bedingungen, unter denen verschiedene Einzelmenschen an verschiedenen *places* handeln (können): Sehr viele Menschen auf dieser Erde können kaum gezielt zur CO_2-Reduktion beitragen, entweder weil sie sich beispielsweise kein kraftstoffsparendes (und damit teureres) Auto leisten können, oder weil sie ohnehin keines besitzen.

Zwar prägt dieses Problem jede Applikation eines Gesetzes auf Einzelfälle; hier jedoch nimmt es extreme Formen an. Lässt sich die Gleichheitsvoraussetzung bei einem Recht wie etwa dem Wahlrecht (das jedem Volljährigen die gleiche Anzahl von Stimmen zusichert) noch einigermaßen aufrechterhalten, ließe sich dies sogar theoretisch von der Demokratie eines Einzelstaates auf eine Weltdemokratie übertragen, so wird im Feld des Klimahandelns der hypothetische Charakter der uranologischen Gleichheitsvoraussetzung angesichts der meteorologischen (klimatischen und ökonomischen) Ungleichheiten unübersehbar. ‚Jeder‘ ist ein Verschiedener: Die Sprache verspricht (sich), wenn sie Sätze mit ‚jeder‘ überhaupt zu bilden erlaubt.

BIRGIT GRIESECKE

Then you know
Sprachspiele der Pränataldiagnostik

I

Nicht die Pränataldiagnostik (PND) ist es, die in letzter Zeit die Gemüter bewegt hat, sondern die Präimplantationsdiagnostik (PID). Gerade aufgrund dieser Aktualität erscheint es mir wichtig, zunächst den Punkt zu markieren, an dem die beiden Verfahren argumentativ zusammenhängen.

Die Präimplantationsdiagnostik, so wie sie in Verhandlung stand, bis am 7. Juli 2011 der Bundestag einem übergreifenden Gesetzesentwurf zugestimmt hat, der sie im Grundsatz verbietet, jedoch in engen Grenzen zulässt,[1] bietet Paaren mit einer Veranlagung zu schweren Erbkrankheiten die Möglichkeit, an ihrem durch in-vitro-Fertilisation erzeugten Embryo in einem sehr frühen Stadium der Zellteilung bestimmte molekulargenetische Untersuchungen durchführen zu lassen. Im Falle eines Auffindens spezifischer schwerwiegender Veränderungen des Genoms wird dieser Embryo nicht in die Gebärmutter eingepflanzt, auch nicht mehr mit Nährlösung versorgt und stirbt.

In Deutschland galt dieses Verfahren mit Blick auf das Embryonenschutzgesetz von 1990 als verboten – bis sich im Januar 2006 ein Berliner Arzt, der in drei Fällen erblich vorbelasteter Paare nur Embryonen zur Einpflanzung auswählte, an denen keine Genveränderungen zu erkennen waren, selbst anzeigte. Nach Freispruch und Revision hatte bereits am 6. Juli 2010 der 5. Strafsenat des Bundesgerichtshofs entschieden, dass Gentests an künstlich erzeugten Embryonen nicht strafbar sind. Ein wichtiger Punkt in der Urteilsbegründung war, dass ein Verbot der PID im Widerspruch stehe zur in der Pränataldiagnostik gängigen Praxis der Fruchtwasserentnahme, die, nach dem Check auf genetisch bedingte Krankheiten und einem positiven Befund, die Entscheidung zum Schwangerschaftsabbruch nach sich ziehen könne. Im Wortlaut heißt es dort: „Vor allem ist zu besorgen, dass sich die Schwangere im Verlauf nach einer ärztlicherseits angezeigten und mit denselben Diagnosemethoden durchgeführten Pränataldiagnostik […] für einen Schwangerschaftsabbruch entscheidet. Die PID ist geeignet, solch schwerwiegende Gefahren zu vermindern".[2] Ein Satz, über den man lange nachdenken kann, vor allem darüber, worauf genau sich eigentlich das Wort von den „schwerwiegenden Gefahren" bezieht.

---
1 http://dipbt.bundestag.de/dip21/btd/17/054/1705451.pdf (letzter Zugriff: 30.11.2011).
2 Bundesgerichtshof: *Mitteilung der Pressestelle* Nr. 137/2010; www.asbh.de/downloads/bundesgerichtshof-pm-pid-6-7-10.pdf (letzter Zugriff: 30.11.2011).

II

Auch nach einer eng beschränkten Zulassung der PID gehen hierzulande offenbar weder Reproduktionsmediziner noch Juristen davon aus, dass es einen massenhaften Andrang geben könnte, vielmehr rechnet man angesichts des in jeder Hinsicht hochaufwendigen Verfahrens mit „wenigen hundert Fällen im Jahr".³ Dahingegen ist die Pränataldiagnostik bereits seit langem eine flächendeckende medizinische Alltäglichkeit, und zwar gemeinhin, ohne dass sie zum Zeitpunkt ihres Angebots und ihres Einsatzes im ersten Drittel der Schwangerschaft als eine in irgendeiner Weise mit „schwerwiegenden Gefahren" verknüpfte wahrgenommen oder weithin als solche diskutiert würde.

Die sonographische Untersuchung, der Ultraschall, wird in Deutschland seit 1979 routinemäßig eingesetzt, und zwar, wie eine Studie der Medizinanthropologin Susan Erikson belegt,⁴ weitaus häufiger als in anderen Ländern. Über die drei, schon im Mutterpass vorgesehenen Untersuchungen hinaus wird er tatsächlich in Deutschland durchschnittlich siebenmal in der Schwangerschaft eingesetzt. Die Beschallungen geben Auskunft über den Entwicklungsstand der Gliedmaßen und inneren Organe und, meist im zweiten Drittel der Schwangerschaft, auch über das Geschlecht des erwarteten Kindes. Über 70% aller Schwangeren nutzen diese Untersuchung, nach einer Erhebung der Bundeszentrale für gesundheitliche Aufklärung aus den Jahren 2003 und 2004, der auch die folgenden Zahlen entnommen sind.⁵ Wenn es ärztlicherseits angezeigt oder aber von der Frau gewünscht wird, können sich andere Tests anschließen: in einer technisch gut ausgestatteten gynäkologischen Praxis kann die Nackenfaltendichte gemessen werden; dies ist die sogenannte Nackentransparenzmessung, die zwischen der 12. und der 14. Schwangerschaftswoche stattfindet und Hinweise auf Chromosomenabweichungen zu geben vermag – sie wird bei 40% aller Schwangeren durchgeführt. In Kombination damit kann in der 11.–13. Schwangerschaftswoche, das sogenannte Ersttrimester-Screening angesetzt werden: Hier werden durch Blutentnahme spezifische Hormon- und Eiweißwerte bestimmt; zusammen mit anderen Parametern, vor allem dem Alter der Mutter, errechnen Computerprogramme statistische Wahrscheinlichkeiten für Chromosomenabweichungen – 30 % der Schwangeren greifen dar-

---

3 Ebd.
4 Susan L. Erikson: „Ultraschall und Kulturen des Risikos.", in: *Pränataldiagnostik heute* (*GID*. Genethischer Informationsdienst) 188 (Juni 2008), S. 11–13. Vgl. Eva Sänger: „„Einfach mal schauen, was gerade los ist"". Biosoziale Familiarisierung in der Schwangerschaft", in: Katharina Liebsch/ Ulrike Manz (Hg.): *Leben mit den Lebenswissenschaften. Wie wird biomedizinisches Wissen in Alltagspraxis übersetzt?* (VerKörperungen, Bd. 7) Bielefeld: transcript 2010, S. 43–61.
5 Datensatz BZgA „Schwangerschaftserleben und Pränataldiagnostik, 2006 (http://www.skf-zentrale. de/SchwangerschaftserlebenBZgA.pdf). Vgl. dazu Ilona Renner/Ruth Großmaß: „Alle reden von Beratung, aber keine geht hin …", in: *„Da stimmt doch was nicht…". Logik, Praxis und Folgen vorgeburtlicher Diagnostik. 29. Februar–01. März 2008. Deutsches-Hygiene-Museum Dresden. Kongressdokumentation*, Dresden: Bundesverband für Körper- und Mehrfachbehinderte 2008, S. 58–64.

auf zurück. Ein Bluttest mit Blick auf Hormon- und Eiweißwerte ist auch der sogenannte Triple-Test in der 16.–18. Schwangerschaftswoche, der von knapp 35% der Schwangeren genutzt wird. Ein Doppler-Ultraschall, der mit der zehnfachen Energie des normalen Ultraschalls ausgestattet ist, wird nach der 20. Schwangerschaftswoche angeboten. Er kann Auskunft geben über die Versorgung des Kindes mit Sauerstoff und Nährstoffen durch die Nabelschnur und den Zustand anderer wichtiger Blutgefäße. Dies sind, im Wesentlichen, die Stationen der nicht-invasiven Verfahren der PND. Unter den invasiven Verfahren ist die Fruchtwasserentnahme zwischen der 16. und der 18. Schwangerschaftswoche, die am häufigsten in Anspruch genommene – 11,5% der Schwangeren nutzen dieses Amniozentese genannte Verfahren: Mit einer Hohlnadel wird durch die Bauchdecke Fruchtwasser entnommen, das auf Chromosomenabweichungen und gezielt auch, per DNA-Analyse, auf andere genetisch bedingte Veranlagungen hin untersucht werden kann. Es kann, in etwa 2% der Fälle, durch den Eingriff zu Fehlgeburten kommen.[6] 85% der Frauen lassen mindestens eine pränataldiagnostische Maßnahme durchführen, 15% der Frauen verzichten ganz auf Pränataldiagnostik.

Angesichts einer standardmäßigen Koppelung ärztlicher Schwangerenbetreuung mit den Verfahren der Pränataldiagnostik und eines klinisch und gesellschaftlich machtvollen Vorsorgediskurses liegt es gar nicht mehr unmittelbar auf der Hand, dass diese schon seit gut 30 Jahren angewandten, zudem technisch und medizinisch ständig verfeinerten Verfahren bzw. die Daten, die sie hervorbringen, in Bild und Zahl, prekär sind: Prekär, was ihre prognostische Kraft angeht; prekär, in der Weise, wie sie mit ökonomischen Interessen und Erwägungen verbunden sind, prekär, was die Transparenz von Entscheidungswegen betrifft und prekär, was Genese und Überantwortung von Entscheidungen angeht. Fast ließe sich sagen, dass die zunehmend leichte Verfügbarkeit und Handhabung des medizinischen Diagnoseinstrumentariums – technisch avanciert, risikoärmer, kostengünstiger – die existenzielle Tragweite der an die Ergebnisse dieser Erhebungen gekoppelten Entscheidungen immer mehr verdecken. Ein Umstand, der auch dadurch nicht einfacher wird, dass immer mehr Personen ins Spiel kommen: Die Ärzte und Ärztinnen, die in den ersten Untersuchungen eine Abweichung feststellen und dann die Frauen an Spezialisten der Pränataldiagnostik überweisen, welche wiederum mit Spezialisten der Molekulargenetik im Labor zusammenarbeiten, sind nicht die, die Daten aus Feinultraschall oder Amniozentese verantworten; und beide, niedergelassener Gynäkologe und Pränataldiagnostiker, sind in der Regel keineswegs die, die die Aufgabe der Beratung geschockter Paare übernehmen können und auch nicht die, die nach einem positiven Befund den – in 9 von 10 Fällen folgenden – Schwangerschaftsabbruch in der gynäkologischen Abteilung einer Klinik vornehmen werden.

Im Rahmen dieses Beitrages möchte ich nun den Fokus auf eine spezifische Frage einstellen: Die Frage nach Wissen und Gewissheit, so wie sie in der Kommu-

---

6 Vgl. die Übersicht in *GID* (Anm. 4), S. 10.

nikation zwischen den Akteuren der Pränataldiagnostik und den werdenden Eltern eine Rolle spielt. Damit wäre auch schon der Untertitel meines Beitrages präzisiert. *Sprachspiele der Pränataldiagnostik*. Der Obertitel *Then you know* ist eine Reminiszenz an ein Gespräch vor einigen Jahren mit kalifornischen Freunden, Eltern zweier Kinder. Sie erinnerten sich daran, dass man ihnen gleich zu Beginn der ersten Schwangerschaft, ohne einen konkreten medizinischen Anlass, zur Absolvierung des pränataldiagnostischen Programms riet. Auf ihre damals ganz unbedarft, offen und durchaus ernsthaft gestellte Frage, warum sie dies denn tun sollten, antwortete der ihnen gegenübersitzende Arzt: „*Then you know*". Dann wißt ihr's. Dann weiß man's. Drei Worte, die Platz lassen für die kleine Ambivalenz von ‚ihr' und ‚man'; drei Worte, die nicht schwer ins Deutsche zu übersetzen sind; man braucht allerdings ein Wort mehr, oder doch mindestens einen Buchstaben und ein Häkchen – ein zusammengeschrumpftes ‚es', das sich unauffällig in die Leerstelle des originalen Satzes schiebt, sich allerdings, wenn man anfängt, auch nur ein bisschen darüber nachzudenken, in sein epistemisches Zentrum verwandelt: Was ist es denn, das *dann gewußt* wird? *Then you know* – ein Satz, der einem auch im Deutschen vertraut und typisch vorkommt und sofort ähnliche aufruft: *Dann wissen wir es – wenigstens. Dann ist – endlich – die Ungewissheit vorbei. Ich will – einfach- Gewissheit*. Sätze des Wissens, in denen eine Menge ungewiss ist.

Then you know: Ich erinnere mich genau an die Situation des Gesprächs, in dem dieser Satz zitiert wurde. Die drei Worte hingen in der Luft, vier Menschen, zwei Elternpaare, teilten das Gefühl, dass hier eine Problemlage verdichtet ist, die einerseits eine ganz grundsätzliche Erfahrung in schlichte Worte gefasst hat, eine typische Aussage, wenn Diagnostik, wenn Pränataldiagnostik auf den Plan tritt. Bezeichnenderweise lässt sie sich Ärzten wie Eltern in den Mund legen und sie scheint, insofern er ein nahezu unabweisbares Bedürfnis nach Sicherheit artikuliert, den Wunsch, ohne Beängstigung guter Hoffnung sein zu können oder eben sich nicht falschen Hoffnungen hinzugeben, von schlagender Richtigkeit zu sein: eine in Adverb, Subjekt, Prädikat gepresste Evidenz. Andererseits tauchte im Rücken dieser Evidenz sofort das Gefühl auf, dass einiges daran eben doch falsch ist. Ironisches Lächeln, lapidare Handbewegungen verliehen diesem Gefühl Ausdruck, aber so schnell ließ es sich in lockerer Runde dann doch nicht auf den Punkt bringen. Während also damals das Gespräch über diese Zäsur hinweg rasch andere Wendungen nahm, habe ich nun die Gelegenheit ergriffen, dieser Irritation nachzugehen. Und ich bin, ich nehme es vorweg, zu dem Schluss gelangt, dass an diesem Satz, dieser Phrase nicht einiges, sondern alles auf eine profunde Weise verkehrt ist.

III

Zunächst habe ich die sich mir aufdrängenden Fragen in Wortreihenfolge sortiert:
Then: Kann die Mitteilung der Datenauswertung der Zeitpunkt eines Wissens über einen sich entwickelnden Organismus sein?

You: Mit welchen semantischen Transformationen ist die Überantwortung des klinisch generierten Wissens an die Eltern – „you" – verbunden?
Know: Was können pränatale Befunde und Hochrechnungen zu wissen geben? Wie steht ein solcher Begriff des Wissens zu Gewissheit und Zweifel, wie zu Fragen der Zutreffenswahrscheinlichkeit von Prognosen, wie zur Fundierung von Entscheidungen? Und wie stehen solche Konzepte prekärer Gewissheit, Fundierung und Prognose zur existenziellen Dimension des Lebendigen in seiner Uneinholbarkeit?
Nun die Ausbuchstabierung:
Then:
Was kann dieses *then* in der Pränataldiagnostik bezeichnen, welche Zeitpunkte können überhaupt gemeint sein?
Setzt *then* mit der ersten, über die basale Schwangerenvorsorge hinausgehenden Erhebung ein? Also *dann*, wenn im Rahmen des Frühscreenings zwischen der 12. und der 14. Schwangerschaftswoche die Nackentransparenz des Fetus gemessen wird beziehungsweise wenn sie in Kombination mit dem Eiweiß und Blutwerten ihr Ergebnisse gezeitigt hat?
Das Institut für Qualität und Wirtschaftlichkeit, das vom Gemeinsamen Bundesausschuss beauftragt wurde, die diagnostische Güte dieser pränatalen Untersuchung zu evaluieren (als Grundlage zu der Entscheidung, sie als eine Kassenpflichtleistung aufzunehmen oder nicht), ist zu folgendem Ergebnis gekommen: In einem Nackentransparenz-Sreening bei 1000 Frauen würden 7 ein Kind mit Chromosomen-Anomalien erwarten. Fünf davon könnten durch die Diagnostik entdeckt werden, zwei blieben jedoch unerkannt. Mit einem positiven Befund würden aber nicht nur die fünf besagten Frauen konfrontiert, sondern insgesamt 53 Frauen würde ein auffälliges Ergebnis gemeldet werden.[7] Woran liegt das? Es liegt daran, dass die sogenannte ‚Nackentransparenz' durch eine Flüssigkeitsansammlung unter der Nackenhaut des Fetus eine kleine im Ultraschall transparente Schwellung bildet, die zwar bei Down-Syndrom-Kindern häufiger vorliegt als sonst, aber eben auch mit ganz anderen Organfehlentwicklungen und auch bei Kindern mit ganz normalen Entwicklungen vorkommen kann.[8]
So ist das, was vollmundig als die Kalkulation des Gesamtrisikos des Kindes beworben wird, ein äußerst unsicherer Ausschnitt, und wir können an dieser Stelle sagen: *Then you know* erscheint hier durchaus verfrüht.[9]
Dann also vielleicht nach dem „Triple-Test" zwischen der 15.–20. Schwangerschaftswoche? Von diesem Bluttest, der anhand von drei verschiedenen Hormonen und Parametern wie Gewicht, Größe, Alter und Zigarettenkonsum der Schwangeren die Risiken für das Down-Syndrom und Neuralrohrdefekte errechnet, hat sich

---

[7] Vgl. Erika Feyerabend: „Pränataldiagnostik – zwischen IGeL und Kassenleistung", in: „*Da stimmt doch was nicht…*". (Anm. 5), S. 91–95, hier S. 92.
[8] Vivian Weigert: *Bekommen wir ein gesundes Baby? Was Sie über pränatale Diagnostik wissen sollten*, München: Kösel 2006, S. 65.
[9] Ebd., S. 64.

zwar herumgesprochen, dass er zu Fehldiagnosen neigt – und tatsächlich wird er seit 1998 auch definitiv nicht mehr von den gesetzlichen Krankenversicherungen getragen –, als „individuelle Gesundheitsleistung"[10] wird er jedoch nach wie vor verkauft. Seine Berechnungen sind so unsicher, dass, bleiben wir einmal bei dem Beispiel Down-Syndrom, nur in 50 Prozent aller Fälle ein als auffällig eingestufter Level der Konzentration eines kindlichen Eiweißstoffes, Alpha-Fetoprotein, tatsächlich ein Down-Syndrom besteht, hingegen 40 Prozent aller Down-Syndrom-Fälle von dem Test nicht erkannt werden. Die Einberechnung des sogenannten Altersrisikos führt dazu, dass eine 40jährige Schwangere mit einer Wahrscheinlichkeit von über 90% ein auffälliges Ergebnis bekommt. Die Folge: Eine Amniozentese, die invasive Fruchtwasser-Punktion, wird als unvermeidbar angesehen. Dass die falsch-positiven Resultate Verunsicherungen und Verängstigungen auslösen, die in keinem Verhältnis zu der Wahrscheinlichkeit eines betroffenen Kindes stehen, ist bis in die Gynäkologischen Fachzeitschriften hinein dokumentiert. Im Ärzteblatt *Der Frauenarzt* war bereits in der Ausgabe 41 des Jahres 2000 die ironische Einlassung zu lesen, dass ein auffälliges Ergebnis im Allgemeinen die Geburt eines gesunden Kindes garantiere.[11] Also scheint auch dieser Test, mit ca. 35 Euro individuell als Gesundheitsleistung erkauft, alles andere als der Zeitpunkt des Wissens zu sein.

Wird man es wissen, wenn die Amniozentese erfolgt ist? *Dann*, wenn – nach einer etwa zweiwöchigen Zeit der Ungewissheit, was für ein Ergebnis es geben wird, ob eine Fehlgeburt folgen wird –„Entwarnung" gegeben worden ist: „Herzlichen Glückwunsch, es ist alles in Ordnung"; oder aber eben, oft telefonisch, eine Diagnose, die heißen kann: Ihr Kind hat Trisomie 13 oder Trisomie 18, beides Syndrome, die dazu führen, dass die Entwicklung der Embryonen oft schon während der Schwangerschaft endet oder, falls sie geboren werden, von einer sehr kurzen Lebensspanne auszugehen ist. Oder die verkündete Diagnose heißt: ‚Trisomie 21', die häufigste Fehlbildung also, das Down-Syndrom, eine Trisomie, die das genetische Programm für körperliche und seelische Entwicklung auf sehr unterschiedliche Weise und auch in sehr unterschiedlichem Maße beeinträchtigen kann. Oder es werden prozentual kalkulierte Verdachtsmomente auf eine andere Krankheit gegeben, die im begrenzten Standardrepertoire der Pränataldiagnostik gelistet ist, wie etwa ‚Neuralrrohrdefekte', der sogenannte ‚offene Rücken'.

Man könnte meinen, dass man es *dann* weiß. Tatsächlich können mit hoher Sicherheit die oben genannten Trisomien erkannt werden. Fehldiagnosen sind zu diesem Zeitpunkt sehr selten, kommen jedoch vor. So ist zum Beispiel nicht auszuschließen, dass auch *dann*, wenn man zwar in allen untersuchten Zellen den normalen Chromosomensatz gefunden hat, das untersuchte Gewebe nur einen so ge-

---

10 Die Bezeichnung Individuelle Gesundheitsleistung (IGeL) meint die in Arztpraxen angebotenen und empfohlenen Untersuchungen, die gesetzliche Krankenkassen in der Regel nicht übernehmen. Obwohl gerade auch Zweifel an der Qualität bestimmter angebotener Leistungen die Krankenkassen dazu bewogen haben, diese aus ihrem Programm zu nehmen, hält sich, wie im Falle des Triple Tests die Annahme, der Test sei nur aus Ersparnisgründen aus dem Leistungskatalog genommen worden. Vgl. dazu Weigert: *Gesundes Baby?* (Anm. 8), S. 60 ff.
11 Vgl. ebd., S. 76.

ringen Teil veränderter Zellen enthalten hat, dass diese unerkannt bleiben. Oder, auch dies ist möglich, wenn bei einem sogenannten ‚Mosaikbefund' neben trisomen Zellen auch solche mit normalem Chromosomensatz nachweisbar sind, dann bleibt das Ergebnis unklar, weder positiv noch negativ: *Man weiß es nicht*. Oder wie es in der medizinischen Fachliteratur dazu heißt: „Eine prognostische Einschätzung ist nur sehr eingeschränkt möglich".[12] Die Eltern müssen fürchten und dürfen hoffen.[13]

Und, wenn man die Natur dieser Diagnosen einmal ein bisschen beherzter durchleuchtet, so, wie Silja Samerski es in ihrer grundlegenden Studie *Die verrechnete Hoffnung* getan hat, kommt man wohl nicht umhin zuzugeben, dass viel mehr, als dass dieses Kind bei der Geburt mit dem mit dem Krankheitsbegriff ‚Trisomie 21',‚Down-Syndrom' belegt werden wird, zu diesem Zeitpunkt nicht gewusst werden kann: Auf welche Weise es beeinträchtigt sein wird, wo es seine Fähigkeiten entwickeln wird, wo man später seine Intelligenz auf einer recht weiten Skala verorten können wird oder würde, ist offen.[14] Das hängt, denke ich, mit der Besonderheit des Phänomens Krankheit zusammen, so wie Ludwik Fleck sie in seinem Aufsatz *Über einige besondere Merkmale des ärztlichen Denkens* beschrieben hat: Eine Krankheit entwickelt sich, und sie entwickelt sich in der Veränderung der Lebensfunktionen. Ich wüsste nicht, warum wir das, was Fleck hinsichtlich des geborenen Lebens sagt, nicht auch für das ungeborene gelten lassen könnten:

> Diese wissenschaftliche Fiktion, dieses Individuum, geschaffen durch Abstraktion, gestützt auf Statistik und Intuition, das Individuum, genannt Krankheit, das bei statistischer Auffassung rundweg irrational ist, unfassbar und sich nicht eindeutig definieren lässt, wird erst in temporärer Fassung zur konkreten Einheit. Niemals ein *status praesens*, sondern erst die *historia morbi* schafft die Krankheitseinheit.[15]

Wie sich also der mit einem dreifachen 21. Chromosom ausgestattete, im Werden befindliche Organismus tatsächlich entwickeln wird, ist ebenso ungewiss wie Vorstellungen darüber, wie es sein wird, mit diesem Kind, sollte es geboren werden, zusammenzuleben.

Hier, also *dann*, wenn das klinische Wissen nichts mehr zu sagen weiß, geht der Staffelstab zuweilen weiter an die psychosozialen Beratungsstellen. Angesichts der Aussage *Then you know*, die hier ja stellvertretend für viele ähnliche Phraseme steht, ist es doch einigermaßen frappierend, wenn wir im Mitteilungsblatt der Bundeszentrale für gesundheitliche Aufklärung gleich auf der ersten Seite, unter der Über-

---

12 P. Miny/S. Hahn/Wolfgang Holzgreve: „Pränatale Untersuchungsmöglichkeiten an Fruchtwasser, extraembryonalen, embryonalen oder fetalen Geweben", in: Christof Sohn/Sevgi Tercanli/Wolfgang Holzgreve (Hg.): *Ultraschall in Gynäkologie und Geburtshilfe* (1995), 2., völlig überarbeitete Auflage, Stuttgart u. a.: Thieme 2003, S. 507–519, hier S. 512 ff.
13 Vgl. Weigert: *Gesundes Baby?* (Anm. 8), S. 100 ff.
14 Diss. Silja Samerski: *Die verrechnete Hoffnung. Von der selbstbestimmten Entscheidung durch genetische Beratung,* Münster: Westfälisches Dampfboot 2002, S. 162 ff.
15 Ludwik Fleck: „Über einige besondere Merkmale des ärztlichen Denkens" (1927), in: ders. : *Erfahrung und Tatsache. Gesammelte Aufsätze*, mit einer Einleitung hg. von Lothar Schäfer/Thomas Schnelle, Frankfurt a. M.: Suhrkamp 1983, S. 37–45, hier S. 43.

schrift *Nach der Diagnose* lesen: „Ein auffälliger Befund bedeutet für viele werdende Eltern erst einmal einen Schock und versetzt sie in einen Zustand von Unsicherheit und Sorge".[16] Ich halte dies für den angemesseneren Satz, denn in der Tat tun sich mit der Mitteilung, dass etwas nicht in der erwarteten Ordnung ist, viele nahezu unabsehbare Fragen auf: die größte unter ihnen ist die, ob das Kind ausgetragen oder die Schwangerschaft abgebrochen werden soll. Aber um dies zu wissen, wissen zu können, muss oder müsste man vieles wissen. Auf der einen Seite steht das Wissen über ein Leben mit behinderten Kindern, das Aufzeichnen der Möglichkeiten seiner Förderungen, Hilfen, die einem selbst zuteil werden könnten, Informationen darüber, welche Schwierigkeiten allein getragen werden müssen, an welche Grenzen man stoßen kann. Auf der anderen Seite steht das Wissen um den tatsächlichen Vorgang eines verhältnismäßig spät eingeleiteten Schwangerschaftsabbruchs, der in dessen Verlauf eventuell vorzunehmenden Tötung des Kindes vor der Geburt oder das Sterbenlassen des geborenen Kindes danach. Dass dies von fast allen Frauen, und zwar sowohl von denen, die bis kurz vor dem Eingriff, wenn sie die letzte von etlichen Einverständniserklärungen schon unterschrieben haben, noch Zweifel mit sich herumtragen, als auch von denen, die im Einklang mit ihrer gut erwogenen Entscheidung sind, als äußerst belastend erfahren wird, ist unmittelbar einsichtig.

Es ist notwendig, Folgendes herauszustellen: Das Wissen darüber, was ein Schwangerschaftsabbruch nach einer Amniozentese bedeutet, holt die Frauen zumeist erst bei der Einweisung in die Klinik ein. Wie aus einer Studie von Antje Kehrbach ersichtlich ist, erfährt dort ein Großteil der Frauen zum ersten Mal, dass der Abbruch zu diesem Zeitpunkt der Schwangerschaft die Einleitung einer Geburt bedeutet – einer Geburt, die nicht unter Narkose stattfindet, die die Mitarbeit der schwangeren Frau erfordert und lange dauern kann.[17] Und *dann* sind sie kaum mehr in der Lage, auf den Ablauf dieser Geburt Einfluss zu nehmen. Wenn die Wehen hormonell eingeleitet sind und es Tage brauchen kann, bis sie sich gegen den zu diesem Zeitpunkt ganz auf den Erhalt der Schwangerschaft eingerichteten Körper durchgesetzt haben, geraten nicht wenige Frauen unter dem Eindruck des eigenen Mitwirkens an dem Schwangerschaftsabbruch in Gewissensnöte und möchten die Entscheidung rückgängig machen, was zu diesem Zeitpunkt nicht mehr möglich ist. *Dann* erst taucht bei vielen Frauen die Frage zum ersten Mal auf, wie und wann ihr Kind stirbt. Dass in den Kliniken oft Zeit, Raum, Personal fehlt, auf diese Nöte einzugehen, von denen man in den Diskursen der Pränataldiagnostik so ausnehmend wenig erfährt, darf auch nicht überraschen – vielleicht ist es ja dies, was sich, im eingangs zitierten Urteil, hinter der Rede von den „schwerwiegenden Gefahren" der Pränataldiagnostik verbirgt.

---

16 BZgA: *Informationsmaterial für Schwangere nach einem auffälligen Befund* (2009), S. 4, online: www.bzga.de/pdf.php?id=aaca3b4af61103ddf5bcaabd5ee21084 (letzter Zugriff: 6.12.2011).
17 Vgl. Antje Kehrbach/Friederike zu Sayn-Wittgenstein (2008). „Exploring a new concept of clinical midwifery care in Germany", in: *Abstracts of the International Confederation of Midwives 28th Triennal Congress, 1.–5.6.2008 in Glasgow*, Amsterdam: Elsevier Ltd. Conifer., S. 382.

Man sollte nicht unterstellen, dass es an gutem Willen mangelt: Weil Geburtshelfer die Erfahrung gemacht haben, dass es in der Verarbeitung dieser schmerzlichen Erfahrung hilfreich sein kann, wenn die Mutter ihr totes Kind ansieht oder es in die Hände nimmt, versucht man, ihr dies nahezulegen, auch in der Annahme, dass sichtbare Fehlbildungen, wenn sie denn erkennbar sind, die Entscheidung der Mutter bestätigen könnten, damit sie – spätestens *dann* weiß, warum sie sich so entschieden hat. Jedoch, Trost und Trauma liegen hier – ich erinnere noch einmal an die Wortwahl des oben erwähnten Urteils – gefährlich nahe beieinander. Der Umstand, dass, wenn die Mutter diese Nähe zu ihrem Kind zu diesem Zeitpunkt nicht zulassen kann, Fotos gemacht und archiviert werden, weil Frauen häufig noch Jahre später darauf zurückkommen, macht offenkundig, dass solchermaßen mangelhaft vorbereitete, späte Abbrüche von Schwangerschaften mit einem Kind, das, davon ist zu diesem Zeitpunkt auszugehen, willkommen gewesen wäre, oft schwere und schwerste Folgen für das Seelenleben der Mütter, auch der Väter, nach sich ziehen.[18] Die seit dem 1. Januar 2010 gesetzlich vorgeschriebene Bedenkzeit von drei Tagen, die zwischen der Offenbarung der Diagnose und dem Schwangerschaftsabbruch liegen muss, wurde mit Blick darauf eingeführt.[19] Aber sie hat bislang offenbar an diesem Missstand nichts ändern können, auch wenn man wohl gehofft hatte, dass die Eltern es *dann,* nach drei Tagen, *wissen.* Dass aber tatsächlich auch dann so wenig gewusst wird, hängt damit zusammen, dass die zum Zeitpunkt des Einstiegs in die Pränataldiagnostik anberaumte Aufklärung sich zumeist darauf konzentriert, humangenetisches Wissen zu popularisieren, zum anderen auch damit, dass Frauen und ihre Partner oftmals die pränataldiagnostischen Untersuchungen von vornherein als eine Art Rückversicherung in Anspruch nehmen wollen, die ihnen Ängste nehmen, eine gute Gewissheit über das Ungeborene bringen und nicht ambivalente Gefühle auslösen soll. Über den – solange keine erbliche Disposition vorliegt – wenig wahrscheinlichen Fall eines positiven Befundes wollen viele offenbar möglichst gar nichts wissen.[20]

Noch einmal zurück zu dem Zeitpunkt nach der Amniozentese mit der Frage, ob dies der Zeitpunkt des Wissens sein kann, den der Satz *then you know* aufruft. Wir haben bereits gesehen, dass hier eine Reihe von Chromosomenabweichungen diagnostiziert werden kann, aber über ihre genauen Ausprägungen und Verläufe, insbesondere hinsichtlich der häufigsten, Trisomie 21, recht wenig gesagt werden

---

18 Weigert: *Gesundes Baby?* (Anm. 8), S. 146 ff. Vgl. Anette Kersting/Kristin Kroker/Johannes Steinhard u. a.: „Psychological impact on women after second and third trimester termination of pregnancy due to fetal anomalies versus women after preterm birth – a 14-month follow up study", in: *Arch Women Ment Health* 12 (2009) 4, S. 193–201. Anette Kersting/Kristin Kroker: „Prolonged grief as a distinct disorder, specifically affecting female health", in*: Arch Women Ment Health* 13 (2010) 1, S. 27–28. Marianne Leutinger-Bohleber/Eve-Marie Engels/John Tsiantis (Hg.): *The Janus Face of Prenatal Diagnostics. A European Study Bridging Ethics, Psychoanalysis, and Medicine*, London: Karnac Books 2008.
19 http://www.bmfsfj.de/RedaktionBMFSFJ/Abteilung4/Pdf-Anlagen/schwangerschaftskonfliktgesetz, property=pdf,bereich=bmfsfj,sprache=de,rwb=true.pdf (letzter Zugriff: 6.12.2011).
20 Vgl. Claudia Schumann: „Ist eine andere Praxis möglich?", in: *„Da stimmt doch was nicht…"* (Anm. 5), S. 50–53.

kann. Außerdem gibt es die, man kann es nicht oft genug betonen, überwältigende Anzahl potenzieller Krankheiten, auf die im Verlaufe solcher Untersuchungen überhaupt nicht getestet wurde. Insofern ist das gängige Sprachspiel im Anschluss an eine Handvoll Tests – ‚Alles in Ordnung' – eben nur hinsichtlich des Ausschlusses einiger Krankheiten (wahrscheinlich) korrekt und bedeutet ansonsten nicht mehr als eine gute Hoffnung. Bei den meisten Frauen, die diese Nachricht empfangen, kommt dieses Sprachspiel aber als Gewissheit an, ein gesundes Baby zu bekommen und wird mit großer Erleichterung als der eigentliche Beginn der glücklichen Schwangerschaft gefeiert. Und tatsächlich erfolgt ja in den allermeisten Fällen nach einer Amniozentese dieser Freispruch. Denn 95% der Feten sind, unbeeindruckt von den Durchleuchtungen der Pränataldiagnostik, nach landläufigen Kriterien gesund.[21]

Wendet man aber nun den Blick darauf, dass die allermeisten – weit über 90% – der Behinderungen, sich während oder nach der Geburt entwickeln, dann mutet diese Entschiedenheit, mit der durch die Amniozentese die Schwangerschaft auf Probe gesetzt wird, und die Sicherheit, in der viele Frauen sich danach wiegen, geradezu gespenstisch an. Das *then* aus *then you know* suggeriert eine Sicherheit zu einem Zeitpunkt, an dem sich bezüglich etwaiger Behinderungen tatsächlich sehr wenig mit Sicherheit sagen lässt (übrigens auch sehr wenig nur therapieren lässt),[22] schon gar nicht, ob das Kind mit einer Behinderung zur Welt kommen wird oder nicht, ob es ein den ersten Jahren nach seiner Geburt eine Behinderung entwickeln würde, oder erst nach dem 40. oder 50. Lebensjahr.

Die Beruhigung, die erklärtermaßen das Hauptmotiv der Frauen ist, die sich pränataldiagnostischen Maßnahmen unterziehen, verkehrt sich also leicht in ihr Gegenteil, wenn die Befunde nicht gleich grünes Licht für eine unproblematische Fortsetzung der Schwangerschaft geben. In dieser Abfolge, diesem Aufschub, in den bei genauerer Betrachtung das *then* aus *then you know* gezogen wird, gerät das Wissen natürlich mit ins Trudeln. Wahrscheinlichkeiten, Risiken, prozentual berechnet, schieben sich an seine Stelle, ziehen weitere Untersuchungen nach sich. Gewissheit bieten diese Ergebnisse praktisch an keiner Stelle. Es gibt einen Gewinn an eng begrenztem diagnostischen Wissen, in dessen Mitte sich schwindelerregend riesige Bereiche des Nicht-Wissens, der Ungewissheit auftun: Was könnte sich wie ausprägen? Ist mit einer Beeinträchtigung auf, wie man sagt, ‚kosmetischer Ebene' zu rechnen oder mit einer schweren Behinderung? Was kann, was will ich verantworten, und wann? Die Zeit drängt. Paare geraten in einen Schockzustand, in dem eher Dinge ihren Lauf nehmen, als dass sorgsam entscheidungsfundierendes Wissen akkumuliert werden könnte.

---

[21] Vgl. Susan Erikson: „Wer suchet, der findet: Die Überproduktion von Risiko. Deutsche Ultraschallpraxis in der Schwangerschaft", in: „*Da stimmt doch was nicht...*" (Anm. 5), S. 44–47, hier S. 44.

[22] Vgl. Jürgen Windeler: „Wie bewertet man den Nutzen pränataler Diagnostik?", in: „*Da stimmt doch was nicht...*" (Anm. 5), S. 38–43.

Diese fatale Bahn von Zwangsläufigkeiten, auf die man leicht, allzu leicht, bereits mit der ersten pränataldiagnostischen Untersuchung geraten kann, problematisch zu finden, muss keineswegs eine ablehnende Haltung gegenüber der Möglichkeit eines Schwangerschaftsabbruches implizieren. Es impliziert allerdings eine Kritik an den Wissensversprechungen der Pränataldiagnostik und den Schwierigkeiten, ihnen auszuweichen.

You:
Man könnte es erst einmal als erleichternd empfinden, dass es in dieser Versprechung kein joviales ‚wir' gibt. Der Arzt, der *Then you know* sagte, wusste Bescheid und machte keinen Hehl daraus: Die Eltern, nicht er, würden letztlich mit dem Wissen umzugehen haben, das er oder ein Kollege, eine Kollegin, aus einem Laborbefund weitergeben würde. Aber wusste er auch etwas über die Natur, über die *besonderen Merkmale* dieses Wissens und wäre er bereit gewesen, auch dieses Wissen über das Wissen mit weiterzugeben an sein Gegenüber?

Nehmen wir ein günstigen Fall an: Ein Arzt, der von Natur aus oder durch Lektürewirkung ein Fleckianer ist: Er würde vermutlich etwas sagen über die Unmöglichkeit der Vorhersage einer Krankheitsentwicklung noch während der Entwicklung eines Organismus, etwa im Stile der oben zitierten Passage. Ein *Then you know* ginge ihm vermutlich nicht über die Lippen. Oder der Arzt, die Ärztin, fasste, aufgrund von Neigung oder Bildung, die Daten aus dem Labor im Sinne Canguilhems auf und fragte sich, in welchem Sinne die Messverfahren des Labors als Norm für die funktionelle Aktivität des Lebewesens außerhalb des Labors (und außerhalb des Uterus, würden sie hinzufügen) wissenstauglich sein können. Mit ihm, Canguilhem, würden sie daran erinnern, wie unglaublich schwierig es ist, Begriffe wie das physisch Normale und das statistisch Normale zur Deckung zu bringen, oder anders formuliert, dass der statistische Gesichtspunkt für die Beurteilung dessen, was bei einem bestimmten Individuum normal ist oder nicht, keineswegs ausreicht; und dass Anomalien und Mutationen keineswegs per se als pathologisch aufzufassen sind, sie vielmehr von möglichen anderen Lebensnormen zeugen.[23] Ein *Then you know* müsste ihnen vorkommen, wie hinter ihren Wissensstand weit zurückzufallen und unter der Hand doch wieder eine quasi ontologische Differenz zwischen gelungenen und verfehlten Gebilden des Lebens einzuziehen. *Then you know* machte in diesem Denken gar keinen Sinn.

Oder wie wäre es, wenn wir es mit einem Wittgensteinianer unter den Medizinern zu tun hätten? Einem wie jenem John Ryle, Freund Wittgensteins und wichtige Quelle Canguilhems, der angesichts medizinischer Hochrechnungen beklagt hat, dass statistische Verkürzungen einen Begriff des Normalen hervorbringen, der nicht lebenstauglich ist, der in der Medizin ständig gebraucht wird, ohne dass über ihn viel gewusst würde.[24] Entschlüpfte einem solchen Arzt dennoch ein „Then you know", würde er sogleich etwas hinterherschicken wie: Aber schau hin, wie ich das

---

23 Georges Canguilhem: *Das Normale und das Pathologische* (1972), ungekürzte Ausgabe, übers. von Monika Noll/Rolf Schubert, München: Ullstein 1977, S. 96.
24 John A. Ryle: „The Meaning of Normal", in: *The Lancet* 249 (4. Januar 1947), S. 6436–6440.

Wort gebrauche: in Bezug auf meine statistischen Daten und vergleiche es damit, wie du es gebrauchst: als Gewissheit über dein Schicksal.

Es ist schön sich vorzustellen, wie das *Then you know* im Halse steckenbleiben, bestritten oder hin- und hergewendet werden würde, aber nach Sichtung umfassender Materialien mit Gesprächsaufzeichnungen aus pränataldiagnostischer Beratungssituationen,[25] dürfte der verbreitete Fall doch jener sein, in dem diese und ähnliche Phrasen Oberwasser haben, wie es etwa Birgit Vanderbeke in ihrem Roman *Gut genug* schildert. Dort sagt der Gynäkologe nicht: „then you know", er sagt: „sicher ist sicher" – einen Satz, den man vielleicht eher in einem Gespräch über Verhütung erwarten könnte, der aber tatsächlich in einer frühen Schwangerschaftswoche fällt, gerade nachdem der Arzt gesagt hat, soweit er feststellen könne, sei alles

> in schönster Ordnung, aber sicher ist sicher. Man sollte es untersuchen lassen. Vorher hatte er sich das künftige Kind auf dem Fernseher angesehen. Er hatte mir eine kalte glibbrige Salbe auf den Bauch geschmiert und ist mir dann mit einer Art Fernsteuerung drübergefahren, und auf dem Fernseher kam der Bauch von innen. Es ist ein ziemliches Durcheinander, aber wenn man genau hinschaut, sieht man einen schwarzen Punkt, so groß ungefähr wie ein Floh. Der Floh hat gepocht und gepuckert, und es ist sonderbar, dass man einen pochenden puckernden Floh im Bauch haben soll. Aber da man es auf dem Fernseher sieht, muss es stimmen. Der Arzt hat gesagt, man kann noch nicht viel sehen, soweit er feststellen kann, sei wohl alles in schönster Ordnung, aber, wie gesagt, sicher ist sicher. Ich habe gefragt, was heißt sicher ist sicher, und was für eine Untersuchung, und der Arzt hat gesagt, eine Kleinigkeit von Untersuchung, man piekt mit einer Nadel durch den Bauch und holt sich durch die Nadelkanüle aus dem Bauch etwas Fruchtwasser raus. Ich habe gesagt, und warum tut man das, und der Arzt hat gesagt, dass man es tut, um herauszufinden, ob es beschädigt ist, und wenn es beschädigt ist, kann man verfassungsjuristisch und staatlich erlaubt eine Abtreibung machen. Ich habe gesagt, wie: beschädigt, und der Arzt hat gesagt, so und so beschädigt, Kopf und Rückgrat und erblich, und dass man einige Sorten von Beschädigung auf die Art entdecken könnte, andere seien unentdeckbar, heimlich vererbt, und kämen erst später zutage. Ich hätte gern gewusst, ob es viele Sorten gibt und ob sie häufig vor- und zutagekommen, aber andererseits auch nicht. Also habe ich gesagt ich denke darüber nach […].[26]

Dieser Arzt hält, auf Nachfrage, mit den Grenzen des pränataldiagnostischen Wissens durchaus nicht hinter den Berg, versucht aber doch, dieses begrenzte Wissen, in welchen epistemologischen Volten auch immer, tautologisch abzusichern und an die Frau zu bringen (was ihm allerdings in diesem Fall trotz der erheblichen Beunruhigung, die er auslöst, nicht gelingt).

Nicht weniger problematisch ist es, wenn die Männer und Frauen, die in ihrer Praxis „*then you know*" oder ähnliches sagen, Zyniker geworden sind. Zyniker, die ihren Foucault zwar noch im Kopf haben, aber dem *Willen zum Wissen* einen gewissen fiesen Dreh geben: Wenn *du* es dann weißt, dann hast *du* mit dem Wissen

---

25 Vgl. Fußnote 40.
26 Birgit Vanderbeke: *Gut genug* (Rotbuch: 1993), Frankfurt a. M.: Fischer 2001, S. 19 f.

auch die Macht: leben zu lassen, sterben zu machen – als eine Form des überantworteten „Managements des fetalen Risikoprofils", wie Silja Samerski es beschreibt:

> Ich erinnere mich noch gut an eine Freundin, die nach einem Ersttrimester-Test völlig aufgelöst vor meiner Tür stand. Sie hatte den Test gemacht, weil sie sich von ihrem Arzt hatte einreden lassen, mit 36 Jahren wäre sie mit ihrer Schwangerschaft ein „Risiko" eingegangen. Nun hatte ihr der Test eine erhöhte Wahrscheinlichkeit für ein Kind mit Down-Syndrom attestiert. Ihr Frauenarzt drängte sie nun, bald eine Entscheidung zu treffen. Um sie dazu in die Lage zu versetzen, hatte er sie ausführlich beraten. Sie könnte, so hatte er klar gestellt, durch eine Fruchtwasseruntersuchung die Chromosomen untersuchen lassen und dann, im Falle einer Normabweichung, die Schwangerschaft abbrechen. Allerdings würde sie mit der Punktion das Risiko eingehen, eine Fehlgeburt auszulösen. Oder, das sei die zweite Option, sie entscheide sich gegen den Fruchtwassertest und nähme damit das dreifach erhöhte Risiko in Kauf, ein behindertes Kind zu bekommen. Meine Freundin war ratlos: was sollte sie tun? Sie wollte weder eine Fehlgeburt, noch einen Schwangerschaftsabbruch, noch ein behindertes Kind. Sie müsse die Risiken gegeneinander abwägen, hatte der Arzt sie aufgefordert...[27]

Immer deutlicher wird, dass die Aussparung des ‚Ich' oder eines ‚Wir' eine ziemlich knifflige Sache ist. Wenn wir der Spur nachgehen wollen, warum das ‚I' und das ‚We' in dem Satz *Then you know* keine Rolle spielen und dabei Hilfe bei dem Zweig der Philosophie suchen, der für solche Fragen zuständig ist, nämlich dem der *ordinary language philosophy*, so zeitigt der erste Anlauf, den wir bei deren Nestor, John L. Austin, nehmen, zunächst einmal eine herbe Enttäuschung, denn in seinem Aufsatz *Fremdseelisches* (*Other Minds*) stellt Austin unmissverständlich fest: In der Sache des Wissens betrachte er allein einen Gebrauch, und das sei der der 1. Person Singular Indikativ Präsens: „Ich weiß".[28] Aber so hat der Arzt gegenüber meinen kalifornischen Freunden damals eben nicht gesprochen. Er hat nun einmal gesagt: Then *you* know.

Austins Kollegen, die Philosophieprofessoren Alan R. White und Anthony D. Woozley haben sich glücklicherweise weniger Beschränkungen auferlegt: Woozley meint, ‚wissen' sei von allen Wörtern, die sich auf Geistiges bezögen, das unpersönlichste: Denn wem wir unterstellen zu wissen, dem unterstellen wir die Richtigkeit dieses Wissens.[29] White springt ihm zur Seite: „You know" sagen wir, um einem Anspruch beizupflichten, ihn gelten zu lassen, ihn günstig aufzunehmen.[30] Das müssten wir uns wohl, bezogen auf unseren Fall, so übersetzen: Sagt ein Arzt oder

---

27 Silja Samerski: „Beratung zur selbstbestimmten Entscheidung? Schwangere Frauen in der Entscheidungsfalle", in: *„Da stimmt doch was nicht..."* (Anm. 5), S. 48–49.
28 John L. Austin: „Fremdseelisches" (1946), in: ders.: *Gesammelte philosophische Aufsätze*, übers. und hg. von Joachim Schulte, Stuttgart: Reclam 1986, S. 101–152, hier S. 130. Vgl. auch Michael Brüggen: Art. „Wissen", in: Hermann Krings/Hans Michael Baumgartner/Christoph Wild (Hg.): *Handbuch Philosophischer Grundbegriffe*, München: Kösel 1973, Bd. 3, S. 1722–1739.
29 Anthony D. Woozley: „Knowing and Not Knowing", in: *Proceedings of the Aristotelian Society*. New Series 53 (1952–1953), S. 151–172, hier S. 151 f.
30 Alan R. White: „On claiming to know", in: *The Philosophical Review* 66 (April 1957) 2, S. 180–192, hier S. 190 f.

eine Ärztin *Then you know* würde dies bedeuten, dass sie sich selbst als Wissensinstanz oder Wissensakteure überspringen, um das, was sie als Wissen an ihr Gegenüber, *you*, weitergeben, dann gelten zu lassen beziehungsweise günstig zu aufzunehmen. Wäre so am Ende das pränataldiagnostische Setting zu verstehen? Wir kommen, wie es scheint, in Teufels Küche. Am besten also noch einmal zurück zu Austin. Irgendeinen sprechakttheoretischen Beistand in dieser prekären Lage des Wissens muss bei ihm zu finden sein.

Know:
Im Abschnitt *Wenn ich etwas weiß, kann ich nicht unrecht haben*[31] seines Aufsatzes *Fremdseelisches* kommen wir mit Austin tatsächlich noch einen Schritt näher an die Sache heran:

„Wenn ich etwas weiß, kann ich nicht unrecht haben." Das klingt provozierend: Wer wollte angesichts der naturgemäßen Fehlbarkeit der Sinne und des Intellekts die Möglichkeit eines Irrtums leugnen? Aber, so Austin, dies erweise sich in der Praxis nicht als lästig, im Gegenteil: „Wenn man etwas weiß, kann man nicht unrecht haben", ist durchaus ein sinnvoller Satz, wohingegen „Ich weiß, dass es so ist, aber ich habe vielleicht unrecht" dies nicht ist, genauso wenig wie „Ich verspreche es zu tun, aber vielleicht tue ich es nicht."[32] Schließlich sei es immer möglich, im Sinne von *menschenmöglich*, dass ich mich irre oder mein Wort breche, aber sei dies eben kein Hindernis, die Ausdrücke „ich weiß" oder „ich verspreche" so zu gebrauchen, wie es tatsächlich geschieht – was Austin folgendermaßen beschreibt:

> Wenn ich sage „ich weiß", gebe ich anderen mein Wort, ich gebe anderen die Befugnis zu sagen: „S ist P."; anders ausgedrückt: Wenn jemand zu mir gesagt hat „ich weiß", bin ich zu der Behauptung berechtigt, daß ich es ebenfalls weiß, nämlich aus zweiter Hand. Das Recht, „ich weiß" zu sagen, ist genauso übertragbar wie andere Befugnisse. Wenn ich es leichtsinnig sage, kann ich also dafür *verantwortlich* sein, daß *du* in Schwierigkeiten gerätst.[33]

Zwar muss ich, so Austin weiter, wenn ich sage „ich weiß" zeigen können, dass ich aufgrund meines Erkenntnisbereiches imstande bin, zu wissen, aber weil man die Zukunft nun einmal nicht vorhersehen könne, dürfe man nicht „übersehen, daß die Bedingungen, die erfüllt sein müssen, um zeigen zu können, daß etwas in meinem Erfahrungsbereich oder in meiner Macht liegt, nicht Bedingungen hinsichtlich der Zukunft sind, sondern in Bezug auf die *Gegenwart und die Vergangenheit*."[34]

Jetzt sollten wir uns daraufhin noch einmal die ganze Phrase *then you know* anschauen, die uns merkwürdiger denn je vorkommen muss. Nicht nur, dass *I* und *you* irgendwie vertauscht sind und das, was dann gewusst wird, ausgespart ist, es ist ja auch das Futurische ganz dem *then* angelastet, ohne die modalverbale Hilfe eines ‚will', das uns vielleicht noch leichter darauf hätte verweisen können, dass die Be-

---
31 Austin: „Fremdseelisches" (Anm. 28), S. 129 ff.
32 Ebd.
33 Ebd., S. 132.
34 Austin: „Fremdseelisches" (Anm. 28), S. 133 f.

dingungen des Wissens, in diesem Fall, noch ganz in der Zukunft liegen. *Then you will know* – das hätte uns vielleicht schneller die Ohren geöffnet, um die Nähe zur prophetischen Rede darin zu hören: „Then you will know that I, the Lord your God, dwell in Zion, my holy hill. Jerusalem will be holy; never again will foreigners invade her."(Joel 3:17) oder: „Then you will know the truth, and the truth will set you free." (John 8:32).[35] *Then you know* – ein Erlösungsversprechen im gynäkologischen Sprechzimmer?

IV

Wie kann überhaupt der Arzt, der damals meinen Freunden gegenüber saß, zu einem solch seltsamen Sprechakt gekommen sein? Er und ähnlich gestimmte Kollegen sind es doch, die jenes Wissen ‚aus zweiter Hand' bewirken. Sie gelten als Instanz, der zu trauen ist. Dies sagen sie jedoch nicht. Sie sagen nicht: ‚dann weiß ich...' oder ‚dann wissen wir'. Wie könnten sie auch? Als naturwissenschaftlich ausgebildete Ärzte, denen gemeinhin die Grenzen ihres Wissens durchaus vor Augen stehen, wissen sie, jedenfalls höchstwahrscheinlich, dass sie dies eigentlich nicht sagen können, denn – *vor einem Test* wissen sie nur etwas auf der Ebene von Wahrscheinlichkeitsverteilungen, von relativen Häufigkeiten. Die erstellten Merkmals- und Risikoprofile dienen zur Einordnung der Frauen in statistische Populationen. Die Verknüpfung zwischen Auffälligkeit, Merkmal und Wahrscheinlichkeit ist also rein statistisch, d. h. quantitativ auf Grundgesamtheiten bezogen.[36] Allerdings wird, das liegt offenbar in der schwierigen Übersetzbarkeit dieser Wahrscheinlichkeitskalküle begründet, „für *wahres Sein* [genommen], was eine *Methode* ist"[37] – als würden die genannten statistischen Zahlen das angeben, was die Frauen in Bezug auf ihr kommendes Kind zu erwarten hätten.[38]

– *nach der Testreihe,* an dessen Ende die Amniozentese steht, wissen Mediziner, auch wenn die Untersuchungen ohne konkreten Befund geblieben sind, dennoch nicht, ob dieses Kind gesund auf die Welt kommen wird. Nur mit Blick auf das Auftreten der speziell getesteten Krankheiten lassen sich Aussagen mit gewisser, mit hoher oder höchster Wahrscheinlichkeit machen. In Bezug auf alle sonst noch möglichen Krankheiten, die dennoch auftreten können, natürlich nicht. Und wenn der Befund Anomalien diagnostiziert, wissen sie immer noch nicht sehr viel über die wirkliche Ausprägung dieser Anomalien.

– *Späteres* bleibt in ihrer Form des Wissens häufig vollkommen latent, nämlich wie die aufgrund eines positiven Befundes eingeleitete *Geburt in der Klinik* vonstatten geht, welche Traumatisierungen, welches Elend sie über viele Jahre hinweg mit

---

35 *The Holy Bible.* New International Version, London: Bible Society 1984.
36 Samerski: *Verrechnete Hoffnung* (Anm. 14), S. 211 ff.
37 Edmund Husserl: „Die Krisis der europäischen Wissenschaften und die transzendentale Phänomenologie" (1936), in: ders.: *Husserliana. Gesammelte Werke*, den Haag: Martinus Nijhoff 1950 ff., Bd. 6, S. 51 f.
38 Samerski: *Verrechnete Hoffnung* (Anm. 14), S. 170–210.

sich bringen und auch noch nach vielen Jahren hervorbringen kann. Das Wissen der Geburtshelfer um diese Erfahrungen und Erlebnisse kommt in pränataldiagnostischen Settings, in den humangenetischen Sitzungen, so gut wie gar nicht vor. Es ist, als griffe auf einmal genau hier, verzögert, verschoben und ungleich effektiver, das im Gendiagnostikgesetz neben dem Recht auf Wissen verankerte Recht auf Nichtwissen.[39]

Ich meine deshalb, dass es sich bei *Then you know* nicht nur um einen verkehrten oder verkehrenden Sprechakt handelt, sondern um einen ignoranten. Ich würde so weit gehen zu sagen: um einen feindseligen – wenn man darin übereinkäme, dass es ein feindseliger Akt ist, jemanden wider besseres Wissen mit einer Wissensversprechung auf einen Weg zu schicken, an dem an nahezu jeder Gabelung zwei Fallen stehen, für deren Folgen nicht die, die den Weg gebahnt haben, einstehen müssen, sondern die, die in diesen Weg hineingestolpert sind.

Ich möchte abschließend bemerken, dass ich erstaunt war über die Fülle kritisch-differenzierter Materialien, die die Probleme der Pränataldiagnostik schon seit längerem reflektieren.[40] Warum dennoch diese stupende Selbstläufigkeit, die steigenden Zahlen der Inanspruchnahme von Pränataldiagnostik und der späten Schwangerschaftsabbrüche? Die Antwort liegt wohl wahrscheinlich schlicht und einfach darin, dass schwangere Frauen zu dem Arzt/der Ärztin ihres Vertrauens gehen und nicht in sozialmedizinische Fachbibliotheken. Es gibt keine klare Trennung zwischen der Betreuung von Schwangeren und den Angeboten der Pränataldiagnostik.[41] Zudem gibt es einen gesellschaftlichen Vorsorgedruck, der das Nichtwissenwollen des kindlichen Geschlechts als nostalgische Schrulle durchgehen

---

39 Gesetz über genetische Untersuchungen beim Menschen Abschnitt 1, §9. http://www.gesetze-im-internet.de/bundesrecht/gendg/gesamt.pdf (letzter Zugriff 6.12.2011).

40 Vgl. neben der bereits angeführten Literatur: Barbara Duden: *Geschichte des Ungeborenen. Zur Erfahrungs- und Wissenschaftsgeschichte der Schwangerschaft 17.-20. Jahrhundert*, Göttingen: Vandenhoeck & Ruprecht 2002. *Die Gene im Kopf – der Fötus im Bauch. Historisches zum Frauenkörper*, Hannover: Offizin 2002; Marion Baldus: „Von der Diagnose zur Entscheidung – Entscheidungsprozesse von Frauen im Kontext pränataler Diagnostik", in: *Prax. Kinderpsychol. Kinderpsychiatrie* 50 (2001), Göttingen: Vandenhoeck & Ruprecht, S. 736–752; Monika Willenbring: *Pränatale Diagnostik und die Angst vor einem behinderten Kind. Ein psychosozialer Konflikt von Frauen aus systemischer* Sicht, Heidelberg: Roland Asanger 1999; Hannes Friedrich/Karl-Heinz Henze/Susanne Stemann-Acheampong: *Eine unmögliche Entscheidung. Pränataldiagnostik: Ihre psychosozialen Voraussetzungen und Folgen*, Berlin: VWB 1998; Elmar Brühler/Yve Stöbel-Richter/Ulrike Hauff (Hg.): *Vom Stammbaum zur Stammzelle. Reproduktionsmedizin, Pränataldiagnostik und menschlicher Rohstoff*, Gießen: Psychosozial-Verlag 2002; Therese Neuer-Miebach: *Vom Recht auf Anderssein. Anfragen an pränatale Diagnostik und humangenetische Beratung*, Beiträge der Fachtagung „Vom Recht auf Anderssein – Anfragen von Selbsthilfeorganisationen an Pränatale Diagnostik und Humangenetische Beratung" des Bundesverbands für Körper- und Mehrfachbehinderte e. V. und der Bundesvereinigung Lebenshilfe für Geistig Behinderte e. V., April 1993 in Köln, Marburg: Lebenshilfe-Verlag 1994; Christine Swientek: *Was bringt die Pränatale Diagnostik? Informationen und Erfahrungen*, Freiburg: Herder 1998 (Herder Spektrum; 4654); Heide Hohenstein: *Störfaktoren bei der Verarbeitung von Gefühlen in der Schwangerschaft und ethische Hintergründe der Fruchtwasserpunktion. Interviews mit Betroffenen und Erörterung ihrer Erfahrungen*, Münster: Waxmann 1998.

41 Margareta Kurmann: „,Es ist Zeit für klare Aussagen' (Interview mit Susanne Schultz)", in: *GID. Gen-ethischer Informationsdienst* 188 (Juni 2008), S. 18–20.

lässt, nicht jedoch die Auslassung von ‚Vorsorge'-Schritten (die eigentlich eine ‚Früherkennung' sind). Dass so viele Anstrengungen unternommen werden, genetische Wissensbestände zu popularisieren, aber so wenig über die Grenzen dieses Wissens bekannt wird, tut wohl ein Übriges. Es ist daher eine öffentliche, eine engagierte Debatte zu erhoffen, die mindestens so viel Aufmerksamkeit wie die umstrittene Präimplantationsdiagnostik erhält. Denn sie berührt in mindestens gleichem Maße die Frage: In welcher Gesellschaft wollen wir leben?

Techniken der Modellierung

BERND MAHR

Zum Verhältnis von Angst, Prophezeiung und Modell, dargelegt an der Offenbarung des Johannes

Vorbemerkung

Wie kann das ‚Funktionieren' von Prophezeiungen erklärt werden. Eine begriffliche Analyse von *Furcht* und *Angst*, und von *Zeit* und *Wissen* zeigt, dass durch Prophezeiungen Angst gebunden werden kann. Mit dem Glauben einer Prophezeiung kann aus Unbestimmtheit, der jede Vorstellung fehlt, Zukunftserwartung werden, die dadurch Bestimmtheit besitzt, dass es eine gewisse Vorstellung von dem gibt, was sich ereignen wird. Auf diese Weise kann sich Angst in Furcht, Hoffnung oder frohes Erwarten verwandeln. Als Prophezeiung hat auch die Offenbarung des Johannes dieses Potenzial der Bindung. Ihr Text im Neuen Testament sagt aber nicht nur voraus, was einst geschehen soll, sondern er lässt auch dadurch, wie er die Voraussage verfasst, Bedingungen seines ‚Funktionierens' erkennen. Versucht man, die Zusammenhänge dieser Bedingungen zu bestimmen, gelangt man zur Logik von Modellen und zu der Beobachtung, dass die gewaltige Wirkkraft der Offenbarung über bald 2000 Jahre der zivilisatorischen und kulturellen Entwicklung hinweg besser verständlich wird, wenn man in ihr ein Modell sieht. Es ist zu vermuten, dass die Logik des Prophezeiens, die die Offenbarung als Modell erkennen lässt, allgemeinere Gültigkeit besitzt. Sie könnte Prognostik und Prophetie für modelltheoretische Analysen zugänglich machen.[1]

Furcht und Angst

Furcht und Angst sind Verschiedenes. Furcht ist als mentaler Zustand auf etwas gerichtet und besitzt daher Intentionalität; sie ist eine Emotion,[2] *man fürchtet etwas*. Furcht wird erlebt. Der Furcht liegt eine Vorstellung von dem zugrunde, was gefürchtet wird, ein propositionaler Gehalt, etwas, das gesagt werden kann.[3] Das,

---

1 Der vorliegende Text übernimmt ohne Kennzeichnung Gedanken und Textpassagen zur Offenbarung des Johannes aus dem Essay: Bernd Mahr: „Die Probabilistik der Apokalypse", in: *Von Propheten und anderen Unglücksraben*, Kursbuch 164, Ausgabe 2/06, Hamburg: Zeitverlag 2006, S. 59–71.
2 Sabine A. Döring (Hg.): *Philosophie der Gefühle*, Frankfurt a. M.: Suhrkamp 2009.
3 Vgl. Bernhard Bolzano: *Wissenschaftslehre* (1837), 4 Bde., Aalen: Scientia Verlag 1981, Bd. 1, §47 bis §114, S. 215–536; Franz Brentano: „Psychologie vom Empirischen Standpunkt – Von der Klassifikation der psychischen Phänomene" (1874), in: Thomas Binder/Arkadiusz Chrudzimski (Hg.): *Franz Brentano: Sämtliche veröffentlichte Schriften, Band 1*, Heusenstamm: Ontos Verlag 2008; Ka-

worauf sich Furcht bezieht, ist nicht das, was sie auslöst. So kann das Aufziehen eines Gewitters die Furcht auslösen, dass das Haus, in dem man sich aufhält, vom Blitz getroffen wird, oder ein Hund kann die Furcht vor einem Biss auslösen. In beiden Fällen ist das Ereignis, das die Furcht auslöst, nicht das, was gefürchtet wird, sondern ein Zeichen, ein Index. Es verweist auf etwas Anderes, auf etwas, dessen Vorstellung mit dem Gefühl der Furcht verknüpft ist. In beiden Fällen ist dieses Andere ein Erleben, zu dem es möglicherweise kommen kann: im ersten Fall das Erleiden eines Verlustes und im zweiten Fall die Pein des körperlichen Schmerzes einer Verwundung. Im Moment der Furcht ist dieses Erleben jedoch nicht real, sondern nur der Inhalt einer Vorstellung von einem möglichen zukünftigen Ereignis.

Zur Furcht kommt es durch das Gefühl einer Bedrohung. Dieses Gefühl kann durch äußere Ereignisse ausgelöst sein, wie im Fall des Gewitters oder des Hundes, aber es kann auch durch innere Bedingungen verursacht sein, etwa durch das Erinnern oder Projizieren eines mit Angst besetzten Erlebens. Bedrohung geht jedoch nicht von etwas aus, das sich aktuell ereignet oder das sich schon ereignet hat; Bedrohung kann nur von der Vorstellung von etwas ausgehen, das entweder eintreten wird, dessen Eintreten geglaubt wird oder dessen Eintreten möglich ist und deshalb nicht ausgeschlossen werden kann. Und zu einem Gefühl der Bedrohung kann es auch nur dadurch kommen, dass das vorgestellte Ereignis erlebt wird, wenn es sich tatsächlich ereignet. Deshalb ist der ursächliche Grund der Furcht auch nicht das Ereignis, dessen Eintreten erwartet, geglaubt oder für möglich gehalten wird, sondern das Gefühl der Bedrohung, die mit der Vorstellung des Eintretens dieses Ereignisses verbunden ist. Furcht lähmt und bewegt zur Flucht. Nicht umsonst wird in der Fähigkeit, Furcht vor etwas zu empfinden, ein wesentliches Moment der Überlebensfähigkeit gesehen.

Offenbar ist die Fähigkeit, etwas zu fürchten, biologisch begründet. Aber sie ist kein bloßer Instinkt, denn sie hat auch Wurzeln in der Vergangenheit. Sie setzt sich im Erleben fest oder wird gelernt, durch eigene Erfahrung, durch die Beobachtung der Furcht Dritter, durch Vermittlung oder durch gedankliches Schließen. Es gibt viele Hinweise darauf, dass oft das, was gefürchtet wird, nicht das wiederholte Eintreten eines bedrohlichen Ereignisses ist, sondern die Wiederholung des Erlebens von Angst oder Furcht. Der Historiker Andreas Bähr fand im Studium biographischer Selbstzeugnisse der frühen Neuzeit, dass der verbreitete Schrecken dieser Zeit weniger durch die Furcht vor Tod, Verstümmelung und körperlichen Schmerzen zustande kam, als vielmehr durch die Furcht vor dem Wiedererleben der Angst und vor dem Wiederhaben der Furcht vor diesen Ereignissen.[4] Offenbar lösten nicht

---

simir Twardowski: *Zur Lehre von Inhalt und Gegenstand der Vorstellungen – Eine Psychologische Untersuchung* (1894), eingeleitet von Rudolf Haller, München/Wien: Philosophia Verlag 1982; John R. Searle: *Intentionalität – Eine Abhandlung zur Philosophie des Geistes* (1983), Frankfurt a. M.: Suhrkamp 1987.

4 Vgl. Andreas Bähr: „Furcht, Divinatorischer Traum und Autobiographisches Schreiben in der Frühen Neuzeit", in: *Zeitschrift für Historische Forschung* 34 (2007) 1, S. 1–32; Ders.: „Die Furcht der Frühen Neuzeit", in: *Historische Anthropologie – Kultur, Gesellschaft, Alltag* 16 (2008) 2, S. 291–

die vergangenen schrecklichen Ereignisse des Krieges das Gefühl der Bedrohung aus, sondern die Angst und die Furcht vor ihnen, die im Gedächtnis geblieben waren. Schon Thomas von Aquin sprach von der Furcht vor der Furcht.[5]

Das Verständnis von Furcht hat eine Geschichte. Im Griechischen Wortgebrauch verbindet sich Furcht ($\phi\delta\beta o\varsigma$) mit der Flucht, der Scheu und der Gefahr ($\delta\acute{\epsilon}o\varsigma$) und mit dem Schreckensbild und Schrecken ($\delta\tilde{\epsilon}\iota\mu a$), also einerseits mit dem, was sie bewirkt und andererseits mit dem, was sie auslöst.[6] Für Platon ist die Furcht die Erwartung eines Übels.[7] Er unterscheidet sie nicht von der Angst.[8] Thomas von Aquin sieht in der Furcht einen „Leidewegung der Seele" und erklärt sie durch ihren Kontrast zur Hoffnung: „Gerade, wie nämlich der Gegenstand der Hoffnung das zukünftig steilragende vermöglicherweise erreichbare Gut ist, so ist der Gegenstand der Furcht das schwerdrohende Übel der Zukunft, dem man nicht Widerstand leisten kann."[9] Und er beschreibt die Beengung, die Furcht hervorruft, in einem Vergleich: „Gerade wie bei den Sterbenden die Natur sich wegen der Schwachheit der Wirkkraft ins Innere zurückfängt, so fasst sich in den Fürchtenden die Wärme mit den Lebensgeistern auf das Innere zusammen."[10] Der Furcht entgegengesetzt sieht er die „Kühnheit"[11]. Für Descartes steht Furcht im Zusammenhang mit Affekten, die bei ihm „Leidenschaften der Seele" sind, d. h. „Wahrnehmungen oder Empfindungen oder Emotionen der Seele, die ihr in besonderer Weise zugehören und die durch die Bewegung der Lebensgeister veranlasst, unterstützt und verstärkt werden."[12] Er sieht sie der „Schlaffheit" verwandt, die in seinen Augen eine Mattigkeit und eine Kälte ist: „Die Furcht aber oder das Erschrecken [...] ist nicht nur eine Kälte der Seele, sondern auch eine Verwirrung und ein Erstaunen der Seele, die ihr die Kraft rauben, den Übeln, die sie nahen sieht, zu widerstehen."[13] Zum Formenkreis der *Furcht* zählt Descartes die *Verzweiflung*, die *Eifersucht* und die *Unentschiedenheit*; und der Furcht entgegengesetzt sind für ihn *Hoffnung*, *Kühnheit* und *Begierde*.[14]

Furcht ist bei Platon, Thomas von Aquin und Descartes aber nicht bloß eine Emotion, sondern auch eine ethische Kategorie. Für Platon ist die Furcht des Feigen

---

309; Ders.: „'Unaussprechliche Furcht' und Theodizee. Geschichtsbewusstsein im Dreißigjährigen Krieg.", in: *Gefürchtete Geschichte, WerkstattGeschichte* 17 (November 2008) 49, S. 9–32.

5 Thomas von Aquin: *Summe der Theologie* (1268–1273), 3 Bde., hg. von Joseph Bernhart, Stuttgart: Kröner 1985, hier Band 2: *Die sittliche Weltordnung*, 42. Untersuchung.
6 In der Übersetzung des Dialogs von Rudolf Rufener wird $\phi\delta\beta o\varsigma$ mit Angst und $\delta\acute{\epsilon}o\varsigma$ mit Furcht übersetzt (vgl. Platon: *Sämtliche Werke*, Bd. 1, Zürich/München: Artemis Verlag 1974), während Hans-Wolfgang Krautz $\phi\delta\beta o\varsigma$ mit Angst und $\delta\acute{\epsilon}o\varsigma$ mit Schrecken übersetzt (vgl. Platon: *Protagoras*, Stuttgart: Reclam 1987).
7 Platon: *Laches*, 398a ff.
8 Platon: *Protagoras*, 358d–358e.
9 Thomas von Aquin: *Die sittliche Weltordnung* (Anm. 5), 41. Untersuchung.
10 Ebd., 44. Untersuchung.
11 Ebd., 45. Untersuchung.
12 René Descartes: *Die Leidenschaften der Seele* (1649), Hamburg: Felix Meiner 1984, Art. 27.
13 Ebd., Art. 174.
14 Ebd., Art. 165, 166, 167, 170, 172, 174.

schimpflich, die Furcht des Tapferen dagegen schön und gut.[15] Thomas von Aquin sieht in der Furcht eine mögliche Sünde und misst ihre Sündhaftigkeit an der Vernunft, an der Liebe zu Gott und am göttlichen Gesetz;[16] und Descartes verwirft Furcht als grundsätzlich lasterhaft und sieht in ihr ein „äußerstes des Sichgehenlassens"[17]. Um schimpflich, sündhaft oder lasterhaft zu sein, braucht Furcht aber ein Handlungsziel, an dem sie gemessen wird. Prototypisch findet sich dieses Ziel im Kampf und im Krieg, wo der Furcht Tapferkeit und Kühnheit gegenüber stehen.[18] Traditionell gilt die Furchtlosigkeit als eine Tugend des Adels und der Ritter, während sich durch Furcht, wie Vergil schreibt, niedere Geburt verrät.[19] So verwundert es nicht, wenn Descartes im Kampf zwischen Seele und Körper die Furcht als Schwäche des Willens und im Konflikt mit der Ehrsucht sieht.[20]

Wie Platon mit der „Vorbedachtheit"[21], sieht auch Descartes ein Mittel gegen die Furcht: die „Vorüberlegung", die dem Gefürchteten die Unsicherheit nimmt, die im Zukünftigen liegt, und die Sicherheit gibt, „auf alle Ereignisse vorbereitet zu sein"[22]. Vorausdenken setzt aber die Möglichkeit voraus, dass die Vielfalt der Ereignisse auch erfasst werden kann.[23] Wo dies nicht mit rationalen Mitteln gelingt, bieten sich Prophezeiungen an, die diese Vielfalt für den sich Fürchtenden bestimmen. Während Vorausdenken im Zustand der Furcht, zumindest in Grenzen, möglich erscheint, ist es im Zustand der Angst unmöglich.

Angst ist eine „Befindlichkeit", wie es Heidegger ausdrückt; *man hat Angst*.[24] Ebenso wie die Furcht wird auch die Angst von messbaren und wahrnehmbaren körperlichen Erscheinungen begleitet, und ähnlich wie die Furcht wird auch die Angst erlebt. Anders als die Furcht hat Angst als mentaler Zustand aber keine Richtung; sie ist auf nichts bezogen; sie ist neutral; sie hat keine Intentionalität; es fehlt ihr, im Gegensatz zur Furcht, die Vorstellung von dem „Wovor"[25]. Weil Angst damit keinen propositionalen Gehalt besitzt, kann sie nicht benannt werden;[26] „sie verschlägt uns das Wort"[27]. Dabei ist Angst nicht in dem Sinne kontingent,

---

15 Platon: *Protagoras* (Anm. 6), 360 ff.
16 Thomas von Aquin: Bd. 3: *Der Mensch und das Heil* (Anm. 5), 125. Untersuchung.
17 Ebd., Art. 176.
18 Vgl. Platon: *Protagoras* (Anm. 6), 359 e; Descartes: *Leidenschaften der Seele* (Anm. 12), Art. 173.
19 Jean Delumeau: *Angst im Abendland – Die Geschichte kollektiver Ängste im Europa des 14. Bis 18. Jahrhunderts* (1978), Hamburg: Rowohlt 1989, S. 9–25, hier S. 13.
20 Descartes: *Leidenschaften der Seele* (Anm. 12), Art. 48.
21 Platon: *Protagoras* (Anm. 6), 361 d.
22 Descartes: *Leidenschaften der Seele* (Anm. 12), Art. 176.
23 Diese Vielfalt wird in der Wahrscheinlichkeitsrechnung durch einen so genannten ‚Wahrscheinlichkeitsraum' erfasst.
24 Martin Heidegger: *Sein und Zeit* (1927), Tübingen: Max Niemeyer Verlag 1967, §40, S. 184–191.
25 Zwar sagen wir oft, dass wir *Angst vor etwas* haben, aber im reflektierten Sprachgebrauch wäre das Furcht.
26 Während Brentano in „Psychologie" (Anm. 3) davon ausgeht, dass mentale Zustände, die er psychologische Aktivitäten nennt, immer Intentionalität besitzen, unterscheidet Searle in *Intentionalität* (Anm. 3) zwischen mentalen Zuständen, die intentional sind und solchen, die es nicht sind, vgl. John R. Searle: *Sprechakte – Ein sprachphilosophischer Essay* (1969), Frankfurt a. M.: Suhrkamp 1971.
27 Martin Heidegger: *Was ist Metaphysik?* (1929), Frankfurt a. M.: Vittorio Klostermann 1968, S. 32.

dass es etwas geben könnte, auf das sie sich bezieht, das wir nur nicht kennen, das aber denkbar ist, sondern das Fehlen einer Vorstellung im mentalen Zustand der Angst ist die Unmöglichkeit einer Vorstellung von dem, was ängstigt; es ist „die wesenhafte Unmöglichkeit der Bestimmbarkeit", sagt Heidegger.[28]

Das Fehlen einer Vorstellung ist jedoch nicht gleichbedeutend damit, dass es nichts gibt, was Angst auslöst. Wie Furcht, entsteht auch Angst aus dem Gefühl einer *Bedrohung*. Bedrohung selbst ist unbestimmt.[29] Dabei kann das, was Bedrohung auslöst, etwas Bestimmtes sein, wie etwas, das ein Ereignis möglich macht; wie ein Gewitter, durch das es zu einem Blitzschlag kommen könnte, oder ein Blitz, dessen Einschlag zu einem Verlust führen kann oder zu einer Verletzung oder zum Tod. Das Gefühl einer Bedrohung kann aber auch durch innere Bedingungen verursacht sein, wie dann, wenn frühere Ängste oder erlebte Schrecken Spuren hinterlassen haben und akut werden, ohne dass die gefühlte Bedrohung einen aktuellen auslösenden äußeren Grund hat. Nicht die Bedrohung, die Furcht erzeugt, sondern die Bedrohung, die Angst auslöst, lässt das, was ängstigt, unbestimmt; und es scheint oft gerade diese Unbestimmtheit zu sein, die als bedrohlich empfunden wird.[30] Und wenn das, was ein Gefühl der Bedrohung auslöst, vollständig unbekannt ist oder gänzlich unvorstellbar, wie der Gedanke an das Ende der Welt oder an das Erleben des eigenen Todes, dann ist das, was das Gefühl einer Bedrohung hervorbringt, nicht Furcht, sondern Angst; denn dem Gefühl der Bedrohung fehlt dann die Vorstellung von etwas Bestimmtem.

Im Griechischen Wortgebrauch verbindet sich Angst ($\phi \acute{o} \beta o \varsigma$, $\alpha \gamma \omega \nu \acute{\iota} \alpha$, $\alpha \pi o \rho \acute{\iota} \alpha$) nicht nur mit der Furcht, durch die sie ausgelöst werden kann, sondern auch mit dem Wetteifern und der Anstrengung, der Unwegsamkeit, der Ratlosigkeit, dem Zweifel und der Unmöglichkeit. Anders als Furcht, wird Angst also nicht durch das bestimmt, was sie auslöst oder durch das, was sie bedingt, sondern situativ und als ein Gefühl. Daraus kann man wohl schließen, dass es schon in der Antike eine begriffliche Trennung von Angst und Furcht gab.[31] Angst ist in der griechischen Philosophie und Religion aber kein gesondertes Thema. Sie ist in erster Linie eine Erscheinung des Körpers. Eine metaphysische Deutung der Angst kündigt sich erst mit dem Christentum an, vor allem in dem Satz, den Jesus vor seiner Festnahme am Ölberg zu seinen Jüngern spricht: „In der Welt habt ihr Angst; aber seid getrost, ich habe die Welt überwunden." (Joh 16,33) Hier wird das

---

28 Ebd., S. 31–32.
29 Heidegger: *Sein und Zeit* (Anm. 24), S. 187.
30 Vgl. Gudrun Perko: *Angst im Übermaß – Philosophische Reflexionen über die Gestaltungen der Angst im Hinblick auf Geschlechterverhältnisse*, Dissertation, Institut für Philosophie, Universität Wien, November 1995; zitiert nach www.perko-profundus.de (letzter Zugriff: 16.12.2011). Gudrun Perko schreibt in der Einleitung ihrer Dissertation: „[…] unbestimmbare Angstanfälle und Angstzustände sind mir nicht unbekannt, die in einen Zustand versetzen, in dem nichts mehr gesichert scheint. Angst ist mir aber auch nicht fremd angesichts gesellschaftlicher und politischer Ereignisse; sie lässt sich diesbezüglich keineswegs auf Furcht vor … reduzieren, denn die Ungewissheit darüber, was uns bevorsteht, versetzt nicht wenige Male in ein angstgenerierendes Vakuum – insbesondere aufgrund irreversibler Instituierungen." (S. 5–6).
31 Vgl. Aristoteles: *Über die Seele*, Buch I, 403a.

Haben der Angst in seiner Universalität ausgesagt, und auf ihre Überwindung verwiesen, durch Jesus, der zu Gott zurückkehrt, zu seinem Vater, von dem er gekommen ist. Zwar sagt Jesus nichts zu dem *Wovor* der Angst und zu deren *Worum*, aber mit seinem Überwinden der Welt muss der Trost durch seine wiedergewonnene Nähe zum Vater zustande kommen und folglich die Angst, so muss man es wohl verstehen, durch die Gottesferne ausgelöst sein.

Kierkegaard ist der Erste, der die Trennung von Angst und Furcht thematisiert[32] und der das Phänomen der Angst ontologisch und existenziell erklärt: Er versteht sie als „Wirklichkeit der Freiheit als Möglichkeit für die Möglichkeit"[33] und erkennt in dieser Wirklichkeit das „Nichts", das „Angst gebiert", wenn es vor Augen ist.[34] Das *Wovor der Angst* bestimmt er als die Möglichkeit des Möglichen, die auf das Nichts verweist, und in der Angst, die er mit einem Schwindel vergleicht, der einen packt, wenn man in eine gähnende Tiefe blickt,[35] sieht er eine Reaktion des Geistes auf dieses Nichts.[36] Auch Heidegger verweist auf die Verschiedenheit von Furcht und Angst[37] und erkennt das *Wovor der Angst* als das „geworfene In-der-Welt-sein als solches" und das *Worum der Angst* als das „In der Welt sein können".[38] Er sieht in der Angst die Befindlichkeit, in der einem, im tiefsten Sinne, „unheimlich" ist.[39]

Der irritierende Charakter der Angst und die Unbestimmtheit dessen, worauf sie sich bezieht, machen die Frage nach ihrem Ursprung virulent. Wie kommt es, dass der Mensch Angst hat? Angst wird allgemein als etwas gesehen, das dem Menschen eigen ist, als eine anthropologische Konstante; aber die Erklärungen zu ihrem Ursprung weichen stark voneinander ab. So ist Angst im Neuen Testament Gottesferne und bei Kierkegaard Voraussetzung und zugleich Folge der „Erbsünde", durch die das Wissen von Gut und Böse in die Welt gekommen ist.[40] Bei Heidegger, der sich vom theologischen Zusammenhang der Deutung der Angst abgrenzt, erwächst Angst aus dem „Un-zuhause" des „In-der-Welt-seins",[41] und bei Freud ist Angst durch die „Urangst der Geburt" als „Angstvorbild" begründet, zu dem es durch das erste Erleben eines Verlustes bei der Trennung von der Mutter kommt.[42] In ihren jeweiligen Zusammenhängen erhalten diese verschiedenen Bestimmungen des Ursprungs der Angst ihren Sinn. Sie zeigen aber allesamt, dass Angst immer in Gegebenem verankert ist, das aus der Vergangenheit kommt. Dadurch besitzt

---

32 Søren Kierkegaard: *Der Begriff der Angst* (1844), Stuttgart: Reclam 2008.
33 Ebd., S. 50.
34 Ebd.
35 Ebd., S. 72.
36 Ebd., S. 50–55.
37 Heidegger: *Was ist Metaphysik?* (Anm. 27), S. 31–32.
38 Heidegger: *Sein und Zeit* (Anm. 24), S. 191.
39 Ebd., S. 188–189.
40 Kierkegaard: *Der Begriff der Angst* (Anm. 32), S. 64.
41 Heidegger: *Sein und Zeit* (Anm. 24), S. 189.
42 Siegmund Freud: „Hemmung, Symptom und Angst" (1926), in: Sigmund Freud: *Gesammelte Werke*, Bd. XIV, Frankfurt a. M.: S. Fischer 1976, S.111–205, hier S. 167–174.

Angst ständige Präsenz. Die „ursprüngliche Angst wird im Dasein zumeist niedergehalten. Die Angst ist da. Sie schläft nur",[43] schreibt Heidegger.

Auf das individuelle oder kollektive Erleben von Angst haben diese sensiblen und in tiefer Einfühlung gefundenen Erklärungen keinen direkten Einfluss. Sie versuchen eine Befindlichkeit in Worten zu beschreiben, die sich auf nichts bezieht, das sagbar wäre, und die durch die körperliche Verursachung ihrer wahrnehmbaren Erscheinungen, die mit ihr einhergehen, zwar belegt, aber nicht angemessen erfasst werden kann. Sie eröffnen nur Räume der Deutung. Aber diese Versuche einer begrifflichen Bestimmung machen doch klar, dass die individuelle Wirklichkeit des Geistes nicht bloß von Gedanken und Emotionen bevölkert ist, die sich in schimpfliche und gut zu heißende, in sündhafte und nicht sündhafte, in lasterhafte und lobenswerte, oder in pathologische und nicht pathologische teilen lassen, sondern dass die individuell erlebte und gestaltete Wirklichkeit offenbar an Bedingungen geknüpft ist, die eine rastlose, erwartende und zugleich einengende Bewegung des Erlebens hervorrufen. Kierkegaard schreibt dazu: „Die Wirklichkeit des Geistes zeigt sich ständig als eine Gestalt, die seine Möglichkeit versucht, jedoch fort ist, sobald er nach ihr greift, und ein Nichts ist, das nur zu ängstigen vermag."[44]

Wenn die individuelle Wirklichkeit solchen Bedingungen unterliegt, ganz gleich, wie diese erklärt werden, dann muss es auch eine Empfänglichkeit für etwas geben, das der ängstigenden Bedrohung entgegenwirkt. Aber was ist es, das die Angst vertreiben kann? Im Erleben ist Angst ein Zustand, der unfasslich ist, unheimlich, mit Erwartung verbunden, unbefriedigt, Bindung suchend und nach seiner Auflösung strebend. Aber wie kann es zu einer solchen befreienden Auflösung des unbestimmten Gefühls der Bedrohung kommen? Offenbar nur dadurch, dass sich das Unbestimmte verliert und in Bestimmtes übergeht, in Furcht, Hoffnung oder in frohes Erwarten. Doch dazu muss es eine Vorstellung geben, die an die Stelle des nicht Bestimmbaren tritt und die an das, was das Gefühl der Bedrohung verursacht, anknüpft. Die Bestimmtheit einer die Angst vertreibenden Vorstellung hat jedoch ihren Preis. Denn mit der Auflösung der ängstigenden Bedrohung kommt es auch zum Schwinden der als Möglichkeit zum Möglichen verstandenen Wirklichkeit der Freiheit, weil dann durch die Vorstellung an die Stelle der Angst die Erwartung von etwas tritt, das möglich erscheint. Als Preis zu zahlen ist aber nicht nur der durch die Bestimmtheit bewirkte Verlust der Freiheit, sondern auch die Einbindung der die Angst vertreibenden Emotion in ein System ethischer und moralischer Setzungen. Die Angst weicht dann der Möglichkeit des Vorausdenkens und mit ihr drängt sich in den Vordergrund, was gut und was böse ist.

---

43 Heidegger: *Was ist Metaphysik* (Anm. 27), S. 37.
44 Kierkegaard: *Der Begriff der Angst* (Anm. 32), S. 50.

Zeit und Wissen

Nicht nur das Erleben der Furcht, sondern auch das Erleben der Angst ist auf Zukünftiges hin orientiert. Das zeigt sich nicht zuletzt in der Angst, die in der Sehnsucht nach einer besseren Zukunft steckt, in der Ungewissheit des Zukünftigen, in der Unvorstellbarkeit künftiger Ereignisse und in der Sorge um die Bewahrung der Vergangenheit. Diese Orientierung auf die Zukunft hin lässt sich auch aus den Bestimmungen des *Wovor* und des *Worum* der Angst herauslesen. Als „Wirklichkeit der Freiheit", verstanden als „Möglichkeit für die Möglichkeit",[45] ist die Angst für den Menschen deshalb eine Begleiterscheinung der Zeit. Denn die Möglichkeit betrifft Mögliches in der Zukunft und die Möglichkeit für diese Möglichkeit betrifft demnach die zukünftige Zeit.

Es gibt verschiedene Modelle,[46] die das Phänomen der Zeit als eine *Erscheinung objektiv existierender Gegebenheit* zu erfassen suchen.[47] Im allgemeinen Verständnis der Zeit werden die Vorstellungen hinter diesen Modellen miteinander kombiniert. Auch wenn es dabei zu Unverträglichkeiten kommt, ergibt sich dadurch doch ein im Ganzen schlüssig erscheinendes Bild. Weit verbreitet sind die Vorstellungen, dass Zeit einen Verlauf nimmt, der in einer *Progression von Zeitpunkten* beschrieben werden kann, dass es für jeden Zeitpunkt ein *vorher* und ein *nachher* gibt, dass es für je zwei Zeitpunkte bestimmt ist, welcher der *frühere* und welcher der *spätere* ist, dass *Zeitdauern* durch die Distanz zweier Zeitpunkte entstehen, und dass im Ganzen der Zeitverlauf Aufteilungen der Zeitpunkte in *Vergangenheit, Gegenwart* und *Zukunft* zulässt. Dabei entspricht der Gegenwart der Zeitabschnitt, der aktuell erlebt wird. Im Verlauf der Zeit wird Gegenwärtiges zu Vergangenem und Zukünftiges zu Gegenwärtigem. *Ewigkeit* ist das Gegenteil der *Zeitlichkeit*, d. h. Ewigkeit ist ganz und nicht in Zeitpunkte oder Zeitabschnitte zu zerteilen. Ob der Verlauf der Zeit eine *unendlich* zurückreichende Vergangenheit hat und ob er ohne Ende in die Zukunft fortschreitet, ist eine Frage des Glaubens. An den Vorstellungen von einer objektiven Zeit orientiert sich die *Zeitmessung*. Sie nimmt den Zyklus der Sonne oder eine andere gleichmäßige Schwingung zur Referenz einer gleichförmigen Bewegung, die sie symbolisch oder technisch rekonstruiert und an einer Zeitskala anzeigt.[48]

Dem Modell einer objektiven Zeit gegenüber steht die *Erfahrung eines subjektiven Zeiterlebens*. Auch für dieses Erleben gibt es Modelle. So liegt es nahe, durch die subjektive Relativierung nicht nur einen, sondern viele Zeitverläufe anzunehmen, die jeweils nicht unbedingt durch gleichförmige Bewegungen charakterisiert sind, die aber durch Kalender und Uhren normiert und synchronisiert werden können.

---

45 Ebd.
46 Der Begriff des Modells wird in diesem Text durchgängig in der unten skizzierten Bedeutung verstanden.
47 Vgl. Kurt Flasch: *Was ist Zeit? Augustinus von Hippo. Das XI. Buch der Confessiones* (1993), Frankfurt a. M.: Vittorio Klostermann ²2004, S. 15–226; Peter Janich: *Die Protophysik der Zeit. Konstruktive Begründung und Geschichte der Zeitmessung*, Frankfurt a. M.: Suhrkamp 1980, S. 221–272.
48 Janich: *Protophysik der Zeit* (Anm. 47), S. 125–217.

Auch kann man die Gegenwart der Zeit als Blick in die Zukunft denken, die dadurch vor einem liegt, während man die Vergangenheit hinter sich hat, oder man kann sie, ohne Zweifel realistischer und mit der Physik der Wahrnehmung verträglicher, als Blick in die Vergangenheit verstehen, wo das Vergangene durch Erinnerungen, beobachtete Veränderungen und Zeugnisse vor Augen ist, das Zukünftige aber hinter einem liegt und dadurch nicht sehbar und noch unbestimmt. Tatsächlich nehmen unsere Augen wegen der Lichtgeschwindigkeit nur Erscheinungen wahr, deren Ursprung zeitlich früher als deren Wahrnehmung liegt.

Zu der am meisten irritierenden Unverträglichkeit in der alltäglichen Auffassung einer objektiven Zeit gehört die schon von Augustinus gewonnene Erkenntnis, dass es eine Gegenwart als Zeitdauer nicht geben kann, weil jede als ‚gegenwärtig' betrachtete Dauer selbst in Vergangenheit, Gegenwart und Zukunft geteilt werden kann, sodass schließlich der Zeitabschnitt der Gegenwart, auf diese Weise unendlich klein und zu einem Zeitpunkt geworden, keine Ausdehnung mehr hat und deshalb als solcher auch nicht erlebt werden kann.[49] Um nun in der Aufteilung der Zeit die Gegenwart nicht zu verlieren, scheint der Übergang von Modellen der objektiven Zeit zu Modellen des subjektiven Zeiterlebens[50] notwendig zu sein. Ein solcher Übergang macht aber die Zeit zu einem Phänomen, das nicht elementar ist, sondern komplex, und das nur als etwas zugleich Objektives *und* Subjektives erklärt werden kann.

Was verbinden wir mit den Vorstellungen von Vergangenheit, Gegenwart und Zukunft? Was macht sie aus? Konstituieren sie sich objektiven Zuständen der Welt? Eine Antwort auf diese Fragen erschließt sich, wenn man bedenkt, dass Vergangenheit und Zukunft nur von der Gegenwart aus erfasst werden können, selbst dann, wenn man einen unwirklichen Standpunkt einnimmt, von dem aus man die gesamte Zeit in ihrem Verlauf zu überblicken glaubt. Weil das, was in der Vergangenheit war, nicht mehr ist, und das, was in der Zukunft sein wird, noch nicht ist, kann das, was in der Vergangenheit und der Zukunft liegt, nur in der Vorstellung als existent erscheinen, in einer Vorstellung, die in einer subjektiv erlebten Gegenwart gehabt wird. Und wenn man die Gegenwart als etwas denkt, das auf Grund des subjektiven Erlebens Dauer hat, ist auch das, was in der Gegenwart liegt, nur vorgestellt, auch dann, wenn es möglicherweise von jeglichem Erleben unabhängig als etwas Objektives existiert.

Das, was *für uns* in der Zeit liegt, kann man Sachverhalte nennen. Ein *Sachverhalt* ist die Vorstellung,[51] *dass etwas der Fall ist*, wie zum Beispiel, dass sich eine

---

49 Flasch: *Augustinus* (Anm. 47), S. 229–279, hier XV.18.–20., S. 251–255.
50 Edmund Husserl: *Vorlesungen zur Phänomenologie des inneren Zeitbewußtseins* (1928), Tübingen: Max Niemeyer Verlag 2000.
51 Es ist eine Frage der ontologischen Überzeugung, ob man Sachverhalte als objektiv existierende Entitäten betrachtet, oder ob man meint, dass sie ausschließlich als Gegenstände der Vorstellung existieren. Will man aus der Perspektive der Gegenwart auch von zukünftigen Sachverhalten sprechen, muss man wohl davon ausgehen, dass sie Gegenstände der Vorstellung sind und durch Inhalte von Vorstellungen auf sie Bezug genommen werden kann. Damit erhalten sie einen ontologischen Status, der dem von Propositionen gleicht: Sachverhalte können *bestehen* oder *nicht*, so wie

Veränderung vollzieht, dass ein Ereignis eintritt, dass etwas geschieht, dass etwas vorkommt, dass etwas eine Eigenschaft hat, dass eine Beziehung besteht, dass etwas gleich ist, dass etwas gilt oder Ähnliches. Teil einer Sachverhaltsvorstellung ist im Allgemeinen auch eine zeitliche Zuordnung, die bestimmt, ob das der-Fall-sein *in der Vergangenheit, in der Gegenwart* oder *in der Zukunft* liegt, oder auch über die trennenden Grenzen dieser Zeitabschnitte hinweg. So kann man also sinnvoll von einem *vergangenen, gegenwärtigen* oder *zukünftigen* Sachverhalt sprechen.

Die bloße Vorstellung eines zeitlich qualifizierten Sachverhalts hat noch nichts mit der Frage zu tun, ob er auch tatsächlich besteht, d. h. *ob* tatsächlich der Fall ist, *was* vorgestellt wird. Was vorgestellt wird, ist nur, *dass etwas der Fall ist,* dass also zum Beispiel die Erde eine Scheibe ist, dass es in tausend Jahren Einhörner geben wird oder dass ein rundes Quadrat dreieckig ist; es ist nicht, dass dies auch *tatsächlich* so ist. Denn die Frage, ob ein Sachverhalt besteht, geht über die bloße Vorstellung, dass etwas der Fall ist, hinaus. Sie verlangt als Antwort ein Urteil: in einem solchen Urteil muss die Vorstellung, *dass etwas der Fall* ist, mit der Vorstellung einer *Welt* in Beziehung gesetzt werden, in der vorgestellt wird, *was der Fall ist*; und aus dieser Beziehungssetzung muss dann mit einer gewissen *Verbindlichkeit* die Vorstellung gewonnen werden, *dass* oder *dass nicht* das in Frage stehende Etwas der Fall ist, *weil* die Welt das bestätigt.[52] Durch die Verbindlichkeit der so gewonnen Vorstellung drückt sich in einem Urteil des tatsächlichen Bestehens eines Sachverhalts eine *Überzeugung* aus. Eine Überzeugung betrifft immer eine Welt.

Es gibt ein breites Spektrum von Gewissheiten, die eine Überzeugung stützen. Das Spektrum reicht vom *Meinen* und dem *Glauben*, mit nur subjektiver Gültigkeit, über die *empirische Bestätigung* und *gesichertes Wissen* bis hin zu *sicherem Wissen*, das einer Überzeugung neben *subjektiver Gültigkeit* auch *objektive Gültigkeit* verleiht.[53] Entscheidenden Einfluss auf die Art der Gewissheit, auf die sich eine

---

Propositionen *wahr* sein können oder *falsch*, vgl. Maria Elisabeth Reicher (Hg.): *States of Affairs*, Heusenstamm: Ontos Verlag 2009; Bernd Mahr: „On Judgements and Propositions", in: Tiziana Margarita u. a. (Hg.): *Manipulation of Graphs, Algebras and Pictures*, Electronic Communications of the EASST, Volume 26, 2010.

52 Bei einem Urteil von Verbindlichkeit zu sprechen, und dadurch das Urteil vom bloßen Haben der Vorstellung, auf die sich das Urteil bezieht, zu unterscheiden, geht auf Frege zurück; vgl. Gottlob Frege: „Begriffsschrift, eine der Arithmetischen nachgebildete Formelsprache des reinen Denkens" (1879), in: ders.: *Begriffsschrift und andere Aufsätze*, Hildesheim u. a.: Georg Olms 2007, S. VIII–88, hier S. 1–5; Bernd Mahr: „Intentionality and Modelling of Conception", in: Sebastian Bab/Klaus Robering (Hg.): *Judgements and Propositions – Logical, Linguistic and Cognitive Issues*, Berlin: Logos 2010, S. 61–87.

53 Der klassische Wissensbegriff erfasst Wissen als eine Kombination von zweierlei: dem Glauben oder Meinen eines Sachverhalts, und etwas, das das Bestehen des geglaubten Sachverhalts ausdrückt. Es gibt viele Ansätze, dieses Bestehen zu erklären. In der epistemischen Logik ist Wissen durch die Aussage definiert: A weiß, dass der Satz p gilt, genau dann, wenn A glaubt, dass p, und p wahr ist. Schon Platon sah in dieser Erklärung eine „Windgeburt", weil sie zwar nicht in der Logik, aber in der erlebbaren Welt in einen unendlichen Regress führt, vgl. Platon: *Theaitetos*, 209e–210d. Günter Abel definiert in seiner Interpretationsphilosophie dagegen: „A weiß, dass p, genau dann, wenn A glaubt, dass p, und A mit seinem Glauben recht hat, d. h. wenn dieser [Glaube] mit der Form der Interpretationspraxis zusammenstimmt und sich im Leben bewährt, mithin die mit einem Wissen verbundene Sicherheit gibt.", vgl. Günter Abel: *Sprache, Zeichen, Interpretation*,

Überzeugung stützen kann, hat die *Zugänglichkeit der Welt*, die sie betrifft. Symbolische Welten, die als Strukturen oder Modelle mathematisch definiert sind, besitzen über ihre mathematische Definition eine kaum bezweifelte Zugänglichkeit. Zusammen mit ebenfalls definierten Interpretationsverfahren garantieren sie nicht nur subjektive, sondern auch objektive Gültigkeit und erlauben dadurch sicheres Wissen – auch wenn dieses Wissen nicht absolut ist, sondern durch Definitionen und Konventionen relativiert.[54] Die Zugänglichkeit der erlebbaren Welt ist dagegen problematisch. Ihre Grundlage sind Beobachtung und Experiment. Damit aber eine Überzeugung neben subjektiver Gültigkeit auch objektive Gültigkeit besitzt,[55] muss sie sich auf sicheres Wissen stützen; und dieses Wissen im Blick auf die erlebbare Welt setzt die Überzeugung voraus, dass tatsächlich der Fall ist, was beobachtet wird und dass Experimente tatsächlich zeigen, was an ihnen gesehen wird. Der Versuch, durch Beobachtung und Experimente einen von allen Zweifeln befreiten Zugang zur erlebbaren Welt zu bekommen, führt daher in einen unendlichen Regress von Überzeugungen.[56] Trotz aller Genauigkeit der Beobachtung und Tauglichkeit der Methode verhindert die problematische Zugänglichkeit der Welt, die wir erleben, sicheres Wissen. Überzeugungen, die diese Welt betreffen, müssen sich daher am Ende auch auf Geglaubtes stützen. Das gilt nicht nur für das Bestehen gegenwärtiger Sachverhalte, sondern vor allem auch für das Bestehen von Sachverhalten, die wir der Vergangenheit oder der Zukunft zuordnen.

Um Wissen über eine Welt differenzieren zu können, vor allem im Hinblick auf Vergangenes und Zukünftiges, unterscheidet man *Modalitäten*. Modalitäten modifizieren das der-Fall-sein. Eine grundlegende Modalität ist die *Notwendigkeit*. Mit ihr ist der Gedanke verbunden, dass in einer Welt etwas *notwendigerweise* der Fall ist, wenn dies zwingende Gründe hat, d. h. Gründe, denen kein Zweifel anhaften kann. Was notwendigerweise der Fall ist, kann deshalb auch sicher gewusst werden. Neben der Notwendigkeit werden auch andere Modalitäten betrachtet, die sich nach weit verbreitetem Verständnis jedoch alle mit Hilfe der Notwendigkeit definieren lassen. So spricht man nicht nur von etwas, das *notwendig* ist, weil es in der fraglichen Welt notwendigerweise der Fall ist, sondern auch davon, dass in dieser Welt etwas *möglich* ist oder *unmöglich* oder *kontingent* oder *nicht kontingent*. Dabei

---

Frankfurt a. M.: Suhrkamp 1999, S. 310. Entscheidend an Abels Wissensbegriff ist die Erfüllungsbedingung des Wissens als intentionaler mentaler Zustand: mit dem Wissen muss es für das Subjekt zu der mit Wissen verbundenen Sicherheit kommen. Für eine realistische Deutung dieser Formulierung muss *Sicherheit* hier in einem weiten Sinn verstanden werden, vom subjektiven Gefühl der Sicherheit bis hin zur Zweifelsfreiheit des Erfolgs einer intendierten Handlung.

54 Platons berühmte Kritik an der Mathematik zielt auf diese Relativierung, vgl. Platon: *Der Staat*, 510c.

55 Kant sieht im Wissen etwas, dem im „Fürwahrhalten" sowohl „subjektive" als auch „objektive Gültigkeit" zukommt, vgl. Immanuel Kant: *Kritik der reinen Vernunft*, Hamburg: Meiner 1990, S. 739 ff.

56 Diesen unendlichen Regress hatte auch schon Platon gesehen, vgl. Platon: *Theaitetos*, 209e–210d, und er findet sich auch in Tarski's unendlicher Hierarchie von Wahrheitsaussagen, vgl. Alfred Tarski: *Der Wahrheitsbegriff in den formalisierten Wissenschaften*, in: *Studia Philosophica* 1 (1935), S. 261–405.

ist etwas möglich, wenn es nicht unmöglich ist, und es ist unmöglich, wenn es notwendigerweise nicht der Fall ist; und etwas ist kontingent, wenn es möglicherweise, aber nicht notwendigerweise der Fall ist. Kontingenz schließt also in jedem Fall die Notwendigkeit aus. Möglichkeit dagegen lässt auch zu, dass etwas notwendigerweise der Fall ist. Was kontingent ist, kann deshalb nicht sicher gewusst werden. Etwas, das notwendig ist, muss, wenn es in der Vergangenheit liegt, notwendigerweise so gewesen sein, und wenn es in der Zukunft liegt, dann wird es notwendigerweise so sein. Etwas, das kontingent ist, könnte dagegen, wenn es in der Vergangenheit liegt, auch anders der Fall gewesen sein, nicht jedoch im Wissen darum, sondern in der Sache; und etwas, das kontingent ist und in der Zukunft liegt, kann so oder kann nicht so sein, und auch hier wieder nicht, weil das nicht gewusst wird, sondern weil es in der Sache liegt.

In symbolischen Welten wird Notwendigkeit dann angenommen, wenn das, was der Fall ist, durch Definitionen und Begründungen erfasst werden kann, die sich auf die Gesetze der Logik stützen.[57] Kontingenz wird symbolisch durch Disjunktion als Nichtdeterminismus oder eine Wahrscheinlichkeitsverteilung erfasst. Die Frage, ob in der Welt, die wir erleben, Notwendigkeit möglich ist oder nicht, ist umstritten. Der Glaube an echten Zufall unterstellt die Kontingenz der erlebbaren Welt und bezweifelt sicheres Wissen. In idealisierten, meist auf die Naturwissenschaften verweisenden Betrachtungen der erlebbaren Welt wird dagegen nicht selten die Möglichkeit von Notwendigkeit angenommen und mit dem Glauben an die unbezweifelbare Gültigkeit von *Naturgesetzen* und an die Möglichkeit der *Objektivität von Beobachtungen* auch die prinzipielle Zugänglichkeit der Welt behauptet, die zu sicherem Wissen führen kann. Mit der Idee Gottes kann auch die Notwendigkeit der Notwendigkeit begründet werden, selbst dann, wenn dem Menschen sicheres Wissen über die erlebbare Welt verwehrt ist. Nicht nur Parmenides argumentierte so.[58] Auch Leibniz gelangte zu dieser Überzeugung. Er glaubte, dass das Geschehen der Welt *in* Gott sein muss, weil es aus seinem Wesen folgt. Was in der Welt der Fall ist, hat Gründe, und Gott weiß diese Gründe und handelt gerecht. Wir Menschen können in der Endlichkeit, die uns beschränkt, nicht zu ihnen vordringen. Deshalb können wir das, was notwendigerweise der Fall ist, aus eigenen Kräften auch nicht mit Sicherheit wissen. Wir können uns dem nur nähern. Die Notwendigkeit in dem uns kontingent Erscheinenden erschließt sich uns deshalb nur durch Gott. Was in der Welt der Fall ist, ist deshalb nur nach menschlichem Maß kontingent. Wir können also in der erlebbaren Welt das notwendig Wahre und das notwendig Falsche nicht mit „*geometrischer Strenge*" beweisen.[59]

Die Unmöglichkeit von sicherem Wissen schließt jedoch nicht aus, dass andere Arten der Überzeugung möglich sind, von der Vermutung mit nur geringer Ver-

---

57 Ernst Tugendhat/Ursula Wolf: *Logisch-semantische Propädeutik*, Stuttgart: Reclam 1983, S. 50–65, S. 243–260.
58 Parmenides: *Vom Wesen des Seienden – Die Fragmente*, Frankfurt a. M.: Suhrkamp 1969.
59 Gottfried Wilhelm Leibniz: „Zum Begriff der Möglichkeit" (1686/1689), in: Hans Heinz Holz: *G. W. Leibniz: Kleine Schriften zur Metaphysik*, Frankfurt a. M.: Suhrkamp 1996, S. 172–189.

bindlichkeit, über den Glauben bis hin zu gesichertem Wissen, das, soweit das eben möglich ist, keinen Zweifel mehr zulässt. Beschränkungen der Überzeugung differenzieren sich vor allem mit der Zeitlichkeit der Sachverhalte, auf die sie sich beziehen. Ohne Zweifel können Überzeugungen, die Vergangenes betreffen, auf gesichertem Wissen beruhen, wenn Erinnerungen, beobachtete Veränderung und Zeugnisse dies zulassen. Das gilt sogar für Sachverhalte, die weit in der Vergangenheit zurückliegen. Überzeugungen, die Zukünftiges betreffen, erscheinen dagegen durch die weit gehende Unzugänglichkeit der zukünftigen Welt viel stärker auf Vermutungen und Glauben angewiesen zu sein. Denn Zukünftiges, das möglich ist, also notwendigerweise der Fall ist oder kontingent, kann nicht beobachtet werden und deshalb auch nicht belegt. Einen gewissen Grad der Gültigkeit können Überzeugungen von Zukünftigem natürlich durch Prinzipien der Kontinuität erhalten, nach denen die Natur keine Sprünge macht, oder durch Prinzipien der Trägheit, weil es ja für jede Betrachtung Zeitdauern gibt, in denen das Betrachtete unverändert erscheint. Aber für das Bestehen zukünftiger Sachverhalte, die ohne vorherige Ankündigung zustande kommen und die auch keinen Vergleich zu etwas zulassen, das in der Vergangenheit schon einmal der Fall gewesen ist, ist der Grad möglicher Überzeugung nur gering. Denn es können für sie keine objektivierenden Gründe vorgebracht werden.

Im Hinblick auf Zukünftiges bestehen also im Wesentlichen zwei Aporien: zum einen, dass sich das zukünftig Wahre in dieser Welt nicht sicher wissen lässt, und zum anderen, dass Überzeugungen, die Zukünftiges betreffen, durch objektivierende Gründe nicht sicher gemacht werden können. Diese Situation könnte natürlich mit Gleichmut ertragen werden, aber die beiden Aporien sind nicht von der Angst zu trennen, die mit der Ungewissheit des Zukünftigen erlebt wird. Wie jede Angst drängt auch diese Angst nach ihrer Auflösung, und so ist der Glaube an Vorhersagen und Prophezeiungen offenbar ein Weg, die Angst, die von diesen Aporien ausgelöst wird, zu überwinden. Nun kann aber einer Angst, wenn sie nicht schläft, nur durch die Auflösung ihrer Unbestimmtheit begegnet werden, d. h. dadurch, dass sie durch eine Vorstellung des Zukünftigen in Furcht, Hoffnung oder freudiges Erwarten verwandelt wird; und Angst kann offensichtlich auch nur dann weichen, wenn die gewonnene Vorstellung, die sie verwandelt, mit einer gewissen Überzeugung ihrer Gültigkeit verbunden ist. Deshalb müssen Vorhersagen und Prophezeiungen, wenn sie funktionieren sollen, Glaubwürdigkeit erlangen. Und wenn sie die höchste Qualität der Gewissheit anstreben, müssen sie einen Glauben beanspruchen, der die Sicherheit bietet, die der des Habens von sicherem Wissen gleicht. Glauben in diesem Sinne ist dann etwas ganz anderes als bloßes Meinen. Die Offenbarung des Johannes ist eine Prophezeiung, die mit ihrer Niederschrift nicht nur eine Vorstellung vermittelt, die Angst in Furcht zu verwandeln vermag, sondern die mit der Rhetorik, in der sie sich präsentiert, auch einen Glauben an ihren Wahrheitsgehalt einfordert, der die Überzeugungskraft von sicherem Wissen hat.

Die Offenbarung des Johannes und die Befestigung ihrer Botschaft

Daniel, der als Geisel am Hof des Königs in Babylonien aufwuchs, deutete Nebukadnezars Traum als das Kommen von vier Reichen. Er schloss seine Auslegung mit einer Prophezeiung: „Aber zur Zeit solcher Königreiche wird der Gott des Himmels ein Königreich aufrichten, das nimmermehr zerstört wird; und sein Königreich wird auf kein ander Volk kommen. Es wird alle diese Königreiche zermalmen und zerstören; aber er selbst wird ewiglich bleiben."[60] Die Zerstörung der von der Schlange beherrschten Weltreiche, die Erlösung der Gläubigen auf der Erde und die endgültige Herrschaft Gottes im Himmel sind Elemente einer geweissagten Zukunft, über die in der Bibel an vielen Stellen berichtet wird. Im Neuen Testament[61] ist Jesus als Gottes Sohn der Sieger im Kampf gegen das Böse und der Vollstrecker, der nach der Auferstehung von den Toten und nach der Himmelfahrt wieder auf die Erde kommen wird, um Gottes Plan der Vernichtung der Reiche und des Gerichts am jüngsten Tag zu erfüllen. Von dieser Wiederkehr und von den Zeichen, die ihr vorausgehen, handelt die Offenbarung des Johannes. Sie ist der Bericht einer Vision, eines divinatorischen Traums: „…ich war auf der Insel, die da heißt Patmos, um des Wortes Gottes willen und des Zeugnisses von Jesus. Der Geist kam über mich an des Herrn Tag, und ich hörte hinter mir eine große Stimme wie von einer Posaune, die sprach: Was du siehst, das schreibe in ein Buch […]" (Offb 1,9–11). Und so schrieb er, was er sah: die Zeichen, das grausame Geschehen der letzten Tage und das Heilsversprechen, das denen gilt, die die Worte dieser Botschaft „hören" und „behalten". In der Offenbarung kommt es jedoch nicht zu einer genauen Vorhersage dessen, was geschehen wird, sondern Johannes vermittelt uns mit den starken Bildern seines Traums und mit der eindringlichen Schilderung eines in die Ewigkeit mündenden geschichtlichen Zeitverlaufs eine unbestimmte Vorstellung von Unvorstellbarem. Dadurch bindet uns die Offenbarung durch Ungewissheit und Geheimnisse.

Schon am Anfang werden wir durch die zeitliche Unbestimmtheit der letzten Tage gefesselt: „denn die Zeit ist nahe" (Offb 1,3), schreibt Johannes; und am Ende zitiert er auch Gott: „Siehe, ich komme bald" (Offb 22,6–7); und durch das „Komm" der vier Donnerstimmen, die Johannes vernahm, wird die Zeit auch noch herbeigerufen. Wenn aber das Ende nahe ist, betrifft es uns, weil wir es noch selbst erleben könnten. Auch an anderen Stellen im Neuen Testament wird über das Geheimnis der Zeit gesprochen. Als Jesus kurz vor den Ostertagen auf dem Ölberg saß, fragten ihn seine Jünger, wann denn dieser Tag der Zerstörung kommen werde. Und er antwortete ihnen: „Von dem Tage aber und von der Stunde weiß niemand, auch die Engel nicht im Himmel, auch nicht der Sohn, sondern allein der Vater"

---

[60] Daniel 2(44), in: *Die Bibel*, übers. von D. Martin Luther, Berlin: Preußische Haupt-Bibelgesellschaft, keine Jahreszahl.

[61] *Das Neue Testament*, übers. von D. Martin Luther, Stuttgart: Privilegierte Württembergische Bibelanstalt 1956; alle folgenden Zitate sind aus dem Neuen Testament dieser Ausgabe entnommen und werden nachfolgend direkt im Text in runden Klammern nachgewiesen.

(Mt 24,36). Jesus ließ an seinem Wiederkommen aber keinen Zweifel und fuhr deshalb fort: „Darum wachet; denn ihr wisset nicht, welchen Tag euer Herr kommen wird [...] Denn des Menschen Sohn kommt zu einer Stunde, da ihr's nicht meinet" (Mt 24,42.44). Der Tag des baldigen Endes ist also nicht nur nicht zu erfahren, sondern es gilt auch das Verbot seiner Entdeckung. Denn als Jesus vor seiner Himmelfahrt noch einmal von seinen Jüngern nach dem Tag gefragt wurde, an dem er wiederkommen werde, antwortete er ihnen: „Es gebührt euch nicht, zu wissen Zeit oder Stunde, welche der Vater in seiner Macht bestimmt hat" (Apg 1,7). Und er warnte seine Jünger noch: „Sehet zu, lasset euch nicht verführen. Denn viele werden kommen unter meinem Namen und sagen: Ich bin's, und: Die Zeit ist herbeigekommen. Folget ihnen nicht nach!", verwies aber auch auf die Zeichen: „Wenn ihr aber hören werdet von Kriegen und Empörungen, so entsetzet euch nicht. Denn solches muss zuvor geschehen; aber das Ende ist noch nicht so bald da." (Lk 21,8)

Jesus, im Gespräch mit seinen Jüngern, und Johannes, in seinem Bericht, verweisen beide auf ein zukünftiges Geschehen, legen sich aber zeitlich nicht fest. Dadurch werden die erwarteten Ereignisse von jeglicher zukünftigen Gegenwart unabhängig. Denn sie können immer „bald" kommen. Durch das „bald" entziehen Jesus und Johannes dem Glauben an das prophezeite Geschehen nicht die Erwartung, es noch zu erleben; außerdem binden sie es an das Subjekt, denn „bald" gehört zum subjektiven Erleben der Zeit. Und durch die Ungebühr, Zeit und Stunde zu wissen, und besonders durch das widersprüchlich erscheinende „nicht so bald" entziehen sie das offenbarte Geschehen auch der Gefahr, mit fortschreitender Zeit immer überzeugender bezweifelt werden zu können. Um doch solchem Zweifel vorzubeugen, schreibt Petrus in seinem zweiten Brief: „Der Herr verzögert nicht die Verheißung, wie es etliche für eine Verzögerung achten; sondern er hat Geduld mit euch und will nicht, dass jemand verloren werde, sondern dass sich jedermann zur Buße kehre." (2 Joh 3,8.9) Weil aber die Tage der Zerstörung und des Jüngsten Gerichts Geheimnisse sind, können wir ihr baldiges Kommen tatsächlich auch nicht widerlegen. Wir können uns aber auch der Bedrohung durch ihre Nähe nur schwer entziehen.

Die Offenbarung wird als Prophezeiung nicht nur durch das Geheimnis der Zeit befestigt, sondern auch durch den wehrhaften Schutz ihrer Worte:

> Ich bezeuge allen, die da hören die Worte der Weissagung in diesem Buch: Wenn jemand etwas dazusetzt, so wird Gott zusetzen auf ihn die Plagen, die in diesem Buch niedergeschrieben stehen. Und wenn jemand etwas davontut von den Worten des Buchs dieser Weissagung, so wird Gott abtun seinen Anteil vom Baum des Lebens und von der heiligen Stadt, davon in diesem Buch geschrieben steht. (Offb 22,18.19)

Andererseits sprechen Gott und seine Engel in Rätseln; denn das, was die Worte in aller Klarheit bezeichnen, ist nicht das, was sie meinen: wer ist das Tier mit der Nummer 666, das Johannes sah, wer sind die zwei Zeugen, die dreieinhalb Tage tot auf der Gasse liegen, unbegraben, bevor sie zum Himmel aufsteigen, und wer ist der Führer der Heere Gog, und welche Völker sind Magog? Ganz offensichtlich muss der hintergründige Sinn dieser Worte erst entschlüsselt werden. Und ganz offensichtlich müssen immer wieder Lesarten gefunden werden, die erfassen, was hinter dem vordergründigen Sinn der Worte „geschrieben" steht, Lesarten, die der Lebenswelt der Zeit entsprechen, in der die Offenbarung gelesen wird. Und ganz offensichtlich müssen auch die Rätsel gelöst werden, damit die Zeichen des Kommens erkannt werden.

Fügt aber nicht eine Deutung der Worte dem Text etwas hinzu? Offenbar nicht, denn sie verfälscht ja nicht das Geschriebene. Sie ist vielmehr Teil der Lektüre, die der Einstellung des Hörers unterliegt, der damit alle Verantwortung trägt für das, was er liest, weil er verantwortet, wie er es liest. Dass die Worte der Offenbarung so massiv geschützt werden, lässt vermuten, dass sie für die Menschen in der Antike nicht nur über ihren Inhalt zur Gewissheit wurden. Denn offenbar kam den Worten, auch unabhängig von dem, „was in ihnen geschrieben" war, alleine schon dadurch, dass sie gesagt oder geschrieben waren, eine gewisse Gültigkeit zu. Das nominalistische Denken der alten Zeit verband Wissen mit bestimmten Forderungen: es muss *gegeben* sein; *gegeben* ist es, wenn es *glaubhaft* gemacht wird; *glaubhaft* wird es gemacht, wenn sich sein Geber auf etwas *berufen* kann; und auf etwas *berufen* kann sich ein Geber, wenn es in *Worten gesagt* oder *geschrieben* ist. Was nicht gesagt oder geschrieben ist, kann demnach nicht glaubwürdig sein. Glaube muss deshalb auch ein Glaube *durch* die Schrift gewesen sein. In der Offenbarung sind die Worte Gottes geschrieben und können gelesen werden; die Menschen müssen sie deuten, und dabei verschwinden sie nicht.

Primäres Ziel der Niederschrift der Offenbarung ist es, dadurch eine Botschaft zu vermitteln. Die Glaubwürdigkeit dieser Botschaft hängt deshalb auch von der Verlässlichkeit der Vermittlung ab. Da der Weg von Gott zu den Menschen weit ist, bedurfte es der sicheren Übertragung seiner Worte: zunächst durch Jesus, der von der Endlichkeit des irdischen Lebens in die Unendlichkeit der göttlichen Zeit aufstieg, und der zu verstehen gibt, dass er als Sohn seinem Vater so nahe ist, dass er dessen Worte hören kann; dann durch die Engel, denen es möglich ist, Menschen leibhaftig zu erscheinen, und die in der Lage sind, glaubhaft unergründbare Worte zu deuten; und schließlich, bei den Menschen am Ende der Kette, eines Getreuen, der schreiben konnte und der als unmittelbarer Empfänger die göttliche Botschaft unverzüglich, glaubwürdig und wirksam verbreitete. Wie anders als so konnten die Worte Gottes, die von Menschen nicht gewusst werden können, und die von dem, der sie spricht, nicht zu hören sind, dennoch lesbar und glaubwürdig vermittelt werden? Um Gottes Botschaft nicht unglaubwürdig zu machen, musste Johannes als schwächstes Glied der Kette als verlässlicher Vermittler auftreten. Sein Bericht lässt daran keinen Zweifel. So zitiert er am Ende seines Berichts Gott, der zu ihm sprach: „Diese Worte sind gewiss und wahrhaftig; und der Herr, der Gott der Geister der Propheten, hat seinen Engel gesandt, zu zeigen seinen Knechten, was bald geschehen muss. Siehe, ich komme bald. Selig ist, der da hält die Worte der Weissagung in diesem Buch. Und ich, Johannes, bin es, der solches gehört und gesehen hat." (Offb 22,6.7) Wer könnte sich schon anmaßen, Gott der Lüge zu bezichtigen; und wer hätte Grund, Johannes nicht zu trauen. Zumal im antiken Verständnis Wissen über die Zukunft nur von Gott kommen konnte, und auch nur vermittelt.

Neben der Aussicht auf Seligkeit, mit der die Offenbarung ihre Hörer gefangen nimmt, steht die Androhung von Gewalt. Die Worte der Offenbarung machen deutlich, was dem passieren wird, der die Prophezeiung nicht „glaubt" und „bewahrt". Und auch hier zitiert Johannes wieder Gott:

> [...] er sprach zu mir: Es ist geschehen. Ich bin das A und das O, der Anfang und das Ende. Ich will den Durstigen geben von dem Brunnen des lebendigen Wassers umsonst. Wer überwindet, der wird es alles ererben, und ich werde sein Gott sein und er wird mein Sohn sein. Der feigen Verleugner aber und Ungläubigen und Frevler und Totschläger und Unzüchtigen und Zauberer und Götzendiener und aller Lügner, deren Teil wird sein in dem Pfuhl, der mit Feuer und Schwefel brennt; das ist der zweite Tod. (Offb 21,6–8)

Die Offenbarung beschränkt sich aber nicht auf Beschwörungen; sie stützt sich auch auf Argumente. Die entscheidenden Argumente, die im Text der Offenbarung vorgebracht werden, sind solche, die man in der Logik *Argumente aus der Autorität* nennt.[62] Ein Argument aus der Autorität stützt sich auf die Prämisse, dass das, was für gewiss gehalten wird, durch eine Autorität bestätigt ist. Abgesehen von den Engeln Gottes, die zu Johannes sprechen, werden in der Offenbarung zwei Autoritäten genannt: *Johannes*, als Berichterstatter, und *Gott*, der Johannes mit der Berichterstattung beauftragt hat und der die Wahrheit der Offenbarung bekundet.

Nun liegt dem Argument aus der Autorität aber kein deduktiver Schluss zugrunde, bei dem das, was die Konklusion aussagt, schon explizit oder implizit in der Prämisse enthalten ist, sondern nur ein induktiver Schluss. Und für Argumente, die auf der Grundlage eines induktiven Schlusses vorgebracht werden, gibt es möglicherweise keine Berechtigung. Beim Argument aus der Autorität gibt es gegen eine Berechtigung die klassischen möglichen Einwände: die Autorität ist falsch zitiert oder missverstanden; bei der Autorität handelt es sich nicht um eine echte Autorität, sondern um einen Scharlatan oder nur um eine Persönlichkeit mit großem Prestige oder großer Popularität; die Autorität überschreitet die Grenzen ihres Kompetenzbereichs; die Autorität kann im Hinblick auf das, was sie bestätigt, unmöglich über Erfahrungsdaten verfügen; oder die Autorität steht mit ihrer Auffassung in Konkurrenz zu anderen Autoritäten. Konfrontiert man die Autoritäten der Offenbarung mit diesen Einwänden, wird noch einmal deutlich, warum der Text vorsorglich befestigt werden muss und wogegen sich vor allem Gott mit seinen Drohungen wehrt.

Der erpresste Glaube an die Worte der Prophezeiung vom Geschehen der letzten Tage betrifft eine unfassbare Wahrheit. Er soll der Überzeugung sowohl subjektive als auch objektive Gültigkeit verleihen. Es soll nicht so sein, dass dem Prophezeiten noch Gründe fehlen, um sicheres Wissen zu sein, sondern schon der Glaube alleine soll objektive Gültigkeit garantieren. Das geht aber nur, wenn die objektive Gültig-

---

[62] Wesley C. Salmon: *Logik*, Stuttgart: Reclam 1983, S. 184–191.

keit Teil des Glaubensinhalts ist. Grundlage dieses Glaubensanspruchs ist Gott, der in der Offenbarung von sich sagt: „Ich bin das A und das O, der Anfang und das Ende, der da ist und der da war und der da kommt, der Allmächtige" (Offb 1,8). Als Kontrast zu unserer Geburt und Sterblichkeit, als das grundsätzlich Andere, als Idee der Allmacht, und als der, der „von Ewigkeit zu Ewigkeit" ist, präsentiert er sich als das Ganze. Er verspricht, uns von unserer „hälftenhaften Natur"[63] zu erlösen und uns die ersten Ursachen zu nennen und die letzten Ziele; und er bietet sich selbst an, wenn wir an die Grenzen kommen, wo sich nichts mehr denken lässt. Er ist ungreifbar; denn als Allmächtiger verkörpert er einen Widerspruch, aus dem sich mit unserer Logik alles ableiten lässt. Darüber hinaus übersteigt er in seiner Unendlichkeit alle Grenzen der Zeit, sodass er mit unseren Sinnen nicht zu fassen ist. Für die Wahrheit, deren Anerkennung er fordert, argumentiert er mit seiner Allmacht und mit der Natur seiner umfassenden Existenz. Die ausgesagte Wahrheit seiner Worte kann nach menschlichem Maß zwar nur subjektive Gültigkeit begründen, denn sie lässt sich nicht erschließen und sie lässt sich auch nicht erkennen, in der Beobachtung nicht und auch nicht im Experiment, aber der Glaube an Gottes Worte macht das Offenbarte zu sicherem Wissen, weil er dieses als Inhalt hat. Johannes und die Kirchen nach ihm wussten, dass Wissen über die Geschehnisse in der Zukunft eines besonderen Nachdrucks bedürfen.

Die Rezeption der Offenbarung

Aus menschlicher Sicht betrifft die Offenbarung Ereignisse, deren Eintreten kontingent ist, weil ihre Notwendigkeit nicht erfasst werden kann. Weil solche Ereignisse in der Vergangenheit noch nie eingetreten sind und in der Zukunft zeitlich unbestimmt, lässt sich ihr Eintreten weder erschließen noch mit probabilistischen Modellen zu irgendeiner Zeit als wahrscheinlich begründen.[64] Denn für ihr Eintreten können keine Gründe vorgebracht werden. Ohne eine lebensweltliche Vorstellung, die sich mit ihnen verbindet, ist die Furcht vor ihnen Angst. Und wie die Angst, verschlagen uns auch diese berichteten Ereignisse das Wort. Nur in ihrem Bezug auf unsere Welt können sie gefürchtet, erhofft oder freudig erwartet werden und nur mit der Idee von einem Gott können sie überzeugen. Anderenfalls sind sie in einem *absoluten Sinne* nichts. Ohne die Möglichkeit ihres Weltbezugs gibt es nichts, das für oder gegen sie sprechen könnte. Ohne diese Möglichkeit können sie keine Gewissheit erlangen, die einer Überzeugung ihres Eintretens, auch nur in Ansätzen, die erforderliche Glaubwürdigkeit verleihen könnte. Sie könnten ohne diese Möglichkeit nicht einmal bezweifelt werden.

---

63 Vgl. Helmuth Plessner: *Der Mensch als Lebewesen*, in: ders.: *Mit anderen Augen – Aspekte einer philosophischen Anthropologie*, Stuttgart: Reclam 1982, S. 25; Parmenides: *Vom Wesen des Seienden – Die Fragmente*, Frankfurt a. M.: Suhrkamp 1969.
64 Vgl. Mahr: *Probabilistik der Apokalypse* (Anm. 1).

Die vergangenen beinahe zweitausend Jahre, die die Offenbarung nun bekannt ist, zeigen nichts von der Absolutheit und Sprachlosigkeit des Glaubens an eine unvorstellbare Zukunft. Denn die Vorstellung, die die Offenbarung von den letzten Tagen vermittelt, und die Deutungen, die ihre rätselhaften Aussagen und Bilder herausforderten, haben dem Vorbringen von Gründen für ihre Wahrheit ein Fundament gelegt. Mit dem Bezug auf diese Vorstellung konnte man über die Worte und deren Bedeutung sprechen und mit dem Verweis auf die Rätsel konnte man über die Zeichen und deren Eintreten streiten. In der Tat hat Gott, wenn er denn ist und gesagt hat, was Johannes berichtet, zwischen der Gegenwart und der Zukunft eine Brücke gebaut. Was die Christen erwarteten, war die Wiederkehr Christi, die Niederwerfung des Tiers, ein herrliches, tausendjähriges Reich auf der Erde und nach dieser Zeit das Jüngste Gericht und dann Gottes himmlisches Reich. Aber wann beginnt dieses tausendjährige Reich, und wo ist es; und wer ist das Tier, und wann kommt Jesus auf die Erde zurück?

Die Fragen, wann Jesus kommen und wann er Gericht halten würde, wurden trotz des Verbots ihrer Aufklärung zu Kernfragen der Exegese. Die Antworten darauf suchte man in Zeitrechnungen und in der Deutung der angekündigten Zeichen. An den großen politischen Entwicklungen und den Kämpfen zwischen den Religionen, bis in die Neuzeit hinein, glaubte man erkennen zu können, welches die vier Reiche sind, und wer das Tier. Dabei hielt man sich mit der Prophezeiung von einem Weltkaiser der Endzeit nicht an die Weisung der Offenbarung, ihr nichts hinzuzufügen, sondern spann den Faden weiter, um das Unvorstellbare der Prophezeiung besser verstehen zu können.[65] Das tausendjährige Bestehen des Römischen Reiches im Jahr 248 und das Jahr Tausend der Zeitrechnung wurden zu fokalen Punkten der Erwartung. Aber man irrte ansonsten mit der Datierung durch die Zeitgeschichte. Schon früh, im 3. Jahrhundert, setzte sich jedoch bei vielen Interpreten der Bibel eine vergeistigte Form der Auslegung durch, die die Offenbarung nicht mehr historisch und wörtlich deuteten, sondern mystisch und mit übertragenem Sinn. Außerdem verblasste mit dem Mailänder Edikt, das den Christen im Jahr 313 die Religionsfreiheit gab, die Überzeugungskraft einer historischen Deutung und der Glaube an die baldige Endzeit wurde schwach. Mit der Verbreitung des Islam, der mit der Mahdi-Vorstellung einen ähnlichen Mythos des Kommens besitzt, wurden später die Konturen des Antichristen jedoch wieder belebt. Die kulturellen und politischen Umwälzungen im Mittelalter und die Schrecken der Pest schürten später wieder die Angst vor dem Kommen und stärkten die sehnsüchtige Erwartung der Erlösung.

Martin Luther sah in Kaiser Karl V den Antichrist und erwartete, die letzten Tage noch zu erleben. Im Blick auf die Offenbarung zeichnete er von dem dann anbre-

---

65 Hannes Möhring: *Der Weltkaiser der Endzeit – Entstehung, Wandel und Wirkung einer tausendjährigen Weissagung*, Stuttgart: Jan Thorbecke Verlag 2000.

chenden Reich das Bild eines Paradieses.⁶⁶ In ihrer Wirkung auf die Menschen ist die Offenbarung jedoch auch grausam. Sie hat Gewalt, Mord und Schrecken in die Welt gebracht und war die Rechtfertigung für unvorstellbaren Missbrauch der Macht. Auch wenn es heute noch im christlichen Glaubensbekenntnis über Jesus heißt, „er sitzt zur Rechten Gottes, des allmächtigen Vaters; von dort wird er kommen zu richten die Lebenden und die Toten", und wir noch immer im Vaterunser die Erlösung von den Übeln erbitten, so ist doch das Wissen, das die Worte der Offenbarung vermitteln, heute weitgehend weich geworden. Andererseits sind die Worte und Bilder der Offenbarung auch heute noch eine Folie für monströse Rechtfertigungen und religiösen Wahn. Wie kann aber eine Prophezeiung über zweitausend Jahre hinweg fast nichts von ihrer Kraft verlieren? Ist es die Angst um das eigene Leben und die Welt? Ist es die Furcht vor dem Sterben und die Angst vor dem unvorstellbaren Nichts nach dem Tod? Ist es das Gefühl der Schuld und der beängstigende Widerstreit zwischen Gut und Böse? Oder ist es die Angst in ihrer Allgemeinheit, als ungerichtete Befindlichkeit, als Reaktion auf die Möglichkeit des zukünftig Möglichen, als ein nach Verwirklichung und Befriedigung suchendes Streben? Die Empfänglichkeit für Prophezeiungen alleine kann die Persistenz der Offenbarung nicht erklären.

Die Offenbarung als Modell

Ohne Zweifel hat die Offenbarung das Potenzial, die Unbestimmtheit der auf die Zukunft hin gerichteten Angst durch etwas zu ersetzen, das man fürchten muss oder erhoffen darf oder froh erwarten. Und sie kann auch bis zu einem gewissen Grad der dadurch geweckten Furcht vor der prophezeiten Zukunft die mit deren Kontingenz verbundene Ungewissheit nehmen, indem sie der ohnmächtigen Erwartung Wissen entgegensetzt, Wissen von dem, was gut ist und was böse, und was zur Erlösung führt und was zur Verdammnis. Die in einer Vision empfangene Botschaft Gottes sucht mit der Offenbarung ihr Ziel also in zwei Schritten: zunächst durch die Bindung der Angst und dann durch die Belehrung zum Glauben. Sie ist deshalb nicht nur bloße Vorhersage, sondern auch Maßgabe. Und sie präsentiert auch nicht eine genaue Beschreibung dessen, was kommt, sondern ein zeitunabhängiges Modell, das der Vorstellung von dem, was sich ereignen wird, einen Deutungsrahmen gibt. Offenbar gewinnt sie aber gerade in dieser Rolle als Modell ihre Kraft. Denn als Modell besitzt sie unabhängig von jeglicher individuellen oder institutionellen Überzeugung eine einem Gedanken vergleichbare Existenz.⁶⁷ Man muss dafür nicht glauben, was sie sagt, sondern nur anerkennen, dass sie etwas sagt.

---

66 Martin Luther: *Tischreden*, Werke, WA III, Bd. 1, S. 568, zit. nach Delumeau: *Angst im Abendland* (Anm. 19), S. 323–324.
67 Gottlob Frege: „Der Gedanke. Eine logische Untersuchung" (1918/1919), in: Günther Patzig (Hg.): *Gottlob Frege: Logische Untersuchungen*, Göttingen: Vandenhoeck & Ruprecht 1966, S. 30–53, hier S. 43–44.

Das macht sie mit jeder Art des Zweifels verträglich und erlaubt, dass sie als bloßes Konstrukt aufgefasst und benutzt werden kann. Trotz dieser Unverbindlichkeit, die sie in ihrer bloßen Rolle als Modell haben kann, kann sie aber auch zur Grundlage individuellen und institutionellen Glaubens werden, denn sie lässt sich mit großem Spielraum der Deutung zu allen Zeiten in der jeweils erlebbaren Welt verankern. Sie macht dadurch Theologen zu Ingenieuren, die ihre Deutung an das Wissen der jeweiligen Zeit anpassen.[68] Diese Merkmale ihrer Kraft werden ganz offensichtlich durch die Geschichte ihrer Rezeption belegt. Sie verweisen auf die Logik von Modellen.

Ein Modell wird durch einen Gegenstand repräsentiert, konkret, durch ein Objekt, ein Bild oder ein Zeichen. Ein Gegenstand ist aber nicht als bloßer Gegenstand ein Modell, sondern nur dadurch, dass er *als Modell aufgefasst* wird. Die Identität des *Gegenstands* und die Identität des *Gegenstands als Modell* sind also nicht das gleiche. Ob ein Gegenstand ein Modell ist und in welcher Weise er das ist, ist das Produkt eines Urteils, das von dem Subjekt gefällt wird, das diesen Gegenstand *als Modell* auffasst.[69] Auch wenn ein Gegenstand Merkmale hat, die zwingend erscheinen lassen, in ihm ein Modell zu sehen, kann ein *Urteil des Modellseins* dennoch nicht durch den Gegenstand alleine begründet werden. Im Allgemeinen sind es viele Faktoren, die für ein solches Urteil verantwortlich sind. Denn wir sehen in Modellen nicht nur Beschreibungen oder Vorschriften, sondern auch Mittel der Disziplinierung,[70] und sogar Akteure, die uns wie Gesetzgeber oder Experten entgegentreten. Modelle besitzen für uns Autorität.[71]

Mit dem Urteil des Modellseins steht der als Modell aufgefasste Gegenstand in zwei charakteristischen *Modellbeziehungen*. Einerseits gibt es etwas, *von dem* er Modell ist bzw. *von dem ausgehend* er als Modell gewählt oder hergestellt wurde. Man kann dieses Etwas, das aus Objekten, Phänomenen, Beobachtungen, Vorstellungen, Ideen, Tatsachen, Erlebtem, Unerklärtem, Erfragtem, Vorgeschriebenem, Geglaubtem oder ähnlichem besteht, die *Matrix* des Modells nennen. Andererseits ist

---

[68] Die Theologie als Ingenieursdisziplin zu sehen, die Systemanpassungen vornimmt, wurde mir vor einigen Jahren von einem als Unternehmensberater tätigen katholischen Theologen in überzeugender Weise dargelegt.

[69] Vgl. Bernd Mahr: „Modellieren. Beobachtungen und Gedanken zur Geschichte des Modellbegriffs", in: Sybille Krämer/Horst Bredekamp (Hg.): *Bild-Schrift-Zahl*, München: Fink 2004, S. 59–86; ders.: „Ein Modell des Modellseins. Ein Beitrag zur Aufklärung des Modellbegriffs", in: Ulrich Dirks/Eberhard Knobloch (Hg.): *Modelle*, Frankfurt a. M.: Peter Lang 2008, S. 187–218; ders.: „Die Informatik und die Logik der Modelle", in: *Informatik Spektrum* 32 (2009) 3, S. 228–249; ders.: „On the Epistemology of Models", in: Günter Abel/James Conant (Hg.): *Rethinking Epistemology*, Berlin/New York: de Gruyter 2012, S. 249–302 (im Erscheinen).

[70] Wissenschaftliche Disziplinen sind oft durch etablierte Modelle gesichert; vgl. Thomas S. Kuhn: *Neue Überlegungen zum Begriff des Paradigma*, in: ders.: *Die Entstehung des Neuen – Studien zur Struktur der Wissenschaftsgeschichte*, Frankfurt a. M.: Suhrkamp 1988, S. 389–420.

[71] Vgl. Bernd Mahr/Reinhard Wendler: *Modelle als Akteure: Fallstudien*, Technische Universität Berlin, KIT-Report 156, Februar 2009, ISSN 0931-0436; Bernd Mahr: *Tragen Modelle Verantwortung? Zur Autorität und Befragbarkeit von Modellen*, in: Patrick Grüneberg (Hg.): „Das modellierte Individuum. Biologische Modelle und ihre ethischen Implikationen", Bielefeld: transcript 2012, S. 69–88.

der als Modell aufgefasste Gegenstand mit etwas verbunden, *für das* er Modell ist, etwas, das man sein *Applikat* nennen kann. Dieses Applikat ist etwas Konstruiertes, das in seiner Wahl oder Herstellung (unter anderem auch) durch Vorgaben des Modells zustande kommt. Dabei ist dieses Konstruierte nicht notwendig ein physisches Objekt; es kann auch eine Vorstellung sein, die einer Handlung, einem Gedanken, einem Urteil, einer Erwartung oder einem Wunsch zugrunde liegt.

Die beiden Modellbeziehungen, durch die ein als Modell aufgefasster Gegenstand zu seiner Matrix und zu seinem Applikat in Beziehung steht, kombinieren sich zu einer Verbindung zwischen der Matrix und dem Applikat. Dadurch kommt dem als Modell aufgefassten Gegenstand eine vermittelnde Funktion zu. Gerade aus dem besonderen Charakter dieser Verbindung zieht das Urteil des Modellseins seine Rechtfertigung: es erkennt in dem als Modell aufgefassten Gegenstand den Träger eines *Cargo* und verbindet damit die handlungsbezogenen Vorstellungen, dass der Gegenstand als *Modell von etwas* mit diesem Cargo beladen wurde, wie es bei der Modellierung der Fall ist, und dass der Gegenstand als *Modell für etwas* diesen Cargo entlädt, wie es bei der Modellanwendung der Fall ist.[72] In einem gewissen Sinne verkörpert der Cargo eines Modells damit die Übertragungsleistung des Modells, das zwischen seiner Matrix und seinem Applikat vermittelt.

Um die Offenbarung als Modell zu sehen, d. h. um sie in einem Urteil des Modellseins als Modell anzuerkennen, bewusst oder nicht bewusst, muss man die Überzeugung haben, dass sie Merkmale besitzt, die sie als Modell ausweisen, dass ihre Niederschrift oder Verlautbarung einem pragmatischen Zweck dienen kann und dass ihre Worte lebensweltlich gedeutet werden können. Wenn man sie aber als Modell auffasst, dann liegt es nahe, nach den beiden Modellbeziehungen zu fragen, die im Urteil des Modellseins erfasst werden, nach dem Cargo, den sie transportiert, und nach der Begründung ihrer Autorität.

In der Beziehung, ein *Modell von etwas* zu sein, greifen die Worte der Offenbarung ein Vorverständnis auf, wie es in bündiger Form im christlichen Glaubensbekenntnis ausgedrückt ist. Anderseits nimmt sie Bezug auf Dinge, die alle Menschen betreffen. Sie spricht über das Gefüge des Großen und Ganzen und über ein Ende der Welt, dessen Notwendigkeit sie in Gottes Willen und Wissen erkennt. Gleichzeitig berühren ihre Worte aber auch das Erleben jedes Einzelnen: Zukunftsängste, Gefühle der Schuld, der Hoffnung und des Sehnens; Erfahrungen von Schrecken und Bösem, von unerklärlichen und ängstigenden Naturerscheinungen,

---

[72] Ähnliche Beziehungen kann man auch bei Zeichen und Bildern finden: so werden Zeichen hergestellt und rezipiert, wie z. B. ein schriftlicher Text geschrieben und gelesen wird; und durch die Verbindung ihrer Herstellung und Rezeption wird das, was sie bezeichnen von ihrem Produzenten zu ihrem Rezipienten übertragen; so kann z. B. mit Schriften etwas mitgeteilt werden. Eine vergleichbare Transportfunktion kann man auch bei Bildern erkennen, die gemalt und angesehen werden. In konkreten Situationen werden diese verschiedenen Transportfunktionen auch ohne eine verbindliche Definition mit klarer Intuition unterschieden. Schriften und Bild sind im Hinblick auf diese Transportfunktion aber Medien, während Modelle Inhalte sind, die als Schriften, Bilder oder anderes medial repräsentiert werden müssen; vgl. Bernd Mahr: „Cargo. Zum Verhältnis von Bild und Modell", in: Ingeborg Reichle/Steffen Siegel/Achim Spelten (Hg.): *Visuelle Modelle*, München: Fink 2008, S. 17–40.

von langen Dauern und plötzlichen Ereignissen und von Unrecht, Tod und Krieg. Sie sprechen von Vertrauen und Verrat, von Tradition und Zerstörung, von Tapferkeit und Verbrechen, von Lüge und Zeugenschaft, von Reinheit und Befleckung, vom Kampf zwischen Gut und Böse, und vom Recht, vom Unrecht und vom Gericht. Sie beschreiben die verheißenden Insignien der Macht und locken mit der Brillanz des Glanzes, mit der Strahlkraft des Lichts, mit dem Versprechen der Erlösung und mit der Gewähr der Gerechtigkeit. Und sie sagen schließlich, was zu tun ist: standhafte Treue und Wissen im Glauben.

Als Modell von etwas bringt die Offenbarung diese Erfahrungen und Gefühle in einen kohärenten Sinnzusammenhang und verbindet mit ihnen die Vorhersage zukünftiger Ereignisse. Die Worte der Offenbarung formulieren aber keine Information, die keiner Nachfrage mehr bedürfte um verstanden zu werden, sondern sie bleiben, zwar nicht in ihrer direkten Wortbedeutung, aber in dem, wie sie es sagen, weitgehend unbestimmt. Diese Unbestimmtheit ist nun ein wesentliches Merkmal ihres Modellseins. Denn die Worte müssen gedeutet werden, weil das, was sie unmissverständlich besagen, der erlebten Wirklichkeit nicht entspricht, und weil das, was sie bedeuten könnten, nicht gegenwärtig ist. Denn es gibt keine vielköpfigen Monster und das Jüngste Gericht findet noch nicht statt. So wird die Offenbarung als *Modell für etwas* zu einem zeitlosen Dispositiv für individuelle und institutionalisierte Vorstellungen von den letzten Tagen, von Gut und Böse, von Recht und Gericht und von Strafe und Erlösung. Sie entwickelt ihre Wirkkraft jedoch nicht wie ein Werk von Gesetzen und Regeln und Auslegungen, sondern durch die Mahnung zum Glauben, zum Glauben an Gott, den Gerechten, der zugleich Richter und Erlöser ist. Der *Cargo*, den sie als Modell transportiert, ist eine Beziehung zur Welt, die zunächst mit Angst und als Vorstellung dann mit Furcht verbunden ist, die sich aber in der Anerkennung der Offenbarung und im Glauben an Gott, also gleichsam in deren Anwendung als Modell, in den intentionalen Zustand der Furcht, der Hoffnung oder des frohen Erwartens verwandelt. *Autorität als Modell* gewinnt die Offenbarung schließlich durch ihre Niederschrift, durch die Befestigung ihrer Worte und durch die immer wieder bezeugte Glaubwürdigkeit, deren Beschwörung später zu Grundsteinen der Macht der Kirchen wurde, die sie predigten.

Schluss: Zum Zusammenhang von Prophezeiung und Modell

Der Versuch, in der Offenbarung ein Modell zu sehen und damit ihre außerordentliche Wirkkraft als Prophezeiung zu erklären, kann natürlich nur gelingen, wenn man erkennt, dass Modelle ganz allgemein als Mittel geeignet sind, Vorstellungen zukünftiger Sachverhalte zu formen. Der Schlüssel zu diesem Verständnis liegt in der möglichen Zukünftigkeit ihres Applikats. Einem Urteil liegt immer eine Vorstellung des Gegenstands zugrunde, der dem Urteil unterliegt; und in einem Urteil vertritt das urteilende Subjekt immer mit einer gewissen Verbindlichkeit die Vorstellung, dass im Hinblick auf diesen Gegenstand ein bestimmter Sachverhalt besteht. Im Urteil des Modellseins wird das Bestehen eines komplexen Sachverhalts vertreten, vor allem das Bestehen der beiden Modellbeziehungen und der Transportleistung des als Modell aufgefassten Gegenstands. In dieser verbindlichen Vorstellung, die das Modellsein betrifft, kann das Applikat etwas Konkretes sein, wie eine Kirche, deren Architektur nach dem Modell gestaltet ist, aber es kann auch ein zukünftiger Sachverhalt sein, der als Vorstellung, mehr oder weniger bestimmt, zum Inhalt hat, dass zukünftig etwas der Fall sein wird. Dabei muss dieser Sachverhalt mit dem als Modell aufgefassten Gegenstand nicht selbst schon gegeben sein. Im Urteil des Modellseins wird nur vertreten, dass dieser Sachverhalt mit der Anwendung des Modells möglich ist. Es ist diese Möglichkeit, die Modellen eine Logik verleiht, die der von Prognosen und Prophezeiungen gleicht. Dafür ist die Offenbarung ein Beleg. Man kann sie deshalb mit guter Begründung im Hinblick auf ihr Modellsein befragen.[73]

---

73 Mahr: *Tragen Modelle Verantwortung?* (Anm. 71).

MARGARETE VÖHRINGER

Die Zukunft der Architektur
Utopisches und Konkretes im Bauen
der russischen Avantgarde

Es gibt wohl kaum ein Gebiet, auf dem die Zukunft eine größere Rolle für die Gegenwart spielt, als das der Architektur. Jedes massive Gebäude wird auf seine Haltbarkeit und dauerhafte Nutzbarkeit hin entworfen. Die aktuellen Möglichkeiten werden meist von visionären Ideen als entwicklungsbedürftig entlarvt und durch neue Konstruktionen auf eine zukünftige Verbesserung hin korrigiert. Dabei greifen Gegenwart und Zukunft immer wieder ineinander. Das neue Gebäude spiegelt die bestehenden Gegebenheiten wider und lässt zugleich in den Konturen seiner Fertigstellung die nahende Zukunft erkennen. Hierbei spielen technische, soziale und ökonomische Anforderungen eine Rolle, was sich besonders deutlich in den öffentlich genutzten Bauten zeigt. Doch auch private Wohnhäuser sind sowohl von gegenwärtigen als auch von kommenden Verhältnissen geprägt. Wie offenkundig der räumliche Eingriff der Architekten auf die sozialen Beziehungen stattfindet, hängt dabei immer ab von der politischen Situation, in der gebaut wird.

In einer besonderen politischen Situation befanden sich die Architekten der russischen Avantgarde. Nach der Oktoberrevolution im Jahre 1917 bekamen sie (neben anderen Künstlern) die seltene Chance, sich an den gesellschaftlichen Entwicklungen – am Aufbau des staatlichen Sozialismus – zu beteiligen. Sie entschieden mit über die Einrichtung neuer Kunstinstitutionen, entwickelten Lehrprogramme und Aufklärungsprojekte, gestalteten die Infrastruktur der Städte, machten sich Gedanken über Wohnprobleme. Dabei waren sie in der paradoxen Situation, dass sich die sozialistische Bevölkerung, für die sie handelten, erst noch herausbilden musste. Im Zuge der Bürgerkriegswirren und Inflation strömten um 1920 große Menschenmengen aus den ländlichen Regionen in die Städte, die vom Wandel hin zum Sozialismus noch nicht viel gehört hatten. Für diese Bevölkerung moderne Wohnverhältnisse zu schaffen war eine doppelte Herausforderung: Es galt nicht nur die Gebäude der neuen politischen Ideologie gemäß zu gestalten, sondern auch die überforderten und meist ungebildeten Ankömmlinge so zu beeinflussen, dass sie überhaupt Zugang zu den veränderten sozialen Verhältnissen fanden. Neben den sozialistischen Gebäuden waren also auch ihre Bewohner erst noch zu entwerfen, denn es gab Anfang der 20er Jahre in Russland weder sozialen Wohnungsbau noch die für diesen vorgesehenen Arbeitermassen.

Die Beteiligung am Projekt des Sozialismus wurde der Avantgarde von ihren Kritikern als ‚utopische' Haltung vorgeworfen, womit gemeint war, dass ihr Versuch, die gegenwärtige Wirklichkeit auf eine wünschenswerte Zukunft hin zu gestalten, unmöglich sei. Der vorliegende Aufsatz wird demgegenüber einige Architekturprojekte der 1920er Jahre vorstellen, die ganz bewusst darauf abzielten, bestehende Probleme zu lösen und Gebäude für eine bessere Zukunft zu entwerfen. Ihre Architekten hatten ein Gespür dafür, dass es möglich sei, etwas, das sie noch nicht sicher wissen konnten, *wahrscheinlich* zu machen. Sie agierten demnach weniger utopisch als vielmehr prognostisch: Sie versuchten nicht bewusst Unmögliches, sondern nahmen etwas vorweg, was in der Zeit rational oder wissenschaftlich noch nicht erklärbar war und was dennoch eine Option darstellte. Das Prognostische wird hierbei aufgefasst als eine Haltung, in der die Architekten versuchten, ihre Zukunft schon in ihrer eigenen Zeit herbeizuführen, also Fiktionen einer wahrscheinlichen Zukunft zu schaffen – die noch dazu in Echtzeit realisiert wurden.

Avantgarde und Utopie

So problematisch die Gleichsetzung von Avantgarde und Utopismus auch ist, wurde sie doch in der kulturwissenschaftlichen Forschung der letzten zwanzig Jahre wiederholt aktualisiert. Vor allem Boris Groys, einer der wichtigen Theoretiker der russischen Avantgarde, hat diesen utopischen Charakter besonders deutlich artikuliert: Da die Avantgarde „an der Zukunft orientiert war", war ihre Kunst „projektiv und nicht mimetisch",[1] sie hat nicht ihre Wirklichkeit nachgeahmt, sondern unbekannte Welten entworfen, und muss daher als „grenzenloser Utopismus" aufgefasst werden.[2] Von der Darstellung der Welt schritt sie zu ihrer Umgestaltung fort, doch diese Umgestaltung musste scheitern, da die Avantgarde utopischen Vorstellungen verfallen war wie dem Glauben an eine gerechte Welt, an die Macht der Kunst, an die Identität von Kunst und Leben (im Sinne einer Integration der Kunst ins Alltagsleben), dem Glauben an die Unendlichkeit des technischen Fortschritts und vor allem dem Glauben daran, all dies für ein Massenpublikum zugänglich machen zu können, also für das Kollektiv zu handeln.

1992 erarbeiteten Museen in Moskau, New York und Frankfurt am Main eine Ausstellung mit dem Titel „Die grosse Utopie: Die russische Avantgarde 1915–1932", in der die Idee des Sozialismus, „den Menschen besser machen zu können", als utopische Basis der Avantgarde bezeichnet wurde. Dabei erschien der Versuch, diese Verbesserung mit den Mitteln der Kunst zu erreichen, erst recht als utopisch. Die Optimierung des Menschen „musste und muss schließlich Utopie bleiben",[3] so das Vorwort der Kuratoren. Seit dieser Ausstellung bekräftigen zahlreiche Veröffentlichungen den Konnex zwischen Avantgarde und Utopie, wenn beispielsweise

---
[1] Boris Groys: *Gesamtkunstwerk Stalin. Die gespaltene Kultur in der Sowjetunion*, München/Wien: Hanser 1988/1996, S. 124.
[2] Boris Groys: *Die Erfindung Russlands*, München: Hanser 1995, S. 94.
[3] Katalog *Die grosse Utopie. Die russische Avantgarde 1915–1932*, hg. von Bettina-Martine Walter, FaM: Schirn Kunsthalle 1992, S. 15.

die Avantgarde als „Laboratory of Dreams" bezeichnet wird, die 20er Jahre Architektur als Ausdruck von „utopian dreams", der Kommunismus als „Utopie der Säuberung".[4]

Gerade der Bereich aber, den Boris Groys etwas genauer beschreibt – die utopische Architektur der 20er Jahre –, lässt auch eine andere Interpretation zu. Groys erwähnt die Herausforderung für die Sozialistische Partei, „nach der Oktoberrevolution eine utopische Stadt aufzubauen, die in der Geschichte keine Vorbilder hatte, denn es konnte früher keine kommunistische Stadt gegeben haben".[5] Die Lösung für dieses Problem schien nur ein „himmlisches Moskau" sein zu können, also eine fliegende Stadt, die über der alten Stadt schwebte (Abb. 1).[6] Da dies rein physikalisch nicht realisierbar war, entwarf El Lissitzky Bürogebäude, so genannte „Wolkenbügel", „die wie auf riesigen Beinen hoch über dem geschichtlichen Moskau stehen sollten"[7] und direkt von der Straßenbahn aus betreten werden konnten (Abb. 2).[8] Größer angelegte Projekte waren der Umbau Moskaus in eine Gartenstadt oder ‚Grüne Stadt', in welcher sich zugleich eine Neuorganisation der Natur zeigen sollte, oder die Mobilisierung der gesamten Architektur – die Bewohner Moskaus sollten in kleinen modular veränderbaren Einheiten leben, die sich auf Stelzen befinden und durch überdachte Gänge miteinander verbunden werden sollten (Abb. 3). In diesem Projekt waren die Lebenswelten von Mensch und Natur getrennt durch erhöhte, brückenartige Wege, die sich wie ein Gitter über die Landschaft legen und immerzu weiter entwickeln konnten. Die Stadt sollte also potenziell unendlich wachsen, ohne die Natur zu zerstören. Die Bewohner der Module wiederum sollten die Möglichkeit erhalten, in ihren mobilen Wohnungen von einer Stelle zur anderen zu reisen und sich nur phasenweise zu Siedlungen zusammen zu finden.[9] Während der erste Entwurf fliegender Städte ganz bewusst die Grenzen des Möglichen überschritt, um das Denkbare auszuloten, scheiterten die anderen Bauten schlicht an den technischen Unzulänglichkeiten der Zeit. Gemeinsam hatten diese Projekte aber genau das, was nach Groys utopisch ist: Sie förderten die Beweglichkeit ihrer Bewohner, indem sie den Menschen keinen festen

---

4 *Laboratory of Dreams. The Russian Avant-Garde and Cultural Experiment*, hg. von John E. Bowlt/Olga Matich, Stanford: Stanford Univ. Press 1996; William C. Brumfield (Ed.): *Reshaping Russian Architecture. Western technology, utopian dreams*, Cambridge u. a.: Cambridge Univ. Press 1990; Gerd Koenen: *Utopie der Säuberung. Was war der Kommunismus?*, FaM: Fischer TB 2000; *Traumfabrik Kommunismus. Die visuelle Kultur der Stalinzeit*, hg. von Boris Groys/Max Hollein, FaM: Schirn Kunsthalle 2003.
5 Groys: *Die Erfindung Russlands* (Anm. 2), S. 157.
6 Zu Krutikov s. M. Bliznakov: „The Realization of Utopia", in: *Reshaping Russian Architecture* (Anm. 4), S. 149–151.
7 Groys: *Die Erfindung Russlands* (Anm. 2), S. 158.
8 K. N. Afanasjew: *Ideen – Projekte – Bauten. Sowjetische Architektur 1817 bis 1932*, Dresden: Verlag der Kunst 1973, S. 29.
9 M. Ginzburg und M. Barsch entwickelten Entwürfe für Moskau als „Grüne Stadt", in welchen die Behausungen vor das Stadtzentrum und entlang von Hauptverkehrsstraßen verlegt werden sollten, vgl. Anatole Kopp: *Town and Revolution. Soviet Architecture and City Planning 1917–1935*, London: Thames and Hudson 1970, S. 175–181; Groys: *Die Erfindung Russlands* (Anm. 2), S. 158; Bliznakov: „The realization of Utopia" (Anm. 6), S. 164–167.

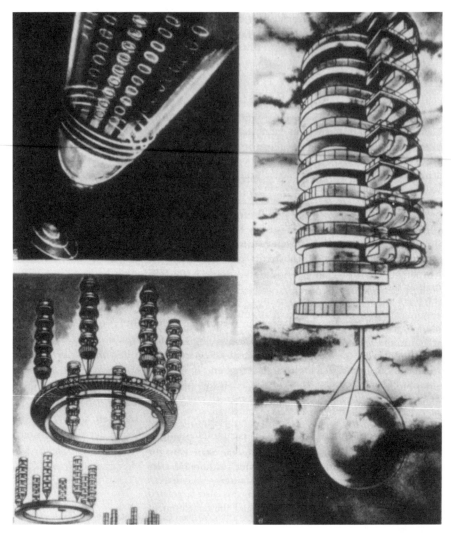

Abb. 1: Projekt von Georgij Krutikov für „Die Stadt der Zukunft", Wohnsiedlungen im Weltraum als Satelliten der Erde, 1928

Wohnort mehr gaben, sondern sie quasi im Un-Ort der Fortbewegung und des Fortschritts zu bewahren versuchten, in der größtmöglichen und permanenten Flexibilität.

Zu genau demselben Zweck gab es neben diesen unrealisierten Architektur-Utopien Groys zufolge auch eine realisierte Utopie, nämlich die der Moskauer Untergrundbahn. Dies war ein völlig neuer Ort für die neue sozialistische Gesellschaft, und als solcher soll er auch utopisch konzipiert gewesen sein: „Die Metro ist

DIE ZUKUNFT DER ARCHITEKTUR 195

Abb. 2: El Lissitzky, Wolkenbügel in Moskau, Entwurf

[…] die unterirdische Hölle der ständigen Bewegung. Damit ist sie die Erbin der russischen avantgardistischen Utopie, die ebenfalls eine Utopie der ununterbrochenen Bewegung war […]. Der dialektische Mensch sollte sich immer bewegen, sich immer überwinden, weiter bringen, höher erheben – nicht nur ideell, sondern auch materiell."[10] Unklar bleibt in Groys' Interpretation, wie dieses materielle *Erheben* ausgerechnet im Untergrund vor sich gehen sollte und inwiefern der Sozialismus als Utopie einer ununterbrochenen, rastlosen Fortbewegung im Raum zu verstehen war. Wieso sollte sich außerdem ausgerechnet der befreite Sozialist einem räumlich fest vorherbestimmten Verkehrssystem unterordnen, in dem er sich niemals einfach umdrehen und hinausgehen konnte? Das Utopische der ewigen Bewegung scheint hier als Erklärung nicht ausreichend.

Der Begriff der Utopie leitet sich vom „Nirgendland" ab, das räumlich oder zeitlich in der Ferne angesiedelt ist. Er meint somit eine „phantastische Vorstellung ohne reale Grundlage, Wunschtraum, Hirngespinst",[11] also etwas sowohl Unerreichbares als auch per definitionem Unrealisierbares. Wie viel bleibt von einer Utopie übrig, wenn man ihr einen Ort und einen Zeitraum gibt, in dem sie realisiert werden sollte? Ist eine in die Tat umgesetzte Utopie überhaupt noch utopisch; ist sie vielleicht sogar eine verratene Utopie? Sollte man angesichts widersprüchlicher oder gescheiterter Projekte, statt sie als utopisch zu bewerten, nicht nach den

---
10 Groys: *Die Erfindung Russlands* (Anm. 2), S. 163 u. 164.
11 *Etymologisches Wörterbuch des Deutschen*, S. 1493.

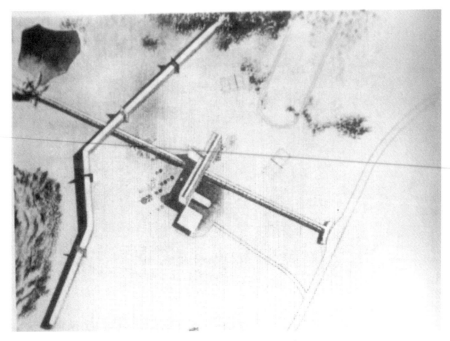

Abb. 3: Projekt für eine grüne Stadt, 1929 von Moisej Ginzburg

politischen, sozialen und konzeptuellen Grenzen fragen, die ihrer Realisierung gesetzt waren? Am Beispiel der Moskauer U-Bahn lässt sich zumindest in einem Fall zeigen, dass die Herstellungspraktiken, die zu diesen Bauten geführt haben, deren Wirkung, Funktion und Bedeutung jenseits des etablierten Konzepts ‚utopischer Architektur' erklärbar machen.

Psychotechnische Architektur

Mitte der 30er Jahre wurde von dem wenig bekannten Architekten Nikolai Ladovskij die Metrostation „Lubjanka" entworfen und realisiert (Abb. 4). Sie befindet sich im Zentrum der Stadt in der Nähe des Roten Platzes, des Bolschoi-Theaters und des Parteiarchivs – direkt an einem riesigen leeren Platz, auf dem einst die Statue des Gründers des sowjetischen Geheimdiensts Felix Dserschinski stand. Gegenüber dieser Metrostation war und ist bis heute auch der russische Geheimdienst untergebracht. Als Nikolai Ladovskij die Station baute, hieß sie noch „Dserschinskaja" und ihr Eingang blickte genau auf das Geheimdienstgebäude. Umgekehrt blickten die Mitarbeiter des Geheimdienstes aus ihren Büros zurück auf den Eingang zur Untergrundbahn, der in Form von zwei abgerundeten Portalen gestaltet war, die sich von außen nach innen verjüngen. Sanft in Beton gegossen, führen sie jeweils

Abb. 4: Metro Eingang Lubjanka

in die U-Bahn hinein oder aus ihr heraus. Aus der Entfernung meint man, die weit aufgerissenen Augen einer Eule zu erkennen. Geht man um den Eingang herum, wird allerdings etwas weniger Natürliches sichtbar: Von der Seite geben die Torbögen Okulare zu erkennen (Abb. 5). Zu zweit blicken sie wie ein hinter einer Mauer hervorspähendes Fernglas aus dem Untergrund herauf und beobachten das geheimnisvolle Treiben vor ihnen – vor dem mächtig an dem weitläufigen, flachen Platz stehenden Gebäude des Geheimdienstes.

Die Innengestaltung des Bahngleises setzt die Form des Fernglases durch regelmäßig sich wiederholende, halbrunde Säulenbögen weiter fort (Abb. 6). Dass Ladovskij ausgerechnet optische Apparate als technische Modelle wählte, war kein Zufall. Das perspektivische Paradigma seiner Zeit war nicht das einer durch den Menschen gefühlten, sondern das einer technischen Perspektive. Der technische Blick, das vermessbare Sehen, die Augen von Teleskopen, Ferngläsern, Photoapparaten und Filmkameras schienen dem Künstler für das menschliche Auge unsichtbare Welten eröffnet zu haben, die er mitteilen wollte: „Der Künstler sieht besser als der gemeine Betrachter und muss seine Gefühle auf den Betrachter übertragen."[12] Und dies war keineswegs nur eine Wunschvorstellung: Um das Erscheinen solcher

---

[12] Nikolai Ladovskij, zit. nach: Selim O. Chan-Magomedov: *Nikolaj Ladovskij*, Moskau: Architektura-S 1984, S. 19.

Abb. 5: Metro Eingang Lubjanka

Gefühle und die räumliche Vorstellungskraft des Architekten zu entwickeln, konstruierte Ladovskij Wahrnehmungsapparate, deren Einsatz er ab 1926 vorantrieb. Er nannte seine, an den Höheren Künstlerisch-Technischen Werkstätten (VChUTEMAS), angesiedelte Werkstatt „Psychotechnisches Labor für Architektur".[13]

Dass Ladovskij als weitgehend unbekannter Architekt die Metrostation in unmittelbarer Geheimdienstnähe bauen durfte, erstaunt nicht mehr, wenn man weiß, dass er mit seiner Architektur *Psychotechnik* betreiben wollte – also an einer technischen Adressierung der Psyche interessiert war. Hierzu konstruierte er fünf Apparate, für die er Vorlagen aus der deutschen Psychotechnik verwendete, einer Disziplin, die sich im Laufe des Ersten Weltkriegs aus der experimentellen Psychologie heraus entwickelt hatte. Diese so genannten *Glazometry* (Augen-Messgeräte) befanden sich in einem schwarz gestrichenen Zimmer und wurden vor allem für Eignungsprüfungen eingesetzt. Die Studenten mussten ihr visuelles Einschätzungsvermögen unter Beweis stellen, beispielsweise indem sie bei dem *Ploglazometr* (Ober-

---

13 Die folgenden Beschreibungen von Ladovskijs Labor sind paraphrasiert nach Zeitungsberichten seiner Studenten und den Beschreibungen Selim O. Chan-Magomedovs ebd., S. 51–53. Eine ausführliche Einordnung der Psychotechnischen Architektur vgl. Margarete Vöhringer: *Avantgarde und Psychotechnik. Wissenschaft, Kunst und Technik der Wahrnehmungsapparate in der frühen Sowjetunion*, Göttingen: Wallstein 2007, Kapitel 1.

Abb. 6: Metro Gleis Lubjanka

flächenmesser) die Verhältnisse von Oberflächengrößen bestimmten oder bei dem *Oglazometr* (Volumenmesser) die Volumengröße der mit Wasser gefüllten Behälter schätzten (Abb. 7). Darüber hinaus setzte Ladovskij die Apparate noch zu Wahrnehmungstests ein, die seine Architekturstudenten im Laufe des Studiums immer wieder wiederholen sollten, um ihre Wahrnehmung zu trainieren. Hierzu erhielten sie ein so genanntes Psycho-Profil, ein Formular, in welchem die Fortschritte eingetragen wurden, die der Student im Einschätzen von Linien, Raum und Flächenverhältnissen machte. Am Ende sollte er ein Vorstellungsvermögen entwickelt haben, das ihn zu einem spezifisch räumlichen Denken befähigte und so seine Ideen für Entwürfe und Gebäude beeinflusste.[14]

Einer der Apparate Ladovskijs wurde zudem im Entwurfsprozess verwendet. Der *Prostrometr* (Raummesser) ermöglichte es den Studenten, beim Blick durch die beiden Okulare vorne am Gerät einen Raumeindruck zu gewinnen, der direkt in das Architekturmodell übertragen werden sollte (Abb. 8). Zudem konnten sie die horizontale zur vertikalen Fläche verschieben und Formen auf der Vertikalen bewe-

---

14 Georgij Krutikov: *Iz otscheta o pervom gode raboty nautschno-issledovatelskoi (psicho-technitscheskoi) laboratorii* (Aus dem Bericht des ersten Arbeitsjahres des wissenschaftlichen [psycho-technischen] Forschungslabors), Moskau 1928, Privatbesitz. Publiziert in: Selim O. Chan-Magomedov: *VChUTEMAS: Moscow 1920–30*, 2. Bd., Paris: Èd. du Regard ²1990, S. 406–407.

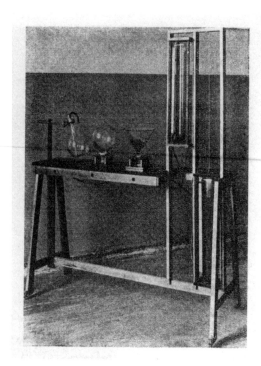

Abb. 7: Oglazometr
(Volumenmesser)

gen, was die Tiefenwirkung zusätzlich veränderte. So erhoffte sich Ladovskij, dass der Entwurfsprozess nicht mehr primär auf der Fläche, also mithilfe von Zeichnungen vor sich ging, sondern dass die Architekten direkt im Raum gestalten konnten. Um die räumlichen Wirkungen zu beschreiben, entwickelte Ladovskij Motive wie „Ruhe, Kraft, Schwäche, Endlichkeit"[15] und plante eine Art nicht-sprachliches Wörterbuch der Architektur, das es erleichtern sollte, Entwürfe im Hinblick auf ihre Wahrnehmbarkeit zu entwickeln. Die Architekten sollten also nicht mehr nur symbolische, sondern funktionale Formen einsetzen, nicht über distanziertes Wohlgefallen, sondern über körperliche Wirkungen von Architektur entscheiden. Diese Wirkungen sollten sie mithilfe der Apparate im Studio vorwegnehmen und für den realen Raum prognostizieren.

Das basale Ziel dieser Architektur war es, räumliche Anordnungen dazu zu nutzen, Menschen möglichst reibungslos durch die Stadt zu geleiten. In den Pamphleten der Architekten liest es sich so: „Wir wollen, dem Prinzip von Planung und

---

15 Ladovskij erwähnte diese Sammlung von Formen bzw. Terminologien der Architektur erstmals in einem Bericht seiner Arbeitsgruppe am INChUK 1921, vgl. Andreas C. Papadakis (Hg.): *The Avant-Garde. Russian Architecture in the Twenties*, London: St Martins Press 1991, S. 25.

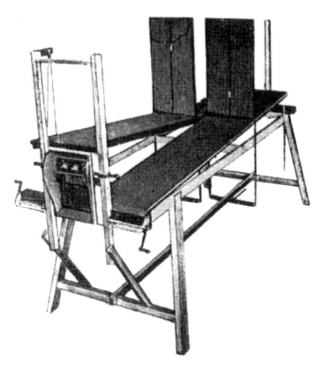

Abb. 8: Prostrometr
(Raummesser)

Kontrolle des Staates folgend, die Psychologie der Massen organisieren."[16] Sie reagierten damit auch auf das bereits angeführte Problem dieser Zeit, dass nach der Oktoberrevolution zahlreiche Bauern vom Land in die Stadt strömten, die weder lesen noch schreiben konnten und weit davon entfernt waren, die sozialistische Idee zu verfolgen. Um für diese Menschen einen leicht verständlichen Weg durch die Stadt zu bahnen, wurden Farbsysteme und Raumwirkungen entwickelt, die nicht das umständliche Lesen von Hinweisschildern voraussetzten.

Die 20er Jahre waren in der frühen Sowjetunion eine Zeit, in der alles im Umbruch schien. Die gesellschaftliche Ordnung war disponibel geworden und mit ihr auch der Mensch mit seinen Wünschen, Möglichkeiten und Grenzen. Dementsprechend verheißungsvoll klingen noch heute die Absichtserklärungen derjenigen Künstler, die an der Lösung der Probleme beteiligt waren, wie El Lissitzky: „Wir sind in unserer Architektur, wie in unserem gesamten Leben, bestrebt, eine soziale Ordnung zu schaffen, d. h. das Instinktive ins Bewusstsein zu heben."[17] Zugegebe-

---

16 „Pervaja Deklaracija" (Erste Deklaration) 1928, in: V. E. Chazanova (Hg.): *Iz istorii sovetskoj architektury. 1926–32 gg.* (Aus der Geschichte der sowjetischen Architektur 1926–1932), Moskau: Izd. Nauka 1972, S. 125.
17 El Lissitzky (1929): „Ideologischer Überbau", in: Ulrich Conrads: *Programme und Manifeste zur Architektur des 20. Jahrhunderts*, Braunschweig: Bertelsmann 1984, S. 112.

nermaßen klingt dies zunächst einigermaßen kryptisch – was hat das Instinktive mit der sozialen Ordnung zu tun? Doch eben dieser Zusammenhang prägte auch den damaligen Blick auf die konkrete Organisation der neuen Institutionen.

Das staatliche Kommissariat für Volksaufklärung gründete eine Reihe von Einrichtungen, die auf den ersten Blick nichts miteinander zu tun hatten, aber in Wirklichkeit eng verknüpft waren. Zum einen waren dies wissenschaftliche Institute, die sich der Erforschung der Psyche und Physis widmeten, zum anderen Hochschulen für Künste, Theater und Museen. Berühmte Avantgardekünstler wie Vladimir Majakowski, Vladimir Tatlin, Kasimir Malevich und Vsevolod Mejerhold waren in die Leitung dieser Einrichtungen involviert.[18] Aufgrund der engen institutionellen Verflechtung und der gemeinsamen Abhängigkeit vom Kommissariat für Volksaufklärung lässt sich kaum daran zweifeln, dass die Künstler die Ziele der Psychologen kannten und teilten.

Und so lag es auch nahe, dass sie die Praktiken dieser Psychologen aufgriffen. Die Disziplin, die genau diese Bewegung auf den Punkt brachte, war 1914 in Deutschland von Hugo Münsterberg entworfen worden, einem Schüler des Experimentalpsychologen Wilhelm Wundt. Er erklärte es zum Ziel der von ihm selbst so genannten ,Psychotechnik', die Praktiken der Psychologie für alle Bereiche des öffentlichen Lebens dienstbar zu machen, auch für die Werbung, für die Architektur, für das Kino. Durch den Einsatz der psychologischen Praktiken außerhalb der Forschungslabore sollte es möglich sein, die Öffentlichkeit mit psychologischen Mitteln zu manipulieren, das heißt ihre Handlungen quasi unbemerkt und ohne Widerwillen vorauszusehen und zu strukturieren. In ihren bekanntesten Anwendungen, den Berufseignungstests, wird die Psychotechnik bis heute praktiziert (wenn beispielsweise die Sehfähigkeit von Piloten gestestet wird, um anschließend die richtige Person zur Ausbildung zuzulassen). Doch wie sollte ihre Anwendung in der Architektur ablaufen, wo die Ergebnisse der psychotechnischen Versuchsanordnungen nicht nur Daten über die Psyche der Architekten erstellten, sondern der Konstruktion realer Gebäude dienen sollten?

Der Architekt Ladovskij kannte Münsterbergs Gedanken, die in Russland längst übersetzt vorlagen, zitierte ihn in seinen Publikationen und wiederholte seine Wahrnehmungsversuche. Vor allem passte ihm das Versprechen der Psychotechnik gut ins Konzept: „Psychotechnik kann keine Künstler hervorbringen [...], aber sie kann allen Künsten eine Basis geben, so dass sie die Ziele, die sie anstreben, auch definitiv erreichen."[19] Das Hauptziel war, so Münsterberg, „auf die Seele des [...]

---

[18] Das Narkompros (Volkskommissariat für Aufklärung und Bildung) war eine sowjetische Regierungsbehörde, eingerichtet 1917, die die Erziehungs- und Kunstinstitutionen ebenso wie Museen und Denkmäler verwaltete. Zur Rolle der Künstler im Narkompros vgl. Christina Lodder: *Russian Constructivism*, New Haven/London: Yale Univ. Press 1983, S. 48 ff.

[19] Nikolaj Ladovskij: Psichotechnitscheskaja laboratorija architektury (v poradke postanovki voprosa) (Ein Psychotechnisches Labor für Architektur [im Sinne einer Fragestellung]), in: ders./El Lissitzky (Hg.): *Izvestija ASNOVA. Izvestija Assotsiatii novykh arkhitektorov* (*ASNOVA. Nachrichten der Vereinigung Neuer Architekten*) 1 (1926), S. 7.

Zuschauers zu wirken, damit gewisse ästhetische Gefühle in ihm ausgelöst werden".[20]

Die frühen russischen Sozialisten, allen voran Lenin, kritisierten den amerikanischen Taylorismus, der auf der physiologischen Arbeitswissenschaft aufbaute, als eine rücksichtslose Methode der Ausbeutung von körperlicher Arbeitskraft. Zudem vernachlässige sie die psychischen Bedürfnisse der Arbeiter. Dagegen erschien die Psychotechnik mit ihrer Betonung der Psyche als sanftere Alternative, die sich der Hebung der Arbeitskraft widmete, indem sie die Abschaffung der Monotonie und Ermüdung ebenso thematisierte wie das Selbstbewusstsein des Arbeiters. Der Arbeitsertrag sollte durch die bessere Arbeitsplatzzuweisung und die Möglichkeit des Arbeitstauschs erhöht werden, womit soziale Aspekte in den Betrieben ebenso berücksichtigt wurden wie psychische.

Der pragmatische Hintergrund für die russische Bevorzugung der Psyche war zum einen der verbreitete Analphabetismus (die Tests der Psychotechniker funktionierten ohne Worte, man glaubte, so an das instinktive Verhalten der Arbeiter heranzukommen), zum anderen aber auch der Mangel an Technologie für die Umsetzung von tayloristischen Ansätzen. Das Training der Psyche erschien als effektiver erster Schritt auch zur Optimierung der Physis, die wie von selbst mit trainiert werden sollte. Genau darin, in der Beeinflussung der Körper durch die Psyche, lag nun auch das Versprechen der psychotechnischen Architektur, das für die Parteifunktionäre wohl zentral war. Von außen, durch die Veränderung des gebauten sozialen Raums, sollte die Psyche dazu angeregt werden, auch die Physis und somit den ganzen Menschen zu verändern, weil sie sein Verhalten durch die Bewegung im Raum verändere. Die Architektur „versorgt die Wohnungen mit Organisation und einer allgemeinen Wiedergabe von Form, die positiv auf unsere Psyche wirken und die Lebensbedingungen maximal verbessern würde".[21]

Pläne und Konkretionen

Die entscheidende Frage war und ist, ob es wirklich so funktioniert hat. Im Falle der psychotechnischen Wirkung der Architektur lässt sich dies aus Mangel an Augenzeugenberichten kaum nachvollziehen, wohl aber vorstellen. Man denke nur an die vielen Beispiele, in welchen sich die psychotechnische Architektur im Laufe des 20. Jahrhunderts fortlaufend realisiert hat, wie die Benutzerführung in Einkaufszentren, auf Bahnhöfen und in U-Bahnnetzen oder auch die Aufmerksamkeitssteuerung auf Computerbildschirmen – all dies macht die Relevanz der Psychotechnik

---

20 Hugo Münsterberg: *Grundzüge der Psychotechnik*. Leipzig: Barth 1928 (Erstausgabe 1914, russische Übersetzung 1923), S. 6.
21 Nikolaj V. Dokuçaev: „Schilischchnoe stroitel'stvo i arhitektura" (Konstruktion von Wohnungen und Architektur), in: *Sovetskoe iskusstvo* (Sowjetische Kunst) 3 (1928), S. 48–58, zit. nach: Anatole Senkevitch Jr.: *Trends in Soviet Architectural Thought, 1917–1932. The Growth and Decline of the Constructivist and Rationalist Movements*, Diss. Cornell University, Charlottesville: Univ. Press of Virginia 1974, S. 399.

für die Architektur unbestreitbar. In den 1920er Jahren in Moskau aber war diese Frage noch offen. In der Tat wurden etliche Projekte im nähren Umfeld der Psychotechniker entwickelt, die aus diversen praktischen Gründen nicht in die Tat umgesetzt werden konnten – andere jedoch konnten gerade aus praktischen Gründen und entgegen aller Planziele realisiert werden.

1922 entstand die Idee, auf den Sperlingsbergen, später Lenin-Bergen, die zum Ufer der Moskwa führen, ein monumentales Sportstadion zu errichten, das Internationale Rote Stadion, in dem sowjetische Wettkämpfe stattfinden sollten, die zu den westlichen Olympischen Spielen in Konkurrenz treten sollten. 1924 wurde hierzu ein Wettbewerb ausgerufen, den die Schüler der Klasse Nikolai Ladovskijs gewannen. Das Stadion wurde nur für Sportveranstaltungen angelegt. Geplant war es als Ort der ‚Gesundheit der Arbeiter', der neben dem Stadion ein Schwimmbad, ein Theater für Massenveranstaltungen und ein Agit-Theater unter freiem Himmel erhalten sollte. Ladovskijs Team stellte noch im Jahr 1924 die Entwürfe fertig, im darauf folgenden Jahr gewannen sie dafür einen Großen Preis auf der Pariser Kunstgewerbeausstellung. Ladovskij schwärmte in einer Fachzeitschrift für Architektur von den formalen Bedingungen der Sportanlage, von den Möglichkeiten, die Dynamik der baulichen Elemente zu manipulieren, den Rhythmus der verschiedenen Gebäude zu beschleunigen oder zu verlangsamen und so eine Art Relief zu schaffen, das zwischen Fluss und Berg gestaltet werden konnte – nicht wie ein Nutzbau, sondern wie eine Skulptur.[22] Bei dem Versuch, die prämierten Entwürfe umzusetzen, stellte man 1927 allerdings fest, dass die geologischen Gegebenheiten der Sperlingsberge nicht geeignet waren, da sich der Boden für den Bau des großen Stadions als zu schwach erwies.[23]

Ebenso unrealisiert blieb das wohl berühmteste und größte Moskauer Neubauprojekt der Zwischenkriegsjahre, der Palast der Sowjets, wenn auch aus anderen Gründen. Bereits 1922 hatte der junge Parteiführer Sergej Kirov auf der Festveranstaltung zur Gründung der UdSSR verkündet, er stelle sich im Zentrum Moskaus einen „Palast der Arbeit" vor, der anstelle der zerstörten „Paläste der Bankiers, Gutsbesitzer und Zaren" stehen und alle anderen Hochhäuser der Welt „übertreffen" werde.[24] Der dann einige Jahre später für diesen Ort geplante so genannte „Palast der Sowjets" sollte in seinen Dimensionen nicht nur das Rote Stadion übertreffen: Mit 415 Metern sollte er höher sein als der Eiffelturm und das Empire State Building; er sollte Platz für Versammlungen mit mehr als 20.000 Menschen bieten und mit der ganzen Welt im Austausch stehen, wofür Funkstationen und Haltemasten für Zeppeline konzipiert wurden. Fahrstühle und Rolltreppen waren für die Mobilität innerhalb des Gebäudes gedacht, Theater, Kinos, Museen und Fernsehstudios für die geistige Beweglichkeit.[25]

---

22 Ladovskij in: *Stroitelnaja Promyschlennost'* (1924) 12, S. 812.
23 Dieses Bauvorhaben beschreibt S. O. Chan-Magomedov: *Nikolai Ladovskij* (Anm. 12), S. 36–38.
24 Excerpt from Sergei Kirov's Speech at the First Congress of the Soviets (December 30, 1922), in: Kopp: *Town and Revolution* (Anm. 9), S. 245.
25 Die folgenden Darstellungen zum Palast der Sowjets folgen den Ausführungen Karl Schlögels: *Terror und Traum. Moskau 1937*, München: Hanser 2008, S. 692 ff.

Abb. 9: Boris M. Iofan, Entwurf für den Palast der Sowjets, 1942–43

1931 endlich, drei Jahre nach der Ausrufung des ersten Fünf-Jahres-Plans, kam es zur Auslobung eines Wettbewerbs, an dem auch die renommiertesten westlichen Architekten teilnahmen. Doch ausgewählt wurden nicht Frank Lloyd Wright, Le Corbusier oder Erich Mendelsohn, sondern der Russe Boris Iofan, der nicht für Avantgardearchitektur, sondern für Neoklassizismus stand. Gleichwohl war er mit seinen modernistisch orientierten Kollegen gut bekannt und setzte wie sie auf neueste Technologien und visuelle Eindrücklichkeit. Sein Entwurf orientierte sich an amerikanischen Hochhäusern und an römischen Palästen gleichermaßen und sah auf seiner Turmspitze eine riesenhafte Leninstatue vor (Abb. 9). Als Ort für den Bau des Palasts wurde der Platz der Christi-Erlöser-Kathedrale auserkoren, die ganz in der Nähe des Kreml stand und für den neuen Prachtbau spektakulär gesprengt werden musste. 1939 war das Fundament des Palasts fertig gestellt, und man begann trotz der auch hier schwierigen Bodenverhältnisse durch ständig eintretendes Wasser aus der Moskwa und die sumpfige Grundsubstanz mit dem Bau der Stahlkonstruktion. Ziel war es, den Palast bis zum Ende des dritten Fünf-Jahres-Plans 1942 fertig zu stellen, doch der Kriegsbeginn 1941 führte zu einem Abbruch der Bauarbeiten.[26] Nach dem Krieg wurde zwar immer wieder über eine Wiederaufnahme des Palastbaus nachgedacht, umgesetzt wurde dies aufgrund der verände-

---

26 Ebd., S. 706–707.

Abb. 10: Luftansicht der Sozialistischen Stadt Magnitogorsk, erster Superblock, Mitte der 1930er Jahre

ten politischen Lage aber nie. Das Palastfundament am Ufer der Moskwa diente den vom Stalinismus befreiten Arbeitern statt als Gebäude der Zukunft ab 1960 als Nutzbau der Freiheit – und zwar im wahrsten Sinne des Wortes: als Freibad.[27]

Wie das Stadion auf den Sperlingsbergen und der Palast am Moskwa-Ufer ist auch das größte Städtebauprojekt außerhalb Moskaus bei der Realisierung vom Plan abgewichen, allerdings im positiven Sinne. Magnitogorsk wurde noch während des ersten Stalin'schen Fünf-Jahres-Plans in der Nähe der damals reichsten natürlichen Eisenquelle, dem Magnetberg im südlichen Ural, als Arbeiter- und Industriestadt entworfen (Abb. 10). Um das Riesenprojekt, für das nicht genügend Facharbeiter zur Verfügung standen, dennoch zeitnah auf den Weg zu bringen, wurden Architekten aus dem Ausland mit einbezogen, allen voran Ernst May und sein Team aus Frankfurt am Main. Doch noch bevor die Pläne der deutschen Fachleute ausgearbeitet waren, hatte man in Magnitogorsk bereits mit der Umsetzung begonnen. Die Bauarbeiten – teils von Gefangenen durchgeführt – kamen schnell voran, wobei die vorliegenden Entwürfe den natürlichen Gegebenheiten der Region angepasst werden mussten.

Die Veränderungen der Pläne, die Ernst May in Kauf nehmen musste, sollten für die Wohnsituation von Vorteil sein. Magnitogorsk war als Bandstadt geplant: Die Wohngebäude sollten sich entlang der Hauptverkehrsstraße aufreihen, parallel zu den Industriekomplexen. Dazwischen sollte der Fluss Ural oder ein Grünstreifen verlaufen, so dass die Arbeiter zugleich kurze Arbeitswege und eine natürliche Grenze zur Arbeit hatten. Durch die vorauseilenden Bauarbeiten kam es zu einer

---

27 Erst 1993 wurde das Freibad geschlossen und mit der Rekonstruktion der Erlöser-Kathedrale begonnen.

eher schlangen- als linienartigen Anordnung der Hochhäuser und zu größerem Abstand zwischen Wohnraum und Industrie, was sich als vorteilhaft für die Gesundheit der Stadtbewohner herausstellte. Aufgrund der schnelleren Umsetzung der Entwürfe hatten die Architekten ihre Pläne zu modifizieren und an die gebauten Tatsachen anzupassen.[28] Allerdings entwickelte sich Magnitogorsk trotz der euphorischen Anfangsphase bereits nach wenigen Jahrzehnten zu einem der ungesündesten Wohnorte der Welt – und seit die Eisenvorräte des Magnetbergs aufgebraucht sind, auch zu einem ihrer uneffizientesten Orte. Dies konnten jedoch weder die Pläne der Architekten noch die Tätigkeiten der Bauarbeiter voraussehen.

Die Beispiele der psychotechnischen Architektur sollten zeigen, dass es in der frühen Sowjetunion Avantgardisten gab, deren scheinbar utopische Projekte auf ganz konkreten Experimenten beruhten. Diese Experimente waren aus wissenschaftlichen Laboren hervorgegangen, wurden aber außerhalb dieser geschlossenen Räume durchgeführt. Die Psychotechnik zeichnete sich somit vor allem dadurch aus, dass sie sich praktisch einsetzte für Unternehmungen, deren Ausgang nicht absehbar war, da sie nicht in einem geschützten, klar definierten Raum, sondern in der Öffentlichkeit stattfanden. Sie wollte verändern, verbessern, Neues schaffen, ohne die Innovationen vorab im Einzelnen zu überprüfen. Ob beispielsweise der Pilot, der den Wahrnehmungstest bestanden hatte, später bei realen Turbulenzen schnell genug handelte, konnte und kann die Psychotechnik nicht vorher bestimmen. Ebenso verhält es sich mit der psychotechnischen Architektur: Ob sie ihre Bewohner wirklich dahin gehend veränderte, dass sie sich später besser im großstädtischen Raum bewegen konnten, blieb trotz der Experimente unabsehbar. Das Ergebnis eines Bauvorhabens ist offen, sein Effekt liegt in der Zukunft.

Die hier erörterten Versuche, die Zukunft vorwegzunehmen, sind angesichts ihres experimentellen Charakters alles andere als utopisch. Denn für soziale Experimente gilt dasselbe wie für Laborexperimente: In ihnen entsteht Zukunft. Hans-Jörg Rheinberger beschreibt das Experimentieren als einen Vorgang, bei dem sich erst während des Handelns herausstellt, was gesucht wird und was als Ergebnis herauskommen könnte.[29] So bilden sich Experimentalsysteme heraus, die Rheinberger mit François Jacob als „Maschinen zur Erzeugung von Zukunft" beschreibt, als Punkte, „an denen sich Erwartung ballt".[30] Frage und Ergebnis greifen im Experiment ineinander, sie entwickeln sich nicht sukzessive, sondern parallel. Während der Versuchsleiter oder der Architekt denken und handeln, bildet sich ihr Handlungsraum mit heraus. Ganz gleich welche Pläne am Anfang eines Projekts vorliegen, die Umsetzung dieser Pläne wirkt sich maßgeblich auf die Ergebnisse aus. Jede Form des Plans kann also als prognostisch bezeichnet werden, ihr Poten-

---

28 Stephen Kotkin: *Magnetic Mountain. Stalinism as a civilization*, Berkeley: Univ. of Calif. Press 1995.
29 Hans-Jörg Rheinberger: „Historische Beispiele experimenteller Kreativität in den Wissenschaften", in: Walter Berka/Emil Brix/Christian Smekal (Hg.): *Woher kommt das Neue? Kreativität in Wissenschaft und Kunst*, Wien/Köln/Weimar: Böhlau 2003, S. 29–49.
30 Ebd., S. 34.

zial an Vorwissen bewährt sich aber erst in der tatsächlichen Realisierung eines Projekts. Die Zukunft sowohl eines wissenschaftlichen Experiments wie auch eines Bauvorhabens entsteht im Machen, während seiner Umsetzung, und nicht an seinem Ende.

Und so zeigten sich auch das Machbare oder eben das Nicht-Machbare in den beschriebenen Beispielen als entscheidend für ihr Scheitern oder ihren Erfolg. Auf den Sperlingsbergen war es der Statiker, der den Entwurf der Architekten korrigierte und seine Realisierung verhinderte; der Palast der Sowjets scheiterte trotz zahlreicher Pläne an der Bodenbeschaffenheit und an den historischen Ereignissen; die gigantische Arbeitersiedlung hingegen wurde umgesetzt, obwohl die exakten Pläne noch nicht vorlagen, was dazu führte, dass das Handeln der Bauarbeiter die Pläne der Architekten korrigierte. Das so oft zitierte große utopische Experiment der russischen Avantgarde wird somit zu mehr als nur einer Formel für eine unsichere Zeit – es bezeichnet eine Praxis, über deren Zukunft erst die konkreten Abläufe der Praktiker entscheiden.

GABRIELE GRAMELSBERGER

Intertextualität und Projektionspotenzial von Klimamodellen

Der anthropogene Klimawandel avancierte in den letzten Jahren zur paradigmatischen Projektionsfläche prognostischer wie prophetischer Vorstellungen. Manche der diskutierten Zukunftsszenarien für die nächsten Jahrzehnte sorgen dabei für apokalyptische Stimmungen, wenn beispielsweise von einer möglichen Erhöhung der globalen Jahrestemperatur bis 2100 von 6,4°C und mehr ausgegangen wird. Der Vergleich mit Prophetie und Apokalypse scheint lediglich ein metaphorischer zu sein, doch bei näherer Betrachtung zeigen sich einige interessante Ähnlichkeiten. Obwohl Prognose und Prophetie unterschiedlichen Kontextsystemen unterliegen, haben sie eine ähnlich antizipative Temporalität. Beide adressieren Zukunft, wenn auch in unterschiedlicher Weise. Während die Prophetie im Kontext einer Glaubensgemeinschaft angesiedelt ist, nimmt die Prognose für sich in Anspruch, Kern einer Wissensgemeinschaft zu sein, nämlich der naturwissenschaftlichen *scientific community*. Sie avancierte deshalb zum epistemischen Dogma und Prüfinstrument wissenschaftlichen Wissens, da nur durch zutreffende Prognosen bestätigte Hypothesen und Theorien als wissenschaftlich gelten.

Insofern seit dem 19. Jahrhundert das naturwissenschaftliche Weltverständnis zum paradigmatischen Verständnis der modernen, technologischen Gesellschaft geworden ist, beanspruchen wissenschaftliche Prognosen zunehmend einen universellen Geltungsanspruch. Dieser zeigt sich nicht zuletzt an den aktuellen Debatten zum Klimawandel. Doch die scheinbar so sichere Position, von der aus die wissenschaftliche Prognose im Kontext der Klimafrage operiert, gilt es zu hinterfragen. Denn einerseits ist ihr Geltungsbereich ein sehr eingeschränkter, andererseits ist sie ein rein methodisches Instrument wissenschaftlicher Evaluierung. Seit den 1980er Jahren wird ihr von der Politik das Geschäft der Zukunftsvorhersage zugemutet, und diese Transformation von einem Prüf- in ein Vorhersageinstrument ist äußerst problematisch. Zum einen, da die klimatischen Vorhersagezeiträume mehrerer Jahrzehnte für die Funktion der Bestätigung heutiger Annahmen ungeeignet sind, zum anderen, da genau diese Vorhersagen durch gesellschaftliches Handeln verhindert werden sollen. Daher vermeidet die Klimaforschung seit einigen Jahren den Begriff der Prognose und spricht von Klimaprojektionen.

Die zweite, weniger offenkundige Ähnlichkeit zwischen Prognose und Prophetie besteht in der verschrifteten Tradition, in welcher beide stehen. Im Falle der Prognosen – korrekter gesprochen: Projektionen – zum Klimawandel kann durchaus von einem ‚kanonischen' Konvolut an Schriften gesprochen werden. Schriften meinen hier jedoch die Tausende von Codezeilen der globalen Klimamodelle. Dieses Konvolut basiert als Computercode auf einer Traditionslinie, die 1954 mit dem Aufkommen der ersten Programmiersprache Fortran beginnt, die jedoch auf wissenschaftliche Erkenntnisse der letzten vierhundert Jahre referiert und diese im Code ‚re-artikuliert'. Dabei handelt es sich nicht um beliebige Klimamodelle, sondern um zwei Dutzend Modelle, die durch die Prozeduren des Intergovernmental Panel on Climate Change (IPCC) der Vereinten Nationen evaluiert worden sind.

Mit Fug und Recht lässt sich daher behaupten, dass Klimamodelle zu den einflussreichsten Schriften des 20. und 21. Jahrhunderts gehören. Ihr soziopolitischer Einfluss besteht vor allem darin, Zukunft verhandelbar machen. In den bisherigen wissenschaftstheoretischen Diskussionen über Klimamodelle bleibt allerdings ihr Textcharakter unberücksichtigt. Um diesem Rechnung zu tragen, werden im Folgenden die wesentlichen textuellen Relationen verdeutlicht. Der vorliegende Beitrag stellt daher einen ersten Versuch dar, die Intertextualität von Klimamodellen zu analysieren, um dann die Verankerung der Klimaprojektionen im deterministischen Wissenschaftsverständnis der neuzeitlichen Physik sowie ihr Projektionspotenzial zu untersuchen.

1. Anthropogener Klimawandel

Es ist erstaunlich, dass die Ursachen des aktuell diskutierten anthropogenen Klimawandels seit 1896 bekannt sind. Damals beschrieb der schwedische Meteorologe Svante Arrhenius den Einfluss von Wasserdampf und atmosphärische Beimengungen wie Kohlendioxid korrekt als Treibhauseffekt, der zu Abkühlung bzw. Aufheizung der Atmosphäre führen konnte.[1] Ohne diesen Treibhauseffekt läge die globale Jahrestemperatur bei -18°C, doch dank des Treibhauseffekts der Atmosphäre sind es überlebensnotwendige +14°C bis +15°C. Der Aufheizungseffekt von Kohlendioxidemissionen wurde dann erstmals 1938 von dem britischen Ingenieur Guy S. Callendar auf einen jährlichen Anstieg der globalen Jahrestemperatur um 0,003°C geschätzt, basierend auf den mehr als 150.000 Millionen Tonnen Kohlendioxid, die bis 1938 durch die Industrialisierung freigesetzt worden waren.[2] Wie auch andere Forscher seiner Zeit ging Callender jedoch von einer bevorstehenden Eiszeit aus und wertete das Aufheizen der Atmosphäre durch den Menschen als willkommenen Effekt. Deshalb, so Callender, würde „the combustion of fossil oil [...] prove beneficial to mankind."[3] Doch Ende der 1950er Jahre änderte sich die Meinung der Forscher. Es wurde nachgewiesen, dass die Aufnahmeleistung der Ozeane mit dem rapiden Ausstoß von Kohlendioxid nicht mithalten konnte[4] und die CO_2-Konzentration in der Atmosphäre immer stärker anstieg: von 280 ppmv (1750) auf aktuell

---

[1] Svante Arrhenius: „On the influence of carbonic acid in the air upon the temperature of the ground", in: *Philosophical Magazine and Journal of Science* 41 (1896), S. 237–276.

[2] Guy S. Callendar: „The artificial production of carbon dioxide and its influence on temperature", in: *Quaterly Journal of the Royal Meteorological Society* 64 (1938), S. 223–240.

[3] Ebd., S. 236.

[4] Roger Revelle/Hans E. Suess: „Carbon Dioxide Exchange between Atmosphere and Ocean and the Question of an Increase of Atmospheric CO2 During the Past Decades", in: *Tellus* 9 (1957), S. 18–27; Bert Bolin/Erik Eriksson: „Changes in the Carbon Dioxide Content of the At-

390 ppmv (2010).⁵ Von einer drohenden Eiszeit wandelte sich die Debatte zu einer mitunter apokalyptisch anmutenden Diskussion der Aufheizung des Klimas von bis zu 6,4°C und mehr bis 2100.⁶

Dies macht deutlich, dass zuverlässige Voraussagen über den anthropogenen Klimawandel heute für die Menschheit überlebenswichtig sind. Doch die Berechnung der Folgen des enormen Anstieges der Kohlendioxidkonzentration ist alles andere als einfach. Dies hat mit der Natur des Klimasystems als vielfältig rückgekoppeltem System zu tun. So lässt sich zwar eindeutig berechnen, dass eine Kohlendioxid-Verdoppelung von 280 ppmv (1750) auf 560 ppmv in einem Klimasystem ohne Rückkopplungseffekte zu einem Anstieg der globalen Jahrestemperatur von rund 1°C führen würde. Doch da das Klima ein vielfältig rückgekoppeltes System ist, variieren aktuelle Berechnungen zwischen 2,4°C und 4,1°C.⁷ Zwar ist die Menschheit von einer Verdopplung der Kohlendioxid-Konzentration noch entfernt, aber seit den 1980er Jahren nimmt der Ausstoß an Treibhausgasen überproportional zu. Die besorgniserregendsten Szenarien gehen sogar von weitaus höheren Emissionswerten bis 2100 aus und dementsprechend von einem wesentlich stärkeren Anstieg der globalen Jahrestemperatur bis 2100.⁸

2. Klimamodelle, Emissionsszenarien und IPCC-Berichte

Vor dem skizzierten Hintergrund wird deutlich, dass Klimamodellen eine enorme gesellschaftspolitische Funktion zukommt. Sie halten uns einen Spiegel vor, wie eine Zukunft unter bestimmten Bedingungen aussehen könnte. Dabei sind Klimamodelle weniger bloße ‚Zukunftsprojektionsmaschinen' als vielmehr Selbstreflexionstechnologien menschlichen Handelns. Denn mit ihnen erforschen die Klimawissenschaftler, welche Auswirkungen unser Verhalten auf klimatische Prozesse hat. Dazu müssen sie zuerst das Klimasystem als prozessuales System verstehen und modellieren, erst dann können sie anthropogene Einflüsse untersuchen, um sie schließlich auf die Zukunft zu projizieren. Da Experimente mit dem Klima kaum möglich und vor allem kaum wünschenswert sind – sieht man von dem Realexperiment von mehr als 7 Milliarden

---

mosphere and Sea Due to Fossil Fuel Combustion", in: Bert Bolin (Hg.): *The Atmosphere and the Sea in Motion*, New York: Rockefeller Institute Press 1957, S. 130–142.

5 ppmv = parts per million by volume. 1750 markiert den Beginn der Industrialisierung und wird als wichtigster Vergleichswert im Kontext des Klimawandels verwendet.

6 Susan Solomon/et al.: *Climate Change 2007. Contribution of Working Group I to the Fourth Assessment Report of the Intergovernmental Panel on Climate Change*, Cambridge MA: Cambridge University Press 2007, S. 810.

7 Stefan Rahmstorf: „Anthropogenic Climate Change: Revisiting the Facts", in: Ernesto Zedillo (Hg.): *Global Warming: Looking Beyond Kyoto*, Washington D. C.: Brookings Institution Press 2008, S. 34–53.

8 Nebojsa Nakicenovic/Rob Swart: *Special Report on Emissions Scenarios*, Cambridge MA: Cambridge University Press 2000. Einen Überblick über die Geschichte des anthropogenen Klimawandels gibt Spencer Waert: *The discovery of global warming*, Cambridge MA: Harvard University Press 2003.

Menschen ab – und da Messungen nur Auskunft über den aktuellen Zustand des Wettersystems geben, sind Klimamodelle die einzigen Erkenntnisinstrumente, die in die Zukunft projizieren können. Sie sind zudem die einzigen Instrumente, mit denen man Experimente machen kann, wenn auch nur mit einem digitalen Klima. Daher gehören Klimamodelle zu den einflussreichsten Schriften des 20. und 21. Jahrhunderts. In ihnen wird unsere Zukunft verhandelt, und dies hat soziopolitisch wie ökonomisch Auswirkungen – vor allem für die kommenden Jahrzehnte.

Die nähere Betrachtung dieser Schriften zeigt ein Konvolut verschiedener Textgattungen, das historisch gewachsen und immer noch im Entstehen begriffen ist. Um Klimaprojektionen machen zu können, bedarf es einerseits avancierter Modelle, andererseits sozioökonomischer Emissionsszenarien, die mögliche gesellschaftliche Entwicklungspfade und deren zu erwartender Emissionen aufzeigen.[9] Aufgrund dieser Emissionsszenarien lassen sich dann zukünftige Trends berechnen und in Berichten publizieren. Das Interessante an dieser Entwicklung ist, dass sich in den letzten Jahren ein ‚Kanon' an Modellen, Szenarien und Berichten herausgebildet hat, dessen Gewährleistung maßgeblich durch das von den Vereinten Nationen eingesetzte Intergovernmental Panel on Climate Change (IPCC) verantwortet wird. Gewährleistung meint hier die durch wissenschaftliche Evaluations- und Begutachtungsverfahren sichergestellte Güte der beteiligten Modelle und Szenarien, die den Standards der Klimaforschung Genüge leisten müssen. Beispielsweise waren am vierten IPCC-Bericht von 2007 insgesamt 24 globale Klimamodelle aus 12 europäischen, nordamerikanischen und asiatischen Ländern sowie Australien beteiligt.[10] Auch wenn die Modelle westlicher Industriestaaten dominieren, da Klimamodelle aufwendige und daher kostenintensive Instrumente sind, stehen die berechneten Daten über Internetplattformen der gesamten Klimaforschung zur Verfügung. Aus der Analyse der Vergleichsdaten der 24 globalen Klimamodelle entstanden so mehr als 200 Artikel, die in begutachteten Journalen eingereicht wurden, um für den vierten IPCC-Bericht berücksichtigt zu werden.

Bisher wurden vier IPCC-Berichte publiziert, ein fünfter ist für 2014 in Vorbereitung. Diese Berichte sind selbst einzigartige Schriftstücke, die von Hunderten von Autoren kollaborativ verfasst wurden, unter Berücksichtigung Zehntausender von Kommentaren der gesamten Klimaforschung. Jeder IPCC-Bericht besteht aus drei Teilen, für die jeweils eine Arbeitsgruppe zuständig ist (vgl. Tab. 1). Jeder dieser drei Teile wird durch ein „Summary for Policy Makers" (SPM) begleitet, das in einem Treffen der Autoren mit Vertretern aller Regierungen Wort für Wort ausgehandelt wird,[11] denn die Deutung der projizierten Ergebnisse für soziopolitische

---

9 Beispielsweise Nakicenovic/Swart: *Special Report on Emissions Scenarios* (Anm. 8).
10 Ebenso gibt es gut zwei Dutzend regionale Modelle, die an der Entstehung der IPCC Berichte beteiligt sind.
11 Arthur C. Petersen: *Simulating Nature: A Philosophical Study of Computer-Simulation Uncertainties and Their Role in Climate Science and Policy Advice*, Apeldoorn, Antwerpen: Het Spinhuis Publishers (2006); Arthur C. Petersen: „Climate Simulation, Uncertainty, and Policy Advice – The Case of the IPCC", in: Gabriele Gramelsberger/Johann Feichter (Hg.): *Climate Change and Policy. The Calculability of Climate Change and the Challenge of Uncertainty*, Heidelberg u. a.: Springer 2011, S. 91–112.

Handlungsempfehlungen obliegt der Politik. Auf globaler Ebene hat sich dazu seit der ersten Weltklimakonferenz in Genf 1979 eine internationale Struktur herausgebildet, die nicht nur Wissenschaft und Politik in Dialog bringt, sondern Handlungsempfehlungen in die Tat umsetzt. Mit der Gründung des Intergovernmental Negotiating Committee on Climate Change (INC) und des United Nations Framework Convention on Climate Change (UNFCCC) wurden zwei überstaatliche Gremien geschaffen, um die Stabilisierung der Treibhausgase international verbindlich festzuschreiben. Diese Bemühungen führten schließlich 1997 zur Unterzeichnung des Kyoto-Protokolls (1997–2012), das Vereinbarungen bezüglich der Reduktion von Treibhausgasen bis 2012 festlegte. Seither treffen sich Regierungs- und Wissenschaftsvertreter zu den jährlichen Conferences and Meetings of the Parties (COP, MOP) des Kyoto-Protokolls. Beispielsweise versammelte die Kopenhagen Konferenz (COP-15) im Jahr 2009 rund 45.000 Teilnehmer aus Wissenschaft, Politik, Medien und Nichtregierungsorganisationen – allerdings ohne den erhofften Erfolg bezüglich der Verlängerung des Kyoto Protokolls zu erzielen.[12]

Intergovernmental Panel on Climate Change (IPCC)	
Working Group I	The Science of Climate Change
Working Group II	Impacts, Adaptation, Vulnerability
Working Group III	Mitigation of Climate Change
FAR	First Assessment Report 1990
SAR	Second Assessment Report 1995
TAR	Third Assessment Report 2001
4AR	Fourth Assessment Report 2007
5AR	Fifth Assessment Report 2014
Emission Scenarios	SA90 (FAR), IS92 (SAR), SRES 2000 (TAR, 4AR), RCP (5AR)

Tab. 1: Arbeitsgruppen, Berichte und Szenarien des IPCC.[13]

---
12 Joachim Krause: „Nach Kopenhagen. Welchen Multilateralismus benötigt erfolgreiche Klimapolitik?", in: *Internationale Politik* 2 (2009), S. 106–113; Aant Elzinga: „Shaping Worldwide Consensus: The Orchestration of Global Climate Change Research", in: Aant Elzinga/Catharina Landström (Hg.): *Internationalism in Science*, London: Taylor & Graham 1995, S. 223–255.
13 Zit. nach www.ipcc.ch (letzter Zugriff: 27.3.2012).

3. Intertextualität der Klimamodelle

Klimamodelle sind der operative Kern des beschriebenen Textkonvoluts zum anthropogenen Klimawandel. Als solche sind sie keine geschlossenen Texte, sondern sie sind intertextuell vielfältig verwoben. Daher bietet es sich an, sie mit literaturwissenschaftlichen Termini zu beschreiben.[14] Bevor dies geschieht, sei darauf verwiesen, dass es kein Novum ist, Wissenschaft als ein System von Sätzen zu verstehen. Aus wissenschaftstheoretischer Perspektive besteht das Unternehmen der Wissenschaft gerade darin, Sätze über empirisch feststellbare Phänomene und Prozesse aufzustellen und nachzuprüfen, wobei manche dieser Sätze allgemeiner (Theorien) als andere (empirische Sätze) sind. „Die Tätigkeit des wissenschaftlichen Forschers besteht darin", schreibt Karl Popper 1934, „Sätze oder Systeme von Sätzen aufzustellen und systematisch zu überprüfen; in den empirischen Wissenschaften sind es insbesondere Hypothesen, Theoriensysteme, die aufgestellt und an der Erfahrung durch Beobachtung und Experiment überprüft werden."[15] Im Unterschied zu literarischen Texten handelt es sich hier jedoch um spezifische Texte, deren Semantik anders definiert ist als bei normalsprachlichen Texten. Wissenschaftliche Sätze nach Poppers Verständnis unterliegen einer formalen Axiomatik, die widerspruchsfrei, unabhängig und notwendig sein muss.

Trotz ihrer formalen Darstellung und logischen Bedingtheit – beides Aspekte wissenschaftlicher Textualität – sprechen diese Sätze von der Welt. „Die Theorie ist das Netz, das wir auswerfen, um ‚die Welt' einzufangen, – sie zu rationalisieren, zu erklären und zu beherrschen. Wir arbeiten daran, die Maschen des Netzes immer enger zu machen."[16] Diese Auffassung von der Naturwissenschaft als System von Sätzen orientiert sich dabei maßgeblich an der Physik und ihren Theorien. Da Klimamodelle auf der klassisch physikalischen Theorie der Strömungsdynamik basieren, lassen sie sich als ein System von Sätzen bzw. Differentialgleichungen beschreiben, bestehend aus den drei hydrodynamischen Bewegungsgleichungen, der Kontinuitätsgleichung, der Zustandsgleichung sowie den beiden Hauptsätzen der Wär-

---

14 Der Begriff der Intertextualität, wie er von Julia Kristeva 1969 in die Literaturforschung eingeführt wurde (Julia Kristeva: *Semeiotike. Recherches pour une sémanalyse*, Paris: Seuil 1969), versucht die Relationalität von Texten zu fassen und in dieser die Intersubjektivität eines Textes zu verorten. Auf Kristeva bezugnehmend entwickelte Gérard Genette 1982 ein differenziertes Gefüge von Begriffsunterscheidungen, um verschiedene Typen transtextueller Beziehungen untersuchen zu können. Genette unterscheidet Intertextualität (Präsenz eines Textes in einem anderen in Form von Zitaten, Plagiaten oder indirekten Anspielungen), Paratextualität (einrahmende Beifügungen wie Titel, Vorworte, Fußnoten, aber auch Gattungszuweisungen), Metatextualität (kritische Kommentare), Architextualität (indirekte Gattungszuweisungen) und Hypertextualität (Überlagerungen jenseits der Kommentare zwischen Hypertext und Hypotext). Diese Typen transtextueller Beziehungen, so Genette, sind „nicht als Klassen von Texten, sondern als Aspekte der Textualiät [zu] betrachten." (Gérard Genette: *Palimpseste. Die Literatur auf zweiter Stufe*, Frankfurt a. M.: Suhrkamp 1993, S. 19). Dies gilt auch für die Hypertextualität als „universelle[n] Aspekt der Literarität: Es gibt kein literarisches Werk, das nicht, in einem bestimmten Maß und je nach Lektüre, an ein anderes erinnert" (ebd., S. 20).
15 Karl Popper: *Logik der Forschung*, Tübingen: Mohr 1989, S. 3.
16 Ebd., S. 31.

metheorie – wie von dem norwegischen Physiker Vilhelm Bjerknes bereits 1904 konzipiert, um die sieben Kenngrößen der Atmosphäre zu berechnen: Temperatur, Luftdruck und -dichte, Feuchte sowie Windgeschwindigkeit in drei Richtungen.[17]

3.1 Vorhersagealgorithmen

Ein solches System von Differentialgleichungen beschreibt zwar allgemein den Zustand der Atmosphäre anhand der genannten sieben Kenngrößen, doch um es für die Berechnung von zukünftigen Zuständen nutzen zu können, muss es in einen Vorhersagealgorithmus transformiert werden, der die räumliche und zeitliche Berechnung dieser sieben Kenngrößen ermöglicht.[18] Der Unterschied zwischen einem System von Differentialgleichungen und seinem Vorhersagealgorithmus ist fundamental, denn es handelt sich um einen Medienwechsel vom Kontinuierlichen zum Diskreten. Ein Vorhersagealgorithmus für ein solch komplexes Modell lässt sich nur für ein diskretes Raster an Berechnungspunkten aufstellen, da die Rechenressourcen endlich sind. Daher sind die berechneten Resultate lediglich Approximationen, und der Grad der Approximation hängt von der Dichte der Berechnungspunkte ab. Im Falle der Klimamodelle handelt es sich, je nach Modell, um Abstände von 60 bis 500 km zwischen zwei auf das globale Klima bezogenen Berechnungspunkten. Eine solch grobe Auflösung von 500 km ordnet einem Land wie Deutschland allenfalls ein Dutzend Berechnungspunkte für die zu berechnenden Kenngrößen zu. Es liegt auf der Hand, dass eine solche Auflösung nur entsprechend großräumige Strukturen darstellen kann. Stürme oder Wolken existieren in einer so grob aufgelösten Welt schlichtweg nicht.

Doch gerade Wolken sind wichtige Wetter- wie Klimafaktoren. Deshalb bedürfen sie einer gesonderten Darstellung. Diese Darstellung, die sogenannte *subskalige Parametrisierung*, ist ein Teil des Paratexts der Klimamodelle. Man könnte sie als ‚Fußnoten' zu jedem einzelnen Berechnungspunkt bezeichnen, insofern die gesonderten Berechnungen der Parametrisierung auf jeden Berechnungspunkt summiert werden. Interessanterweise wachsen die Klimamodelle seit den 1970er Jahren fast ausschließlich in ihrem ‚Fußnotenapparat' an, während sich der bis auf Bjerknes

---

17 Vilhelm Bjerknes: „Das Problem der Wettervorhersage, betrachtet von Standpunkt der Mechanik und Physik", in: *Meteorologische Zeitschrift* 21 (1904), S. 1–7.
18 Das System von Differentialgleichungen muss so umkonstruiert werden, dass es sich hinreichend genau numerisch berechnen lässt. Dabei werden die Differentialgleichungen in Differenzengleichungen transformiert, welche die kontinuierliche Veränderung des Klimas in diskreter Form als Aneinanderreihung von Differenzen beschreiben. Die grundlegende Annahme dabei ist, dass je kleiner die Differenz zwischen zwei Zuständen wird, desto mehr nähert sich die Beschreibung der als kontinuierlich angenommenen Welt an. In den Worten der Intertextualität: Das diskretisierte Modell ist kein Zitat des zugrundeliegenden kontinuierlichen Modells der Differentialgleichungen, es ist eine Paraphrasierung des kontinuierlichen Modells. Beide Versionen sind strukturell zwar nicht identisch, sollten aber dennoch hinreichend ähnlich sein – die Mathematik spricht hier von Konsistenz und Konvergenz.

zurückreichende allgemeine Theorien-Kern der Modelle wenig verändert hat. Dieser Fußnotenapparat hat jedoch einige unangenehme Eigenschaften. Er basiert meist auf empirischen Sätzen – also im wissenschaftstheoretischen Sinne nicht auf den allgemeinen Sätzen der Theorie –, und diese haben unterschiedliche Reichweiten und Güte. Dies führt Unsicherheiten in das Modell ein, die sich auf die Qualität der Zukunftsprojektionen auswirken. Ein möglicher Ausweg liegt in der Erhöhung der räumlichen Auflösung, wie sie auch permanent vorangetrieben wird.[19] Doch limitierte Rechnerressourcen setzen einer Auflösungsverbesserung effektive Grenzen. Bis auf weiteres wird man daher in Klimamodellen jede Menge subskalige Parametrisierung finden.

Stellt man sich nun ein Klimamodell aus einem historisch tradierten Haupttext (allgemeine Theorie, die teilweise bis auf Newtons Mechanik zurückgeht) und einem permanent anwachsenden Fußnotenapparat (empirische Sätze, Annahmen und Heuristiken der subskaligen Parametrisierungen) vor,[20] so liegt die darstellungstechnische Herausforderung darin, dass für jeden Berechnungspunkt ein eigenes klimatologisches Narrativ erzählt wird. Bei einer horizontalen Auflösung von 500 km und einer vertikalen Auflösung von etlichen Schichten besteht die Berechnung des Klimamodells für einen bestimmten Zeitschritt darin, für jeden einzelnen der Zehntausende von Berechnungspunkten die Zustandswerte der sieben meteorologischen Kenngrößen zu ermitteln. Für aktuelle Klimamodelle mit wesentlich höheren Auflösungen sind Quadrillionen von Berechnungen für ein simuliertes Jahr auszuführen. Selbst die weltweit schnellsten Rechner benötigen Tage und Wochen, um einige Jahrzehnte in die Zukunft zu rechnen.

3.2 Die Sprache der Klimamodelle

Konkret bedeutet dies, dass der ‚Haupttext' inklusive seinem ‚Fußnotenapparat' in einer computertauglichen Sprache verfasst sein muss. Klimamodelle sind bis heute in Formula Translator (Fortran), der ältesten Programmiersprache, geschrieben. Der Programmcode gibt exakte Anweisungen, wie die Narration für jeden Berechnungspunkt auszuführen ist. Dazu wird der Haupttext vom Fußnotenapparat getrennt und beide werden auf verschiedene Dateien verteilt. Diese Zerlegung erzeugt ein Konvolut von einigen hundert Dateien, die in einem festgelegten Schema durchlaufen werden. Für die Berechnung initiiert man das Modell für Zeitpunkt t_0 mit Messdaten, berechnet dann den Teil der allgemeinen Theorie (dynamischer

---

19 So lag die Auflösung der globalen Berechnungen für den 1. IPPC Report bei 500 km, während der 4. IPPC Report bereits eine Auflösung von 110 km hatte.
20 Die hydrodynamischen Gleichungen, die auf Isaac Newtons zweitem Axiom der Impulserhaltung basieren, wurden 1755 von Leonhard Euler als allgemeine Bewegungsgleichungen für Fluide formuliert und im 19. Jahrhundert von Claude Navier und George Stokes um Reibung ergänzt. Sie sind bis heute die Basis aller Wetter- und Klimamodelle. Gabriele Gramelsberger: „Conceiving Processes in Climate Models – General Equations, Subscale Parameterizations, and ‚Superparameterizations'", in: *Studies in History and Philosophy of Modern Physics* 41 (2010), S. 233–241.

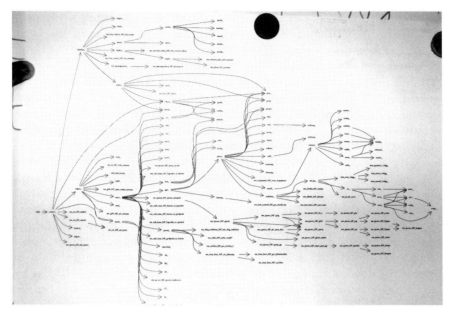

Abb. 1: Ablaufschema der Dateien eines Atmosphärenmodells mit Start für Zeitpunkt t_0 und Ende für Zeitpunkt t_1 (Quelle: ECHAM5, Dateiablaufschema)

Kern basierend auf den hydro- und thermodynamischen Gleichungen) und speichert die Werte für jeden Berechnungspunkt. Dann werden die subskaligen Parametrisierungen berechnet und zu den gespeicherten Werten des dynamischen Kerns summiert, um so die Ausgabewerte für den Zeitpunkt t_1 zu erzeugen, die dann als Anfangswerte für die Berechnung des nächsten Zeitschritts t_2 verwendet werden und so fort (s. Abb. 1). In einer unendlichen Litanei arbeitet sich das Modell Zeitschritt für Zeitschritt im 10- oder 20-Minuten-Takt nach vorne. Am Ende, nach Tagen oder Wochen der Berechnung, ist man im Jahr 2040 oder 2100 angelangt. Eine mühselige Zeitreise, die ohne die enorme Rechengeschwindigkeit heutiger Supercomputer nicht machbar wäre.

Im Unterschied zu gedruckten Texten lassen sich diese codebasierten Narrationen jedoch permanent verändern. Jede Änderung des Modells respektive des Programmcodes projiziert eine etwas andere Geschichte in die Zukunft. Diese Änderungen können in zweifacher Weise erfolgen: Entweder verändert man die Narration, indem man in Teilen des Codes etwas hinzufügt, ändert oder wegnimmt. Solche Modellverbesserungen, vor allem am ‚Fußnotenapparat' der subskaligen Parametrisierungen, finden ständig statt. Oder man belässt die Narration und spielt sie für unterschiedliche Rand- und Anfangsbedingungen durch. Auf diese Weise entstehen die verschiedenen Szenarien und Pfade möglicher Klimazukünfte, indem beispielsweise unterschiedliche Emissionsszenarien ausgeführt werden. Dies macht deutlich, dass Klimamodelle ‚lebendige Texte' sind, die ständig weiterentwickelt werden. Vergleicht man nun die verschiedenen globalen Klimamodelle miteinander, so zeigen sich große Überschneidungen in dem historisch tradierten Haupttext und starke Abweichungen im Fußnotenapparat. Das ist nicht verwunderlich, da der Haupttext der globalen Klimamodelle (GCM) nicht nur auf einer einheitlichen Theorie basiert, sondern auch auf eine eindrucksvolle Vererbungsgeschichte zurückblicken kann, die von Paul Edwards als *The GCM Familiy Tree* rekonstruiert wurde.[21] Diese Art der Vererbung ist charakteristisch für Klimamodelle. In ihr liegt die eigentliche Intertextualität der Klimamodelle verborgen.

Da alle Klimamodelle in derselben Programmiersprache geschrieben sind, sind direkte wie indirekte Bezüge zwischen den Modellen möglich. Direkt, indem der Code eines anderen Modells per *copy and paste* übernommen wird. Durch Kommentare in den Dateien wird auf diese Übernahme hingewiesen, zwar nicht für jede einzelne zitierte Stelle, aber doch deutlich kennzeichnend für größere Codeeinheiten, meist zu Beginn einer Datei. Indirekt, indem in Fachmagazinen publizierte Forschungen – beispielsweise zu bestimmten Parametrisierungen – in Code umgesetzt werden. In der Regel erfolgt dazu ein Hinweis auf die verwendete Fachliteratur zu Beginn der Datei. Ein Fortran-kundiger Philologe könnte aus dem Konvolut an Codezeilen der verschiedenen Modelle und Modellgenerationen in historisch-kritischer Lesart die Entwicklung dieser Schriften rekonstruieren. Das wäre zwar ein aufwendiges und mühsames Unterfangen, zumal zahlreiche Codes bereits verloren gegangen sind, doch angesichts des sozialpolitischen Einflusses dieser Schriften könnte die Zeit der Modellexegese bald angebrochen sein. Eine solche Rekonstruktion könnte zum einen die international verwobene und kollaborative Arbeitsweise der Modellierer zu Tage fördern, die hinter den Kulissen der Institute verborgen bleibt. Zum anderen würde aber auch sichtbar, wie die Narrationen des Klimas und seines Wandels von Modellgeneration zu Modellgeneration differenzierter werden.[22] Der Modellcode dokumentiert den Erkenntniszuwachs der Wissenschaft und stellt eine neue Form eines Wissensarchivs dar.

4. Klimaprojektionen

Klimamodelle stehen in der Tradition des deterministischen Paradigmas der Physik, das Prognostizierbarkeit zum Prüfkriterium erhoben hatte. Als 1736 Isaac Newton sein mechanisches Weltbild entwarf, etablierte er damit eine rein determi-

---

21 Paul N. Edwards: „A Brief History of Atmospheric General Circulation Modeling", in: David A. Randall (Hg.): *General Circulation Model Development*, San Diego CA: Academic Press (2000), S. 67–90.
22 Beides in Teilen sichtbar zu machen war Ziel der Publikation *Computerexperimente*, die durch die langjährige Unterstützung des Max Planck Instituts für Meteorologie, das mit dem ECHAM Modell eines der IPCC Modelle stellt, sowie die Förderung des Bundesministeriums für Bildung und Forschung ermöglicht wurde. Gabriele Gramelsberger: *Computerexperimente. Zum Wandel der Wissenschaft im Zeitalter des Computers*, Bielefeld: Transcript 2010.

nistische Perspektive. Nach dieser verhielten sich natürliche Phänomene gesetzmäßig. Die Kenntnis dieser (Natur-)Gesetze sowie Informationen über den Zustand der Welt durch Experiment und Messung sollten es ermöglichen, das Verhalten der Phänomene in ihrem Verhalten vorherzusagen. Praktische Voraussetzung einer solchen Vorhersage war jedoch nicht nur die induktiv-deduktive Herleitung der Naturgesetze auf Basis von Beobachtung und Experiment, sondern deren Mathematisierung sowie die Quantifizierung empirischer Kenngrößen durch Messung. Die Mathematisierung bediente sich dabei einer neu entwickelten mathematischen Sprache, die Bewegungsprozesse hinreichend genau als kleinste Differenzen beschreibbar machte: Differentialgleichungen. Und für die Quantifizierung der empirischen Kenngrößen wurden Messinstrumente entwickelt, die es ermöglichten, Phänomene in ihren Eigenschaften messbar zu machen. Bezüglich des Wetters waren dies im 17. Jahrhundert die Temperatur und der Luftdruck und ab dem 18. Jahrhundert die Feuchtigkeit.[23]

Sowohl die Berechnung von Veränderung als Aneinanderreihung kleinster Differenzen als auch die präzise Messung von Eigenschaften unterliegen der Endlichkeit und können daher nie vollkommen exakt sein. Ziel der rechnenden und messenden Naturwissenschaft ist seither, die Ungenauigkeiten zu minimieren bzw. die Präzision zu erhöhen. Doch auch wenn der Exaktheit der rechnenden und messenden Naturwissenschaft immer Grenzen gezogen sind – und das gilt ebenso für ihre Prognosen –, genügte doch der Grad der Genauigkeit für die meisten der im 18. und 19. Jahrhundert untersuchten Phänomene. Beispielsweise konnte 1846 Urbain Le Verrier eindrucksvoll den Triumph des Determinismus demonstrieren. Allein auf Basis von Berechnungen sagte er die Existenz des bis dahin ungesichteten Planeten Neptun vorher. Dabei interpretierte er die nicht erklärbaren Schwankungen der Bahn des Uranus als Störeinfluss eines Planeten und berechnete dann die Position des angenommenen Planeten. Binnen einer Nacht wurde die Existenz dieses Planeten von dem Astronom Johann Galle des Berliner Observatoriums bestätigt.[24] Bis heute basiert die Idee, das zukünftige Verhalten von Phänomenen ‚hinreichend genau' berechnen zu können, auf der Erfolgsgeschichte der neuzeitlichen Physik, auch wenn die heute zu berechnenden Systeme wie das Wetter oder Klima viel komplexer sind.[25]

Prognosen im wissenschaftlichen Sinne haben jedoch ein anderes Ziel als die Zukunft vorherzusagen. In klassischer Weise hat 1934 Karl Popper in *Logik der*

---

23 1597 erfand Galileo Galilei das Wasserthermometer, das 1714 von Gabriel Fahrenheit zum Quecksilberthermometer samt Temperaturskala weiterentwickelt wurde. Hinzu kamen das 1643 von Evangelista Torricelli erfundene Barometer zur Luftdruckbestimmung sowie die Entwicklung von Hygrometern zur Messung der Luftfeuchte im 18. Jahrhundert. Windgeschwindigkeit und -richtung wurden erst später genau messbar.
24 Johann G. Galle: „Account of the discovery of the planet of Le Verrier at Berlin", in: *Monthly Notices of the Royal Astronomical Society* 7 (1846), S. 153.
25 Allerdings zeigte sich bei so komplexen Systemen wie dem Wetter oder dem Klima, dass diese ‚hinreichende Genauigkeit' aufgrund von Nicht-Linearitäten und Unsicherheiten den Forschern heute viel Toleranz abfordert. Das heißt wir müssen uns mit einem sehr vagen Blick in mögliche Zukünfte solcher komplexen Systeme zufriedengeben.

Forschung die Prognose zum Testkriterium naturwissenschaftlicher Theorien erklärt. Allerdings versteht er darunter „empirisch möglichst leicht nachprüfbare bzw. anwendbare singuläre Folgerungen (‚Prognosen')", deren Richtigkeit oder Falschheit in „den Experimenten usw., entschieden" werden kann.[26] Urbain Le Verriers Prognose erfüllte diese Voraussetzung, da sie durch Beobachtung mit einem klaren ‚ja' oder ‚nein' entschieden werden konnte. Allerdings hätte ein ‚Nein' die klassische Theorie der Mechanik nicht unbedingt falsifiziert, da zahlreiche Gründe wie Fehlberechnungen, falsche Anfangsannahmen durch ungenaue Beobachtungen, Idealisierungen aufgrund geringer Rechenkapazitäten etc. für ein Misslingen denkbar gewesen wären. Eben aus diesem Grund können Wetterprognosen scheitern, ohne das gesamte Modell oder gar die physikalisch-meteorologische Theorie dahinter in Frage zu stellen. Da andererseits zutreffende Prognosen die einzige Möglichkeit sind, Theorien und darauf basierende Hypothesen zu validieren, ist der Umgang mit Vorhersagen aus wissenschaftlicher Sicht zwar unabdingbar, aber problematisch. Im Kontext komplexer Modelle, wie sie für Wetter und Klima erforderlich sind, geht man daher davon aus, dass die zugrundeliegenden Modelle nicht verifizierbar sind. Sie sind allenfalls mehr oder weniger gut evaluierbar, d. h. an Messdaten überprüfbar. Bei einem gut evaluierten Modell geht man dann davon aus, dass die berechneten Vorhersagen mit einer relativ hohen Wahrscheinlichkeit zutreffend sind.

4.1 Ein neuer Vorhersagetyp

Die Situation wird jedoch noch problematischer, da Klimamodelle eine neue Art der Vorhersage in Wissenschaft und Gesellschaft einführen. Dieser neue Vorhersagetyp weist Eigenheiten auf, die für die Wissenschaft ungewohnt sind. Zum einen umfassen die Prognosen Zeiträume von mehreren Jahrzehnten, wodurch es unmöglich wird, die projizierten Aussagen empirisch zu prüfen. Zum anderen dienen die Szenarien gerade dazu, dass das in ihnen Prognostizierte verhindert werden soll. Ein Zutreffen würde zwar die Richtigkeit des Modells bestätigen, aber die Klimapolitik wäre mit unabsehbaren Folgen für die Menschheit gescheitert. Paradoxerweise geht es also bei den Prognosen zum Klimawandel nicht um eine Bestätigung, sondern um eine Verhinderung – und dies ist kein wissenschaftlich üblicher Weg. Daher wird seit einigen Jahren im Kontext der Berichte des IPCC nicht mehr von Prognosen und Vorhersagen gesprochen, sondern von Projektionen (vgl. Tab. 2). Die Rede von Klimaprojektionen soll dabei auch den inhärenten Unsicherheiten dieser Zukunftsbilder gerecht werde, denn sie sagen nicht die Zukunft voraus, sondern geben uns lediglich vage Einblicke in mögliche Zukünfte.[27]

---

26 Popper: *Logik der Forschung* (Anm. 15), S. 8.
27 Denis Bray/Hans von Storch: „‚Prediction' or ‚Projection'? The nomenclature of climate science", in: *Science Communication* 30 (2009), S. 534–543.

Climate prediction	A climate prediction or climate forecast is the result of an attempt to produce an estimate of the actual evolution of the climate in the future, for example, on seasonal, interannual or long-term timescales. Since the future evolution of the climate system may be highly sensitive to initial conditions, such predictions are usually probabilistic in nature.
Climate projection	A projection of the climate system's response to emission or concentration scenarios of greenhouse gases and aerosols, or radiative forcing scenarios, often based upon simulations by climate models. Climate projections are distinguished from climate predictions in order to emphasize that climate projections depend upon the emission/concentration/radiative forcing scenario used, which are based on assumptions concerning, for example, future socio-economic and technological developments that may or may not be realized and are therefore subject to substantial uncertainty.
Climate scenario	A plausible and often simplified representation of the future climate, based on an internally consistent set of climatological relationships that has been constructed explicitly to investigate the potential consequences of anthropogenic climate change, often serving as input for impact models. Climate projections often serve as the raw material for constructing climate scenarios, but climate scenarios usually require additional information, or instance about the currently observed climate. A climate change scenario is the difference between a climate scenario and the current climate.

Tab. 2: Definition der Begriffe Vorhersage, Projektion und Szenario der Arbeitsgruppe I des IPCC.[28]

---

28 Solomon/et al.: *Climate Change 2007* (Anm. 6), S. 943.

Im Unterschied zu sich selbst erfüllenden Prophezeiungen lassen sich Klimaprojektionen als sich-selbst-nicht-erfüllen-dürfende Prophezeiungen verstehen, die von den Wissenschaftlern in die politische Verhandlungsarena geworfen werden. Allerdings führen solche Prophezeiungen eine eigenwillige temporale Form in Wissenschaft und Politik ein: das Futur II des ‚es wird gewesen sein'. Bezogen auf den anthropogenen Klimawandel geht dies mit einem komplexen Verhältnis koexistierender Zeitlichkeiten einher: Die prinzipiell ins Unendliche erweiterte Voraussicht wird mit ihrer Rezeption rückgekoppelt, denn der Rückblick auf Zukünftiges verlangt nach der Ausbildung operanter Verhaltensweisen im Vorgriff auf die Abwendung möglicher Zukünfte. In diesem Kontext wird selbst Nicht-Handeln zum Handeln.

4.2 Verhandelbare Zukünfte

Zukunft in dieser Weise verhandelbar zu machen, ist ein relativ neues Ziel von Wissenschaft und Gesellschaft. Die Studien des Clube of Rome in den 1970er Jahren markierten den Auftakt dieser Entwicklung. Mit Hilfe von Computermodellen wurden damalige Entwicklungen in die Zukunft extrapoliert; man sagte das Ende des Wachstums oder sogar der Menschheit voraus.[29] Seither sind nicht nur die Modelle wesentlich komplexer geworden, sondern auch die Verzahnung von Wissenschaft und Politik. Dabei wird die Rolle der Wissenschaft nicht unkritisch gesehen.[30] Da jedoch nur mit Computermodellen komplexe Systeme und zukünftige Szenarien erforschbar sind, stellen diese Modelle eine einzigartige Erkenntnistechnologie dar. Im Kontext des anthropogenen Klimawandels avancieren sie sogar zur Technik der globalen Selbsterkenntnis des Menschen. Mit der Vorstellung des ‚es wird gewesen sein' lassen sich vor dem Hintergrund verschiedener Entwicklungstrends sowohl Zukunftsszenarien als auch die Möglichkeiten ihrer Verhinderung testen. Hier zeigt sich der selbstreflexive Charakter der projizierten Szenarien, insofern sie Zukunft bezogen auf aktuelle menschliche Handlungsoptionen zur Disposition stellen.

---

29 Donella H. Meadows/Dennis L. Meadows/Jørgen Randers/William W. Behrens (Hg.): *The Limits of Growth*, New York: Signet 1972; Mihailo Mesarovic/Eduard Pestel (Hg.): *Menschheit am Wendepunkt. 2. Bericht an den Club of Rome zur Weltlage*, Stuttgart: Deutsche Verlagsanstalt 1974.
30 David H. Guston: Boundary Organizations in Environmental Policy and Science: An Introduction, in: *Science, Technology, & Human Values* 26 (2001), S. 399–408; Sheila Jasanoff/Marybeth Martello: *Earthly Politics: Local and Global in Environmental Governance*, Cambridge MA: MIT Press 2004; Velma I. Grover (Hg.): *Global Warming and Climate Change: Ten Years After Kyoto and Still Counting* (2 Bde.), Enfield NH: Science Publishers 2008; Jost Halfmann/Falk Schützenmeister (Hg.): *Organisationen der Forschung: der Fall der Klimatologie*, Wiesbaden: VS Verlag für Sozialwissenschaften 2009.

Allerdings ist die Verhandelbarkeit von Zukunft ein schwieriges Geschäft. Es basiert auf Unsicherheiten und ist daher nicht nach dem Geschmack rechnender und messender Wissenschaftler. Dies zeigt sich im Sprachgebrauch der IPCC-Berichte. Seit dem vierten Bericht hat sich ein Jargon der Wahrscheinlichkeit (*likelihood*) eingebürgert, der den Unsicherheiten der Projektionen Rechnung tragen soll (vgl. Tab. 3). In dieser Terminologie ist es „*very likely* that heat waves will be more intense, more frequent and longer lasting in a future warmer climate"; zudem ist es „*very likely* that the Atlantic Ocean Meridional Overturning Circulation (MOC) will slow down during the course of the 21st century [... but] *very unlikely* that the MOC will undergo a large abrupt transition during the course of the 21st century."[31]

Likelihood scale	Likelihood of the occurrence/outcome
Virtually certain	>99% probability of occurrence
Very likely	>90% probability
Likely	>66% probability
About as likely as not	33–66% probability
Unlikely	<33% probability
Very unlikely	<10% probability
Exceptionally unlikely	<1% probability

Tab. 3: *Likelihood scale* der Berichte des Intergovernmental Panel on Climate Change.[32]

4.3 Zu verhandelnde Gegenwart

Im Grunde geht es jedoch nicht um die Zukunft, sondern um die Ausbildung operanter Verhaltensweisen im Vorgriff auf die Abwendung möglicher Zukünfte. Um eine konkrete Handlungsgrundlage für die Politik zu etablieren, wird daher aktuell der Versuch diskutiert, den Anstieg der globalen Jahrestemperatur bis 2100 auf 2°C zu limitieren. Dieses Ziel wird als ökonomisch vertretbar und als ökologisch gerade noch handhabbar betrachtet. Es setzt jedoch die Stabilisierung der Treibhausgase auf einem Level von etwa 450 ppmv CO_2-equ bis 2100 voraus.[33] Doch dieses Ziel könnte schon bald obsolet sein, da zu seiner Erreichung bereits zu

---
31 Solomon/et al.: *Climate Change 2007* (Anm. 6), S. 750, 751; IPCC: *Guidance Notes for Lead Authors of the IPCC Fourth Assessment Report on Addressing Uncertainties*, Geneva: Intergovernmental Panel on Climate Change, 2005.
32 IPCC: *Guidance Notes for Lead Authors* (Anm. 31), S. 3 f.
33 Seit der Ratifizierung des Kyoto Protokolls 1992 werden alle relevanten Treibhausgase in Kohlendioxid-Äquivalenten (CO_2-equ) angegeben. Samuel Randalls: „History of the 2 C climate target", in: *WIREs Climate Change* 1 (2010), S. 598–605; Malte Meinshausen/et al.: „Greenhouse gas emission targets for limiting global warming to 2°C", in: *Nature* 458 (2009), S. 1158–1162.

Beginn des 21. Jahrhunderts erhebliche Reduktionen nötig wären und bis 2050 nur maximal weitere 1.000 Milliarden Tonnen CO_2 in die Atmosphäre gelangen dürften. Tatsächlich wurde jedoch bereits ein Drittel davon bis heute freigesetzt, Tendenz steigend.[34] Die Situation sieht also alles andere als rosig aus. Das Ende des Kyoto-Protokolls (1997–2012), das Vorgaben bezüglich der Reduktion von Treibhausgasen sowie Grundlagen für den Emissionshandel einführte, und das bisherige Scheitern der internationalen Klimakonferenzen bzgl. einer gemeinsamen Post-Kyoto-Strategie spitzen die aktuelle Situation zu. Da Klimawandel mit einer Entkopplung von Ursache und Wirkung einhergeht – die am meisten betroffenen Länder sind meist nicht die Verursacher –, sind die sozialen Folgen kaum einschätzbar. Hinzu kommt, dass die bevölkerungsstärksten Länder, Indien und China, gerade erst in eine gesellschaftliche Phase der intensiven Nutzung fossiler Energien eintreten.

Vor diesem Hintergrund entfaltet sich das apokalyptische Potenzial des anthropogenen Klimawandels von bis zu 6,4°C und mehr bis 2100. Das Erschreckende daran ist, dass es auf *Business-as-usual*-Annahmen basiert, die lediglich die ungebremste Entwicklung der Nutzung fossiler Energieträger unserer Tage bei wachsender Bevölkerung in die Zukunft fortschreiben. Dabei handelt es sich um die pessimistische Auslegung des A1FI Szenarios des Special Reports on Emission Scenarios (SRES) aus dem Jahr 2000 mit der unheilvollen Botschaft eines maximalen Temperaturanstiegs bis 2100 von 6,4°C für eine Gesellschaft im Rausch fossiler Energien.[35] Das A1FI Szenario ist Teil einer Szenarienfamilie, die unterschiedliche gesellschaftliche Bedingungen skizziert. Das Paradoxe an diesen Szenarien sowie ihren projizierten Auswirkungen ist, dass sie uns zum ersten Mal in der Geschichte einen Spiegel über die Auswirkungen der Gesamtheit des menschlichen Handelns vorhalten und dass es dennoch bisher wenig möglich scheint, Initiativen zu ergreifen, um nicht sehenden Auges in die Katastrophe zu laufen. Denn dies würde eine Gesellschaftsform voraussetzen, die anders orientiert ist als die heutige. Eine solche Form ist in den Szenarien des SRES beschrieben, nämlich als „B1 storyline" einer global nachhaltigen Gesellschaft:[36]

---

34 Myles R. Allen/et al.: „Warming caused by cumulative carbon emission: the trillionth tone", in: *Nature* 458 (2009), S. 1163–1166.

35 „The A1 storyline and scenario family describes a future world of very rapid economic growth, low population growth, and the rapid introduction of new and more efficient technologies. Major underlying themes are con-vergence among regions, capacity building and increased cultural and social interactions, with a substantial reduction in regional differences in per capita income. The A1 scenario family develops into four groups that describe alternative directions of technological change in the energy system. The three A1 groups are distinguished by their technological emphasis: fossil intensive (A1FI), non-fossil energy sources (A1T), or a balance across all sources (A1B)." (Nakicenovic/Swart: *Special Report on Emissions Scenarios* [Anm. 8], S. 4; Solomon/et al.: *Climate Change 2007* [Anm. 6], S. 810).

36 Die vier Szenarienfamilien sind laut des 4. IPCC Berichts mit folgenden Temperaturanstiegen korreliert: A1 rapid economic growth (1.4 – 6.4°C), A2 regionally oriented economic development (2.0 – 5.4°C), B1 global environmental sustainability (1.1 – 2.9°C) und B2 local environmental sustainability (1.4 – 3.8°C). (Solomon/et al.: *Climate Change 2007* [Anm. 6], S. 13).

The B1 storyline and scenario family describes a convergent world with the same global population that peaks in midcentury and declines thereafter, as in the A1 storyline, but with rapid changes in economic structures toward a service and information economy, with reductions in material intensity, and the introduction of clean and resource-efficient technologies. The emphasis is on global solutions to economic, social, and environmental sustainability, including improved equity, but without additional climate initiatives.[37]

Eine solche nachhaltige B1-Welt könnte es schaffen, das gesteckte 2°C/2100 Ziel einzuhalten (nach dem vierten IPCC-Bericht entspricht B1 einem Anstieg von 1,1 bis 2,9°C). Allerdings ist eher anzunehmen, dass sich das *Business-as-usual*-Szenario so lange hält, wie das Sich-selbst-nicht-erfüllen-Dürfen der Klimaprojektionen nicht als kategorischer Imperativ verstanden wird.[38] Der Temperaturanstieg von 6,4°C dürfte jenseits des Katastrophischen liegen und den Bereich des Apokalyptischen markieren.[39] Was danach kommt, unterliegt nicht mehr den Projektionen, sondern der Prophetie des Hollywood-Kinos.

---

37 Nakicenovic/Swart: *Special Report on Emissions Scenarios* (Anm. 8), S. 5.
38 Kategorisch, insofern der kategorische Imperativ ein Kriterium ist, das eine Handlung auf ihre universalisierbare Maxime hin überprüft (vgl. Immanuel Kant: *Grundlegung zur Metaphysik der Sitten*, in: ders.: *Werke in zehn Bänden*, hg. von Wilhelm Weischedel, Darmstadt: Wissenschaftliche Buchgesellschaft 1983, Bd. 6, S. 9–102, hier S. 51) – und die Vermeidung der apokalyptischen Szenarien dürfte im Interesse der Allgemeinheit liegen.
39 Jenseits des Katastrophischen meint hier jenseits der von Menschen revidierbaren Folgen, insofern ganze Landstriche unbewohnbar und die hochgradig anfällige technologische Gesellschaft über weite Strecken lahmgelegt würden. Allerdings gibt es kein Kriterium dies zu überprüfen, es wird sich als mehr oder weniger ‚böse Überraschung' in absehbarer Zukunft zeigen. Das bedeutet aber auch, dass bereits ein Anstieg von 2°C bis 2100, der unausweichlich ist unter heutigen Bedingungen, jenseits des Katastrophischen liegen könnte.

Nachleben der Vorgänger

ANGELIKA NEUWIRTH

Der Prophet Muhammad
Ikone eines Rebellen im Wahrheitsstreit oder *Tabula rasa* für den Empfang göttlicher Wahrheit

Die im Herbst 2010 aufgebrochene Kontroverse um die Möglichkeit einer erfolgreichen Integration von Migranten aus der islamischen Welt in die westliche Gesellschaftsordnung, die längst vergessene Vorurteile von neuem geweckt und damit dunkle Schatten auf die Zukunft des Zusammenlebens von Muslimen mit Nicht-Muslimen in Europa geworfen hat, lässt leicht vergessen, dass noch bis in neueste Zeit eine viel gelassenere Einstellung herrschte, in der inklusive Sammelbezeichnungen für die verschiedenen Religionskulturen wie ‚die drei abrahamitischen Religionen' oder die ‚drei Schriftreligionen' hoch in Kurs standen. Sie scheinen in weiten Kreisen inzwischen einer Dichotomie zwischen monolithischen Blöcken wie ‚Europa', ‚der Westen', und ‚der Islam' Platz gemacht zu haben. Es lohnt sich umso mehr, diese älteren Konstruktionen von Gemeinsamkeiten von neuem zu prüfen.

Die Vorstellung von den drei ‚abrahamitischen Religionen' steht zumindest im Religionsdialog immer noch hoch in Kurs, ihr werden neuerdings sogar Universitätslehrstühle gewidmet. Sie ist als Hilfskonstruktion nützlich, denn sie bewährt sich als eine offenbar allen drei Religionskulturen zumutbare Sammelbenennung. Wie zuletzt eine ökumenische Tagung der Evangelischen Akademie in Berlin[1] erwies, kann man dennoch gegenüber der Vorstellung von den ‚abrahamitischen Religionen' berechtigte Skepsis anmelden,[2] denn die Figur Abrahams ist sicherlich nur bedingt integrationsmächtig. Dies nicht etwa, weil Abraham eine Randfigur wäre, sondern weil er eine überragende Bedeutung für eine – die islamische – Religion besitzt, während er für die beiden anderen zwar von hoher, aber doch nicht erstrangiger Bedeutung ist: Abraham ist für den Islam eine Präfiguration Muhammads; beide werden zusammen, als Prophetenpaar, im Ritualgebet erwähnt und sind so von einander untrennbar geworden. Dieses Gebet ist eine ‚Säule des Islam', es be-

---

[1] „Im Dialog mit Abraham – Wie viel Theologie braucht die christlich-islamische Verständigung?", Konferenz der Evangelischen Akademie zu Berlin, 15. Januar–17. Januar 2010, vgl. Friedmann Eißler (Hg.): *Im Dialog mit Abraham*, Berlin: Evangelische Zentralstelle für Weltanschauungsfragen 2010.
[2] Abraham in der Geschichte und in den drei Religionskulturen verfolgt der Sammelband von Reinhard G. Kratz/Tilman Nagel (Hg.): *„Abraham, unser Vater." Die gemeinsamen Wurzeln von Judentum, Christentum und Islam*, Göttingen: Wallstein Verlag 2003.

ruft sich auf keine andere heilsgeschichtliche Figur als Abraham und Muhammad; der Schlussteil des Gebets lautet:

> Gott gebe Heil unserem Herrn Muhammad und dem Haus Muhammad
> Wie du gegeben hast unserem Herrn Abraham und dem Haus Abraham
> Und segne unseren Herrn Muhammad und das Haus Muhammad
> wie du gesegnet hast unseren Herrn Abraham und das Haus Abraham.

Abraham steht für den Anspruch des Islam auf eine direkte genealogische Verbindung zu einer ‚vormosaischen', d. h. hinter die beiden Konfessionen, Christentum und Judentum, zurückgreifenden Religion. Eine unüberbietbar enge Beziehung zu Abraham also, die keine Entsprechung in den beiden anderen Religionen hat. Dass diese Beziehung auf einer langwierigen historischen Entwicklung fußt, die auch die beiden anderen Religionskulturen tangiert, soll im Folgenden gezeigt werden.

Doch zuvor kurz zu dem ebenfalls in unseren Zusammenhang gehörenden Begriff ‚Schriftreligionen', der die drei Religionskulturen als auf einer ‚Offenbarung' basierend zusammenzuschließen versucht und für alle drei eine vergleichbar enge Beziehung zu ihrer jeweiligen Grundurkunde suggeriert. Wie sieht das aber konkret aus? Vielen Betrachtern ist aufgefallen, dass der Koran für Muslime eine wesentlich höhere Bedeutung besitzt als die Bibel für Juden oder Christen. Mit Recht führt man an, dass im Judentum die Bibel im Schatten der mündlichen Torah stehe, dass sie primär als exegetisch bereits amplifizierter Text, im engen Kontext der Mischna und des Talmud, rezipiert wird. Die von Mose am Sinai erhaltene Offenbarung umfasst nach orthodoxer Vorstellung auch die später entwickelte Exegese; nicht Torah, sondern ‚Talmud-Torah' ist daher Programm der innerjüdischen Lehre. Für Christen wiederum steht die Bibel im Rang weit unter dem inkarnierten Wort Gottes, der Bibeltext wird überhaupt erst durch die Liturgie oder sogar die Predigt für die Gläubigen lebendig. Im Islam sind zwar ähnlich wie im Judentum (Koran)-Text und Exegese im Lehrbetrieb noch ungetrennt verbunden, doch besitzt der Koran in der Liturgie als lautlich präsenter ‚Körper' eine nur der Präsenz des in Christus inkarnierten Wortes Gottes vergleichbare Wirkungsmacht. In dieser – physisch-lautlichen Manifestation – transzendiert der Koran also seinen Schriftcharakter. Von einer Ähnlichkeit des Verhältnisses der Religionen zur Schrift zu sprechen, ist also nur bedingt zutreffend.

Dennoch ist ein vergleichender Blick auf Christentum und Islam unter dem Aspekt des Verhältnisses zur Schrift auch für unsere Frage nach der Rolle des Propheten Muhammad versprechend. Was in Parallele zu setzen ist, ist offenbar die Menschwerdung des Gotteswortes in Christus zum einen und die ‚Koranwerdung' des Gotteswortes zum anderen. Der amerikanische Philosophiehistoriker Harry A. Wolfson[3] hat versucht, das Verhältnis beider mit dem eigens dafür geprägten Neo-

---

[3] Harry Austryn Wolfson: *The Philosophy of the Kalam*, Cambridge/Mass: Harvard Univ. Press 1972, S. 244 f.

logismus ‚Inlibration' auf den Punkt zu bringen. Der Koran sei so sehr die ‚libreske', buchmäßige Verkörperung des Wortes Gottes wie Christus seine fleischliche Verkörperung sei. Für den Philosophiehistoriker muss diese Analogie besondere Suggestionskraft besitzen, denn die Parallelen sind nicht zu übersehen. Die im 9. Jahrhundert einsetzende Reflektion über die Ewigkeit respektive Erschaffenheit des Koran ist ohne die christologische Herausforderung nicht zu denken. Schon bald nach dem Tode des Propheten erschien einigen Traditionariern die Niederschrift des Koran auf der transzendenten „bewahrten Tafel" als *vor* der Weltschöpfung erfolgt.[4] Die Analogie Christus-Koran selbst brauchte nicht lange auf ihre Entdeckung zu warten: Frühislamische Theologen der sog. Muʿtazila, der rationalen Theologie, denen die Nähe zum Christentum bedenklich erschien, und die daher den Rang des Koran als des ewigen Wortes Gottes bestritten, stellten ihr polemisches Verdikt gegen die Ewigkeit des Koran mit dem Motto *makhlūq*, „geschaffen!", gewissermaßen in den christologischen Diskurs, insofern die Formulierung als negatives Echo auf den nizänischen Glaubenssatz *genethenta ou poiethenta*, *maulūd ghair makhlūq*, „gezeugt, nicht geschaffen", unüberhörbar ist.[5] Nicht zuletzt in Reaktion auf diese Herausforderung wurde von der sunnitischen Orthodoxie die Präexistenz des Koran als eines göttlichen Attributs zur Vorbedingung für Rechtgläubigkeit erhoben.[6]

Die *tabula rasa*

Was bedeutet diese Entwicklung nun für die uns interessierende Rolle des Propheten? Die enge Parallelisierung der Menschwerdung und der ‚Koranwerdung' des Wortes Gottes schließt seine aktive Rolle aus, denn der Prozess setzt ein rein passives Medium voraus. Der iranische Religionsphilosoph Seyyed Nasr fasst die klassische islamische Vorstellung zusammen: „Medium der göttlichen Botschaft im Christentum ist die Jungfrau Maria, im Islam ist es die Seele des Propheten."[7] Seyyed setzt damit die Jungfräulichkeit Marias und die traditionell vertretene Illiteratheit des Propheten in Parallele: So wie Maria, die „keinen Mann gekannt hatte", ein Kind gebar, das folglich vollkommen Gottes Werk war, so wird der islamischen Tradition zufolge Muhammad als gänzlich unberührt von früher erworbenem Schriftwissen dargestellt. Die semantisch uneindeutige koranische Qualifika-

---

4 Siehe Daniel A. Madigan: „Preserved Tablet", in: *Encyclopaedia of the Qur'an*, Leiden: Brill, 2001–2006, Bd. 4, S. 261–263, und Nayef Maalouf: *La place du verbe dans la pensée arabe*, Beirut: Éd. Dar an-Nahr 2006.
5 So ist in der Proklamation des Koran als geschaffenem Wort Gottes nicht zuletzt der Versuch zu sehen, einer Nähe zur trinitarischen Gottesvorstellung auszuweichen, siehe Albir Naṣrī Nādir: *Le système philosophique des Mouʿtazila*, Beirut: Éd. Les Lettres Orientales 1956, S. 101, u. Maalouf: *La place du verbe* (Anm. 4), S. 85–107.
6 Daniel A. Madigan: „Gottes Botschaft an die Welt. Christen und Muslime, Jesus und der Koran", in: *Internationale katholische Zeitschrift – Communio* 32 (2003), S. 100–112.
7 Seyyed Hossein Nasr: *Ideals and Realities of Islam*, London: Allen & Unwinn 1966, S. 43 ff.

tion des Propheten als *al-nabī al-ummī* (Q 7:157 f.) wird in der Exegese als „illiterater Prophet"[8] gedeutet, so dass der Koran als rein göttliches Werk erkennbar wird.

Die sich hier reflektierende Vorstellung, dass der Prophet illiterat gewesen sei, muss zunächst befremden. Auch im Kontext der vor- und frühislamischen Kultur ist dieser Grad der Unbildung nichts, was jemanden auszeichnen würde. Noch auch ist er charakteristisch für die Umgebung des Propheten. Der Frühislamforscher Khalil Athamina hat einen Survey über den Alphabetismus im 7. Jahrhundert vorgelegt,[9] in der er einem repräsentativen Teil der halbinselarabischen Elite die positive Kenntnis von Schrift bescheinigt. Historisch ist es also höchst unwahrscheinlich, dass der Prophet nicht lesen und schreiben konnte. Wie konnte die Vorstellung von der Illiteratheit des Propheten dennoch aufkommen und wie ließ sie sich, als sie theologisch benötigt wurde, sachlich rechtfertigen?

Das dafür verantwortliche ‚Shibboleth' ist, wie schon erwähnt, das koranische Wort *ummī* – im Koran offenkundig ein Neologismus, der wie andere koranische Neuprägungen in seiner Bedeutung oszillierend wahrgenommen wurde, d. h. für theologisch ungeübte Ohren nicht als Träger einer neuen Idee verstanden wurde, sondern vielmehr aus dem arabischen Sprachgefühl heraus ‚etymologisch' gedeutet wurde. Statt des von der rabbinischen Tradition vorgegebenen Verständnisses als ‚pagan', nahm das Wort – wahrscheinlich bereits für viele Hörer des Propheten, auf jeden Fall aber für die Rezipienten des Koran im siegreich gewordenen Islam – die Bedeutung ‚naturbelassen', ‚illiterat', an, so dass *ummī* bereits in der Theologie des 9. Jahrhunderts in der Bedeutung von ‚illiterat' zum stehenden Epithet des Propheten werden und Muhammad als ‚der illiterate Prophet', *al-nabī al-ummī*, als eine *tabula rasa* für den Empfang der göttlichen Botschaft, in die Geschichte eingehen konnte.

Dagegen stellt der Koran selbst – wenn man ihn ‚spätantik', d. h. im Kontext der zu seiner Zeit diskutierten Theologumena liest, d. h. den Verkünder als einen Mitakteur in den Debatten seiner Zeit ernst nimmt[10], – die Qualifikation *ummī* in einen ganz anderen Zusammenhang, nämlich den der politischen Theologie. Man muss sich vergegenwärtigen, dass sich das Bild und Selbstbild des Verkünders der koranischen Botschaft in der Zeit nach seiner Emigration nach Medina, wo er einem Stadtstaat vorsteht, neu gestaltet. Aus dem Apostel, dem ‚Gesandten', *rasūl*, ist in Medina ein biblischer ‚Prophet', ein *nabī*, geworden,[11] der sich selbst in der

---

8 In der historisch-kritischen Forschung ist diese Deutung nicht haltbar. Es geht im Koran selbst bei der Bezeichnung des Verkünders mit al-nabī al-ummī stets um seine Zugehörigkeit zu den ‚Gläubigen aus den Völkern', siehe dazu Angelika Neuwirth: *Der Koran als Text der Spätantike. Ein europäischer Zugang*, Berlin: Verlag der Weltreligionen 2010, S. 649–652.

9 Khalil Athamina: „‚Al-Nabiyy al-Umiyy'. An Inquiry into the Meaning of a Qur'anic Verse", in: *Der Islam* 69 (1992), S. 61–80.

10 Siehe Neuwirth: *Der Koran als Text der Spätantike* (Anm. 8), S. 31–45.

11 Hartmut Bobzin: „The Seal of the Prophets. Towards an Understanding of Muhammad's Prophethood", in: Angelika Neuwirth/Nicolai Sinai/Michael Marx (Hg.): *The Qur'an in context. Historical and Liteary Investigations into the Qur'anic Milieu*, Leiden: Brill 2010, S. 565–585.

Nachfolge der Propheten von Adam über Noah, Abraham, Mose und Jesus sieht. Und noch mehr: Der Verkünder ist nicht nur ein Prophet aus der biblischen Tradition, sondern gleichzeitig ein Prophet aus einer Gegentradition. Denn er nimmt zu Ende seiner Laufbahn einen Titel an, der ganz auffällig an Paulus erinnernd am ehesten als „Prophet aus den Völkern" verstanden werden kann. Er bezeichnet sich als *nabī ummī* – mit hoher Wahrscheinlichkeit eine Wiedergabe von hebräisch *navi me-ummot ha-'olam*.[12] *Ummī* ist ein *calque*, formal eine Ableitung aus dem arabischen *umma*, ‚Gemeinschaft', dem Inhalt nach eine Übertragung des hebräischen *ummot ha-'olam*, ‚Heidenvölker'. Die sich hier reflektierende Aufwertung der – aus jüdischer Perspektive von den Privilegien des erwählten Volkes ausgeschlossenen – ‚Völker' kommt bereits bei Paulus zum Ausdruck,[13] sie wird wie auch im Koran mit Abraham in Verbindung gebracht; in Gal 2.6–10 heißt es:

> Abraham war so: Er hat Gott vertraut, an ihn geglaubt. Und das wurde ihm als Gerechtigkeit gewertet. So genügte er Gottes Ansprüchen. Kinder Abrahams sind also nur diejenigen, die glauben wie er. In der Schrift ist bereits vorgesehen, dass Gott die Heidenvölker als gerecht ansehen wird, wenn sie nur glauben. Denn Abraham wurde es wie ein Evangelium im Voraus verkündet: „Alle Völker sollen durch dich gesegnet sein." Das bedeutet: Alle die glauben, werden mit Abraham, der als erster glaubte, gesegnet.[14]

Im Koran erstreckt sich die Aufwertung der ‚Völker' nun auf die außerhalb des Judentums *und* des Christentums stehenden Verehrer des einen Gottes, aus ihnen ist der Verkünder selbst, *al-nabī al-ummī*, ‚der Prophet aus den Völkern' hervorgegangen (Q 7:156–158):

> [...] Ich werde meine Barmherzigkeit schreiben für die, die gottesfürchtig sind [...]/ die dem Gesandten, dem Propheten aus den Völkern *(al-nabī al-ummī)*, folgen, den sie bei sich in der Tora und im Evangelium verzeichnet finden, der ihnen gebietet, was recht ist und verbietet was verwerflich ist, und der die guten Dinge für erlaubt, die schlechten für verboten erklärt und die drückende Verpflichtung und die Fesseln, die auf ihnen lagen, abnimmt. [...]/Sprich: Ihr Menschen, ich bin der Gesandte Gottes *(rasūlu llāh)*, des Herrschers über Himmel und Erde, an euch alle, kein Gott außer ihm. Er macht lebendig und lässt sterben. Darum glaubt an Gott, seinen Gesandten *(rasūlihi)*, den Propheten aus den Völkern *(al-nabī al-ummī)*, der an Gott und seine Worte glaubt, und folgt ihm!

Mit dem ‚Propheten aus den Völkern' sind auch die ‚Gläubigen aus den Völkern' – *al-ummīyūn* – selbst in den Heilsplan einbezogen: Sure Q 62:1 f. besiegelt diese Entwicklung:

---

12 Siehe zu der Wortentwicklung von *ummī*, Josef Horovitz: *Koranische Untersuchungen*, Berlin u. a.: de Gruyter, 1926, S. 52 f., und ders.: *Jewish Proper Names and Derivatives in the Qur'an* (1925), Nachdruck, Hildesheim: Olms 1964, S.46 f.
13 Ich danke Herrn Dr. Friedmann Eißler für wichtige Hinweise die paulinische Konzeption betreffend.
14 Aus: Klaus Berger/Christiane Nord (Übers.): *Das Neue Testament und frühchristliche Schriften*, Frankfurt a. M. u. a.: Insel Verlag 1999, S.140.

Es lobt Gott wer im Himmel und auf Erden ist, den König, den Heiligen, den Mächtigen, den Weisen. Er ist es, der unter den Völkern *(al-ummīyūn)* einen Gesandten *(rasūl)* auferweckt hat, der ihnen seine Verse verliest und sie läutert und der sie die Schrift und die Weisheit lehrt, obwohl sie vorher auf dem Irrweg waren.

Hier wiederholt sich also noch einmal die bereits von Paulus vorgenommene Aufwertung der Herkunft ‚aus den Völkern' außerhalb des Judentums. Der Prophet und seine Gemeinde sind nicht einfach ‚schriftunkundig', wie die Qualifikation *ummī* in der westlichen Forschung oft verstanden wird. Dagegen spricht eindeutig seine Berufung, „die Schrift und Weisheit zu lehren". *Ummī,* „aus den Völkern" reflektiert vielmehr die einst herabsetzende, nun aber zu einem Ruhmestitel invertierte, Fremdwahrnehmung eines Status außerhalb der anerkannten Religionen. Abraham, der schon in der paulinischen Konzeption eine Beispielfunktion innehatte, erhält in dem neuen Modell der koranischen Gemeinde eine noch weiterreichende Rolle: er wird zum Stifter im eigentlichen Sinne für die sich herausbildende neue Religion, die der Verkünder nur vervollkommnet. Abraham – nicht Mose und nicht Jesus – ist deswegen auch die einzige biblische Referenz im täglichen Gebet der Gemeinde, das mit einer Litanei schließt, die Abraham und Muhammad zusammenschließt.

Das hybride *ummī* als ‚illiterat' zu deuten, war den Exegeten möglich, weil man nach der Kanonisierung des Koran die Debatte um die *ummot ha-ʿolam* nicht mehr in Erinnerung hatte. Die Auseinandersetzungen des Propheten mit den ‚Leuten der Schrift' hatte mit dem sieghaften Durchdringen des Islam ihre Brisanz verloren, sie erschienen als ‚vorgeschichtliche' theologische Scharmützel, ausgefochten mit Gegnern, deren theologische Ansprüche mit ihrer Niederlage erloschen waren. *Ummī* ließ sich im nationalarabischen etymologischen Kontext unschwer aus *umm,* ‚Mutter', im Sinne von ‚wie ihn seine Mutter geboren hatte, nämlich unberührt von Kultur', ‚naturbelassen', oder aus *umma,* im Sinne von ‚der (illiteraten) arabischen Gemeinschaft zugehörig' ableiten.[15]

Die Deutung des *nabī ummī* im Sinne des illiteraten Propheten ist jedoch auch für das westliche Verständnis des Koran folgenschwer gewesen. Anknüpfend an die islamische Wahrnehmung des Koran als des ewigen Wortes Gottes, das angesichts der Illiteratheit des Propheten ohne menschliches Zutun in die Welt gekommen sei, ist – wie schon angesprochen – für den Koran in Analogie zur Inkarnation von einer *Inlibration*, einer ‚Buchwerdung' gesprochen worden. Doch ist trotz der bereits im Frühislam von einzelnen Theologen erkannten, unbestreitbaren Parallelen zwischen der Natur des Koran und dem inkarnierten Wort Gottes Skepsis gegenüber der Abbreviatur *Inlibration* gefordert. Denn die mit der Bezeichnung sugge-

---

15 Noch heutige Forscher widersetzen sich der theologischen Deutung mit dem Argument, das Hebräische sei nicht die Verkehrssprache der plurikulturellen Gesprächspartner in Medina gewesen, was sicherlich zutrifft. Die Ableitung behält einen gewissen Grad an Spekulativität. Hebräische Sprachinterferenzen sind aber dennoch zahlreich im Koran nachweisbar. Um die Erklärung von *ummī* noch wahrscheinlicher zu machen, müssten jene koranischen Debatten in die Diskussion einbezogen werden, die um bestimmte hebräisch-arabische Sprachverwirrungen kreisen, vgl. dazu Neuwirth: *Der Koran als Text der Spätantike* (Anm. 8), S. 510–560.

rierte Vorstellung von einer Entelechie ‚Buch' oder ‚Schrift' könnte zu der Annahme verleiten, dass „während die Christen an ein lebendiges, aktives und persönliches Wort Gottes glauben, die Muslime nur einen geschlossenen Kanon, tote Buchstaben hätten".[16] Das klingt etwas nach der paulinischen Polemik gegen den „toten Buchstaben" des Gesetzes, dem die „Herzensschrift" des Neuen Bundes gegenübergestellt wird. Eine solche Herzensschrift reklamiert aber gerade der muslimische Religionsphilosoph Seyyed Nasr für den Islam, der die Analogie Christus-Koran positiv vertritt, wenn er sagt: „Medium der göttlichen Botschaft im Christentum ist die Jungfrau Maria, im Islam ist es die Seele des Propheten".[17] Der Begriff ‚Koran' ist also anders zu füllen als Wolfson es tut. Der Schriftcharakter des Koran ist nur eine und keineswegs die zentrale Manifestation der göttlichen Botschaft. Diese ist vielmehr die – in Mimesis des Propheten vom Beter auswendig vorgetragene – Rezitation. Der Prophet selbst gewinnt, so gesehen, etwas von seiner aktiven Rolle zurück: er ist nicht nur Medium, sondern auch vorbildlicher Sprecher, Übermittler des akustisch verkörperten Gotteswortes. Die Tatsache, dass mit dieser Übermittlung durch seine Stimme erstmals die arabische Sprache zu einem Gefäß des Gotteswortes wird, verleiht ihm weiterhin die Dimension eines kulturellen Erneuerers.

Die Ikone des Rebellen im Wahrheitsstreit

Man kann die Vorstellung vom Propheten als der *tabula rasa*, eines passiven Gefäßes für die Aufnahme des Wortes Gottes, aber noch ein Stück weiter hinter sich lassen, wenn man nicht die spätere Theologie, sondern den Koran selbst in den Blick nimmt. Blickt man aus historisch-kritischer Perspektive auf seine Rolle als Verkünder, so erscheint er – gerade im Kontext der Debatte um das Wort Gottes – im Gegenteil als ein sehr aktiver, sogar rigoroser Verfechter von Vorstellungen, die er streitbar gegen im Umlauf befindliche Traditionen verficht. Es kann keinem Koranleser entgehen, dass der Korantext schon von früher Zeit an ein weitgehend apologetisch-polemischer Text ist. Verschiedene Stimmen, die der Anhänger der neuen Bewegung ebenso wie die der Gegner, werden darin vernehmbar. Diese Polyphonie wird in der späteren islamischen Tradition – und oft genug auch in der westlichen Forschung, die beide den kanonischen Text als *fait accompli* im Blick haben, ignoriert: der Koran, nun verstanden als Monolog Gottes, berichtet rückblickend von diesen Auseinandersetzungen, die selbst längst obsolete Geschichte sind.

Anders wenn man den Koran als lange offenen Text, als fortschreitendes Protokoll einer Verkündigung liest. Dann tritt der Charakter der ständigen Herausforderung durch Verfechter älterer Traditionen klar in den Blick. Wählen wir als Ausgangspunkt den bereits angesprochenen Streit um die Natur des ‚Wortes Gottes'.

---

16 Madigan: „Gottes Botschaft an die Welt" (Anm. 4).
17 Seyyed Nasr: *Ideals and Realities* (Anm. 7), S. 43 ff.

Die koranische Verkündigung tritt hier in einen Schrift-Diskurs ein, der zu ihrer Zeit, im 7. Jahrhundert, längst ausdifferenziert ist. Neben die Schrift sind mit der Weisheit, *sophia*, bzw. dem ‚Wort', *memra* (aramäisch für *logos*), weitere Erscheinungsformen des Wortes Gottes getreten, die als Vermittler göttlichen Wissens an die Menschen fungieren. Der auf die Welt wirkende göttliche Logos, *memra*, der im frühen synagogalen Judentum vertreten wird – und als ‚zweite Kraft im Himmel' heftige Polemik der Rabbinen auslöst,[18] – wird im christlichen Kontext – am nachhaltigsten im Johannes-Prolog –, christologisch identifiziert.[19] Das Wort Gottes, verkörpert im Logos, oder sogar inkarniert in Christus, hat sich damit neben die göttliche Selbstmitteilung durch ‚Schrift' gestellt.

Diese Zunahme an Komplexität im Verständnis des Wortes Gottes spiegelt sich nicht erst im späteren Umgang mit dem Koran, dessen feierliche Rezitation im freitäglichen Gemeindegottesdienst nicht zufällig in der Position der Eucharistie-Feier des christlichen Gottesdienstes steht,[20] sondern bereits in der Korangenese selbst. Sie hat deutliche Spuren vor allem in dem viel rezitierten Prolog zu Sure 55 hinterlassen.[21] Dieser Text thematisiert die Präexistenz des Koran. Er weist deutliche Spuren einer Logos-Theologie auf.

Al-Raḥmān
'allama l-qur'ān
khalaqa l-insān
'allamahu l-bayān

Der Barmherzige -
Er lehrte den *qur'ān*.
Er schuf den Menschen.
Er lehrte ihn die klare Sprache/das Verstehen.

Das Wort *qur'ān* in Vers 3 wirft Probleme auf. Es kann nicht das später erreichte Textcorpus meinen, noch auch die Praxis der Rezitation. Dass vielmehr etwas Geschichte und Realität Transzendierendes gemeint sein sollte, geht bereits aus der Nennung von *qur'ān* noch vor der Nennung des Schöpfungsaktes hervor. Da die auffallend feierliche Form des Surenprologs auf eine Konkurrenzsituation, auf die

---

18 Alan Segal: *Two Powers in Heaven. Early Rabbinic Reports about Cristianity and Gnosticism*, Leiden: Brill 1977.
19 Siehe dazu Daniel Boyarin: *Borderlines. The Partition of Judaeo-Christianity*, Philadelphia: Univ. of Pennsylvania Press 2007, S. 89–127, und ders.: „The Gospel of the Memra. Jewish Binitaritanism and the Prologue to John", in: *Harvard Theological Review* 94 (2001) 3, S. 242–284.
20 Zu den Auseinandersetzungen zwischen den frühen Theologen, denen die Nähe von Koran und inkarniertem Wort Gottes selbst zum Problem wurde, siehe Josef van Ess: *Theologie und Gesellschaft im 2. und 3. Jahrhundert Hidschra. Eine Geschichte des religiösen Denkens im frühen Islam*, 6 Bde., Berlin u. a.: De Gruyter 1991–1997, Bd. 4, S. 615, Bd. 6, S. 411 und David Thomas (Hg. u. Übers.): *Early Muslim Polemic against Christianity. Abū 'Īsā al-Warrāq's ‚Against the Incarnation'*, Cambridge: Cambridge Univ. Press 2002, S. 37–59. Zum islamischen Dogma der ‚Unnachahmlichkeit des Koran' vgl. Angelika Neuwirth: *Der Koran als Text der Spätantike* (Anm. 8), S. 727–744.
21 Vgl. ebd., S. 215–220.

Notwendigkeit, einem bereits vorfindlichen, ähnlich herausragenden Text pari zu bieten, verweist, legt sich die Assoziation desjenigen Textes nahe, der wie kein anderer als theologischer Schlüsseltext für die Logos-Kommunikation gelten kann: der Prolog zum Johannes-Evangeliums (Joh 1,1-5). Dieser Text reflektiert, wie Daniel Boyarin[22] gezeigt hat, einen in den Targumen bewahrten weisheitlichen Midrasch zum Schöpfungsbericht, der von der *memra* erzählt, die immer wieder in die Welt hinabsteigt, um die Verbindung zwischen Gott und Menschen zu stärken, dabei aber scheitert, und erst durch die Inkarnation ihr Werk vollenden kann.

> Joh. 1,1-5 u. 10
> Im Anfang war das Wort,
> und das Wort war bei Gott, und Gott war das Wort.
> Dasselbe war im Anfang bei Gott.
> Alle Dinge sind durch es geschaffen, ohne es ist nichts geschaffen.
> In ihm war das Leben und das Leben war das Licht der Menschen.
> Das Licht scheint in der Finsternis, aber die Finsternis hat es nicht ergriffen […]
> Er war in der Welt, die Welt entstand durch ihn,
> doch sie wies ihn ab.

Ein kurzer Vergleich der beiden Texte zeigt Ähnlichkeiten und Unähnlichkeiten: einerseits stellen beide Prologe das Wort Gottes – in der Sure einfach mit *qur'ān* benannt – als präexistent dar. Andererseits besitzt der *qur'ān* aber keine Schöpferkraft, die vielmehr einzig Gott selbst eignet. Er manifestiert sich jedoch wie der jüdisch-christliche Logos in der Vermittlung von göttlichem Wissen – insofern er „gelehrt" wird, Vers 2; der koranische Logos erscheint also nicht anders als nach der jüdischen Vorstellung die Torah vorher – in Gestalt der Offenbarung. Ein Wesensunterschied liegt jedoch darin, dass der koranische Logos – anders als die Torah in der jüdischen Logostheologie – von den Menschen nicht abgewiesen, sondern angenommen wird. Denn dem von den älteren Traditionen bezeugten Scheitern des Logos ist aus koranischer Sicht durch eine göttliche Intervention vorgebaut worden. Die Adressaten sind für seinen Empfang vorbereitet worden, mit der Verleihung von Verständnisfähigkeit, Vers 4: *'allamahu l-bayān*, „Er lehrte ihn das Verstehen". Diese, dem Menschen in der Präexistenz verliehene Verständnisfähigkeit macht die erfolgreiche Aufnahme des Logos möglich, denn sie erlaubt dem Menschen, die Welt als das Zeichensystem zu lesen, als das sie im Koran dargestellt ist – eine Vision, die an Philos Vorstellung des *kosmos noetos* erinnert, die archetypische Welt der Ideen, die durch den Logos verständlich gemacht wird.[23] Logos ist also einerseits als *qur'ān* hypostasiert, als maßgebliche Kraft, die gottmenschliche Kommunikation herstellt, zum anderen ist Logos repräsentiert durch die den Menschen von Gott geschenkte Verständnisfähigkeit, *bayān*, durch die die Welt in ihrer religiösen Relevanz verstehbar wird. Dabei kommt Sprache besondere Bedeutung

---

22 Boyarin: *Borderlines. The partition of Judaeo-Christianity* (Anm. 19), und ders.: „The Gospel of the Memra" (Anm. 19).
23 Siehe zu den dabei involvierten Kräften des Logos und der Sophia, Peter Schäfer: *Weibliche Gottesbilder im Judentum und Christentum*, Frankfurt a. M.: Verlag der Weltreligionen 2008, S. 64–68.

zu, was wiederum an Philos Logos-Lehre erinnert. „Philo idealisiert Sprache mehr als den Menschen. Für ihn gehört die ideale Sprache nicht in den Bereich der geschaffenen Dinge. Sie scheint eher mit Gott selbst der Präexistenz anzugehören".[24] Im Koran scheint diese Dimension des Logos durch das in seiner Bedeutung oszillierende *bayān*, das neben Verständnisfähigkeit auch „klare Sprache" meinen kann, repräsentiert.

Sure 55 nimmt also eine rigorose Umdeutung der älteren Logos-Vorstellungen im Licht der neuen Manifestation des Wortes Gottes als *qur'ān* vor. Indem der Text das Wirken des Logos aus einer neuen Perspektive betrachtet – nicht als Scheitern, sondern als göttlich vorbereiteten Erfolg –, invertiert er die negative Vorgeschichte der johannäischen Inkarnationstheologie. Damit wird die theologische Notwendigkeit der Inkarnation hinfällig. Obwohl der mit dem *qur'ān* gegebene Logos keine mit dem jüdisch-christlichen vergleichbar weitreichende Kompetenzen besitzt, ist er es doch, der nun, in seiner verbalen, klanglich verkörperten Manifestation, erfolgreich in die Welt gelangt und in ihr wirkt, der die reale Welt zeichenhaft ‚kodiert' und sie so an die Welt der reinen Formen, den *kosmos noetos*, zurückbindet. Diese Neuformulierung einer Logos-Theologie stellt, so könnte man ohne Übertreibung sagen, eine 180-Grad-Drehung der christlichen Theologie dar, mit der der Prophet und die neue Gemeinde eine neue theologische Weichenstellung vornehmen.

Es ließen sich eine Fülle von vergleichbaren ‚Verhandlungen' älterer Traditionen im Koran nachweisen. Faktisch speist sich fast der gesamte Text aus solchen Auseinandersetzungen. Das im 9. Jahrhundert entwickelte Dogma der ‚Unnachahmlichkeit des Koran', das die Einzigartigkeit des Koran als Gefäß des Gotteswortes festschreibt, beruht primär auf der Beobachtung einer ständigen Herausforderung, *tahaddī*, des Propheten seitens der andersgläubigen Hörer und ebenso dieser Hörer seitens des Propheten. Die koranische Verkündigung stellt sich so als andauernder Wettstreit dar. Das wird in der Forschung selten wahrgenommen, weil der Koran seine innovativen Deutungen, seine Umkehrungen vorfindlicher Interpretationen biblischer Tradition, gewissermaßen subkutan, nur implizit, vornimmt. Was für den spätantiken Hörer aber unmittelbar verständlich und hochaktuell war, ist für die späteren muslimischen Gläubigen, die den Koran nicht mehr als Mitschrift der prophetischen Verkündigung, sondern als textuell bereits fixiertes und vor allem als ‚ewig' wahrgenommenes Gotteswort lesen, nicht mehr relevant und nicht mehr einsehbar. Damit die zahllosen Debatten im Koran im neuen – islamischen – Weltbild akkommodiert werden können, müssen diese zu stereotypen Szenarien der Auseinandersetzung mit Gegnern ‚ent-historisiert' werden. Mit der Ausblendung der Dialogpartner des Propheten als Träger signifikanter Traditionen verwischt sich für die späteren Muslime aber auch der dialektische Charakter der koranischen Botschaft als einer fortwährenden ‚Korrektur' der älteren Traditionen; der Koran

---

[24] Maren R. Niehoff: „What is in a name? Philo's mystical philosophy of languages", in: *Jewish Studies Quarterly* 2 (1995), S. 220–250, hier S. 224, zitiert bei Boyarin: „The Gospel of the Memra" (Anm. 19), S. 115.

wird aus einem – plurikulturelle Partner einbeziehenden – *Drama* zu einem göttlichen *Monolog*. Der Prophet als Rebell im Wahrheitsstreit um das Wort Gottes – der gegen die akzeptierten Deutungen aufbegehrt – tritt so in den Schatten. Er wird erst durch das Schlaglicht historischer Korankritik wieder in seiner vollen Gestalt erkennbar.

IAN BALFOUR

Über den Geist der Prophetie
Shelley zwischen Spinoza und Benjamin

> Gott hat keinen eigenen Stil...
> *Spinoza*

Es wird um den Geist gehen – nicht um Prophetie als solche, die Prophetie selbst, sondern um den ‚Geist' der Prophetie bei Shelley, genauer gesagt, um den ‚Geist' von Ereignissen, die der Dichter erkennt. Das heißt, dass es im Folgenden nicht darum geht, was die hebräische Bibel oder die antiken griechischen Orakel – wie rätselhaft oder deutlich auch immer – unter Prophetie versteht, sondern um den ‚Geist' der Prophetie, den Shelley in seiner *Defence of Poetry* beschwört. Shelley tut das in einer Zeit, in der sich eine Reihe von Dichtern der biblischen Prophetie als Modell für die Dichtung zuwandte. Für viele Dichter Englands und Westeuropas vor und nach 1800 war die Prophetie nicht nur eine Fundgrube für Zitate oder Anspielungen, sondern ein Modus, den sie imitierten und wiederholten. Bei Blake etwa ist diese Neuschöpfung besonders intensiv und extrem und prägt und verrätselt alle seine wichtigsten Gedichte. Bei anderen Dichtern ist diese poetische Kraft verhaltener, aber noch immer wichtig und mitunter programmatisch, wie bei Wordsworth, Hölderlin, Coleridge, um nur einige der wichtigsten Vertreter zu nennen.[1] Von Shelley hingegen wissen wir, dass er früh vom University College Oxford verwiesen wurde, weil er an einem anonymen Pamphlet mit dem aufrührerischen, wenngleich etwas irreführenden Titel: *On the Necessity of Atheism* (Von der Notwendigkeit des Atheismus) mitgeschrieben hatte. Das war keine isolierte jugendliche Provokation. Im Jahr 1816 trug er sich in einer Pension im Tal von Chamonix – also an jenem *locus classicus* des Erhabenen, am Mont Blanc – als „Demokrat, Philanthrop, Atheist" ein. Schwer zu sagen, welcher dieser drei Begriffe als provokantester gegolten haben mag – wahrscheinlich „Demokrat" oder „Atheist". Er schrieb dies an einem Ort, von dem Coleridge Jahre zuvor geschwärmt hatte: „Wer wäre, wer *könnte* in diesem Tal der Wunder Atheist sein!?"[2] Shelley glaubte nicht nur nicht an den christlichen Gott; das frühe Gedicht *Queen Mab* und seine Anmerkungen entwerfen sogar einen ganz anderen Gott: Hier ist der Gott der hebräischen Bibel (Jehova, Elohim) eine rachsüchtige, furchterregende

---

[1] In meinem Buch *The Rhetoric of Romantic Prophecy,* Stanford: Stanford University Press 2002, analysiere ich einen Teil dieser Dynamiken, insbesondere im ersten Kapitel. Im vorliegenden Aufsatz wiederhole ich einige Argumente aus dem Buch, in dem es jedoch nur am Rande um Shelley bzw. Spinoza geht.

[2] Zum Kommentar von Coleridge, vgl. *Samuel Taylor Coleridge: The Complete Poems,* hg. von William Keach, London: Penguin 1997, S. 562.

Gottheit, die nicht moralisch handelte sondern einen barbarischen Blutzoll verlangte.

Von außen betrachtet erscheint also das Thema Shelley und die Prophetie wenig vielversprechend, zumindest was die hebräische und christliche Bibel angeht. Aber gibt es vielleicht so etwas wie einen prophetischen Atheismus, oder eine atheistische Prophetie? Shelley besteht jedenfalls in gänzlich positiven Begriffen auf dem prophetischen Charakter der Dichtung, und es ist unsere Aufgabe, herauszufinden, was er damit gemeint haben könnte. Und auch wenn seine Gedanken über Poesie und Prophetie in vielerlei Hinsicht charakteristisch für seine Zeit sind, sind sie doch vorbereitet worden durch eine Tradition bibelkritischen Denkens, die wir ebenfalls betrachten müssen. Im Folgenden werde ich daher Shelleys Gedanken über Prophetie zwischen Spinoza und Benjamin situieren, auch wenn ich letzteren nur kurz, in einer Art Ausblick, berühren kann.

Spinoza hat vielen Denkern der Aufklärung, Romantik und Goethezeit eine kritische Perspektive auf die Bibel eröffnet und neue Wege geebnet, sie zu lesen oder sogar neu zu schreiben. Vielleicht mehr als jeder andere trug Spinoza dazu bei, die Bibel als bildlichen, mythischen und sogar literarischen Text zu verstehen, auch wenn sein Interesse weit über das bloß literarische hinausging. Es ist daher wichtig, sich zunächst Spinozas *Theologisch-Politischem Traktat* zuzuwenden, das für Shelley eine ganz besondere Bedeutung hatte: Angeblich übersetzte er das gesamte Werk, obwohl von dem Projekt nur wenige Blätter übrig geblieben sind. Es ist vielleicht kein Zufall, dass es auf diesen Seiten um die Themen geht, die ihm wohl am meisten am Herzen lagen: Prophetie und Imagination. Alle betreffenden Passagen entstammen den ersten beiden Kapiteln des *Tractatus* über Prophetie und Propheten, die zusammen genommen Spinozas Angriff auf die seit langem etablierten christlichen und jüdischen Orthodoxien eröffnen. In dem Traktat, einem der ersten und einflussreichsten Werke der rationalistischen Bibelkritik der sich anbahnenden Aufklärung bzw. der radikalen Aufklärung, wie sie Jonathan Israel nennt, macht sich Spinoza daran, einen guten Teil der durch historische Tradition und Macht der Kirche begründeten Autorität der Bibel zu demontieren.[3] Spinoza scheint die Prophetie dabei zunächst in biblischen Begriffen verstehen zu wollen, indem er den Eindruck vermittelt, er glaube in irgendeiner Form an die Wahrheit der Bibel und zweifle scheinbar nur dieses oder jenes Detail an – es ist allerdings äußerst schwierig, Spinozas Überzeugungen genau zu identifizieren, nicht zuletzt weil er unter beträchtlichem politischem und ideologischem Druck schrieb.[4] Spinoza zitiert die

---

3 Zur historischen und grundsätzlichen Bedeutung von Spinozas Bibelkritik für die Aufklärung vgl. Jonathan Israel: *Radical Enlightenment: Philosophy and the Making of Modernity 1650–1750*, New York: Oxford University Press, 2001.

4 Siehe das Kapitel über Spinoza in Leo Strauss: *Persecution and the Art of Writing*, Chicago/London: University of Chicago Press 1952. Strauss legt hier die komplizierten Umstände dar, die eine richtige Einschätzung des widersprüchlichen Textes Spinozas, der seinerseits die Widersprüchlichkeit des biblischen Textes erläutert, erschweren. Eine detaillierte Analyse, in der es weniger um die Umstände eines Schreibens unter Zensur geht, findet sich bei Leo Strauss: *Die Religionskritik Spinozas und zugehörige Schriften (Ges. Schriften Bd. 1)*, Stuttgart u. a.: Metzler 1996. Einen hilfrei-

klassische Formel der protestantischen Orthodoxie, *sola Scriptura*, zwar nur einmal in den Eingangskapiteln explizit, aber zahlreiche Formulierungen betonen ihren leitmotivischen Charakter. So schreibt Spinoza zum Beispiel über die Propheten: „In Wahrheit aber muss sich alles, was wir über sie sagen können, aus der Schrift allein ableiten."[5] Spinoza analysiert dann eine Passage nach der anderen aus dieser Perspektive, und geht schließlich dazu über, eine Passage gegen die andere auszuspielen, weil sie nicht vollständig ‚übereinstimmen' würden. Diese Argumentation hat zur Folge, dass der vermeintlich homogene Text, der mythisch einem einzigen Autor, d. h. Gott oder sogar Moses, zugeschrieben wurde, als widersprüchlicher Text aus der Feder verschiedener Autoren erscheint, so dass man schließlich gezwungen ist, sich einem Urteilsprinzip außerhalb der Schrift zuzuwenden.

Es ist allerdings äußerst schwierig, sich streng an die Schrift zu halten, wenn man dabei sowohl die Vernunft als auch die Geschichte berücksichtigen will, da diese am Offenbarungsanspruch der Bibel rütteln. Trotz des Lippenbekenntnisses zu *sola Scriptura* akzeptiert Spinoza keineswegs den Großteil dessen, von dem die Bibel scheinbar den Anspruch auf historische Wahrheit erhebt. Sein historisierender Zugang, der einen so starken Einfluss auf das folgende Jahrhundert und sogar auf Gläubige wie Robert Lowth und Johann G. Herder haben sollte, impliziert vielmehr, dass ein Text das Ergebnis spezifischer historischer Umstände ist. Plötzlich sehen viele in der Bibel nun ein von Menschen gefertigtes Produkt. Ein solcher ‚Historismus' bewirkt tendenziell, dass man Wahrheitsansprüche hinterfragt, die absolute Gültigkeit besaßen, solange man die Bibel als Wort Gottes verstand; diese Kritik wird um so wirksamer, insofern die referentielle Bedeutung der Bibel mit dem wörtlichen Schriftsinn (*sensus literalis*) identifiziert wird. Wie Hans Frei gezeigt hat war dies vor dem 18. Jahrhundert weitgehend die Norm.[6] Die inzwischen unbestreitbare und unbequeme Tatsache, dass hebräische Bibelstellen über Josua und die Sonne davon ausgehen, die Sonne bewege sich um die Erde und nicht anders herum, war nur eine von vielen Behauptungen, die unmöglich für wahr gehalten werden können. Eine derartige Behandlung des biblischen Textes stellt die Wahrheit der Bibel zwar nicht vollständig in Frage, aber sie zwingt uns, ihre Wahrheiten neu einzuordnen.

In diesem Zusammenhang ist auch Spinozas Auseinandersetzung mit der Prophetie im *Tractatus Theologico-Politicus* zu verorten. Sie wird von vornherein zu einer Angelegenheit der Repräsentation und der Wahrheit: „Prophetia sive revelatio est rei alicujus certa cognitio a Deo hominibus revelata." „Die Prophetie oder Of-

---

chen Überblick über die Sekundärliteratur zum Thema Spinoza und die Religion bieten die beiden Appendices in Brayton Polka: *Between Philosophy and Religion: Spinoza, the Bible, and Modernity*, vol. 1, Lanham, MD: Lexington 2007.

5 Sofern nicht anders gekennzeichnet (wie bei Zitaten aus Shelleys Übersetzung) beziehen sich alle Referenzen auf Benedictus de Spinoza: *Theologisch-Politischer Traktat*, in: ders.: *Sämtliche Werke*, Bd. 3, übers. von Carl Gebhardt, neu bearb., eingeleitet und hg. von Günter Gawlick, Hamburg: Meiner 1994.

6 Hans Frei skizziert diese Geschichte in *The Eclipse of Biblical Narrative: A Study in Eighteenth and Nineteenth Century Hermeneutics*, New Haven/London: Yale University Press 1980.

fenbarung ist die von Gott den Menschen geoffenbarte sichere Erkenntnis einer Sache."[7] Prophetie wird nicht nur mit Offenbarung gleichgesetzt – was keineswegs selbstverständlich ist –, sondern beide werden als gesicherte Erkenntnis vorausgesetzt, was noch problematischer ist. Es mag überraschen, dass ein so sorgfältiger und gebildeter Leser der Heiligen Schrift wie Spinoza eine von vielen Modalitäten der Schrift privilegiert, und damit das Wesen der Prophetie stark einschränkt. Es ist inzwischen hinlänglich bekannt, dass sich die Prophetie keineswegs auf die Zukunftsvorhersage reduzieren lässt, als die die christliche Tradition sie Jahrhunderte lang meist verstanden hat. Die Zukunftsvorhersage ist nur eines von vielen Dingen, die Propheten tun: sie warnen, trösten, schelten, kritisieren, aber sie sagen sicherlich nicht nur die Zukunft voraus. In einem berühmten Passus in seinen Anmerkungen zu Bischof Watsons *An Apology for the Bible* vertritt William Blake die Auffassung, es sei unerheblich, ob ein Prophet oder eine Prophetie mit einer Zukunftsvorhersage recht habe:

> Propheten im modernen Sinn hat es nie gegeben Jona war kein Prophet im modernen Sinn, denn seine Prophezeiung von Ninive scheiterte Jeder ehrliche Mann ist ein Prophet er äußert seine Meinung zu privaten und öffentlichen Angelegenheiten [...]. Er sagt nie, so etwas wird passieren egal was du tust. ein Prophet ist ein Seher und kein Willkürlicher Diktator. Der Mensch ist (selbst) schuld, wenn Gott nicht in der Lage ist, ihm Gutes zu tun. denn er gibt den Gerechten & den Ungerechten aber die Ungerechten nehmen sein Geschenk nicht an.[8]

Viele zentrale prophetische Äußerungen funktionieren wie performative Sprechakte: Jonas Prophezeiung der Zerstörung von Ninive erwies sich letzten Endes als falsch, aber sie erfüllte trotzdem ihre Funktion als Warnung, was für Blake viel wichtiger ist als die relativ triviale Frage, ob Jona – oder sogar Gott – mit seiner Vorhersage recht hatte. Performative Sprechakte befinden sich nach J. L. Austin außerhalb des Definitionsbereichs von Wahrheit oder Unwahrheit. Sie sind, was sie sind, indem sie tun, was sie tun; und sie tun das allein dadurch, dass sie (aus)gesprochen oder geschrieben werden: wenn ich jemanden schriftlich oder mündlich warne, geschieht das, indem ich die Warnung formuliere. Der Inhalt einer Warnung kann wahr oder falsch sein – die Gründe nichtig oder triftig –, aber die Warnung als solche ist weder wahr noch falsch. Das bedeutet aber nicht, dass prophetische Diskurse nichts mit Wissen und Offenbarung zu tun hätten: bei aller Uneindeutigkeit hebräischer Zeitformen (dazu gehört die charakteristische Nichtunterscheidung von Vergangenheit und Zukunft, die das Hebräische von vielen anderen Sprachen unterscheidet) wird in einigen biblischen Passagen gerade die Offenbarung als Modell für Prophetie gewählt, wie z. B. im Deuteronomium 18,18–22:

---

7 Spinoza: *Tractatus Theologico-Politicus* (Anm. 5), S. 15.
8 T*he Complete Poetry and Prose of William Blake*, hg. von Harold Bloom/David V. Erdman, überarb. Ausgabe: Berkeley/Los Angeles: University of California University Press 1982, S. 617.

> Ich will ihnen einen Propheten, wie du bist, erwecken aus ihren Brüdern und meine Worte in seinen Mund geben; der soll zu ihnen reden alles, was ich ihm gebieten werde. Und wer meine Worte nicht hören wird, die er in meinem Namen reden wird, von dem will ich's fordern. Doch wenn ein Prophet vermessen ist, zu reden in meinem Namen, was ich ihm nicht geboten habe zu reden, und wenn einer redet in dem Namen anderer Götter, derselbe Prophet soll sterben. Ob du aber in deinem Herzen sagen würdest: Wie kann ich merken, welches Wort der HERR nicht geredet hat? Wenn der Prophet redet in dem Namen des HERRN, und es wird nichts daraus und es kommt nicht, das ist das Wort, das der HERR nicht geredet hat, darum scheue dich nicht vor ihm.

Es ist deshalb nicht nur eine nachträgliche christliche Interpretation, die Prophetie primär als Zukunftsvorhersage zu verstehen, obwohl natürlich der messianische Bezugsrahmen, der in unterschiedlichen Maßen von Autoren des Neuen Testaments übernommen wird, einer verkürzten Sicht auf die Prophetie Vorschub geleistet hat.

Allerdings hat Spinoza auch deshalb ein Interesse, Prophetie primär als Offenbarung zu sehen, weil er so ihren Anspruch als Wahrheitsdiskurs besser unterminieren kann. In seiner strategischen Reduktion der Prophetie auf diese Eigenschaft steht Spinoza den Hauptströmungen der christlichen Tradition erstaunlich nahe. Man nimmt an, dass die Leserschaft seines *Tractatus* liberale christliche Theologen und Denker waren, die die prophetischen Texte der hebräischen Bibel ebenfalls einseitig auf die in ihnen enthaltene Verheißung hin lasen. Auch in dieser Hinsicht ordnet Spinoza das Prophetische abermals dem Bereich der Repräsentation, der Referenz und damit – im Prinzip – dem Bereich der Wahrheit zu.

Spinoza versucht, die Formen des prophetischen Diskurses in der Bibel zu bestimmen, indem er vor allem einen absoluten Unterschied zwischen Moses als Prophet und allen übrigen Figuren, die in der Bibel Propheten genannt werden, postuliert. Während Moses die Offenbarung unmittelbar von Gott zuteil wurde, berufen sich alle anderen biblischen Charaktere, die wie Moses als Propheten bezeichnet werden, laut Spinoza fast ausschließlich auf ihre Imagination.[9] Nicht minder bemerkenswert ist außerdem, dass Spinoza an anderer Stelle behauptet, Jesus Christus sei der einzige gewesen, „dem die Anordnungen Gottes *direkt* offenbart wurden, nicht durch Worte und Visionen", denn deshalb unterliegen diese Mitteilungen nicht der Willkür der Interpretation, geschweige denn der Übersetzung. Spinoza fasst sein Argument (in einer von Shelley übersetzten Passage) wie folgt zusammen: „Ich behaupte also, daß außer Christus niemand ohne Hilfe des Vorstellungsvermögens, d. h. ohne Hilfe von Worten oder Bildern die Offenbarungen Gottes empfangen hat, und daß zum Prophezeien nicht ein vollkommener Geist, sondern ein lebhafteres Vorstellungsvermögen nötig ist [...]."[10]

---

9 Eine vollständigere Untersuchung der Imagination bei Spinoza findet sich bei Warren Montag: „Interjecting Empty Spaces: Imagination and Interpretation in Spinoza's *Tractatus Theologico-Politicus*", in: *Spinoza Now*, hg. von Dimitris Vardoulakis, Minneapolis: Univ. of Minnesota Press 2011, S. 161–178.
10 Spinoza: *Tractatus Theologico-Politicus* (Anm. 5), S. 22.

Von Propheten zu erwarten, sie müssten direkten Zugriff auf göttliche Worte und Visionen haben, auch wenn vermittels ihrer menschlichen Vorstellungskraft, zeugt schon von einem ziemlich hohen Anspruch. Spinoza macht jedoch anschließend deutlich, dass diese Worte und Visionen „wirklich" oder „imaginär" sein könnten,[11] so dass also eine Prophezeiung mit Wahrheit gar nichts zu tun haben müsse. Sie ist vielmehr eine Form des Nichtwissens, die sich als Wissen präsentiert. Als solches Nichtwissen ist sie dem, was Spinoza ‚natürliches Wissen' nennt, weit unterlegen. Spinoza unterwandert durch diese Argumentation systematisch die Autorität der Prophetie, die er zuvor als „sicheres Wissen" definiert hat.

Spinozas Beschreibung der Vorstellungskraft nimmt das Misstrauen der Aufklärung gegenüber der obskuren und schwer zu fassenden Einbildungskraft. Condillac nannte die Einbildungskraft eine „Kokette" aufgrund ihres Verführungscharakters, der einen von den höheren Ansprüchen der Vernunft ablenkte.[12] Kant tat sich ebenfalls schwer mit der Bestimmung der Anzahl und Beschaffenheit der Kräfte des von ihm „Darstellungsvermögen" genannten Fähigkeit des Geistes, der die *Kritik der Urteilskraft* eine buchstäblich zentrale Stellung zwischen Verstehen und Vernunft, Erkenntnis und Handlung einräumen sollte. Diese Positionierung mag für den ästhetischen Bereich nachvollziehbar sein, aber schon in der *Kritik der reinen Vernunft* muss sie Kant einiges Kopfzerbrechen bereitet haben. Heideggers Studie *Kant und das Problem der Metaphysik* zeigt deutlich, dass Kant der Einbildungskraft in der ersten Fassung der ersten Kritik zunächst außerordentliche Kräfte zuschrieb, nämlich als Vermittlerin zwischen Gefühl und Verstand, und als notwendiger Bestandteil jeglicher Wahrnehmung und Erkenntnis; nach wiederholter Überlegung in der zweiten Ausgabe der ersten Kritik jedoch reduziert er diese höheren Kräfte in radikaler Form, indem er viele Funktionsweisen der Vorstellungskraft bzw. des Darstellungsvermögens nun dem Verstand und sekundär der Vernunft zuordnet. Nach Heidegger war die Begegnung mit der Einbildungskraft ein „*Abgrund*, vor dem Kant zurück weichen musste."[13] Dennoch bezog sich Kant in beiden Fassungen auf das Vorstellungsvermögen als „blinde[s] obgleich unentbehrliche[s] ‚Vorstellungsvermögen'".[14] Generell wollten Denker der Aufklärung einem ‚Vorstellungsvermögen', das unweigerlich mit Verstand und Gefühl verknüpft war, nicht allzu viele Fähigkeiten zugestehen. Wie sich im Folgenden zeigen wird, hatte Shelley, der kein einfacher Gegner des Aufklärungsdenkens war, zum Vorstellungsvermögen und seinen Möglichkeiten eine viel positivere Einstellung als die Mehrheit seiner Vorgänger in der Aufklärung. Aber bevor wir uns Shelleys wichtigsten Thesen über Prophetie und Dichtung zuwenden, wollen wir zunächst noch einmal auf

---

11 Ebd., S. 11 u. S. 37.
12 Etienne Bonnot de Condillac: *Essai sur l'origine des connaissances humaines*, hg. von Charles Porset, Paris: Galilée 1973, S. 148.
13 Martin Heidegger: *Kant und das Problem der Metaphysik*, Frankfurt a. M.: Vittorio Klostermann 1929, S. 162.
14 Immanuel Kant: *Kritik der reinen Vernunft*, hg. von Raymund Schmidt, Hamburg: Felix Meiner 1976, S. 116 (A 78, B 104).

Spinozas Traktat zurückkommen, insbesondere auf seine Schlussfolgerungen, die Shelley und seinen Zeitgenossen den Weg bereiteten.

Wir haben gesehen, dass Spinoza den Propheten über sein Vorstellungsvermögen definiert und ihn sogar darauf reduziert. Das heißt, dass der Prophet – oder Proto-Poet – eine einzigartige Figur und eine Figur des Einzigartigen ist, deren Rede einen eigenen ‚Stil' hat (Spinozas Wortwahl). Diese Ansicht wurde von frühen Kritikern, die in Prophezeiungen eher das Wort Gottes als das Wort Ezechiels oder Jesajas hören wollten, bestritten. Nach Spinoza unterscheidet sich dieser prophetische ‚Stil' von Prophet zu Prophet:

> Ferner war der Stil der Prophezeiung je nach der Redeweise der einzelnen Propheten verschieden. Die Prophezeiungen des Hesekiel und Amos sind nicht wie die des Jesaja und des Nahum in einem geschmackvollen, sondern in einem mehr ungebildeten Stil abgefasst. Wer Hebräisch versteht, kann dem noch weiter nachgehen, wenn er gewisse Kapitel der verschiedenen Propheten, die den gleichen Inhalt haben, miteinander vergleicht; er wird einen beträchtlichen Unterschied im Stil finden. Man vergleiche z. B. das 1. Kapitel des Hofmanns Jesajas von V. 11 bis V. 20 mit dem 5. Kapitel des Bauern Amos von V. 21 bis V. 24. [...] All das zeigt, gründlich erwogen, dass Gott sich keines besonderen Stils der Rede bedient, sondern, dass er lediglich entsprechend der Bildung und Fähigkeit des Propheten geschmackvoll, bündig, streng, ungebildet, weitschweifig oder dunkel spricht.[15]

Dass Spinoza der Rede Gottes hier keinen besonderen rhetorischen Stil zuspricht, schließt noch nicht aus, dass Gott durch seine Propheten gesprochen haben könnte: ein allmächtiger Gott könnte ja schließlich seine Rede an den individuellen Stil eines Propheten anpassen, wenn er wollte. Die prophetische Botschaft erhält jedoch nicht nur durch die Wortwahl des Propheten eine individuelle Prägung. Nach Spinoza entspricht aber nicht nur der ‚Stil', sondern sogar der Inhalt der prophetischen Visionen den individuellen Gemütslagen der Propheten:

> Ebenso verschieden war auch, wie gesagt, bei den einzelnen Propheten die Offenbarung selbst, je nach der Anlage ihres Temperaments und ihres Vorstellungsvermögens und je nach den Anschauungen, in denen sie vorher gelebt hatten. Hinsichtlich des Temperaments war der Unterschied der: war der Prophet von heiterer Gemütsart, so wurden ihm Siege, Friede und was die Menschen sonst zur Freude stimmt, offenbart, denn Menschen von dieser Art pflegen sich häufiger solchen Vorstellungen hinzugeben; war der Prophet dagegen von trauriger Gemütsart, so wurden Kriege, Strafgerichte und alles Unheil offenbart.[16]

Das Zitat legt nahe, dass es nicht etwa eine Botschaft gibt, die Gott vermitteln will, die dann aber durch den jeweils eigenen Redestil des Propheten ihre stilistische Färbung erhält, sondern, dass die charakteristische Veranlagung eines Propheten den Inhalt der Prophetie bestimmt. Die Prophetie erscheint damit immer mehr als Spiegelbild der körperlichen Verfassung und des Temperaments des Propheten, so

---

15 Spinoza: *Tractatus Theologico-Politicus* (Anm. 5), S. 36.
16 Ebd., S. 34.

dass sich auch die gesellschaftlichen Umstände des Propheten in seinen Visionen widerspiegeln: „War der Prophet ein Bauer, so zeigten sich ihm Ochsen, Kühe usw., war er Soldat, dann Heerführer und Heerscharen, war er schliesslich Hofmann, dann ein Königsthron und ähnliche Dinge."[17]

Allerdings greift Spinoza nur wenige Sätze später wieder auf Formulierungen zurück, die nahelegen, Gott würde die Visionen gemäß der Lebensumstände der Propheten auswählen. So schwankt seine Darstellung der Bibel ständig zwischen zwei beinah diametral entgegengesetzten Vorstellungen: auf der einen Seite ist Gott, auf der anderen Seite der Prophet der Ursprung der Vision.

Spinozas schrittweise Aushöhlung des biblischen Anspruchs auf Wahrheit im Sinne von Repräsentation und Referenz geht mit seinem Argument einher, dass das, was die Propheten der hebräischen Schriften bereitstellten, *moralische* Gewissheit habe. Spinoza hält im Vorwort fest (weit vor den in den Folgekapiteln entwickelten Gedanken): „[es] fiel […] mir nicht schwer zu entscheiden, daß die Autorität der Propheten nur in Bezug auf Fragen des Lebenswandels und der wahren Tugend von Bedeutung ist, daß uns im übrigen aber ihre Anschauungen wenig angehen."[18] Der Begriff ‚Anschauungen' sagt schon viel über Spinozas Haltung aus, und mit ihm werden die referentiellen Wahrheitsansprüche der Propheten noch einmal unterminiert; der Begriff vermittelt aber auch die Einsicht, dass Prophezeiungen nichts mit Erkenntnis zu tun haben, selbst wenn sie sich in dieser diskursiven Form präsentieren: „ich [schließe] endlich, dass den Gegenstand der offenbarten Erkenntnis nur der Gehorsam bildet".[19] Spinoza antizipiert hier *in nuce* einen Großteil dessen, was Kant in *Religion innerhalb der Grenzen der bloßen Vernunft* detailliert ausformulieren wird: Auch dort wird die Bibel auf diejenigen Stellen und Passagen untersucht, die dem entsprechen, was die Vernunft ohne die Bibel und ihre Autorität aus sich selbst heraus als Tugend erkennen würde. Jesus ist für Kant zwar ein großer Lehrmeister, aber jeder, der seinen unmittelbaren Aussagen zustimmt oder implizit dieselben Ansichten vertritt, ist moralisch gesehen genauso großartig.

Wir wissen nicht, was Shelley über einzelne Passagen im *Tractatus* dachte. Selbst der leidenschaftliche Einsatz für die Übersetzung eines Werkes beweist noch lange nicht, dass Shelley allen Hauptargumenten oder einzelnen Thesen zustimmte. Es ist unwahrscheinlich, dass Shelley das Vorstellungsvermögen wie Spinoza als „unbestimmt und schwankend"[20] charakterisieren würde. Genauso unwahrscheinlich ist, dass er Spinozas Behauptung zugestimmt hätte, einem lebhaften Vorstellungsvermögen würde meist ein mangelhafter Verstand entsprechen. Shelley sieht nicht ein, weshalb man sich für das Vorstellungsvermögen *oder* den Verstand entscheiden müsse. Die Passagen, die von Shelleys Übersetzung übrig geblieben sind, legen je-

---

17 Ebd., S. 35.
18 Ebd., S. 9.
19 Ebd., S. 10.
20 Ebd., S. 30.

doch nahe, dass ihn an der Prophetie vor allem deren Beziehung zur Imagination interessierte sowie die Individualisierung der prophetischen Botschaft durch den eigenen Redestil und die persönliche Veranlagung des Propheten. Zusammengenommen ergibt sich dabei ein Bild vom biblischen Propheten, das sich nur wenig vom Bild des modernen Dichters unterscheidet. Spinozas *Tractatus Theologico-Politicus* ist dabei die frühe, ausformulierte Fassung eines Denkens, das während der Aufklärung zum Gemeingut unter Gläubigen wie Ungläubigen wurde, und das den biblischen Text viel literarischer, mythischer und bildhafter erscheinen ließ als bisher. Vom späten 17. Jahrhundert an, von Spinozas und Richard Simons kritischem Rationalismus zu den Hermeneutiken Johann G. Eichhorns und Herders, machte das feste Vertrauen in den *sensus literalis* einem komplexeren Verständnis historischer Schichten und Bedeutungsebenen der Bibel Platz, die dadurch neu gelesen werden konnte und musste und auch auf neue Weise nachgedichtet und umgeschrieben wurde. Dies trifft auf England wie auf Deutschland zu, wo z. B. Hegel, Hölderlin und Schelling als junge Studenten im Tübinger Stift von den mythischen Seiten der Bibel erfuhren: der Ruf nach ‚einer neuen Mythologie‘ im ‚ältesten Systemprogramm‘, dessen Urheberschaft bis heute ungeklärt ist, durchzieht das Gesamtwerk aller drei Denker.

Für diese Auffassung der Bibel waren die prophetischen Bücher zentral, weil sie nicht nur als besonders bilderreich galten, sondern selbst bereits darauf beruhten, dass die jüngeren prophetischen Texte die älteren zitierten und neu interpretierten. Insbesondere die apokalyptische Tradition griff die prophetischen Texte auf und entwickelte die prophetischen Bilder weiter. Schon innerhalb der biblischen Literatur zeichnete sich damit eine Art permanente Um- und Neuschreibung der Bibel ab, welche die romantischen Dichter des späten 18. und frühen 19. Jahrhunderts fortsetzten und ergänzten. Wenn sie auf biblische Zitate und Bilder zurückgriffen, konnten sie sich in diese literarische Tradition zitierender Prophetie einschreiben, auch wenn das in säkularer oder quasi-säkularer Form geschah.

So erscheint Shelleys Verhältnis zur Prophetie auf den ersten Blick ausschließlich negativ. Wenn wir jedoch über Shelleys offensichtliche Abneigung gegen die Religion und seine tiefe Verbundenheit mit der antiken griechischen Literatur hinwegsehen, zeigt sich ein komplexeres Bild des Dichters. Shelley tritt als nicht untypischer post-aufklärerischer, protestantischer Dichter Großbritanniens hervor, der mit den Dichter-Sehern Kontinentaleuropas wie z. B. Hölderlin verwandt ist. Auch Hölderlin musste seine Allianzen zwischen dem christlichen und dem antiken griechischen Erbe aufteilen, auch wenn er dabei andere Prioritäten setzte.

Eine Buchbestellung, die auf den 8. Dezember 1815 datiert ist, gibt Auskunft über Shelleys unterschiedliche Interessensschwerpunkte, zu denen typischerweise auch die Bibel und ihre Dichtung zählt:

Meine Herren,
ich wäre Ihnen zu Dank verpflichtet wenn Sie mir folgende Bücher übersenden könnten, ehe Sie die Liste der Bücher schließen, die ich zur Bestellung aufgegeben habe, falls Sie diese nicht gleich senden können:

Locke über den menschlichen Verstand 8vo
Lowths Praelectiones Poeseos Hebraeorum
Quintus Curtius Cellari Lipsia 12mo 1688—91.—96
Lemprières klassisches Wörterbuch. 4to

Ihr ergebener Diener

P.B. Shelley[21]

In ihrer ‚Interdisziplinarität' ist diese Wunschliste ein Zeichen für Shelleys flexiblen und offenen Geist. Sie enthält u. a. das Meisterwerk des englischen Empirikers John Locke, von dem Blake behauptete, dass er „die Bibel hinter vorgehaltener Hand auslachte"[22] – eine freilich keineswegs allgemein anerkannte Sicht auf Locke. Daneben findet sich auch Lemprières Wörterbuch, das große Standard-Wörterbuch jener Tage, das auch Keats als Inspirationsquelle diente. Aber weshalb bestellt ein überzeugter Atheist wie Shelley Lowths *Lectures on the Sacred Poetry of the Hebrews*, die schon seit 1787 in der englischen Übersetzung verfügbar waren, im lateinischen Original?[23] Aus unterschiedlichen Quellen wissen wir, dass Shelley die Bibel mit Begeisterung las. Die berühmte Bücherliste, die er seinem Cousin Thomas Medwin überreichte, führt den Kernbestand seiner zukünftigen Bibliothek auf. Nach Namen wie Platon, Shakespeare und Dante findet sich ganz unten die Notiz: „zuletzt, aber zuerst, die Bibel"[24]. Die Formulierung, die auf das Bibelwort „die Letzten werden die Ersten sein" anspielt, ist rätselhaft. Meint Shelley mit ihr, dass er die Bibel widerwillig und nur an letzter Stelle in seinen Kanon säkularer und quasi-säkularer literarischer Meisterwerke aufnimmt? Oder ist es als „zuletzt, aber zuerst" zu lesen, weil jedes Kind im protestantischen England zu Shelleys Zeit dieses Buch mit der Muttermilch aufnahm, und dem man sich am Lebensende zuwandte, Omega und Alpha, sozusagen?[25] Mary Shelley beschreibt in einer Anmerkung zu Shelleys Gedicht *The Revolt of Islam*, weshalb Percy sich für die Dichtung und nicht für die Metaphysik entschieden hatte: „er bildete sich dazu aus […] und las die Dichter Griechenlands, Italiens und Englands. Dazu kam die ständige Durchsicht von Passagen des Alten Testaments – der Psalmen, des Buches Hiob, des Propheten Jesaja, und andere, deren erhabene Dichtung ihn mit Freude erfüllte."[26]

---

21 *The Letters of Percy Bysshe Shelley*, Bd. 1, hg. von Frederick L. Jones, Oxford: Clarendon Press 1964, S. 437.
22 William Blake: *The Complete Poetry and Prose of William Blake*, hg. von David V. Erdman, Berkeley/Los Angeles: University of California Press 1982, S. 613.
23 Lowth' *Lectures* wurden zuerst 1753 auf Latein veröffentlicht. Ihren Einfluss in Deutschland verdanken sie vor allem der kommentierten Ausgabe von 1758–1761 durch Johann David Michaelis.
24 Thomas Medwin: *The Life of Percy Bysshe Shelley*, hg. von H. Buxton Forman, London: Oxford University Press 1919, S. 55.
25 Shelley nennt die Bibel auch „a book" „put into our hands when children." Shelley: *Poetical Works*, hg. von Thomas Hutchinson, rev. G. M. Matthews, London: Oxford University Press 1973, S. 819.
26 Zit. nach: ebd., S. 156.

Shelley war nicht der Einzige, der sich für die literarische Dimension der Bibel begeisterte: viele Dichter und Literaturkritiker – gläubige wie ungläubige – waren ähnlich beeindruckt von den Büchern, die Mary Shelley erwähnt. Shelleys shortlist biblischer Bücher ist Sir Philip Sidneys Liste in dessen ‚Defence of Poesy' nicht unähnlich, deckt sich aber vor allem mit Robert Lowths Kanon. Dass Shelley sich für Lowths *Lectures on the Sacred Poetry of the Hebrews* interessierte, beweist ein Interesse an den verschiedenen Funktionsweisen biblischer Dichtung, insbesondere an rhetorischen Techniken und ihrer spirituellen Dimension. Man ahnte längst, dass die Bibel auch Literatur war; aber erst Lowths bahnbrechende Vorlesungen in Oxford Mitte des 18. Jahrhunderts lieferten überzeugende Argumente dafür, dass ein Großteil der Bibel Dichtung im strengen Sinn sei. Sie wurden infolgedessen auch im deutschsprachigen Raum in der Ausgabe von Michaelis (1758–1762) breit rezipiert.[27] In der Literaturgeschichte erinnert man sich an Lowth als Entdecker des ‚Parallelismus' als uneingestandenes Grundprinzip in der hebräischen Dichtung. Es war klar, dass man griechische und römische Prosodie nicht einfach auf hebräische Dichtung übertragen konnte. Lowth aber entdeckte unterschiedliche Formen von *Parallelismen* in der Bibel, also Paare von Ausdrücken, die in ihrer Länge und Struktur kongruieren. Allerdings schenkt Lowth in seinen Vorlesungen der Erhabenheit biblischer Dichtung, insbesondere bei den Propheten und in den Psalmen, weit mehr Beachtung als dem Parallelismus. Nicht weniger als vier von einunddreißig Vorlesungen handeln vom Erhabenen. Es ist die hohe und – man könnte sogar sagen – extreme Rhetorik der biblischen Dichter, die ihn am meisten beeindruckt: kraftvolle, fesselnde Bilder, die gewagter kaum sein könnten. So veröffentlichte Lowth 1778 seine Übersetzung des Buches Jesaja in Versform. Diese trug ebenfalls dazu bei, dass die poetische Stimme des Propheten deutlich wahrnehmbar wurde, und dieser nicht mehr als bloßes Medium für das stilistisch neutrale Wort Gottes angesehen wurde. Obwohl Lowth streng gläubig war und als zukünftiger Bischof von London nie an den grundlegenden Wahrheiten der Bibel zweifelte, findet er in den Propheten mehr Kraft als Klarheit und mehr Macht als Wahrheit. Prophetische Diskurse wurden somit als außergewöhnlich bildhaft wahrgenommen, ja sogar als mythisch im Hinblick auf ihre narrativen Grundstrukturen. Denker und Dichter in Großbritannien und Kontinentaleuropa nahmen Erkenntnisse dieser Art – zumeist stillschweigend – zur Kenntnis.

Das gilt auch für Shelley. Die am deutlichsten biblisch inspirierte Haltung, die er in seinen Gedichten immer wieder durchspielt, ist die des Propheten. Er ist in dieser Hinsicht viel weniger resolut und absolut als etwa Blake, aber der „propheti-

---

[27] Eine zuverlässige Überblicksdarstellung, u. a. zur Vorgeschichte der ‚Entdeckung' Lowths, bietet James Kugel: *The Idea of Biblical Poetry: Parallelism and its History*, New Haven/London: Yale University Press 1981. Mein Buch *Rhetoric of Romantic Prophecy*, Stanford: Stanford University Press 2002, beleuchtet die zentrale Bedeutung Lowths aus einer anderen Perspektive. Siehe auch James Sheehan: *The Enlightenment Bible*, Princeton: Princeton University Press 2005, insb. Kapitel 6, „Poetry, National Literature, History, and the Hebrew Bible".

sche Zug", wie Milton ihn nennt, ist unverkennbar.[28] Man ist versucht, das Prophetische bei Shelley mit der Orakeltradition der antiken griechischen Literatur, die Shelleys Temperament entsprach, in Verbindung zu bringen. Mit seinem unorthodoxen Geist steht er aber den biblischen Propheten, die den Königen die Wahrheit sagen, entschieden näher. Northrop Frye beschreibt Prophetie als „Individualisierung des revolutionären Impulses"[29]. Der Satz trifft auch auf Shelleys prophetische Haltung zu, mit der er in den Jahren nach Waterloo und dem Peterloo Massaker als Monarchie-Kritiker auftritt: in einer Zeit der politischen Desillusionierung, in der England „einem alten, irren, blinden, verhassten und sterbenden König" untertan war, wie Shelley in seinem politischen Sonett „England in 1819" einprägsam formulierte.[30]

Die größte Resonanz in den Gedichten und Prosaschriften des Dichters fanden aber nicht ganze „Teile" der Bibel, wie Mary Shelleys Bemerkung vermuten lässt, sondern noch kleinere Einheiten, wie der Literaturwissenschaftler Bryan Shelley in seiner Studie *Shelley and Scripture* gezeigt hat.[31] Die Bibel ist bei Shelley vor allem Stichwortgeber für strategische Beschwörungen des prophetischen Modus und für zugespitzte Bilder, Wendungen, Kadenzen, und Figuren. Diese interessieren ihn stärker als die großen mythopoetischen Strukturen von Paradies, Sündenfall und Erlösung und die dazugehörigen Erzählungen, die etwa für Blake so wichtig sind. Als passionierter Leser der hebräischen Bibel, die er auch die „jüdischen Bücher" nennt, folgt Shelley zumindest aus seiner Sicht niemandem geringeres als Jesus. Wie er in seinem „Aufsatz über das Christentum" bemerkt:

> Wahrscheinlich las Jesus Christus die Geschichtsschreiber seiner Heimat mit einem glühenden Geist, der nach Wahrheit sucht. Zweifellos waren sie die Gefährten seiner Kindheit, der Nährboden und der Stoff seiner jugendfrischen Gedanken. Durch die Lektüre des erhabenen dramatischen Gedichts Hiob war seine Vorstellungskraft mit den kühnsten Bildern, die der menschliche Geist und die stoffliche Welt je ersonnen hat, vertraut.[32]

Man hat Jesus viele Eigenschaften zugeschrieben, aber seine *Vorstellungskraft* wird vergleichsweise selten erwähnt. Der göttliche Jesus weiß ja prinzipiell alles. Man fragt sich also, welche Funktion die Einbildungskraft für eine Person haben könnte,

---

28 Vgl. Miltons *Il Penseroso*: „Till old experience do attain / To something like prophetic strain", John Milton: *Complete Short Poems*, hg. von John Carey, London: Longmans 1971, S. 146.
29 Northrop Frye: *The Great Code: The Bible and Literature*, hg. von Alvin A. Lee, Toronto/Buffalo: University of Toronto Press 2006, S. 145.
30 Percy Bysshe Shelley: *The Major Works*, hg. von Zachary Leader/Michael O'Neill, New York: Oxford University Press 2009, S. 446.
31 Bryan Shelley (der tatsächlich ein Nachkomme des Dichters ist) hat die umfassendste Studie zu biblischen Anspielungen und Zitaten in Shelleys Werk vorgelegt. S. Bryan Shelley: *Shelley and Scripture: The Interpreting Angel*, Oxford/New York: Oxford University Press 1994.
32 *Shelley's Prose, or The Trumpet of a Prophecy*, Albuquerque: University of New Mexico Press 1954, S. 201.

die alles von der Geschichte des Menschen und der Natur einschließlich der Zukunft weiß. Soll Jesus sich eine alternative Geschichte zu derjenigen vorstellen, von der er schon weiß, dass sie sich unaufhaltsam entfaltet? Die Betonung von Jesus Einbildungskraft betont seine Menschlichkeit, seine Endlichkeit, und in dieser Hinsicht zumindest auch seine Nicht-Göttlichkeit. Damit argumentiert Shelley wie Spinoza, der einer der wenigen modernen Denker ist, die Jesus auch eine Imagination zugestehen, und zwar weitgehend aus denselben Gründen wie Shelley. Durch seine Einbildungskraft kann Jesus zu einem (menschlichen) Dichter und deshalb zum Vorbild für andere menschliche Dichter werden.

Am auffälligsten zeigt sich bei Shelley die prophetische Haltung in den programmatischen Momenten seiner Dichtungen, insbesondere in seinen längeren Gedichten. Die vielleicht am häufigsten wiederkehrende Form ist die Anrufung eines Wagens. Von *Queen Mab* über den *Entfesselten Prometheus* zum *Triumph des Lebens* wird dieses ‚Gefährt' gezogen, und erlaubt dabei dem lyrischen Ich, weite Bahnen der Geschichte zu durchwandern und zu überschauen. Shelleys Wagen, gezogen vom Erzähler, ist in Bewegung. Es ist bewegte und sich bewegende Dichtung. Der Wagen bei Ezechiel, auf den sich Shelley des Öfteren explizit beruft, legitimiert eine allwissende Perspektive, die dem Dichter und dem Leser eine umfassende Geschichtsschau ermöglicht. Die wichtigsten Ereignisse aus der vergangenen, gegenwärtigen und zukünftigen Geschichte der Menschheit werden so in Szene gesetzt.

Auf dem funkelnden Wagen in den ersten Kapiteln des Buches Ezechiel, unmittelbar nach seiner Berufung zum Propheten, sind vier lebendige Figuren befestigt, die in alle vier Himmelsrichtungen blicken. Übertragen von Raum auf Zeit verkörpert dieses Bild so etwas wie die ewig gültigen Ansichten, die Shelley seinen Visionären zuschreibt – von den Elfen in ‚Queen Mab' bis zum nur leicht weniger transzendentalen aber dennoch menschlichen Rousseau im ‚Triumph des Lebens'.

Die Passage, die uns im Hinblick auf unser Thema am meisten interessiert, ist jedoch die berühmte Passage in der *Defense of Poetry*, die Dichtung mit Prophetie gleichsetzt. Es ist eine dichte Passage, die ein längeres Zitat notwendig macht:

Dichter sind Begründer von Gesetzen, Begründer der Zivilgesellschaft, Erfinder der Lebenskünste, und Lehrer, die uns diese partielle Ahnung von den Kräften der unsichtbaren Welt, die man Religion nennt, mithilfe des Schönen und Wahren ein wenig näher bringen. Deshalb sind alle Ursprungsreligionen allegorisch, oder dem Allegorischen zugetan, und wie Janus haben sie zwei Gesichter: ein wahres und ein falsches. Je nach den Gepflogenheiten des Zeitalters und der Nation, in die ein Dichter hineingeboren wurde, nannte man ihn früher Gesetzgeber oder Prophet: ein Dichter verkörpert und vereint in sich eigentlich diese beiden Charaktere. Denn er sieht nicht nur die Gegenwart klar und deutlich wie sie ist, und entdeckt die Gesetze, nach denen man gegenwärtige Dinge ordnen müsste, sondern er sieht in der Gegenwart die Zukunft, und seine Gedanken sind die Samen der Blumen und Früchte der jüngsten Zeit. Ich behaupte nicht, dass Dichter Propheten im vulgären Sinn sind, oder dass sie die Erscheinungsform so sicher vorhersagen können wie sie den Geist kommender Ereignisse erahnen: das ist der falsche Anspruch des Aberglaubens, der Dichtung zum Attribut von Prophetie macht, anstatt Prophetie zum Attribut von

Dichtung. Ein Dichter partizipiert am Ewigen, Unendlichen, und dem All-Einen; was seine Geistesschöpfungen angeht, existieren Zeit und Ort und Zahl nicht.[33]

Wenn Shelley vom Dichter im ‚vulgären Sinn' spricht, meint er mit aller Wahrscheinlichkeit den prophetischen Dichter als Vorhersager der Zukunft – also in jener Rolle, die wie oben erwähnt schon Blake als verkürztes Verständnis der Prophetie kritisierte. Obwohl er wie Blake meint, Dichter-Propheten könnten die konkrete Form von Ereignissen nicht voraussagen (was ja für einen göttlich inspirierten Propheten im Rahmen des Möglichen sein müsste), behauptet er allerdings im nächsten Atemzug, der Dichter ahne doch sicherlich den ‚Geist der Ereignisse' voraus. Ist das nicht immer noch ein massiver prophetischer Anspruch, und impliziert das nicht, dass es ein Wissen wenn nicht von der exakten Form, so doch vom ‚Inhalt' der Ereignisse gibt?

Es bleibt also der ‚Geist der Ereignisse', der von ihrer Form oder von Ihrem Inhalt getrennt zu sein scheint. Tatsächlich ist Prophetie für Shelley, auch wenn sie nichts direkt voraussagt, auf die Zukunft gerichtet. Die Form der Zukunft ist oft eher abstrakt, im eigentlichen Sinne ‚geistig'. Shelley kann zwar in seinen satirischen Gedichten auch sehr direkt und pointiert sein, etwa wenn er in *The Mask of Anarchy* britische Politiker namentlich angreift. Wenn seine prophetischen Gedichte aber nicht satirisch anklagen, neigen sie hingegen zum Ätherischen und Abstrakten. In seinem großen Gedicht *Mont Blanc*, das manchmal als Ode, manchmal als Hymne gelesen wird, wird das Dichter-Ich der Mächte gewahr, die über seinen Geist hinweg und durch ihn hindurch walten und mit anderen Mächten aus seinem Inneren verschmelzen. Dieses Szenario entspricht ziemlich genau dem Wechselspiel von Aktivität und Passivität, das den Dichter nach Shelleys *Defence of Poetry* auszeichnet. Die poetischen Motive speisen sich aus der Dichotomie von Herrschaft und Unterworfenheit und werden behandelt, als wären sie Teil der erhabenen Landschaft. Der Dichter verleiht dem stummen Berg eine Stimme, die sich der für die Ode charakteristischen Form der Apostrophe bedient und im Ausruf kulminiert:

Thou hast a voice, great Mountain, to repeal
Large codes of fraud and woe[34]

Wer würde dieser Forderung nicht zustimmen? Auch wenn man bedenken muss, dass damals in England schon das Wort ‚Freiheit' jakobinische Assoziationen weckte,[35] vertritt das Gedicht keine bestimmte Haltung. Gleiches gilt für Shelleys „Ode an den Westwind". Auch hier werden wir Zeuge der poetischen Inspiration durch eine Macht, die den Dichter transzendiert und dem atmenden, wehenden Wind gleicht – sie dürfte mit dem hebräischen „ruach" verwandt sein, die bei Spi-

---

33 Shelley: *The Major Works* (Anm. 30), S. 677.
34 Ebd., S. 122.
35 Shelley verfasste ein Gedicht über die spanische Befreiung von 1819, entschied sich jedoch gegen eine Veröffentlichung. Im Anschluss daran schrieb er seine berühmte „Ode an die Freiheit", die sich auf denselben Anlass bezieht, aber auf viel abstraktere, indirektere Weise.

noza die biblische Prophetie beseelt. In sprunghaftem Wechsel erscheint der Dichter mal aktiv, mal passiv, und auch hier versucht der Sprecher, die Geschichte an ihren Wirkungen zu deuten – so wie der Wind eigentlich unsichtbar ist und man nur seine Wirkungen sehen kann. Und auch hier gipfelt das Gedicht in einem abstrakten historischen Muster, in dem zwar von Fortschritt die Rede ist, dieser aber weder inhaltlich noch formal bestimmt wird. In den Schlussversen ruft Shelley den Wind noch einmal an, wobei die Leidenschaftlichkeit der Rede durch die treibenden Terzinen verstärkt wird:

> Drive my dead thoughts over the universe
> Like withered leaves to quicken a new birth!
> And, by the incantation of this verse,
>
> Scatter, as from an unextinguished hearth,
> Ashes and sparks, my words among mankind!
> Be through my lips to unawakened Earth
>
> The trumpet of prophecy! O Wind,
> If Winter comes, can Spring be far behind?[36]

Die im Englischen unübliche Großschreibung von Substantiven verstärkt den abstrakten und allegorischen Zug des Gedichts, der bereits in dem ewigen Zyklus der Jahreszeiten angelegt ist. In diesem Weckruf an die Erde erinnern unzählige Formulierungen an die biblischen Propheten. Dabei geht die Apostrophe am eigentlichen Adressaten, dem personifizierten Wind, vorbei und richtet sich an die gesamte Menschheit – was einmal mehr Shelleys universell demokratischen Anspruch unterstreicht und sehr wohl politisch radikal oder zumindest progressiv gemeint sein dürfte. Obwohl hier also kein beliebiger „Geist" oder „Geist der Ereignisse" angerufen wird, wäre es nicht leicht, diesen zu benennen.[37] Shelleys Zukunftsbezüge sind viel unspezifischer als etwa bei Blake, dessen detaillierte Visionen eher den elaborierten Visionen Ezechiels ähneln. Sie sind eher ‚geistig' als dass sie einen feststellbaren Sachgehalt haben. In der *Defence of Poetry* behauptet Shelley, Prophetie sei „ein Attribut von Dichtung" und lässt den Dichter „am Ewigen, Unendlichen und dem All-Einen partizipieren", „was seine Geistesschöpfungen angeht, existieren Zeit und Ort und Zahl nicht."[38] Das erklärt bereits, weshalb Shelleys Dichtung sich durch ein so hohes Maß an Abstraktion auszeichnet.

Normalerweise versteht man Prophetie als ein Begehren nach einem Wissen, also eigentlich als Nicht-Wissen das als Wissen auftritt, insbesondere als ein Wissen, das nicht allgemein zugänglich ist und nur Einzelnen in persönlichen Erscheinungen geoffenbart wird. Wenn Shelley dagegen von der Einbildungskraft spricht, die Jesus wie alle großen Dichter in besonders hohem Maß gehabt haben müssen,

---

36 Shelley: *The Major Works* (Anm. 30), S. 414.
37 Shelley hält alle ursprünglichen Religionen für allegorisch, womit er wohl sagen will, dass religiöse Aussagen uneigentlich sind, bzw. auf etwas ganz Anderes verweisen, da sich die religiöse Sprache ja stets auf spirituelle Inhalte bezieht.
38 Shelley: *The Major Works* (Anm. 30), S. 677.

meint er eher eine schöpferische Kraft, die auch für Innovation in anderen gesellschaftlichen Bereichen relevant ist, etwa in der Gesetzgebung. So heißt es am Schluss der *Defence of Poetry*, Dichter seien „die nicht anerkannten Gesetzgeber der Welt."[39] Shelley versteht also Poesie aus ihrem etymologischen Ursprung als ein „Erschaffen" im weitest möglichen Sinn, wobei er abwechselnd von einem repräsentativen bzw. mimetischen, also referentiellen Modell der dichterischen Einbildungskraft ausgeht und von einem zweiten Modell, das mit dem Vorherigen nicht unbedingt kompatibel ist und sich am ‚schöpferischen' Tun, Schaffen und Gründen orientiert.[40] In beiden Fällen geht es aber um dichterische Setzungen.

Diese Seite des Prophetischen führt uns zum Schluss zu Walter Benjamin, der wie Shelley auch vom Geist der Prophetie und dessen Ausdrucksformen fasziniert war. Von Benjamin ist weniges bekannter als sein ausgeprägtes Interesse am Messianismus: messianische Denkfiguren stellen das Ordnungsprinzip seiner Schriften dar, und bilden eine Art roten Faden, der sich durch das Gesamtwerk, von den frühen bis zu den letzten Schriften, zieht. Auch wenn die Funktion des Messianischen in diesen Texten oft vage bleibt – ‚glaubt' Benjamin an den Messias? Ist das Messianische nur eine mit Bedeutung aufgeladene rhetorische Figur? – , steht wohl außer Frage, dass es für Benjamin eine wichtige Rolle spielt.[41] Besonders relevant ist hier die Frage, wie sich diese prophetische messianische Kraft in Benjamins zentralen Begriffen artikuliert, die bei ihm aber keineswegs endgültig definiert sind: Sprache, Kritik, Übersetzung und Geschichte. Es ist bemerkenswert, dass all diese Kategorien in grundlegender Weise strukturell etwas mit Erfüllung bzw. dem Wunsch nach Erfüllung zu tun haben, so dass jede Kategorie als Variation einer anderen erscheint.

Benjamin behauptet in einem frühen Brief an Martin Buber, er verstehe „das Schrifttum überhaupt [...] nur dichterisch, prophetisch, sachlich, was die Wirkung angeht".[42] Wenn diese Passage zitiert wird, wird die Aufmerksamkeit meist sofort auf den nächsten Satz gelenkt, der das von Benjamin anvisierte Schrifttum als „in jedem Fall nur *magisch*, d. h. nur un-*mittel*bar" charakterisiert.[43] Die exotische Kategorie des „Magischen" lenkt den Blick auf andere Eigenschaften des Schreibens, die Benjamin in seinem Brief an Buber benennt. Nicht zuletzt ist es in diesem Brief Benjamins zentrales Anliegen, die Beziehung zwischen Wort und Tat im Politischen, und als Politik „im weitesten Sinne", zu reflektieren. Zugespitzt könnte

---

39 Ebd., S. 701.
40 Diese Denkfigur erlaubt Shelley, alle möglichen Autoren wie z. B. Platon, Bacon oder Livius anzuführen – also Autoren, deren Diskurse nicht im strengen Sinne poetisch sind.
41 Meines Erachtens ist das Messianische am ehesten als rhetorische Figur zu verstehen. Vgl. hierzu meinen Aufsatz „Reversal/Quotation (Benjamin's History)" *MLN* 106 (1991): 622–47. Dass bei Benjamin das Messianische von der Sprache her gedacht werden muss, und nicht als dialektisches Bild, hat Sigrid Weigel überzeugend dargelegt: *Entstellte Ähnlichkeit: Walter Benjamins theoretische Schreibweise*, Frankfurt a. M.: Fischer 1997, S. 67 ff.
42 Walter Benjamin: *Briefe* 1, hg. von Gershom Scholem/Theodor Adorno, Frankfurt a. M.: Suhrkamp 1993, S. 126.
43 Ebd.

man sagen, dass Benjamin hier eigentlich jeglicher Form des Schreibens prophetischen Charakter zuspricht. Dabei ist es unerheblich, ob dem Schreiben eine prophetische Intention zugrunde liegt oder nicht – was der Funktionsweise der Typologie in der christlichen Bibel nicht ganz unähnlich ist, die ebenfalls unter Umständen erst nachträglich hergestellt wird: Wenn bei Matthäus (2,15) Hosea 11,1 zitiert („aus Ägypten rufe ich meinen Sohn"), so wird eine ursprünglich historische Aussage nachträglich zu einer prophetischen. Das Prophetische *passiert*, absichtslos und unabhängig davon, ob es als solches erkannt wird.

Dabei begreift Benjamin den Akt des Schreibens nicht als einen „Abfall" von der gesprochenen Sprache, sondern als ihre Vollendung, ebenso wie Sprache die Wahrnehmung vollendet, wie Benjamin in seinem Aufsatz „Über Sprache überhaupt und die Sprache des Menschen" (1916) argumentiert. Es gibt deshalb eine Sprache vor der Sprache und eine Schrift vor der Schrift. Sprechen und Schreiben bringen die Sprache an sich erst hervor: bereits in der Wahrnehmung der Wirklichkeit findet Übersetzung statt. Und so geht es weiter, von der Wahrnehmung zu verschiedenen Sprachen und über diese zweite Sprache der Wahrnehmung hinaus. Für Benjamin weisen alle Sprachen schon strukturell über sich hinaus.

In ähnlicher Weise ist Übersetzung, wie Benjamin in seinem berühmten Aufsatz „Die Aufgabe des Übersetzers" ausführt, weit mehr als ein Abfallen von der Sprache oder der Schrift, die übersetzt wird: sie vollendet das implizite Versprechen des Originals.[44] Die Sprache übersetzt. Sie setzt über, sozusagen. Sprache beschwört einen höheren Bereich, der durch den Akt der Übersetzung selbst lesbar wird. Deshalb stellt Übersetzung – entgegen gängiger Auffassungen – keinen Qualitätsverlust dar, sondern vielmehr einen Gewinn. Benjamin stellt sich vor, dass die Sprache der Übersetzung notwendigerweise über der Sprache des zu übersetzenden Textes steht. In seinem Aufsatz lässt er nur zwei Passagen unübersetzt – eine von Mallarmé über die Pluralität und Materialität von Sprachen und das berühmte Wort aus dem Johannesevangelium: „Ἐν ἀρχῇ ἦν ὁ λόγος, im Anfang war das Wort."[45] Die griechische Formulierung des hl. Johannes, die effektiv schon eine Übersetzung aus dem Hebräischen oder Aramäischen war, wird hier der deutschen Übersetzung in einer horizontalen Sequenz vorangestellt. Noch einmal: in unserer post-babelschen Welt neigen wir dazu, die Sprachenvielfalt als Verlust zu sehen, bzw. als einen zweiten, sprachlichen Sündenfall und einen Abstieg in die Unübersetzbarkeit – laut Genesis 13 war es ja Gottes ausdrücklicher Wille, die Verständigung der Völker untereinander zu verhindern, indem er sie in neu erschaffenen Sprachen sprechen ließ. So gesehen wäre die horizontale Bewegung der Übersetzung gleichzeitig eine vertikale Bewegung.

---

44 Eine außergewöhnlich dichte Sammlung von Beiträgen, die auch problematische Seiten an Benjamins Aufsatz erhellen, ist der Band: *Übersetzen: Walter Benjamin*, hg. von Christian L. Hart Nibbrig, Frankfurt a. M.: Suhrkamp 2001.
45 Walter Benjamin: *Gesammelte Schriften*, Bd. IV.1, hg. von Rolf Tiedemann/Hermann Schweppenhäuser, Frankfurt a. M.: Suhrkamp 1972–, S. 18. Weitere Quellenangaben zu den *Gesammelten Schriften* finden sich im Haupttext.

Diese Hierarchie hätte sogar eine graphische Entsprechung in einer „Interlinear-Version der Bibel", wie sie Benjamin vorschwebte, wobei das biblische Original ‚oben' und die übersetzte Sprache darunter stünde – allerdings mit der Einschränkung, dass der Diskurs der Übersetzung ausdrücklich auf einen höheren Bereich noch über der Quellsprache verweist, was diese Hierarchie eigentlich umkehrt. Die Letzten werden die Ersten sein hieße hier: was unten ist, wird oben sein.

Für Benjamin partizipiert das Kunstwerk an dieser Art der strukturellen Übersetzung, denn es impliziert seine eigene Übersetzung, seine eigene Kritik. Schon Friedrich Schlegel anerkennt diese Tendenz zu impliziter Selbstkritik als zentrale Charakteristik eines literarischen Textes, und er findet sie beispielhaft in Goethes *Wilhelm Meisters Lehrjahre*. Das Werk ist repräsentativ, weil es in extremer Form seine eigene Kritik heraufbeschwört, bzw. in seiner Selbstbezüglichkeit seine eigene erste Beurteilung mitliefert. Derartige Übersetzungen, die als Erfüllung strukturiert sind, sind immer Beziehungen eines Augenblicks zu einem anderen, also historische Beziehungen. Dabei ist unerheblich, ob sie explizit oder implizit von Geschichte handeln oder nicht. Es ist natürlich die Geschichte ‚selbst', die für Benjamin am offensichtlichsten messianisch oder prophetisch ist, wie er in der späten These „Über den Begriff der Geschichte" formuliert: jede Generation sei mit einer „*schwache[n]* messianische[n] Kraft" (*GS*, 1.2, S. 694) ausgestattet. Benjamin hebt einzelne historische Ereignisse hervor, wie z. B. das Beschießen der Pariser Uhren durch Revolutionäre, was diese Uhren zum Halt brachte – wie Josua einst die Sonne. Damit erinnert er uns an jene revolutionären Momente, von denen Marx auf den ersten Seiten seiner Schrift *Der 18. Brumaire des Louis Bonaparte* berichtet, wobei er unter anderem die Tatsache erwähnt, dass John Locke den Propheten Habakuk zitiert.[46] Natürlich hat weder Josua noch ein anderer biblischer Prophet vorausgesagt, dass sich im Jahr 1830 etwas Wichtiges ereignen wird. Habakuk hat die Englische Revolution nicht prophezeit. Dennoch erscheint der historische Augenblick prophetisch, wenn auch nur im Nachhinein – und vermittels einer Logik, auf der auch der (christliche) typologische Schriftsinn basiert.

Benjamin reflektiert diese Logik, die etwas im Nachhinein als prophetisch erscheinen lässt, in einem Entwurf, der mit seiner These „Über den Begriff der Geschichte" unter der Rubrik „Das Jetzt der Erkennbarkeit" in Zusammenhang steht. Als Ausgangspunkt dient ihm Friedrich Schlegels bekannte Definition des Historikers als „rückwärts gekehrter Prophet":

> Das Wort, der Historiker sei ein rückwärts gekehrter Prophet kann auf zweierlei Weise verstanden werden. Die überkommene meint, in eine entlegene Vergangenheit sich zurückversetzend, prophezeit der Historiker was für jene noch als Zukunft zu gelten hatte, inzwischen aber ebenfalls zur Vergangenheit geworden ist. Diese Anschauung entspricht aufs genauste der geschichtlichen Einfühlungstheorie, die Fustel de Coulonges in den Rat gekleidet hat: Si vous voulez revivre une époque, oubliez que vous savez ce qui est passé après elle. – Man kann das Wort aber auch ganz anders deuten und es so verstehen: der Historiker wendet der eignen Zeit den Rücken, und sein Seherblick

---

46 Karl Marx/Friedrich Engels: *Werke*, Bd. 8, Berlin: Dietz Verlag 1972, S. 116.

entzündet sich an den immer tiefer ins Vergangene hinschwindenden Gipfeln der früheren Menschengeschlechter. Dieser Seherblick eben ist es, dem die eigene Zeit weit deutlicher gegenwärtig ist als den Zeitgenossen, die ‚mit ihr Schritt halten'. Nicht umsonst definiert Turgot den Begriff einer Gegenwart, die den intentionalen Gegenstand einer Prophetie darstellt, als einen wesentlich und von Grund auf politischen. „Bevor wir uns über einen gegebenen Stand der Dinge haben informieren können", sagt Turgot, „hat er sich schon mehrmals verändert, So erfahren wir immer zu spät von dem, was sich zugetragen hat. Und daher kann man von der Politik sagen, sie sei gleichsam darauf angewiesen, die Gegenwart vorherzusehen." Genau dieser Begriff von Gegenwart ist es, der der Aktualität der echten Geschichtsschreibung zugrunde liegt. […] Wer in der Vergangenheit wie in einer Rumpelkammer von Exempeln und Analogien herumstöbert, der hat noch nicht einmal einen Begriff davon, wieviel in einem gegebnen Augenblick von ihrer Vergegenwärtigung abhängt. (*GS* I. 3, 1237–38)

Wie man Schlegels Satz zunächst verstehen könnte, verhält sich der Historiker zur Vergangenheit wie der Prophet zur Zukunft. Der Historiker blickt zurück in eine ferne Vergangenheit genauso wie der Prophet in eine ferne Zukunft blickt. Anders interpretiert wäre Schlegels Satz Benjamin aber viel näher: wenn der Blick des Historikers prophetische Feuer an den verglühenden Gipfeln der historischen Vergangenheit entzündet, nachdem er – ganz wie der Engel der Geschichte – der Gegenwart und vermutlich der Zukunft schon den Rücken gekehrt hat. Solche Prophetie ist weit davon entfernt, unnütz und antiquiert zu sein. Sie ist vielmehr das, was man von der Politik allzeit erwartet – man denke an Shelley in den Jahren nach 1810 –, selbst wenn man sich eine Zeit lang von ihr abgewandt hat. Der gegenwärtige Augenblick tritt dadurch besonders deutlich hervor, dass er mit einem bestimmten Moment in der Vergangenheit assoziiert wird.

Diese Sicht auf den Historiker betont die Möglichkeit seines intensiven politischen Engagements, wenn auch nur indirekt durch den „Blick" in die Vergangenheit. Man kann Benjamin in den 1930ern oder Shelley nach 1810 kaum vorhalten, sie hätten der Geschichte tatenlos zugesehen, auch wenn sich ihr Widerstand auf historisches und poetisches Schreiben beschränkte. Aber nach Benjamin ist die Geschichte und sogar die Banalität des Alltags beseelt vom Geist der Prophetie, der jenseits des menschlichen Einflussbereichs liegt.

In einem Abschnitt seiner *Berliner Kindheit um 1900* mit der Überschrift „Fischotter" reflektiert Benjamin seine Begegnung mit verschiedenen Tierarten im Zoologischen Garten. Dabei erscheint ihm die Behausung von Tieren nicht ganz zufällig. Schließlich mache man sich ja auch ein Bild von Menschen und deren Charakter aufgrund ihrer Wohnhäuser und Stadtviertel. So schreibt Benjamin über einen bestimmten Winkel in der Gartenanlage:

[…] dieser Winkel des Zoologischen Gartens [trug] die Züge des Kommenden. Es war ein prophetischer Winkel. Denn wie es Pflanzen gibt, von denen man erzählt, daß sie die Kraft besitzen, in die Zukunft sehen zu lassen, so gibt es Orte, die die gleiche Gabe haben. Verlassene sind es meist, auch Wipfel, die gegen Mauern stehn, Sackgassen oder Vorgärten, wo kein Mensch sich jemals aufhält. An solchen Orten scheint es, als sei alles, was eigentlich uns bevorsteht, ein Vergangenes. (*GS*, VII.1, S. 407)

Hier scheinen verlassene Orte, die an eine ferne Vergangenheit erinnern, gerade aufgrund ihrer Leere eine Öffnung für die Zukunft zu verkörpern – eine Zukunft, die darauf wartet, sich zu ereignen. Ein Sinnbild für diesen Gedanken ist der junge Benjamin selbst, der lange auf einen Otter wartet, welcher dann tatsächlich einen Augenblick lang erscheint. Der leere Raum, die Form ohne (oder mit sehr wenig) Inhalt, kündet ihm von der Zukunft. Der Geist der Prophetie ist auch dann anwesend, wenn weit und breit kein Prophet in Sicht ist. Diese Spielart des Prophetischen ereignet sich innerhalb eines nicht-religiösen Bezugsrahmens. Darin gleicht sie dem, was Benjamin als Religion des Kapitalismus beschreibt, die im Wesentlichen wie Religion funktioniere und doch „ohne Dogma, ohne Theologie" sei (*GS* Bd. VI, S. 100). Es geht bei Benjamin nicht so sehr um die Vorstellung einer körperlich und geistig vermittelten Prophezeiung durch einen Propheten mit einer göttlich inspirierten Botschaft. Prophetie ist für ihn vielmehr die Tatsache, dass etwas Prophetisches gewesen sein wird.

JÜRGEN BROKOFF

Prophetie, *Poeta vates* und die Anfänge moderner Dichtungswissenschaft
Anmerkungen zur Konstellation Hölderlin – Hellingrath – George

I

Wenige Phasen in der Kulturgeschichte Deutschlands sind so sehr durch die Präsenz eines prophetischen Diskurses gekennzeichnet gewesen wie das erste Drittel des 20. Jahrhunderts. In der Zeit vor dem Ausbruch des Ersten Weltkriegs und in den Jahren der Weimarer Republik, die einmal die „Krisenjahre der Klassischen Moderne" genannt wurden,[1] taucht eine Vielzahl von selbsternannten Geistersehern, Wunderwirkern und Heilsbringern auf, die auf allen Gebieten des gesellschaftlichen Zusammenlebens Abhilfe und Erlösung versprechen.[2] Die Allgegenwärtigkeit dieses Versprechens lässt daran zweifeln, dass der von Heilssuche getragene prophetische Diskurs *im Rücken* einer sich fortentwickelnden Wissenschaftskultur stattgefunden hat. Vielmehr gehört sein Erlösungsversprechen zu den „beherrschenden Gedanken"[3] der damaligen Zeit und bezeugt die prekäre Koexistenz von Wissenschaft einerseits und Prophetie andererseits. „Es sei", schreibt der Philosoph Max Scheler am Ende der Weimarer Republik, „eine beispiellose Sehnsucht nach Führerschaft allüberall lebendig",[4] die eine entsprechende Anzahl von Propheten, Heilanden und Weltverbesserern mit sich bringt. Angesichts dieser geistesgeschichtlichen Lage konnte eine Erinnerungsfeier für die Gefallenen des Ersten Weltkrieges, um ein Beispiel aus dem Jahr 1922 anzuführen, leicht in die Frage münden: „Wann kommt der Retter Deutschlands?" Der Historiker Klaus Schreiner hat diese Frage, die Honoratioren aus einem kleinen Kurort in der Lüne-

---

[1] Vgl. Detlev J. K. Peukert: *Die Weimarer Republik. Krisenjahre der Klassischen Moderne*, Frankfurt a. M.: Suhrkamp 1987.
[2] Vgl. Ulrich Linse: *Geisterseher und Wunderwirker. Heilssuche im Industriezeitalter*, Frankfurt a. M.: Fischer 1996; zu Konzepten der Zukunft in der Weimarer Republik vgl. Rüdiger Graf: *Die Zukunft der Weimarer Republik. Krisen und Zukunftsaneignungen in Deutschland 1918–1933*, München: Oldenbourg 2008.
[3] Vgl. dazu Michael Jeismann (Hg.): *Obsessionen. Beherrschende Gedanken im wissenschaftlichen Zeitalter*, Frankfurt a. M.: Suhrkamp 1995.
[4] Max Scheler: „Vorbilder und Führer", in: ders.: *Zur Ethik und Erkenntnislehre*, Berlin: Der Neue Geist Verl. 1933, S. 151.

burger Heide aufgeworfen haben, zum Titel einer umfangreichen Studie über den politischen Messianismus in der Weimarer Republik gemacht.⁵

Ein zweites, ebenfalls von Schreiner angeführtes Beispiel ist literarischer Natur. In Robert Musils Roman *Der Mann ohne Eigenschaften*, dessen berühmte Eingangspassage zu einem „schönen Augusttag des Jahres 1913"⁶ mit der Meteorologie einen Bereich der seriösen wissenschaftlichen Prognostik ins Spiel bringt, werden im 108. Kapitel die Gedanken des Generals Stumm von Bordwehr über die „Beliebtheit der Wortgruppe Erlösung"⁷ beschrieben. „Man war überzeugt", heißt es da,

> daß es nicht mehr weitergehe, wenn nicht bald ein Messias komme. Das war je nachdem ein Messias der Medizin, der die Heilkunde von den gelehrten Untersuchungen erlösen sollte, während deren die Menschen ohne Hilfe krank werden und sterben; oder ein Messias der Dichtung, der imstande sein sollte, ein Drama zu schreiben, das Millionen Menschen in die Theater reißen und dabei von voraussetzungslosester Hoheit sein sollte: und außer dieser Überzeugung, dass eigentlich jede einzelne menschliche Tätigkeit nur durch einen besonderen Messias sich selbst wieder zurückgegeben werden könne, gab es natürlich auch noch das einfache und in jeder Weise unzerfaserte Verlangen nach einem Messias der starken Hand für das Ganze.⁸

Vom „Messias der Dichtung" soll im Folgenden die Rede sein. Wie sich zeigen wird, ist mit dieser Figur, über deren Besonderheiten und Begrenztheiten hinaus, zugleich das „Verlangen nach einem Messias der starken Hand für das Ganze" verbunden.

II

Die Figur des prophetischen Dichters ist in der abendländischen Literatur- und Kulturgeschichte unter der lateinischen Bezeichnung *poeta vates* bekannt.⁹ Das Substantiv *vates* bedeutet Wahrsager, Weissager, Prophet und wurde vom römischen Schriftsteller Varro irrtümlich als altrömische Bezeichnung für Dichter verstanden.¹⁰ Horaz und Vergil haben dann aus *vates* den prophetischen Dichter, den

---

5 Vgl. Klaus Schreiner: „,Wann kommt der Retter Deutschlands?' Formen und Funktionen von politischem Messianismus in der Weimarer Republik", in: *Saeculum. Jahrbuch für Universalgeschichte*, 49 (1998), S. 107–160; zur titelgebenden Frage nach dem „Retter Deutschlands" vgl. ebd., S. 109.
6 Robert Musil: *Der Mann ohne Eigenschaften*, Bd. 1, hg. von Adolf Frisé, Reinbek bei Hamburg: Rowohlt 1989, S. 9.
7 Ebd., S. 519.
8 Ebd., S. 519 f.
9 Vgl. dazu den die einschlägige Forschungsliteratur berücksichtigenden Überblick von Werner Frick: „*Poeta vates*. Versionen eines mythischen Modells in der Lyrik der Moderne", in: Matias Martinez (Hg.): *Formaler Mythos. Beiträge zu einer Theorie ästhetischer Formen*, Paderborn: Schöningh 1996, S. 125–162, bes. S. 125–136.
10 Vgl. Hellfried Dahlmann: „Vates", in: *Philologus. Zeitschrift für das klassische Altertum* 97 (1948), S. 337–353.

göttlich inspirierten Dichter-Seher gemacht. Der Sache nach lässt sich die Literatur- und Kulturgeschichte des Dichter-Sehers oder Dichter-Propheten bis auf den griechischen Epiker Hesiod zurückführen. Im *Proömium* von dessen *Theogonie* wird die Inspiration des Dichters durch die Musen beschrieben:

> So aber sprachen die Göttinnen zuerst zu mir, die olympischen Musen, Töchter des aigisführenden Zeus: „Hirtenpack ihr, Draußenlieger und Schandkerle, nichts als Bäuche, vielen Trug verstehen wir zu sagen, als wäre es Wahrheit, doch können wir, wenn wir es wollen, auch Wahrheit verkünden." So sprachen die beredten Töchter des großen Zeus, brachen den herrlichen Zweig eines üppig grünenden Lorbeers, schenkten ihn mir als Stab und hauchten mir göttlichen Sang ein, damit ich Künftiges und Vergangenes rühme.[11]

Die von der göttlichen Macht initiierte und ins Werk gesetzte Inspiration ist das *erste* wichtige Merkmal des *poeta vates*. Hinzu kommt als *zweites* Merkmal die mit dieser Inspiration verbundene Befähigung, das Zukünftige vorauszusagen, mithin der Besitz eines übernatürlichen und übermenschlichen Wissens. Im Unterschied zur Apokalyptik deutet die Prophetie des *poeta vates* ihr Wissen über das zukünftige Geschehen jedoch eher an. Sie verweist auf das Zukünftige, ohne es, wie in der Apokalypse, als ein gewaltsames Entweder-oder im eigenen Text wirksam werden zu lassen.[12] Inspiration und übernatürliches Wissen gehen, *drittens*, mit einer doppelten Überschreitung einher. Überschritten werden die Grenze des Gegenwärtigen zum Zukünftigen und die Grenze des Profanen zum Heiligen.[13] *Viertens* verwendet der göttlich inspirierte, mit einem übernatürlichen Wissen ausgestattete und geheiligte Dichter eine ‚hohe' Sprache, die sich von der alltäglichen, gewöhnlichen Sprache deutlich abgrenzt. Diese Abgrenzung von der Alltäglichkeit führt, *fünftens*, zu einer asymmetrischen Sprech- und Kommunikationssituation: Der *poeta vates* steht als einzelner, nicht selten einsamer und unverstandener Sprecher der Menge, den Vielen, gegenüber.

Auch wenn im Folgenden auf die historische Tradition der Vorstellung vom *poeta vates* nicht näher eingegangen werden kann, so sollen doch die Wurzeln dieser Vorstellung kurz benannt werden. Die Vorstellung des auf göttlicher Eingebung basierenden dichterischen Sprechens wurzelt in der religiösen Sphäre der antiken griechischen Mantik, die aller Kunst und Dichtung vorausgeht.[14] Die religiöse Sphäre der griechischen Mantik ist jedoch nicht die einzige Quelle der göttlich inspirierten Dichter-Prophetie. Durchmustert man die neuzeitlichen und modernen Versionen der Vorstellung vom *poeta vates*, fällt der Rückbezug zur jüdisch-

---

11 Hesiod: *Theogonie. Griechisch/Deutsch*, übers. von Otto Schönberger, Stuttgart: Reclam 1999, S. 5 f. (V. 24 ff.)
12 Zur performativen Dimension und zur gewaltsamen Rhetorik apokalyptischer Texte vgl. Jürgen Brokoff: *Die Apokalypse in der Weimarer Republik*, München: Fink 2001.
13 Vgl. Frick: *Poeta vates* (Anm. 9), S. 129.
14 Zur umkämpften Stellung der Poesie bei den Griechen vgl. Heinz Schlaffer: *Poesie und Wissen. Die Entstehung des ästhetischen Bewußtseins und der philologischen Erkenntnis*, Frankfurt a. M.: Suhrkamp 1990, bes. S. 11–44.

christlichen Tradition prophetischen Sprechens auf, bei der Prophetie und Messianismus miteinander verknüpft sind.[15] So lässt sich die Inspiration des geheiligten, geweihten und gereinigten Dichter-Propheten, die in der deutschsprachigen Literatur in der Dichtung Klopstocks[16] eine erste wichtige Ausformung findet (etwa im Gedicht *Die Stunden der Weihe*),[17] mit der alttestamentlichen Erzählung von der Berufung des Propheten Jesaja in Beziehung setzen. Im 6. Kapitel berichtet das Buch Jesaja davon, wie einer der Seraphim die unreinen Lippen Jesajas mit glühender Kohle reinigt und ihn so zum Empfang der göttlichen Botschaft bereit macht.[18] Noch das erste, mit dem programmatischen Titel Weihe versehene Gedicht aus Stefan Georges erstem Gedichtzyklus *Hymnen* (1890) ist dieser biblischen Vorgabe verpflichtet.[19]

Die Genese der neuzeitlichen Vorstellung vom *poeta vates* zur griechischen und zur jüdisch-christlichen Tradition stehen hier auch deshalb nicht im Vordergrund, weil sie eine ausführliche Erörterung der Frage verlangen, ob sich die Frühformen religiöser, prophetischer Rede mit gleichsam ‚echter' Inspiration von literarisierten Spätformen dichterischer, prophetischer Rede unterscheiden lassen. Kann man, wie es Walter Muschg in seinem Buch *Tragische Literaturgeschichte* getan hat, die auf einem „direkten Eingriff Gottes"[20] basierende Prophetie des Alten Testaments von einem „Prophetismus"[21] abgrenzen, bei dem der Anspruch des Redners, „Sprachrohr" Gottes zu sein, bloß angemaßt erscheint?[22] Dabei steht Wichtiges auf dem Spiel: Es geht um die Differenz zwischen einer Ermächtigung von fremder, göttlicher Seite, die den Sprecher als Werkzeug Gottes alles andere als souverän erscheinen lässt, und einer Selbstermächtigung, die den göttlichen Ursprung der eigenen Rede zwar in Anspruch nimmt, letztlich aber sich selbst die Insignien des Propheten verleiht.

Im Folgenden ist von letzterem, der Selbstermächtigung des Redners, auszugehen, weil nach der dichterisch-prophetischen Rede und nach der Figur des *poeta vates* aus literaturwissenschaftlicher, nicht aber aus theologischer Perspektive gefragt wird. Dabei soll es nicht um die Geschichte der Vorstellung vom Dichter-Propheten seit dem Auftreten Klopstocks gehen, sondern um eine Konstellation

---

15 Vgl. Frick: „*Poeta vates*" (Anm. 9), S. 129; Daniel Weidner: „‚Ich sah, und siehe'. Zur biblischen Prophetie", in: *Trajekte* 21 (2010), S. 10–18.
16 Vgl. Gerhard Kaiser: *Klopstock. Religion und Dichtung*. Kronberg/Ts.: Scriptor ²1975.
17 Vgl. Friedrich Gottlieb Klopstock: Die Stunden der Weihe, in: ders.: *Ausgewählte Werke*, hg. von Karl August Schleiden, München: Hanser 1960, S. 30 f.
18 Vgl. Jes 6,6 f.
19 Vgl. Stefan George: „Weihe", in: ders.: *Werke. Ausgabe in vier Bänden*, Bd. 1, München: dtv 1988, S. 11; vgl. dazu Jürgen Brokoff: *Geschichte der reinen Poesie. Von der Weimarer Klassik bis zur historischen Avantgarde*, Göttingen: Wallstein ²2010, S. 466 f. u. S. 496–498.
20 Walter Muschg: *Tragische Literaturgeschichte*, 3., veränderte Auflage, Bern: Francke 1957, S. 38.
21 Ebd., S. 36.
22 Vgl. zu dieser Frage auch Frick: *Poeta vates* (Anm. 9), S. 160, der argumentiert, „daß ein poetisches Reden, das sich im Horizont der Neuzeit auf das Modell des Dichter-Sehers beruft, im Unterschied zu seinen biblischen und antiken Archetypen nicht mehr als letztinstanzlich begründetes, weil göttlich geoffenbartes Wissen gelten kann."

intellektueller Figuren, die der eingangs erwähnten Hochphase des prophetischen Diskurses im ersten Drittel des 20. Jahrhunderts entstammt. Die zu untersuchende Konstellation ist mit den Namen Friedrich Hölderlin, Stefan George und Norbert von Hellingrath verbunden. Ein Dichter der Vergangenheit, Hölderlin, wird von einem Dichter der damaligen Gegenwart, George, als Dichter-Seher und Erlöser-Figur der Deutschen verstanden. Dabei geht es George, dem Dichter der Gegenwart, nicht nur um die Wiederentdeckung eines zwischenzeitlich verdrängten und vergessenen Dichters, sondern um die Beerbung und Fortsetzung des bei Hölderlin erkannten Seher- und Erlösertums in der eigenen Gestalt. Bekanntlich sieht und stilisiert sich George als ein Dichter, der „in Zeiten der Wirren" den Überblick des zukunftsgewissen Sehers behält und ein *Neues Reich* wenn nicht selbst zu schaffen vermag, so doch zumindest verheißt. Programmatischen Charakter hat in diesem Kontext das Gedicht *Der Dichter in Zeiten der Wirren*, in dem es heißt:

> Wenn alle blindheit schlug · er einzig seher
> Enthüllt umsonst die nahe not . . dann mag
> Kassandra-warnen heulen durch das haus
> Die tollgewordne menge sieht nur eins:
> Das pferd · das pferd! und rast in ihren tod.
> [...]
> Der Sänger aber sorgt in trauer-läuften
> Dass nicht das mark verfault · der keim erstickt.
> Er schürt die heilige glut die über-springt
> Und sich die leiber formt · er holt aus büchern
> Der ahnen die verheissung die nicht trügt
> Dass die erkoren sind zum höchsten ziel
> Zuerst durch tiefste öden ziehn dass einst
> Des erdteils herz die welt erretten soll . .
> Und wenn im schlimmsten jammer letzte hoffnung
> Zu löschen droht: so sichtet schon sein aug
> Die lichtere zukunft. [...].[23]

Die Möglichkeit, Hölderlin als Vorläufer-Figur des eigenen Sehertums, als „stifter einer ahnenreihe"[24] ausgeben zu können, die bei ihm selbst endet, verdankt George dem früh verstorbenen Philologen Norbert von Hellingrath, der in den Jahren 1910 und 1911 Hölderlins Pindar-Übersetzungen sowie dessen unpubliziertes Spätwerk wiederentdeckte und in der Folgezeit ans Licht der Öffentlichkeit brachte: in Gestalt einer Publikation von Hölderlins Pindarübersetzungen, in Gestalt einer Disser-

---

23 Stefan George: *Der Dichter in Zeiten der Wirren*, in: ders.: *Werke* (Anm. 19), Bd. 2, S. 196–198, hier S. 196 (V. 7–11 und V. 61–71). – Zur Analyse und Deutungsgeschichte dieses häufig interpretierten Gedichts vgl. Barbara Beßlich: „Vates in Vastitate. Poetologie, Prophetie und Politik in Stefan Georges *Der Dichter in Zeiten der Wirren*", in: Olaf Hildebrand (Hg.): *Poetologische Lyrik von Klopstock bis Grünbein*, Köln u. a.: Böhlau 2003, S. 201–219; vgl. auch Bodo Würffel: *Wirkungswille und Prophetie. Studien zu Werk und Wirkung Stefan Georges*, Bonn: Bouvier 1978, S. 255–262.
24 Stefan George: „Hölderlin", in: ders.: *Werke* (Anm. 19), S. 298–301, hier S. 300.

tation mit dem Titel *Pindarübertragungen von Hölderlin*[25] und in Gestalt einer mehrbändigen historisch-kritischen Edition der Werke Hölderlins.[26] In den Arbeiten Hellingraths verschlingen sich auf charakteristische Weise die prophetischen Elemente des *poeta-vates*-Diskurses mit der Akribie und den Methoden eines wissenschaftlichen Studiums.[27] Dieser Verschlingung von Poesie und Wissen, die in die Zeit um 1910 zurückführt, gilt das Hauptinteresse der folgenden Ausführungen.

III

Am 14. November 1933 hält der Historiker Ernst Kantorowicz in Frankfurt am Main eine akademische Rede mit dem Titel *Das Geheime Deutschland*.[28] Kantorowicz, der einer jüdischen Familie aus Posen entstammt und 1927 mit einer spektakulären Biographie über den Stauferkaiser Friedrich II. hervorgetreten ist, hatte sich nach der Machtergreifung der Nazis im Januar 1933 von seiner Tätigkeit als Hochschullehrer beurlauben lassen. Er kehrte aber im November 1933 mit der genannten Rede an die Frankfurter Universität zurück, um nur kurze Zeit später um seine Emeritierung zu bitten. 1938 flüchtete er nach den Novemberpogromen aus Deutschland und emigrierte 1939 in die Vereinigten Staaten. Kantorowicz beschwört in seiner Rede das *Geheime Deutschland* als ein „andres Deutschland",[29] das im Gegensatz zum offiziellen Deutschland nicht öffentlich sichtbar und nur wenigen zugänglich sei. Der Historiker lässt von Beginn an keinen Zweifel daran, dass es sich bei diesem *Geheimen Deutschland* um ein geistiges Reich handelt. Dieses Reich befindet sich nicht in beliebiger Weise „irgendwo",[30] aber auch nicht im

---

25 Vgl. Norbert von Hellingrath: *Pindarübertragungen von Hölderlin. Prolegomena zu einer Erstausgabe*, Jena: Diederichs 1911. – Zitiert wird Hellingraths Dissertation nach dem von Ludwig von Pigenot herausgegebenen *Gedenkbuch*, das aus Anlass von Hellingraths zwanzigstem Todestag erschienen ist: Norbert von Hellingrath: *Hölderlin-Vermächtnis*, hg. und eingel. von Ludwig von Pigenot, München: Bruckmann 1936.
26 Friedrich Hölderlin: *Sämtliche Werke. Historisch-kritische Ausgabe*. Unter Mitarbeit von Friedrich Seebass besorgt durch Norbert von Hellingrath, Bd. 1–6, München/Leipzig: Georg Müller 1913–1923.
27 Das Werk des Philologen Hellingrath war 2011 Gegenstand eines vom Verfasser dieses Aufsatzes angeregten Symposions, das in Zusammenarbeit mit dem Deutschen Literaturarchiv Marbach und der Universität Gießen stattfand. Vgl. den demnächst erscheinenden Band: Jürgen Brokoff/Joachim Jacob/Marcel Lepper (Hg.): *Norbert von Hellingrath und die Ästhetik der europäischen Moderne*, Göttingen: Wallstein 2013 (Castrum Peregrini. Neue Folge). Vgl. auch Jürgen Brokoff: „Der ‚Hunneneinbruch in die civilisirte literarhistorie'. Vor einhundert Jahren schrieb Norbert von Hellingrath seine Hölderlin-Dissertation", in: *Frankfurter Allgemeine Zeitung*, 14. April 2010.
28 Ernst Kantorowicz: „Das Geheime Deutschland. Vorlesung, gehalten bei Wiederaufnahme der Lehrtätigkeit am 14. November 1933", ediert von Eckart Grünewald, in: Robert L. Benson/Johannes Fried (Hg.): *Ernst Kantorowicz. Erträge der Doppeltagung. Institute for Advanced Study (Princeton), Johann Wolfgang Goethe-Universität (Frankfurt)*, Stuttgart: Steiner 1997, S. 77–93.
29 Ebd., S. 80.
30 Ebd., S. 79.

utopischen Sinne „nirgendwo".[31] Die religiösen Konnotationen, mit denen Kantorowicz dieses geistige Reich versieht, sind unübersehbar. Es ist „zugleich von dieser und nicht von dieser Welt",[32] und weiter:

> Wer Augen hat zu sehen und Ohren zu hören, der weiß, dass fast zu allen Zeiten, seit es ein Deutsches im emphatischen Sinne des Worts gab, bis zum heutigen Tag unabhängig von dem jeweiligen Zustand, der jeweiligen Verfassung des Reiches, immer noch ein andres Deutschland gewesen ist.[33]

Die Propheten dieses unsichtbaren und ‚inoffiziellen' Reiches sind, auch daran lässt der Historiker Kantorowicz keinen Zweifel, vor allem die Dichter. Das Reich ist, so Kantorowicz, „nicht anders zu fassen als durch Bilder",[34] es ist die Dichtung, in der das *Geheime Deutschland* „zu Wort"[35] gekommen ist. Die Ahnenreihe der Dichter, die das *Geheime Deutschland* verkünden und „zu Wort" kommen lassen, beginnt bei Hölderlin und gipfelt nach den Zwischenstationen Jean Paul, Platen[36] und Nietzsche in George. Dessen Kreis hatte Kantorowicz bis zum Tod des „Meisters" 1933 angehört und wird ihm – folgt man der Darstellung von Ulrich Raulff – auch nach dessen Tod weiter angehören.[37] Die herausragende Stellung Georges in des Historikers Rede zeigt sich auf formaler Ebene schon daran, dass an entscheidenden Gelenkstellen der Argumentation George-Verse für das von Kantorowicz Ausgeführte einstehen.[38]

Die Stoßrichtung von Kantorowicz' Rede über das Dichter- und Geisterreich des *Geheimen Deutschland* ist eine offen anti-nazistische.[39] Hervorgehoben wird an den genannten Dichtern ihre „vermeintlich undeutsche Fremdheit",[40] die mehr ist als das bloße Unverstanden-Bleiben der sich in dunklen Andeutungen ergehenden Dichter-Propheten. Diese Fremdheit ist Teil einer „überdeutsch[en]"[41] Erscheinung,

---

31 Ebd.
32 Ebd., S. 81.
33 Ebd., S. 80.
34 Ebd., S. 78.
35 Ebd.
36 Dass Kantorowicz ausgerechnet August von Platen in die Ahnenreihe des *Geheimen Deutschland* stellt, wenngleich dieser für ihn zu den „kleineren Sternen" (ebd., S. 86) gehört, hat mit Platens Ausbürgerung durch eine nationalistisch gesinnte Wissenschaft zu tun. So hält beispielsweise der Germanist Andreas Heusler 1917 Platen die „entdeutschteste [sic!] Strophe" vor und schließt ihn als „Ausländer" aus der deutschen Sprachgemeinschaft aus. Vgl. Andreas Heusler: *Deutscher und antiker Vers. Der falsche Spondeus und angrenzende Fragen*, Straßburg: Trübner 1917, S. 80 und 137. – Platens internationale Formensprache und seine Affinität zum Süden ließen ihn vielerorts verdächtig erscheinen. Vgl. dazu auch die Erläuterung in Anmerkung 41.
37 Vgl. Ulrich Raulff: *Kreis ohne Meister. Stefan Georges Nachleben*, München: Beck 2009, passim. Eine historische Einordnung und Analyse von Kantorowicz' Rede findet sich ebd., S. 157–166.
38 Vgl. ebd., S. 160.
39 Dies ist die plausible Hauptthese Raulffs (vgl. ebd. S. 159).
40 Kantorowicz: „Das Geheime Deutschland" (Anm. 28), S. 86.
41 Ebd., S. 87.

die etwa bei Friedrich, dem mittelalterlichen Stauferkaiser, aus der „Berührung mit dem Süden"⁴² erwächst.

Kantorowicz, dessen Rede die Rede des Dichter-Propheten George auf struktureller Ebene in einer Art Iterationsbewegung verdoppelt, der zum Vermittler eines Vermittlers wird und der den chiliastischen Erlösungsphantasmen der Nazis⁴³ die Geschichtsprophetie des George-Kreises entgegenhält, greift mit der Formel vom *Geheimen Deutschland* zum einen auf Karl Wolfskehl zurück, der diese Formel im Anschluss an früheren Sprachgebrauch 1910 im ersten *Jahrbuch für die geistige Bewegung* geprägt hatte.⁴⁴ Die Formel findet sich aber darüber hinaus, noch bevor sie in Georges Werken selbst auftaucht, bei Norbert von Hellingrath: in dessen Rede *Hölderlin und die Deutschen*, die am 15. Februar 1915 in München gehalten wurde.⁴⁵ In dieser Rede spricht Hellingrath von den Deutschen nicht als dem „Volk Goethes" (HuD 124), sondern als dem „Volk Hölderlins" (ebd.). Dieses „Volk Hölderlins" unterscheidet sich vom „Volk Goethes" vor allem darin, dass Hölderlin den Deutschen unerkannt gegenüber steht, „unbekannt verborgen" (HuD 143) im Volk ist. Diese Verborgenheit führt Hellingrath zur Idee des *Geheimen Deutschland*:

> Ich nenne uns „Volk Hölderlins", weil es zutiefst im deutschen Wesen liegt, daß sein innerster Glutkern unendlich weit unter der Schlackenkruste, die seine Oberfläche ist, nur in einem *geheimen* Deutschland zutage tritt; sich in Menschen äußert, die zum mindesten längst gestorben sein müssen, ehe sie gesehen werden, und Widerhall finden. (HuD 124 f.)

Bevor auf das „gesehen werden" einzugehen ist, dem in der Rede von Kantorowicz das ‚Sehen-Lehren'⁴⁶ durch den Meister entspricht (‚George lehrt sehen'), sei eine zeitgeschichtliche Erläuterung angemerkt: Zweifellos partizipiert die zitierte Äußerung Hellingraths an einem nationalistischen Diskurs, der in Deutschland während des Ersten Weltkrieges zunehmend virulent wird. Diese Partizipation zeigt sich etwa in der Verwendung der von Emanuel Geibel geprägten und von Heinrich von Treitschke radikalisierten Formel vom „deutschen Wesen" (HuD 124), an dem einst die Welt genesen mag (Geibel) bzw. genesen wird (Treitschke). Die Anleihen des Redners Hellingrath beim Nationalismus erhalten durch die Kombination mit

---

42 Ebd., S. 89. Raulff stellt deshalb im Anschluss an den Sprach- und Bildgebrauch von Kantorowicz der nazistischen ‚Aufnordung', die vor und nach 1933 auch im George-Kreis Platz greift, eine bei Kantorowicz zu beobachtende Tendenz zur ‚Versüdlichung' gegenüber. Vgl. Raulff: *Kreis ohne Meister* (Anm. 37), S. 164.
43 Der Historiker Saul Friedländer hat in diesem Kontext den Begriff „Erlösungsantisemitismus" geprägt. Vgl. Saul Friedländer: *Das Dritte Reich und die Juden*. Erster Band: *Die Jahre der Verfolgung 1933–1939*, München: Beck 1998, S. 87–128.
44 Vgl. Karl Wolfskehl: „Die Blätter für die Kunst und die neueste Literatur", in: *Jahrbuch für die geistige Bewegung*, hg. von Friedrich Gundolf/Friedrich Wolters, 1 (1910), S. 1–18.
45 Norbert von Hellingrath: „Hölderlin und die Deutschen", in: Norbert von Hellingrath: *Hölderlin-Vermächtnis* (Anm. 25), S. 123–154. Zitatnachweise aus dieser Rede fortan im Text nach dieser Ausgabe unter Angabe der Sigle HuD und der Seitenzahl.
46 Bei Kantorowicz heißt es, dass George das „geheime Reich [...] zu sehen lehrte". Kantorowicz: „Das Geheime Deutschland" (Anm. 28), S. 83.

der ins Religiöse reichenden Auffassung vom Dichter-Propheten Hölderlin eine problematische Stoßrichtung. Zu dieser Auffassung schreibt Hellingrath:

> Seine [Hölderlins, J. B.] Auffassung des Dichterberufes ist durchaus religiös. Er ist Vermittler zwischen dem Göttlichen und den Menschen. Und ist als solcher gerade jetzt, da eine Weltenwende sich vorbereitet – die Napoleonischen Kriege brausen über die Erde, alles Alte wankt – er ist in dieser Zeitwende bestimmt, nach dem Schweigen einer langen Weltnacht die Stimme der Götter wieder laut werden zu lassen. (HuD 136)

Solche religiöse Auffassung sah Hellingrath etwa in der von ihm wiederentdeckten Hymne *Wie wenn am Feiertage* bestätigt, wo es heißt:

> Doch uns gebührt es, unter Gottes Gewittern
> Ihr Dichter! Mit entblößtem Haupte zu stehen,
> Des Vaters Strahl, ihn selbst, mit eigner Hand
> Zu fassen und dem Volk ins Lied
> Gehüllt die himmlische Gabe zu reichen.[47]

Hellingrath folgert aus diesen und anderen Versen Hölderlins: „Der Dichter ist Seher, der über seine Zeit hinausschaut, die Zukunft verkündet und heraufbeschwört" (HuD 138), und er zitiert in direktem Anschluss daran zwei Verse aus einer frühen Fassung von Hölderlins Elegie *Brod und Wein*:

> Vor der Zeit! ist Beruf der heiligen Sänger und also
> Dienen und wandeln sie großem Geschicke voraus.[48]

Bereits der Eingangssatz von Hellingraths Rede stellt Hölderlin in den religiösen Kontext eines Dichter-Sehers. Dieser Kontext weitet sich dann im Verlauf der Rede mehr und mehr zu einem nationalreligiösen aus. Der erste Satz der Rede lautet:

> Wenn die geängstete Gottheit vieles versuchend an einen Menschen sich klammert oder aus ihm ruft oder Leib wird in ihm, das erst macht ihn zum Verkünder, daß aus seiner Stimme Hörende erwachsen, das erst zum Heiland, daß sich das Göttliche festhält an ihm, daß über ihn gleichgerichtetes, in ihm taggewordenes Wirken wie ein Streifen lang hinfließe durch die Zeit. (HuD 123)

Hölderlin ist „Verkünder" und „Heiland". Er spendet, wie es an anderer Stelle der Rede heißt, demjenigen „Trost" (HuD 139), der an den Deutschen verzweifelt. Auf dieser Grundlage wird Hölderlin für Hellingrath unversehens zum „deutschesten Dichter", der den „Genius Deutschlands heraufbeschwört" (HuD 129).

Die Beispiele, die Hellingrath als Vertreter einer nationalreligiösen, zwischen Hellenen- und Christentum mäandernden Prophetie zeigen, ließen sich vermehren.[49] Es gibt aber in Hellingraths Rede auch eine andere Tendenz, die bislang

---

47 Friedrich Hölderlin: *Wie wenn am Feiertage*, hier zitiert nach Hellingraths Rezitation: HuD 138.
48 Friedrich Hölderlin: *Brod und Wein*, hier zitiert nach Hellingraths Rezitation: HuD 138.
49 Mit Blick auf Georges Spätwerk spricht Ernst Osterkamp vom „nationalreligiösen poeta vates", als dessen Verkörperung sich George in der Nachfolge Hölderlins sah. Eine wichtige Quelle für dieses

kaum Berücksichtigung gefunden hat. Diese andere Tendenz manifestiert sich in der bereits zitierten Aussage, dass der Glutkern des *Geheimen Deutschland* in Menschen zum Ausdruck komme, die „zum mindesten längst gestorben sein müssen, ehe sie gesehen werden". Das heißt nichts anderes, als dass George in den Augen Hellingraths *nicht* zu den Menschen gehört, die „gesehen werden", denn George lebt ja zum Zeitpunkt dieser Formulierung noch. Mag Hellingrath seinen problematischen Anteil an der nationalen bzw. nationalistischen Vereinnahmung Hölderlins haben, die Stilisierung Georges zum Dichter-Propheten des *Geheimen Deutschland* ist bei ihm nicht zu finden – ein Umstand, der zu denken geben sollte. Überhaupt ist bei Hellingrath eine veränderte Ausrichtung des prophetischen *poeta-vates*-Diskurses zu verzeichnen. Obwohl Hellingrath seine Argumentation in Teilen nationalreligiös fundiert, ist es vor allem die Intention auf die *Sprache*, die sein Interesse an Hölderlin motiviert. Es sei die „Sprache" (HuD 128) und nicht die „Abstammung" (ebd.) oder der „Staat" (ebd.), die die Nation ausmache, schreibt Hellingrath in seiner Rede. Lässt sich diese Sichtweise noch mit einem Sprachnationalismus im Anschluss an Fichtes *Reden an die deutsche Nation* erklären und somit nochmals kritisch gegen Hellingrath wenden,[50] so zielt eine weitere Äußerung in eine gänzlich andere Richtung. Hölderlin habe, so Hellingrath, die „Möglichkeiten unserer Sprache bis auf das äußerste Maß ausgenutzt" (HuD 130), aber die deutschen Leser, die die „schlechtesten Leser" (ebd.) ihrer Dichter seien, hätten dies gar nicht bemerkt, weil sie immerzu das „Gedicht mit seinem Stoff oder seinen Gedanken verwechseln" (ebd.). Sowohl die von Hellingrath angeführte Ausnutzung der sprachlichen Möglichkeiten bis zum Äußersten als auch die deutliche Kritik an der Gedanken- und Inhaltsorientierung einer kunstfernen Leserschaft verweisen auf einen Autor, der mit deutschem Nationalismus nichts zu schaffen hat, wohl aber mit einer gleichfalls prekären Verbindung von Sprachdenken und Messianismus: Walter Benjamin. So findet sich der von Benjamin in seinem Aufsatz *Die Aufgabe des Übersetzers* verwendete Begriff der „Sprachbewegung"[51] bereits bei Hellingrath. Es ist diese vom deutschen Nationalismus und politischen

---

Selbstverständnis Georges ist in Hellingraths Hölderlinrezeption zu sehen. Vgl. Ernst Osterkamp: *Poesie der leeren Mitte. Stefan Georges Neues Reich*, München/Wien: Hanser 2010, S. 154.

50 Hellingrath führt in diesem Kontext explizit „Fichtesche Gedanken" (HuD 129) an, die noch bei Houston Stewart Chamberlain eine „Erneuerung" (ebd.) erfahren hätten. Der Antisemit und Rassenideologe Chamberlain wiederum war ein regelmäßiger Gast in jenem Salon des Münchner Verlegerehepaars Else und Hugo Bruckmann, in dem Hellingrath 1915 seine Rede *Hölderlin und die Deutschen* hielt. Zum Salon Bruckmann vgl. die Darstellung bei Wolfgang Martynkewicz: *Salon Deutschland. Geist und Macht 1900–1945*, Berlin: Aufbauverlag 2009.

51 Walter Benjamin: „Die Aufgabe des Übersetzers", in: ders.: *Gesammelte Schriften*, hg. von Rolf Tiedemann/Hermann Schweppenhäuser, Bd. IV/1: *Kleine Prosa, Baudelaire-Übertragungen*, Frankfurt a. M.: Suhrkamp 1997, S. 9–21, hier S. 19 f. – Auch bei Benjamin hat die in der Übersetzung sichtbar werdende „Sprachbewegung" eine auf das Deutsche bezogene, nationalsprachliche Dimension, wenngleich der Fluchtpunkt der Sprachbewegung eine übernationale ,Konvergenz' der Sprachen ist: „Luther, Voß, Hölderlin, George haben die Grenzen des Deutschen erweitert." (Ebd., S. 19).

Messianismus wegführende Spur, der in den weiteren Ausführungen nachgegangen werden soll.

Hellingrath kommt das Verdienst zu, durch seine Arbeit im Archiv der Königlichen Landesbibliothek zu Stuttgart Hölderlins Pindar-Übersetzungen und das Spätwerk des Dichters dem Vergessen entrissen und die Wiederentdeckung eines Autors eingeleitet zu haben, der lange Zeit eher das Objekt des medizinisch-psychiatrischen Diskurses war als Gegenstand einer literaturgeschichtlichen und ästhetischen Betrachtung.[52] Neben der Erstveröffentlichung der Pindar-Übersetzungen in Georges *Blättern für die Kunst* und der historisch-kritischen Edition der Werke Hölderlins, von denen viele ebenfalls erstmals veröffentlicht wurden, ist vor allem Hellingraths Dissertation *Pindarübertragungen von Hölderlin. Prolegomena zu einer Erstausgabe* zu nennen, die 1910 gegen beträchtliche Widerstände an der Münchner Universität angenommen wurde und ein Jahr später als Buch in Jena erschien.[53]

Die Auffassung Hölderlins als „Seher" und „Prophet" ist bereits in der Dissertation von 1910 vorhanden. Vor allem aber ist in dieser Arbeit der Begriff *vates* philologisch nachweisbar. In seinen Erläuterungen zu Hölderlins Gesamtschaffen schreibt Hellingrath:

> Er war sich bewußt, das Leiden der Zeit am tiefsten gefühlt und gelitten zu haben und glaubte, nur ein solcher sei zur Rettung berufen und dies, wenn er auch das Heilige, Rettende, Jugendliche in sich bewahre: so wächst er auf aus Licht und Nacht geboren, und faßt, der neue Retter, des Himmels Strahlen ruhig auf, die Menschen und die Götter söhnt er aus und näher wieder leben sie wie vormals. Solchen geheimen Beruf fühlte er, biformis vates, als Dichter. (P 55)

Hölderlin ist, so die Übersetzung von *biformis vates*, der zweigestaltige Dichter-Seher, der – teils in menschlicher, teils in göttlicher Sphäre stehend – zum „Verkünder des nahe kommenden Heils" wird. Festzuhalten ist, dass von den nationalistischen Untertönen, die Hellingraths im Krieg gehaltene Rede ausmachen werden, in der Arbeit von 1910 noch nichts zu spüren ist. Im Gegenteil: Sichtbar wird hier eine Tendenz zur Überschreitung des begrenzten nationalen Horizonts, die mit dem Begriff von Kantorowicz als „überdeutsch" zu bezeichnen wäre. Dieses – auf die Deutschen fremd wirkende – ‚Überdeutsche' jenseits des Nationalen kennzeichnet jedenfalls Hölderlins Übersetzungswerk – und bewirkt Hellingraths Interesse an ihm:

> Als er [Hölderlin, J. B.] aber die deutsche Literatur verließ, fand er im Verkehr mit den großen Dichtern der Welt dieses Bewußtsein höherer Sendung nicht mehr ungewöhnlich und je mehr er den Zusammenhang mit der äußeren Welt aufgab, je mehr ihm diese an Realität verlor gegen seine selbst geschaffene Welt, um so weniger vermochte er zu scheiden zwischen seinem Persönlichen und dem Göttlichen, dessen

---

52 Vgl. Wilhelm Lange(-Eichbaum): *Hölderlin. Eine Pathographie*, Stuttgart: Enke 1909.
53 Vgl. dazu die bibliographischen Angaben in Anmerkung 25. Zitatnachweise aus der Dissertation fortan im Text nach der Pigenot-Ausgabe (*Hölderlin-Vermächtnis*, Anm. 25) unter Angabe der Sigle P und der Seitenzahl.

Träger er war. Dies Prophetenbewußtsein mußte rückwirkend seine Trennung von den Menschen und ihrem Verständnis weiter fördern, [...]. (P 55)

Die übernationale Ausrichtung ist nicht der einzige Aspekt, der Hellingrath an Hölderlins Übersetzungen und Gedichten interessiert. Die Aufgabe des „Zusammenhangs mit der äußeren Welt" und die „Trennung von den Menschen" kommen auch durch eine dunkle und unverständliche Sprache zustande, in der sich der Übersetzer und Dichter seiner Mitwelt kaum verständlich machen kann. Dieser dunklen und unverständlichen Sprache gilt das eigentliche Interesse Hellingraths. Gleich am Anfang seiner Dissertation trifft Hellingrath jene berühmte Unterscheidung zwischen der glatten und der harten Wortfügung, die auf den griechischen Rhetoriker Dionysios von Halikarnassos zurückgeht und die Hellingrath auf die Entwicklung der deutschen Poesiesprache seit Klopstock überträgt. Hölderlin hat dabei in den Augen Hellingraths der harten Fügung umfassend zum Durchbruch verholfen. Das wichtigste Kennzeichen der harten Fügung ist die Isolierung des einzelnen Wortes nicht nur in syntaktischer, sondern auch in semantischer Hinsicht. Während in der glatten Fügung das Wort nur ein „untergeordneter Bestandteil" (P 21) eines übergreifenden „gedanklichen Zusammenhangs" (ebd.) ist, bei dem das einzelne Wort, wie Hellingrath weiter schreibt, „nicht ins Bewußtsein fällt" (P 22), geht es der harten Fügung um „das Wort als solches" (ebd.), das ins Bewusstsein des Hörers und Lesers treten soll. Ohne Hellingraths Ästhetik der harten Wortfügung an dieser Stelle detailliert nachzeichnen zu können, ist auf den wichtigsten Aspekt dieser Ästhetik hinzuweisen: Die harte Fügung isoliert und exponiert das einzelne Wort so sehr, dass „im äußersten Falle dessen Bedeutung und was damit zusammenhängt kaum noch erfaßt" (HuD 25) wird.

Die bedeutungskritische Tendenz der hart gefügten Poesiesprache ist ebenso wie das damit verbundene Hervortreten des „sinnlich wahrnehmbaren" (P 22) Wortes ein Vorzug der griechischen Dichtung, insbesondere der Oden Pindars. „Der Grieche wurde vom Wort ergriffen, wir vom Sinn"[54] schreibt Hellingrath 1911 an einen Studienfreund. Wenn nun Hellingrath in Hölderlins Übersetzungen und in dessen späten Gedichten die Ästhetik der harten Wortfügung am Werk sieht, die den „Körper"[55] des Wortes und nicht dessen Geist in den Vordergrund rückt, so sind damit zwei gravierende Konsequenzen verbunden.

Erstens entdeckt Hellingrath an der Unverständlichkeit der Hölderlinschen Sprache die Unverständlichkeit der modernen Kunst. Das von Hellingrath exponierte „Wort als solches" (HuD 22) wird nur zwei Jahre später auch von der russischen Avantgarde entdeckt und in den Mittelpunkt ihrer Manifeste und Proklamationen gestellt. David Burljuk, Alexej Krutschonych, Velimir Chlebnikov und andere erheben in ihren futuristischen Manifesten und Proklamationen die Forderung nach einer *Selbstwertigkeit* des Wortes, das in der Dichtung von der Aufgabe

---

54 Hellingrath-Nachlass: Brief Norbert von Hellingraths an Hermann Hergt von Ende Februar 1911, zitiert nach: Bruno Pieger: „Edition und Weltentwurf. Dokumente zur historisch-kritischen Ausgabe Norbert von Hellingraths", in: Werner Volke u. a. (Hg.): *Hölderlin entdecken. Lesarten 1826–1933*, Tübingen: Hölderlin-Ges. 1993, S. 57–114, hier S. 114.
55 Norbert von Hellingrath: „Vorrede zu Band V", in: *Hölderlin-Vermächtnis* (Anm. 25), S. 114.

des Ideen- und Sinntransportes zu entbinden ist. Die russischen Futuristen fordern ultimativ zur Befreiung des Wortes auf und vollziehen diese Befreiung in ihrer transmentalen Lautdichtung.⁵⁶ Dass Hellingrath nicht nur Hölderlin, sondern tatsächlich auch die moderne Kunst im Blick hat, zeigt sich in seiner Rede *Hölderlin und die Deutschen* an der Stelle, wo er die deutschen Leser dafür kritisiert, dass sie ein Gedicht mit den im Gedicht mitgeteilten Gedanken verwechseln – eine „Torheit, die wir in der bildenden Kunst glücklich losgeworden sind, die aber in der Dichtung weiterherrscht" (HuD 130). Sie herrschte weiter – bis Hellingrath und die russischen Futuristen kamen.

Hellingraths Betonung der Unverständlichkeit der hart gefügten Sprache Hölderlins führt zu einer zweiten Konsequenz, die mit Blick auf das Thema des vorliegenden Bandes noch wichtiger ist. Wie passt Hellingraths Überlegung, dass die Bedeutung, der Sinn der hart gefügten Dichtersprache im Extremfall „kaum noch erfasst" wird, mit dem prophetischen Anspruch des zukunftsgewissen „Verkünders" (HuD 143 u. ö.) zusammen, den Hellingrath ja ebenfalls in Hölderlins Gedichten am Werk sieht? Wie lässt sich das Nebeneinander von sinnkritischer Wort-Ästhetik und prophetischem Diskurs erklären, wenn man bedenkt, dass letzterer mit einem Höchstmaß an Sinnversprechen einhergeht?

Man könnte sagen, dass die Wort-Ästhetik, die in Hellingraths Arbeiten philologisch genau, d. h. in Begriffen der Wissenschaft beschrieben wird, ein erhellendes Licht auf den prophetischen Diskurs wirft. Das Prophetische liegt gerade in der Unverständlichkeit der vom Dichter gewählten Sprache. Die unverständliche Sprache dieses Dichters, die eine eindeutige Sinnzuschreibung und Bedeutungsfestlegung nicht zulässt, *ist* die prophetische Sprache. In diesem Fall wäre die Prophetie, der prophetische Diskurs, nicht über eine inhaltlich qualifizierbare Aussage bestimmbar, denn diese Aussage bleibt trotz der vielen auf die Zukunft bezogenen Andeutungen weitgehend im Dunkeln. Prophetie wäre vielmehr als die Einnahme einer bestimmten Sprechhaltung, als eine Sprachäußerung zu kennzeichnen, die mit Unverständlichkeitsgesten operiert – mit Unverständlichkeitsgesten, wie sie auch und gerade in der modernen Kunst zur Anwendung gelangen. Das heißt nicht, dass die eingangs erwähnten Kriterien des prophetischen Diskurses hinfällig wären. Ganz unbestritten gehören die von der Forschung erarbeiteten Kriterien – ein angenommenes Inspirationsgeschehen, ein Anspruch auf übernatürliches Zukunftswissen, eine Heiligung bzw. Transzendierung, ein hoher Sprachstil und die Ausstellung sozialer Exklusivität und Einsamkeit – zum prophetischen Diskurs notwendig dazu. Aber alles dies ist umso wirkmächtiger, je dunkler, geheimnisvoller und unverständlicher das Zukunftswissen kommuniziert wird. Man darf in diesem Zusammenhang an die – kritisch gemeinten – Worte Montaignes erinnern, dass die Urheber des „prophetischen Jargons" diesem „nie einen klaren Sinn geben, damit die Nachwelt den ihr jeweils passenden hineinlegen könne".⁵⁷ Montaignes Äußerung macht wie

---

56 Vgl. dazu Brokoff: *Geschichte der reinen Poesie* (Anm. 19), S. 493–502.
57 Michel de Montaigne: „Über die Zukunftsdeutungen", in: ders.: *Essais*, übers. von Hans Stilett, Frankfurt a. M.: Eichborn ²1998, S. 25–27, hier S. 27.

nur wenige andere deutlich, dass die dunkle und unverständliche Sprache der Poesie für den prophetischen Diskurs geradezu prädestiniert erscheint.

IV

Der Dichter Stefan George eignet sich die Hölderlin-Entdeckungen Hellingraths an und übernimmt die von diesem erarbeitete Ästhetik der Wortkunst. Er fügt den in dieser Weise verstandenen Hölderlin in seine eigene Dichtungs- und Werkpolitik ein.[58] Zu dieser Einfügung gehört neben der Publikation der von Hellingrath wiederentdeckten Pindar-Übersetzungen in der Zeitschrift *Blätter für die Kunst* die Aufnahme von Hölderlins Hymne *Wie wenn am Feiertage* in die Lyrikanthologie *Das Jahrhundert Goethes*. Diese Anthologie erscheint als dritter Band der von Wolfskehl und George herausgegebenen Reihe *Deutsche Dichtung* ebenfalls im Jahr 1910 als öffentliche Buchausgabe.[59] In seinen eigenen, Ende 1913 erscheinenden Gedichtband *Der Stern des Bundes* nimmt dann George ein von ihm geschriebenes Gedicht über Hölderlin auf. Dieses Gedicht mit dem Titel *Hier schliesst das tor* lässt in prophetischer Manier den Namen Hölderlins nur für Eingeweihte erkennen und verweigert ansonsten die namentliche Nennung desjenigen, der der „deutlichste verheisser" und „hehre Ahne" ist.[60] Bei diesem Gedicht ist vom Inhalt, vom Sinn des Geschriebenen ganz abzusehen und stattdessen eine Konzentration auf das sinnlich wahrnehmbare Wort- bzw. Buchstabenmaterial hilfreich:

> **H**ier schliesst das tor: schickt unbereite fort
> T**ö**dlich kann lehre sein dem der nicht fasset.
> „Bi**l**d ton und reigen halten sie behütet
> Mun**d** nur an mund geht sie als weisung weiter
> Von d**e**ren fülle keins heut reden darf ..
> Beim e**r**sten schwur erfuhrt ihr wo man schweige
> Ja deut**l**ichsten verheisser wort für wort
> Der welt d**i**e ihr geschaut und schauen werdet
> Den hehre**n** Ahnen soll noch scheu nicht nennen."[61]

---

58 Zu Georges ‚dichterischer' Hellingrath-Rezeption vgl. Brokoff: *Geschichte der reinen Poesie* (Anm. 19), S. 488–502. – Zu Georges ‚Werkpolitik' vgl. Steffen Martus: *Werkpolitik. Zur Literaturgeschichte kritischer Kommunikation vom 17. bis ins 20. Jahrhundert. Mit Studien zu Klopstock, Tieck, Goethe und George*, Berlin: de Gruyter 2007, S. 514–708.

59 Vgl. Friedrich Hölderlin: „Pindar-Übersetzungen", in: *Blätter für die Kunst IX. Folge*, 1. Band (1910), S. 8–33; *Hölderlins Pindar-Übertragungen*, hg. von Norbert von Hellingrath, Berlin: Verlag der Blätter für die Kunst 1910; Friedrich Hölderlin: Hymne *Wie wenn am Feiertage*, in: *Deutsche Dichtung*, hg. und eingeleitet von Stefan George/Karl Wolfskehl. Dritter Band: *Das Jahrhundert Goethes* [1910], Stuttgart: Klett-Cotta 1995, S. 50–52; zu Kontext und Druckgeschichte der Anthologie vgl. Ute Oelmann: „Nachwort", in: ebd., S. 191–213.

60 Stefan George: *Hier schließt das Tor*, in: ders.: *Werke* (Anm. 19), Band 2, S. 169 (V. 7 u. 9).

61 Ebd. Erste Hinweise auf den verborgenen Namen Hölderlin, der entgegen der Aussage des Gedichts also doch genannt wird, bei Ernst Morwitz, der sich seinerseits auf Edgar Salin beruft. Vgl. Ernst Morwitz: *Kommentar zu dem Werk Stefan Georges*, München/Düsseldorf: Küpper 1960, S. 392.

Nach diesem prophetischen Bild- und Buchstabengedicht, das sich als konkrete Poesie mit geschichtsphilosophischem Index verstehen lässt, veröffentlicht George 1919 eine *Lobrede* auf Hölderlin.[62] Die genaue Datierung dieser Lobrede ist unsicher, in jedem Fall ist aber davon auszugehen, dass sie nach 1914, das heißt nach dem Erscheinen der Vorzugsausgabe des vierten Bandes der von Hellingrath besorgten Hölderlin-Ausgabe entstanden ist. Denn dem Text der Lobrede sind Gedichtverse von Hölderlin vorangestellt, die erstmals in diesem vierten Band von Hellingraths Hölderlin-Ausgabe erschienen sind.

In dieser Lobrede, die dem „grossen Seher" (L 299) gilt, inauguriert George Hölderlin als den „stifter einer […] ahnenreihe" (L 300), die bis zum Sprecher der Lobrede selbst reicht und die das von George so genannte „jahrhundert Goethes" (ebd.) unter den veränderten Bedingungen der Moderne fortschreibt. Im Schlussteil seiner Lobrede kommt George darauf zu sprechen, dass Hölderlin nicht nur der „künder" (L 300) sei, der „eine andere volkheit als die gemeindeutliche ins bewusstsein rief" (ebd.), sondern auch der „finder, der zum quell der sprache hinabtauchte" (ebd.). Künder und Sprachfinder – hier wird jene Doppelgestaltigkeit Hölderlins sichtbar, die Hellingrath zufolge einen doppelgestaltigen Zugang erforderlich gemacht hatte: einen prophetischen *und* philologischen.

Diese Biformität, die nicht den *vates* allein, sondern vielmehr den *poeta* in seiner Gesamterscheinung betrifft, beherrscht auch die beiden abschließenden Sätze von Georges Lobrede. Auch in diesen Sätzen ist George der von Hellingrath freigelegten Struktur verpflichtet – und nicht umgekehrt Hellingrath dem Dichter George. Die Sätze nehmen – unter anderem – die hart gefügte Wortkunst des Dichter-Propheten Hölderlin in den Blick:

> Nicht dass seine dunklen und gesprengten silbenmaasse ein muster werden für suchende versschüler .. denn es gilt höheres. Durch aufbrechung und zusammenballung ist er der verjünger der sprache und damit der verjünger der seele .. mit seinen eindeutig unzerlegbaren wahrsagungen der eckstein der nächsten deutschen zukunft und der rufer des Neuen Gottes. (L 301)

Aufschlussreich ist vor allem die Formulierung „aufbrechung und zusammenballung". Sie bezieht sich auf die von Hellingrath bei Hölderlin beobachtete Wortkunst, die in der Härte und Dissonanz der Wortfügung nicht nur die überkommenen Regeln der Syntax, sondern auch die herkömmlichen Regeln der Bedeutung sprengt. Es gibt eine zeitgenössische Formulierung – nach derzeitigem Kenntnisstand ist es die einzige –, die der hier zitierten sehr ähnlich ist. Zur selben Zeit wie Hellingrath und George denkt andernorts ein junger Schriftsteller und Essayist ebenfalls über die Ausdrucksmöglichkeiten einer Kunst nach, die das einzelne Wort und, wenn nötig, einzelne Silben in den Mittelpunkt stellt. Wenn wir nach ausdrucksstarken Worten suchen, schreibt dieser Schriftsteller, so stehen uns „dafür wenige verbrauchte, abgenagte Wörter zur Verfügung, und wir ballen die Wörter

---

[62] Vgl. Stefan George: „Hölderlin", in: ders.: *Werke* (Anm. 19), S. 298–301. Zitatnachweise fortan nach dieser Ausgabe im Text unter Angabe der Sigle L und der Seitenzahl.

dann zusammen und zerbrechen sie, damit sie das Ohr verletzen. […] Zu glatt, zu süß schrieben die Schriftsteller von gestern. […] Es ist unbedingt notwendig eine neue, harte Sprache zu schaffen."[63] Der, der dies schrieb, war der junge Viktor Šklovskij. Die Sätze finden sich im Manifest *Die Auferweckung des Wortes*, das Šklovskij im Dezember 1913 in einem Petersburger Kellertheater als Lobrede auf die russischen Futuristen verfasst hatte und das die Literaturwissenschaft des russischen Formalismus begründet hat.

Bemerkenswert ist, dass die hier sichtbar werdende neue Wort-Ästhetik der „aufbrechung und zusammenballung" in Georges Lobrede bis in das Zentrum der prophetischen Aussage hineinragt und sich mit dieser prophetischen Aussage auf unlösliche Weise verwebt. George spricht von den „eindeutig unzerlegbaren wahrsagungen" Hölderlins. Man kann diese Formulierung zum einen, wie dies zuletzt Ernst Osterkamp mit guten Gründen vorgeschlagen hat, als einen Hinweis auf die Nicht-Analysierbarkeit der prophetischen Sprache verstehen.[64] Vor dem Hintergrund der von Hellingrath entwickelten Wort-Ästhetik und angesichts der Tendenzen der modernen Kunst, des russischen Futurismus und der von Hellingrath ins Spiel gebrachten abstrakten Malerei,[65] eröffnet sich aber noch eine zweite Deutungsmöglichkeit. Denn woraus bestehen die „eindeutig unzerlegbaren wahrsagungen" Hölderlins? Folgt man der Hölderlin-Interpretation Hellingraths, dann bestehen sie aus einzelnen sperrigen und hart gefügten Wörtern, abstrakter formuliert, aus dem „Wort als solchem". Hölderlins Wahrsagungen sind auch deshalb unzerlegbar, weil sie, sprachlich und sprachkünstlerisch gesehen, aus kleinsten Einheiten bestehen, die nicht weiter zerlegbar und auflösbar sind. Die Sprache Hölderlins atomisiert gleichsam die zusammenhängenden Einheiten der gewöhnlichen, glatt gefügten Sprache, die üblicherweise auf die Herstellung einer kohärenten Bedeutung abzielt. Und sie ist gerade als eine in *diesem* Sinn unzerlegbare, nicht weiter zerlegbare Sprache die Sprache der Prophetie. In der Übersetzungs- und Dichtungssprache Hölderlins konvergieren das künstlerische und das prophetische Wort. Es ist diese Konvergenz, die in den Augen Hellingraths einen Zugang erforderlich macht, der den Methoden wissenschaftlicher Philologie und den Ansprüchen der Prophetie gleichermaßen gerecht wird.

---

63 Viktor Šklovskij: „Die Auferweckung des Wortes", in: *Texte der russischen Formalisten*, Bd. II: *Texte zur Theorie des Verses und der poetischen Sprache*, hg. von Wolf-Dieter Stempel, München: Fink 1972, S. 3–17, hier S. 13 ff.
64 Vgl. Osterkamp: *Poesie der leeren Mitte* (Anm. 49), S. 157: „‚eindeutig unzerlegbar', also nicht analysierbar".
65 In seiner Rede *Hölderlin und die Deutschen* spricht Hellingrath davon, dass die Verwechslung des Gedichts „mit seinem Stoff oder seinen Gedanken" (HuD 130), eine „Torheit [ist], die wir in der bildenden Kunst glücklich losgeworden sind" (ebd.). Damit kann nur die Tendenz der modernen bildenden Kunst zur Abstraktion gemeint sein, die unter anderem von Wilhelm Worringer (seit 1907) und Wassily Kandinsky (seit 1911) gefordert wurde. Hellingrath hat in den Schützengräben des Esrten Weltkriegs den Maler Franz Marc kennengelernt, der 1912 gemeinsam mit Kandinsky den Almanach *Der blaue Reiter* herausgab.

WISSEN DES UNGEWISSEN

RÜDIGER CAMPE

Prognostisches Präsens. Die Zeitform des probabilistischen Denkens und ihre Bedeutung im modernen Roman

Der folgenden Skizze zur Gegenwartsform des prognostischen Sprechens[1] liegen zwei unterschiedliche, aber unabtrennbar verbundene Überlegungen zu Grunde: Die erste dieser Überlegungen richtet sich auf das Denken und Sprechen der Probabilistik als eine Form der Prognose in der Moderne. Für sie gilt wie für alle Arten der Prognose, dass sie eine Rede über Zukunft in der Gegenwart ist. Gegenüber älteren prophetischen oder anderswie der zugänglichen Erfahrung vorausgreifenden Vorhersagen ist das bei der Probabilistik sogar in verschärfter Weise so. Genauer ließe sich bei ihr von vergegenwärtigter Zukunft sprechen.[2] Was immer ausrechenbar wahrscheinlich ist, ist seiner logischen Temporalität nach als zukünftig ausgewiesen. Denn jede Wahrscheinlichkeitsaussage rechnet mit den Chancen, dass ein Ereignis eintreten oder nicht eintreten wird. Es ist der Augenblick des Rechnens, der die Ereignisse, die seinen Gegenstand bilden, zu zukünftigen macht. Die Wahrscheinlichkeitsaussage bezieht sich also immer auf eine logische Zukunft – gleichgültig ob der Sprechende der existenziellen Zeitwahrnehmung und der grammatischen Zeitbezeichnung nach die Wahrscheinlichkeit von vergangenen oder zukünftigen oder gegenwärtigen Ereignissen meint.

In einer Kultur, die ihre Wirklichkeit in ausgezeichneter Weise nach Maßgabe probabilistischen Denkens betrachtet und bespricht, bedeutet das, dass vergegenwärtigte Zukunft zur vorherrschenden Art der Selbsterfahrung und Selbstbeschreibung wird.[3] Das ist die erste und die wichtigste Bedeutung, in der der Ausdruck ‚prognostisches Präsens' – oder ‚vergegenwärtigte Zukunft' – hier gebraucht wird.[4] Was heißt es aber dann, dass eine Kultur in hervorragender Weise in der Zeitform des prognostischen Präsens über sich spricht? Dabei kommt offenbar eine kultu-

---

[1] Den Zusammenhang von Aussage- und Zeitform für situationsgebundenes Bewusstsein diskutiert grundlegend Sebastian Rödl: *Kategorien des Zeitlichen. Eine Untersuchung des endlichen Verstandes*, Frankfurt a. M.: Suhrkamp 2005.
[2] Zum Verhältnis von Vorhersage und Probabilistik in temporaler Hinsicht vgl. Kai van Eikels: „Die Geschichte der Prognose", in: Gabriele Brandstetter/Sybille Peters/Kai van Eikels (Hg.): *Prognosen über Bewegungen,* Berlin: b_Books 2009, S. 20–41.
[3] Vgl. dazu Anthony Giddens: *The Consequences of Modernity*, Stanford: Stanford University Press, 1990.
[4] Zur historischen Epistemologie der Vergegenwärtigung siehe Rüdiger Campe: „Aktualität des Bildes. Die Zeit rhetorischer Figuration", in: Gottfried Boehm/Gabriele Brandstetter/Achatz von Müller (Hg.): *Figur und Figuration*, München: Fink 2007, S. 163–182. Für den vorliegenden Zusammenhang müsste diese Tradition in der Fiktions- und Erzähltheorie der Phänomenologie reformuliert werden; siehe dazu nach wie vor grundlegend Käte Hamburger: *Logik der Dichtung*, Stuttgart: Klett ²1968.

relle und literarische Bedeutung dieser Zeitform in Betracht. In dieser Sicht ließe sich dem prognostischen Präsens die Vergegenwärtigung des Vergangenen, das Erzählen, an die Seite und am Ende auch entgegen stellen. Das Erzählen von einmaligen Begebenheiten ist nämlich in derselben Weise logisch auf die Vergangenheit bezogen, wie das Rechnen mit wahrscheinlichen, das heißt kontingenten Ereignissen der Kategorie nach auf Zukünftiges abzielt. Es gibt eine systematische Vergleichbarkeit und – wenn man diesen Ausdruck verwenden kann – auch eine kulturelle Konkurrenz zwischen Vergegenwärtigung der Vergangenheit und Vergegenwärtigung der Zukunft.[5] Diese Konkurrenz hat ihren Ort auch innerhalb des narrativen Feldes im weiteren Sinne gefunden.

Hier setzt die zweite Überlegung an. Der moderne Roman ist, so die hierher gehörende These, eine Form vergegenwärtigter Zukunft in dem erläuterten Sinne und stellt sich darin dem traditionalen Erzählen entgegen, das ein Vergegenwärtigen des Vergangenen war.[6] An dieser innerliterarischen Kehrtwende im Narrativen lässt sich ablesen, was bei der Heraufkunft des prognostischen Präsens auf dem Spiel steht. Mit der Entsprechung und der Gegenüberstellung von historischem und prognostischem Präsens hat es darum die zweite Überlegung zu tun. Sie macht in der vergegenwärtigten Zukunft den inneren Zeitstil des modernen Romans aus. Einerseits hat sie es mit einem literarischen Sonderfall des prognostischen Präsens zu tun. Andererseits zeigt sich an diesem besonderen Fall aber auch erst die Bedeutung des prognostischen Präsens für unsere Kultur insgesamt.[7]

Dieser Zusammenhang soll im Folgenden genauer erörtert werden. Den Anfang bildet ein Hinweis auf die Gegenüberstellung von Erzählen und Roman in dem Essay, den Walter Benjamin Nikolaj Leskow gewidmet hat (1). Danach folgt in zwei Schritten eine kurze terminologiegeschichtliche Charakteristik dessen, was hier analog zum ‚historischen Präsens' das ‚prognostische Präsens' genannt wird (anhand der augustinischen Zeittheorie [2] und im Hinblick auf die probabilistische Philosophie des 19. Jahrhunderts [3]). Am Ende wird die Erörterung noch einmal zur Frage des romanartigen Erzählens und seiner inneren Zeitform der vergegenwärtigten Zukunft zurückkehren (4).

---

5 Hinsichtlich des Vergangenheitstempus siehe Michael Dummett: „Statements about the past", in: *Truth and past*, New York: Columbia University Press 2004, S. 41–56.

6 Damit ist noch keine erzähltheoretische Interpretation gemeint, sondern auf die epistemologische aristotelische Tradition hingewiesen: Historie und episches Erzählen sind danach Formen des Berichts über Singularia in der Vergangenheit. Kontingenz – und damit die moderne Probabilistik der kontingenten Ereignisse – meint Singularia in der Zukunft. Zur Debatte über singuläre und kontingente Ereignisse vgl. Rüdiger Campe: „Die Sorge der Prinzessin und die Zukunft des Ereignisses", in: Arne Höcker/Jeannie Moser/Philippe Weber (Hg.): *Wissen. Erzählen*, Bielefeld: transcript 2006, S. 65–82.

7 Vgl. Einführendes dazu bei Elena Esposito: „Fiktion und Virtualität", in: Sybille Krämer (Hg.): *Medien – Computer – Realität*, Frankfurt 1998, S. 269–298.

1. Die Gegenwart der Zukunft im Roman

In seinem berühmt gewordenen, auf den russischen Autor Nikolaj Leskow zugeschnittenen Essay *Der Erzähler* hat Walter Benjamin 1936 lange nach dem *Wahlverwandtschaften*-Aufsatz noch einmal vom Roman und seiner Theorie gesprochen und die Bedingungen ihres Auftretens in der Moderne untersucht.[8] Der Zusammenhang, in dem das geschieht, hat sich aber verschoben. Im Sinne einer kultur- und medientheoretischen Sicht auf die Literaturwissenschaft kann man sagen: Er hat sich verbreitet. Die Nähe des *Erzähler*-Aufsatzes zu den Thesen über das *Kunstwerk im Zeitalter seiner technischen Reproduzierbarkeit* ist unverkennbar. Mit der Gegenüberstellung von Erzählen und Roman zeichnet Benjamin deutlich eine Parallele dazu, wie er im Aufsatz über die Reproduktion zwischen der Erfahrung des auratischen Kunstwerks und der auf Ausstellung angelegten und von Reproduzierbarkeit geprägten Ära der technischen Künste unterscheidet. Aber die Linien der Demarkation zwischen dem Roman und dem, wovon er sich als Form abhebt, bleiben im Vergleich zum früheren Aufsatz über Goethes *Wahlverwandtschaften* erhalten: In Benjamins Deutung von Goethes Werk liefern die eingelegte Novelle und der Moment der Entscheidung in ihr die Gegenrede zur Form des Romans. In den Ausführungen zu Leskow spielt diese Rolle das gediegene Handwerk des Erzählers: die Erfahrung, aus der er schöpft, und der Rat, den zu geben und zu suchen er durch sein Erzählen möglich macht.

So sehr sich das dezisionistische Argument des früheren Textes vom Lob der Tradition im späteren unterscheidet: In der Novelle wie im Begriff des Erzählens tritt das Einmalige, das sich erinnern lässt, dem unspezifisch Verbundenen der Verhältnisse in der Romanwelt gegenüber (dem scheinhaften Ganzen der Gesellschaft in den *Wahlverwandtschaften,* dem Journalistischen und synthetisch Aufbereiteten im *Erzähler*-Text). Die Gewichte in der Argumentation sind zwischen *Wahlverwandtschaften*-Aufsatz und *Erzähler*-Essay allerdings vertauscht. Im Fall der *Wahlverwandtschaften* galt das Interesse dem als Gesellschaft auftretenden Verblendungszusammenhang, der innerhalb der Erzählung als ihr innerer Anteil am Romanhaften Form geworden ist. Im Text von 1936 steht umgekehrt die Figur des Erzählers, der Leskow ist, im Vordergrund. Über den Roman gibt es nur einen Fächer einzelner Bemerkungen. Der Verlust der Erfahrung, wie ihn Benjamin mit dem Ersten Weltkrieg verbindet, ist ein Beispiel dafür; die Presse als Apparat der Reproduktion und Inbegriff des Journalismus ein anderes. In seinen Notizen zum Komplex einer umfassenden Theorie von Erzählen und Roman nennt Benjamin außerdem die Moral den Fond des Erzählens, im Gegensatz zur Statistik, die die

---

8 Aufzeichnungen Benjamins zur Gegenüberstellung von Erzählen und Roman, die in den *Erzähler*-Aufsatz eingegangen sind, ohne von Beginn an mit dem russischen Erzähler verbunden gewesen zu sein, sind zusammengestellt in: Walter Benjamin: *Gesammelte Schriften*, hg. von Rolf Tiedemann/Hermann Schweppenhäuser, Frankfurt a. M.: Suhrkamp 1977, Bd. II.3, S. 1276–1316. Unter ‚Erzählen' fasst Benjamin dabei „Märchen, Sage, Sprichwort, Schwank, Witz" (1281), wie sie von Friedrich Schlegel bis André Jolles als Naturformen oder einfache Formen des Erzählen dem Roman entgegengestellt worden sind.

Orientierungsmarke des Romans sei.⁹ Es gibt aber auch eine Stelle, an der sich die Charakteristik des Romans und seiner Beziehung zum Erzählen in die Beschreibung seiner Zeitform zuspitzt. Um sie geht es hier.

Benjamin zitiert den Schriftsteller und Lektor Moritz Heimann mit dem Satz: „Ein Mann, der mit fünfunddreißig stirbt, [...] ist auf jedem Punkt seines Lebens ein Mann, der mit fünfunddreißig stirbt." Während dieser Satz Benjamin zufolge „für das wirkliche Leben keinen Sinn gibt", zeige er „unanfechtbar" das „erinnerte" an und weise damit auf das „Wesen der Romanfigur".¹⁰ Die Immer-schon-Gegenwärtigkeit des individuellen Todes im Lauf des Lebens ist nach Benjamin nicht die Zeit der Geworfenheit des Daseins – wie bei Martin Heidegger –, sondern die Zeit der Figur im Roman und seiner Lektüre.¹¹ Diese Bemerkung zur Verschränkung von Zeitlichkeit und Entfremdung hat im *Erzähler*-Aufsatz sogar einen besonderen Nachdruck. Denn für einen Augenblick scheint sich hier der Unterschied zwischen Erzählen und Roman zu verlieren. Gerade vom Erzähler hatte es geheißen, der Tod sei die „Sanktion von allem", wovon er „berichten" könne.¹² Und so lautet es auch an der angeführten Stelle über den Roman: „[D]em Eingedenken" werde der, der mit fünfunddreißig Jahren gestorben ist, „an jedem Punkte seines Lebens als ein Mann erscheinen, der mit fünfunddreißig Jahren stirbt".¹³

Für Benjamin steht hier nun der Leser des Romans nicht so sehr im Gegensatz zum Hörer der Erzählung. Stattdessen ist der Leser einer, in dem sich die Erfahrung des Lesens überhaupt zuspitzt – und das kann immerhin auch Lesen des Erzählens sein. Erzählung und Roman, so muss man verstehen, sind beide auf den Tod des Protagonisten bezogen. Die Erzählung erinnert ihn von seinem Tod her, das heißt in der Vergegenwärtigung seines im Augenblick des Todes vergangenen Lebens und damit in der Vergangenheit seiner je einzelnen Vorkommnisse. Der Roman spricht dagegen in der Gegenwart des Lebens mit dem Blick auf die schon mitgegebene Zukunft des eintretenden Todes, im fixierten Blick auf die Kontingenz des Endes. Die Zeit, in der die Figur des Romans an jedem Punkt diejenige ist, die mit fünfunddreißig stirbt, ist also ihr eigentümlich futurisches, sie durchziehendes und bestimmendes Präsens im Augenblick der Lektüre. Das Ende, auf das sich dieses Präsens bezieht, liegt nicht notwendig im Tod der Figur. Sie ist schon in der Tatsache gegeben, dass der Roman ein Buch ist und ein Ende hat. Diese Zeit des prognostischen Präsens kann sich in allen grammatischen Oberflächenzeiten ausdrücken. In der Regel ist es im Roman die grammatische Vergangenheitsform. Nur im Sonderfall des Präsensromans – der aber in der Moderne deutlich häufiger

---

9 Benjamin: *GS,* II.3, S. 1282; S. 1285.
10 Benjamin: *GS,* II.2, S. 456.
11 Benjamin nimmt diese unausdrückliche Diskussion mit Heideggers Auffassung von der Zeitlichkeit des Daseins durch Lukács' *Theorie des Romans* hindurch auf. Erst unter Bedingungen der transzendentalen Heimatlosigkeit des Helden im Roman, so referiert Benjamin Lukács, werde Zeit konstitutiv für die Darstellung des Lebens (Benjamin, *GS,* II.2, S. 454).
12 Benjamin: *GS,* II.2, S. 450.
13 Benjamin: *GS,* II.2, S. 456.

auftritt – ist es auch das grammatische Präsens.[14] In der Zeitform dieser Gegenwart fallen das Leben und der Sinn auseinander. „[D]er Leser des Romans", heißt es in Anspielung auf Lukács' *Theorie des Romans,* sucht aber „wirklich Menschen, an denen er den ‚Sinn des Lebens' abliest."[15] Mit Lukács beansprucht Benjamin den ‚Sinn des Lebens' im Gegensatz zu Heidegger nicht als existentielle Erfahrung im Leben, sondern als Modus des Lesens im Roman. Aber anders als bei Lukács ist das nicht darum so, weil der Roman geschichtsphilosophisch der Ausdruck der Moderne ist, sondern weil Roman und Romanlektüre im Gegensatz zum Erzählen die grundlegende Form bilden, in der sich Leben als modernes wahrnehmen lässt.

Das Präsens der Endkontingenz ist in diesem Aufsatz Benjamins die Zeit des Romans im Gegensatz zur Vergangenheit der Erzählung. Die Erzählung bringt vom gegebenen Augenblick des Endes her Ereignisse in ihrem jeweiligen Vergangensein vor. Der Roman bietet eine Lektüre, die in jedem Moment mitliest, dass sie ein Ende haben wird. Benjamin hat das Verhältnis von Roman und Erzählung enggeführt in der Untersuchung ihrer Zeitverhältnisse. Während aber das Erzählen deutlich bezeichnet ist als eine Vergegenwärtigung des Vergangenen in seinem je einzelnen Vorkommen, ist die Zeit des Romans – von der angeführten Passage abgesehen – weniger deutlich bestimmt. Im Folgenden soll diese Erörterung mit anderem Material und in einem anderen Stil des Vorgehens fortgesetzt werden. Entsprechend der Benjamin'schen Unterscheidung zwischen Roman und Erzählen soll anhand der logischen und rhetorisch-grammatischen Tradition analog zum historischen Präsens der Begriff eines prognostischen Präsens entwickelt werden. Darin soll das Präsens der Kontingenz, das Präsens des probabilistischen Denkens, in dem weiteren (also auch über Benjamin hinausgehenden) Sinn einer Romantheorie bestimmt werden. Das sind noch einmal zwei eigene Zusammenhänge. Aber auch sie sind, wie sich zeigen wird, nur in einem Stück zu fassen.

2. Figuration und Theorie der Zeit

Die Konstellation aus historischem Präsens und einem Präsens, das für Zukunft steht, ist in Quintilians *Institutio oratoria* vorgesehen.

> Die Figur nun, die Cicero als *Unmittelbar-vor-Augen-Stellen* bezeichnet, pflegt dann einzutreten, wenn ein Vorgang nicht als geschehen angegeben, sondern so, wie er geschehen ist, vorgeführt wird, und nicht im Ganzen, sondern in seinen Abschnitten. [...] Celsus hat auch die Figur selbst „Anschaulichkeit" [evidentia, R. C.] benannt, bei anderen heißt sie hypotyposis (Ausprägung), eine in Worten so ausgeprägte Gestaltung von Vorgängen, daß man eher glaubt, sie zu sehen als zu hören [...]. Und nicht nur was geschehen ist oder geschieht, sondern auch was geschehen wird oder

---

14 Vgl. Martin Middeke (Hg.): *Zeit und Roman: Zeiterfahrung im historischen Wandel und ästhetischer Paradigmenwechsel vom sechzehnten Jahrhundert bis zur Postmoderne,* Würzburg: Königshausen & Neumann 2002.
15 Benjamin: *GS,* II.2, S. 456.

geschehen sein würde, malen wir bildhaft gegenwärtig. Erstaunlich behandelt so Cicero in der „Rede für Milo", was Clodius getan haben würde, wenn er sich der Prätur bemächtigt hätte.[16]

Es handle sich dabei, wie Quintilian anfügt, um grammatische Figuren der Zeitübertragung, *translationes temporum*, oder „was man eigentlich Metástasis" nenne. Eine solche Temporalfiguration sei Sache der Modernen. Die Alten hätten sie nur ‚mit Scheu' – *verecundior* – angewendet und ihren Einsatz dann jeweils durch eigene Formeln angekündigt: „‚Meint nur selbst zu sehen!'"[17]

Die Gegenwart für das Futur einzusetzen, ist für Quintilian ein besonderer, aber auch prekärer Zug: Einerseits, so liest man, macht die Tempusmetastase nur fallweise auffällig, was die *narratio* ohnehin als ihr Ziel anstrebt: Anschaulichkeit und Transparenz. Andererseits ist die herausgehobene Figur im Fall des für ein Futur gesetzten Präsens ein problematischer Modernismus: Die Alten haben sie, so scheint es Quintilian, wie ein Sakrileg, einen Missbrauch der grammatischen Zeitfügung, betrachtet. Die Zeitmetastasen der Anschaulichkeit balancieren also im Falle des Präsens-für-Futur in Quintilians *Institutio oratoria* zwischen der Selbstverständlichkeit des allgemeinen Ziels aller Narration: Transparenz, und einer Art von Scheu, die an die Erfahrung des Heiligen grenzt: Epiphanie. Hinzu kommt für diesen Fall, dass die Symmetrie zwischen Präsentsetzung des Vergangenen und Präsentsetzung des Zukünftigen wie ein blindes Motiv erscheint. Für die Figur eines Präsens-für-Futur steht nur ein einziges und nur einigermaßen eingeschränkt zutreffendes Beispiel (Konditional II: ‚was hätte Clodius getan, hätte er sich wirklich der Prätur bemächtigt'); die Figur des Präsens-für-Vergangenheit wird dagegen ausführlich und mit einer langen Exempelreihe erörtert.[18]

In der *Institutio oratoria* ist also eine Konstellation markiert, ohne dass sie vollends genutzt wäre. Die Symmetrie von Vergangenheit und Zukunft, für die die Form der veranschaulichenden Präsentsetzung eintritt, wird nur zur Hälfte ausgeführt. Das historische Präsens gibt das Modell an. Ein Präsens-für-Futur ist nach ihm wie in bloßer Analogie skizziert, es gewinnt aber keinen eigenen Bestand. Bezeichnenderweise kennt die Tradition und kennen wir bis heute dafür auch keinen eigenen grammatischen Namen, wie ihn das ‚historische Präsens' für die vergegenwärtigte Vergangenheit angibt. Quintilians Beispiele für die Temporalmetastasen stammen ausnahmslos aus dem Genre der Gerichtsrede; und in der Rede vor Gericht ist die Erzählung eine der Vergangenheit, des einmaligen Geschehens oder der Singularitäten. Nichts weist darauf hin, dass der Rhetoriklehrer auch an diejenige Gattung denkt, die es, seiner eigenen Systematik zufolge, mit der Zukunft zu tun hätte. Es wäre nämlich die Gattung der politischen Rede. Die Präsentsetzung der Zukunft hätte in ihr den nächstliegenden Einsatzort. Denn dort geht es um die Erörterung der Optionen für zukünftiges Handeln, die Deliberation, und um den

---

16 Quintilian: *Institutionis oratoriae libri XII. Ausbildung des Redners*, hg. und übers. von Helmut Rahn, Darmstadt: Wissenschaftliche Buchgesellschaft ³1995, IX.2, S. 40 f.
17 Ebd.
18 Quintilian: *Institutionis oratoriae libri XII. Ausbildung des Redners* (Anm. 16), VIII 3, S. 61–65.

Entwurf von Szenarien, die zu Handlungskonzepten werden können. Dafür, scheint es, gibt es aber keine hinreichend dringende Verwendung in der alteuropäischen Rhetorik, um einen eigenen Terminus hervorzubringen.

Es ist nun anzunehmen, dass Quintilian an dieser Stelle, wie er es so oft tut, einem verborgenen, im Zusammenhang der Sache liegenden Druck nachgibt. In der Figuration der grammatischen Zeiten meldet sich eine andere, tiefer liegende, Rhetorik der Zeit zurück.[19] Allerdings verlässt man mit diesem Rückblick für kurze Zeit das Terrain der Erzählung. Aristoteles hatte in seiner *Rhetorik* eine Substitution der Zeitformen erörtert, die sich ebenfalls auf die Tropen des Anschaulichen bezog. In diesem Fall ging es aber um die Metapher; es ging um das, was Paul Ricœur die *métaphore vive* genannt hat.[20] Die Metaphorik, die Lebendes an die Stelle von Nichtlebendem setzt, operiert Aristoteles zufolge im Modus der Ersetzung von *prattomena* – von Geschehendem, in Handlung und Bewegung sich Vollziehendem und Wirkendem – für *mellonta* – für Dinge, die der Möglichkeit nach sind, die eintreten können, mit denen man rechnen kann und rechnen muss. Nichts könnte für den Philosophen, der die Grundfrage der Ontologie im Verhältnis von Potenzialität und Aktualität gefasst hat, offenbar wichtiger und zentraler sein als diese Ersetzung. Die Terminologiegeschichte legt es unabweisbar nahe, dass die Erörterung der Anschaulichkeit, die sich bei Quintilian und den hellenistisch-römischen Rhetorikern an die Erzählung heftet, hier – in der Metapher und ihrer ontologischen Substitution – ihren Grund hat. In der Erzählung und als Metastase der grammatischen Tempora tritt bei Quintilian also wieder zutage, was in der Ontologie des Aristoteles angelegt war. Genauer formuliert: es tritt wieder zutage, was in der Ontologie als das Problem der Zeit angelegt war. Aus diesem Umstand – so steht zu vermuten – stammt der Überschuss an Systematik und Theorie, der in Quintilians Tropologie der Tempora in der Erzählung wie ein geheimes Motiv aufbewahrt ist. Die gleichsam leer gelassene Stelle eines Präsens der Prognose ist angegeben und steht zu weiterem Gebrauch und weiterer Deutung zur Verfügung.

Die Figuration der grammatischen Zeiten, die Metastase der Tempora, hat in der Tat eine Wiederaufnahme gefunden, die für die Philosophie der Zeit in Europa entscheidend geworden ist. Augustinus' Theorie der Zeit bricht von Anfang des Buchs 11 der *Confessiones* an mit der aristotelischen Ontologie der Zeit.[21] Zeit ist nach Augustinus zunächst und maßgebend als Schöpfungszeit zu erfassen. Darum muss sie, anders als in der immanenten und kontinuierlichen *physis* des Aristoteles, paradox gebaut werden – als Zeit vor der geschichtlich ablaufenden Zeit. Augustinus' Lösung lautet bekanntlich, von zwei miteinander inkommensurablen Zeiten auszugehen. Die eine ist die Ewigkeit, das *semper et nunc stans* der Schöpfungszeit.

---

19 Genaueres zum Vergleich zwischen Aristoteles' Metapherntheorie und Ciceros bzw. Quintilians Erzähltheorie der Vergegenwärtigung bei Rüdiger Campe: „Aktualität des Bildes" (Anm. 4).
20 Paul Ricœur: *Die lebendige Metapher*, München: Fink 1986. Die Bezugsstelle ist: Aristoteles, *Rhetorik*, hg. und übers. von Franz G. Sieveke, III. 10–11, 1410b–1412a.
21 Paul Ricœur: *Zeit und Erzählung*, übers. von Andreas Knop, München: Fink ²2007, Bd. 3: *Die erzählte Zeit*.

Die andere ist die im geschaffenen Werk verlaufende Zeit, die Weltzeit. Die Paradoxie in dieser übergreifenden Formel zeichnet sich in der Teiltheorie der Welt- und Humanzeit wieder ab. Die Inkommensurabilität von Schöpfungs- und Weltzeit taucht in verwandelter Art in den zwei Schritten der Entfaltung der humanen Zeit neu auf. Diese Schritte sind erstens eine Präsentsetzung der drei grammatischen Zeiten und zweitens die Verlagerung der Zeitmessung in das durch dieses Präsens konstituierte Bewusstsein. Der zweite Schritt setzt den ersten voraus. Erst durch die Etablierung eines Zeitbewusstseins der Seele in der Grammatik von Vergangenheit, Gegenwart und Zukunft kann die Frage der Messung der Zeit eine Sache der Seele, des *animus*, werden.[22]

Es geht hier um den ersten, bedingenden Schritt, das heißt um die Theorie der drei Tempora im Präsens des Bewusstseins. Damit kommt man auch auf Quintilian und die Kompetenzen von Grammatik und Rhetorik zurück. In den *Bekenntnissen* heißt es:

> Wer ist es, der mir sagen wollte, es seien nicht drei der Zeiten, wie wir es als Knaben gelernt und die Knaben gelehrt haben: Vergangenheit, Gegenwart und Zukunft, sondern es gebe nur Gegenwart, weil die beiden andern nicht „sind"? Oder „sind" auch diese, aber so, daß aus irgendwelchem Versteck hervortritt, was aus Zukunft zu Gegenwart wird, und daß in irgendwelches Versteck zurücktritt, was aus Gegenwart zu Vergangenheit wird?[23]

Es ist leicht zu sehen: In diesem Dilemma humaner Erfahrung der Weltzeit kehrt die paradoxe Gleichzeitigkeit der gegeneinander maßlosen Formen von Zeit und Ewigkeit wieder. Das Präsens des Daseins tritt dabei an die Stelle der Unverrechenbarkeit mit der ablaufenden Zeit, die ontologisch die Schöpfungszeit oder Ewigkeit innehatte.

Augustinus' virtuose Lösung des humanen Dilemmas mit der Zeit liegt bekanntlich in der Präsentsetzung und damit der Vergegenwärtigung der grammatischen Zeiten: „Gegenwart von Vergangenem, nämlich Erinnerung; Gegenwart von Gegenwärtigem, nämlich Augenschein; Gegenwart von Zukünftigem, nämlich Erwartung."[24] Mit dieser Formel setzt Augustinus in dem, was er als Knabe gelernt und als Lehrer des *trivium* die Knaben gelehrt hat, nicht eigentlich auf die Grammatik der Tempora, sondern im genaueren Sinne auf ihre rhetorischen Metastasen; nicht auf Donat und Priscian, sondern auf Quintilian. Die grammatischen Zeiten werden im Bewusstsein – man könnte sogar sagen als Bewusstsein – im doppelten Sinne vergegenwärtigt. Sie werden präsent und sie werden anschaulich zuhanden gemacht. Das wird ganz deutlich in der Weise, in der Augustinus die dreifache Präsenz der Tempora auf die vorangehenden *Confessiones* bezieht:

---

22 Siehe David Cockburn: *Other Times. Philosophical perspectives on past, present and future*, Cambridge: University Press 1997, S. 36–49, S. 167–204; grundlegend Michael Dummet: „The metaphysics of time", in: *Truth and the past*, New York: Columbia University Press 2004, S. 73–96.
23 Augustinus: *Confessiones*, lateinisch und deutsch, eingel., übers. und erl. von Joseph Bernhart, Insel: Frankfurt a. M. 1987; XI. S. 17, 22, 636–637.
24 Ebd., S. 20, 26, 642–643.

> Freilich werden, wenn man Vergangenes der Wahrheit getreu erzählt, nicht die Wirklichkeiten selbst hervorgeholt, die nun einmal vergangen sind, sondern nur Worte, geschöpft aus Bildern, die im Geiste, als sie durch unsere Sinne hindurchzogen, gleichsam Spuren eingedrückt haben. So gehört meine Knabenzeit, die nicht mehr „ist", der Vergangenheit an, die nicht mehr „ist"; aber ein Bild von ihr schaue ich, wenn ich sie ins Gedächtnis rufe und schildere in der Gegenwart, weil dieses Bild annoch in meinem Erinnern ist.[25]

Die Lehre von der Figuration der grammatischen Zeiten zeigt also, wie man von der einstmals aristotelischen Ontologie der Zeit durch die Rhetorik der Zeitmetastasen hindurch in die Erfahrung der Welt- und Humanzeit hinüber wechseln kann. Um das zu leisten, muss Quintilians figurale Präsentsetzung von Vergangenheit und Zukunft – in ihrem Balanceakt zwischen transparenter Narration im allgemeinen Sinne und Epiphanie – in die Präsenz eines Bewusstseins übersetzen. Das Bewusstsein ist der augustinische *master trope* aller Zeitfigurationen. Jede grammatische Zeit kann und muss präsent gesetzt oder vergegenwärtigt werden im Bewusstein und als Bewusstsein des Menschen von der Zeit.

Bis zu diesem Punkt lässt sich Augustinus' Umwidmung der Zeitfiguren als Existenzialisierung der Quintilian'schen *metastasis temporum* verstehen, die ihrerseits aus der Ontologie der Zeit bei Aristoteles her kommt. Die Rhetorik und ihre Vergegenwärtigungstechnik der grammatischen Zeiten stellt das Gelenkstück zwischen antiker Ontologie und augustinischer Bewusstseinsphilosophie zur Verfügung. Nun sieht man allerdings, dass Augustinus in seiner Theorie der drei Zeitstufen in der Gegenwärtigkeit der Seele noch ein Weiteres mit Quintilians Metastasen der Tempora gemeinsam hat. Auch bei Augustinus ist nämlich die Symmetrie zwischen Vergangenheit und Zukunft, obwohl in der Theorie angekündigt, nicht eigentlich ausgeführt. Auch Augustinus hat nicht für Präsentierungen aller grammatischen Zeiten im Bewusstsein gleicher Maßen Verwendung. Zwar ist zunächst und im Allgemeinen von ‚Verkündern der Zukunft' (*quae futura cecinerunt*) genauso wie von denen die Rede, ‚die Vergangenes erzählen' (*qui narrant praeterita*).[26] Anders ist es aber, wo Augustinus die Erinnerung, die Gegenwart des Bildes der Vergangenheit, auf die Jugenderzählung der *Bekenntnisse* bezieht. Da heißt es im Anschluss: „Ob eine ähnliche Ursache auch bei der Vorhersage von Künftigem im Spiele ist, also von Wirklichkeiten, die noch nicht ‚sind', bereits vorhandene Bilder schon wahrgenommen werden: ich bekenne, mein Gott, das weiß ich nicht".[27]

Was Augustinus mit diesem Satz in Frage stellt, ist die Prophetie im engeren Sinn, das Bild einer gewussten Zukunft. Die theologischen Gründe, die Augustinus Zweifel auferlegen, sind klar. Prophetie bedeutet den Eingriff in Gottes Zukunfts- und damit Kontingenzkompetenz. Dagegen gibt es aber eine Gegenwart der Zukunft in Bezug auf Absicht und Handeln: „Das allerdings weiß ich, daß wir gewöhnlich unsere künftigen Handlungen vorbedenken und daß dieses Vorbeden-

---

25 Ebd., S. 18, 23, 636–639.
26 Ebd., S. 17, 22, 636–637.
27 Ebd., S. 18, 23, 638–639.

ken gegenwärtig ist, während das Handeln, das wir vorbedenken, noch nicht ‚ist', weil es künftig ‚ist' [...]."²⁸ Auch wenn also die Präsentsetzung des Futurs fraglich ist, bleibt doch die Möglichkeit zu Bildern zweiter Ordnung. Das heißt, es bleibt die Möglichkeit von Bildern, die Ursachen und Zeichen zum Gegenstand haben. In der Präsentsetzung des Zukünftigen gibt es demnach eine Spaltung zwischen Wissen und Handeln, zwischen Prophetie und Vorausplanung. Das Handeln schließt dabei epistemische Motive wie Kausalität und Semiotik ein. Dadurch erhält es eine Legitimität im Hinblick auf Zukunft, die das Wissen nicht besitzt. Zu einer solchen Auftrennung gibt es in Bezug auf die Vergangenheit bei Augustinus kein Gegenstück. In der Erzählung des Vergangenen ist die Seele reflexiv – und das heißt: wieder – bei sich. Darin liegt das Glück der augustinischen Kindheitsgeschichte. Im Akt der Vergegenwärtigung des Vergangenen wird die Seele des Erinnernden sich selbst gegenwärtig. In der Zukunft und am Gegenstand des Zukünftigen tritt im Gegensatz dazu – und damit letztlich im Gegensatz zur Ewigkeit vor der Schöpfung – eine fundamentale Spaltung zu Tage. Sie geht auf die Seele selbst zurück. Denn es ist ja die Seele, die weiß oder will, Erkenntnis hat oder Pläne macht. In dieser Spannung der Seele hat die Unruhe ihren Ausgangspunkt, die auch noch die Lebensgeschichte des Augustinus bestimmt. Der Unterschied zwischen der Einheit im historischen Präsens der Erinnerung und der Geschiedenheit im Präsens der Prognose zeugt davon, dass hier immer noch ein Stück der Theorie und der Theorieschwierigkeit aus Quintilians Tropen der Tempora fortdauert. Immer noch sind Präsens-für-Vergangenheit und Präsens-für-Futur gleich konzipiert; und immer noch stößt man bei der Ersetzung der Zukunft durch Gegenwart auf ein Problem und eine Undurchsichtigkeit, die es auf der Seite des historischen Präsens nicht gibt.

Aber auch das ist noch nicht das letzte Wort des Augustinus zu den Figuren der grammatischen Zeit im Bewusstsein. Im Anschluss an die Passage, in der er das „Geheimnis der vorgängigen Wahrnehmung von Künftigem" (*arcana praesensio futurorum*)²⁹ dem „Vorbedenken" (*praemeditatio*)³⁰ entgegengestellt hatte, das Zeichen und Ursachen eines künftigen Geschehens (*causae vel signa*)³¹ mit vergegenwärtigen kann, sieht er sich noch einmal genötigt „[a]us der Unzahl von Fällen" „ein Beispiel" herauszuheben:

> Ich betrachte die Morgenröte; ich sage den Aufgang der Sonne voraus. Was ich betrachte, ist gegenwärtig, was ich voraussage, ist künftig; nicht die Sonne ist künftig, die ist ja schon, sondern ihr Aufgang, der noch nicht „ist"; aber auch diesen Aufgang könnte ich nicht voraussagen, wenn ich nicht im Geiste ein Vorstellungsbild davon hätte, wie eben jetzt, da ich das ausspreche.³²

---

28 Ebd.
29 Ebd., S. 18, 24, 638–639.
30 Ebd., S. 17, 23, 638–639.
31 Ebd., S. 18, 24, 638–639.
32 Ebd., S. 18, 24, 638–641.

In diesem Beispiel ‚aus der Unzahl der Fälle' kristallisiert sich ein Moment heraus, das über die Unterscheidung zwischen Prophetie und Vorbedenken hinausgeht. Dieses Moment soll hier im engeren Sinne als das der Prognostik im Unterschied zur prophetischen Voraussage gekennzeichnet werden. Zweifellos schließt das Beispiel des Sonnenaufgangs nach der Morgenröte an das Vorbedenken an, das Zeichen und Ursachen als zu vergegenwärtigende Bilder mit einschließt. Doch ein Unterschied zu diesen Bildern des Zukünftigen deutet sich unmissverständlich an. Denn ihre Gegenwärtigkeit im Bewusstsein war ja dadurch gewährleistet, dass sie auf Willen, Handlungsabsicht und Plan bezogen waren. Was in der Seele anwesend ist, ist nicht eigentlich das wie immer beschaffene Wissen eines Künftigen, sondern das Präsens des ‚ich will', ‚ich beabsichtige, ‚ich plane'. Im Beispiel vom Sonnenaufgang ist das schwer zu sehen. Offenbar verselbständigt sich hier die Thematisierung einer Form des Zukunftswissens, dessen Handlungszusammenhang offen bleiben kann. Es handelt sich aber auch nicht um eine prophetische Rede im Sinne der Scheu des Kirchenvaters vor dem Eingriff in Gottes Kontingenzkompetenz. Die Rede vom Sonnenaufgang ist, könnte man sagen, die eines pragmatischen Zukunftswissens wie im Fall der gegenwärtigen Bilder von Zeichen und Ursachen des Zukünftigen, aber es ist ein solches Wissen in einem neutralisierten, verallgemeinerten Handlungszusammenhang. Es ist für menschliches Handeln überhaupt von Belang, dass morgen die Sonne wieder aufgeht.

3. Die Zeit der Probabilistik

Es ist mehr als bloßer Zufall, dass dieses ‚Beispiel aus der Unzahl der Fälle' zwar nicht in derselben, aber in einer ähnlichen Form topischer Bestandteil der Probabilistik und der probabilistischen Prognostik geworden ist. Dass einem die Sonne einmal, an diesem Morgen, aufgeht, bildete ein altes Emblem unwahrscheinlicher Gunst.[33] Es war das Sinnbild der Gnade des Fürsten; es zeigte, was unerwartbar ist und nicht verdient werden kann. Unter der Bedingung der Wiederkehr, das heißt im Zusammenhang des Arguments, dass ich jetzt damit rechne, dass auch morgen die Sonne aufgeht, wird daraus die Kalkulation mit der Chance. Die Chance hat ein Attribut der Souveränität in dem Umstand, dass sie mir unverdient und nicht verdienbar, als Geschenk oder aus Gnade zufällt oder aber ausbleibt. Daraus wird dann unter Bedingungen der philosophischen Skepsis der Inbegriff des Spiels mit der Kontingenz, die Berechnung des Wahrscheinlichen. Mit der Wahrscheinlichkeit, genauer gesagt der Tatsachenwahrscheinlichkeit, hat David Hume das Wiederaufgehen der Sonne in seiner *Untersuchung über den menschlichen Verstand* verknüpft: „Herr Locke teilt alle Schlüsse in demonstrative und wahrscheinliche ein. Danach müssen wir sagen, es sei nur wahrscheinlich, daß alle Menschen sterben

---

33 Siehe Arthur Henkel/Albrecht Schöne (Hg.): *Emblemata. Handbuch zur Sinnbildkunst des XVI. und XVII. Jahrhunderts*, Stuttgart: Metzler 1967, Omnibus exorior, Zincgref N. 39, Sp. 18 f.

müssen oder daß die Sonne morgen aufgehen wird."[34] Aber auch hier bleibt der Sonnenaufgang noch im Vorhof der Probabilistik. Noch immer handelt es sich nämlich um die eine Voraussage, dass die Sonne morgen aufgehen wird. Erst wenn die Frage lautet, ob die Sonne in einer Reihe von Tagesanbrüchen aufgeht, wenn also im nachdrücklichen Sinn ihr Wiederaufgehen auf dem Spiel steht und in das Futur einer auf Dauer gestellten Erwartung eingeht, ist man im Einzugsbereich der probabilistischen Prognose.

Man findet diese Wendung im Bild des Sonnenaufgangs, wenn der gewaltige Sprung von Augustinus her erlaubt ist, im 19. Jahrhundert in den didaktischen Darstellungen der Wahrscheinlichkeitstheorie von Pierre Simon de Laplace und seinen Nachfolgern und Schülern. Hier sollen Adolphe Lambert Quetelets *Lettres sur la théorie des probabilités appliquée aux sciences morales et politiques* von 1846 zur Anschauung dienen.[35] Sie bringen das Beispiel in einer besonders reichen und gedanklich ehrgeizigen Ausgestaltung vor. Im Unterschied zur klassischen Probabilität im Zeitalter der Vernunft, von der Lorrain Daston für das spätere 17. und 18. Jahrhundert gesprochen hat, könnte man diese Gruppe von Mathematikern und philosophierenden Theoretikern die szientifischen Probabilisten nennen.[36] Für sie geht es bei der Erwartung der immer wieder aufgehenden Sonne nicht mehr um die Zeichenbeziehung, von der Augustinus ausgegangen war. Die Morgenröte und die Kontemplation ihrer Anzeige fallen aus. Es geht nur und sofort um die Erwartung und die Wahrscheinlichkeit, dass die Sonne, wieder und dann immer wieder, aufgehen wird.

Quetelet hat die ersten vier Briefe an den Herzog von Sachsen-Gotha in einem kleinen Briefroman ausgestaltet.[37] Diese Briefe weisen im Unterschied zu den anschließenden jeweils eine Datierung aus und folgen einem losen Erzählfaden. Sie entwickeln die Vorstellung des Ereignisses, von der Beobachtung einfacher Wiederholungsphänomene bis zur Schwelle der Formel, die die Anzahl der Beobachtungen mit dem Vorkommen eines bestimmten Ereignistyps in Verbindung setzt. Der kleine Briefroman am Anfang der *Lettres sur la théorie des probabilités* ist die Inkubation des Ereignisses im probabilistischen Sinne. Damit geht es um das, was Laplace ausdrücklich nicht mehr nur eine mathematische Theorie, sondern eine Philosophie der Probabilität genannt hatte.[38] Die Philosophie der Probabilität ist nicht zuletzt die ihrer inneren Zeitform. Das Ereignis, *événement*, das Gegenstand und Bereichsdefinition dieser Philosophie ist, ist das eintreffende oder nicht ein-

---

34 David Hume: *Eine Untersuchung über den menschlichen Verstand*, übers. und hg. von Herbert Herring, Stuttgart: Reclam 1967, 6. Abschnitt, S. 78; vgl. auch 42.
35 Joseph Lottin: *Quetelet: statisticien et sociologue*, Louvain: Institut de philosophie 1912; im Zusammenhang mit der Statistik des 19. Jahrhunderts: Ian Hacking: *The Taming of chance*, Cambridge: University Press 1990.
36 Lorraine Daston: *Classical probability in the Enlightenment*, Princeton: Princeton University Press 1988.
37 Adolphe Lambert Quetelet: *Lettres sur la théorie des probabilités, appliquée aux sciences morales et politiques*, Brüssel: M. Hayez 1846, S. 1–26.
38 Pierre Simon de Laplace: *Essai philosophique des probabilités* [5. Aufl. 1825], Vorwort René Thom, Nachwort Bernard Bru, Paris: C. Bourgois 1986.

treffende, und als solches das erhoffte oder der Hoffnung widersprechende Ereignis. In erster, vorläufiger Bestimmung ist es ein Ereignis in einer auf die Zukunft hin gespannten Gegenwart der Wahrscheinlichkeitszuschreibung. Damit beginnt der *Roman vom Ereignis*, der als Briefroman sich zwischen dem Datum und der Zukunft des wiederholbaren Ereignisses erstreckt.

Während er gerade diesen Satz an seine Hoheit, den Herzog Ernst II. von Sachsen-Gotha schreibe – bemerkt Quetelet im ersten Brief –, könne er unterbrochen werden. Es könne einer ins Zimmer treten, oder jemand könne aus dem Haus ihn um Hilfe anrufen. Im Zug des Schreibens ist seine mögliche Unterbrechung normalerweise aber nicht schon als entwickelte Frage der Wahrscheinlichkeit zu Bewusstsein gebracht.[39] Sie ist nur eine leise Unruhe, ein Verlangen, weiter schreiben und zu Ende kommen zu wollen. Bei der Verschickung des Briefs ist das anders. Die Frage der Zuverlässigkeit der Boten und der Übermittlungswahrscheinlichkeit drängt sich Leuten, die Briefe verschicken, viel eher auf, als Briefschreibern die Frage nach der Wahrscheinlichkeit der Unterbrechung beim Schreiben. Wahrscheinlichkeit ist in diesem Fall akut und gegenwärtig als Sorge des Absenders. So zeichnen sich im Briefroman das Ereignis und seine Wahrscheinlichkeit als Roman vom Brief ab.[40] Störung oder Ablenkung in einem auf ein Verlaufsziel gerichteten Prozess – Abschluss des Satzes oder Erreichen des Empfängers – bilden die erste und anfängliche Bestimmung des Ereignisses, um dessen Wahrscheinlichkeit es gehen kann.

Die Negativform der Störung oder Unterbrechung wird somit zu einem auszeichnenden und bestimmenden Moment: Was immer vom Abschluss des Satzes abhält oder den Brief nicht sein Ziel erreichen lässt, ist als Ereignis markiert. Dass sie den normalen Verlauf der Kommunikation unterbrechen oder stören, macht solche Vorkommnisse überhaupt erst zu Ereignissen, die als wahrscheinlich oder nicht wahrscheinlich erscheinen und über deren Wahrscheinlichkeit währenddessen kommuniziert werden kann. Ereignisse sind Vorkommnisse an markierten Stellen eines Geschehnisfeldes. Nicht diese oder jene singulären Ereignisse, die stattfinden, sind gemeint, sondern unterschiedliche Fälle eines bestimmten Typs als ebenso viele Chancen seiner Realisierung, verhelfen dem Ereignis zu seiner Entstehung oder seinem Eintreffen.[41] Das Ereignis kommt zwar singulär vor. Aber es kommt vor an einer Stelle, an der es in positiver oder negativer Weise erwartet ist und an dem es als eine Variante aus einer bestimmten Gruppe möglicher Vorkommnisse, nämlich: von Chancen, auftritt oder nicht. Nur in diesem prognostischen Präsens kommt ihm das bestimmende Merkmal der Kontingenz zu, eintreten zu können oder nicht. Nur in einem Dispositiv von Zukunftsvergegenwärtigung gibt es Ereignisse im Sinne der Probabilität. Auf welcher grammatischen Zeitstufe

---

39 Quetelet: *Lettres* (Anm. 37), S. 5. „Tous ces incidents et bien d'autres dont l'énumération serait impossible, ont à mes yeux une probabilité si faible, que je puis fort bien ne pas en tenir compte."
40 Vgl. Bernhard Siegert: *Relais – Geschicke der Literatur als Epoche der Post, 1751–1913*, Berlin: Brinkmann & Bose 1993.
41 „Lorsque différents cas peuvent donner naissance à un événement, on les nomme les *chances* de cet événement." Quetelet: *Lettres* (Anm. 37), S. 10.

kontingente Ereignisse auch immer stehen: als epistemische Dinge gibt es sie nur in präsent gemachter Zukunft. Andererseits gilt: Wann immer man von Wahrscheinlichkeiten im Sinne der Probabilität spricht, benutzt man futurisch gemeintes Präsens. Markierung und prognostisches Präsens des Ereignisses sind zwei Seiten desselben Vorgangs. Dass etwas markiert ist, heißt, dass man jetzt auf sein bevorstehendes Eintreffen mit Unruhe oder Sorge gespannt sein kann.

Zwei Schritte braucht es, um aus dieser grundlegenden Markierung des Ereignisses ein Dispositiv der Zukunftsvergegenwärtigungen zu entwickeln. Als erstes ist dafür die Einrichtung des Glücksspiels erforderlich. In ihm werden die Chancen ausgespielt, die man abzählen kann. Darüber schreibt Quetelet im zweiten Brief, datiert vom 29. Mai 1837 aus Brüssel, an den Herzog, der gerade in Bonn eingetroffen ist. Im Spiel geht es darum, die „Natur des Ereignisses, das man erwartet" zu bestimmen. Das erwartete Ereignis tritt in zwei Arten auf: als günstiges oder als ungünstiges.[42] Der Aufenthaltswechsel von Brüssel nach Bonn ist der rechte Anlass für diese Erörterung: In Brüssel hatte der junge Herzog seine Studien bei Quetelet begonnen; in Bonn setzt er sie fort. Es ist ein Stück aus dem Bildungsroman des zukünftigen Monarchen. Dabei ist das Spiel ein epistemischer Gegenstand, das Mittel der Beherrschung des Ereignisses. Indem man dieses Spiel erlernt, versteht und spielt, richtet man das Dispositiv der Kontingenz- und Zukunftsvergegenwärtigung ein. Kontingente Ereignisse spielen, als solche, in der Zukunft; und sie tun es, gleich von welcher grammatischen Zeitstufe aus man auf ihr Eintreten wartet. Die Zeitbestimmung folgt hier allerdings nicht einer rhetorisch-grammatischen Sicht, wie bei Augustinus, sondern einer logisch-grammatischen.

Seit die antike Philosophie in der Aussage oder dem behauptenden Satz den elementaren Einsatz des Wissens bestimmt hat, gibt es das Problem und die Möglichkeit der Kontingenz. Eintreten oder nicht eintreten kann das singuläre Ereignis nur im propositionalen Inhalt einer behauptenden Aussage, die von einer Gegenwart aus über eine Zukunft gemacht wird. Nur der auf seine Wahrheitsbedingung hin befragte Satz, dass sich beim nächsten Wurf eine Sechs zeigen wird, bringt Kontingenz hervor. Dieses Problem der Logik ebenso wie der prophetischen Rede wandert in den Bereich des Erzählens und der narrativen Figuration der grammatischen Tempora nur unter bestimmten Bedingungen ein. Paradigmatisch wurden diese Bedingungen von Leibniz formuliert. Er zeigte, unter welchen Annahmen die singulären Ereignisse, von denen die Geschichte in ihrer Vergangenheit und ihrem historischen Präsens erzählt, die Struktur von emergierenden kontingenten Ereignissen haben. Das ist dann der Fall, wenn das Eintreffen des Ereignisses in einer (bestimmten) Geschichte mit der Kontingenz verknüpft wird, die am Anfang oder auch am Ende von Geschichte (überhaupt) steht. Im *Discours de métaphysique* erzählt Leibniz den Augenblick, in dem Cäsar den Rubikon überschreitet (die Würfel sind gefallen!) als die Emergenz eines Ereignisses aus einer Anzahl möglicher Fälle.[43] Das Eintreten

---

42 „Quand la nature de l'événement qu'on espère est désignée, il existe deux espèces de chances, le unes *favorables* et les autres *contraires* à l'événement espéré." Ebd., S. 11.
43 Gottfried Wilhelm Leibniz: *Discours de métaphysique,* hg. von Henri Lestienne, Paris: J. Vrin ²1952.

des Ereignisses setzt dann die Entstehung der Welt – dieser Welt – voraus und gestaltet sie mit. Das heißt auch: das Ereignis wiederholt die Entstehung der Welt, in deren Geschichte es vorkommt. Denn die Welt, in der Cäsar den Rubikon nicht überschritten hätte, wäre eine andere als die wirkliche und geschaffene.

Von dieser Überlegung aus wird deutlich: Im chronikartigen Bericht des Erzählers vom Ereignis, dass Cäsar den Rubikon überschritt, steckt die Zukunft des Ereignisses seines zu hoffenden oder zu fürchtenden Übersetzens über den Rubikon, ein Ereignis das so oder so aus einer Anzahl möglicher Fälle emergieren wird. Setzt man nun an die Stelle des Anfangs der kosmologischen Geschichte – das heißt an die Stelle der Schöpfung – das Ende einer individuellen Geschichte – das heißt die Erzählung zum Tode –, dann ist man der Sache nach bei Benjamins Roman des Mannes, der mit fünfunddreißig Jahren stirbt. Man langt auf diese Weise bei dem Roman an, in dessen Erzählung sich in jedem Augenblick die Kontingenz des Todes seines Protagonisten im Voraus wiederholt. Für die Probabilistik als Wissenschaft stellt sich diese innere Zukünftigkeit der Ereignisse in der Geschichte allerdings erst später und anders heraus. Das geschieht im zweiten Schritt der Laplace-Queteletschen szientifischen Probabilistik, der den ersten Schritt invertiert und subvertiert.

Dieser zweite Schritt folgt in Quetelets *Lettres sur la probabilité* im Brief, der vom 29. Juli 1837 datiert ist. Der Brief kommt aus Ostende, dem bevorzugten Seebad der belgischen Könige im 19. Jahrhundert wie auch einem Lieblingsaufenthalt des Herzogs von Sachsen-Gotha. Quetelet richtet hier – an diesem anderen Ort – seine und seines Adressaten Aufmerksamkeit zuerst auf das Anbranden der Wogen, dann auf den Aufgang der Sonne über dem Meer. Aus den pädagogisch kontrollierten und gehegten Orten einer Theorie des Spiels – erster Schritt – im besagten Brief wird – zweiter Schritt – die Wahrscheinlichkeit der kontingenten Ereignisse in die Ostender Natur versetzt, in die Ferienortnatur der physischen wie auch der sozialen Ereignisse. Die Natur im Seebad ist das Spiel, das man nicht kennt und dessen Regeln man nicht nachlesen kann. Das Ereignis der Probabilistik wird darum aus dem einfachen Dispositiv der statistischen Zukunftsvergegenwärtigung in eines der Wiederholungsbeobachtung umgesetzt.

Dessen Zeitverhältnisse sind um einiges komplexer. Ereignisse im unbekannten Spiel der Natur gibt es nämlich nur dadurch, dass ihre Erwartung sich auf die Beobachtungsreihen vergangener Ereignisse bezieht. Das ist die Rolle, die Ebbe und Flut und die erwartete Reihe der Sonnenaufgänge in diesem Szenario spielen.[44] Die Erhabenheit und der Schrecken der steigenden Flut vergehen dabei ebenso wie die Schönheit und das Erlebnis der aufgehenden Sonne. Aus dem einfachen Präsens der Erwartung beim Spiel wird ein dynamischer Durchgangspunkt zwischen der Vergangenheit der Beobachtungen und der Zukunft des Ereignisses. Je länger die Kette der Beobachtungen in die Vergangenheit reicht, umso breiter ist die Basis der Gegenwart, von der aus ein Ereignis in seiner Emergenz, und das heißt als Ereignis, erwartet werden kann. Umgekehrt gilt, dass die Wahrscheinlichkeit, das Ereignis

---

44 Quetelet: *Lettres* (Anm. 37), S. 16 f.

vorauszusagen mit seiner Entfernung von der Gegenwart der Beobachtung abnimmt. Mit anderen Worten, die Gegenwart oder das Datum, von dem aus das Ereignis der aufgehenden Sonne eines der Kontingenz ist, ist nun seinerseits ein mathematisches Konstrukt geworden. Es wird aus den Vergangenheiten der Beobachtung und aus der Zukunft der Erwartung erstellt. Dies ist der Aussichtspunkt am Meeresufer, an den Quetelet den Herzog von Sachsen-Gotha und sich selbst in seinem Brief aus Ostende zu versetzen sucht. Es ist der Punkt einer virtuellen Zukunftsgegenwärtigkeit, der seinerseits aus den Erstreckungen von Vergangenheit und Zukunft heraus berechnet ist.

Der zweite Schritt kehrt den ersten um. Die Beobachtungsposition und ihr Präsens werden um ihrer Fixierung an diesem Ort und zu dieser Zeit willen abhängig von den Zeiten, die die Beobachtung erschließen soll und auf die sie zurückgeht. Sie bestimmen sich von der Zukunft her und aus der Vergangenheit heraus. Damit wird die Inversion der Möglichkeit nach auch zur Subversion. Aus der realen Konstruktion einer beobachtbaren Welt – dem Spiel – wird die Konstruktion der Realität einer Beobachtung aus der Geschichte ihrer eigenen Vorgehensweise. So entsteht die Welt-Geschichte der Laplace-Quetelet'schen Hypothese oder, mit Benjamin argumentiert, der Roman, der sich aus der Erzählung heraus in dem immer gegenwärtigen Vorausblick auf die Kontingenz des Endes selbst konstruiert.

Nach dem Ostender Brief und dem dramatischen Höhepunkt vom Sonnenaufgang, dessen Wiedereintreten sich jetzt und an jedem Punkt erzählbarer Zeit erwarten lässt, kehrt Quetelet für einen letzten datierten Brief nach Brüssel zurück. Als letztes Kapitel im Roman des zukünftigen Ereignisses folgt das probabilistische Theorem von Thomas Bayes.[45] Es rekonstruiert aus den Erwartbarkeiten des Eintretens eines Ereignisses, genauer gesagt: aus der Beobachtungswirklichkeit von Ereigniserwartungen, rückwirkend den eigentlich fallengelassenen Begriff der Kausalität.[46] Die rückwärtsgewandte Kausalität der Geschichte, die Logik des Erzählens von einzelnen Geschehnissen, wird nachgerechnet in einer Welt, deren Gegenwart die einer Erwartung von wahrscheinlichen Zukünften ist. Damit ist die Probabilisierung des Erzählens und das heißt: die Grundlegung des Romans abgeschlossen. Wenn die Geschichte und ihre Erzählung eine rückwärts gewandte Prophetie heißen kann, dann ist das probabilistische Futur im Roman das unverwandt in die Zukunft gerichtete Erzählen der Geschichte.

4. Der Roman und die Zukünftigkeit der Kontingenz

„Geschichten", heißt es im *Vorsatz* zu Thomas Manns *Zauberberg*, „müssen vergangen sein, und je vergangener, könnte man sagen, desto besser für sie in ihrer Eigenschaft als Geschichten und für den Erzähler, den raunenden Beschwörer des

---

45 Vgl. Daston: *Classical probability* (Anm. 36), S. 253–267.
46 Quetelet: *Lettres* (Anm. 37), S. 24 f.

Imperfekts."⁴⁷ Die Wendung aus dem Eingang zum *Zauberberg* ist oft angeführt worden – vielleicht sogar zu oft, als dass nicht untergegangen wäre, dass es bei ihr nicht bleibt. Thomas Mann bedenkt den Erzähler im Vorwort zu seinem Roman mit nicht geringerer Zuneigung, als es Benjamin später im Leskow-Essay tun wird. Aber er sagt auch, ebenfalls wie Benjamin und mit einem ähnlichen Verweis auf den Ersten Weltkrieg, dass das Erzählen nur deshalb so tief in die Vergangenheit reicht, weil es selbst, als Erzählen, im Roman vergangen ist. Das ‚Es war einmal' des Märchens war im Roman einmal. Was im *Zauberberg* aus dem Erzählen heraustritt und dabei seine Stelle einnimmt, ist, wie es Thomas Mann am Ende des *Vorsatzes* nennt, die eigentümliche Ausführlichkeit des Erzählens. In der Ausführlichkeit, die sich im Erzählen und aus ihm heraus entwickelt, wird bekanntlich die erzählte Zeit zur Erzähl- und Lesezeit. Je ausführlicher erzählt wird, umso mehr nähert sich die Zeit, von der erzählt wird, der an, in der erzählt wird. „Die sieben Tage einer Woche werden dazu nicht reichen und auch sieben Monate nicht."⁴⁸ Die erzähltheoretische Pointe bezeichnet mit, was aus der ursprünglichen Erzählung der Davos-Novelle heraus proliferiert und zum ersten Teil des Romans vom Zauberberg wird. Der Roman der Ausführlichkeit spült die novellistische Erzählung, die er einmal gewesen ist, mit sich fort.

Es ist der sogenannte ‚Normaltag' im Zauberberg – es folgen ohne eigene Bezeichnung noch Normalwoche und Normaljahr –, dem der Roman mit seiner Ausführlichkeit im Erzählen den Protagonisten Hans Castorp so eingliedert, wie die anderen Figuren schon in seine Population eingegangen sind.⁴⁹ Die Probabilisierung des Romanerzählens, die nach Benjamin in der ständigen Vergegenwärtigung des kontingenten Todesmoments einer Figur liegt, ist in dieser gleichsam statistisch detaillierten Darstellung des Normaltages noch einmal verstärkt und zum eigenen Erzählmodus verdichtet. Der Normaltag im Sanatorium macht aus den Insassen Figuren, die in jedem Augenblick dazu bestimmt werden, so oder so, dann und dann zu sterben. Zugleich ist der Sanatoriumstag selbst schon dieser zukünftige Tod, der den Patientenkörpern antrainiert und ihnen eingepflanzt wird. Joachim Ziemßen könnte besonders einleuchtend eine solche Benjamin'sche Romanfigur genannt werden, die in jedem Augenblick derjenige ist, der stirbt, bevor er dem Zauberberg entkommen könnte. Im Mittelpunkt steht aber der hinzukommende Hans Castorp. Er wird erst noch einer von denen, die dem Normalismus des Zauberbergs mit seinen Essens-, Liegens-, Gesprächs- und Unterhaltungsprotokollen unterliegen.⁵⁰ Bei ihm geschieht das mit der Besonderheit, dass Hans Castorp seine Unterwerfung sich in einer ästhetischen Übung anverwandelt. Der virtuelle Punkt, an dem die Erzählzeit mit der erzählten Zeit zusammenfiele, wäre in seinem Fall darum

---

47 Thomas Mann: *Der Zauberberg*, Frankfurt a. M.: Fischer ¹⁷2004, Vorsatz, S. 9.
48 Ebd., S. 10.
49 Der ‚Normaltag' (4. Kap., *Er versucht sich in französischer Konversation,* S. 148) wird im dritten Kapitel des Romans behandelt, die ‚Normalwoche' im vierten.
50 Vgl. zum Begriff des Normalismus Jürgen Link: *Versuch über den Normalismus – wie Normalität produziert wird,* Opladen: Westdeutscher Verlag 1997.

auch einer, an dem das historische mit dem prognostischen und in diesem Roman auch dem normalisierenden Präsens zusammenfiele.

Die These, die die Beobachtungen zum prognostischen Präsenz und zur Zeitform der Probabilistik am Ende noch einmal an die Theorie des Romans zurück bindet, hat also zwei zusammen gehörende Teile: Erstens rückt mit dem probabilistischen Denken die von ihrer Herkunft her logische Beziehung auf Zukunft, die in jedem Präsens eines Aussagens über Kontingenz liegt, in die gleichsam leer gelassene Stelle eines Präsens für Futur, so wie Quintilian es dem historischen Präsens entsprechend angeführt hatte. Und zweitens gibt dieses epistemische Ereignis einen generellen Aufschluss für die Beschreibung möglicher Bauformen des Erzählens im Roman. Das gilt jedenfalls dann, wenn man unter ‚Roman' in der Tradition der romantischen Kritik eine das traditionale Erzählen normalisierende, aber aus dem Erzählen herstammende und es supplementierende Form versteht. Die These ist in diesem Zusammenhang nicht zu entfalten. Sie muss aber immerhin genannt werden, um den Bogen des Arguments deutlich zu machen. Zu diesem Zweck soll am Ende ein Beispiel stehen, das gar keinem Roman entstammt, aber als Überlegung zum Erzählen in der beginnenden Epoche des Romans gelten kann. Wie es Thomas Mann und Walter Benjamin später tun werden, geschieht das in diesem sehr viel früheren Beispiel auch mit der Absicht auf Rettung des Erzählers. Man muss die defensive Position in keinem der Fälle teilen. Sie hat aber den Vorteil, den Roman des prognostischen Präsens als supplementären Effekt klar ins Licht zu setzen.

In Goethes *Unterhaltungen deutscher Ausgewanderten* gibt es Auffälligkeiten beim Aufhören bzw. Anfangen der erzählten Geschichten. Die erste Novelle – über die Sängerin Antonelli und die Geräusche und Stimmen, die sie nach dem Tod eines unglücklichen Liebhabers verfolgen – ist ohne den Versuch einer Erklärung bis zum Ende der Geschehnisse erzählt. Die Zuhörer versuchen Erklärungen. Darauf ‚versetzt' der Erzähler, der ‚innegehalten hatte', dass es in der erzählbaren Vergangenheit bereits einen Aufklärungsversuch gegeben habe.[51] Als neues Ende der Geschichte nachgetragen wird der Fluch des sterbenden Liebhabers. Dieses verschleppte, aber erst überhaupt wirksame Ende macht die Erzählung zu einem kleinen Roman der poetischen Gerechtigkeit. Ähnliches geschieht in der vierten und letzten, der Ferdinand-Novelle. Hier schließt die Geschichte einer bürgerlichen Verfehlung und Entschuldung zunächst, nachdem der junge Ferdinand seinen Diebstahl aus der väterlichen Kasse gebüßt und den Schaden ersetzt hat. Der Erzähler beharrt, die Geschichte sei damit „wirklich schon aus"; und auch nachdem man ihn drängt weiter zu erzählen, bleibt er bei der Weigerung, einen ausstehenden Rest in Betracht zu ziehen. Er lässt sich aber von der feineren Unterscheidung umstimmen, wonach man „die Entwicklung [...] freilich gehört" habe, aber nun „auch gerne das Ende vernehmen" möchte.[52] Das Ende weitet die Erzählung zum

---

51 Johann Wolfgang Goethe: *Unterhaltungen deutscher Ausgewanderten*, in: ders.: *Werke*, Bd. 6, hg. von Erich Trunz, München: Beck 1977, S. 125–209, hier S. 156.
52 Ebd., S. 204.

Prototyp des Bildungsromans: Ferdinand gründet eine Familie und entwirft ein Erziehungsprogramm.

Die beiden mittleren Novellen der *Unterhaltungen deutscher Ausgewanderten* haben auf den ersten Blick keine äußerlich sichtbaren Besonderheiten. Aber das hängt mit ihrer inneren Verfasstheit zusammen. Die Bassompierre-Novelle, nach den Memoiren des französischen Marschalls in der ersten Person vorgetragen, endet durchaus auch mit einer offenen Frage, deren Ungelöstheit den Erzähler jedoch nicht bewegt: Bassompierre, der einer zweiten Liebesnacht mit der schönen Krämerin vom Pont Neuf entgegensieht, findet zwei tote Körper vor, die offenbar der Pest anheimgefallen sind. Er flieht, um sich zu schützen. Spätere Nachforschungen sind ohne Ergebnis. „Dieses Abenteuer begegnete mir mit einer Person vom geringen Stande, aber ich versichere, daß ohne den unangenehmen Ausgang es eins der reizendsten gewesen wäre, deren ich mich erinnere, und daß ich niemals ohne Sehnsucht an das schöne Weibchen habe denken können."[53] Eine randlose Erzählung ist es, weil sie die Frage des Romans, die Frage nach der Beziehung von Sinn und Leben, wie ausdrücklich liegen lässt. Die Diskrepanz von Leben und Sinn berührt den Herrn von Bassompierre nicht. Dagegen lässt die Prokurator-Novelle, der Typus der Goethe'schen Entsagungsgeschichte, kein Romanende über ihre Erzählung hinaus stehen, weil sie bereits als Erzählung der ganze Roman ist. „Wenn diese Geschichte Ihren Beifall hat", sagt der Erzähler, „so ist es mir zwar sehr angenehm, doch tut mir's leid, wenn Sie noch mehr moralische Erzählungen wünschen; denn es ist die erste und letzte."[54] Es kann hier nur kurz erwähnt werden, dass das *Märchen*, das den Erzählzyklus schließt, den Rahmen dieser ganzen Rahmenprobleme sprengt, denn Goethe fügt es am Ende an, ohne es noch aus der Rahmengeschichte des Zyklus heraus- oder wieder in ihn zurückzuführen.

Worum es im vorliegenden Zusammenhang aber geht, ist gerade eine Verklammerung mit dem Rahmen. Sie hängt mit der Bewegung der supplementären Romanenden der Erzählungen zusammen. Nachdem die erste, die Antonelli-Novelle mit ihrem zweiten Ende versehen ist, das sie zum Schicksalsroman macht, hören die Fragen und Erörterung nicht auf. „Die Gesellschaft fing aufs neue an, über die Geschichte zu meinen und zu urteilen."[55] Einer der Anwesenden, Fritz, behauptet, einen „Verdacht" zu haben, was es mit den akustischen Verfolgungen der Antonelli auf sich habe. Aber anstatt ihn zu äußern, erzählt er auf Nachfragen der andern wieder eine Geschichte: die anekdotenhaft kurze Geschichte vom Mädchen, das von einem Klopfen unter den Dielenbrettern verfolgt wird. Der Versuch, die Novelle zu enden, erzeugt eine weitere Erzählung. Wie nicht anders zu erwarten, setzt sich die Debatte über diese zweite Erzählung, die das Beenden der ersten kommentiert, in einer Erörterung von deren Ende fort. Dann wechseln das Tempus und die Logik der Debatten über das Beenden: Es setzt eine Erörterung der Logik solcher Ereignisse ein, die experimentell erzeugt und dem Kalkül der Wahrscheinlichkeit

---

53 Ebd., S. 164.
54 Ebd., S. 185.
55 Ebd., S. 157.

ausgesetzt sind: „‚Schade'" sei es, sagt Karl, der Revolutionsfreund, „daß man solche Vorfälle nicht genau untersucht und daß man bei Beurteilung der Begebenheiten, die uns so sehr interessieren, immer zwischen verschiedenen Wahrscheinlichkeiten schwanken muß, weil die Umstände, unter welchen solche Wunder geschehen, nicht alle bemerkt sind.'" Sogar der Erzähler, der ‚Alte', stimmt zu. Er verschärft noch Goethes Kritik des Experiments und des damit verknüpften probabilistischen Denkens: „‚Wenn es nur nicht überhaupt so schwer wäre zu untersuchen', sagte der Alte, ‚und in dem Augenblicke, wo etwas dergleichen begegnet, die Punkte und Momente alle gegenwärtig zu haben, worauf es eigentlich ankommt [...].'"[56]

Der Diskurs über die Ereignisse ist nichts anderes als die Fortsetzung des Versuchs, ein Ende der ersten Novelle zu erzählen. Umso wichtiger ist es, dass Goethe das Präsens der Erörterung der Erzählung in die nun wieder erzählte Gegenwart der Rahmengeschichte überspringen lässt. Denn nun ertönt im Rücken von Erzähler und Zuhörer ein Knall, den man bald darauf zurückführen kann, dass der Deckel eines in der Zimmerecke stehenden Schreibtischs gesprungen ist. Die Frage – die Frage des *Romans* – ist freilich, wie dieses Ereignis aus seinen Umständen und möglichen Fällen emergieren konnte. Die Untersuchung der wahrscheinlichen Ursachen hat ihren Platz im Rahmen der Geschichten, und zugleich ist sie deren Rahmen. Man forscht nach, befragt das Barometer über den Luftdruck, das Thermometer über die Temperatur, das Hygrometer über die Luftfeuchtigkeit. Schließlich gibt man die Untersuchung auf; und die Novelle vom Marschall Bassompierre, die reine Erzählung – ohne Frage nach dem Ende und dem Sinn des Ereignisses – beginnt. Die Frage nach dem Ende und dem Sinn des Ereignisses bleibt für die Dauer des Novellenzyklus wie aufgeschoben in die Gegenwart der ansonsten weitgehend unsichtbaren Rahmenhandlung. Denn offenbar wird während der gesamten Erstreckung aller einzelnen Erzählungen diese Untersuchung – und damit die Untersuchung der Theorie des Romans – fortgesetzt. Nach der letzten Novelle kommt Bruder Friedrich wie der Bote einer lang erwarteten Nachricht: Zur selben Zeit, als der Schreibtisch im Rücken von Erzähler und Hörer sprang, so hat er inzwischen herausgefunden, verbrannte das Zwillingsstück im entfernten Haus der Tante.

Man kann das Arrangement der *Unterhaltungen deutscher Ausgewanderten* mit der Annahme kommentieren, dass das Erzählen vor dem prognostischen Präsens des Romans in Schutz genommen ist, weil und solange das Ereignis im Rücken des Erzählers und seiner Zuhörer stattfindet und gewissermaßen auch nur in ihrem Rücken, in der Gegenwart des Rahmens, untersucht wird. Eine solche Annahme heißt dann aber auch, dass mit der gespensterhaften Lösung von Friedrichs Erklärung wieder alles von vorne beginnt. Auch der Roman vom Sinn des Ereignisses war nur eine weitere Erzählung, die auf das prognostische Futur eines weiteren Romans wartet, der wieder ihren Rahmen und ihr Ende bilden wird.

---

56 Ebd., S. 159.

STEFAN WILLER

Zwischen Planung und Ahnung
Zukunftswissen bei Kant, Herder und in Schillers „Wallenstein"

Alle Zukunft ist ungewiss, und trotzdem lässt sich etwas über sie wissen. Allerdings führt die Beschäftigung mit Zukünften immer in Bereiche des Unsicheren, Unfesten und Unbekannten, in denen das Wissen-Können als solches zur Debatte steht. Diese erkenntnistheoretisch grundlegende Unsicherheit erscheint in der Doppeldeutigkeit des Wortes ‚Zukunftswissen'. Sie lässt sich verdeutlichen, indem man das Kompositum in eine Genitivformel umwandelt: ‚Wissen der Zukunft'. Als subjektiver Genitiv gelesen, verweist die Formel auf Wissen, das der Zukunft angehört, *zukünftiges Wissen*, also auf zu erwartende oder zu erhoffende Wissensfortschritte ebenso wie auf zu befürchtende Hindernisse oder bestehen bleibende Grenzen des Wissens. Hier geht es um Zukünftigkeit als epistemische Zeitlichkeit. Demgegenüber richtet sich die Lesart des objektiven Genitivs auf *Wissen über Zukunft*: auf begründete Vermutungen, gewagte Thesen oder haltlose Spekulationen über Zustände, die (noch) nicht da sind, aber kommen werden, sollten oder könnten. Hier geht es um Zukunft als epistemischen Gegenstand. In beiden Versionen, ob als Subjekt oder Objekt des Wissens, ist Zukunft nicht nur schwer bestimmbar, sondern ihrem Wesen nach abwesend, sie kann also nur medial erzeugt werden: in Modellen und Simulationen, in Bildern und Visionen, vor allem aber in der Sprache. Wo immer vom Zukunftswissen die Rede ist, lässt sich eben dieses erkennen: wie sehr hinsichtlich der Zukunft das *Wissen* und die *Rede* aufeinander verwiesen sind.

Diese Erkenntnis entsteht erst in kritischer Distanz zum prognostischen Expertenwissen, wie es heute in der Soziologie und Ökonomie, in der Medizin und in den Naturwissenschaften zum Einsatz kommt. In diesen Anwendungsbereichen spielt die Reflexion auf Sprachlichkeit zumeist eine nur geringe Rolle. Statt dessen suggerieren wissenschaftliche Prognosen eine gleichsam sprachlose Präzision, weil sie die Erhebung ihrer Daten und deren als ‚Szenarien' verstandene Extrapolation in die Zukunft zunehmend an Computer delegieren. Umso mehr erhalten aber die aus solchen Szenarien abgeleiteten Prognosen oft den Status gesellschaftlicher oder individueller Handlungsanweisungen – und wechseln somit wieder ganz entschieden in den sprachlichen Bereich der Persuasion hinüber, weshalb eine rhetorische Kritik des Zukunftswissens heute mehr denn je geboten ist.[1] Eine solche doppelte Perspektive

---

[1] Vgl. dazu in diesem Band insbesondere die Beiträge von Robert Stockhammer, Birgit Griesecke und Gabriele Gramelsberger. Vgl. auch Stefan Willer: „Prognose", in: *Historisches Wörterbuch*

auf futurische Epistemologie und futurische Aussageweisen kann man als *futurologisch* bezeichnen – sofern man in Ergänzung der ‚klassischen' Futurologie der zweiten Hälfte 20. Jahrhunderts mit ihrer erkenntnistheoretischen und konkret planerischen Ausrichtung auch den rhetorischen Sinn des griechischen Wortes *lógos* aktualisiert, also die Aufmerksamkeit auf die Darstellbarkeit des Zukunftswissens mittels futurischer Rhetoriken, Sprechakte und Schreibweisen richtet.[2]

Um so verstandene Futurologien geht es im vorliegenden Aufsatz. Dabei richtet sich der Blick auf die historische Situation des ausgehenden 18. Jahrhunderts, in der ein umfangreiches Korpus zukunftsbezüglicher Texte entstand. Das Interesse an Zukunftsfragen ist typisch für das Denk- und Deutungsmuster der Jahrhundertwende, erreicht hier aber besondere textuelle Vielfalt und Dichte.[3] Aus der – nicht zuletzt politisch motivierten – Spannung zwischen Zukunftsemphase, Vorsicht und Besorgnis entwickeln sich um 1800 komplexe Auseinandersetzungen zwischen weltlich-immanentem und metaphysisch-transzendentem Zukunftswissen, die teils argumentativ überbrückt werden, teils als offene Widersprüche stehen bleiben. Für die beiden Extrempunkte dieses Zukunftswissens stehen hier die Reimwörter *Planung* und *Ahnung*.

Ich werde im Folgenden zunächst (1.) die Konstellation des Zukunftswissens der späten 1790er Jahre an den miteinander sowohl korrespondierenden als auch kontrastierenden Positionsbestimmungen Immanuel Kants und Johann Gottfried Herders zur Erkennbarkeit und Darstellbarkeit der Zukunft erläutern. Diese Problematik werde ich dann (2.) anhand von Friedrich Schillers *Wallenstein*-Trilogie (1798/99) diskutieren. Hier spielt Zukünftigkeit auf verschiedenen Ebenen eine zentrale Rolle – als strategisches Planungswissen, als divinatorische Zeichendeutung, aber auch im Einsatz von Vorausdeutungen als dramaturgisches Mittel –, so dass sich Schillers Drama auf exemplarische Weise futurologisch lesen lässt.[4]

1. Kant und Herder über Zukunft

Kennzeichnend für die Perspektivierung von Zukunft an der Wende vom 18. zum 19. Jahrhundert ist ein historisch neuartiges Verhältnis zwischen Erfahrung und

---

der Rhetorik, hg. von Gert Ueding, Bd. 10: Ergänzungen A–Z, Tübingen: Niemeyer 2011, Sp. 958–966.

2 Dies ist der Fluchtpunkt des zur Zeit von Benjamin Bühler und mir bearbeiteten Buchprojekts *Futurologien. Ein Glossar des Zukunftswissens* (München: Fink, erscheint voraussichtlich 2014).

3 Vgl. Arndt Brendecke: *Die Jahrhundertwenden. Eine Geschichte ihrer Wahrnehmung*, Frankfurt a. M./New York: Campus 1999; Julia S. Happ (Hg.): *Jahrhundert(w)ende(n). Ästhetische und epochale Transformationen und Kontinuitäten 1800/1900*, Berlin u. a.: Lit 2010.

4 Zitiert wird mit Siglen aus folgenden Ausgaben: Immanuel Kant: *Werke in zehn Bänden*, hg. von Wilhelm Weischedel, Darmstadt: Wissenschaftliche Buchgesellschaft 1983 (Sigle KW); Johann Gottfried Herder: *Werke in zehn Bänden*, hg. von Günter Arnold u. a., Frankfurt a. M.: Deutscher Klassiker Verlag 1985–2000 (Sigle HW); Friedrich Schiller: *Werke. Nationalausgabe*, begr. von Julius Petersen, fortgef. von Lieselotte Blumenthal u. a., Weimar: Böhlaus Nachfolger 1943 ff. (Sigle NA).

Erwartung, wie es besonders prägnant Reinhart Koselleck in seiner Deutung der ‚Sattelzeit' im Übergang zur Moderne beschrieben hat: als gesamtgesellschaftliche Erfahrung einer „Beschleunigung, kraft derer sich die eigene von der vorangegangenen Zeit unterscheidet", und, damit einhergehend, als Erwartung einer „Andersartigkeit der Zukunft".⁵ In Absetzung vom Verständnis der Geschichte als Lehrmeisterin des Lebens (*historia magistra vitae*) hörte demnach die Vergangenheit auf, aus sich selbst heraus die Zukunft zu erhellen („le passé n'éclairant plus l'avenir"⁶). Daher bedurfte es nun einer Kunst der Prognose, die stärker als zuvor das essenziell Neue der Zukunft in Rechnung stellte.⁷ Eine solche Prognostik war nach Koselleck unmittelbarer Bestandteil der für die ‚Sattelzeit' charakteristischen Zeitwahrnehmung einer ‚Ungleichzeitigkeit des Gleichzeitigen', denn „jede Prognose nimmt Ereignisse vorweg, die zwar in der Gegenwart angelegt, insofern schon da, aber noch nicht eingetroffen sind."⁸ So entstand eine prognostische Gemengelage: Die Zukunft sollte sich aus vergangenen und gegenwärtigen Zuständen ableiten lassen, aber trotzdem ganz anders werden als diese. Wie spannungsreich diese Lage war, lässt sich den Veröffentlichungen Immanuel Kants und Johann Gottfried Herders entnehmen – zweier philosophischer Antagonisten, die sich am Ende des 18. Jahrhunderts in ihrem jeweiligen Spätwerk (Herder starb 1803, Kant 1804) vielfach mit Fragen der Zukunftsbestimmung befassten.

1.1 Kant: „Geschichtszeichen" und „Erwartung ähnlicher Fälle"

Für Kant war die Erkennbarkeit der Zukunft ein geschichtstheoretisches, epistemologisches und anthropologisches Problem, das er mit beharrlichem Interesse, aber auch mit spürbarem Abstand verfolgte.⁹ Sehr deutlich zeigt sich diese Ambivalenz in den letzten beiden von ihm selbst verantworteten Buchpublikationen, der *Anthropologie in pragmatischer Hinsicht* und dem *Streit der Fakultäten*. Die beiden 1798 veröffentlichten Schriften thematisieren Zukünftigkeit auf komplementäre

---

5 Reinhart Koselleck: „Das achtzehnte Jahrhundert als Beginn der Neuzeit", in: Reinhart Herzog/Reinhart Koselleck (Hg.): *Epochenschwelle und Epochenbewußtsein*, München: Fink 1987, S. 269–282, hier S. 280.
6 Alexis de Tocqueville: *De la démocratie en Amérique*, in: ders.: *Œuvres, papiers et correspondances*, Bd. 1, hg. von Jacob P. Mayer, Paris: Gallimard 1961, S. 336. Vgl. Reinhart Koselleck: „Historia Magistra Vitae. Über die Auflösung des Topos im Horizont neuzeitlich bewegter Geschichte", in: ders.: *Vergangene Zukunft. Zur Semantik geschichtlicher Zeiten*, Frankfurt a. M.: Suhrkamp 1989, S. 38–66, hier S. 47.
7 Reinhart Koselleck: „Die unbekannte Zukunft und die Kunst der Prognose", in: ders.: *Zeitschichten. Studien zur Historik*, Frankfurt a. M.: Suhrkamp 2003, S. 203–221.
8 Reinhart Koselleck: „Geschichte, Geschichten und formale Zeitstrukturen", in: ders.: *Vergangene Zukunft* (Anm. 6), S. 130–143, hier S. 130.
9 Vgl. zum Zukunftsbezug bei Kant – mit anders gelagertem Interesse als im vorliegenden Beitrag – Margareta Eble: *Zukunft. Die Zeitdimension des Handelns*, Diss. LMU München/Paris I Panthéon-Sorbonne 2004, S. 75–140. Dort werden die Zukunftsbegriffe anhand der ersten und letzten *Kritik* sowie der *Metaphysik der Sitten* unterschieden; allerdings sind sie in diesen Schriften nach Ansicht der Verfasserin „von Kant unbeabsichtigt" entwickelt worden (S. 75).

Weise: die *Anthropologie* als menschliches Erkenntnisvermögen, der – hier zuerst zu besprechende – *Streit der Fakultäten* als „Erneuerte Frage: Ob das menschliche Geschlecht im beständigen Fortschreiten zum Besseren sei?". Anhand dieser Frage behandelt Kant im zweiten Abschnitt den Dissens zwischen Philosophie und Juristerei.[10] Die auch in früheren seiner Abhandlungen zur Geschichte intensiv diskutierte Frage ist hier insofern „erneuert", als sie sich nun darauf richtet, wie historischer Fortschritt aus konkreter zeitgeschichtlicher Erfahrung ableitbar sei.[11]

Auf der Suche nach einer solchen Erfahrung, die kausallogisch befriedigend als „*Ursache* von dem Fortrücken" des Menschengeschlechts in Frage kommt, verfällt Kant auf das unter den Prämissen kritischer Philosophie nicht unbedingt erwartbare Konzept historischer *Vorzeichen*. Die als Erfahrung gesuchte historische Begebenheit müsse „nicht selbst als Ursache" des Fortschritts, „sondern nur hindeutend, als *Geschichtszeichen* (signum rememorativum, demonstrativum, prognosticon) angesehen werden". Ein solches Zeichen soll dann nicht weniger vermögen, als „die *Tendenz* des menschlichen Geschlechts im *ganzen*" zu „beweisen".[12] Kant findet es in der sich im Nachbarland Frankreich vollziehenden „Revolution eines geistreichen Volks". Die eigentliche metahistorische Beweiskraft sieht er dabei nicht im realpolitischen, sondern im moralischen Charakter der Französischen Revolution, nämlich darin, dass sie im zeitgenössischen Betrachter „eine *Teilnehmung* dem Wunsche nach" bewirke.[13] Die historische Begebenheit wird also dadurch zu einem zukunftsweisenden Geschichtszeichen, dass sie einen Wunsch erweckt – womit die Geschichte im Medium des menschlichen Begehrens aufgefasst und entschieden anthropologisiert wird.[14]

Die Vorstellung, dass sich Geschichte zeichenhaft lesen lasse, ist ansatzweise bereits in Kants *Idee zu einer allgemeinen Geschichte in weltbürgerlicher Absicht* (1784) formuliert, wo es heißt, man müsse in der Geschichte und Gegenwart die „schwa-

---

10 Kant: *Der Streit der Fakultäten*, KW 9, S. 263–393, hier S. 349–368: „Der Streit der philosophischen Fakultät mit der juristischen. Erneuerte Frage: Ob das menschliche Geschlecht im beständigen Fortschreiten zum Besseren sei?"
11 Koselleck diagnostiziert für das ausgehende 18. Jahrhundert einen terminologischen Wechsel von „Fortschreiten" zu „Fortschritt", den er als wesentliches Indiz für seine Thesen zur veränderten Zukunftswahrnehmung nimmt und für den ihm Kant wichtige Belege liefert (trotz der Titelformulierung „Fortschreiten" in der hier zitierten Spätschrift). Vgl. Reinhart Koselleck: „Fortschritt", in: *Geschichtliche Grundbegriffe. Historisches Lexikon zur politisch-sozialen Sprache in Deutschland*, hg. von Otto Brunner/Werner Conze/Reinhart Koselleck, Bd. 2, Stuttgart: Klett-Cotta 1979, S. 351–423; ders.: „Erfahrungsraum' und ‚Erwartungshorizont'. Zwei historische Kategorien", in: ders.: *Vergangene Zukunft* (Anm. 6), S. 349–376, zu Kant S. 365.
12 Kant: *Der Streit der Fakultäten*, KW 9, S. 356 f.
13 Ebd., S. 358. – Im Abstand zu den von der Realpolitik nahegelegten staatsrechtlichen Fragen besteht die in dieser Schrift verhandelte Differenz zur Juristenfakultät; vgl. dazu Reinhardt Brandt: *Universität zwischen Selbst- und Fremdbestimmung. Kants „Streit der Fakultäten". Mit einem Anhang zu Heideggers „Rektoratsrede"*, Berlin: Akademie 2003, S. 119–121.
14 Zum Konzept des Geschichtszeichens vgl. Hans Feger: *Die Macht der Einbildungskraft in der Ästhetik Kants und Schillers*, Heidelberg: Winter 1995, S. 261–281 („Der Wechsel der Einbildungskraft in Kants Theorie des Geschichtszeichens").

chen Spuren der Annäherung" an die erfreuliche Zukunft finden.[15] Allerdings ist hier der metahistorische Rahmen ein anderer als in den späteren Schriften: Die Geschichte wird noch strikt teleologisch als „*Vollziehung eines verborgenen Plans der Natur*" verstanden, den man erkennen und akzeptieren müsse, um eine „tröstende Aussicht in die Zukunft" zu erhalten.[16] Menschliche Planung hat diesem Naturplan zu folgen, daher meint ‚Revolution' hier noch nicht die plötzliche Wandlung gesellschaftlicher Verhältnisse, sondern die planmäßige Entwicklung keimhafter Anlagen.[17]

Demgegenüber ist die terminologische Umbesetzung des Revolutions-Begriffs um 1789/90 für Kant auch deswegen stark zu machen, weil die Zäsur der Ereignisse in Frankreich mit einer wesentlichen werkgeschichtlichen Zäsur zusammenfällt: mit dem Abschluss des kritischen Projekts und dem daran anschließenden Vorhaben, „ungesäumt zum Doktrinalen [zu] schreiten".[18] Die nach*kritischen* Schriften Kants zur Geschichte sind also zugleich nach*revolutionär*, insofern sie sich auf das Ereignis der Französischen Revolution beziehen. Dieser von fast allen Zeitgenossen als epochal aufgefasste Umsturz eines politischen Systems mitsamt den folgenden militärischen Auseinandersetzungen der Koalitionskriege und dem besorgten oder hoffnungsvollen Blick auf einen möglichen Wechsel der eigenen Staatsordnung hatte unmittelbare Konsequenzen für den Umgang mit Zukunftswissen. Angesichts der Revolution schien eine Kenntnis der Zukunft einerseits dringend geboten, andererseits schwerer denn je zu erlangen; zur Debatte stand die Gewissheit oder Ungewissheit der Zukunft, formuliert aus einer unsicheren Gegenwart heraus. Dies ist die historische Situation, in der Kant im *Streit der Fakultäten* die starke prognostische Kraft des zukunftsgewissen Vorzeichens postuliert. Er benutzt sogar den Sprachgebrauch der divinatorischen Zeichendeutung, wenn er schreibt, dass „nach den Aspekten und Vorzeichen unserer Tage" ein Rückschritt hinter die Revolution nicht mehr möglich sein werde.[19]

Diese Formulierung ist um so bemerkenswerter, als in der zeitgleich publizierten *Anthropologie* die prognostische Lesbarkeit von Zeichen durchaus skeptisch beurteilt wird. Auch hier unterscheidet Kant, wie im *Streit der Fakultäten*, die (natürlichen) Zeichen auf dreifache Weise als „entweder *demonstrativ*, oder *rememorativ*,

---

15 Kant: „Ideen zu einer allgemeinen Geschichte in weltbürgerlicher Absicht", KW 9, S. 31–50, hier S. 46.
16 Ebd., S. 45 und 49.
17 Vgl. ebd., S. 49: „daß immer ein Keim der Aufklärung übrig blieb, der, durch jede Revolution mehr entwickelt, eine folgende noch höhere Stufe der Verbesserung vorbereite". Analog dazu sieht Kant in seinen Pädagogik-Vorlesungen der 1780er Jahre die Aufgabe der Erziehung darin, „die Naturanlagen proportionierlich zu entwickeln, und die Menschheit aus ihren Keimen zu entfalten"; dabei handle es sich um „eine Kunst, deren Ausübung durch viele Generationen vervollkommnet werden muß." Kant: *Über Pädagogik*, KW 10, S. 693–761, hier S. 701 f. Dazu und insgesamt zur „Generation" als Zukunftsmodell um 1800 vgl. Ohad Parnes/Ulrike Vedder/Stefan Willer: *Das Konzept der Generation. Eine Wissenschafts- und Kulturgeschichte*, Frankfurt a. M.: Suhrkamp 2008, S. 82–119.
18 Kant: *Kritik der Urteilskraft*, KW 8, S. 233–620, hier S. 241 (Ende der Vorrede zur ersten Auflage).
19 Kant: *Der Streit der Fakultäten*, KW 9, S. 361.

oder *prognostisch*", und erachtet letztere er für die interessantesten, weil in jeder Zeichenlektüre „das Gegenwärtige nur um der künftigen Folgen willen (ob futura consequentia)" betrachtet werde. Zugleich sind die prognostischen Zeichen aber auch die problematischsten, weil hier erkenntnistheoretisch besonders unsicherer Boden betreten werde. So lasse sich zwar in „Ansehung künftiger Weltbegebenheiten [...] die sicherste Prognose in der Astronomie" stellen, doch sei ihre zeichenhafte Übertragung auf den Menschen in der Astrologie „kindisch und phantastisch".[20] Vollends in ihrer Erscheinungsform als nicht mehr natürliche, sondern als „*Wunderzeichen*" offenbaren die prognostischen Zeichen ihre Unzuverlässigkeit. Die „Zeichen und Wunder am Himmel" sind Mittel, die „dem erschrockenen großen Haufen [...] das Ende der Welt vorher zu verkündigen dünken."[21]

Allerdings ist die eschatologische Perspektive auf das „Ende" nicht nur eine Angelegenheit des unaufgeklärten „Haufens". Immerhin zitieren Kants geschichtstheoretische Schriften der mittleren 1790er Jahre, *Das Ende aller Dinge* (1794) und *Zum ewigen Frieden* (1795), schon mit ihren Titeln eine Zukunft, die jenseits der Geschichte liegen soll. In der Tat werden hier in gewisser Weise Vorkehrungen für die Ewigkeit anvisiert – bis hin zu den konkreten völkerrechtlichen Überlegungen der *Friedens*-Schrift. Zudem geht es aber immer auch um die Frage, was es angesichts des Übergangs „*aus der Zeit in die Ewigkeit*"[22] überhaupt heißt, Entwürfe und Pläne zu machen. Kants kosmopolitische Zuversicht kontrastiert dabei mit einem nüchternen Befund, was die Geschichtsmächtigkeit menschlicher Planungen betrifft: Es seien in der Geschichte „immer neue Plane, unter welchen der neueste oft nur die Wiederherstellung eines alten war, auf die Bahn gebracht worden", weshalb es „auch an *mehr letzten* Entwürfen fernerhin nicht fehlen" werde.[23] Es ist gerade die eschatologische Perspektive auf das „Ende", die die teleologische Hoffnung auf die Verbesserung des Menschengeschlechts in ein ironisches Zwielicht setzt. So lässt sich auch Kants widersprüchlicher Umgang mit prognostischen Zeichen verstehen: als ironische Anverwandlung voraufklärerischen divinatorischen Wissens für eine nicht nur aufgeklärte, sondern sogar über ihre eigene Aufgeklärtheit schon wieder desillusionierte Geschichtsphilosophie.

Angesichts dieser Problemlage profiliert sich um so deutlicher der pragmatische Umgang mit der Zukunftserkenntnis in Kants *Anthropologie*. Die titelgebende *pragmatische Hinsicht* meint, dass epistemologische Fragen nicht als theoretisch ‚reine' behandelt, sondern auf menschliche Handlungen und Kräfte heruntergerechnet werden.[24] Daraus ergibt sich der systematische Ort des Zukunftswissens:

---

20 Kant: *Anthropologie in pragmatischer Hinsicht*, KW 10, S. 397–690, hier S. 500 f.
21 Ebd., S. 502.
22 Kant: „Das Ende aller Dinge", KW 9, S. 173–190, hier S. 175.
23 Ebd., S. 187.
24 Über die Anthropologie als „anwendungsbezogene Theorie vom Menschen" vgl. Gerd Irrlitz: *Kant-Handbuch. Leben und Werk*, Stuttgart/Weimar: Metzler 2002, S. 440–447, hier S. 441. Vgl. auch Benjamin Jörissen: „Anthropologische Hinsichten, pragmatische Absichten. Kants ‚Anthropologie in pragmatischer Hinsicht' und ihr Bezug zur Anthropologie des Pragmatismus", in: *Paragrana* 11 (2002), S. 153–176.

Kant bespricht es in Teil 1 („Anthropologische Didaktik"), Buch 1 („Vom Erkenntnisvermögen"), Abschnitt 2 („Von der Sinnlichkeit"), Kapitel 2 („Von der Einbildungskraft").[25] An dieser Stelle erscheint es im Gegensatz zum Erinnerungsvermögen oder Gedächtnis. So wie dieses das Vergangene vergegenwärtige, so werde das Künftige durch das „Vorhersehungsvermögen (provisio)" vergegenwärtigt. Dabei wird dem Vorhersehungsvermögen die in pragmatischer Hinsicht entscheidende Rolle zugewiesen: „Das Zurücksehen aufs Vergangene (Erinnern) geschieht nur in der Absicht, um das Voraussehen des Künftigen dadurch möglich zu machen, [...] um etwas zu beschließen, oder worauf gefaßt zu sein."[26]

Die kritische Richtschnur liegt in der Empirisierung des Vorhersehungsvermögens. So heißt es: „Das empirische Voraussehen ist die *Erwartung ähnlicher Fälle* (exspectatio casuum similium)".[27] Dieses gänzlich immanente, auf „wiederholte Erfahrungen" gegründete Zukunftswissen ist das einzig zurechnungsfähige, wenn auch notwendig höchst lückenhafte. Diesen Mangel kommentieren die lose aneinander gefügten einzelnen Bemerkungen mit dem trockenen Humor, der für Kants *Anthropologie* charakteristisch ist. So heißt es etwa, der „Bauerkalender" liefere ein derart unzureichendes Erfahrungswissen, dass man fast glauben solle, „die Vorsehung habe das Spiel der Witterungen absichtlich so undurchschaulich verflochten, damit es Menschen nicht so leicht wäre, für jede Zeit die dazu erforderlichen Anstalten zu treffen". Weiter schreibt Kant, ein Leben „ohne Vorsicht und Besorgnis" sei nicht besonders verständig, solange aber kein Verstoß gegen die guten Sitten vorfalle, könne es glücklicher sein als eines voll von „trüben Aussichten"; wenn man hingegen seine eigenen guten Vorsätze „durch Prokrastination" nicht umsetze, entstehe „ein trostloser Zustand der Erwartung ähnlicher Fälle".

Gemäß der Vorrede bedeutet Pragmatik eine Ausrichtung auf den Menschen als „freihandelndes Wesen".[28] Allerdings gilt die erkennbare Vorliebe des Verfassers den unscheinbaren und gewohnheitsmäßigen Alltagshandlungen – und nicht zuletzt dem dazugehörigen Sprachgebrauch, weshalb sich der Text über weite Strecken wie ein kritisches Glossar anthropologischer Redeweisen liest.[29] In der Passage, die Kant der Zukunftserkenntnis widmet,[30] liefert er zugleich ein Vokabular des Bezugs auf Zukunft. Besonders prominent sind Bezeichnungen der Sichtbarkeit: Außer der „Vorhersehung" finden sich das „Voraussehen", die „Vorsehung", die „Vorsicht", die „Aussicht" und der „Prospekt". Daneben ist von „Erwartung", „Voraussagungen", „Besorgnis", „Vorsatz", „Versprechen", „Schicksal" und „Ahndung"

---

25 Die bereits erwähnte Erörterung prognostischer *Zeichen* findet sich an etwas späterer Stelle desselben Kapitels unter der Überschrift „Von dem Bezeichnungsvermögen". – In der zweiten Auflage der *Anthropologie* (1800) sind die unteren Gliederungsebenen nicht mehr eigens als ‚Abschnitt' und ‚Kapitel' gekennzeichnet.
26 Kant: *Anthropologie in pragmatischer Hinsicht*, KW 10, S. 397–690, hier S. 491.
27 Dieses und die folgenden Zitate: ebd., S. 491 f.
28 Ebd., S. 399 (in Abgrenzung zur physiologischen Anthropologie).
29 Zur Rolle der Sprache und zur Fülle sprachlicher Beispiele in der *Anthropologie* vgl. Michel Foucault: *Einführung in Kants „Anthropologie"* (1960), übers. von Ute Frietsch, Berlin: Suhrkamp 2010, S. 87 f.
30 Kant: *Anthropologie in pragmatischer Hinsicht*, KW 10, S. 490–495; daraus die folgenden Zitate.

die Rede – genauer gesagt: Kant registriert, dass und wie von all dem die Rede ist, wenn es um die Erkenntnis der Zukunft geht. Die Zuspitzung von der Erkennbarkeit auf die Sagbarkeit findet sich auch in den Titeln der beiden betreffenden Paragraphen: Handelt § 32, wie bereits zitiert, „Von dem Vorhersehungsvermögen (provisio)", so lautet die Überschrift von § 33 „Von der Wahrsagergabe (facultas divinatrix)". Darin unterscheidet Kant drei Arten, die Zukunft zu *sagen*: „Vorhersagen, Wahrsagen und Weissagen". Dabei ist das *Vorhersagen* schon dem Wortlaut nach dicht ans Vermögen des Vor*her*sehens angeschlossen und geradezu mit diesem identisch: „ein Vorhersehen nach Erfahrungsgesetzen (mithin natürlich)".[31] Das Wahrsagen hingegen ist „den bekannten Erfahrungsgesetzen entgegen (widernatürlich)", das Weissagen ist „Eingebung einer von der Natur unterschiedenen Ursache (übernatürlich)" und somit „das eigentliche *Divinationsvermögen*".[32] In seinen weiteren Beobachtungen folgt Kant allerdings nicht der eigenen terminologischen Differenzierung, sondern spricht fast durchweg vom Wahrsagen – wobei er an einer Stelle korrigiert, man müsse von demjenigen, „der hierin eine übernatürliche Einsicht vorgibt", besser sagen: „er *wahrsagert*."[33]

Das Problem liegt für Kant aber nicht nur in der Prätention auf über- oder widernatürliche Einsichten abseits der empirischen Ableitbarkeit von Zukunft, sondern in der sprachlichen Darstellung selbst. Besonders deutlich wird das darin, dass er in diesem Paragraphen mit den Poeten ins Gericht geht – zumindest mit denjenigen, die sich „für begeistert (oder besessen) und für wahrsagend (vates) halten". Diese Fehleinschätzung der eigenen Einbildungskraft werde unmittelbar durch die Eigentümlichkeit des dichterischen Vermögens hervorgebracht: Der Dichter arbeite nicht „mit Muße", sondern müsse den „günstigen Augenblick seiner ihn anwandelnden inneren Sinnenstimmung" abpassen, der gegenüber er sich „nur leidend" verhalte.[34] Daran schließt Kant kurzerhand eine Pathologie des Genies, um in seiner Kritik des *poeta vates* alle poetischen Versuche, „das Künftige [...] in unseren Besitz zu bringen", für Krankheit und Torheit zu erklären.[35] Damit unterbietet er deutlich seine eigene komplexe Genie-Lehre aus der *Kritik der Urteilskraft* mitsamt ihren weitreichenden ästhetischen und poetologischen Folgen. In der Tat lässt sich kaum ein prägnanterer Gegensatz zwischen ‚Spätaufklärung' und ‚Frühromantik' denken als in eben dieser Hinsicht der inspirierten Zukunftsrede – man vergleiche Jean Pauls Charakteristik der romantischen Dichtung: „Ist Dichten Weissagen: so ist romantisches das Ahnen einer größern Zukunft, als hienieden Raum hat."[36]

---

31 Ebd., S. 493, im (dort nur im kritischen Apparat vermerkten) Wortlaut der Handschrift, den auch die Akademie-Ausgabe übernimmt (die Auflagen von 1798 und 1800 haben „im Vorhersehen").
32 Ebd.
33 Ebd. (derselbe Witz im *Streit der Fakultäten*, KW 9, S. 351, Fußnote).
34 Ebd., S. 494.
35 Ebd., S. 494 f.
36 Jean Paul: *Vorschule der Ästhetik*, in: ders.: *Sämtliche Werke*, hg. von Norbert Miller, Abt. 1, Bd. 5, München: Hanser 1963, S. 89 (§ 22).

Am Umgang mit dem *Ahnen* manifestiert sich auch der Gegensatz zwischen Kant und Herder. Kant stellt in seinem Panorama futurologischer Begriffe die „*Ahndung*" in den Zusammenhang der „Vorempfindung" und „Vorhererwartung", übersetzt sie mit „praesensio" und erklärt die Sache für ausgemacht: „Man sieht leicht, daß alle Ahndung ein Hirngespenst sei; denn wie kann man empfinden, was noch nicht ist?"[37] Im Wortlaut der Passage ist nicht nur interessant, dass Kant tatsächlich „Hirngespenst" schreibt, also ein mental erzeugtes *Gespenst* der Zukunft am Werk sieht,[38] sondern auch, dass und wie er auf dem Wort „Ahndung" besteht. Dazu heißt es in einer erläuternden Fußnote:

> Man hat neuerlich zwischen etwas *ahnen* und *ahnden* einen Unterschied machen wollen; allein das erstere ist kein deutsches Wort und es bleibt nur das letztere. – *Ahnden* bedeutet so viel als *gedenken*. Es ahndet mir heißt, es schwebt etwas meiner Erinnerung dunkel vor; *etwas ahnden* bedeutet jemandes Tat ihm im Bösen gedenken (d. i. sie bestrafen). Es ist immer derselbe Begriff, aber anders gewandt.[39]

Den erwähnten Unterschied zwischen ‚ahnen' und ‚ahnden' hatte „neuerlich" Johann Gottfried Herder betont – in seinem bedeutenden Essay zum Thema der Zukunftserkenntnis, der 1797, also ein Jahr zuvor, unter dem Titel *Vom Wissen und Nichtwissen der Zukunft* erschienen war. Eine Lektüre durch Kant lässt sich zwar nicht eindeutig nachweisen; es spricht aber vieles dafür, dass dieser den Essay des zwanzig Jahre jüngeren Herder zur Kenntnis genommen hatte. Schon seit den 1780er Jahren hatte sich das frühere Lehrer-Schüler-Verhältnis in eine spannungsvolle Beziehung gegenseitiger Rezensionen, Verbesserungen und teils mutwilliger Fehllektüren verwandelt. Die bekanntesten Texte in diesem Korpus – Kants Besprechungen der ersten beiden Bände von Herders *Ideen zur Philosophie der Geschichte der Menschheit* (1785) und Herders buchlange Entgegnungen auf Kants kritisches Projekt, *Eine Metakritik zur Kritik der reinen Vernunft* (1799) und *Kalligone* (1800, zur *Kritik der Urteilskraft*) – sind in der Forschung einschlägig besprochen worden;[40] hingegen wurde noch nicht systematisch in den Blick genommen, dass dieser Dissens auch hinsichtlich des Zukunftswissens geführt wurde.

---

37 Kant: *Anthropologie in pragmatischer Hinsicht*, KW 10, S. 492.
38 Vgl. Jacob und Wilhelm Grimm: *Deutsches Wörterbuch. Vierten Bandes zweite Abtheilung*, bearb. von Moriz Heyne, Leipzig: Hirzel 1877, Ndr. München: Deutscher Taschenbuch Verlag 1999, Bd. 10, Sp. 1559: „HIRNGESPENST, *n. schrieben vornehmlich* KANT *und* WIELAND *umdeutend für das ältere und berechtige* hirngespinnst" (dessen Bedeutung naheliegenderweise lautet: „*was das hirn spinnt*", vgl. den betreffenden Artikel ebd.).
39 Kant: *Anthropologie in pragmatischer Hinsicht*, KW 10, S. 492, Fußnote.
40 Vgl. u. a. Hans Dietrich Irmscher: „Die geschichtsphilosophische Kontroverse zwischen Kant und Herder", in: Bernhard Gajek (Hg.): *Hamann – Kant – Herder*, Frankfurt a. M. u. a.: Lang 1987, S. 111–192; Hans Adler: „Ästhetische und anästhetische Wissenschaft. Kants Herder-Kritik als Dokument moderner Paradigmenkonkurrenz", in: *Deutsche Vierteljahrsschrift für Literaturwissenschaft und Geistesgeschichte* 68 (1994), S. 66–76; Marion Heinz: „Herders Metakritik", in: dies. (Hg.): *Herder und die Philosophie des deutschen Idealismus*, Amsterdam/Atlanta: Rodopi 1998, S. 89–106.

1.2 Herder: „Ethomantie" und „Ergreifen der Zukunft"

Was das Ahn(d)en betrifft, so widmet ihm Herder in *Vom Wissen und Nichtwissen der Zukunft* eine ausführliche Anmerkung.[41] Dort unterscheidet er „Ahnen", als „sehr schickliches Wort, unsern *Sinn für die Zukunft* zu bezeichnen", vom „Ahnden" als einem „Wort von ganz anderm Sinn", das „zürnend verweisen, rächen und strafen" bedeute. Mit dieser Unterscheidung wendet sich Herder gegen das „verwirrende[ ] quid pro quo" im Sprachgebrauch des späten 18. Jahrhunderts, in dem, wie von Kant bekräftigt, ‚Ahnen' und ‚Ahnung' mit ‚Ahnden' und ‚Ahndung' verschmelzen.[42] Beim näheren Hinsehen ist allerdings auch Herder vom Anklang der beiden Wörter fasziniert und nutzt ihren „so verschiedne[n] Sinn" für eine doppelsinnige Wendung seiner Argumentation. Denn die Fußnote zum Ahnen/Ahnden steht genau an der Stelle, an der die von Herder zunächst kausallogisch begründete *„Einsicht in die Konsequenz der Dinge"* deutlich schicksalhafte Beiklänge erhält, so dass die Zukunft zur *„unabwendbaren Folgezeit"* wird, in der die Konsequenzen zuvor verübter Taten zu Tage treten.[43] Man kann also bündig formulieren, dass Zukunftserkenntnis bei Herder bedeutet, eine *Ahnung* von künftiger *Ahndung* zu haben.

Daher nennt Herder an eben dieser Stelle die für ihn herausragende antike Personifikation des Zukunftswissens: „Wir tragen die *Nemesis* in uns."[44] Dieser Göttin und ihren bildlichen und poetischen Darstellungen in der Antike hatte Herder schon gut zehn Jahre zuvor (1786) einen Aufsatz gewidmet. Dort betont er, dass die Deutung der Nemesis als „Rach- und Plagegöttin" ein mythologisches Missverständnis sei.[45] Vielmehr stehe sie als Sinnbild für Vorsicht und Maßhaltung, weshalb man sie sowohl „zur Aufseherin seines Glücks und seiner Sitten" als auch zum Inbegriff der Historie machen möge: „Soll also die Geschichte der Menschheit je lehrend werden: so weihe sie der Geschichtschreiber keinem anderen als *der Nemesis und dem Schicksal!"*[46] Das so verstandene ‚ahndende' Schicksal ist keine von außen eingreifende, sondern eine von innen heraus wirkende Kraft; es ist immer *Das eigene Schicksal* – so der Titel eines Aufsatzes von 1795 –, das aus der je individuellen *„Art zu sein und zu handeln"* hervorgeht.[47]

---

41 Herder: „Vom Wissen und Nichtwissen der Zukunft", HW 8, S. 283–296, hier S. 287, Fußnote (daraus die folgenden Zitate).
42 Vgl. die Artikel „AHNDEN"/"AHNDUNG" und „AHNEN"/"AHNUNG", in: Grimm: *Deutsches Wörterbuch* (Anm. 38), Bd. 1, Sp. 192-197. – In der *Metakritik* von 1799 betont Herder erneut den semantischen Unterschied der beiden Wörter und wendet sich gegen Kants Widerlegung: „Ob diesem Unterschiede in der kritischen Anthropologie gleich widersprochen worden, so besteht er doch und ist erweislich" (HW 8, S. 480 f., Fußnote).
43 Herder: „Vom Wissen und Nichtwissen der Zukunft", HW 8, S. 287 f.
44 Ebd., S. 289.
45 Herder: „Nemesis. Ein lehrendes Sinnbild", HW 4, S. 549–578, hier S. 563.
46 Ebd., S. 568 und 576.
47 Herder: „Das eigene Schicksal", HW 8, S. 239–256, hier S. 241.

An diese Immanenz des Schicksals knüpft die Zukunfts-Schrift von 1797 an, wenn sie von der „*Nemesis* in unserm Herzen" handelt.[48] Allerdings wird bei dieser Verknüpfung mentaler und moralischer Vorgänge mit der Begrifflichkeit des Schicksals nicht nur die göttliche Nemesis verinnerlicht; im selben Zuge werden das ‚Herz' des Menschen und sein „*innerer Sinn*"[49] zu Schauplätzen göttlich inspirierten Zukunftswissens. Nicht von ungefähr spricht Herder von einer „*Ethomantie der Menschheit*",[50] zieht also das pragmatische Wissen der *Ethik* mit dem divinatorischen Wissen der *Mantik* zusammen. In dieser lexikalischen Neubildung bekundet sich, ebenso wie in der Befürwortung des ‚Ahnens', der Gegensatz zu Kants nüchternem Umgang mit Zukünftigkeit. Die Differenz liegt also weniger in dem Befund, dass man „die Zukunft dunkel vorausempfinden" könne,[51] als vielmehr in der Art, wie man mit diesem Befund umgeht – ob man ihn reserviert betrachtet wie Kant in der *Anthropologie*, oder ob man ihn wie Herder geradezu enthusiastisch begrüßt.

Die Opposition zwischen beiden Haltungen begründet sich nicht zuletzt durch die unterschiedliche Bewertung eines transzendenten Zukunftswissens im Sinne der monotheistisch-christlichen Vorstellung vom Jenseits. Bei Kant sind die Letzten Dinge nur ein Extremwert des geschichtsphilosophischen Blicks auf und in die Zukunft; für den hauptamtlichen Theologen Herder liefern sie hingegen die unabdingbare Bezugsgröße und spielen eine noch wichtigere Rolle als die Aneignung paganer Schicksalsmythen. Am Anfang der Abhandlung *Vom Wissen und Nichtwissen der Zukunft* steht ausdrücklich die Perspektive auf das Leben nach dem Tod. Allerdings artikuliert sich hier zunächst eine deutlich kritische Stellungnahme zu diesem transzendenten Zukunftswissen, wenn es heißt, „*daß man die Menschen von der Begierde, ihr Schicksal in jenem Leben zu wissen, eben so abhalten solle, als man ihnen abrät zu forschen, was ihr Schicksal in diesem Leben sei*".[52]

Die Unterscheidung zweier Arten von Zukunftswissen entlang der Unterscheidung zweier Arten von ‚Leben' bezieht Herder aus einem Nachlassfragment Gotthold Ephraim Lessings, das er zum Einstieg seines Aufsatzes ausführlich zitiert und dem er die Provokation entnimmt, die religiöse Zukunftsgewissheit über ‚jenes' Leben stehe gedanklich auf derselben Stufe wie die astrologische Zukunftsgewiss-

---

48 Herder: „Vom Wissen und Nichtwissen der Zukunft", HW 8, S. 291. Zu Herders vielfachen Nemesis-Bezügen vgl. Wulf Koepke: „Nemesis und Geschichtsdialektik?", in: Kurt Mueller-Vollmer (Hg.): *Herder Today. Contributions from the International Herder Conference 1987*, Berlin/New York: de Gruyter 1990, S. 85–96.
49 Herder: „Vom Wissen und Nichtwissen der Zukunft", HW 8, S. 288.
50 Ebd., S. 290, erläutert als „Voraussehen der Zukunft aus Sitten und Handlungen" (ebd., Fußnote).
51 Ebd., S. 287, Fußnote.
52 Herder: „Vom Wissen und Nichtwissen der Zukunft", HW 8, S. 283. – Im Folgenden schließe ich an meine Erörterungen zu Herder aus zwei anderen Aufsätzen an, vgl. Willer: „Vom Nicht-Wissen der Zukunft. Prognostik und Literatur um 1800 und um 1900", in: Michael Bies/Michael Gamper (Hg.): *Literatur und Nicht-Wissen. Historische Konstellationen in Literatur und Wissenschaft, 1750–1930*, Zürich: Diaphanes 2012, S. 171–196, hier S. 177–186; ders.: „Zur literarischen Epistemologie der Zukunft", in: Nicola Gess/Sandra Janßen (Hg.): *Wissens-Ordnungen. Zu einer historischen Epistemologie der Literatur*, Berlin/New York: de Gruyter 2013 (in Vorbereitung).

heit über ‚dieses'.⁵³ Doch während sich Lessing in seinem Fragment mit der Position begnügt, es sei für den Menschen nicht nur in eschatologischer, sondern auch in weltlicher Hinsicht besser, seine Zukunft nicht zu kennen, selbst wenn es „eine Kunst gäbe, das Zukünftige zu wissen",⁵⁴ bemisst sich für Herder das Nichtwissen-*Sollen* einzig und allein nach dem Nichtwissen-*Können*. Er statuiert also keineswegs eine absolute, sondern nur eine relative Grenze des Zukunftswissens, die sich je nach dem Ausmaß der Kenntnisse über Gegenwart und Vergangenheit verschiebt. Optimiere man diese Kenntnisse, so könne eine „*Wissenschaft der Zukunft* wie der Vergangenheit" entstehen, mit deren Hilfe die Menschen „so gut für die Nachwelt als für sich rechnen".⁵⁵ Dafür müsse man sich die *genealogischen* Verläufe der Zeit vor Augen führen, die mit einer *formalen Logik* der Zeit identisch seien: „Die Zukunft ist eine Tochter der Gegenwart, wie diese der Vorzeit. Zwei Sätze liegen vor uns, um den dritten zu folgen."⁵⁶

Es ist eben dieses immanente Zukunftswissen, aus dem sich in der zweiten Hälfte des Essays das transzendente ableiten lassen soll: „Die Anwendung dieser Sätze auf unser Schicksal *nach dem Tode* ist leicht und treffend."⁵⁷ Zwar wechselt Herder nun das Register und argumentiert mit der Differenz zwischen Wissenschaft und Glaube: „*Glaube* muß die Hoffnung der Fortdauer nach dem Tode allein bleiben; demonstrierte Wissenschaft kann sie nie werden."⁵⁸ Dennoch ist der auf das Jenseits gerichtete Zukunftsglaube nicht das ganz Andere des diesseitigen Zukunftswissens, sondern bleibt auf dieses bezogen. Statt einen dogmatischen Begriff vom Leben nach dem Tod zu postulieren, folgert Herder aus den „Veranstaltungen […], mit denen die Natur in diesem Leben ein *werdendes* Geschöpf ins Leben fördert", dass dieselben „Naturgesetze", „Kräfte" und „Triebe" auch im jenseitigen Leben wirksam bleiben müssten, so dass man den „Keim der Zukunft" mit hinübernehme.⁵⁹

In dieser Begrifflichkeit von Keim und Naturgesetz erkennt man denselben teleologischen Zug, der Kants frühere Überlegungen zur Zukünftigkeit charakterisiert hatte. Herder bricht keineswegs mit dieser Gedankenfigur, vielmehr überbietet er sie noch dadurch, dass die Entwicklungskräfte hier nun nicht nur in die irdische Zukunft, sondern bis ins Jenseits hineinreichen. Anders formuliert: Das

---

53 Vgl. Gotthold Ephraim Lessing: „Womit sich die geoffenbarte Religion am meisten weiß, macht mir sie gerade am verdächtigsten", in: ders.: *Werke*, hg. von Herbert G. Göpfert, München: Hanser 1976, Bd. 7, S. 643 f. (zit. bei Herder S. 283 f. mit dem Nachweis „Leßings Leben und Nachlaß. Th. 2. S. 243").
54 Ebd., S. 644 (zit. bei Herder S. 283).
55 Herder: „Vom Wissen und Nichtwissen der Zukunft", HW 8, S. 290.
56 Ebd., S. 286. Zur Einpassung von Herders Zukunftsdenken in sein entwicklungslogisches ‚genetisches Prinzip' vgl. Hans Dietrich Irmscher: „Gegenwartskritik und Zukunftsbild in Herders Schrift ‚Auch eine Philosophie der Geschichte zur Bildung der Menschheit'", in: *Recherches Germaniques* 23 (1993), S. 33–44; Jost Schneider: „Herders Vorstellung von der Zukunft", in: *German Quarterly* 75 (2002), S. 297–307.
57 Herder: „Vom Wissen und Nichtwissen der Zukunft", HW 8, S. 290.
58 Ebd., S. 294.
59 Ebd., S. 290 f.

Jenseits überhaupt in Begriffen der Zukünftigkeit (und nicht des ‚ganz Anderen') zu denken, bedeutet, es im engen Bezug auf diesseitige Zukünfte zu denken, während umgekehrt weltlich-immanente Zukunftsplanungen immer auch in der Begrifflichkeit des Glaubens verhandelt werden. Für Herder entsteht der christlich-religiöse „*Glaube eines zukünftigen Lebens*" unmittelbar aus dem jeweils gegenwärtigen Drang nach Futurität, weil es dem Menschen „*natürlich* [ist], sich *fortzudenken* in seinen Wirkungen und Kräften."[60] Beschrieben wird hier ein Wechselverhältnis von Glauben und Wissen: ein Wissen von der zukunftserzeugenden Kraft des Glaubens und ein Glauben an die zukunftserzeugende Kraft des Wissens. Auf den Punkt gebracht wird dieses Wechselverhältnis in Herders oben bereits anzitierter Prognose einer künftigen Zukunftswissenschaft:

> Auch, glaube ich, müsse eine Zeit erscheinen, da diese Gesetze [des Zukunftswissens] dem Menschenverstande so licht und klar vorliegen, als die Gesetze des physischen Drucks und Gegendrucks oder der natürlichen Schwere. Es muß eine Zeit kommen, da es eine *Wissenschaft der Zukunft* wie der Vergangenheit gibt, da Kraft dieser Wissenschaft die edelsten Menschen so gut für die Nachwelt als für sich rechnen.[61]

Das hier berufene Zukunftswissen ist ein Noch-nicht-Wissen im emphatischen Sinn, dem selbst eine Ausrichtung auf Zukunft eingeschrieben wird. Die Formel „*Wissenschaft der Zukunft*" hat den – eingangs bereits bemerkten – Sinn des objektiven und des subjektiven Genitivs; sie meint nicht nur eine Wissenschaft *von* der Zukunft, sondern auch eine Wissenschaft, die erst *in* Zukunft kommen wird, oder auch: die immer nur zukünftig, immer *im Kommen* ist. Verglichen mit Kants Überlegungen präsentiert Herder eine Verzeitlichung des Zukunftswissens, bei der eine futurische Bewegung in die Wissensgeschichte selbst eingetragen wird – was sich auch in den modalen Bestimmungen der Herder'schen Wissenschaftsprognose ausdrückt („Auch, glaube ich, müsse eine Zeit erscheinen"; „Es muß eine Zeit kommen"). Dieser nicht nur wissenshistorische, sondern auch wissenspoetologische Zugriff ist im hohen Maße ‚pragmatisch', auf Handlung ausgerichtet, allerdings ohne den didaktischen Beiklang von Kants pragmatischer Anthropologie.

Prägnant zeigt sich Herders Poetologie des Zukunftswissens nochmals in einem kurzen Anhang, den er seinem Essay beigegeben hat. Hier werden unter dem Titel *Über Wissen, Ahnen, Wünschen, Hoffen und Glauben* fünf verschiedene kognitive oder mentale Handlungen aufgefächert, mit denen der Mensch sich die Zukunft in verschiedenen Abstufungen verfügbar zu machen vermag.[62] Herders Interesse richtet sich auch in diesem Anhang auf die Übergangsbereiche zwischen Wissen und Nichtwissen. So erzeugt das *Wissen* um Ursache-Folge-Prinzipien noch keine Gewissheit, sondern hat die Gestalt von „Prophezeiungen [...], die den Geist wecken"; das *Ahnen* wird „oft um so mächtiger", je „dunkler" es ist, denn „es schlafen

---
60 Ebd., S. 292 f.
61 Ebd., S. 289 f.
62 Herder: „Über Wissen, Ahnen, Wünschen, Hoffen und Glauben", HW 8, S. 297–301. Daraus die folgenden Zitate.

in uns weissagende Kräfte und Geister"; die *Wünsche* sind, sofern sie „*reife Früchte unsrer Erfahrungen*" sind, um so „gewissere, erfreulichere Boten der Zukunft"; beim *Hoffen* „umfassen wir das *ganze* Bild der Zukunft" in einer simultanen Vorausschau; *Glauben* schließlich meint ein aktives „*Ergreifen der Zukunft*". Es geht hier auch um den Glauben an eine bestimmte Art von „*Gewißheit*", die aus der Selbstreflexion zukunftserzeugender Geistesbeschäftigungen resultieren soll – im deutlichen Gegensatz zu Kants vorsichtig-skeptischen Überlegungen.[63]

Daher ist gerade der Appendix *Über Wissen, Ahnen, Wünschen, Hoffen und Glauben* ‚metakritisch' zu lesen, insbesondere als Ergänzung (und wohl auch als Parodie) der ‚kritischen' Trias Meinen – Glauben – Wissen. Mit diesen Begriffen hatte Kant in der Transzendentalen Methodenlehre am Ende der *Kritik der reinen Vernunft* das ‚Fürwahrhalten' mit dem Kriterium des ‚Zureichenden' aufgeschlüsselt: als subjektiv wie objektiv unzureichend (Meinen) oder als subjektiv zureichend, aber objektiv unzureichend (Glauben) oder als subjektiv wie objektiv zureichend (Wissen).[64] Wohlgemerkt liefern Kants Bemerkungen mehr als diesen Schematismus. Da nach seiner Einschätzung jeder Mensch „ein göttliches Dasein und eine Zukunft *fürchte*[t]", bedarf auch die kritisch gewendete Vernunft ihrer Transzendierung durch einen Glauben, der „über die Grenzen der Erfahrung hinaus Aussichten eröffnet".[65] Dennoch ist Kants Epistemologie des ‚Fürwahrhaltens' recht weit entfernt von Herders poetologischen Erkundungen in den Grauzonen des Wissens.[66] Nach Herder muss die Wissenschaft der Zukunft nicht nur hinnehmen, dass sie durch religiösen Zukunftsglauben transzendiert wird, sondern sie muss sich – in ihrer Wissenschaftlichkeit selbst – fortwährend Einwände von Seiten jenes Glaubens gefallen lassen. Dabei handelt es sich um die Intervention einer *Gewissheit*, die deshalb epistemologisch ernst zu nehmen ist, weil sie zugleich sichtbar macht, dass jedes Zukunfts*wissen* immer der *Ungewissheit* ausgesetzt bleibt.

---

63 Vgl. dazu auch Hans Dietrich Irmschers treffende (auf Herders Frühschriften gemünzte) Formel vom „Willen zur Zukunft" (Irmscher: „Aspekte der Geschichtsphilosophie Johann Gottfried Herders", in: Heinz [Hg.]: *Herder und die Philosophie des deutschen Idealismus* [Anm. 40], S. 5–47, hier S. 17).
64 Kant: *Kritik der reinen Vernunft*, KW 4, S. 689.
65 Ebd., S. 694 f.
66 Vgl. auch Herders erneute Widerlegung derselben Passage in der *Metakritik* von 1799: „Die drei Worte sind keine drei Stufen, sondern *Arten* des Fürwahrhaltens." Darüber hinaus macht er sich dort auch an eine etymologische Korrektur, indem er ‚Meinen' auf „das Meinige", ‚Glauben' auf „Geloben" und ‚Wissen' auf „Witz" zurückführt (HW 8, S. 584 f.). Vgl. zu dieser begrifflich-wörtlichen Debatte auch Michael Gamper: „Einleitung", in: Bies/Gamper (Hg.): *Literatur und Nicht-Wissen* (Anm. 52), S. 9–21, hier S. 9 f.

2. Zukunftswissen und Dramaturgie der Zukünftigkeit in Schillers „Wallenstein"

Friedrich Schillers *Wallenstein*-Trilogie von 1798/99 bietet eine überaus reichhaltige Auseinandersetzung mit Fragen der Zukunftserkenntnis und -darstellung. Der Text, Schillers bei weitem umfangreichstes Drama, entstand seit Mitte der 1790er Jahre, zur selben Zeit, in der Herder seine metakritischen Unterscheidungen gegen das kritische Unternehmen Kants abschließend in Stellung brachte. Schiller selbst verzichtete wohlweislich auf jegliche direkte Beteiligung an diesem Streit.[67] Dennoch ist sein „dramatisches Gedicht" über den Feldherrn des Dreißigjährigen Kriegs Teil derselben Zukunftsdebatte: In derselben historischen Situation entstanden, behandelt es dieselbe Problematik, Erkenntnisse über Zukünftiges auf zukunftsweisende Art zur Sprache zu bringen. Werkgenetisch hat diese Nähe nicht zuletzt damit zu tun, dass Schiller die früheren futurologischen Anregungen Kants und Herders gründlich zur Kenntnis genommen hatte – etwa zehn Jahre zuvor, als er um die Mitte der 1780er Jahre seine Dramenproduktion bis auf weiteres zugunsten der Geschichtsschreibung einstellte. Was Herders *Nemesis*-Schrift von 1786 betraf, so war Schiller nach eigenem Bekunden „ganz in seine Idee hineingegangen";[68] Kants Überlegungen zur *Geschichte in weltbürgerlicher Absicht* lieferten ihm entscheidende Anstöße für das universalgeschichtliche Programm der Jenaer Antrittsvorlesung von 1789, in der das teleologische Prinzip der Weltgeschichte als Bearbeitung der Vergangenheit für die Zukunft aufgefasst wird.[69]

Mit Schillers Rückkehr zur dramatischen Gattung mutiert eine Hauptfigur seiner 1793 erschienenen *Geschichte des Dreißigjährigen Kriegs* zum Protagonisten eines Geschichtsdramas. Auch wenn Wallenstein, der Herzog von Friedland, aufgrund seiner notorischen Handlungsverweigerung ein defizitäres dramatisches Subjekt zu sein scheint, lässt sich gerade in dieser Hinsicht die *Wallenstein*-Trilogie als ein für die Moderne richtungsweisendes „Drama der Geschichte" verstehen: Die historische Handlung hat nicht den einen Helden im Fokus, sondern schreitet in Form von „*mehreren* gegeneinander wirkenden und sich überkreuzenden Hand-

---

67 Überliefert sind nur briefliche Distanznahmen: sowohl gegen die „pathologische Natur" Herders (Schiller an Körner, 1.5.1797, NA 29, S. 71) als auch gegen Kants anthropologische Beschäftigung mit dem „Lebensschmutz" (Schiller an Goethe, 22.12.1798, NA 30, S. 15).
68 Schiller an Körner, 8.8.1787, NA 24, S 121–127, hier S. 124. Herders oben erwähnte Abhandlung „Das eigene Schicksal" (Anm. 47) publizierte Schiller 1795 in seiner Zeitschrift *Die Horen*.
69 Schiller spricht vom „Verlangen" des Historikers, „zu dem reichen Vermächtniß von Wahrheit, Sittlichkeit und Freyheit, das wir von der Vorwelt überkamen und reich vermehrt an die Folgewelt wieder abgeben müssen, auch aus *unsern* Mitteln einen Beytrag zu legen" („Was heißt und zu welchem Ende studiert man Universalgeschichte?", NA 17.1, S. 359–376, hier S. 376). Vgl. Bernd Bräutigam: „Vergangenheitserfahrung und Zukunftserwartung. Zum Geschichtsverständnis bei Kant, Schiller und Friedrich Schlegel", in: Friedrich Strack (Hg.): *Evolution des Geistes: Jena um 1800. Natur und Kunst, Philosophie und Wissenschaft im Spannungsfeld der Geschichte*, Stuttgart: Klett-Cotta 1994, S. 197–212.

lungen" voran.⁷⁰ Dabei wird die Teleologie, die Schillers Konzept der Universalgeschichte prägt, nachdrücklich in Zweifel gezogen. Erhalten bleibt jedoch der Anspruch auf Zukünftigkeit. Im *Wallenstein*-Drama wird eine Vergangenheit perspektiviert, die zwar historisierbar, aber nicht in sich abgeschlossen ist – weil sie in die Zukunft weist. Diese Zukunft ist, wie im Prolog zum ersten Teil deutlich gemacht wird, zum einen die Gegenwart des endenden 18. Jahrhunderts, denn „in diesen Tagen" sehe man die staatspolitische „Form" zerfallen, „die einst vor hundert / Und funfzig Jahren" (1648, von 1798 aus zurückgerechnet) zustandekam; zum anderen ist die Zukunft aber auch diejenige Zeit, die von der Gegenwart aus erst noch im Kommen ist: „der Zukunft hoffnungsreiche Ferne".⁷¹

Es handelt sich hier um eine Verschränkung der Zeitformen, bei der die Vergangenheit futurisiert, die Zukunft historisiert und das immer wieder hervorgehobene ‚Jetzt' der Gegenwart als flüchtiger Durchgang zwischen den Zeiten erkennbar wird. Das ohnehin schon komplexe Zukunftsdenken des späten 18. Jahrhunderts wird in Schillers Text semantisch vielfältig aufgeladen und somit vielschichtig lesbar – als Phänomen sowohl der dramatischen Handlung und Rede als auch der dramaturgischen Machart. Im Folgenden werden drei Aspekte erörtert: die Planungen der politisch-militärischen Strategen, der Stellenwert der Astrologie und anderer divinatorischer Techniken des Vorhersehens sowie schließlich die dramenstrukturierende Funktion von Vorausdeutungen. Auch wenn es sich aufgrund des Zuschnitts dieses Aufsatzes um eher kursorische Bemerkungen handelt, soll so die *Wallenstein*-Trilogie doch als exemplarischer Beitrag zum Zukunftsdiskurs um 1800 in den Blick genommen werden.

2.1 Strategie: Gegenwart und Zukunft des Krieges

„Jetzt werden sie, was planlos ist geschehn, / Weitsehend, planvoll mir zusammenknüpfen" (T 171 f.). Mit diesen Worten fasst Wallenstein sein strategisches Dilemma zusammen.⁷² Die Passage findet sich im einzigen Monolog der Titelfigur – im ersten Akt des dritten Teils –, der mit dem berühmten Vers beginnt „Wär's möglich? Könnt' ich nicht mehr, wie ich wollte?" (T 139). Allerdings besteht das eigentliche Dilemma nicht darin, durch widrige Umstände am willentlichen Handeln gehindert zu sein; vielmehr erkennt Wallenstein an dieser Stelle, dass sein

---

70 Wolfram Ette: „*Wallenstein* – das Drama der Geschichte", in: *Deutsche Vierteljahrsschrift für Literaturwissenschaft und Geistesgeschichte* 85 (2011), S. 30–46, hier S. 34.
71 Schiller: *Wallensteins Lager*, Prolog, Vers 70–73 und 78. Die Nachweise zu *Wallenstein* folgen der von Norbert Oellers herausgegebenen Neufassung von Bd. 8 der NA (2010, in zwei Teilbänden: NA 8 N I und NA 8 N II). Sofern der Erstdruck von 1800 zitiert wird (NA 8 N II, S. 449–777), stehen die Nachweise in Klammern direkt im Text. Dabei folgt auf die Siglen L (*Wallensteins Lager*), P (*Die Piccolomini*) und T (*Wallensteins Tod*) die Angabe der Verszahlen. Die eigens gezählten Verse aus dem Prolog werden ohne Sigle zitiert.
72 Schon im Griechischen ist *strategía* ein militärischer Terminus (von *stratós*, ‚Heer' und *ágein*, ‚führen').

vermeintlich ureigener Entschluss zum Verrat an der kaiserlichen Sache und zur Verständigung mit der protestantischen Gegenseite „planlos" zustande gekommen und ohne Absicht „geschehn" sei. Hingegen sind „sie" – Wallensteins Kontrahenten auf der kaiserlichen Seite – in der Lage, das „Jetzt" der Situation zukunftsträchtig zu nutzen. Dabei ist der Ausdruck „weitsehend, planvoll" doppelt beziehbar: Indem die Gegner Wallensteins planloses Geschehenlassen im Nachhinein *als* vorausschauend und planvoll „zusammenknüpfen", verfolgen sie selbst planvoll ihre Absicht, ihn wegen seiner militärisch-politischen Unzuverlässigkeit beim Kaiser zu verklagen und so zu Fall zu bringen.

Nicht nur hier wird in der *Wallenstein*-Trilogie die strategische Zukunftsplanung in der Zeitlichkeit des „Jetzt", der gegenwärtigen Entschluss- und Entscheidungskraft diskutiert. Am deutlichsten gilt das für die Auseinandersetzungen, in denen Terzky und Illo, die engsten Vertrauten Wallensteins, sich für den sofortigen Abfall vom Kaiser aussprechen. Mit den Worten „Jetzt hast du sie, jetzt noch!" (P 948) beschwören sie den Feldherrn, die Gunst der Stunde zu nutzen und die in Böhmen anwesenden Heerführer um sich zu sammeln. Dagegen setzt Wallenstein eine abwartende Haltung, die Illo als „temporisiren" (P 922) kennzeichnet. In diesem frühneuzeitlichen Fremdwort (einem der wenigen Fälle, in denen Schiller den Sprachgebrauch des 17. Jahrhunderts verwendet) wird ein Doppelsinn des lateinischen *tempus* aktualisiert: einerseits der ‚glückliche, rechte Augenblick', andererseits die ‚Zeitspanne'. Wallenstein betreibt eine Verzeitlichung der Zeit, eine Futurisierung des Zeit*punkts* hinein in eine künftige Zeit*dauer*, deren Erstreckung noch nicht absehbar ist. Dafür steht eine nur zwei Verse umfassenden Wechselrede zwischen Wallenstein und seinem Schwager Graf Terzky – ein Beispiel für Schillers immer wieder verblüffende Fähigkeit, den Blankvers im Dialog maximenhaft zu verdichten und zuzuspitzen:

WALLENSTEIN. Die Zeit ist noch nicht da.
TERZKY. So sagst du immer.
    Wann aber wird es Zeit seyn?
WALLENSTEIN. Wenn ich's sage. (P 958 f.)

Hier wird die Frage nach dem „Wann" mit Wallensteins Verfügung über das „Wenn" beantwortet, das wiederum doppeldeutig ist: temporal (‚sobald') und konditional (‚falls'). Grammatisch erscheint das Tempus also zugleich als Modus. Schon dadurch wird hervorgehoben, dass die Zukunft eng mit der Art und Weise des Sprechens zusammenhängt. Dieser Umstand wird nochmals unterstrichen, wenn aus Terzkys zunächst unmarkiertem „So sagst du immer" Wallensteins dezidiertes „Wenn ich's sage" wird. Es ist also ein *Sprechakt*, der die rechte Stunde nicht nur signalisieren, sondern überhaupt erst bewirken soll – allerdings ein Sprechakt, der sowohl ins Futur wie ins Konditional verschoben und immer weiter aufschiebbar wird.

Demgegenüber wird die von Illo und Terzky eingeforderte Gegenwärtigkeit wiederholt als die eigentliche soldatische Tugend gekennzeichnet. So lobt der zunächst auf Wallensteins Seite stehende General Buttler im vierten Akt der *Piccolomini* den

„große[n] Augenblick der Zeit", in dem das Glück „[d]em Tapfern, dem Entschloßnen" günstig sei (P 2014 f.), und betont: „Auch Wallenstein ist der Fortuna Kind." (P 2011) Bei dieser Sichtweise bleibt er auch später, als er zum Gegner Wallensteins wird und das von Octavio Piccolomini begonnene Komplott zu Ende führt. Denn Buttler vermag die beiden Hauptmänner Deveroux und Macdonald gerade deshalb von dem Mord am Feldherrn zu überzeugen, weil er ihnen plausibel machen kann, dass Wallensteins „Glücksstern […] gefallen", es also mit seinem Kriegsglück „auf immerdar" vorbei sei (T 3254–3256), während die beiden Mörder in ihrer eigenen Sichtweise „Soldaten der Fortuna" sind. Dabei geht es nicht zuletzt ganz konkret um den Sold: „wer / Das meiste bietet, hat uns." (T 3239 f.)

Buttler selbst sieht keinerlei Widerspruch darin, dass die beiden als „ehrliche Soldaten" zugleich „Fortüne machen" wollen. (T 3241 f.) In der Tat folgt er in dieser Verknüpfung von Soldatenehre, Glück und Geld dem Beispiel Wallensteins, wie es maßgeblich in *Wallensteins Lager* aufgestellt wird. Hier, im Auftakt zur Trilogie, entwirft Schiller die Hintergrundfolie, vor der die Vorgänge der beiden folgenden Teile und der inkriminierte politische Verrat des Feldherrn am Kaiser überhaupt erst verständlich werden: „Sein Lager nur erkläret sein Verbrechen", heißt es im Prolog zum ersten Teil (118). Die im *Lager* betonte Loyalität der Soldaten zum Feldherrn hängt vom Sold ab. Man wird gut bezahlt, verpflegt und einquartiert, erhält seinen Anteil an der Beute und lobt daher das reine Gegenwart des Kriegsglücks: „Heute da […] und morgen dort" (L 134), „Mich dem Augenblick frisch vertrauen, / Nicht zurück, auch nicht vorwärts schauen" (L 244 f.), „weil sich's nun einmal so gemacht, / Daß das Glück dem Soldaten lacht" (L 988 f.).

Angesichts dieser saloppen Knittelverse kann man leicht übersehen, dass *Wallensteins Lager* ein bemerkenswertes Stück experimenteller Literatur ist. Es handelt sich um den programmatischen und konsequent durchgeführten Versuch, den Krieg durch die kollektive *dramatis persona* des Heeres zu perspektivieren, das über die Planungen des Generalstabs allenfalls Mutmaßungen anstellen kann.[73] Und auch in *Die Piccolomini* und *Wallensteins Tod* werden die Strategien der Heerführer immer wieder auf die Außenwelt des Heerlagers bezogen, etwa wenn Octavio berichtet, man habe begonnen, „Meuterey / Im Lager auszusäen" (P 2346 f.), Terzky von einem „Rennen und Zusammenlaufen / Bey allen Truppen" spricht (T 1594 f.) oder Wallenstein mit Buttler erörtert, „[w]ie dieser Lärmen / Ins Lager kam" (T 1725 f.). Erst im situativen Handeln der Soldaten zeigen sich die Effekte strategischer Vorausplanung – die erwünschten und die unerwünschten. Damit wird die Wirkweise der Strategie ebenso deutlich wie ihre Beschränktheit.

In einer Lektüre von *Wallenstein* als Drama der Kriegsführung hat Jan Mieszkowski darauf hingewiesen, dass die verhandelten Strategien vor allem eines vor

---

73 Zur dramaturgischen Funktion des Kollektivs vgl. Hannelore Schlaffer: *Dramenform und Klassenstruktur. Eine Analyse der dramatis persona „Volk"*, Stuttgart: Metzler 1972, dort zu *Wallensteins Lager* S. 36, 40 und 59.

Augen führen: „the instability of military agency".[74] Die Frage nach dem Wann des Handelns wird damit als zentrale Frage des Stückes um so deutlicher, weil sie aus der Zeitlichkeit des Krieges heraus nicht beantwortet werden kann: „it is very much an open question whether there will ever be a time outside of wartime."[75] Die *Kriegszeit* in ihrer Immanenz ist die unabsehbare, nicht enden wollende Zeit kriegerischer Handlungen, die Zeit des *Temporisierens* schlechthin. Wallensteins Zaudern bietet genau deswegen „eine elementare Szene für die Kontingenz der historischen Welt",[76] weil es als genuin kriegsstrategische Verhaltensweise erkennbar wird. Dennoch muss im Krieg selbst das *Ende* des Krieges, seine zweckmäßige wie zeitliche Finalität, anvisiert werden. „Im Kriege selber ist das letzte nicht der Krieg" (P 485), so Octavios Formel für das sozusagen metaphysische Zukunftswissen der Strategen. Gerade dieser Satz fügt dem Blankvers eine zusätzliche, metrisch ‚falsche' sechste Hebung hinzu, überschreitet also das Versmaß. Das mag man als Indiz dafür nehmen, dass eine solche Metaphysik des Krieges die Sprache des Krieges per se überschreitet.[77]

2.2 Divination: die Deutung der „Sternenstunde"

Im Jahr 1797, als Schiller bereits intensiv mit den Vorbereitungen zum *Wallenstein* beschäftigt war, erarbeitete er gemeinsam mit Goethe den kurzen poetologischen Entwurf *Über epische und dramatische Dichtung*. Dort heißt es von der „Welt der *Phantasieen, Ahnungen, Erscheinungen, Zufälle* und *Schicksale*", sie müsse „an die sinnliche herangebracht" werden, wobei allerdings „für die Modernen eine besondere Schwierigkeit entsteht, weil wir für die Wundergeschöpfe, Götter, Wahrsager und Orakel der Alten, so sehr es zu wünschen wäre, nicht leicht Ersatz finden."[78] Bei der Verfertigung des *Wallenstein* bereitete Schiller dieses ‚Heranbringen' des Übersinnlichen ans Sinnliche in der Tat erhebliche Probleme. Einerseits bot der Rekurs auf divinatorisches Wissen, vor allem auf die vom historischen Wallenstein geschätzte Astrologie, die Möglichkeit, das Verhalten des Protagonisten in der Weltsicht des 17. Jahrhunderts zu verankern; andererseits war gemäß den Einsichten der ‚Modernen' das unmittelbare Einwirken höherer Mächte auszuschließen. Schillers Antwort auf diese Herausforderung lag darin, die futurologische Frage nochmals komplizierter zu machen – denn anders als man vermuten könnte, dienen Wahrsagerei und Ahnungen in der *Wallenstein*-Trilogie keineswegs dazu, den Umgang mit Zukunft zu vereinfachen.

---

[74] Jan Mieszkowski: „The Pace of Attack: Military Experience in Schiller's *Wallenstein* and *Die Jungfrau von Orleans*", in: *Goethe Yearbook* 16 (2009), S. 29–46, hier S. 30.
[75] Ebd.
[76] Joseph Vogl: *Über das Zaudern*, Zürich/Berlin: Diaphanes 2007, dort zu Wallenstein S. 39–55, hier S. 55.
[77] Es muss allerdings ergänzt werden, dass diese metrische Abweichung im *Wallenstein* relativ häufig vorkommt.
[78] „Über epische und dramatische Dichtung. Von Goethe und Schiller", NA 21, S. 57–59, hier S. 58.

Das gilt zumal für die Rolle der Astrologie. Dass Wallenstein wiederholt auf Ratschläge seines Astrologen Baptista Seni zurückgreift, heißt nicht, dass ihn die Konstellationen der Gestirne unmittelbar zu Handlungen motivieren. Wie Illo im bereits erwähnten Dialog kritisch anmerkt, heißt Sternenglaube für Wallenstein vor allem Erwartung im Sinne des Abwartens: „O! du wirst auf die Sternenstunde warten, / Bis dir die Irdische entflieht! Glaub' mir, / In deiner Brust sind deines Schicksals Sterne." (P 960–962) Gegen dieses Lob des ‚eigenen Schicksals' – ganz im Sinne der Herderschen *Nemesis* gesprochen – setzt Wallenstein das Konzept einer in sich bezüglichen Welt, in der sich die Bezeichnungsfunktion der Gestirne nicht auf Hinweise für „die Zeiten / Der Aussaat und der Aernte" beschränkt: „Auch des Menschen Thun / Ist eine Aussaat von Verhängnissen, / Gestreuet in der Zukunft dunkles Land, / Den Schicksalsmächten hoffend übergeben. / Da thut es Noth, die Saatzeit zu erkunden, / Die rechte Sternenstunde auszulesen" (P 988–994). Die Sterne erleuchten die Zukunft nicht, sondern sie zeigen, wie dunkel sie ist.

Angesichts dieser Ungewissheit die „Sternenstunde auszulesen" ist eine Deutungsarbeit, die Zeit benötigt, weshalb Wallenstein am Ende der Replik seine ‚temporisierende' Strategie bekräftigt: „Drum laßt mir Zeit." (P 998) In einer etwas späteren Szene wird die Überlagerung von Astrologie und Strategie mit eigentümlicher terminologischer Präzision hervorgehoben, nämlich im wörtlichen Anklang von ‚Plan' und ‚Planet'. Auf Terzkys Bemerkung, Wallenstein spreche zwar „stundenlang mit uns von seinen Planen" (P 1339), habe aber möglicherweise inzwischen ganz andere Vorhaben, entgegnet Illo: „Er seine alten *Plane* aufgegeben! / Ich sag' Euch, dass er wachend, schlafend mit / Nichts anderm umgeht, dass er Tag für Tag / Deßwegen die *Planeten* fragt" (P 1343–1346; Hvh. St. W.). Selbst wenn man annehmen darf, dass dieser Anklang nicht nur Illo, sondern auch Schiller eher zufällig unterlaufen ist, ändert das nichts an seiner Realität im Text. Auf gleichsam unterschwelliger lexikalischer Ebene wird so die Verknüpfung zwischen diesseitigem und divinatorischem Zukunftswissen befestigt.

Die übersinnliche Welt an die sinnliche anzunähern heißt für das Drama auch, dass die ‚Phantasien, Ahnungen, Erscheinungen, Zufälle und Schicksale' theatralisch verkörpert werden müssen. Im *Wallenstein* betrifft das ganz konkret den Umgang mit Orten. Am prominentesten ist das „mit Sphären, Charten, Quadranten und anderm astronomischen Geräthe" sowie mit „sieben Planetenbilder[n]" (so die Bühnenanweisung vor T 1) eingerichtete Zimmer, in dem zu Beginn von *Wallensteins Tod* die Sterne beobachtet und gedeutet werden. Fast ebenso bekannt wie diese Szene, in der sich Wallenstein durch eine vermeintlich günstige Konstellation zum Handeln ermutigt sieht („Der Tag bricht an, und Mars regiert die Stunde", T 2), ist Schillers Hadern während der Arbeit an diesem Motiv. An Goethe schrieb er, die astrologische Szene sei „trocken, leer und noch dazu wegen der technischen Ausdrücke dunkel für den Zuschauer",[79] und erwog eine Alternative, in der statt

---
79 Schiller an Goethe, 4.12.1798, NA 30, S. 8.

der Sterne ein Buchstabenorakel gedeutet worden wäre.[80] Allerdings ließ er sich von Goethe dahingehend beruhigen, dass die Astrologie als „Theil des historisch, politisch, barbarischen Temporären" ganz dem „Stoff" zuzuordnen sei, während für die Darstellung und Strukturierung dieses Stoffes „das Tragische" die zentrale Kategorie sein müsse.[81] In einem weiteren Brief spricht Goethe von der Divination als dem „dunkeln Gefühl eines ungeheuren Weltganzen", das durchaus anthropologisch grundiert sei: „So darf der Mensch im Vorgefühl seiner selbst nur immer etwas weiter schreiten und diese Einrichtung aufs sittliche, auf Glück und Unglück ausdehnen."[82]

Mit dieser Umdeutung der Divination zum „Vorgefühl seiner selbst" unterstreicht Goethe, dass im *Wallenstein*-Drama ‚das Tragische' in zeitgemäßer Fassung erscheine, indem vermeintlich gottgegebene Ahnungen ins Innenleben des modernen Menschen verlagert würden. Demnach steht Wallensteins Schicksal nicht in den Sternen geschrieben, sondern er selbst beeinflusst sein Schicksal durch seine Versuche, die Sterne zu deuten. Erneut zeichnet sich hier das Herder'sche Deutungsmuster der Nemesis im Sinne des ‚eigenen Schicksals' ab.[83] Wie weit man mit dieser Deutung kommt, wurde in einer Reihe subtiler Analysen des astrologischen Motivs vorgeführt.[84] Liest man es „gegen den Strich der Deutung Wallensteins",[85] dann zeigt sich etwa, dass er das Wissen um astrale Konstellationen durchaus strategisch einsetzt;[86] vor allem aber lässt sich die „tragische Ironie" erkennen,[87] die darin liegt, dass Wallenstein nach dem Tod des jungen Max Piccolomini *aufhört*, an die Sterne zu glauben, und die zutreffenden Warnungen Senis ignoriert. Die tragi-

---

80 Vgl. Schiller: „Buchstabenorakel – Beilage zu Schillers Brief an Goethe vom 4. Dezember 1798", NA 8 N II, S. 393–395.
81 Goethe an Schiller, 5.12.1798, NA 38.1, S. 12 f.
82 Goethe an Schiller, 8.12.1798, NA 38.1, S. 14.
83 Schillers Zustimmung zu dieser Lesart zeigt sich schon daran, dass auf seine Veranlassung hin die Titelvignette der Erstausgabe des *Wallenstein* von 1800 mit einer Darstellung der Nemesis geschmückt wurde. Vgl. Eckhard Heftrich: „Das Schicksal in Schillers ‚Wallenstein'", in: Roger Bauer (Hg.): *Inevitabilis Vis Fatorum. Der Triumph des Schicksalsdramas auf der europäischen Bühne um 1800*, Bern u. a.: Lang 1990, S. 113–121, hier S. 113. Zur Bedeutung der Nemesis in Schillers Dramen vgl. bereits Clemens Heselhaus: „Die Nemesis Tragödie. Fiesco – Wallenstein – Demetrius", in: *Deutschunterricht* 5 (1952), S. 40–59; außerdem Mario Zanucchi: „Die ‚Inokulation des unvermeidlichen Schicksals'. Schicksal und Tragik in Schillers ‚Wallenstein'", in: *Jahrbuch der deutschen Schillergesellschaft* 50 (2006), S. 150–175, hier S. 161–164.
84 Beginnend mit Klaus F. Gille: „Das astrologische Motiv in Schillers Wallenstein", in: *Amsterdamer Beiträge zur neueren Germanistik* 1 (1972), S. 103–118.
85 Dieter Borchmeyer: *Macht und Melancholie. Schillers „Wallenstein"*, 2. Aufl., Neckargemünd/Wien: Edition Mnemosyne 2003, S. 54.
86 Vgl. Maria Wolf: „Der politische Himmel. Zum astrologischen Motiv in Schillers ‚Wallenstein'", in: Achim Aurnhammer/Klaus Manger/Friedrich Strack: *Schiller und die höfische Welt*, Tübingen: Niemeyer 1990, S. 223–232; Christian Sinn: „Würfel, Schach, Astrologie. Macht und Spiel in Friedrich Schillers ‚Wallenstein'-Trilogie", in: *Jahrbuch des Freien Deutschen Hochstifts* (2005), S. 124–168, v. a. S. 150–167.
87 Zanucchi: „Die ‚Inokulation des unvermeidlichen Schicksals'" (Anm. 83), S. 168.

sche Katastrophe ist also „nicht dem blinden Sternenglauben des Helden, sondern *de facto* gerade seinem *Unglauben* angesichts der Sternenzeichen" anzulasten.[88]

Zu der mit dieser Lesart einhergehenden Überformung des Dramas zum schlechthin modernen Exemplar des Tragischen ist zu ergänzen, dass *Wallensteins Tod* von Schiller gerade nicht als Tragödie, sondern als *Trauerspiel* ausgewiesen worden ist. Damit kommt ein weiteres Modell des Zukunftswissens in den Blick, das mit der Fokussierung auf das ‚eigene Schicksal' eher ausgeblendet wird: das Moment der *Vorsehung*. Die Vorsehung ist, nach Arthur Schopenhauers bündiger Definition, „das christianisierte Schicksal, also das in die auf das Beste der Welt gerichtete Absicht eines Gottes verwandelte", während das tragische *fatum* eine „im Ganzen der Dinge verborgene Nothwendigkeit" darstelle, für die ein „Vorher*wissen* [...] durch Orakel, Seher, Träume u.s.w." möglich sei.[89] Auch wenn Schopenhauer diese Gegenüberstellung nicht auf Schiller münzt, ist doch zum Ende von *Wallensteins Tod* der Versuch unübersehbar, das divinatorische Vorherwissen auf die göttliche Vorsehung zu beziehen. Gordon, Wallensteins einzig verbliebener Getreuer, beschwört Wallenstein kurz vor dessen Ermordung, auf Senis Warnungen zu hören, gerade weil er selbst nicht sternengläubig, sondern gottesfürchtig ist: „Wenn's doch kein leeres Furchtbild wäre, / Wenn Gottes Vorsehung sich *dieses* Mundes / Zu Ihrer Rettung wunderbar bediente!" (T 3627–3629) Auf diesen letzten Versuch einer Rettung sowohl des astrologischen Deutungsmusters als auch des Protagonisten vermag dieser allerdings nur noch den umfassendsten Zukunfts-Agnostizismus zu formulieren: „Hätt' ich vorher gewußt, was nun geschehn, / [...] / Kann seyn, ich hätte mich bedacht – kann seyn / Auch nicht – [...] / Hab' es denn seinen Lauf!" (T 3657–3663)[90]

2.3 Vorausdeutung: die Zukunftsgewissheit dramatisch-theatralischer Zeichen

Dass der ‚Lauf' der dramatischen Handlung auf den Tod des Protagonisten zusteuert, wird bereits durch den Titel des letzten Teils angekündigt. In kürzester Form gewährleistet die Überschrift *Wallensteins Tod* die Kenntnis über den Ausgang – so wie die Vorkenntnis des Mythos für die Rezeption der antiken Tragödie von ent-

---

88 Ebd., S. 166.
89 Arthur Schopenhauer: *Parerga und Paralipomena. Zweiter Band* (1851), in: ders.: *Werke in fünf Bänden*, hg. von Ludger Lütkehaus, Zürich: Haffmans 1991, Bd. 5, S. 385 (§ 223). Der Hinweis auf Schopenhauer findet sich bereits bei Heftrich: „Das Schicksal in Schillers ‚Wallenstein'" (Anm. 83), S. 120 f.
90 Gerade dieser Agnostizismus ist *traurig* im Sinne des Trauerspiels, wie man an Gordons Reaktion erkennen kann: Er drückt „durch Gebärden seinen Schmerz aus, und lehnt sich gramvoll an eine Säule" (nach T 3679). Vgl. auch die Betonung des Traurigen in Hegels Rezension des Stücks: „Der unmittelbare Eindruck nach der Lesung des *Wallenstein* ist trauriges Verstummen über den Fall eines mächtigen Menschen unter einem schweigenden und tauben, toten Schicksal." Georg Wilhelm Friedrich Hegel: „Über Wallenstein" (1800), in: ders.: *Werke*, hg. von Eva Moldenhauer/Karl Markus Michel, Frankfurt a. M.: Suhrkamp 1971, Bd. 1, S. 618–620, hier S. 618.

scheidender Bedeutung war. In der *Wallenstein*-Trilogie wird das Vorwissen gleich zu Beginn betont, wenn es im Prolog zum *Lager* in direkter Publikumsansprache über den Protagonisten heißt: „Ihr kennet ihn" (94).

Im futurologischen Bezugssystem des *Wallenstein* funktioniert dieses Moment der Vorkenntnis innerhalb eines dichten Netzes von Vorausdeutungen, die sich nicht nur in der dramatischen Rede, sondern auch auf der Ebene der nonverbalen Zeichen finden. So ergibt sich im zweiten Akt der *Piccolomini* ein eigenartig divinatorischer Umgang mit dem Raum der Bühne. Man sieht, wie Seni einen „Saal beym Herzog von Friedland" für die folgenden Beratungsgespräche präpariert, indem er mit einem „Stäbchen [...] die Himmelsgegenden bezeichnet" (vor P 607), den Raum ausräuchern lässt und die Anzahl der Stühle korrigiert: „Eilf! Eine böse Zahl. Zwölf Stühle setzt" (P 620). Das erweist sich später als tauglich, weil im letzten Auftritt des Aktes schließlich nicht elf, sondern zwölf Männer im Raum versammelt sind – ohne Senis so vorsichtige wie vorausschauende Sitzordnung hätten also gar nicht alle Platz gefunden.

So randständig dieses Moment konkret-räumlicher Divination erscheinen mag,[91] so genau fügt es sich in Schillers ökonomischen Umgang mit theatralischen Zeichen. Am prägnantesten zeigt sich diese Ökonomie in einem wichtigen Requisit des Schlussakts von *Wallensteins Tod*, dem „rothen Teppich", in dem Wallensteins Leichnam im vorletzten Auftritt „hinten über die Scene getragen" wird (vor T 3777). Eben diesen Teppich hatte Wallenstein zuvor im Gespräch mit seiner Schwester, der Gräfin Terzky, zur Deutung eines prophetischen Traums herangezogen, in dem sie „eine rothe Decke" über sich und ihren Bruder gelegt sah (T 3509). Wallensteins Kommentar, „Das ist der rothe Teppich meines Zimmers" (T 3510), ist an dieser Stelle als Beruhigung gedacht, dass dieser Traum keine Vorbedeutung habe. Doch sind die bloßen „Einbildungen", die er hier am Werk sieht, in der Tat als „trübe[ ] Ahnungen" ernstzunehmen (T 3467 f.): Es *ist* der rote Teppich; und dass er Wallenstein an dieser Stelle in den Sinn kommt, muss, von der späteren Szene her, als Vorzeichen seines Todes gedeutet werden.

So sehr also jegliche Prognostik auf der thematischen Ebene als zukunftsungewiss markiert wird, so zukunftsgewiss sind die Vorausdeutungen auf der strukturellen Ebene, die Schiller im *Wallenstein* als dicht gefügtes System der Wissensunterschiede zwischen Figuren und Publikum konstruiert.[92] Dabei erscheint das dramaturgisch unerlässliche Element der Informationsvergabe immer wieder prognos-

---

91 Einziges, allerdings eindeutiges Indiz ist die Bühnenanweisung zum siebten Auftritt, die ganz klar zwölf Personen vorschreibt: „*Vorige* [Wallenstein, Terzky, Illo], *Questenberg, beyde Piccolomini, Buttler, Isolani, Maradas und noch drey andere Generale treten herein*" (vor P 1011).

92 Die Unterscheidung zwischen zukunftsgewissen und zukunftsungewissen Vorausdeutungen wurde zunächst für die Erzählanalyse entworfen, vgl. grundlegend Eberhard Lämmert: *Bauformen des Erzählens*, Stuttgart: Metzler 1955, S. 139–194. Zur Funktion der Wissensunterschiede im Drama vgl. Manfred Pfister: *Das Drama. Theorie und Analyse*, München: Fink 1977, S. 79–86; Bernhard Asmuth: *Einführung in die Dramenanalyse*, Stuttgart/Weimar: Metzler ⁵1997, S. 114–134, v. a. S. 115–121 („Die Vorausdeutung als Mittel dramatischer Spannung und ihr Zusammenhang mit mantischem Glauben").

tisch überdeterminiert, wie in den Worten von Wallensteins Frau: „Ich bin so schreckhaft. Jedes Rauschen kündigt mir / Den Fußtritt eines Unglücksboten an." (T 1366 f.) Als ein solcher Unglücksbote tatsächlich eintrifft, um den Tod von Max Piccolomini zu verkünden, hat auch Wallensteins Tochter Thekla schon zuvor „Unglück geahnt" und ist durch das „Gerücht / Von einer Schlacht" erschreckt worden (T 2916 f.). Da man sozusagen immer im Futur spricht, gewinnt die dramatische Rede durchweg den Charakter einer selbsterfüllenden Prophezeiung: Sie ist in der Lage, im jeweils gegenwärtigen Sprechen durch Referenzen auf zukünftige Ereignisse eben diese Ereignisse herbeizuführen. Sehr schön zeigt sich das im Schlussakt der *Piccolomini*, der sich zu einem genau kalkulierten Spannungsmoment steigert und unmittelbar auf die Ereignisse des dritten Teils abzielt. Obwohl Octavio und Max Piccolomini in der Intrige auf entgegengesetzten Seiten stehen, sind sie sich in dieser dramaturgischen Hinsicht einig:

OCTAVIO. Die Sachen liegen der Entwicklung nah,
Und eh' der Tag, der eben jetzt am Himmel
Verhängnißvoll hereinbricht, untergeht,
Muß ein entscheidend Loos gefallen seyn. (P 2593–2596)

MAX. Und eh' der Tag sich neigt, muß sich's erklären,
Ob ich den Freund, ob ich den Vater soll entbehren. (P 2650 f.)

Gleich die erste Figurenrede in *Wallensteins Lager* ist, wenn man sie als dramatisch-theatralischen Sprechakt ernst nimmt, eine solche selbsterfüllende Prophezeiung. „Vater, es wird nicht gut ablaufen" (L 1): So lautet die Warnung des Bauernknaben an seinen Vater, der sein „Paar glückliche Würfel" (L 12) ausprobieren möchte, um den Soldaten wenigstens etwas von dem Geld wieder abzugewinnen, das ihm durch ihre Einquartierung verloren geht. Der prophetische Charakter des ersten Satzes erschöpft sich nicht darin, dass der Betrug auffliegt und der Bauer davongejagt wird (L 637–670). Vielmehr erstreckt sie sich als Vorausdeutung auf die gesamte Wallenstein-Handlung in ihrem Charakter als Spiel mit dem Glück: auf die Fortüne der Soldaten, die im Hasard des Krieges ihr Leben riskieren (so der Chor als Abschluss von *Wallensteins Lager*: „Und setzet ihr nicht das Leben ein, / Nie wird euch das Leben gewonnen seyn", L 1105 f.) ebenso wie auf das strategische Spiel Wallensteins, das ihm zunächst zum Vorwurf gemacht wird (Terzky zu Wallenstein: „So hast du stets dein Spiel mit uns getrieben!", P 871), um dann zu seinem Verhängnis zu führen (Buttler über Wallenstein: „Nicht Anstand nahm er, andrer Ehr und Würde / Und guten Ruf zu würfeln und zu spielen", T 2857 f.).[93]

Noch vor der ersten Vorausdeutung auf den ‚Ablauf' wird der Hinweis auf das Spiel im Prolog als theatralische Selbstreflexion etabliert. Hier werden wesentliche Aspekte des Spielbegriffs genannt, die über das Spiel um Sieg oder Niederlage hinausgehen: das Sprachspiel, genauer „des Reimes Spiel" (131), als Hinweis auf die Knittelverse im folgenden ersten Teil der Trilogie, und das Spiel als Inbegriff einer

---

[93] Ausführlich zum Spiel-Begriff vgl. Sinn: „Würfel, Schach, Astrologie" (Anm. 86).

Ästhetik der Illusion und des Scheins, in der „das düstre Bild / Der Wahrheit in das heitre Reich der Kunst / Hinüberspielt" (133–135).[94] Somit formuliert der Schlussvers, „Ernst ist das Leben, heiter ist die Kunst" (138), die wesentliche Vorausdeutung, derzufolge im strategischen Spiel des *Wallenstein* immer auch das Spielerische des Theaters mitzubedenken ist. Darauf weisen bereits die ersten Zeilen des Prologs hin: „Der scherzenden, der ernsten Maske Spiel, / Dem ihr so oft ein willig Ohr und Auge / Geliehn, die weiche Seele hingegeben, / Vereinigt uns aufs neu in diesem Saal" (1–4). Wie die Druckfassung vermerkt, wurde der Prolog „bey Wiedereröffnung der Schaubühne in Weimar im October 1798" gesprochen, weshalb in der Erwähnung des „Spiels" zum einen das Hier und Jetzt der Aufführung – mitsamt der Wirkung auf das Publikum –, zum anderen der Aspekt der Erneuerung, der Wiederkehr und des Festlichen betont wird.

Im Prolog geht es nicht zuletzt darum, der Schauspielkunst eine zeitliche Tiefendimension zu verleihen, in Ergänzung zu ihrer eigentlichen Erscheinungsform, der reinen Gegenwart (in der sie übrigens mit dem Soldatenstand verbunden erscheint): „Denn schnell und spurlos geht des Mimen Kunst, / Die wunderbare, an dem Sinn vorüber" (32 f.). Aufgrund dieser Gegenwärtigkeit ist die Schauspielkunst erklärtermaßen zukunftslos. „Dem Mimen flicht die Nachwelt keine Kränze", weshalb er sich in seiner Wirkung auf die „Mitwelt" ein paradoxes Monument, ein „lebend Denkmal", errichten muss (41–46). Versteht man hingegen das Spiel auf der Bühne so, wie es der Prolog im Hinweis auf den Festspielcharakter der Erstaufführung nahelegt, dann offenbart sich das Theater als Zeit-Ort, in dem Gegenwärtigkeit mit Vergangenheit angereichert und auf Zukunft ausgerichtet wird: Das Weimarer Theater ist „der alte Schauplatz noch", auch die redenden Schauspieler sind „die Alten noch" (10, 13); auf der renovierten Bühne gehen ihre Wünsche jedoch in der Zeit nach vorne: „O! möge dieses Raumens neue Würde / Die Würdigsten in unsre Mitte ziehn, / Und eine Hoffnung, die wir lang gehegt, / Sich uns in glänzender Erfüllung zeigen." (18–21)

Mit dieser Überlagerung der Zeitformen wird Zukünftigkeit als Phänomen theatralischer Darstellung hervorgehoben und zugleich auf Fragen der Zukunftserkenntnis um 1800 hin zugespitzt. Demnach wird erst im emphatischen „jetzt" (61, 67, 79) der Rückgriff auf das „einst" (71) verständlich; erst im „Noch einmal" (75) der festlich-theatralischen Wiederholung findet das Geschichtsdrama das Medium seiner Darstellbarkeit; und erst durch dieses Spiel wird dem adressierten Publikum die Einsicht in die Vergangenheit zugleich zum Blick „in die Gegenwart / Und in der Zukunft hoffnungsreiche Ferne." (77 f.) Damit werden das theatralische Spiel und seine Betrachtung zum Modus historischer Erkenntnis – einer Erkenntnis, die entschieden in der Gegenwart von 1798/99 angesiedelt ist, „an des Jahrhunderts ernstem Ende" (61). Die krisenhafte Situation des Dreißigjährigen Krieges erhält prognostische Qualität, sie wird zum ‚Geschichtszeichen' im Sinne Kants: In der zeichenhaften Deutung von Geschichte, die Schiller mit den illusionistischen Mit-

---

[94] Zur Verknüpfung mit dem Konzept des Spiels in Schillers ästhetischen Schriften vgl. ebd., S. 124–126.

teln des Theaters befördert (während er sie in der dramatischen Handlung problematisiert), sollen die zukunftsweisenden Tendenzen des historischen Stoffs erkennbar werden.

Die futurologischen Reflexionen Kants, Herders und Schillers aus den letzten Jahren des 18. Jahrhunderts sind voraussetzungsreich, komplex und widersprüchlich. Einerseits versuchen sie sich an einer Versachlichung des Zukunftsdiskurses – dafür sprechen etwa Kants Empirisierung des Erwartungs-Begriffs, Herders Ausblick auf eine mögliche Verwissenschaftlichung des Zukunftswissens oder Schillers distanzierende Arbeit am Deutungsmuster der Astrologie. Andererseits offenbaren sie eine erhebliche Faszination durch die immer wieder betonte ‚Dunkelheit' der auf die Zukunft gerichteten Erkenntnis- und Wahrnehmungsvermögen, so dass selbst dort, wo rationale *Planung* favorisiert wird, Vorgefühle der *Ahnung* niemals völlig außer Acht gelassen werden können. In dieser Widersprüchlichkeit dokumentieren die untersuchten Texte die Ungleichzeitigkeiten in der Modernisierung des Zukunftswissens: Selbst dort, wo die Zukunft auf empirisch-statistische Weise aus den Daten der Vergangenheit extrapoliert werden soll, lässt sich das Fortleben divinatorischer Denkweisen beobachten.

Zugleich ist dies der Punkt, an dem Zukunfts*wissen* systematisch in Zukunfts*rede* umschlägt. Im Modus des Divinatorischen kann Zukunft nur in dem Maß *erkannt* werden, wie sie auf inspirierte und autorisierte Weise *gesagt* werden kann. Indem hingegen moderne prognostische Wissenschaften den Gedanken der Inspiration ablehnen und das Moment der Autorisierung hinreichend durch fachliche Expertise abgegolten sehen, haben sie in der Regel auch das Problem der Sagbarkeit aus dem Blick verloren. In dieser Situation versteht sich die literaturwissenschaftliche Auseinandersetzung mit einer historischen Konstellation des Zukunftswissens, wie sie im vorliegenden Beitrag unternommen wurde, auch als Einrede gegen die heute dominierende ‚sprachlose' Prognostik.

ELENA ESPOSITO

Formen der Zirkularität in der Konstruktion der Zukunft

1. Das Problem der Wirksamkeit in der Vorbereitung der Zukunft

Einer der theoretisch interessantesten Aspekte der immer noch gravierenden Finanzkrise ist die Art und Weise, wie sie unser Verhältnis zur Zukunft beleuchtet hat – einer Zukunft, die zugleich vorprogrammiert und gänzlich unsicher ist, die einerseits bereits begonnen hat, weil sie in der Gegenwart unserer Projekte und unserer Initiativen stattfindet, die aber andererseits offen, unvorhersehbar und eine ständige Quelle von Überraschungen bleibt. Diese Ambiguität zwischen Kontrolle und Unsicherheit betrifft nicht nur den Finanzsektor als spezifisches und besonders technisiertes Gebiet des Zukunftswissens; vielmehr wird das Geld in all seiner Gleichgültigkeit und Gedächtnislosigkeit zum Zeichen von gesellschaftlichen Tendenzen im Allgemeinen. Denn das Geld ist, wie Soziologen schon immer gesagt haben,[1] nicht nur ein Kommunikationsmedium, sondern setzt die Gesellschaft in all ihren Formen voraus: Gäbe es keine Menschen, die Geld akzeptieren und künftig akzeptieren werden, und wüsste man nicht, dass sie es gibt, dann hätte das Geld weder Wert noch Funktion.

Die Finanzkrise ist zuerst eine Krise der Verwaltung der Zukunft gewesen, die in der Gegenwart antizipiert wurde, sich dann aber als kaum beherrschbar erwies. Wie ist diese Verwirrung möglich gewesen, und was lehrt sie uns? Sicher hat es viele einzelne Fehler gegeben, nicht zuletzt durch die Verbreitung neuartiger, sehr komplexer und intransparenter Finanzinstrumente (vor allem der berüchtigten Derivate) und durch Lücken in der Reglementierung und Kontrolle. Viele falsche Vorhersagen sind formuliert worden – aber das Interessante ist, dass viele davon auf die richtige Weise falsch waren. Anders gesagt: Noch ist nicht klar, wo der Fehler lag; die verfügbaren Techniken sind korrekt benutzt worden, und sie waren nicht durchweg Techniken des Wagnisses und der unkontrollierten Risikovermehrung. Die Mehrheit der innovativen Finanzinstrumente, eingeschlossen die gefährlichen Hedgefonds und die gefürchteten Swaps, waren zuerst als Mittel zur Deckung und Einschränkung der Risiken eingeführt worden. Sie hätten dazu dienen sollen, mit den unvermeidlichen Finanzrisiken umsichtiger und verantwortlicher umzugehen und dabei die Wahrscheinlichkeit und Höhe von Schäden zu mindern.

---

1 Vgl. Max Weber: *Wirtschaft und Gesellschaft*, Tübingen: Mohr 1922 (ital. Übers.: *Economia e società*, Milano: Edizioni di Comunità 1995, Bd. II, S. 314); Georg Simmel: *Philosophie des Geldes*, Leipzig 1900 (ital. Übers.: *Filosofia del denaro*. Torino: UTET 1984, S. 219 u. 338 ff.) Für eine aktuelle Übersicht siehe Geoffrey Ingham: *The Nature of Money*, Cambridge: Polity Press 2004.

Heute ist offensichtlich, dass es nicht so gekommen ist; weniger offensichtlich ist jedoch, warum diese Mittel nicht funktioniert haben. Es kann daher auch nicht überraschen, dass die Finanzmärkte rasch wieder angefangen haben, fast auf dieselbe Weise zu operieren und sogar erneut große Gewinne zu produzieren. Es gibt einige Formeln, die bedrohliche Zirkularitäten in der Funktionsweise der Finanzmärkte signalisieren, wie *model risk* und vor allem *moral hazard*; sie werden aber eher als zusätzliche Komplikationen behandelt, die von den Finanztechniken irgendwie berücksichtigt werden sollten, nicht als Signale einer grundlegenden Verschiebung der Art und Weise, die Zukunft zu behandeln und aufzubauen. Man benutzt also weiterhin dieselben Modelle, nur eventuell etwas verändert und revidiert, um neue politische Vorgaben und eine neue Sensibilität für Risiken zu berücksichtigen.

Eigentlich versprechen die Finanzmodelle keine naive Vorhersage des künftigen Laufs der Dinge. Sie sind im Wissen darum konstruiert worden, dass die Zukunft offen ist und als solche nicht in der Gegenwart antizipiert werden kann. Sie versprechen auch keinen wirksamen Eingriff in die Zukunft im Sinne der Planung und der Steuerung: Man weiß, dass man nicht in der Zukunft operieren kann, weil es sie noch nicht gibt. Was hingegen machbar scheint und was diese Modelle versprechen, ist etwas Subtileres: eine Art Eingriff auf sich selbst, um mit der Zukunft angemessen umgehen zu können, wenn sie sich in ihrer ganzen Unvorhersehbarkeit realisiert. Was immer der Fall sein wird – und das kann man im Heute nicht wissen –, man sollte gerüstet sei, es vorteilhaft zu verwalten. Das ist der Grundgedanke der *Verbriefung*, des Handelns mit zukünftigen Zahlungsströmen. Solche Verbriefungen kennen und erkennen die Unsicherheit der künftigen Verläufe, insbesondere die Möglichkeit, dass einige Schuldner nicht pünktlich oder überhaupt nicht zahlen, und deshalb verdünnen sie die Unsicherheit dadurch, dass sie die Risiken bis zur Irrelevanz verteilen und kompensieren. Auf diese Weise sollen zuverlässige Operationen mit einer unsicheren Zukunft entstehen.

Das Problem ist, dass diese Modelle der Unsicherheits*verwaltung* behandelt werden, als ob sie Modelle der faktischen Unsicherheits*reduktion*, also eine fortgeschrittene Form der Planung wären – und als solche scheitern sie zwangsläufig. Damit ist der Leitgedanke dieses Beitrags formuliert: das Verhältnis von Prognose (auf der Basis der Planung) und Prophetie, und die Emergenz von Modellen, die Eigenschaften beider Formen des Zukunftswissens zeigen. Im Folgenden werden zunächst (2.) die verschiedenen Weisen erforscht, in denen Prophetie und Prognose sich mit der Zukunft und mit der entsprechenden Unsicherheit auseinandersetzen, um sie dann (3.) auf die Formen der Beobachtung erster bzw. zweiter Ordnung zurückzuführen. Die Divination realisiert, wie dann (4.) gezeigt wird, eine Beobachtung erster Ordnung, die ein doppeltes Verhältnis zu den Objekten artikuliert, indem sie eine tiefere Ebene unterhalb der Oberfläche der Dinge liest. So produziert sie eine unendlich bedeutsame Welt, die mit bestimmten Techniken (5.) entziffert werden muss. Die divinatorische Technik geht vom Bewusstsein ihrer Grenzen und der Möglichkeit von Fehlern aus, was aber gerade dazu führt, dass Prophezeiungen unabhängig vom faktischen Verlauf der Dinge immer bestätigt werden können (6.).

Demgegenüber lokalisiert die Prognose (7.) die Unsicherheit innerhalb der Welt, die sie von außen beobachtet – in einer Beobachtung zweiter Ordnung – und mit Planung und Wissen zu kontrollieren versucht. Das Ergebnis (charakteristisch für die heutige Informationsgesellschaft) ist die Unfähigkeit, der Zirkularität der Vorhersage und ihren Folgen für die zu antizipierende Welt angemessen Rechnung zu tragen; so werden Vorhersagen produziert, die dazu tendieren, sich selbst zu sabotieren, wie abschließend (8.) dargestellt wird. Die Argumentation zielt darauf, die Verbindungen zwischen Prognose und Prophetie zu berücksichtigen. Die Erkenntnis des Umstandes, dass eine einmal formulierte Prognose als Prophetie wirkt, könnte zur besseren Kontrolle des Nicht-Wissens führen – und somit zur genaueren Reflexion darüber, wie wirksam oder wirkungslos unsere Vorbereitungen für die Zukunft sind.

2. Zwei Formen des Nicht-Wissens der Zukunft

In beiden Fällen, Prophetie und Prognose, ist das zentrale Problem die Unsicherheit, also das Nicht-Wissen der Zukunft aus der Sicht der Gegenwart; trotzdem sind sowohl Prophezeiungen als auch Prognosen Aussagen über die Zukunft, die konkrete Handlungen und Entscheidungen befördern können. Die jeweiligen Zukunftsbilder und Zeitvorstellungen sind jedoch unterschiedlich.

Die Prognose ist eine typisch moderne Form des Zukunftswissens, die hauptsächlich auf Probabilitätsberechnungen zurückgreift, um die unabdingbare Unsicherheit einer offenen Zukunft zu behandeln. Die Zukunft ist offen, weil die moderne Zeit eine temporalisierte Zeit ist, auseinandergelegt in einer Differenz von Vergangenheit und Zukunft, die sich in jeder Gegenwart neu reproduziert.[2] Jeder Zeitpunkt hat seine Vergangenheit und seine Zukunft, die aus den gesammelten Erfahrungen und Erwartungen resultieren. Die Zeithorizonte jedes Zeitpunktes sind historisch, modifizieren sich also ihrerseits mit dem Verlauf der Zeit. Wie z. B. die Zukunft aus der heutigen Sicht (die gegenwärtige Zukunft) aussieht, unterscheidet sich von der Art und Weise, wie sie in der Vergangenheit aussah, als unsere jetzige Gegenwart selbst noch so unbestimmt wie die Zukunft war, und vor allem von dem, was sich tatsächlich in der Zukunft verwirklichen wird (die zukünftige Gegenwart)[3] – weil die Zukunft offen und immer unvorhersehbar ist, trotz oder sogar wegen unserer Versuche, sie zu antizipieren. Die Zeit der modernen Gesellschaft ist also eine Zeit, die sich mit der Zeit verändert und sich dieser Veränderung bewusst ist. Es handelt sich eigentlich um eine Zeit, die es nicht gibt, weil die Zukunft noch kommen muss und die Vergangenheit nicht mehr da ist; deshalb bildet

---

2 Vgl. Reinhart Koselleck: *Vergangene Zukunft. Zur Semantik geschichtlicher Zeiten,* Frankfurt a. M.: Suhrkamp 1979; Niklas Luhmann: „Temporalisierung von Komplexität: Zur Semantik neuzeitlicher Zeitbegriffe", in: ders.: *Gesellschaftsstruktur und Semantik. Studien zur Wissenssoziologie der modernen Gesellschaft,* Bd. 1, Frankfurt a. M.: Suhrkamp 1980, S. 235–300.
3 Vgl. Niklas Luhmann: „The Future Cannot Begin: Temporal Structures in Modern Society", in: *Social Research* 43 (1976), S. 130–152.

sie eine ständige Herausforderung für eine Gegenwart, die sich bewusst ist, aus einer unveränderlichen Vergangenheit zu resultieren und eine unbekannte Zukunft vorzubereiten – die niemand, nicht einmal Gott, im voraus kennen kann.

Die Prophetie verwaltet dagegen die vormoderne Zeit, die sich eher als räumliche Bewegung versteht. Dabei kontrastiert das *tempus* der Menschen, die wenig wissen und nur den kurzen Raum ihres Lebens sehen, mit der unveränderlichen göttlichen *aeternitas*, die in allen menschlichen Zeiten anwesend ist. In diesem Verständnis ‚gibt es' die Zeit: die ‚künftigen Dinge' existieren ebenso wie die ‚vergangenen Dinge', unabhängig von der Perspektive und vom Zeitpunkt – egal aus welcher Gegenwart sie betrachtet wird, bleibt die Zeit dieselbe, auch wenn immer nur verschiedene Ausschnitte gesehen werden können. Die Dunkelheit der Zeit (insbesondere der Zukunft) hängt mit der menschlichen Beschränktheit zusammen, deshalb können wir die künftigen Dinge nicht kennen, außer in den Einblicken, die die göttliche Weisheit uns gewährt (eben in der Prophetie und in anderen Formen der Antizipation der Zukunft). In der höheren göttlichen Sicht selbst gibt es nichts, was nicht erkannt werden kann, nicht einmal das unsichere Ergebnis einer kontingenten Zukunft.

Wie setzt man sich also mit dem Nicht-Wissen auseinander? In der modernen Haltung ist der Mangel an Kenntnis wesentlich, weil niemand eine Zukunft kennen kann, die es nicht gibt. Diese Dunkelheit kann jedoch mittels bestimmter Techniken kontrolliert werden, vor allem mittels der Wahrscheinlichkeitsrechung, die es erlauben soll, sicher in Bezug auf eine unsichere Zukunft zu entscheiden.[4] Wer über diese Techniken verfügt, kann den Wahrscheinlichkeitsgrad jedes Ereignisses berechnen und empfindet somit die Unsicherheit nicht als bedrohlich, weil er sie antizipieren und vorbereiten kann. Die zukünftige Gegenwart ist unerkennbar, aber durch die Orientierung an verschiedenen gegenwärtigen Zukünften wird ihre Unsicherheit neutralisiert, weil sich die Wahrscheinlichkeit verschiedener möglicher Verläufe quantifizieren lässt.

Im Weltbild der Prophetie und Divination gibt es dagegen kein wesentliches Nicht-Wissen. Nur für die Menschen ist es unüberwindlich; daher sind die Techniken, die die Dunkelheit der Zukunft teilweise erhellen können, immer Techniken des Nicht-Wissens. Das Nicht-Wissen kann verwaltet und operationalisiert werden, bleibt aber für die Entscheider bedrohlich. Trotzdem steht die grundsätzlich dunkle Zukunft merkwürdigerweise unter dem Einfluss menschlicher Handlungen, die sogar zu einer „Veränderung der Bedingungen der Zukunft"[5] führen

---

4 Das betrifft die ursprüngliche Konzeption des probabilistischen Kalküls, der sich nicht auf die Wahrheit, sondern auf die praktische Vernunft bezog, also Anleitungen zu sinnvollen Entscheidungen geben sollte (selbst wenn der Verlauf der Dinge dann zeigte, dass sie nicht am günstigsten waren). Vgl. ausführlicher Elena Esposito: *Die Fiktion der wahrscheinlichen Realität*, Frankfurt a. M.: Suhrkamp 2007; Peter Schnyder: *Alea. Zählen und Erzählen im Zeichen des Glücksspiels 1650–1850*, Göttingen: Wallstein 2009.

5 So Edward E. Evans-Pritchard: *Witchcraft, Oracles and Magic among the Azande*, London: Oxford U. P. 1937 (ital. Übers. : *Stregoneria, oracoli e magia tra gli Azande*, Milano: Angeli 1976, S. 423) über das Verhältnis der Azande zu den Vorhersagen ihrer Orakel.

können. Die Zukunft steht also fest, käme aber ohne die Handlungen der Menschen nicht zustande, auch wenn diese, wie im Fall Ödipus, versuchen, sie zu vermeiden. Die Prophezeiung selbst, die ein künftiges Ereignis ankündigt, trägt dazu bei, es hervorzurufen – sie annonciert eine Zukunft, die sich andernfalls nicht verwirklichen würde.[6] Wenn sie einmal ausgesprochen worden ist, existiert die Prophezeiung und muss ihre eigene Wirksamkeit berücksichtigen.

Dieses reflexive Bewusstsein ist in der Prognose viel weniger präsent, obwohl diese eine offene und noch nicht entschiedene Zukunft vorzeigt. Es scheint also, dass die Anerkennung der Kontingenz von der Selbstreferenz entbindet und dass die Anerkennung einer unsicheren Zukunft dazu führt, von der Unsicherheit des Zukunftswissens selbst abzusehen. Paradoxerweise erlangt somit der moderne Entscheider in der Auseinandersetzung mit einer unsicheren Zukunft eine größere Sicherheit als der vormoderne Entscheider, der eine schon entschiedene Zukunft vor sich hatte. Mehr noch: Es ist, als ob der moderne Entscheider, eben weil er erkennt, dass die Zukunft kontingent ist, die weitere Kontingenz vernachlässigen könnte, die von seinem Verhalten produziert wird – wie die völlig unplausible Vorstellung zeigt, dass die Summe der Wahrscheinlichkeiten = 1 sein soll.[7] Denn wer versichert, dass alle Möglichkeiten betrachtet worden sind, dass sie sich gegenseitig ausschließen und dass sie die komplette Skala der Möglichkeiten untereinander aufteilen?

Da die Zukunft von der Gegenwart produziert wird, kann die aktuelle Entscheidung Möglichkeiten generieren, die vorher nicht existierten und nicht betrachtet werden konnten – das passiert faktisch immer. Die in der divinatorischen Kultur viel stärker berücksichtigte künftige Einwirkung des gegenwärtigen Verhaltens wird von den Modellen der Prognose tendenziell vernachlässigt. Das ist der Punkt, den ich in den folgenden Abschnitten vertiefen möchte.

3. Beobachtung der Zukunft und Beobachtung der Beobachter

Kommen wir auf die Finanzmodelle zurück. Man könnte sagen, dass sie mit all ihrem probabilistischen Aufwand letztlich doch eine Art Prophezeiung formulieren, weil sie Daten produzieren, die auf die Orientierung der Entscheider einwirken, also auf die Zukunft, die die Modelle vorherzusehen versuchen. Sie sind typische wirksame Aussagen. In unserer modernen Sicht werden jedoch diese Modelle behandelt, als ob sie Prognosen wären, die eine Zukunft (oder mehrere mögliche künftige Verläufe) beobachten, auf die sie nicht eingreifen – als ob sie von einem externen Beobachter formuliert (und benutzt) würden.

In der modernen Form der Planung und der Auseinandersetzung mit einer unsicheren Zukunft ist die Prognose eine Beobachtung zweiter Ordnung, die Beob-

---

[6] Vgl. Raymond Bloch: *La divination dans l'antiquité*, Paris: P. U. F. 1984, S. 11 ff.
[7] Ein klassisches Argument Shackles. Vgl. George Lennox Sherman Shackle: *Imagination and the Nature of Choice*, Edinburgh: Edinburgh University Press 1979; ders.: *Business, Time and Thought*, London: MacMillan 1988.

achtungsperspektiven und die Komplexität ihrer Verflechtungen beobachtet.[8] Selbst die moderne Unterscheidung von Vergangenheit und Zukunft (verstanden als Horizonte, die nie erreicht werden können, weil sie sich immer mit verschieben, wenn wir näher kommen) impliziert die Beobachtung zweiter Ordnung: Man beobachtet keine Daten (die vergangenen bzw. künftigen Dinge), sondern Beobachtungsperspektiven mit ‚ihrer' Vergangenheit und ‚ihrer' Zukunft, die an sich weder richtig noch falsch sind, sondern relativ zu einem bestimmten Gesichtspunkt und seinem Verhältnis zur Welt. Daher die Kontingenz und die unüberwindbare Varietät der Perspektiven.

Wie die gesamte vormoderne Zeitlichkeit ist die Prophetie dagegen eine Beobachtung erster Ordnung, die eine Welt ausgehend von einer unbeobachtbaren (göttlichen) Perspektive beobachtet, in der sich die unendliche Verschiedenheit der menschlichen Perspektiven wiederfinden würde, wenn diese Zugang zu jener höheren Weisheit haben würde. Die vollständige Perspektive auf die Welt existiert und ist nur *eine*; das ist es, was man untersucht, wenn man sich mit der Zukunft (wie mit allem anderen) auseinandersetzt. Die Kontingenz löst sich in einer höheren (obwohl unerreichbaren) Notwendigkeit auf.

Dieser vormoderne Sinn von Notwendigkeit ist in der modernen Perspektive endgültig verloren, ebenso wie das Vertrauen in die allgemeine Ordnung der Welt. Seit einigen Jahrhunderten leben wir in der kontingenten, ungeordneten und erheblich komplexer gewordenen Welt, die aus strukturellen Gründen auf Beobachtungen zweiter Ordnung beruht.[9] Das heißt aber nicht, dass wir deshalb die Formen der Beobachtung erster Ordnung ignorieren müssten – zumal diese mit dem Übergang zu höheren Beobachtungsordnungen weder verschwinden noch obsolet werden.[10] Die Beobachtung zweiter Ordnung ist immer auch eine Beobachtung erster Ordnung, die sich zuerst mit einer eigenen Welt von Objekten auseinandersetzt (mit der zusätzlichen Komplikation, dass einige dieser Objekte auch Beobachter sein und als solche beobachtet werden können). Dementsprechend kann man sagen, dass die Prognose immer auch eine Prophetie ist. Wie im Folgenden gezeigt werden soll, muss genau dies berücksichtigt werden, um Prognosen wirksamer (wenn auch nicht unbedingt weniger riskant) einzusetzen.

---

8 Die Unterscheidung zwischen Beobachtungen erster Ordnung und Beobachtungen zweiter Ordnung geht auf Heinz von Foerster zurück: *Observing Systems,* Seaside (Cal.): Intersystems Publications 1981. Der Beobachter erster Ordnung beobachtet Objekte; der Beobachter zweiter Ordnung beobachtet Beobachter, die ihrerseits Objekte beobachten – ‚ihre' Objekte, die mit denen des ersten Beobachters übereinstimmen können oder auch nicht. Er kann außerdem beobachten, dass auch die anderen Beobachter beobachten – einschließlich ihn selbst, den ersten Beobachter –, und dadurch eine zirkuläre Dynamik der Selbst- und Fremd-Beobachtung mit komplexen paradoxen Ergebnissen anleiten.

9 Vgl. z. B. Niklas Luhmann: „Kontingenz als Eigenwert der modernen Gesellschaft", in: *Beobachtungen der Moderne*, Opladen: Westdeutscher 1992, S. 93–128.

10 Das zeigt George Spencer Brown, dessen Kalkül der Formen als Nachholen der Formen der Beobachtung erster Ordnung aus einer komplexeren Perspektive (nach dem *re-entry*) gelesen werden kann. Vgl. George Spencer Brown: *Laws of Form*, New York: Julian Press 1972.

4. Divination – die Lektüre einer unendlich bedeutsamen Welt

Wie funktioniert aber die Prophetie? Für unseren Diskurs ist es nützlich, sie im großen Universum des divinatorischen Denkens zu verorten, mit dem sie die Voraussetzung einer gegebenen und vorwiegend unerkennbaren Welt teilt, in der dem Menschen nur einige Orientierungshinweise angeboten werden. Streng genommen sollte man zwischen inspirierter und deduktiver Divination unterscheiden.[11] Die erste, zu der auch die Prophetie gehört, ist eine direkte Rede der Gottheit, die sich in erster Person oder durch einen Vertreter (wie den Propheten oder Priester), oft mittels Visionen und Träumen, ausdrückt und unmittelbare Hinweise gibt. In der deduktiven oder indirekten Divination, mit der Schrift verbunden oder parallel mit ihr entwickelt, wird dagegen die göttliche Botschaft in Zeichen kodiert, die entziffert werden müssen. Da die Welt von einer einzigen universellen Ordnung geleitet wird, können diese Zeichen jeglichen Gegenständen eingeschrieben werden – vom Flug der Vögel über die Form der Mineralien bis zu den Bewegungen der Wolken – oder zum Zweck der Vorhersage gezielt produziert werden, wie die Gestalten der Leber der Opfertiere, die Rauchfiguren oder die Spuren von Öl in Wasser. Wichtig bei all dem ist die Fähigkeit, in diesen ausgewählten Segmenten des Universums die Spuren der letzten notwendigen Ordnung der Dinge zu finden, die in ein und derselben Weise die Zukunft, die Gegenwart (z. B. die Glaubwürdigkeit eines Zeugen) und die Vergangenheit einschließt (z. B. wenn man mit solchen Techniken im ‚Gottesurteil' den Täter eines Verbrechens festzustellen versucht).

Für unsere Zwecke ist allerdings der Unterschied zwischen inspirierter und deduktiver Divination zu vernachlässigen. Was hier interessiert, ist die Logik eines Denkens, das in der Lage ist, in einer schon bestimmten Zukunft zu lesen und die dabei notwendig entstehenden Fehler, Unvollständigkeiten und Unsicherheiten nicht in der Welt, sondern im Vorgang der Zeichenlektüre zu lokalisieren. Die Welt als solche hat nichts Unsicheres, sondern schließt alle Informationen ein – für denjenigen, der sie erfassen und entziffern kann. Die Welt stimmt faktisch mit der Information überein. Daher ist ihre Entzifferung keine Interpretation, weil es nicht darum geht, in den Zeichen die Absicht oder die Perspektive eines (göttlichen oder sonstigen) Beobachters herauszufinden; vielmehr ist es die Welt selbst, die in den Zeichen ihre Bedeutung manifestiert, auf verschiedenen Ebenen, die sich gegenseitig unterstützen und erklären. Im Flug der Vögel oder in den Formen der Opferleber wird keine Botschaft (keine Kommunikation) ausgedrückt, aber man kann (wenn man dazu fähig ist) in ihnen dieselbe Ordnung lesen, die sich in allen Din-

---

11 Ausgehend vom klassischem Werk von Bouché-Leclerq, *Histoire de la divination dans l'antiquité*, Paris: Leroux 1879–1882, 4 Bde., Neudruck 1963. Vgl. Jean Bottéro: „Sintomi, segni, scritture nell'antica Mesopotamia", in: Jean-Pierre Vernant et al.: *Divination et Rationalité*, Paris: Seuil 1974 (ital. Übers.: *Divinazione e razionalità*, Torino: Einaudi 1982, S. 73–214 ed. it.), S. 134 ff.; Bloch: *La divination* (Anm. 6).

gen realisiert, aber normalerweise nicht erfasst werden kann. Schließlich sagen alle Dinge dasselbe, auch wenn der Sinn meistens für die Menschen dunkel bleibt.

In der Divination geht man nicht von der unmittelbaren Ebene der Dinge zur mittelbaren Ebene der Bedeutungen über, weil beide Ebenen nicht getrennt sind: Die Dinge stimmen mit ihren Bedeutungen überein. Anders formuliert: Man geht nicht von den Objekten zu den Beobachtern über, weil man immer mit Objekten zu tun hat, die sich innerlich artikulieren und Bedeutungen haben. Luhmann spricht von „gedoppeltem Objektverhältnis",[12] geleitet von der Differenz zwischen Oberfläche und Tiefe. Die Entzifferungsbewegung geht von der Oberfläche der Daten, die Formen zeigen, zu einer tieferen Ebene über, wo diese Formen weitere Informationen enthüllen – wo zum Beispiel der Flug der Vögel Angaben zu künftigen Ereignissen gibt. Es handelt sich aber nur darum, vom Sichtbaren zum Unsichtbaren, vom Klaren zum Dunklen zu gehen, um in den bekannten Formen bisher unbekannte Bedeutungen zu lesen. Man hat immer mit der Welt und mit ihrer Ordnung zu tun, verteilt und gegliedert über mehrere, immer schwieriger zu deutende (immer tiefere) Ebenen; hingegen geht man nicht von der Beobachtung der Welt zur Beobachtung eines oder mehrerer Beobachter über. Die gesuchten Bedeutungen werden immer in den Dingen gelesen oder in sie eingelesen. Deshalb entspricht letztlich die Tiefe der Oberfläche; diese sagt eigentlich dasselbe, wenn man sie entziffern kann.

Die Welt der Divination gliedert sich gleichsam in sich selbst und drückt Bedeutungen aus. Sie verdoppelt sich nicht in der Differenz von Objekten und Beobachtern; es gibt (noch) keine Multiplizität der Welten der verschiedenen Beobachter, sondern nur deren je unterschiedliche Blindheit: Jeder sieht nur, was er sieht, versucht aber, daraus Informationen zu ziehen, um die Welt zu verstehen und die eigenen Handlungen zu orientieren. Der Priester, aber auch der Prophet, der direkt mit der Stimme der Gottheit redet, stellen sich auf das Niveau der Beobachtung erster Ordnung, die auf unendlich komplexe und facettenreiche Weise die Objekte und ihre Gestalten beobachtet. Sie kommunizieren nicht – sie offenbaren. Auch die im Orakel oder im Traum ausgedrückte Botschaft ist schließlich ein Objekt, das sich in die Ordnung der Welt einschreibt, und muss in dieser Perspektive gelesen werden.[13]

Die Entzifferung ist ein unendlicher Prozess, aber nicht deshalb, weil die Welt der Divination dynamisch wäre, so dass immer neue Bedeutungen entstehen könnten, sondern einfach deshalb, weil die Menschen begrenzt sind und nur einen kleinen Teil des Sinnes der Dinge erfassen. Die Bewegung selbst ist wie die Zeit eine menschliche Illusion; in der Perspektive einer höheren Weisheit ist immer schon alles gesagt und alles entschieden worden und drückt sich in der bewundernswerten (und unveränderlichen) Ordnung aus, die alle Dinge regelt. Die Unsicherheit betrifft nur den Beobachter und ist auf die Beschränktheit seiner Perspektive zurückzuführen.

---

12 Niklas Luhmann: *Die Gesellschaft der Gesellschaft*, Frankfurt a. M.: Suhrkamp 1997, S. 238.
13 So auch Roland Crahay: „La bocca della verità (Grecia)", in: Vernant: *Divination et Rationalité* (Anm. 11), S. 227.

5. Zufallsfreie Synchronizität

Die verschiedenen Eigenschaften des divinatorischen Denkens sind Folgen dieser Einstellung. In dieser Sicht existieren keine Zufälle, aber auch keine unilinearen Ursache-Wirkung-Verhältnisse, die die Ereignisse erklären könnten. Vielmehr sind es Verhältnisse der Homologie und Korrespondenz, die die Dinge und die Ereignisse miteinander verbinden und auf die geordnete Struktur des Universums verweisen.[14] Die Phänomene erscheinen als Zeichen, nicht als Folgen (oder als Wirkungen) früherer Tatsachen. Deshalb könnte prinzipiell jedes Phänomen alle andere erklären; statt Nachfolgeverbindungen gibt es Symmetrierelationen. Das gilt auch für die zeitlichen Konfigurationen: Wie die vier Jahreszeiten den vier Himmelsrichtungen entsprechen, oder die Geschichte eines Landes seiner Topographie, so entspricht das Leben eines Menschen den Zügen seines Körpers, und sein Schicksal ist in die Ordnung der Dinge eingeschrieben. Statt Kausalität operiert ein allgemeiner Synchronizitätszusammenhang,[15] der der Zukunftsvorhersage eine spezifische Bedeutung zuschreibt: Es handelt sich nicht darum, eine noch nicht existierende Zukunft vorauszusehen, sondern darum, die in die Ordnung der Dinge eingeschriebenen Notwendigkeiten zu zeigen, günstige oder ungünstige Zeitpunkte für Handlungen zu benennen und die Bedingungen ihres Erfolgs anzugeben (den man sowieso nicht regieren kann).[16]

Diese zufallsfreie Welt kann man nicht beliebig lesen. Man benötigt eine sehr raffinierte und elaborierte Technik, die es erlaubt, sich aus dem Bedeutungsüberschuss der Welt und aus der „Hypertrophie der Aktualität"[17] herauszuziehen. Sie ist in der Vormoderne auf Personen reserviert, die fern von der Normalität des Alltagslebens sind: Priester oder Mönche, die einen anderen Status als die gewöhnlichen Kommunikationspartner besitzen und nicht selbst als Beobachter beobachtet werden. So entwickelt sich die enorme Komplexität der Divinationsverfahren, die in jedem Detail kontrolliert und motiviert sind, obwohl sie aus moderner Sicht keine logische Kraft haben. Die Divination ist von einer Technik geleitet, nicht anders als wissenschaftliche oder rechtliche Verfahrensweisen.[18] Mit dieser Technik ist es überhaupt erst möglich, innerhalb der gänzlich symmetrischen und statischen Welt zu operieren, in der alles mit allem verbunden ist.

---

14 Vgl. Jean-Pierre Vernant: „Parole e segni muti", in: Vernant: *Divination et Rationalité* (Anm. 11), S. 14 ff.; Léon Vandermeersch: „Dalla tartaruga all'achillea (Cina)", in: ebd., S. 27 ff.

15 Das bekannte Argument von Carl Gustav Jung: „Synchronizität als ein Prinzip akausaler Zusammenhänge" 1952, in: ders.: *Gesammelte Werke*, Bd. 8, Olten: Walter-Verlag 1971, S. 457–554.

16 Nicht zufällig ist oft die Analogie des vormodernen europäischen mit dem chinesischen Denken beobachtet worden. Vgl. zuletzt François Jullien: *Traité de l'efficacité*, Paris: Grasset & Fasquelle 1996.

17 Niklas Luhmann: „Geheimnis, Zeit und Ewigkeit", in: ders./Peter Fuchs: *Reden und Schweigen*, Frankfurt a. M.: Suhrkamp 1989, S. 101–137 (134).

18 Vgl. Bottéro: „Sintomi" (Anm. 11), S. 131; ders.: „Divination et esprit scientifique", in: ders.: *Mésopotamie. L'écriture, la raison et les dieux*, Paris: Gallimard 1987, S. 157–169.

Die Technik der Divination dient somit dazu, den Zufall in ein zufallsfreies Universum einzuführen – oder, wie Vernant sagt, das ‚Spiel' ins System[19] –, bis hin zur Entwicklung von Verfahren, mit denen die Ordnung der Dinge experimentell offenbart werden kann. Auch wenn man vom Zufall ausgeht, wie im Münzenwerfen des I-Ging oder in der Produktion von Ölgestalten im Wasser, handelt es sich nicht darum, diesen Zufall als solchen zu erforschen, sondern darum, ihn zu benutzen, um Zugang zu einer tieferen Logik zu gewinnen. In China hat das sogar zur Entwicklung einer experimentellen Semiologie geführt, die eigene (mit Augurenformeln verbundene) Zeichen generiert und formalisiert, Korrelationen feststellt, miteinander kombiniert und manipuliert, bis zur Produktion einer divinatorischen Arithmetik und dann einer divinatorischen Algebra, immer darauf gerichtet, die Bedeutung des Universums zu lesen.[20] Es handelt sich darum, die Welt sprechen zu lassen und ihre Strukturen in Formen zu übersetzen, die für den Menschen bedeutsam sind – immer komplexer und artikulierter, je mehr sich die divinatorischen Techniken entwickeln. Das Ergebnis ist ein „in sich lernfähiger Zufallsmechanismus",[21] der umso wirksamer wird, je vollständiger die Kontingenz des Anfangspunktes in der höheren Notwendigkeit des Prozesses absorbiert wird.

6. Insuffizienz und Selbstbestätigung

Die grundlegende Notwendigkeit des divinatorischen Denkens neutralisiert eine Reihe von Eigenschaften, die in unserer Sicht das ganze Verfahren irrational machen würden, zum Beispiel Inkohärenzen, Anachronismen und zeitliche Inkongruenzen, wenn verschiedene Orakelsprüche sich gegenseitig widersprechen, wenn zeitlich ferne Ereignisse nebeneinander gestellt werden, als ob sie gleichzeitig wären, oder wenn das, was für uns die Ursache ist, nach der Wirkung kommt. Im Denken der Synchronizität ist die Anstrengung der Synchronisation überflüssig. Es handelt sich immer um situatives Denken, bezogen auf eine spezifische konkrete Lage und für diese gültig.[22] Es dient dazu, praktische Angaben in Bezug auf ein besonderes Problem zu machen, ohne Allgemeinheitsanspruch in Bezug auf andere Situationen. Die verschiedenen Aussagen werden weder systematisiert noch aufeinander bezogen.[23] Trotzdem entsteht dadurch keine Unordnung: Es werden ja nicht Ordnung und Notwendigkeit negiert, sondern nur die menschliche Fähigkeit, sie selbst

---

19 Vernant: „Parole" (Anm. 14), S. 15 f.
20 Vgl. Vandermeersch: „Dalla tartaruga" (Anm. 14).
21 Luhmann: *Die Gesellschaft* (Anm. 12), S. 237.
22 Wie Hans-Georg Gadamer: *Wahrheit und Methode*, Tübingen: Mohr 1960 (ital. Übers.: *Verità e metodo*, Milano: Fabbri 1972, S. 359) bemerkt.
23 Das gilt auch dann, wenn (wie in China) die Divination in einem System organisiert ist. Die Divinationstexte sind gebaut wie Handbücher der Kasuistik, die Beispiele sammeln und ein Wissen a posteriori in ein deduktives systematisches Wissen a priori verwandeln – wobei die Beschränkungen im Vergleich zur höheren Weisheit bestehen bleiben. Vgl. Jean Bottéro: „L'oniromancie", in: *Mésopotamie* (Anm. 18), S. 133–156.

hervorzubringen. Ordnung und Notwendigkeit sind so wichtig, dass sie an eine unzugängliche höhere Instanz delegiert werden; als Mensch beschäftigt man sich nur mit spezifischen kontingenten Situationen. Man weiß, dass man sehr wenig weiß und dass sich einem nur einige Ausblicke öffnen, die die divinatorische Technik im großen Universum der dunklen, unzugänglichen Dinge sichtbar macht. Es wäre anmaßend, diese Fragmente in einem einheitlichen Rahmen koordinieren zu wollen – und ebenso anmaßend wäre es, die Ordnung der Welt in Frage zu stellen, bloß weil man nichts als Inkongruenzen sieht.

Die „eingestandene Insuffizienz"[24] der Technik macht sie äußerst flexibel, auch aus dem Gesichtspunkt der empirischen Korrektheit: Nicht immer bewahrheiten sich die Vorhersagen und erfüllen sich die Prophetien, und nicht immer führen die von der Divination gewonnenen Angaben zum Erfolg. Das verleitet aber nicht dazu, die Technik oder die Korrektheit der Weissagung zu bezweifeln, eben deswegen, weil alle Fehler und Unsicherheiten im Beobachter lokalisiert werden, der die – niemals direkten oder expliziten – Hinweise verstehen und korrekt umsetzen muss. Das Orakel gibt nur partiellen Zugang zum Bereich der höheren Wahrheit, sonst wäre die Distanz zur göttlichen Perspektive dahin. Deshalb ist die Weissagung immer mehrdeutig und dunkel: Was bedeutet es, die Stadt mit Holzmauern zu verteidigen, wie die Pythia den Athenern empfiehlt – Befestigungen zu bauen oder sich auf Schiffen in Sicherheit zu bringen? Derartige Hinweise müssen entziffert werden; ihre falsche Deutung ist immer möglich, ja sogar wahrscheinlich; sie bestätigt, wie auch die korrekte Deutung, a posteriori die Korrektheit des Orakels.

Das divinatorische System schützt sich also sehr gut vor dem Vergleich mit der Welt, indem es ihn immer in die Bestätigung seiner selbst überführt. Die Divination hat den großen Vorteil, angesichts einer unsicheren Zukunft und selbst bei unüberwindbarem Wissensmangel zu Entscheidungen zu verhelfen. Es ist gerade die Anerkennung der Einschränkung, die zur Wirksamkeit der Weissagung führt, denn der divinatorische Spruch ist keine externe Beobachtung der Welt – die, wie gesagt, den Menschen nicht zugestanden wird –, sondern ein Element der Welt. Wie wir oben in Bezug auf Ödipus gesehen haben, wird die einmal ausgesprochene Prophezeiung zu einem wirksamen Faktor, der dazu beitragen kann, die Weissagung zu erfüllen, auch wenn man dies vermeiden möchte – wie wir es bei Fällen von *self-fulfilling prophecies* beobachten können. Das divinatorische Zeichen, Indiz einer verborgenen Realität, ist selbst Teil dieser Realität und Mittel der Einwirkung auf die Wirklichkeit. Wenn Weissagungen ausgesprochen werden und bekanntgeworden sind, neigen sie dazu, die ausgesagten Realitäten zu provozieren. Dabei ist ziemlich gleichgültig, ob sie korrekt gedeutet werden oder nicht; das Augurenzeichen an sich ist wirksam. Die Zukunftsvorhersage ist ein Element der Gegenwart, und als solches eine konkrete Tatsache, die Folgen hat.

---

24 Luhmann: *Die Gesellschaft der Gesellschaft* (Anm. 12), S. 239.

7. Prognose: Synchronisation und Kausalität

Die Prognose hat, wie bereits erwähnt, eine ganz andere Art, mit der Zeit, der Welt und der eigenen Lokalisierung in der Welt umzugehen. Als moderne Ausprägung des Zukunftswissens hat sie sich allmählich von der Divination und ihrer Form der Weisheit entfernt, um sich der Wahrscheinlichkeit anzuvertrauen. Seit Ende des 17. Jahrhunderts wendet sich der Probabilitätskalkül denselben Problemen zu, die früher der Divination anvertraut wurden. Er übernimmt die Verwaltung des Nicht-Wissens,[25] versteht sie nun aber als Beobachtung zweiter Ordnung. Der Beobachter, z. B. der Statistiker oder der Planer, neigt dazu, die eigene Beobachtung außerhalb der beobachteten Welt zu stellen und kann sich deshalb aller Vorteile der Abstraktion und der Generalisierung bedienen – was auch bedeutet, dass er sich nicht um die einzelne Lage und ihre Eigenschaften kümmert, sondern sich davon distanziert und Angaben formuliert, die für viele ähnliche Situationen gelten und sie miteinander verbinden. Die Kontextabhängigkeit, die, wie wir gesehen haben, die Stärke des divinatorischen Denkens war, wird nun als Einschränkung empfunden und neutralisiert. Es geht auch nicht mehr darum, in der Welt eine verborgene und unveränderliche Ebene zu entdecken, auf der alle Dinge miteinander verbunden sind; stattdessen hängen Verbindungen von der Fähigkeit des Beobachters ab, von einem gegebenen Kontext zu abstrahieren und ihn mit anderen Kontexten zu verbinden.

In zeitlicher Hinsicht interessiert nicht mehr die Synchronizität, bei der sich in unterschiedlichen Lagen letztlich dasselbe ereignet, sondern die Synchronisation, bei der unterschiedliche Ereignisse voneinander abhängig sind und sich gegenseitig konditionieren – in dem Sinne, dass die Vergangenheit sich an einer Zukunft orientiert, die es früher nicht gab und die anders ausfiele, wenn man anders operieren würde. Nicht mehr die Ontologien sind von Interesse, sondern die Kausalitätsverhältnisse; etwas erklären heißt nicht, formelle Korrespondenzen zu entdecken, sondern Ursachen an Wirkungen zu binden. Diese Art der Erklärung bedarf eines Beobachters, der der Welt und den anderen Beobachtern gegenüber steht, um eine möglichst plausible und getreue Beschreibung zu erstellen. Seine Beschreibung muss nicht deshalb unvollkommen bleiben, weil ihm die letzten Dinge verborgen bleiben müssen, sondern weil seine Zeit begrenzt ist und die Welt sich immerfort verändert. Der Zukunft gegenüber formuliert der Beobachter probabilistische Angaben, die auf kontrollierte Weise das ausdrücken, was man aufgrund der gegenwärtigen Daten erwarten kann, und die dazu dienen sollen, die Unsicherheit im Umgang mit dem Nicht-Wissen zu minimieren.

Auf diese Weise soll Unsicherheit kontrollierbar werden: Indem man Ungewissheit erkennt, kann man abschätzen, was sich vernünftig von der Zukunft erwarten lässt; man kann sich darauf vorbereiten, was geschieht, wenn eine der in Aussicht gestellten Möglichkeiten sich verwirklicht. Der Beobachter ist unsicher, weil die

---

[25] Vgl. Carlo Ginzburg: „Spie. Radici di un paradigma indiziario", in: Aldo Gargani (Hg.): *Crisi della ragione*, Torino: Einaudi 1979, S. 57–106, hier S. 80.

Welt unsicher ist, soll aber in der Lage sein, damit zuverlässig und einigermaßen abgesichert umzugehen. Sein Wissen soll also die Unvorhersehbarkeit einschränken und kontrollieren, statt als weiteres Element die Komplexität zu steigern. Was aber, wenn genau dies der Fall zu sein scheint?

8. *Self-fulfilling* und *self-defeating prophecies*

Kehren wir noch einmal zu den Finanzmärkten zurück. Die eingangs erwähnten Formeln wie *model risk* und *moral hazard*, die die Problematik der jungen ‚Ökonomie der Information' ausdrücken und immer dann ins Spiel kommen, wenn Voraussagen nicht funktionieren und man sich mit scheinbar unerklärlichen Krisen auseinandersetzen muss, – diese Formeln scheinen ein neues Bewusstsein der wirksamen Kraft der Information, vor allem ihrer Unsicherheitsproduktion, auszudrücken. Immer mehr Informationen zu sammeln reduziert offenbar die Überraschungen nicht, sondern macht die Zukunft noch weniger vorhersagbar.

Zum Beispiel *moral hazard*: Die Prävention des Risikos vernichtet sich selbst, auch und gerade dann, wenn sie auf korrekten Vorhersagen basiert. Wie bei dem bekannten Effekt, dass derjenige, der versichert ist und sich daher geschützt weiß, dazu neigt, mehr zu riskieren, ergibt sich eine prekäre Zirkularität bei allen Versuchen, in ein selbstbeobachtendes System wie die Finanzmärkte einzugreifen. So erweist sich das politische Projekt, die Banken in der Liquiditätskrise zu finanzieren und somit das System zu stabilisieren, als weiter destabilisierend. Das gilt nicht nur, weil das Vorhaben selbst als erneutes Krisensignal interpretiert wird, sondern auch, weil jeder Beteiligte weiß, dass alle anderen Beteiligten ebenfalls vom Schutzprojekt wissen, wodurch eine schwer zu bremsende positive Rückkopplung aktiviert wird. Nicht zu riskieren wird in diesen Fällen sehr riskant, weil die Ankündigung einer Schutzmaßnahme selbst das vernünftige Risikoniveau erhöht – das sofort zu demjenigen minimalen Risikoniveau wird, das jeder beim anderen voraussetzt.

Zum Beispiel *model risk*: Im Finanzsektor wird seit einiger Zeit die Verbreitung von Modellen zur Verwaltung des Finanzrisikos beobachtet, die dazu tendieren, sich selbst zu falsifizieren. Diese Modelle sollen die Zukunft formalisieren; genauer gesagt sollen sie verschiedene mögliche künftige Abläufe formalisieren, die aufgrund einer sehr hohen Zahl verschiedener Optionen und Szenarien miteinander verglichen und abgewogen, berechnet und mithilfe von Computern systematisiert werden müssen. Es ist aber – leider erst im Nachhinein – entdeckt worden, dass diese Modelle eine Zukunft (gegliedert in die Vielzahl möglicher Zukünfte) simulieren, die entstünde, wenn *keine* Modelle erstellt würden, so dass sie genau diesen Faktor der Einwirkung auf die Zukunft weder vorhersehen noch kontrollieren können.[26] Damit erweisen sie sich als letztlich unwirksam, gerade wegen der wirk-

---

26 Diese Wirksamkeit ist zum Teil unter dem Titel ‚Performativität' (und ‚Gegenperformativität') untersucht worden. Vgl. Donald MacKenzie: „Is Economics Performative? Option Theory and the Construction of Derivatives Markets", in: D. MacKenzie/F. Muniesa/L. Siu (Hg.): *Do Economists*

samen Kraft ihrer Verbreitung. Die Risikomodelle scheitern also aufgrund ihres (in den letzten Jahrzehnten sehr breiten) Erfolgs.

Die Details des Finanzwesens können im vorliegenden Beitrag nicht erörtert werden.[27] Stattdessen soll es nun in seiner Grundproblematik nochmals auf den Vergleich zwischen den beiden Formen des Zukunftswissens bezogen werden, Prognose und Prophetie. Obwohl es sich bei den Zukunftsberechnungen der Finanzmärkte um hoch abstrakte und formalisierte wissenschaftliche Prognosen handelt, in denen jedes Element kontrolliert wird,[28] findet man in ihnen doch auch die Unsicherheit der Prophetie wieder, die darum weiß, dass sie die zu antizipierende Zukunft nicht kennt, selbst wenn das Verfahren korrekt ist. Weil das Orakel die Wahrheit sagt, hat der Fragende ein Rätsel vor sich. Zusammen mit dem Wissen übermittelt das Orakel auch ein Bewusstsein des Nicht-Wissens und verweist auf einen verborgenen Sinn. Das gewonnene Wissen beschreibt nicht die Welt von außen, sondern wird zu einem Element dieser Welt selbst, das zur Verwirklichung der Weissagung beiträgt. In dieser Hinsicht funktioniert die durch Finanzmodelle gewonnene Information nicht anders: Das Modell braucht sofort neue Informationen, weil jede Information auch zeigt, was man infolge ihrer Mitteilung nicht weiß; jede mitgeteilte Kommunikation produziert den Bedarf nach weiteren Informationen – einen Bedarf, den es vor der Mitteilung der Information überhaupt nicht gab.

Wie Luhmann sagt, zeichnet sich unsere Informationsgesellschaft ebenso wie die antiken Divinationsgesellschaften durch eine „strukturelle und chronische Uninformiertheit" aus,[29] ist aber viel weniger vorbereitet, damit umzugehen. In der Tat gibt es einen wichtigen Unterschied. Die Divination formulierte *self-fulfilling prophecies*, die sich infolge ihrer Aussage verwirklichten; die Finanztechniken neigen dazu, *self-defeating prophecies* zu produzieren, die sich durch Verbreitung falsifizieren.[30] Warum diese Differenz? Der Grund ist vermutlich wieder die strukturelle Beschränktheit einer Beobachtung zweiter Ordnung, die ihren Anteil von Beobachtung erster Ordnung (also ihre Verbindung mit der beschriebenen Welt)

---

make Markets? Princeton: Princeton University Press 2007, S. 54–86 (75 f.); ders.: *An Engine, Not a Camera. How Financial Models Shape Markets*, Cambridge (Mass.): The MIT Press 2006, S. 184 f., 259 f. Die von den Modellen der Vorhersage selbst produzierte und von einem *volatility skew* in den Graphen der Markttrends gezeigte Unvorhersehbarkeit wird in Benoît Mandelbrot/Richard L. Hudson: *The (Mis)Behavior of Markets. A Fractal View of Risk, Ruin, and Reward*, New York: Basic Books 2004 behandelt.

27 Zur ausführlicheren Diskussion vgl. Elena Esposito: *Die Zukunft der Futures. Die Zeit des Geldes im Finanzwesen und in der Gesellschaft*, Heidelberg: Auer 2010.

28 Diese Formalisierung (und die vermeintliche Kontrolle) hat in den letzten Jahrzehnten zuvor undenkbare Qualitäten erreicht – dank Techniken, die versprechen, viele Unsicherheitsfaktoren zu neutralisieren und in ein Format zu übersetzen, das mit der informatischen Verarbeitung kompatibel ist. Donald MacKenzie hat aus diesem Gesichtspunkt den Erfolg und den gewaltigen Einfluss der Black-Scholes-Formel für das „pricing" von Optionen studiert. Vgl. MacKenzie: *An Engine* (Anm. 26), Kap. 5.

29 Luhmann: *Die Gesellschaft* (Anm. 12), S. 1093.

30 Vgl. Robert K. Merton: „The Unanticipated Consequences of Purposive Social Action", in: *American Sociological Review* 1 (1936), S. 894–896, 898–904.

nicht erkennt. Die Information existiert nicht als Datum, als Bestandteil der gegebenen Welt, sondern wird von den Systemen produziert, die sie suchen und verbreiten. Sie kann deshalb nie vollständig und eigentlich auch nie ganz zuverlässig sein – wie der Orakelspruch, der entziffert und umgesetzt werden muss, um verstanden werden zu können. Die Divination erwartete die Überraschung und benutzte sie, um die Prophetie zu verstehen und zu bestätigen. Wir lassen uns hingegen von der Überraschung selbst überraschen und interpretieren sie als Widerlegung der Voraussage statt als erwartetes Zeichen eines neuen Unsicherheitsniveaus.

Allerdings gibt es bereits die Mittel für einen reflektierteren Umgang mit prognostischem Nicht-Wissen. Die Finanzverfahren operieren seit langem mit einem geschärften Bewusstsein für Phänomene der Zirkularität auf der sozialen wie auf der zeitlichen Ebene. Termingeschäfte, zum Beispiel die sogenannten Optionen, setzen ein doppeltes Verhältnis zur Zukunft voraus: Sie operieren in der Gegenwart auf eine Zukunft hin, die es noch nicht gibt und in der zum Beispiel ein Wertpapier an einem bestimmten Termin zu einem bestimmten Preis gekauft werden soll; sie bewahren aber die Freiheit, die Orientierung zu wechseln, wenn diese Zukunft gegenwärtig wird – der Träger der Option kann entscheiden, sie nicht auszuüben, wenn sie zum bestimmten Zeitpunkt nicht günstig ist. Der Verkehr der Optionen (wie aller Derivate) dient dazu, eine Zukunft aufzubauen, von der man sich dann überraschen lässt. Man könnte sagen, dass in diesem Fall die Voraussage als Einwirkungsfaktor auf eine unvorhersehbare Zukunft benutzt wird, zu deren Verwirklichung man beiträgt, ohne sie zu kennen – aber in dem Wissen, dass man bereit sein wird, zu reagieren, wenn die Überraschung sich zeigt. Wer mit Derivaten handelt, benutzt die Unsicherheit der Zukunft als Transaktionsgegenstand – die große Mehrheit der Optionen werden vor der gesetzten Frist verkauft, was bedeutet, dass man die Offenheit der Zukunft kauft und verkauft, die sich in dieser Verhandlung verändert.

Die Komplexität der laufenden Bewegungen ist schwindelerregend und verweist noch einmal auf die unendliche Komplexität einer divinatorischen Welt, in der alles bedeutsam und verweisungsbeladen war. Man neigt fast zu dem Gedanken, dass das moderne prognostische Denken in Ursache-Wirkung-Verhältnissen mit der Wiederentdeckung von Synchronizitätsverhältnissen ergänzt werden sollte.[31] Schließlich gibt es auf den Finanzmärkten zahlreiche Vorgänge, bei denen verschiedene gleichzeitige Ereignisse sich aufeinander orientieren und versuchen, sich gegenseitig zu beeinflussen: z. B. Techniken des Leerverkaufs und die immer verwickelteren Verfahren der Arbitrage, die nicht auf dem aktuellen Wert von Papieren beruhen, sondern auf deren vorgesehenem Wert in einer Zukunft, die von der Spekulation selbst beeinflusst wird – und von dem Bewusstsein, dass andere Marktteilnehmer mit denselben Mitteln operieren. Es handelt sich um Techniken, die eine ganz andere Form von Kontrolle zu realisieren versuchen als die Erreichung

---

31 So schon Niklas Luhmann: „Gleichzeitigkeit und Synchronisation", in: ders.: *Soziologische Aufklärung 5. Konstruktivistische Perspektiven*, Opladen: Westdeutscher Verlag 1990, S. 95–130, hier S. 117, Fußnote 49.

von vorbestimmten Zielen im idealtypisch modernen Verständnis, nämlich eine Art Kontrolle des Nicht-Wissens. Diese Kontrolle bestätigt sich a posteriori, wenn entdeckt wird, dass die Dinge nicht wie erwartet gekommen sind – und dass es, wie in der Prophetie, eben das war, was man erwartet hatte.

Über die Autoren

IAN BALFOUR ist Professor für Englisch und Social & Political Thought an der York University in Toronto. Gastprofessuren am Williams College, der Universität Frankfurt a. M., der University of California Santa Barbara, der Stanford University und University of Toronto. Arbeitsschwerpunkte: Dichtung und Prosa der Romantik; zeitgenössische Theorie und Kritik; Literatur und Philosophie des 18. Jahrhunderts. Publikationen u. a.: *The late Derrida* (Hg., 2007); *Subtitles: On the Foreignness of Film* (Mithg., 2004); *And Justice for All? The Claims of Human Rights* (Special Issue des *South Atlantic Quarterly*, Mithg., 2004); *The Rhetoric of Romantic Prophecy* (2002).

BRIAN BRITT ist Professor am Department of Religion and Culture an der Virginia Tech (Blacksburg, USA). Arbeitsschwerpunkte: Bibel, Religion und Literatur; Schrift- und Textualitätskonzepte von der Hebräischen Bibel bis zur zeitgenössischen Kultur; aktuelle Debatten in Religion und Kultur (Buchprojekt *Walter Benjamin Today: Tradition and Agency*). Publikationen u. a.: „Psalm Recitation and Post-Secular Time: Augustine, the iPod, and Psalm 90", in: *Journal for Cultural and Religious Theory* 12 (2012), S. 122–147; *Biblical Curses and the Displacement of Tradition* (2011); *Religion, Gender, and Culture in the Premodern World* (Mithg., 2007); *Rewriting Moses: The Narrative Eclipse of the Text* (2004).

JÜRGEN BROKOFF vertritt die Professur für Neuere deutsche Literatur und Allgemeine Literaturwissenschaft an der Rheinischen Friedrich-Wilhelms-Universität Bonn. Arbeitsschwerpunkte: Gegenwartsliteratur und Medien seit der Wende; Literatur – Krieg – Kriegsverbrechen; Formtheorien und Literaturwissenschaft; Geschichte des Engagement-Begriffs. Publikationen u. a.: *Norbert von Hellingrath und die Ästhetik der europäischen Moderne* (Mithg., 2013, in Vorbereitung); *Geschichte der reinen Poesie. Von der Weimarer Klassik bis zur historischen Avantgarde* (2010); *Die Kommunikation der Gerüchte* (Mithg., 2008); *Apokalypse und Erinnerung in der deutsch-jüdischen Kultur des frühen 20. Jahrhunderts* (Mithg., 2002).

BENJAMIN BÜHLER ist Heisenberg-Stipendiat am Zentrum für Literatur- und Kulturforschung Berlin und vertritt derzeit eine Professur für Neuere deutsche Literatur an der Universität Konstanz. Arbeitsschwerpunkte: deutsche Literatur (17. bis 20. Jh.); Wissensgeschichte; literarische Prognostik und politische Ökologie. Publikationen u. a.: *Zwischen Tier und Mensch. Grenzfiguren des Politischen in der frühen Neuzeit* (2013); *Das Wuchern der Pflanzen. Ein Florilegium des Wissens* (Mitautor, 2009); *Vom Übertier. Ein Bestiarium des Wissens* (Mitautor, 2006); *Lebende Körper. Biologisches und anthropologisches Wissen bei Rilke, Döblin und Jünger* (2005).

RÜDIGER CAMPE ist Professor und Chair am Department of Germanic Languages and Literatures der Yale University, New Haven. Arbeitsschwerpunkte: Rhetorik und Ästhetik; Literatur und Wissen; barockes Theater; der moderne Roman seit dem 18. Jahrhundert; Konzepte und Praktiken der Evidenz; Theorie und Geschichte der Fürsprache. Publikationen u. a.: *Re-Thinking Emotion. Exteriority and Interiority in Premodern, Modern and Contemporary Thought* (Mithg., 2013, in Vorbereitung); *Hans Blumenberg* (Special Issue von *Telos*, Mithg., 2012); *Penthesileas Versprechen. Exemplarische Studien über die literarische Referenz* (Hg., 2008); *Spiel der Wahrscheinlichkeit. Literatur und Berechnung zwischen Pascal und Kleist* (2002, engl. 2012).

ELENA ESPOSITO ist Professorin für Kommunikationssoziologie an der Università di Modena e Reggio Emilia. Arbeitsschwerpunkte: soziologische Medientheorie; Gedächtnisforschung und Soziologie der Finanzmärkte. Publikationen u. a.: *Die Zukunft der Futures. Die Zeit des Geldes in Finanzwelt und Gesellschaft* (2010, engl. 2011); *Die Fiktion der wahrscheinlichen Realität* (2007); *Wissenschaftliches Publizieren. Stand und Perspektiven* (Hg., 2005); *Die Verbindlichkeit des Vorübergehenden. Paradoxien der Mode* (2004); *Soziales Vergessen. Formen und Medien des Gedächtnisses der Gesellschaft* (2002).

GABRIELE GRAMELSBERGER ist wissenschaftliche Mitarbeiterin am Institut für Philosophie der Freien Universität Berlin und leitete von 2009 bis 2012 den Forschungsverbund „Verkörperte Information". Arbeitsschwerpunkte: Wandel von Wissenschaft und Gesellschaft durch den Computer; Computersimulation in der Klimaforschung und der Zellbiologie; Transformation der Infrastruktur von Forschung durch Vernetzung; kulturelle Folgen der Digitalisierung. Publikationen u. a.: *Climate Change and Policy. The Calculability of Climate Change and the Challenge of Uncertainty* (Mithg., 2011); *From Science to Computational Sciences. Studies in the History of Computing and its Influence on Today's Society* (Hg., 2011); *Computerexperimente. Zum Wandel der Wissenschaft im Zeitalter des Computers* (2010).

BIRGIT GRIESECKE ist wissenschaftliche Mitarbeiterin am Zentrum für Literatur- und Kulturforschung Berlin. Arbeitsschwerpunkte: Übertragungsverhältnisse zwischen Natur- und Geisteswissenschaften; Wissenschaftsphilosophie und Sprachphilosophie in interkultureller Perspektive; Schmerz und Betäubung in der (Wissenschafts-)Geschichte Japans und Europas; Phänomenologie und die Philosophie Ludwig Wittgensteins. Publikationen u. a.: *Fremde Wissenschaft? Konzepte geistes- und kulturwissenschaftlicher Wissenschaftsforschung* (2013, im Erscheinen); *Kulturgeschichte des Menschenversuchs im 20. Jahrhundert* (Mithg., 2009); *Menschenversuche. Eine Anthologie 1750–2000* (Mithg., 2008); *Werkstätten des Möglichen 1930–1936. L. Fleck, E. Husserl, R. Musil, L. Wittgenstein* (Hg., 2008).

ARMIN GRUNWALD ist Professor für Technikphilosophie und Technikethik an der Universität Karlsruhe. Arbeitsschwerpunkte: Theorie und Methodik der Technikfolgenabschätzung; Technikphilosophie; Technikethik; Konzeptionen der Nachhaltigkeit; Nanotechnologie und Gesellschaft. Publikationen u. a.: *Ende einer Illusion. Warum ökologisch korrekter Konsum uns nicht retten wird* (2012); *Technikzukünfte als Medium von gesellschaftlichen Zukunftsdebatten und Technikgestaltung* (2012); *Responsible Nanobiotechnology. Philosophy and Ethics* (2012); *Nachhaltigkeit* (Mitautor, 2. Aufl. 2012); *Technikfolgenabschätzung – Eine Einführung* (2. Aufl. 2010); *Technik und Politikberatung. Philosophische Perspektiven* (2008).

BERND MAHR ist em. Professor an der Fakultät für Elektrotechnik und Informatik der TU Berlin und leitete dort die Arbeitsgruppe „Formale Modelle, Logik und Programmierung". Arbeitsschwerpunkte: Telemedizin; Künstliche Intelligenz und Telekommunikationsanwendungen. Publikationen u. a.: „Bilder zeigen Modelle – Modelle zeigen Bilder", in: Boehm u. a. (Hg.): *Zeigen. Die Rhetorik des Sichtbaren* (2010); *Modelle als Akteure. Fallstudien* (Mitautor, 2008); *Das Wissen im Modell* (2004); „Das Mögliche im Modell und die Vermeidung der Fiktion", in: T. Macho/A. Wunschel (Hg.): *Science & Fiction. Über Gedankenexperimente in Wissenschaft, Philosophie und Literatur* (2004).

HERBERT MARKS ist Professor für Vergleichende Literaturwissenschaft und Direktor des Institute of Biblical and Literary Studies an der Indiana University. Arbeitsschwerpunkte: Bibelstudien; moderner Roman und Dichter des 20. Jahrhunderts. Publikationen u. a.: *The English Bible, King James Version: The Old Testament* (Hg., 2012); „Writing as Calling", in: *New Literary History* (1998); „Biblical Naming and Poetic Etymology", in: *Journal of Biblical Literature* (1995); *Romantic Revolutions: Criticism and Theory* (Mithg., 1990); *The Language of Adam: Biblical Naming and Poetic Etymology* (1986).

ANGELIKA NEUWIRTH ist Senior-Professorin am Seminar für Semitistik und Arabistik der Freien Universität Berlin. Sie war Direktorin am Orient-Institut der Deutschen Morgenländischen Gesellschaft Beirut und Istanbul (1994–1999); Gastprofessuren u. a. an der University of Jordan und der Ayn Shams University, Cairo. Arbeitsschwerpunkte: Koran und Koranexegese; moderne arabische Literatur der Levante; palästinensische Dichtung; Literatur des israelisch-palästinensischen Konflikts. Publikationen u. a.: *Der Koran: Handkommentar mit Übersetzung. Bd. 1: Poetische Prophetie. Frühmekkanische Suren* (2011); *Der Koran als Text der Spätantike. Ein europäischer Zugang* (2010); *Europa im Nahen Osten – Der Nahe Osten in Europa* (Mithg., 2010).

ROBERT STOCKHAMMER ist Professor für Allgemeine und Vergleichende Literaturwissenschaft an der Ludwig-Maximilians-Universität München und dort seit 2012 Sprecher des Graduiertenkollegs „Funktionen des Literarischen in Prozessen der Globalisierung". Arbeitsschwerpunkte: Geschichte der Grammatik; Rhetorik, Philologie und Ästhetik; Verhältnis von Globalisierung und Literatur; Beziehungen der Literatur zu anderen Wissensformen und Medien; Figuren von zweifelhafter Existenz (Gespenster, Außerirdische, Zauberer, Schäfer u. ä.). Publikationen u. a.: *Die Kartierung der Erde. Macht und Lust in Karten und Literatur* (2007); *Exophonie. Anders-Sprachigkeit (in) der Literatur* (Mithg., 2007); *Ruanda. Über einen anderen Genozid schreiben* (2005); *TopoGraphien der Moderne* (Hg., 2005); *Zaubertexte. Die Wiederkehr der Magie und die Literatur, 1880–1945* (2000).

MARGARETE VÖHRINGER leitet den Forschungsbereich „Visuelles Wissen" und das Forschungsprojekt „Das Auge im Labor" am Zentrum für Literatur- und Kulturforschung Berlin. Arbeitsschwerpunkte: Praktiken in Kunst und Wissenschaft; experimentelle Physiologie; russische Avantgarde; Geschichte der Kulturtechniken. Publikationen u. a.: „Die Maske als Medium. Zur Gesichtsdarstellung im frühen Film", in: T. R. Klein/E. Porath (Hg.): *Kinästhetik und Kommunikation. Ränder und Interferenzen des Ausdrucks* (2013, in Vorbereitung); *Ultravision. Zum Wissenschaftsverständnis der Avantgarde* (Mithg., 2010); *Avantgarde und Psychotechnik. Wissenschaft, Kunst und Technik der Wahrnehmungsexperimente in der frühen Sowjetunion* (2007).

DANIEL WEIDNER ist stellvertretender Direktor des Zentrums für Literatur- und Kulturforschung Berlin und Privatdozent am Institut für deutsche und niederländische Philologie der Freien Universität Berlin. Gastprofessuren in Stanford, Gießen, Basel und Chicago. Arbeitsschwerpunkte: Religion und Literatur; Literaturtheorie und Geschichte der Philologie; deutsch-jüdische Literatur. Publikationen u. a.: *Das Buch in den Büchern. Wechselwirkungen von Bibel und Literatur* (Mithg., 2012); *Sakramentale Repräsentation. Substanz, Zeichen und Präsenz in der Frühen Neuzeit* (Mitautor, 2012); *Profanes Leben. Walter Benjamins Dialektik der Säkularisierung* (Hg., 2010); *Bibel und Literatur um 1800* (2011); *Figuren des Europäischen. Kulturgeschichtliche Perspektiven* (Hg., 2006).

STEFAN WILLER ist stellvertretender Direktor des Zentrums für Literatur- und Kulturforschung Berlin und Privatdozent am Institut für Philosophie, Literatur-, Wissenschafts- und Technikgeschichte der Technischen Universität Berlin. Gastprofessuren in Stanford, Berlin (TU und HU), München. Arbeitsschwerpunkte: Literatur vom 18. Jahrhundert bis zur Gegenwart; kulturelle Konzepte von Generation und Erbe; Geschichte des Zukunftswissens; Praktiken der Philologie. Publikationen u. a.: *Erbfälle. Theorie und Praxis kultureller Übertragung in der Moderne* (2013, in Vorbereitung); *Erbe. Übertragungskonzepte zwischen Natur und Kultur* (Mithg., 2013); *Das Konzept der Generation. Eine Wissenschafts- und Kulturgeschichte* (Mitautor, 2008); *Das Beispiel. Epistemologie des Exemplarischen* (Mithg., 2007).

Abbildungsverzeichnis

ARMIN GRUNWALD
PROGNOSTIK STATT PROPHEZEIUNG
WISSENSCHAFTLICHE ZUKÜNFTE FÜR DIE POLITIKBERATUNG

Abb. 1
Der entscheidungstheoretische Kreisgang über Zukunftsreflexion (in: Armin Grunwald: *Auf dem Weg in eine nanotechnologische Zukunft. Philosophisch-ethische Fragen*, Freiburg: Alber 2008, S. 286)

Abb. 2
Szenarien des Weltenergieverbrauchs für das Jahr 2050 und Vergleich mit dem derzeitigen Verbrauch: Shell-Szenario „Nachhaltige Entwicklung"; WEC = Szenarien der Weltenergiekonferenzen 1995 und 1998; RIGES = „Renewable Intensive Global Energy Scenario"; Faktor 4 – Szenario Wuppertal-Institut; SEE = Szenario „Solar Energy Economy" (in: Joachim Nitsch/Christine Rösch: „Perspektiven für die Nutzung regenerativer Energien", in: Armin Grunwald/Reinhard Coenen/Joachim Nitsch et al. (Hg.): *Forschungswerkstatt Nachhaltigkeit*, Berlin: edition sigma 2002, S. 297–319)

MARGARETE VÖHRINGER
DIE ZUKUNFT DER ARCHITEKTUR
UTOPISCHES UND KONKRETES IM BAUEN DER RUSSISCHEN AVANTGARDE

Abb. 1
Projekt von Georgij Krutikov für „Die Stadt der Zukunft", Wohnsiedlungen im Weltraum als Satelliten der Erde, 1928 (in: William C. Brumfield [Hg.]: *Reshaping Russian Architecture. Western technology, utopian dreams*, Cambridge/New York et. al. 1990, S. 150)

Abb. 2
El Lissitzky, Wolkenbügel in Moskau, Entwurf (in: K. N. Afanasjew: *Ideen – Projekte – Bauten. Sowjetische Architektur 1917 bis 1932*, Dresden 1973, Abbildung 18 im Bildteil innen)

Abb. 3
Projekt für eine grüne Stadt, 1929 von Moisej Ginzburg (in: William C. Brumfield [Hg.]: *Reshaping Russian Architecture. Western technology, utopian dreams*, Cambridge/New York et. al. 1990, S. 166)

Abb. 4
Metro Eingang Lubjanka (Fotografie Margarete Vöhringer)

Abb. 5
Metro Eingang Lubjanka (Fotografie Margarete Vöhringer)

Abb. 6
Metro Gleis Lubjanka (in: Peter Noever [Hg.]: *Tyrannei des Schönen. Architektur der Stalin-Zeit*, New York 1994, S. 171)

Abb. 7
Oglazometr (Volumenmesser) (in: Selim O. Chan-Magomedov: *Nikolaj Ladovskij*, Moskau 1984, Bildteil innen, S. 5)

Abb. 8
Prostrometr (Raummesser) (in: Selim O. Chan-Magomedov: *Nikolaj Ladovskij*, Moskau 1984, Bildteil innen, S. 5)

Abb. 9
Boris M. Iofan, Entwurf für den Palast der Sowjets, 1942–43 (in: Peter Noever [Hg.]: *Tyrannei des Schönen, Architektur der Stalin-Zeit*, München/New York 1994, S. 193)

Abb. 10
Luftansicht der Sozialistischen Stadt Magnitogorsk, erster Superblock, Mitte der 1930er Jahre (in: Stephen Kotkin: *Magnetic Mountain. Stalinism as a Civilization*, Berkeley et. al. 1995, Abbildung 15)

Gabriele Gramelsberger
Intertextualität und Projektionspotenzial von Klimamodellen

Abb. 1
Ablaufschema der Dateien eines Atmosphärenmodells mit Start für Zeitpunkt t_0 und Ende für Zeitpunkt t_1. (Quelle: ECHAM5, Dateiablaufschema)